수능·모의평가 기출 학습
화법과 작문 자신감 UP

- 개인의 학습 능력에 맞는 학습 계획 OK
- 2단계 2독 2해 학습법으로 반복 학습 OK
- 실수를 없애 주는 훈련으로 1등급 달성 OK

2025 수능 대비

밥 화작

[일등급 실전 문제편]

꿈을담는틀

밥화작

지은이 이운영
20여 년간 국어 문제집을 집필하고 제작하면서 쌓아 온 경험과 지식을 바탕으로
수능 기출문제를 분석하고 독해법과 문제 풀이법을 제시합니다.

현재 출간 교재
- 첫 수능 국어 기본완성
- 명강 현대시 / 고전시가 / 현대소설 / 고전산문
- 국어는 꿈틀 문학
- 국어 개념 완성
- 밥 먹듯이 매일매일 시리즈 - 처음 시작하는 비문학 독서 / 비문학 독서 / 처음 시작하는 문학 / 문학 / 언어와 매체 / 화법과 작문 / 어휘력
- 현대시의 모든 것 / 현대산문의 모든 것 / 고전산문의 모든 것
- 문학 비책
- 고등국어 고고 기본 / 독서

2판 1쇄 2023년 12월 20일

지은이 이운영
편집 관리 윤용민
편집 기획 김령희 김연경 선예림
디자인 이현지 임성자
온라인 강진식
마케팅 박진용
관리 장희정
용지 영지페이퍼
인쇄 제본 벽호 · GKC
유통 북앤북

필독 자기 주도 학습 제대로 활용법

- 제시된 순서에 따라 학습하여 국어 1등급을 달성하세요.
- 수업용으로 사용하실 때는 수업 계획에 따라 사용하세요.

● ● 2독 2해 학습법 | 2p
밥 화작이 제시하는 학습 방법입니다. 2단계에 걸쳐 학습하는 밥 화작 2독 2해 학습법으로 학습의 큰 방향을 잡습니다.

● ● 이 책의 차례 | 4p
다음으로 이 책의 차례를 살펴보며, 권장하는 일정표가 자신의 학습 역량에 맞을지, 어떤 순서로 공부해야 할지 확인합니다.

● ● 구성과 특징 | 6p
밥 화작이 어떻게 생겼는지 확인합니다. 문제편과 해설편 각각의 특징을 살펴보세요.

강추

● ● 2독 2해 학습 플랜 | 9p
이 책의 차례를 참고하여 자신의 학습 역량에 따라 나만의 2독 2해 학습 플랜을 수립합니다.(반드시 지킬 수 있도록!)

꼭꼭

● ● 화법과 작문 생생 공부법 | 10p
밥 화작 선생님과 선배들이 들려주는 화법과 작문 생생 공부법도 꼭 읽고 자신의 학습 습관과 비교하는 것 잊지 말아요.

● ● 출제 경향 & 학습 대책 | 12p
학습할 준비가 되었나요? 그렇다면 출제 경향과 학습 대책을 통해 각 영역의 특징을 파악한 후 본격적으로 학습을 시작하세요.

● ● 미리 배우는 핵심 개념 | 14p
화법과 작문을 푸는 데 꼭 필요한 핵심 개념을 통해 개념을 익히고 문제 해결력을 길러 보세요.

● ● 권장 풀이 시간 | 16p
본격적으로 2독 2해 학습법에 따라 단계별로 학습을 진행합니다. 스톱워치 준비했나요?

주의

● ● 제대로 접근법 | 16p
문제 해결력을 키우기 위해 이 부분은 보지 말고 문제를 풉니다. 채점이 끝난 후 맞은 문제의 접근법만 학습!

● ● 틀린 문항 채점 표시
1단계 학습에서 틀린 문제는 '/'와 같이 표시합니다. 잠깐, 2독 2해 학습법에 따라 개인 노트에 정답과 오답의 이유를 정리하고 있죠?

● ● 학습 점검표 | 21p
학습이 끝날 때마다 결과를 확인하고 점검하는 것을 잊지 말아요. 빠른 학습을 선호하는 학생은 생략해도 괜찮아요.

● ● 제대로 질문하기 채점
하루 학습 분량이 끝나면 지문의 내용을 복습하면서 제대로 질문하기를 점검해 보세요.

필수

● ● 정답인 이유, 오답인 이유 | 해설편 2p
다음 단계 학습을 위해 틀린 문제의 해설은 읽지 말고, 맞은 문제의 정답 및 오답 해설만 꼼꼼하게 공부하세요.

꼭꼭

● ● 제대로 내용 분석 | 해설편 2p
지문의 유형과 주제, 내용을 한눈에 파악할 수 있어요. 복습할 때 활용해 보세요.

● ● 2독 2해 학습법 | 2p
이 모든 과정을 2독 2해 학습법에 따라 진행해 보세요. 이렇게 하면 국어 1등급 어렵지 않아요. 자, 화법과 작문 시작해 볼까요?

●● 교재 개발에 도움을 주신 선생님들께 감사드립니다.

강수진(전남 목포)	고민석(전북 전주)	구해수(경기 파주)	국찬영(광주광역시)	김건용(서울 종로)	김광철(광주)
김나경(경기 과천)	김미란(경남 김해)	김민석(경남 창원)	김상언(경남 창원)	김예사(제주)	김옥경(세종)
김용호(울산)	김유석(대구 달서)	김은옥(서울 강남)	김은지(서울 강북)	김정옥(전남 남악)	김정욱(용인 수지)
김정준(서울 성북)	김종덕(광주)	김 진(대치)	김 현(분당)	김현철(경기 수원)	김희진(경기 광명)
노현선(인천, 김포)	류미숙(충북 청주)	마 미(경기 화성)	문경희(대구)	문소영(경남 김해)	박세진(서울)
박수영(서울 은평)	박유건(대구)	박윤선(광주)	박하섭(경남 양산)	박 현(전북 전주)	박혜선(경북 안동)
백덕현(대전)	백승재(경남 김해)	성요신(서울 은평)	송화진(김해 장유)	신혜영(부산 동구)	신혜원(경기 군포)
안보람(서울)	안소연(서울)	안재현(인천)	안정광(순천, 광양)	안혜지(부산)	옥성훈(부천)
우승완(강북)	유기화(경기 안성)	유진아(대구 달서)	유현수(인천)	유현주(부산)	윤성은(서울)
윤장원(충북 청주)	이강국(경기 평택)	이경원(충북 청주)	이경직(경기 화성)	이근배(대전)	이기록(부산)
이기연(강원 원주)	이대원(의정부)	이동익(전북 전주)	이민정(서울)	이석호(산본)	이수진(경기 광주)
이애리(경남 거제)	이영지(경기 안양)	이윤지(의정부)	이지영(속초)	이지은(부산 동래)	이지훈(전북 전주)
이지희(대구)	이현직(서울 대치)	이홍진(서울)	이흥중(부산 사하)	임지혜(거제)	장기윤(경북 구미)
장연희(대구)	전정훈(울산)	전혜숙(대전)	정민경(충남 아산)	정서은(부산 동래)	정세영(베트남 호찌민)
정은지(광주광역시)	정지윤(전북 전주)	정필모(서울 서대문)	정한미(세종)	정해연(전남 순천)	정혜채(서울 노원)
정희숙(서울)	조미연(노원)	조은예(전남 순천)	조효준(충남 천안)	지상훈(대구)	차금호(전남 순천)
차민기(경남 창원)	채송화(제주)	천정은(세종)	최 강(대전)	최문자(전북 전주)	최보나(서울 은평)
최보린(구파발)	최수연(인천 남동)	표윤경(서울)	하 랑(서울 송파)	하영아(김해, 창원)	한광희(세종)
함영훈(경북 구미)	홍선희(인천 산곡)	황정현(서울 동대문)			

밥화작

일등급 실전 문제편

밥 화작으로 기출 화법과 작문 끝내기

'2독(讀) 2해(解)'

1단계 전체 문제 1독 1해

2독(讀) 2해(解)의 첫 단계로, 교재의 전체 내용을 차례대로 학습한다. 제시된 시간을 고려하여 기출문제를 풀고, '제대로 질문하기'에 제시된 문제를 풀어 지문의 내용을 이해했는지 확인한다. 아울러 〈기출 정복 해설편〉의 '제대로 담화 분석', '제대로 내용 분석'을 참고하여 지문의 흐름을 파악한다.

★ 학습 전 준비물 밥 화작, 스톱워치, 개인 노트, 필기구

[학습 전]

1. 권장 학습 플랜(8p)을 참고하여 자신의 1단계 학습 플랜(9p)을 작성

맞아!
권장 학습 플랜이 있었지? ㅎㅎ

2. 자신의 1단계 학습 플랜에 따라 매일매일 꾸준히 학습할 것을 다짐!

얍!

[매일 학습 시작]

3. 스톱워치를 켜고 문제 풀이 시작
   실제 시험을 본다는 마음가짐으로 임할 것
   - 주의 정답 및 정답 선택 이유는 개인 노트에 기록하고 교재에 직접 쓰지 말 것
   - 주의 문제 풀이를 할 때는 '제대로 접근법'을 보지 말고 학습할 것

START!

4. 문제를 풀고 나면 실제 소요 시간을 체크하여 권장 풀이 시간과 차이가 있는지 확인!

아하!!
개인 노트를 활용~

5. '빠른 정답 CHECK'를 이용하여 개인 노트에 채점하고 틀린 문제는 교재에도 표시
   - 주의 채점에 〈기출 정복 해설편〉을 활용해도 좋으나, 틀린 문제의 해설은 읽지 말 것

[매일 학습 마무리]

6. 채점까지 끝냈으면 복습으로 학습 마무리

6-1. 맞은 문제의 '제대로 접근법' 확인
자신의 접근법과 일치하면 ○표, 일치하지 않으면 다른 내용을 간단히 메모함.
- 주의 메모한 다른 내용은 네이버 카페(http://cafe.naver.com/baps)에 질문할 것

6-2. 〈기출 정복 해설편〉에서 맞은 문제의 정·오답 이유를 확인
- 주의 틀린 문제는 2단계에서 다시 풀어야 하므로, '제대로 접근법'과 〈기출 정복 해설편〉의 내용을 절대 읽지 말 것 (단, '제대로 담화 분석', '제대로 내용 분석'은 가능)

6-3. 제시문을 다시 한 번 정독하여 아래의 '제대로 질문하기' 풀기

7. 3회마다 있는 '학습 점검표'에 채점 결과를 체크하며 학습 마무리

〈제대로 접근법〉은
문제를 풀고 나서 봐야
한다구!!

[1단계 학습 마무리]

8. 〈매일 학습 시작〉 ➡ 〈매일 학습 마무리〉의 과정으로 전체 내용을 처음부터 끝까지 학습
   - 주의 학습 분량이나 학습 기간 등은 개인의 학습 능력에 따라 다를 수 있으니, 자신의 계획에 맞추어 꾸준히 공부하는 데에만 신경 쓸 것
   - 주의 **1단계 학습이 마무리된 후 밥 화작 교재의 상태는?**
     - 틀린 문제 '/' 표시, 맞은 문제 '제대로 접근법' 메모 또는 ○표
     - '제대로 질문하기' 채점 완료, '학습 점검표' 점검

2독(讀) 2해(解)는 '밥 화작'을 2단계에 걸쳐 공부하는 학습법이다. 1단계에서는 제시되어 있는 전체 문제를 빠짐없이 풀고, 2단계에서는 1단계에서 틀린 문제들만 다시 푼다. 2단계에서도 정답을 맞히지 못한 문제만, 지문·문제·해설을 오려서 1단계에서 사용한 개인 노트에 정리한다. 이렇게 화법과 작문 교재(정리 노트)를 스스로 만들어 시간이 날 때마다 복습한다.

2 단계 1단계에서 틀린 문제만 다시 1독 1해

2독(讀) 2해(解)의 마지막 단계로, 1단계에서 맞힌 문제는 제외하고, '틀린' 문제만을 학습한다. 개개인에 따라 2단계에서 학습할 양이 다를 것이다. 틀린 문제를 다시 풀며 답을 찾고, 왜 틀렸는지 그 이유를 확인하며 2단계 학습을 마무리한 뒤 화법과 작문 학습에 대한 계획을 처음부터 다시 세워보도록 한다.

★ 학습 전 준비물 밥 화작, 1단계에서 사용한 개인 노트, 필기구, 가위, 풀

[2단계 학습 전]

1. 1단계에서 틀린 문제의 양에 따라 자신의 2단계 학습 플랜(9p)을 다시 작성

주의 두 번째 학습이므로 2주 이내로 계획할 것을 권장함

2. 자신의 2단계 학습 플랜에 따라 매일매일 꾸준히 학습할 것을 다짐!

3. 틀린 문제만을 마지막으로 다시 풀어 보는 단계라는 것을 기억할 것

[매일 학습 시작]

4. 1단계에서 틀린 문제만 다시 풀기 때문에 스톱워치는 더 이상 필요 없음.

5. 문제 풀이 시간에 구애받지 말고 교재에 '/' 표시된 문제를 다시 풂.

주의 이 문제를 마지막으로 보겠다는 심정으로 풀 것!

6. 문제를 풀고 난 후, 1단계 때와는 달리 정답 및 정답 선택 이유를 교재의 해당 문제에 직접 기록

주의 2단계에서도 틀린 문제는 오리거나 발췌하여 개인 노트에 정리할 것임.

7. 〈기출 정복 해설편〉을 이용하여 교재에 직접 채점함. 맞은 문제에는 ⊘ 표시

[매일 학습 마무리]

8. 맞은 문제는 '제대로 접근법', 〈기출 정복 해설편〉의 정답과 오답의 이유를 정독함.

주의 〈기출 정복 해설편〉의 해설 방향이 자신의 생각과 다르면, 빈 공간 등에 메모를 하였다가 카페에 질문할 것

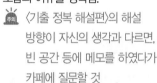

9. 2단계에서도 틀린 문제의 경우, X 표시를 하고 지문·문제·해설을 개인 노트에 오려 붙이거나 옮겨 적어 정리함.

10. 개인 노트에 정리한 '2단계에서도 틀린 문제'는 시간이 날 때마다 반복하여 살펴봄.

[2단계 학습 마무리]

11. 〈매일 학습 시작〉 ➡ 〈매일 학습 마무리〉에 따라 개인 노트가 완성되면 2단계 학습 마무리

주의 각 단계의 학습을 중간에 멈추지 말고 계획에 따라 진행할 것

주의 영역별로 작성하는 오답 노트는 학습 효과가 없음. 반드시 2단계 학습까지 완료한 후에 틀린 문제만으로 개인 노트를 만들어 활용할 것

주의 밥 화작 한 권을 자신이 틀린 문제 중심으로 두 번 반복 학습하여 화법과 작문을 완성함.

CONTENTS

이 책의 차례

I부 화법

II부 작문

III부 복합

구분	기출 출처	일등급 실전 문제편	기출 정복 해설편	중위	상위	스스로
	04 2021 수능 _장소의 획일화	92	43			
10일	**05** 2021 6월 모의평가 _안전한 등굣길	95	45	10일	5일	
	06 2021 9월 모의평가 _산림 치유 프로그램	98	47			
	07 2020 수능 _인공 지능의 면접 활용	102	49			
11일	**08** 2020 6월 모의평가 _한옥 관광지 조성 사업	106	50	11일		
	09 2021 7월 고3 학력평가 _지역 사랑 상품 한마당	109	52		6일	
	10 2021 4월 고3 학력평가 _우리 시대의 진정한 영웅	112	54			
12일	**11** 2021 3월 고3 학력평가 _정박 효과와 확신의 덫	116	56	12일		
	12 2020 10월 고3 학력평가 _백화점 주변의 교통 혼잡	119	58			

Ⅳ부 실전 기출 모의고사

구분	기출 출처	일등급 실전 문제편	기출 정복 해설편	학습 플랜 중위	학습 플랜 상위	학습 플랜 스스로
	01 2022 수능 _석류탕과 난면	124	60			
13일	**02** 2022 수능 _토론 한마당의 예선 방식	127	61	13일		
	03 2022 수능 _악기 연주자의 근골격계 질환	131	63		7일	
	04 2023 6월 모의평가 _텃밭 가꾸기	134	65			
14일	**05** 2023 6월 모의평가 _디스토피아 작품의 인기 현상	137	66	14일		
	06 2023 6월 모의평가 _청소년을 위한 감정 관리 프로그램	141	68			
	07 2023 9월 모의평가 _우리나라 종자 금고	144	69			
15일	**08** 2023 9월 모의평가 _청소년의 팬 상품 소비	147	71	15일		
	09 2023 9월 모의평가 _이름 짓기	151	73		8일	
	10 2023 수능 _도로에서의 안전 설계	154	74			
16일	**11** 2023 수능 _마을 식물 지도 만들기	157	76	16일		
	12 2023 수능 _커피박 처리와 활용	161	78			
	13 2024 6월 모의평가 _한글 대중화에 힘쓴 주시경과 최현배	164	79			
17일	**14** 2024 6월 모의평가 _초보 운전 표지 부착 의무화	167	81	17일	9일	
	15 2024 6월 모의평가 _학교 공간 바꾸기	171	83			
	16 2024 9월 모의평가 _곰팡이와 식물 뿌리의 상호 작용	174	84			
18일	**17** 2024 9월 모의평가 _박물관에 바란다	177	86	18일		
	18 2024 9월 모의평가 _불량 식품을 없애기 위한 노력	181	88			
	19 2024 수능 _눈을 개폐하는 물고기	184	90		10일	
19일	**20** 2024 수능 _전통 한지	186	91	19일		
	21 2024 수능 _청소년의 기후 변화에 대한 대응	190	93			

❖ **빠른 정답 CHECK** • <기출 정복 해설편> 95, 96쪽 참조

STRUCTURE

구성과 특징

일등급 실전 문제편

▶ 학습 제안 | 난이도에 따라 하루 분량이 달라질 수 있습니다. 수준별 권장 학습 플랜을 참조하여 자신의 학습 능력에 따라 학습 플랜을 수립해 보세요.

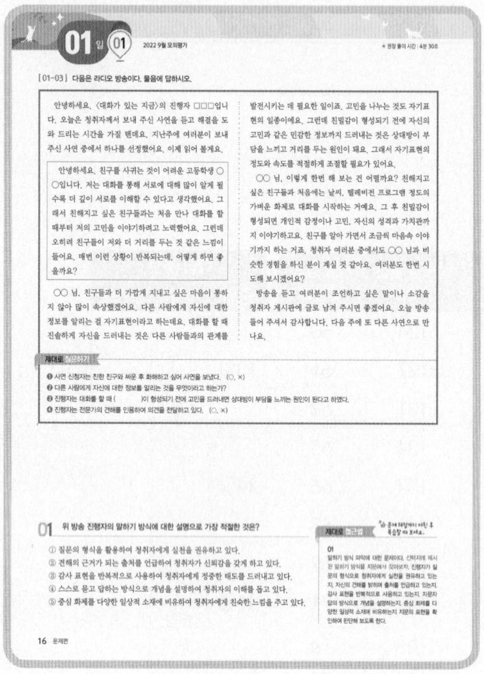

❶ 영역별 학습 후 실전 훈련으로 완성

- '화법 – 작문 – 복합'으로 구분하고, 마지막 '실전 기출 모의고사'로 수능에 대비하는 구성
- 영역별 집중 훈련과 실전 훈련으로 효과적인 학습 효과를 제공

❷ 가장 질 좋은 기출문제 총망라

- 최근 수능 및 평가원 수능모의평가 기출문제 수록
- 최근 교육청 전국연합학력평가 기출문제 선별 수록
- 기출문제를 통해 화법과 작문의 출제 경향을 익히고 제대로 된 지문 이해와 문제 풀이법을 익힐 수 있도록 구성

❸ 지문 이해 점검 프로그램 배치

- 질문을 통해 지문을 제대로 이해했는지 점검하는 '제대로 질문하기' 제시
- 먼저 지문을 읽고 문제를 푼 후 '제대로 질문하기'를 풀며 지문을 잘 이해했는지 확인할 것

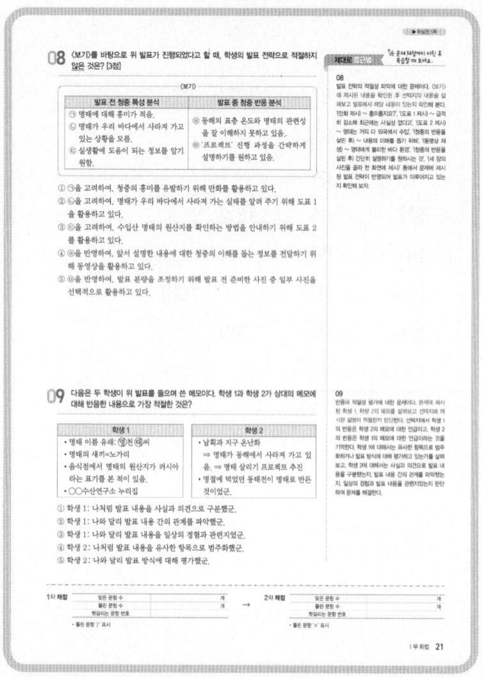

❹ 문제 해결력 향상 프로그램 배치

- 문제에 대한 접근 방법과 해결 전략, 지문과의 연결 고리, 오답을 피하는 요령 등을 익힐 수 있는 '제대로 접근법' 제시
- 먼저 문제를 풀고 채점을 한 다음, '제대로 접근법'을 보면서 문제 해결 능력을 기를 것

❺ 실력 향상을 위한 화법, 작문 핵심 개념 제시

- 화법의 본질, 원리, 유형 & 작문의 본질과 태도, 원리, 절차 등 '미리 배우는 핵심 개념' 제시
- 문제를 풀기 전 '미리 배우는 핵심 개념'을 학습하고, 문제를 풀면서 공부한 내용을 제대로 활용했는지 확인

기출 정복 해설편

▶ 학습 제안 | 정답을 찾는 방법, 오답을 피하는 요령, 매력적인 오답 대처법까지 꼼꼼하게 풀이하였으므로, 문제 해결 능력을 키워 1등급에 도전해 보세요.

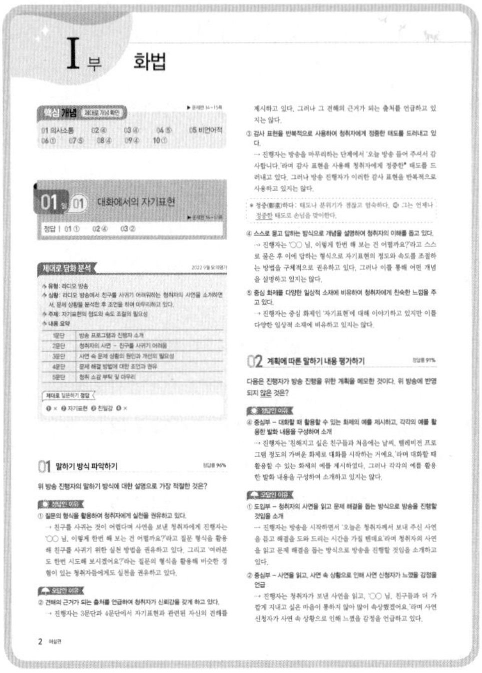
I부 화법

01 대화에서의 자기표현

01 말하기 방식 파악하기

02 계획에 따른 말하기 내용 평가하기

❶ 영역별 제대로 분석과 제대로 질문하기 정답

- '제대로 담화 분석', '제대로 내용 분석'을 통한 지문 분석 제시
- 유형, 주제, 내용 요약 등으로 글의 내용과 구조를 한눈에 파악할 수 있도록 구성
- 〈일등급 실전 문제편〉의 '제대로 질문하기'는 답안에 의존하지 말고, 반드시 스스로 지문을 이해한 후 답안을 확인할 것

❷ 정답률, '고난도 표시', '매력적인 오답' 제시

- 문제의 난이도를 알려 주는 정답률 제시, 정답률이 낮은 문제에 '고난도' 표시
- 정답률이 높은 문제를 틀렸을 경우, 〈일등급 실전 문제편〉의 '제대로 접근법'을 통해 자신의 문제 풀이 방법을 점검
- 헷갈리는 선택지를 알려 주는 '매력적인 오답' 제시

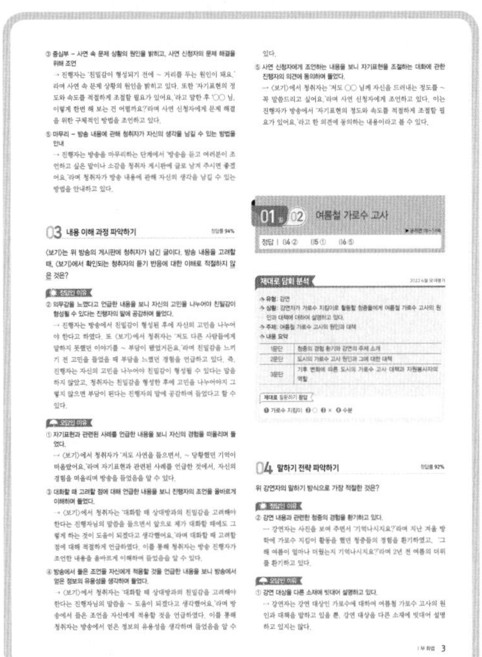
03 내용 이해 과정 파악하기

01 02 여름철 가로수 고사

04 말하기 전략 파악하기

❸ 정답인 이유 · 오답인 이유 – 문제 해결력 강화

- 정답의 이유와 근거를 쉽고 명쾌하게 풀어서 해설
- 문제의 선택지별로 오답의 이유와 근거를 명쾌하게 풀어서 해설
- 〈일등급 실전 문제편〉의 '제대로 접근법'과 연계해서 보면 문제에 대한 해법을 보다 깊이 있게 익힐 수 있음

❹ 기출문제 전 문항 재수록

- 〈일등급 실전 문제편〉에 수록된 전 문항을 재수록하여 문제와 해설을 한눈에 살펴볼 수 있도록 구성
- 선택지에서 맞는 진술과 틀린 진술을 파악할 수 있도록 구분하여 풀이

❺ 어려운 어휘 풀이 제시

- 〈기출 정복 해설편〉에서 어려운 어휘에 대한 풀이 제시
- 지문을 이해하고 문제를 푸는 데 도움이 되도록 해당 문제 아래에 제시

LEARNING PLAN

학습 플랜

수준별 권장 학습 플랜

밥 화작이 제시하는 표준 학습 계획입니다.
이를 참고하되, 반드시 자신만의 학습 플랜을 세워 보세요.

중위권을 위한 1단계 학습 플랜

공부할 날(월/일)	학습 내용
1일차(월 일)	[3] 1부 개념, 1일 01~03
2일차(월 일)	[3] 1부 2일 04~06
3일차(월 일)	[3] 1부 3일 07~09
4일차(월 일)	[3] 1부 4일 10~12
5일차(월 일)	[3] 2부 개념, 5일 01~03
6일차(월 일)	[3] 2부 6일 04~06
7일차(월 일)	[3] 2부 7일 07~09
8일차(월 일)	[3] 2부 8일 10~12
9일차(월 일)	[3] 3부 9일 01~03
10일차(월 일)	[3] 3부 10일 04~06
11일차(월 일)	[3] 3부 11일 07~09
12일차(월 일)	[3] 3부 12일 10~12
13일차(월 일)	[3] 4부 13일 01~03
14일차(월 일)	[3] 4부 14일 04~06
15일차(월 일)	[3] 4부 15일 07~09
16일차(월 일)	[3] 4부 16일 10~12
17일차(월 일)	[3] 4부 17일 13~15
18일차(월 일)	[3] 4부 18일 16~18
19일차(월 일)	[3] 4부 19일 19~21

상위권을 위한 1단계 학습 플랜

공부할 날(월/일)	학습 내용
1일차(월 일)	[6] 1부 개념, 1일 01~2일 06
2일차(월 일)	[6] 1부 3일 07~4일 12
3일차(월 일)	[6] 2부 개념, 5일 01~6일 06
4일차(월 일)	[6] 2부 7일 07~8일 12
5일차(월 일)	[6] 3부 9일 01~10일 06
6일차(월 일)	[6] 3부 11일 07~12일 12
7일차(월 일)	[5] 4부 13일 01~14일 05
8일차(월 일)	[6] 4부 14일 06~16일 11
9일차(월 일)	[5] 4부 16일 12~18일 16
10일차(월 일)	[5] 4부 18일 17~19일 21

나만의 2독 2해 학습 플랜

자신의 학습 능력과 상황에 따라 스스로 학습 플랜을 완성하고,
2독 2해 학습에 반드시 활용해 보세요.

1단계 학습 플랜

공부할 날(월/일)	학습 내용
(　월　일)	
(　월　일)	
(　월　일)	
(　월　일)	
(　월　일)	
(　월　일)	
(　월　일)	
(　월　일)	
(　월　일)	
(　월　일)	
(　월　일)	
(　월　일)	
(　월　일)	
(　월　일)	
(　월　일)	
(　월　일)	
(　월　일)	
(　월　일)	
(　월　일)	
(　월　일)	
(　월　일)	
(　월　일)	

2단계 학습 플랜

공부할 날(월/일)	학습 내용
(　월　일)	
(　월　일)	
(　월　일)	
(　월　일)	
(　월　일)	
(　월　일)	
(　월　일)	
(　월　일)	
(　월　일)	
(　월　일)	
(　월　일)	

선생님이 들려주는 생생 공부법

♥ 문학에서 다루었던 시와 소설 작품이 화법에서도 활용되므로 작품의 기본 분석 실력을 갖추도록 노력하고, 기출문제를 통해 화법 영역의 출제 경향과 문제 유형을 파악해 두어야 합니다. 문제를 통해 핵심 용어를 표시하여 익히고 이를 활용하여 정답과 오답의 근거를 찾는 훈련을 합니다. 이러한 훈련은 꾸준히 하는 것이 중요하므로 매일 단 몇 문제라도 푼다면 어려운 문제가 나와도 잘 해결할 수 있을 거라 생각합니다.

– 김지은(인천 K학원)

♥ 흔히들 문제를 마주하고 앞서 이런 생각을 합니다. '문제 먼저? 지문 먼저?' 어떤 것을 먼저 읽을지 고민하는 것입니다. 화법 영역의 모든 문제는 '대화의 과정'이라는 것을 꼭 기억해야 합니다. 그 대화의 말하는 이, 듣는 이가 처한 상황을 점검하고 대화의 주제와 맥락을 가늠하는 과정을 거쳐 문제를 해결하는 것입니다. 문제와 보기는 단순히 '풀어야 하는 문제'가 아니라 대화를 정확하게 살펴볼 수 있도록 도와주는 기반임을 명심하세요.

– 채송화(서울, 제주 T학원)

♥ 기출문제 분석을 통해 화법의 주요 개념을 정리한 후, 자주 틀리는 문제 유형은 다양한 문제 풀이를 통해 적응력을 높여야 합니다. 특히 문제를 먼저 훑어본 후 푸는 방법을 추천합니다. 문제를 통해 핵심어를 체크한 후 본문은 문단별로 끊어 읽으면서 문제와 관련된 내용이 본문에 나오면 바로 문제를 풀어 보고 오답 선지를 골라내는 훈련을 해 보세요.

– 김정옥(목포 홍일고)

♥ 작문의 특성, 계획, 내용 생성, 내용 조직, 표현 등과 관련된 작문의 원리를 다루는 문제들이 많이 출제됩니다. 이때 기본 개념이 중요한데 안내문, 논설문, 건의문, 보고서 등의 특징 및 원리, 적용하는 과정은 확실하게 정리해 두어야 합니다. 까다로운 문제를 해결하기 위해 특히 평가원의 기출문제에서 '정형화된 작문의 발문'을 익히고 훈련한다면 충분히 좋은 성적을 거둘 것입니다.

– 박하섬(경남외고)

♥ 작문은 글을 쓰는 사람의 입장에서 생각하면 글의 구조와 방향이 투명하게 보입니다. 따라서 이러한 시선으로 문제를 바라보아야 합니다. 글을 따라가는 것에 급급해하지 말고 글의 방향을 예견하고 글보다 한 발 먼저 갈 수 있도록 합니다. 문제를 풀기 전 먼저 작문의 상황과 목적을 파악하세요. 그리고 서술자가 선택한 작문 스킬에 대해 생각하면 작문의 구조와 전개 방향이 보입니다. 마지막으로 오답 정리를 할 때는 내용과 함께 구조와 전개 방식의 상황을 분석해 보시길 추천합니다.

– 최보나(은평 T학원)

♥ 글의 내용을 이해한 후 문제를 푸는 것이 아니라 문제를 읽은 뒤에 글을 읽으며 답을 찾을 수 있도록 연습하는 것이 좋습니다. 복습을 할 때에는 선지에서 주는 키워드가 글에 어떻게 반영되어 쓰이고 있는지 분석합니다. 화법과 작문은 문학과 비문학에서 시간을 확보하기 위해 빠르게 풀 필요가 있기 때문에 키워드를 보고 바로 글에서 어떤 내용이 나올지 떠올릴 수 있어야 합니다.

– 조용아(목동 K학원)

♥ 화작의 기본은 읽기라 생각됩니다. 평소 공부할 때 한 지문이라도 정확히 읽어 자신만의 독해 원리를 구축해 나가는 것이 중요합니다. 그 과정에서 모르는 어휘에 현혹되어 지문을 잘못 독해하는 일이 없도록 주의해야 합니다. 또한 자신의 생각보다 지문의 내용에 충실하고 직관적인 자세로 접근해 나간다면 어떤 형태의 지문이라도 거뜬히 정복할 수 있을 것입니다.

– 함영훈(경북 상주고)

♥ 화법과 작문, 특히 두 영역이 복합된 문제는 무작정 지문부터 읽지 마세요. 먼저 '다음 ~ 물음에 답하시오.'에서 복합 지문들의 성격을 파악합니다. 대화/협상/토의 등 말하기 상황 뒤에 어떤 목적의 글이 오는지 파악됐다면, 이제 문제 유형과 선지를 봅니다. 특히 ㉠이나 [A] 등 기호가 표시된 부분을 어떻게 접근해야 하는지 방법이 보일 겁니다. 화작은 빠르고 정확하게 읽는 것이 중요하기 때문에 무작정 읽기보다, 어떻게 문제에 접근할 것인지 전략이 중요한 영역이라는 것을 잊지 마세요!

– 서가영(대치 M학원)

졸업생이 들려주는 생생 공부법

김지은 | 서울대학교 경제학부

화법은 평이한 영역이지만 그렇기에 방심하면 실수할 가능성이 높은 영역이기도 합니다. 따라서 매일 꾸준히 문제를 풀어야 틀리지 않고 안정적으로 빠른 시간 내에 해결하고 넘어갈 수 있어요. 굳이 많은 시간을 들일 필요 없이 하루 3세트 가량 정도만 연습하세요! 특히 문제를 풀 때 문제를 먼저 읽고 제재를 찾고 어느 문단을 읽어야 할지 파악하는 연습을 한다면 문제를 푸는 시간을 절약할 수 있습니다.

이근찬 | 연세대학교 산업공학과

화법은 글을 이해하고 문제를 해결하는 속도가 가장 중요합니다. 그리고 글의 구성이나 문제 유형이 매년 크게 변하지 않습니다. 문학과 비문학에 비해 빠르게 이해할 수 있는 내용인 만큼 기출문제를 통한 반복 학습으로 글의 구조에 익숙해진 후 시간 단축을 목표로 공부하는 것이 좋습니다. 너무 조바심을 갖는다면 큰 실수를 할 수 있으니 주의해야 합니다.

송동하 | 고려대학교 건축사회환경공학부

화법과 작문은 가장 유형 수가 적은 파트라고 생각합니다. 그만큼 목표 기간을 설정하고 계획적, 집중적으로 공부한다면 실력 향상을 이룰 수 있을 것입니다. 화법과 작문 영역의 목표 성적에 도달한 후에도 자만하지 않고 꾸준히 공부한다면 분명 시험에서 실수가 적어질 것입니다. 매일 10~15분을 활용하여 기출문제를 풀어 보세요! 어떤 문제라도 자신 있게 풀 수 있는 힘이 생길 것입니다.

손학균 | 연세대학교 지구시스템과학과

화법과 작문은 국어 영역에 있어 스트레칭과도 같습니다. 상대적으로 난이도가 낮은 만큼 수능의 긴장감을 풀어 주는 역할을 합니다. 하지만 화법과 작문을 적당히 빨리빨리만 풀려고 하면 안 됩니다. 차분하고 정확하게 글의 맥락을 파악하고 문제에 대입할 수 있는 능력을 길러야 합니다. 침착하게 글을 읽고 근거를 찾는 연습을 계속하다 보면, 어느 순간 점수가 크게 상승할 것입니다.

백나경 | 서울대학교 국어국문학과

화법과 작문은 비교적 쉽다고 하지만 가장 실수하기 쉬운 영역입니다. 특히 작문은 주어진 글을 꼼꼼하게 읽고 문제를 풀 때 필요한 부분만을 빠르게 찾아내야 하는데, 연습량이 적거나 과도하게 긴장하게 되면 글자를 잘못 읽을 확률이 높아집니다. 화법과 작문 영역을 효과적으로 대비하기 위해서는 10분 이내로 촉박한 시간제한을 두고 11문제를 온전하게 푸는 연습을 반복하는 것이 좋습니다.

나윤상 | 연세대학교 건축공학과

화법과 작문은 수능에 출제되는 문항들 중에 가장 실생활에 연관되어 있는 영역입니다. 특히 작문은 자신이 직접 문제 속에 들어가 글을 쓴다고 생각하면 조금 더 쉽게 접근할 수 있습니다. 화법과 작문은 상대적으로 난이도가 낮기 때문에 시간 관리가 무척 중요합니다. 매일 꾸준히 기출문제를 풀어 감각을 유지한다면 수능에서도 큰 문제 없을 것입니다.

❖ 출제 경향 및 학습 대책

화법은 주로 표현 전략, 자료 활용, 청중의 반응을 묻는 구성으로 작문 복합 문제를 제외하고 3문제 안팎이 출제된다. 담화에서 문제에 대한 정확한 근거를 찾는 연습이 필요하다.

❶ 발표, 연설, 강연, 대화, 면접 등의 지문이 출제되므로 이와 관련된 핵심 개념을 미리 익혀 두어야 한다.

❷ 개념을 익힌 후 이를 적용하고 응용하는 학습을 반복한다.

❸ 화자가 말하는 내용이나 대화의 중심 내용을 빠르게 파악할 수 있어야 한다.

I 부

화법

미리 배우는 핵심 개념

1 화법의 본질

(1) **화법의 특성**: 말을 통해 화자와 청자가 의미를 주고받는 사회적 의사소통 행위. 화자와 청자가 시간적 · 공간적 상황을 공유하므로 즉각적으로 소통할 수 있음. 의사소통이 이루어지는 과정에서 사회적 담론이나 특정한 의사소통 문화가 형성되기도 함.

(2) **화법의 기능**: 말하기 활동은 인간이 타인의 반응을 통해 긍정적 자아를 지니게 하고, 자신을 성찰하게 하여 자아 성장에 기여함. 또한 원만한 인간관계를 형성 · 유지하고 일상생활의 문제를 해결하게 하여 공동체 발전에 이바지함.

(3) **화법의 맥락**: 말하기가 이루어지는 배경으로 목적, 주제, 청자, 매체, 담화 유형 등이 맥락 요인이 될 수 있음.

목적	정보 전달, 설득, 자기표현 등이 있음.
주제	궁극적으로 말하고자 하는 바가 무엇인지에 따라 말하기가 달라짐.
청자	청자의 연령, 관심사, 배경지식의 수준 등에 따라 말하기가 달라짐.
매체	어떤 매체를 이용하여 말하는지에 따라 말하기가 달라짐.
담화 유형	대화, 토론, 면접, 발표, 연설 등 담화 유형에 따라 말하기가 달라짐.

2 화법의 원리

(1) **상황에 맞는 말하기**

부탁 및 요청	• 명령하거나 강요하기보다는 정중한 태도로 바라는 내용을 전달함. • 상대방에게 부담을 주거나 무리하게 요구하지 말아야 함.
거절	• 상대방의 상황에 공감하며 미안한 마음과 거절하는 이유를 드러냄. • 모호하게 표현하기보다는 거절의 의사를 분명히 밝힘.
사과	• 자신의 잘못을 솔직하게 인정하고, 미안한 마음을 정중하게 전달함. • 잘못을 정당화하거나 변명하지 말고, 앞으로 어떻게 행동할지 밝힘.
감사	• 자신이 어떤 도움을 받았는지 감사의 내용을 구체적으로 밝힘. • 과장된 말이나 형식적인 표현은 상대방에게 부담을 주므로 삼가야 함.

(2) **효과적인 표현 전략**

언어적 표현	• 어휘, 문장 등의 형태로 의미를 나타내는 표현 • 말하기 상황에 따라 적절한 단어를 선택하며, 어법에 맞는 표현과 표준 발음을 사용함.
준언어적 표현	• 언어 표현에 직접적으로 매개되어 의미 작용을 하는 표현 • 말하기 상황에 따라 억양, 성량(목소리의 크기), 말의 속도, 어조 등을 적절하게 조절함.
비언어적 표현	• 언어 표현과는 독립적으로 의미 작용을 하는 표현 • 시선, 표정, 몸짓 등을 적절하게 사용하여 정서나 말의 의도를 효과적으로 전달함.

제대로 개념 확인

01 〈보기〉의 빈칸에 공통으로 들어갈 알맞은 말을 쓰시오.

〈보기〉

화법은 말을 통해 화자와 청자가 의미를 주고받는 사회적 (　　　　　) 행위이다.

02 화법의 기능으로 적절하지 않은 것은?

① 자신을 성찰하게 한다.
② 공동체 발전에 이바지한다.
③ 원만한 인간관계를 형성할 수 있게 한다.
④ 바쁜 일상생활 속에서 여유를 찾게 한다.
⑤ 타인의 반응을 통해 자아에 긍정적 영향을 끼친다.

03 말하기를 할 때 화자가 고려해야 할 요인으로 적절하지 않은 것은?

① 담화의 유형　② 말하는 목적
③ 말하기의 주제　④ 화자의 관심사
⑤ 이용할 매체 선정

04 다음에 해당하는 말하기 상황은?

우리에게 많은 이익을 주는 습지를 보존하는 일에 이제는 우리 모두가 앞장서야 합니다.

① 감사　② 거절　③ 추천
④ 사과　⑤ 요청

05 다음 밑줄 친 부분에 사용된 표현 전략은?

후배: (고개를 끄덕이며) 동아리 활동의 의미는 제 스스로 찾아야 한다는 말씀이시군요.

(　　　　　) 표현

06 사용된 표현 전략이 나머지와 다른 하나는?

① 말의 속도를 조절한다.
② 손으로 화면을 가리킨다.
③ 눈을 맞추며 고개를 끄덕인다.
④ 질문 후 청중의 반응을 살핀다.
⑤ 주변을 살펴본 후 발표를 마친다.

❸ 화법의 유형

(1) 발표, 연설, 강연

발표	• 여러 사람들 앞에서 어떤 사실이나 그것에 대한 자신의 생각과 의견을 말하는 활동 • **발표의 과정**: 도입(흥미 유발, 주제 소개 등) → 전개(내용 제시) → 정리(내용 강조, 간단한 제언)
연설	• 한 사람의 연사가 다수의 청중을 대상으로 하여 특정한 목적을 가지고 말하는 공적인 말하기 • **연설의 준비 절차**: 상황 및 청중 분석 → 주제 설정 → 자료 수집 및 선정 → 자료 조직 → 연설문 작성 → 연설 연습
강연	• 일정한 주제에 대하여 청중 앞에서 강의 형식으로 지식을 전달하는 말하기 • **강연 준비 시 고려 사항**: 청중의 수준에 맞게 내용을 구성하며, 청중의 이해를 도울 다양한 자료를 마련하고, 강연 환경을 미리 파악해 둠.

(2) 토의, 토론, 협상

토의	• 어떤 공통된 문제에 대한 최선의 해결책을 얻기 위해 여러 사람이 모여서 의논하는 말하기 양식 • **토의 과정**: 문제 확인 및 분석 → 대안 탐색과 도출 → 대안 분석과 평가 → 최선의 대안 선택
토론	• 어떤 논제에 대하여 찬성자와 반대자가 각기 논거를 들어 자신의 주장이 옳음을 내세우는 말하기 양식 • **토론 과정**: 논제 설정 → 입론 → 반론 → 최종 변론
협상	• 이익과 관련된 갈등을 인식한 둘 이상의 주체들이 합의에 이르고자 대안을 조정하는 공동의 의사 결정 과정 • **협상의 준비 절차**: 갈등 상황 및 이해관계 분석 → 의제 설정과 목표 수립 → 협상 상대방에 대한 분석 • **협상의 과정**: 협상 열기(자기소개, 규칙 제정, 의제 확정) → 제안 및 대안 제시(합의점 모색) → 해결안 수락 또는 거부

(3) 대화, 면접

대화	• 두 사람 이상이 모여 말로써 자신의 생각과 느낌을 표현하거나 상대방을 이해하는 상호 교섭적 활동 • **대화의 원리**: 대화의 목적에 도달하기 위해 서로 협력하고(협력의 원리), 상대방을 배려해 공손하게 말하며(공손성의 원리), 대화 참여자가 순서를 적절히 교대해 가며 대화를 주고받음(순서 교대의 원리).
면접	• 일정한 목적을 위해 질문과 응답의 방식으로 정보를 수집하거나 대상을 평가하는 공적 대화의 한 유형 • **면접의 준비 절차**: 면접의 목적 파악 → 면접 실시 기관 및 단체 분석 → 예상 질문 점검 및 답변 마련

제대로 개념 확인

07 최선의 해결책을 얻기 위해 여러 사람이 공통된 문제에 대해 의논하는 말하기는?

① 강연 ② 면접 ③ 발표
④ 토론 ⑤ 토의

08 다음 담화의 유형에 대한 설명으로 알맞지 않은 것은?

> **후보 2**: 안녕하세요. 우리 동아리의 만능 도우미 기호 2번 이정민입니다. 저는 2년밖에 안 된 우리 동아리에 가장 필요한 것은 바로 '실력'이라고 생각합니다.

① 공적인 말하기이다.
② 특정한 목적을 가지고 말한다.
③ 한 사람이 다수를 대상으로 말한다.
④ 준비할 때 자료를 수집한 후 주제를 설정한다.
⑤ 준비할 때 가장 먼저 할 일은 상황과 청중을 분석하는 것이다.

09 다음에 해당하는 담화의 유형과 과정이 알맞게 짝지어진 것은?

> 음, 저희 마을 이름을 먼저 표기하는 것으로 하고 그 정도 조건이면 받아들일 수 있겠네요. 그렇게 합시다.

① 토론 – 반론
② 토론 – 논제 설정
③ 협상 – 협상 열기
④ 협상 – 해결안 수락
⑤ 토의 – 문제 확인 및 분석

10 다음 강연자의 말하기 방식에 대한 설명으로 적절한 것은?

> 여러분, 꽃을 먹는 것이라고 생각해 본 적이 있나요? 재스민 차 드셔본 분은요? 아, 몇 분이 고개를 끄덕여 주셨어요. 그래요, 여러분이 마시는 차 중에는 말린 꽃잎을 재료로 한 것들이 있습니다.

① 질문을 통해 경험을 이끌어 내고 있다.
② 자료를 제시하여 청중의 이해를 돕고 있다.
③ 경력을 소개하여 내용에 신뢰감을 주고 있다.
④ 역사적 사건을 제시하여 흥미를 유발하고 있다.
⑤ 비언어적 표현으로 청중의 반응에 공감하고 있다.

◉ 권장 풀이 시간 : 4분 30초

[01-03] 다음은 라디오 방송이다. 물음에 답하시오.

안녕하세요. 〈대화가 있는 지금〉의 진행자 □□□입니다. 오늘은 청취자께서 보내 주신 사연을 듣고 해결을 도와 드리는 시간을 가질 텐데요, 지난주에 여러분이 보내 주신 사연 중에서 하나를 선정했어요. 이제 읽어 볼게요.

> 안녕하세요. 친구를 사귀는 것이 어려운 고등학생 ○○입니다. 저는 대화를 통해 서로에 대해 많이 알게 될수록 더 깊이 서로를 이해할 수 있다고 생각했어요. 그래서 친해지고 싶은 친구들과는 처음 만나 대화를 할 때부터 저의 고민을 이야기하려고 노력했어요. 그런데 오히려 친구들이 저와 더 거리를 두는 것 같은 느낌이 들어요. 매번 이런 상황이 반복되는데, 어떻게 하면 좋을까요?

○○ 님, 친구들과 더 가깝게 지내고 싶은 마음이 통하지 않아 많이 속상했겠어요. 다른 사람에게 자신에 대한 정보를 알리는 걸 자기표현이라고 하는데요, 대화를 할 때 진솔하게 자신을 드러내는 것은 다른 사람들과의 관계를 발전시키는 데 필요한 일이죠. 고민을 나누는 것도 자기표현의 일종이에요. 그런데 친밀감이 형성되기 전에 자신의 고민과 같은 민감한 정보까지 드러내는 것은 상대방이 부담을 느끼고 거리를 두는 원인이 돼요. 그래서 자기표현의 정도와 속도를 적절하게 조절할 필요가 있어요.

○○ 님, 이렇게 한번 해 보는 건 어떨까요? 친해지고 싶은 친구들과 처음에는 날씨, 텔레비전 프로그램 정도의 가벼운 화제로 대화를 시작하는 거예요. 그 후 친밀감이 형성되면 개인적 감정이나 고민, 자신의 성격과 가치관까지 이야기하고요. 친구를 알아 가면서 조금씩 마음속 이야기까지 하는 거죠. 청취자 여러분 중에서도 ○○ 님과 비슷한 경험을 하신 분이 계실 것 같아요. 여러분도 한번 시도해 보시겠어요?

방송을 듣고 여러분이 조언하고 싶은 말이나 소감을 청취자 게시판에 글로 남겨 주시면 좋겠어요. 오늘 방송 들어 주셔서 감사합니다. 다음 주에 또 다른 사연으로 만나요.

제대로 질문하기

❶ 사연 신청자는 친한 친구와 싸운 후 화해하고 싶어 사연을 보냈다. (○, ×)
❷ 다른 사람에게 자신에 대한 정보를 알리는 것을 무엇이라고 하는가?
❸ 진행자는 대화를 할 때 (　　　　)이 형성되기 전에 고민을 드러내면 상대방이 부담을 느끼는 원인이 된다고 하였다.
❹ 진행자는 전문가의 견해를 인용하여 의견을 전달하고 있다. (○, ×)

01 위 방송 진행자의 말하기 방식에 대한 설명으로 가장 적절한 것은?

① 질문의 형식을 활용하여 청취자에게 실천을 권유하고 있다.
② 견해의 근거가 되는 출처를 언급하여 청취자가 신뢰감을 갖게 하고 있다.
③ 감사 표현을 반복적으로 사용하여 청취자에게 정중한 태도를 드러내고 있다.
④ 스스로 묻고 답하는 방식으로 개념을 설명하여 청취자의 이해를 돕고 있다.
⑤ 중심 화제를 다양한 일상적 소재에 비유하여 청취자에게 친숙한 느낌을 주고 있다.

제대로 접근법 문제 채점까지 마친 후 복습할 때 보세요.

01
말하기 방식 파악에 대한 문제이다. 선택지에 제시된 말하기 방식을 지문에서 찾아보자. 진행자가 질문의 형식으로 청취자에게 실천을 권유하고 있는지, 자신의 견해를 밝히며 출처를 언급하고 있는지, 감사 표현을 반복적으로 사용하고 있는지, 자문자답의 방식으로 개념을 설명하는지, 중심 화제를 다양한 일상적 소재에 비유하는지 지문의 표현을 확인하여 판단해 보도록 한다.

▶ 해설편 2쪽

02 다음은 진행자가 방송 진행을 위한 계획을 메모한 것이다. 위 방송에 반영되지 않은 것은?

• 도입부
– 청취자의 사연을 읽고 문제 해결을 돕는 방식으로 방송을 진행할 것임을 소개 ········ ①
• 중심부
– 사연을 읽고, 사연 속 상황으로 인해 사연 신청자가 느꼈을 감정을 언급 ········ ②
– 사연 속 문제 상황의 원인을 밝히고, 사연 신청자의 문제 해결을 위해 조언 ········ ③
– 대화할 때 활용할 수 있는 화제의 예를 제시하고, 각각의 예를 활용한 발화 내용을 구성하여 소개 ········ ④
• 마무리
– 방송 내용에 관해 청취자가 자신의 생각을 남길 수 있는 방법을 안내 ········ ⑤

제대로 접근법 ☆ 문제 채점까지 마친 후 복습할 때 보세요.

02
계획에 따른 말하기 내용을 평가하는 문제이다. 문제에 제시된 도입부, 중심부, 마무리의 계획을 확인하고 방송 내용에서 확인할 수 없는 것이 무엇인지 찾아보자. 청취자의 사연을 읽고 문제 해결을 돕는 방식이 나타났는가, 사연 속 상황으로 인해 사연 신청자가 느꼈을 감정이 언급되었는가, 사연에서 문제 상황의 원인이 어디에 있는지 밝히고 문제 해결을 위한 조언을 하였는가, 화제의 예를 제시하고 예를 활용한 발화 내용을 구성하여 소개하였는가, 청취자가 자신의 생각을 남길 수 있는 방법을 안내하였는가를 평가해 본다. 방송 계획과 지문의 방송 내용을 연결해 보면 반영되지 않은 하나를 어렵지 않게 찾을 수 있다.

03 〈보기〉는 위 방송의 게시판에 청취자가 남긴 글이다. 방송 내용을 고려할 때, 〈보기〉에서 확인되는 청취자의 듣기 반응에 대한 이해로 적절하지 않은 것은?

〈보기〉

안녕하세요, 진행자님. 방송 정말 잘 들었어요. 저도 사연을 들으면서, 친구가 친해지기도 전에 갑자기 고민을 이야기해서 당황했던 기억이 떠올랐어요. 저도 다른 사람들에게 말하지 못했던 이야기를 그 친구와 공유해야 할 것 같은 의무감을 느껴서 부담이 됐었거든요. 대화할 때 상대방과의 친밀감을 고려해야 한다는 진행자님의 말씀을 들으면서 앞으로 제가 대화할 때에도 그렇게 하는 것이 도움이 되겠다고 생각했어요. 그래서 저도 ○○ 님께 자신을 드러내는 정도를 조절하면서 대화하는 건 정말 중요하다는 걸 꼭 말씀드리고 싶어요.

① 자기표현과 관련된 사례를 언급한 내용을 보니 자신의 경험을 떠올리며 들었다.
② 의무감을 느꼈다고 언급한 내용을 보니 자신의 고민을 나누어야 친밀감이 형성될 수 있다는 진행자의 말에 공감하며 들었다.
③ 대화할 때 고려할 점에 대해 언급한 내용을 보니 진행자의 조언을 올바르게 이해하며 들었다.
④ 방송에서 들은 조언을 자신에게 적용할 것을 언급한 내용을 보니 방송에서 얻은 정보의 유용성을 생각하며 들었다.
⑤ 사연 신청자에게 조언하는 내용을 보니 자기표현을 조절하는 대화에 관한 진행자의 의견에 동의하며 들었다.

03
내용 이해 과정을 파악하는 문제이다. 〈보기〉에서 청취자 글의 내용을 확인한 후 방송 내용을 고려하여 선택지에 제시된 내용의 적절성을 판단한다. 〈보기〉에서 '친해지기도 전에 갑자기 고민을 이야기', '의무감을 느껴서 부담', '상대방과의 친밀감을 고려해야', '그렇게 하는 것이 도움이 되겠다고 생각', '자신을 드러내는 정도를 조절', '꼭 말씀드리고 싶어요.' 등의 내용에 주목하자. 청취자가 방송 내용에 공감하며 듣기 반응을 적절하게 보였는지를 생각해 보고, 진행자의 발언이나 조언에 어긋나게 청취자가 반응한 내용이 선택지에 제시되어 있는지 살펴보자.

[04-06] 다음은 봉사 동아리 학생들을 대상으로 한 강연이다. 물음에 답하시오.

안녕하세요. □□ 산림 연구소 연구원 ○○○입니다. 강연 시작에 앞서 먼저 사진을 보실까요? (사진을 보여 주며) 기억나시지요? 지난 겨울 방학에 가로수 지킴이 활동을 하는 여러분의 모습입니다. 이번 여름 방학에도 가로수 지킴이로 활동할 여러분에게 도움을 드리고자 여름철 가로수 고사의 원인과 대책을 주제로 말씀드리겠습니다.

(사진을 보여 주며) 어디인지 아시겠어요? 여러분이 사는 △△시의 2년 전 사진입니다. 몇 월의 모습일까요? (청중의 답변을 듣고) 11월이나 12월이라고요? 그렇게 보이지만 8월의 모습입니다. 그해 여름이 얼마나 더웠는지 기억나시지요? (사진을 보여 주며) 이 사진도 가뭄과 폭염으로 말라 죽은 가로수의 모습입니다. 특히 도시의 가로수가 가뭄과 폭염으로 인한 건조에 취약한 것은 도시의 열악한 토양 환경 때문입니다. 도시의 토양은 물이 스며들기 어려워서 토양 내 수분 함유량이 매우 낮습니다. (그림을 보여 주며) 보시는 바와 같이 차도와 보도의 압력으로 토양 입자 사이의 틈이 줄어들어 있습니다. 이로 인해 뿌리에 충분한 수분이 전달되지 못하는 것이지요. 그래서 건조에 강한 수종을 가로수로 선정합니다. 잔뿌리가 땅 표면 가까이에 분포해서 적은 강우량에도 수분을 잘 흡수할 수 있는 수종을 선택하는 것이지요. 이와 함께 가로수가 건조에 견딜 수 있는 환경을 만들어 주기 위해 가로수의 기존 보호 틀을 확대해 물이 스며드는 면적을 넓히고 잔뿌리가 잘 자라도록 최대한 생육 공간을 확보합니다.

그런데 다들 아시는 것처럼 최근 기후 변화로 가뭄과 폭염이 심해지고 있어 도시의 가로수에 수분을 공급하는 일이 절실합니다. 가로수가 말라 죽지 않도록 땅 표면 아래 20㎝까지 적셔 주려면 2시간 이상은 비가 내려야 하는데 폭염에는 잠시 쏟아지는 소나기로는 턱없이 부족합니다. 살수차를 동원해 물도 뿌리지만 한계가 있습니다. 그래서 사람이 직접 나무마다 물주머니를 매달고 토양 보습제를 투입하는 것입니다. 일일이 수작업해야 하는 일이라 여러분과 같은 자원봉사자의 역할이 매우 중요합니다. 가로수를 지키는 건 여러분이 살아갈 도시를 더욱 건강하게 가꾸는 일입니다. 여러분 덕분에 △△시의 가로수가 올 여름에는 말라 죽지 않을 것입니다. 이상 강연을 마칩니다.

제대로 질문하기

❶ 청중은 이번 여름 방학에 무엇으로 활동할 예정인가?
❷ 청중은 강연자의 질문에 답하고 있다. (○, ×)
❸ 강연자는 통계 자료를 활용하며 설명을 이어 나가고 있다. (○, ×)
❹ 최근 가뭄과 폭염이 심해지고 있어 도시의 가로수에 (   )을 공급하는 일이 절실하다.

04 위 강연자의 말하기 방식으로 가장 적절한 것은?

① 강연 대상을 다른 소재에 빗대어 설명하고 있다.
② 강연 내용과 관련한 청중의 경험을 환기하고 있다.
③ 통계 자료를 인용하여 강연 내용을 설명하고 있다.
④ 과거 사례와 최근의 사례를 대조하며 설명하고 있다.
⑤ 강연을 하게 된 소감을 밝히며 강연을 시작하고 있다.

제대로 접근법 ☆ 문제 채점까지 마친 후 복습할 때 보세요.

04
말하기 전략을 파악하는 문제이다. 선택지를 보고 강연 내용에서 확인할 수 있는 말하기 방식을 찾아보자. '기억나시지요?', '지난 겨울 방학에 가로수 지킴이 활동을 하는 여러분의 모습', '얼마나 더웠는지 기억나시지요?' 등이 어떤 선택지와 연결되는지 판단하여 답을 정해 보자.

05 다음은 동아리 부장이 강연자에게 보낸 전자 우편이다. 이를 바탕으로 세운 강연자의 계획 중 강연에 반영되지 않은 것은?

> 답장 | 전체 답장 | 전달 | X 삭제 | 스팸 신고 　　목록 | 위 | 아래
>
> 안녕하세요. 저는 △△시 △△고등학교 봉사 동아리 부장입니다. 여름 방학 봉사 활동을 위해 도시의 가로수가 여름에 왜 말라 죽는지, 이를 막기 위해서 필요한 것은 무엇인지, 저희의 활동이 어떤 의미가 있는지를 알고자 동아리 학생들을 대표해 강연을 부탁드립니다. 강연하실 때 저희 지역과 관련한 자료를 활용해 주시면 도움이 될 것 같습니다. 감사합니다.

① 청중이 여름 방학 봉사 활동에 참여하므로 여름철 가로수 지킴이 활동을 위한 준비 사항을 안내한다.
② 청중이 도시 가로수 고사의 원인을 알고자 하므로 이와 관련한 도시의 토양 환경을 시각 자료를 활용하여 설명한다.
③ 청중이 도시 가로수의 고사를 방지하기 위한 방안을 알고자 하므로 가로수에 수분을 공급하는 다양한 방안을 설명한다.
④ 청중이 봉사 활동의 의의를 알고자 하므로 봉사 활동이 가뭄과 폭염에서 가로수를 보호하는 데 기여한다는 것을 설명한다.
⑤ 청중이 자신의 지역과 관련한 자료의 활용을 희망하므로 △△시의 사진을 보여 주며 질의응답한다.

제대로 접근법 (문제 채점까지 마친 후 복습할 때 보세요.)

05
계획에 따른 말하기 내용을 평가하는 문제이다. 문제에 제시된 전자 우편의 내용을 살펴보자. 강연에 반영된 것이 있는지 확인한 후 선택지에 정리된 내용 중 적절하지 않은 것을 찾는다. 선택지의 일부분의 내용뿐만 아니라 전체 내용을 살펴서 실수하지 않도록 주의해야 한다. 선택지의 앞부분에 제시된 정보와 뒷부분에 제시된 정보를 모두 꼼꼼하게 확인해야 한다.

06 다음은 학생이 강연을 들으면서 작성한 메모이다. 이를 바탕으로 학생의 듣기 과정을 이해한 내용으로 적절하지 않은 것은? [3점]

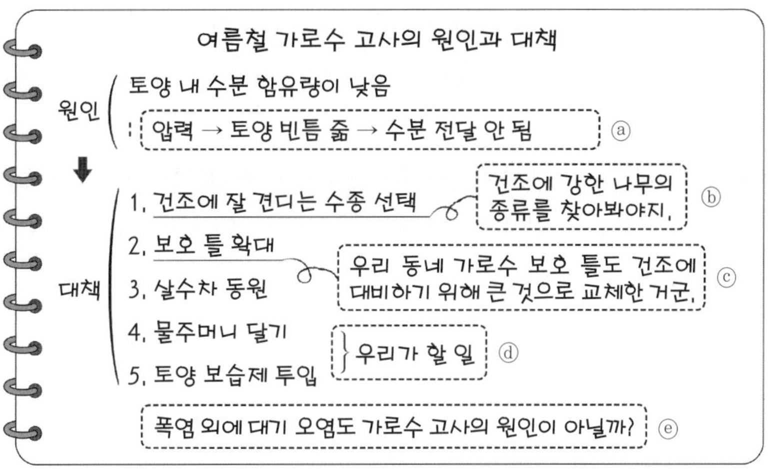

① ⓐ: 화살표를 사용하여 강연 내용을 메모한 것으로 보아, 세부 정보들 사이의 관계를 파악하며 들었겠군.
② ⓑ: 강연 이후의 조사 계획을 작성한 것으로 보아, 강연 내용에서 더 알고 싶은 점을 떠올리며 들었겠군.
③ ⓒ: 동네 가로수의 보호 틀을 교체한 이유를 추측한 것으로 보아, 강연 내용을 자기 경험과 관련지으며 들었겠군.
④ ⓓ: 자신이 할 일을 따로 묶은 것으로 보아, 특정 기준으로 정보를 구분하며 들었겠군.
⑤ ⓔ: 강연 내용에 의문을 제기한 것으로 보아, 강연 내용의 논리적 모순을 확인하며 들었겠군.

06
발표 내용 이해 과정을 파악하는 문제이다. 문제에 제시된 메모의 제목, 원인, 대책 등에 대한 내용을 살펴보고 선택지에 언급된 내용을 확인하여 적절하지 않은 것을 찾는다. 메모의 내용이 세부 정보들 사이의 관계를 파악한 것인지, 강연 내용에서 더 알고 싶은 점을 떠올린 것인지, 강연 내용과 자기 경험을 관련지은 것인지, 특정 기준으로 할 일을 묶어 구분한 것인지, 물음을 통해 강연 내용에 의문을 제기하고 강연 내용의 논리적 모순을 확인한 것인지를 파악해 본다. 하나씩 살펴보면 문제를 쉽게 해결할 수 있을 것이다.

◉ 권장 풀이 시간 : 4분 30초

[07-09] 다음은 수업 시간 중 학생의 발표이다. 물음에 답하시오.

북어, 황태, 코다리, 동태. 이처럼 명태는 가공 방식에 따라 여러 이름으로 불리는데요. 명태라는 이름에는 다음과 같은 이야기가 전해진다고 합니다. (만화 제시) 보신 것처럼 명천에 사는 어부 태 씨가 잡았다고 해서 이름이 명태라니 흥미롭지요? 명태를 모르는 분은 없겠지만, 평소 식탁에 자주 오르는 명태가 우리 바다에서 더 이상 잡히지 않는다는 사실을 아는 분은 아마 드물 것입니다. 너무 익숙해서 오히려 무관심했던 명태에 대해 알려 드리고 싶어 명태가 사라져 가는 실태와 그 원인, 그리고 명태를 되찾기 위한 노력을 소개하겠습니다.

명태는 동해에 풍부하게 서식해 (도표 1 제시) 보시는 것처럼 연간 수만 톤씩 잡혔지만 1990년대 들어 어획량이 줄어들더니 2000년부터는 급격히 감소해 최근에는 사실상 없다고 할 수 있습니다. (도표 2 제시) 그래서 보시는 것처럼 우리가 소비하고 있는 명태는 거의 다 외국에서 수입되고 있습니다.

그렇다면 명태는 왜 우리 바다에서 사라지게 되었을까요? 연구자들은 남획을 그 원인으로 꼽습니다. 새끼 명태인 노가리까지 무차별적으로 잡아 명태의 씨가 말랐다는 것입니다. 한편 지구 온난화를 원인으로 보기도 합니다. 동해의 표층 온도 상승이 명태에게 안 좋은 영향을 주었다는 것이지요. (청중의 반응을 살핀 후) 미리 자료를 준비하지 못했지만 말씀드린 내용의 이해를 돕기 위해 인터넷에서 동영상을 하나 찾아 보여 드릴게요. (동영상 재생) 보신 것처럼 명태는 차가운 바다의 표층에 알을 낳기 때문에 표층 온도가 오르고 있는 동해는 명태에게 불리한 바다 환경인 셈이지요.

이에 우리나라에서는 사라진 명태를 되찾기 위해 노력하고 있습니다. 이 중 '명태 살리기 프로젝트'에 대해 연도별로 그 진행 과정을 설명하도록 하겠습니다. (청중의 반응을 살핀 후) 간단히 설명하기를 원하시는 것 같네요. 그럼, 준비한 사진과 내용은 많지만 몇 장의 사진을 중심으로 주요 내용만을 설명하겠습니다. (세 장의 사진을 골라 한 화면에 제시) 첫 사진에 보이는 이 어미 명태로부터 프로젝트는 본격적으로 시작되었습니다. 사례금을 걸 정도로 어렵게 명태를 확보한 연구진은 치어를 인공 부화하는 데 성공하였고, 다음 사진처럼 동해에 명태를 방류하였습니다. 마지막 사진에 보이는 것처럼 적은 수지만 방류했던 명태가 잘 자라고 있음이 확인되어 우리 바다에 명태가 되살아날 가능성을 확인했습니다. 또한 해양수산부에서는 2019년부터 우리 바다에서의 명태잡이를 금지해 명태를 되찾기 위한 노력을 이어가고 있습니다.

준비한 내용을 다 설명드리지 못했습니다. 발표 내용에 대해 더 알고 싶거나 궁금한 게 있는 분들은 발표 후 제게 질문해 주시거나 제가 발표를 위해 참고한 ○○수산연구소 누리집에 방문해 보시기 바랍니다. 이상 발표를 마치겠습니다.

제대로 질문하기

❶ 발표의 제재는 무엇인가?
❷ 발표자는 만화를 활용하여 청중들의 흥미를 유발하고 있다. (○, ×)
❸ 명태가 사라진 원인 중 하나로, 노가리까지 무차별적으로 잡는 (   )을 제시하였다.
❹ 발표자는 발표를 마무리하며 다음 발표 계획에 대하여 제시하고 있다. (○, ×)

07 위 발표를 위한 계획 중 발표에 반영되지 않은 것은?

① 명태가 사라져 가는 문제에 관심을 갖게 된 사연을 소개해야겠다.
② 명태가 다양하게 불리는 점을 언급하며 화제를 제시해야겠다.
③ 어미 명태를 확보하는 일이 어려웠다는 점을 언급해야겠다.
④ 명태를 되찾기 위한 우리나라의 노력을 설명해야겠다.
⑤ 명태에 대한 내용을 발표하려는 목적을 밝혀야겠다.

제대로 접근법 문제 채점까지 마친 후 복습할 때 보세요.

07
발표 계획 반영의 적절성 파악에 대한 문제이다. 선택지에 제시된 발표 계획을 살펴보고 발표 내용에서 확인할 수 없는 것을 찾는다. '명태는 가공 방식에 따라 여러 이름', '사례금을 걸 정도로 어렵게 명태를 확보한 연구진', '해양수산부에서는 ~ 명태를 되찾기 위한 노력', '너무 익숙해서 ~ 명태에 대해 알려 드리고 싶어' 등으로 선택지를 확인하고 남는 하나를 답으로 한다.

▶ 해설편 5쪽

08 〈보기〉를 바탕으로 위 발표가 진행되었다고 할 때, 학생의 발표 전략으로 적절하지 않은 것은? [3점]

〈보기〉

발표 전 청중 특성 분석	발표 중 청중 반응 분석
㉠ 명태에 대해 흥미가 적음. ㉡ 명태가 우리 바다에서 사라져 가고 있는 상황을 모름. ㉢ 실생활에 도움이 되는 정보를 알기 원함.	㉣ 동해의 표층 온도와 명태의 관련성을 잘 이해하지 못하고 있음. ㉤ '프로젝트' 진행 과정을 간략하게 설명하기를 원하고 있음.

① ㉠을 고려하여, 청중의 흥미를 유발하기 위해 만화를 활용하고 있다.
② ㉡을 고려하여, 명태가 우리 바다에서 사라져 가는 실태를 알려 주기 위해 도표 1을 활용하고 있다.
③ ㉢을 고려하여, 수입산 명태의 원산지를 확인하는 방법을 안내하기 위해 도표 2를 활용하고 있다.
④ ㉣을 반영하여, 앞서 설명한 내용에 대한 청중의 이해를 돕는 정보를 전달하기 위해 동영상을 활용하고 있다.
⑤ ㉤을 반영하여, 발표 분량을 조정하기 위해 발표 전 준비한 사진 중 일부 사진을 선택적으로 활용하고 있다.

09 다음은 두 학생이 위 발표를 들으며 쓴 메모이다. 학생 1과 학생 2가 상대의 메모에 대해 반응한 내용으로 가장 적절한 것은?

학생 1	학생 2
• 명태 이름 유래: ㉿명천 ㉿태씨 • 명태의 새끼=노가리 • 음식점에서 명태의 원산지가 러시아라는 표기를 본 적이 있음. • ○○수산연구소 누리집	• 남획과 지구 온난화 ⇒ 명태가 동해에서 사라져 가고 있음. ⇒ 명태 살리기 프로젝트 추진 • 명절에 먹었던 동태전이 명태로 만든 것이었군.

① 학생 1: 나처럼 발표 내용을 사실과 의견으로 구분했군.
② 학생 1: 나와 달리 발표 내용 간의 관계를 파악했군.
③ 학생 1: 나와 달리 발표 내용을 일상의 경험과 관련지었군.
④ 학생 2: 나처럼 발표 내용을 유사한 항목으로 범주화했군.
⑤ 학생 2: 나와 달리 발표 방식에 대해 평가했군.

제대로 접근법
☆ 문제 채점까지 마친 후 복습할 때 보세요.

08
발표 전략의 적절성 파악에 대한 문제이다. 〈보기〉에 제시된 내용을 확인한 후 선택지의 내용을 살펴보고 발표에서 해당 내용이 있는지 확인해 본다. '(만화 제시) ~ 흥미롭지요?', '(도표 1 제시) ~ 급격히 감소해 최근에는 사실상 없다고', '(도표 2 제시) ~ 명태는 거의 다 외국에서 수입', '(청중의 반응을 살핀 후) ~ 내용의 이해를 돕기 위해', '(동영상 재생) ~ 명태에게 불리한 바다 환경', '(청중의 반응을 살핀 후) 간단히 설명하기를 원하시는 것', '(세 장의 사진을 골라 한 화면에 제시)' 등에서 문제에 제시된 발표 전략이 반영되어 발표가 이루어지고 있는지 확인해 보자.

09
반응의 적절성 평가에 대한 문제이다. 문제에 제시된 학생 1, 학생 2의 메모를 살펴보고 선택지에 제시된 설명이 적절한지 판단한다. 선택지에서 학생 1의 반응은 학생 2의 메모에 대한 언급이고, 학생 2의 반응은 학생 1의 메모에 대한 언급이라는 것을 기억한다. 학생 1에 대해서는 유사한 항목으로 범주화하거나 발표 방식에 대해 평가하고 있는가를 살펴보고, 학생 2에 대해서는 사실과 의견으로 발표 내용을 구분했는지, 발표 내용 간의 관계를 파악했는지, 일상의 경험과 발표 내용을 관련지었는지 판단하여 문제를 해결한다.

1차 채점

맞은 문항 수	개
틀린 문항 수	개
헷갈리는 문항 번호	

• 틀린 문항 '/' 표시

→

2차 채점

맞은 문항 수	개
틀린 문항 수	개
헷갈리는 문항 번호	

• 틀린 문항 '×' 표시

◉ 권장 풀이 시간 : 4분 30초

[01-03] 다음은 학생의 발표이다. 물음에 답하시오.

안녕하세요? 이번 탐구 과제는 '우리 문화재 깊이 보기'인데요, 저는 '고구려 고분 벽화'에 대해 발표하려고 합니다. 여러분은 고구려 고분 벽화를 본 적이 있나요? (청중의 대답을 듣고) 생각보다 많지 않네요. 우리나라 고분 벽화의 대다수는 고구려 돌방무덤에 있습니다. 돌방무덤은 돌을 쌓아 방처럼 만든 무덤으로 3세기부터 만들어졌는데요, 바로 이 시기에 고분 벽화가 그려지기 시작했습니다. (㉠자료 제시) 여기가 돌방무덤의 내부입니다. 고분 벽화는 이곳의 천장과 벽에 그려져 있어요.

그럼 고구려 고분 벽화에는 무엇을 그렸을까요? (청중의 반응을 살피고) 네, 다양한 답변이 있네요. 3세기 중반부터 5세기 초에는 밥 먹는 모습, 사냥하는 모습 등 무덤 주인의 일상생활을 주로 그렸습니다. (㉡자료 제시) 이것은 주인과 종의 모습입니다. 여기에서 주목할 점은 주인을 종에 비해 크게 그린 건데요, 이렇게 주가 되는 것을 크게, 나머지는 작게 그리는 방법을 '주대종소법'이라고 합니다. 보시는 것처럼 고분 벽화에서는 이 방법을 활용하여, 무덤 주인의 권위를 강조하고 그의 풍요로운 삶이 사후 세계에서도 이어지길 바라는 마음을 담아냈습니다.

5세기 중반부터 6세기 초의 고분 벽화에는 연꽃무늬가 주로 등장합니다. 이때는 불교가 확산되는 시기로, 무덤 주인이 이상 세계에 다시 태어나길 바라는 마음을 연꽃을 통해 표현했습니다. 6세기 중반부터 7세기 전반의 일부 고분에는 연꽃 위에 도교 사상과 관련된 신선을 그렸는데요, (㉢자료 제시) 이것은 불교와 도교 사상이 공존하던 당시의 상황이 반영된 것이라 할 수 있습니다. 한편 이 시기 대다수의 고분 벽화에는 도교의 영향으로 청룡, 백호 등과 같은 사신(四神)을 주로 그렸습니다. 사신이 무덤 주인을 수호해 준다고 여겼기 때문입니다.

당대의 인식과 사회상을 담아낸 고분 벽화의 전통은 조선 전기까지 이어졌습니다. 고구려 고분 벽화는 선조들의 삶의 모습을 보여 준다는 점에서 역사 자료로서의 가치를 지니고 있습니다. 이상으로 발표를 마치겠습니다.

제대로 질문하기

❶ 발표의 제재는 무엇인가?
❷ 발표 내용은 우리 문화재를 잘 관리해야 한다는 것이다. (○, ×)
❸ 발표자는 청중에게 (　　　　)을 하면서 반응을 살피고 있다.
❹ 무덤 주인의 일상생활을 주로 그린 것은 5세기 중반부터이다. (○, ×)

01 위 발표자의 말하기 방식으로 가장 적절한 것은?

① 청중에게 기대하는 바를 언급하여 발표 목적을 부각하고 있다.
② 발표 내용과 관련된 질문을 하여 청중의 반응을 이끌어 내고 있다.
③ 청중의 요청에 따라 발표 내용과 관련된 정보를 추가하여 설명하고 있다.
④ 발표 내용의 순서를 안내하여 청중이 발표 내용을 예측하도록 돕고 있다.
⑤ 발표 내용이 청중과 관련성이 높음을 제시하여 청중의 흥미를 유발하고 있다.

제대로 접근법

문제 채점까지 마친 후 복습할 때 보세요.

01
표현 전략을 파악하는 문제이다. 지문보다 먼저 선택지에 제시된 발표 표현 전략을 읽고 기억한다. 지문의 1문단부터 읽어 내려가며 선택지의 표현 전략이 사용된 부분에 밑줄을 긋고 문제 번호와 선택지 번호를 메모한다. 헷갈리는 선택지가 있으면 다시 한 번 해당 지문의 발표 표현을 살펴본다.

▶ 해설편 6쪽

02 다음은 발표자가 제시한 자료이다. 발표자의 자료 활용에 대한 설명으로 적절하지 않은 것은? [3점]

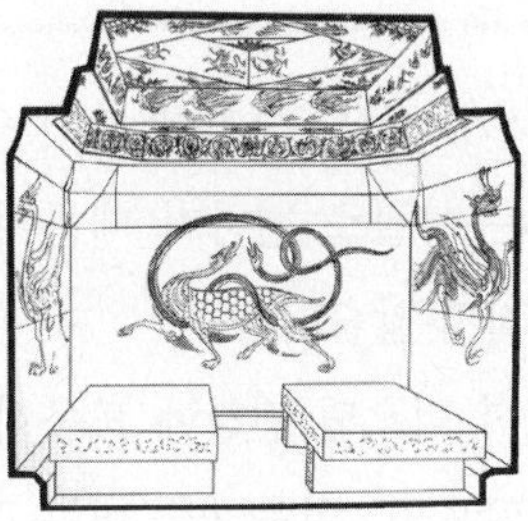
[자료 1]

[자료 2]

[자료 3]

① 고구려 돌방무덤 내부에 벽화가 그려져 있음을 보여 주기 위해 ㉠에 [자료 1]을 활용하였다.

② 무덤 주인의 권위를 고분 벽화에 담아내었음을 보여 주기 위해 ㉡에 [자료 2]를 활용하였다.

③ 사후 세계에 대한 염원이 고분 벽화에 반영되어 있음을 보여 주기 위해 ㉡에 [자료 2]를 활용하였다.

④ 무덤 주인을 지켜 준다고 여긴 대상을 고분 벽화에 담아내었음을 보여 주기 위해 ㉢에 [자료 3]을 활용하였다.

⑤ 종교 사상이 고분 벽화에 영향을 주었음을 보여 주기 위해 ㉢에 [자료 3]을 활용하였다.

03 학생의 발표를 바탕으로 할 때, [A]에 들어갈 청중의 질문으로 가장 적절한 것은?

[발표 후 질의응답]

청 중: [A]

발표자: 네, 그것은 고구려 이후에도 사람들이 사후 세계에 대해 관심을 가지고 있었음을 의미한다고 생각합니다.

① 고구려 고분 벽화의 전통이 후대까지 이어졌다고 하셨는데요, 무덤 내부에 벽화를 계속 그렸다는 것은 어떤 의미인가요?

② 고구려에 도교가 확산된 시기가 있었다고 하셨는데요, 이 시기에 사신이 상징성을 지니게 되었다는 것은 어떤 의미인가요?

③ 고구려 고분 벽화에 주대종소법이 활용되었다고 하셨는데요, 당시에 인물의 크기를 다르게 그렸다는 것은 어떤 의미인가요?

④ 고구려 돌방무덤은 3세기에 출현했다고 하셨는데요, 이전 시기에서 볼 수 없었던 무덤 형태가 나타나게 된 것은 어떤 의미인가요?

⑤ 고구려 고분 벽화가 역사 자료로서의 가치가 있다고 하셨는데요, 문화재가 시대를 초월하여 가치를 지닌다는 것은 어떤 의미인가요?

제대로 접근법

☆ 문제 채점까지 마친 후 복습할 때 보세요.

02
자료 활용에 대한 문제이다. 문제에 제시된 자료의 그림과 선택지에 제시된 내용을 읽고 기억한다. 선택지에 언급된 표현이 나타난 지문의 위치를 찾은 후 자료의 내용에서 확인할 수 있는지 살펴본다. '선택지 내용 – 지문 내용 – 자료 내용'이 일치하는 선택지는 지우고, 일치하지 않는 하나의 선택지를 찾아보도록 하자.

03
질문 내용을 추론하는 문제이다. 문제에 제시된 '[발표 후 질의응답]'의 내용을 확인하고 선택지의 내용을 읽고 기억한다. '발표자'의 대답에서 '고구려 이후에도 사람들이 사후 세계에 대해 관심을 가지고 있었음'이 제시될 수 있는 선택지를 찾아보고 제일 거리가 먼 선택지부터 지워 나간다. 발표자의 발표 내용과 발표 후 [A]에 대해 답한 발표자의 응답에서 근거를 찾아 문제를 해결한다.

◉ 권장 풀이 시간 : 4분 30초

[04-06] 다음은 학생이 수업 시간에 한 발표이다. 물음에 답하시오.

떫은맛이 어떤 느낌인지 모르는 사람은 없을 것입니다. 그런데 그 맛이 어떻게 해서 느껴지는지, 떫은맛이 나는 식품이 몸에 어떤 영향을 주는지에 대해서는 잘 모르는 것 같습니다. 그래서 여러분에게 떫은맛에 대해 알려 드리려고 합니다.

과학 시간에 단맛, 짠맛, 신맛 등과 같은 기본적인 맛이 혀의 미각 세포를 통해 느껴진다고 배운 적이 있는데, 기억하시나요? (대답을 듣고) 다들 잘 알고 있네요. 그런데 떫은맛은 입속 점막과 같은 피부 조직이 자극을 받아 느껴지는 촉각에 해당해요. 떫은맛을 내는 성분은 입안에서 혀 점막의 단백질과 결합합니다. 그 과정에서 만들어진 물질이 혀의 점막을 자극하죠. 이 자극 때문에 우리는 입안이 텁텁하다고 느낍니다. 그 텁텁한 느낌을 떫은맛이라고 하는 거죠.

(사진을 보여 주며) 이것은 감의 단면입니다. 과육 사이에 보이는 작고 검은 점들을 본 적이 있으시죠? (대답을 듣고) 네, 다들 본 적이 있는 이 점들이 떫은맛을 내는 성분 중의 하나인 타닌입니다. 덜 익은 감의 타닌은 침에 녹는 성질이 있어 떫은맛을 느끼게 해요. 하지만 감이 익어 가면서 타닌이 침에 녹지 않는 성질로 변하기 때문에 잘 익은 감에서는 떫은맛이 느껴지지 않습니다.

떫은맛이 나는 식품을 적당히 먹으면 건강에 도움이 됩니다. ○○ 연구소의 연구에 따르면, 떫은맛을 내는 타닌이 들어 있는 감과 녹차는 당뇨와 고혈압 등을 개선하는 기능이 있다고 합니다. 다만 떫은맛이 나는 식품을 많이 섭취하면 입이 마르고, 대장에서 수분 흡수율이 지나치게 높아져서 속이 불편할 수 있으니 적당히 섭취하는 게 좋습니다.

떫은맛을 꺼리는 사람도 있지만 떫은맛은 다른 맛과 혼합돼 독특한 풍미를 형성하기도 합니다. 그 풍미 때문에 녹차나 홍차를 즐기는 사람도 많은데요, 발표를 준비하면서 우리 주변에 떫은맛이 나는 식품이 많다는 것을 알게 되었습니다. 떫은맛이 나는 식품에는 무엇이 더 있는지 여러분도 찾아보면 어떨까요? 이상으로 발표를 마치겠습니다.

제대로 질문하기

❶ 발표의 제재는 (　　　　)이다.
❷ 발표자는 청중의 질문에 대하여 추가로 정보를 제공하고 있다. (○, ×)
❸ 침에 녹는 성질이 있어 덜 익은 감에서 떫은맛을 느끼게 하는 성분은 무엇인가?
❹ 발표를 통해 떫은맛이 당뇨를 개선하는 기능이 있음을 알 수 있다. (○, ×)

04 위 발표에 대한 설명으로 가장 적절한 것은?

① 발표에 사용할 용어의 개념을 정의한 후 화제를 제시하고 있다.
② 청중의 요청에 따라 발표 내용에 대한 정보를 추가하여 설명하고 있다.
③ 발표 중간중간에 청중이 발표를 들으면서 주의해야 할 점을 안내하고 있다.
④ 발표 내용과 관련된 청중의 경험을 환기하며 청중의 반응을 확인하고 있다.
⑤ 발표 내용에 대한 청중의 이해 여부를 확인하는 질문을 하며 발표를 마무리하고 있다.

제대로 접근법 ✩ 문제 채점까지 마친 후 복습할 때 보세요.

04
표현 전략을 파악하는 문제이다. 선택지를 읽고 언급된 발표 표현 전략을 기억하고 제시된 지문에 나타난 표현 전략과 일치하는 것이 있는지 찾는다. 지문의 1문단부터 '떫은맛'의 개념을 정의하고 있는가, 청중이 발표자에게 요청한 것을 설명하고 있는가, 청중에게 발표를 들으며 주의할 것을 안내하고 있는가, '~기억하시나요?', '~있으시죠?' 등 청중의 경험을 환기하고 있는가, 청중의 이해 여부를 확인하는 질문으로 발표를 마무리하고 있는가를 판단해 보자.

▶ 해설편 8쪽

05 다음은 발표를 하기 위해 작성한 메모와 발표 계획이다. 발표 내용에 반영되지 않은 것은?

	메모		발표 계획
①	청중은 떫은맛의 느낌은 알지만 떫은맛과 관련된 지식은 부족할 것임.	→	떫은맛에 대한 정보를 제공하는 것이 발표의 목적임을 밝혀야지.
②	청중은 기본적인 맛은 미각 세포를 통해 느낀다는 것을 배운 적이 있음.	→	기본적인 맛과 떫은맛이 느껴지는 감각의 차이를 언급하며 떫은맛이 느껴지는 과정을 설명해야지.
③	감의 타닌(과육의 검은 점)이 떫은맛을 냄.	→	떫은맛을 내는 다양한 성분을 분석한 시각 자료를 보여 줘야지.
④	떫은맛이 나는 식품이 건강에 도움을 줌.	→	떫은맛이 나는 식품의 효능과 관련된 연구 결과를 인용해야지.
⑤	떫은맛이 나는 식품은 여러 가지가 있음.	→	떫은맛이 포함되어 풍미를 느낄 수 있는 식품의 예를 언급해야지.

06 〈보기〉는 위 발표를 들은 학생들의 반응이다. 발표의 내용을 고려하여 학생의 반응을 이해한 내용으로 가장 적절한 것은?

〈보기〉

학생 1: 녹차에 타닌이 들어 있다는 사실을 처음 알았어. 녹차의 떫은맛이 물에 우려내는 정도에 따라 달라지는 걸로 봐서 녹차의 타닌은 물에 녹는 성질을 가지고 있겠군.

학생 2: 떫은맛에 대해 관심이 없었는데 쉽게 접하는 과일인 감과 연결해서 설명하니 떫은맛에 관심이 생겼어. 떫은맛이 나는 건 먹어서 좋을 게 없다고 생각했는데 그렇지 않네. 몸에 좋다니 앞으로 적당히 먹어 봐야겠어.

학생 3: 감의 검은 점이 단맛을 내는 것이라고 생각했는데 떫은맛을 내는 성분이었구나. 감이 익어 가면서 그 성분의 성질이 변한다는 점이 흥미로웠어.

① '학생 1'은 발표 내용과 자신이 알고 있던 사실을 비교하며 발표에서 제시한 정보의 문제점을 지적하고 있다.

② '학생 2'는 발표자가 청중에게 익숙한 사물을 소재로 제시한 것에 대해 그 이유를 궁금해하고 있다.

③ '학생 3'은 발표에서 새롭게 알게 된 사실에 대해 추가적인 정보가 필요하다고 판단하고 있다.

④ '학생 1'과 '학생 2'는 모두, 발표에서 직접적으로 언급하지 않은 내용을 추론하고 있다.

⑤ '학생 2'와 '학생 3'은 모두, 발표에서 새롭게 알게 된 정보를 통해 자신이 평소 생각하던 바를 수정하고 있다.

제대로 접근법

문제 채점까지 마친 후 복습할 때 보세요.

05
발표 내용을 적절하게 생성하였는지 확인하는 문제이다. 선택지의 '메모'에 제시된 내용이 지문의 몇 문단에 나오는지 확인하고 밑줄을 그은 후 선택지에는 몇 번째 문단인지 메모하자. 그리고 '발표 계획'에 제시된 내용이 몇 문단에 나오는지 확인하고 해당 문단의 내용에 밑줄을 그은 후 선택지에도 표시한다. 확인하는 과정에서 지문에 제시되지 않은 내용의 선택지가 있다면 어렵지 않게 답을 찾을 수 있다.

06
발표 내용을 이해, 평가하는 문제이다. 지문의 내용을 기억하고 〈보기〉에 제시된 학생들의 반응을 살펴본다. 그리고 선택지에 언급된 학생들의 반응에 대한 설명 중 적절한 것을 찾는다. 〈보기〉의 내용 중 '~고 생각했는데 그렇지 않네', '~고 생각했는데 떫은맛을 내는 성분이었구나.'는 어느 선택지에 부합하는지 생각해 본다.

◉ 권장 풀이 시간 : 4분 30초

[07-09] 다음은 '교내 연설 대회'에 참가한 학생의 연설이다. 물음에 답하시오.

여러분, 환경의 날 행사 때 교내 방송으로 시청했던 영상을 잠시 떠올려 봅시다. 작은 빙하에 의지한 채 바다를 부유하던 북극곰의 눈물을 보며 모두들 가슴 아파하지 않으셨습니까? 그 눈물은 이산화 탄소에 의한 지구 온난화가 빚어 낸 비극입니다. 이와 관련하여 저는 연안 생태계의 가치와 보호에 대한 관심을 촉구하고자 합니다.

2019년 통계에 따르면 우리나라의 이산화 탄소 배출량은 세계 11위에 해당하는 높은 수준입니다. 그동안 우리나라는 이산화 탄소 배출을 줄이려 노력하고, 대기 중 이산화 탄소 흡수를 위한 산림 조성에 힘써 왔습니다. 그런데 우리가 놓치고 있는 이산화 탄소 흡수원이 있습니다. 바로 연안 생태계입니다.

연안 생태계는 대기 중 이산화 탄소 흡수에 탁월합니다. 물론 연안 생태계가 이산화 탄소를 얼마나 흡수할 수 있겠냐고 말하는 분도 계실 것입니다. 하지만 연안 생태계를 구성하는 갯벌과 염습지의 염생 식물, 식물성 플랑크톤 등은 광합성을 통해 대기 중 이산화 탄소를 흡수하는데, 산림보다 이산화 탄소 흡수 능력이 뛰어납니다. 2018년 정부 통계에 따르면, 우리 연안 생태계 중 갯벌의 면적은 산림의 약 4%에 불과하지만 연간 이산화 탄소 흡수량은 산림의 약 37%이며 흡수 속도는 수십 배에 달합니다.

또한 연안 생태계는 탄소의 저장에도 효과적입니다. 연안의 염생 식물과 식물성 플랑크톤은 이산화 탄소를 흡수하여 갯벌과 염습지에 탄소를 저장하는데 이 탄소를 블루카본이라 합니다. 산림은 탄소를 수백 년간 저장할 수 있지만 연안은 블루카본을 수천 년간 저장할 수 있습니다. 연안 생태계가 훼손되면 블루카본이 공기 중에 노출되어 이산화 탄소 등이 대기 중으로 방출됩니다. 그러므로 블루카본이 온전히 저장되어 있도록 연안 생태계를 보호해야 합니다.

㉠ <u>지금 우리가 연안 생태계로 눈을 돌리지 않으면 북극곰의 눈물은 우리의 눈물이 될 것입니다.</u> 건강한 지구를 후손에게 물려주기 위해 일회용품 줄이기, 나무 한 그루 심기와 함께 이산화 탄소의 흡수원이자 저장고인 지구의 보물, 연안 생태계를 보호하고 그 가치를 알리는 데 동참합시다.

제대로 질문하기

❶ 연설의 제재는 무엇인가?
❷ 연설의 중심 내용은 교내 방송으로 시청한 영상인 북극의 지구 온난화에 대한 것이다. (○, ×)
❸ 연설자는 통계 자료를 활용하여 연설의 신뢰성을 높이고 있다. (○, ×)
❹ 연안은 (   )을 수천 년간 저장할 수 있다.

07 위 연설자의 말하기 방법으로 적절하지 <u>않은</u> 것은?

① 청유의 문장을 사용하여 주장이 야기한 논란을 해소한다.
② 통계 자료를 근거로 활용하여 주장의 신뢰성을 강화한다.
③ 예상되는 반론을 언급하여 특정 대상의 가치를 강조한다.
④ 청중과 공유하는 경험을 들어 상황의 심각성을 인식시킨다.
⑤ 비유적 표현을 활용하여 문제 해결에 동참할 것을 촉구한다.

제대로 접근법 문제 채점까지 마친 후 복습할 때 보세요.

07
연설의 표현 전략을 파악하는 문제이다. 선택지의 연설 표현이 지문의 어느 부분에 나타나 있는지 찾아보고 해당 부분에 밑줄을 그어 적절하지 않은 하나의 선택지를 찾는다. '~하자', ~합시다' 등의 청유형 서술어가 사용된 부분, 통계 자료가 활용된 부분을 찾아보자. 또, 예상되는 반론이 제시된 부분, 경험을 청중과 공유한 부분, 비유적 표현을 활용한 부분을 찾고 선택지에 제시된 표현의 효과와 부합하는지를 따져 선택지의 적절성을 판단한다.

▶ 해설편 9쪽

08 다음은 위 연설자가 자신의 연설을 홍보하기 위해 작성한 포스터이다. 위 연설을 바탕으로 할 때 적절하지 않은 것은? [3점]

○○ 고등학교 교내 연설 대회

지구 온난화 대응의 새로운 접근, 연안 생태계!

연설자: △△△

◦ 연설 관련 그림 자료

〈연안 생태계〉

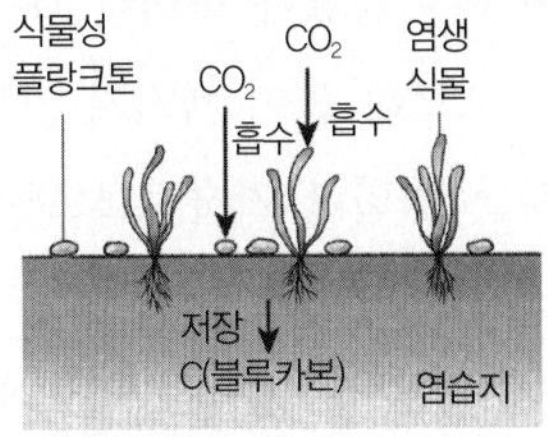

연안의 염생 식물과 식물성 플랑크톤은 광합성을 통해 대기 중의 이산화 탄소를 흡수하여 갯벌과 염습지에 탄소를 저장함. ········ ①

◦ 연설 내용

- 우리나라는 이산화 탄소 배출량 순위가 높은 편이며 대기 중 이산화 탄소를 줄이고자 노력해 왔음. ········ ②
- 연안 생태계는 대기 중 이산화 탄소 감축 효과가 있으며 산림보다 이산화 탄소 흡수 능력이 우수함. ········ ③
- 연안 생태계가 훼손되면 블루카본이 공기 중에 노출되어 문제가 발생함. ········ ④
- 대기 중 이산화 탄소 감축을 위한 기존의 방법을 연안 생태계 보호가 대체할 수 있음. ········ ⑤

제대로 접근법 문제 채점까지 마친 후 복습할 때 보세요.

08
연설에서 자료 활용에 대한 문제이다. 문제에 제시된 그림 자료에 대한 설명과 연설 내용을 먼저 읽고 제시된 지문의 내용에 부합하지 않는 것이 있는지 확인한다. 이를 바탕으로 지문의 연설 내용과 일치하지 않는 선택지를 찾으면 문제를 해결할 수 있다. 선택지에 제시된 특정 단어나 구절을 지문에서 찾고 지문의 내용을 파악하는 방법을 사용하면 빠르고 정확하게 지문의 내용과 선택지의 내용을 비교할 수 있다.

09 위 연설을 듣고 그 취지에 공감한 학생이 ㉠에 주목하여 친구들을 설득할 말로 가장 적절한 것은?

① 연안 생태계의 복구에 무심했던 나를 반성했어. 일회용품 사용을 자제하여 연안 생태계를 되살리자.
② 블루카본이 지구 온난화의 원인임을 알았어. 북극곰을 위해 연안 생태계 보호의 중요성을 홍보하자.
③ 북극곰의 모습에서 우리의 미래를 보는 것 같았어. 북극곰을 살리기 위해 산림 조성이 시급함을 알리자.
④ 우리도 북극곰처럼 위기에 처할 수 있어. 이제 연안 생태계의 가치를 알고 이를 보호하기 위해 관심을 갖자.
⑤ 북극곰과 공생하려면 나무 한 그루가 의미 있다는 것을 알았어. 이산화 탄소를 줄이기 위해 작은 일부터 실천하자.

09
연설 내용을 이해, 평가하는 문제이다. 이산화 탄소로 인한 지구 온난화에 대한 관심을 촉구하며 이와 관련한 연안 생태계의 가치와 보호에 대한 관심을 갖자는 연설의 내용을 기억한다. ㉠과 관련하여 우리도 북극곰처럼 위기에 처할 수 있다는 내용을 담은 선택지를 찾아본다. 선택지에 언급된 내용이 옳은 것이라서 답이 되는 것이 아니라, 글의 취지와 글에서 관심을 촉구하는 내용에 해당하여야 적절한 선택지가 된다는 것을 기억하자.

1차 채점		
	맞은 문항 수	개
	틀린 문항 수	개
	헷갈리는 문항 번호	

• 틀린 문항 '/' 표시

→

2차 채점		
	맞은 문항 수	개
	틀린 문항 수	개
	헷갈리는 문항 번호	

• 틀린 문항 '×' 표시

◉ 권장 풀이 시간 : 4분 30초

[01-03] 다음은 학생의 발표이다. 물음에 답하시오.

안녕하세요. 여러분의 필통에는 어떤 필기구가 가장 많은가요? (청중의 답을 듣고) 네, 제 생각대로 볼펜이 많군요. 그럼 사람들은 왜 볼펜을 애용할까요? 값이 싸고 휴대하기 편해서이기도 하지만 또 다른 장점이 있습니다. 그래서 오늘은 볼펜이 사람들에게 널리 사용되는 이유를 말씀드리겠습니다.

먼저 볼펜은 글씨를 쓸 때 종이가 찢어지거나 볼펜 끝부분이 망가지는 일이 적습니다. 이게 왜 장점일까요? (자료 1을 가리키며) 보시는 것처럼 볼펜이 사용되기 이전부터 쓰이던 만년필은 모세관 현상에 의해 힘들이지 않고 글씨를 쓸 수 있습니다. 하지만 펜촉이 날카로워 종이가 찢어지기도 하고, 거친 표면에 글씨를 쓰면 펜촉이 망가지기도 쉽습니다.

아, 질문이 있으시네요. (㉠ <u>청중의 질문을</u> 듣고) 겉으로는 잘 보이지 않지만 종이의 섬유소가 가는 대롱의 역할을 하기 때문에 펜촉에 있던 잉크가 모세관 현상에 의해 종이로 흘러가서 쉽게 필기할 수 있는 겁니다. 이해되셨나요? (청중이 고개를 끄덕이는 것을 보고) 네, 그럼 발표를 이어가겠습니다.

(자료 2를 가리키며) 보시는 것처럼 볼펜은 글씨를 쓸 때 볼과 종이의 마찰에 의해 볼이 구르지요. 이 과정에서 볼의 잉크가 종이에 묻으며 글씨가 써집니다. 그런데 볼펜의 볼이 빠진 경험이 한 번쯤 있으시죠? (자료 3을 가리키며) 보시는 것처럼 볼펜은 잉크가 들어갈 대롱의 끝에 볼을 넣은 후 밑 부분을 오므려 볼이 빠지지 않도록 하는데요, 볼이 빠지는 문제를 정밀한 기술로 보완하고 있습니다.

또한 볼펜은 종류가 다양하여 사람들이 필요에 따라 고를 수 있어서 좋습니다. 글자가 물에 잘 번지지 않는 유성 볼펜, 필기감이 부드러운 수성 볼펜, 여러 색을 하나에 담은 다색 볼펜, 글씨를 쓰고 지울 수 있는 볼펜, 우주에서 사용할 수 있는 가압 볼펜 등 선택의 폭이 넓습니다.

볼펜은 신문 기자였던 라슬로 비로가 특허를 낸 이후 상용화되면서 기존 필기구의 단점을 보완하고 사람들의 다양한 요구를 반영하여 꾸준히 사용되고 있습니다. 지금까지, 볼펜이 사람들에게 널리 사용되는 이유를 말씀드렸습니다. 감사합니다.

제대로 질문하기

❶ 발표의 제재는 무엇인가?
❷ 발표자는 청중의 질문에 대해 추가 설명을 하고 있다. (○, ×)
❸ (   ) 현상 때문에 만년필로 종이에 글씨를 수월하게 쓸 수 있다.
❹ 자료를 활용하여 볼펜의 제작 과정을 설명하고 있다. (○, ×)

01 위 발표자의 말하기 방식으로 적절하지 <u>않은</u> 것은?

① 발표 대상의 종류를 열거하여 장점을 소개하고 있다.
② 청중의 대답을 예상하고 질문하여 화제를 제시하고 있다.
③ 청중의 경험을 이끌어 내며 관련된 내용을 설명하고 있다.
④ 내용의 신뢰성을 높이기 위해 전문가의 견해를 인용하고 있다.
⑤ 발표 대상의 특징을 부각하기 위해 다른 대상과 비교하고 있다.

제대로 접근법 ☆ 문제 채점까지 마친 후 복습할 때 보세요.

01
발표 표현 전략을 평가하는 문제이다. 지문을 읽기 전 선택지에 말하기 전략으로 무엇이 제시되어 있는지 확인하고 지문을 읽으면서 선택지의 전략에 해당하는 부분에 밑줄을 그은 후 번호와 선택지의 숫자를 메모하자. 지문에서는 확인할 수 없는 말이나 전략이 제시된 선택지를 찾는다.

▶ 해설편 10쪽

02 다음은 위 발표에 활용된 매체 자료이다. 발표를 참고할 때, 발표 내용과 자료를 활용한 이유를 바르게 짝지은 것은? [3점]

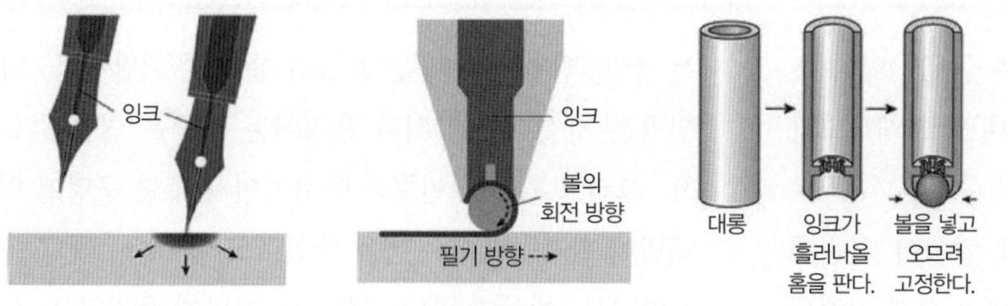

[자료 1] [자료 2] [자료 3]

	자료	발표 내용	매체 자료를 활용한 이유
①	자료 1	만년필에 적용된 모세관 현상	표면의 거친 정도에 따라 모세관 현상이 일어나는 정도의 차이를 대비하여 보여 주기 위해
②	자료 2	볼펜의 제작 과정	볼펜의 복잡한 내부 구조를 단순화하여 보여 주기 위해
③	자료 2	볼펜으로 글씨가 써지는 원리	볼이 있는 부분의 단면을 확대하여 볼의 잉크가 종이에 묻는 원리를 보여 주기 위해
④	자료 3	볼펜의 볼을 고정하는 과정	볼펜의 볼을 정밀하게 가공하는 절차를 단계적으로 보여 주기 위해
⑤	자료 3	볼펜에 잉크를 주입하는 방법	잉크가 흘러나오는 과정을 한눈에 확인할 수 있도록 순서대로 보여 주기 위해

03 위 발표의 흐름을 고려할 때, ㉠으로 가장 적절한 것은?

① 만년필로 종이에 글씨를 수월하게 쓸 수 있는 것이 모세관 현상과 어떤 관련이 있나요?
② 만년필 외에 모세관 현상이 적용되어 손쉽게 필기할 수 있는 필기구에는 무엇이 있나요?
③ 만년필 펜촉의 굵기와 필기할 때 힘을 들이는 정도는 어떤 연관성이 있나요?
④ 만년필로 힘들이지 않고 글씨를 쓰려면 어떤 형태의 펜촉을 사용해야 하나요?
⑤ 종이의 섬유소가 가는 대롱과 같은 역할을 한다는 것이 무슨 의미인가요?

제대로 접근법

문제 채점까지 마친 후 복습할 때 보세요.

02
자료 활용의 적절성을 평가하는 문제이다. 문제에 제시된 [자료 1]~[자료 3]의 그림과 이에 해당하는 지문의 내용을 확인하고 선택지의 '발표 내용'과 '매체 자료를 활용한 이유'로 제시된 내용의 적절성을 판단한다. 지문에서 자료에 해당하는 내용과 선택지의 '발표 내용'으로 제시된 것 중 적절하지 않은 선택지를 먼저 지우고, 남은 선택지에서 '매체 자료를 활용한 이유'로 제시된 내용이 적절한 선택지를 찾는다.

03
말하기 내용을 추론하는 문제이다. 청중의 질문이 무엇인지 찾아야 하므로 발표자의 답을 주목해야 한다. 발표자는 '겉으로는 잘 보이지 않지만 종이의 섬유소가 가는 대롱의 역할을 하기 때문에 펜촉에 있던 잉크가 모세관 현상에 의해 종이로 흘러가서 쉽게 필기할 수 있는 겁니다.'라고 답하였다. 이는 '모세관 현상에 의해 종이로 흘러가, 쉽게 필기할 수 있다.'는 내용이므로 선택지의 질문과 이 답을 연속으로 읽고 묻고 답하는 내용으로 적절하게 어울리는지 여부를 판단해 보자.

[04-06] 다음은 학생이 수업 시간에 한 발표이다. 물음에 답하시오.

안녕하세요? 이번 시간에 발표를 맡은 ○○○입니다. 저는 전통극과 관련된 문화유산 중 '예산대'를 소개하고자 합니다.

예산대를 알기 위해서는 먼저 '산대'를 알아야 하는데요. 산대는 산 모양의 큰 무대입니다. 산대는 대개 고정되어 있었지만 『광해군 일기』에 사람들이 산대를 끌어냈다는 기록이 있는 것으로 보아 이동이 가능한 산대가 있었음을 알 수 있습니다. 그중 하나가 바로 예산대인데, 이 명칭은 『성종실록』에 이미 기록되어 있습니다. 예산대의 구체적인 모습은 조선 영조 때 중국 사신단의 일정을 담은 『봉사도』에서 찾아볼 수 있습니다. 여러분의 이해를 돕기 위해 준비한 자료를 보겠습니다. (㉠자료 제시) 기이한 돌산처럼 보이는 물체를 사람들이 움직이고 있죠? 이것이 바로 전통 인형극을 위한 예산대의 전체 모습입니다.

우선, 예산대에 있는 인형들을 알아볼까요? 수레바퀴 바로 위에는 선녀 인형과 낚시꾼 인형이, 그 위에는 원숭이 인형 등이 있습니다. 그림이 작아 잘 안 보일 테니 이 인형들만 확대해서 보여 드릴게요. (㉡자료 제시) 지금 보는 선녀 인형은 양팔을 흔들며 춤을 추었답니다. 낚시꾼 인형은 낚싯대를 앞뒤로 움직이는 모습을 연출했다고 해요. 그리고 원숭이 인형은 돌아가면서 주변 구멍에 얼굴을 내밀어 관객들에게 웃음을 주었다고 합니다.

여러분, 예산대 위의 인형들은 어떻게 움직일 수 있었는지 궁금하지 않으세요? 예산대 아랫부분에 힌트가 있습니다. (㉢자료 제시) 여기 보이는 수레바퀴가 그 역할을 했는데요, 이 그림은 최근 예산대를 복원하는 과정에서 내부 구조를 재현한 것입니다. 사람들이 예산대를 이동하면, 예산대 내부의 톱니바퀴가 수레바퀴로부터 동력을 전달받아 회전하면서 인형들을 움직였습니다.

이처럼 예산대는 이동 시에 인형들을 자동으로 움직여 극에 활력을 불어넣었다는 점에서 우리 조상들의 지혜를 보여 줍니다. 여러분, 예산대에 대해 관심이 좀 생겼나요? (청중의 대답을 듣고) 여러분도 기술과 예술을 접목한 전통문화의 또 다른 예를 찾아보면 좋겠습니다. 이상으로 발표를 마치겠습니다.

제대로 질문하기

❶ 발표의 제재는 전통극과 관련된 문화유산인 (   )이다.
❷ 산 모양의 큰 무대를 무엇이라 하는가?
❸ 자료를 제시하여 예산대의 인형에 대하여 소개하고 있다. (○, ×)
❹ 발표자는 자신의 경험을 제시하며 청중의 관심을 유도하고 있다. (○, ×)

04 위 발표에 대한 설명으로 적절하지 않은 것은?

① 청중에게 질문을 하여 발표 내용에 관심을 유도하고 있다.
② 정보의 출처를 언급하여 발표 내용의 신뢰성을 높이고 있다.
③ 청중과 공유했던 경험을 제시하며 발표의 목적을 밝히고 있다.
④ 발표 주제와 관련된 단어의 의미를 설명하여 청중의 이해를 돕고 있다.
⑤ 발표에 대한 청중의 반응을 확인하며 청중에게 바라는 바를 제시하고 있다.

제대로 접근법 문제 채점까지 마친 후 복습할 때 보세요.

04
발표 표현 전략을 평가하는 문제이다. 선택지의 내용을 확인하고 지문을 읽으며 해당하는 부분에 밑줄을 긋는 방식으로 문제를 해결한다.
'물체를 사람들이 움직이고 있죠?', '『광해군 일기』에, 『성종실록』에', '산 모양이 큰 무대', '관심이 좀 생겼나요?', '또 다른 예를 찾아보면 좋겠습니다.' 등으로 확인할 수 있는 선택지의 말하기 전략을 찾아보자. 어렵지 않게 답을 찾아낼 수 있다.

▶ 해설편 12쪽

05 〈보기〉는 위 발표에서 발표자가 제시한 자료이다. 발표자의 자료 활용에 대한 설명으로 가장 적절한 것은? [3점]

〈보기〉

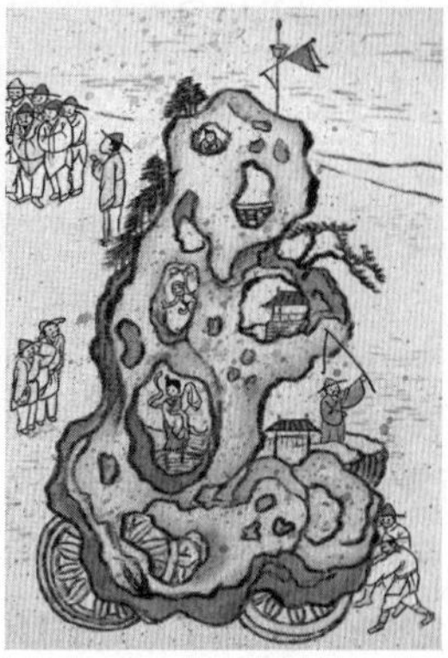

[자료 1]

[자료 2]

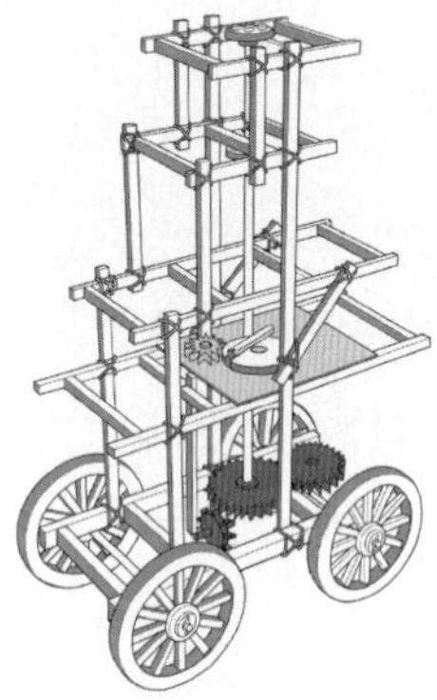

[자료 3]

① 예산대의 제작 과정을 보여 주기 위해 ㉠에 〈자료 1〉을 활용하였다.
② 예산대의 구조를 설명하기 위해 ㉠에 〈자료 3〉을 활용하였다.
③ 예산대의 유래를 설명하기 위해 ㉡에 〈자료 2〉를 활용하였다.
④ 예산대 인형의 형태를 보여 주기 위해 ㉢에 〈자료 2〉를 활용하였다.
⑤ 예산대 인형이 움직이는 원리를 설명하기 위해 ㉢에 〈자료 3〉을 활용하였다.

06 다음은 발표 후 청중의 질문에 대한 발표자의 답변이다. 발표 내용과 답변을 바탕으로 할 때, 청중의 질문으로 가장 적절한 것은?

"신선의 세계에서 유희를 즐기는 인물과 동물을 나타낸 것입니다. 당시 사람들이 꿈꾸던 이상향 속의 존재들이지요."

① 예산대에는 여러 인형들이 있다고 하셨는데, 그 인형들은 어떤 의미를 지니고 있나요?
② 전통극 무대에는 상징적 의미가 있다고 하셨는데, 예산대는 무엇을 상징하는 것인가요?
③ 예산대는 산 모양의 큰 무대라고 하셨는데, 그 산은 신선의 세계와 어떤 관련이 있나요?
④ 예산대에서 인형극이 행해졌다고 하셨는데, 사람이 직접 예산대 위에서 공연할 수 있었나요?
⑤『봉사도』는 중국 사신단의 일정을 보여 준다고 하셨는데, 예산대 외에 다른 그림에는 무엇이 있었나요?

제대로 접근법 ☆ 문제 채점까지 마친 후 복습할 때 보세요.

05
자료 활용의 적절성을 평가하는 문제이다. 〈자료 1〉은 기이한 돌산처럼 보이는 물체를 사람들이 움직이고 있는 것, 〈자료 2〉는 예산대 위의 선녀 인형, 낚시꾼 인형, 원숭이 인형의 모습, 〈자료 3〉은 예산대를 복원하는 과정에서 내부 구조를 재현한 것임을 지문의 내용과 연결하여 이해하자. 선택지를 살펴보고 〈자료 1〉~〈자료 3〉을 어떻게 활용하면 좋을지 판단해 본다. 지문에 제시된 내용과 연결하여 선택지 내용의 적절성을 판단해 답을 찾는다.

06
말하기 내용을 추론하는 문제이다. 답변으로 제시된 내용을 읽고 선택지의 질문과 연결하여 질문과 대답의 관계가 자연스러운 것을 찾도록 한다. '유희를 즐기는 인물과 동물, 당시 사람들이 꿈꾸던 이상향 속의 존재들'이라는 답변은 어떤 물음에 대한 답으로 적절한지 생각해 본다. 선택지의 질문을 살펴보고 답변에 적절한 질문인지 판단해 보자.

[07-08] 다음은 학생이 교지에 실을 글을 쓰기 위한 면담이다. 물음에 답하시오.

학생: 안녕하세요? 한국고 교지 편집부 기자 ○○○입니다.

사서: 네, 반가워요. 햇살도서관 사서 △△△입니다.

학생: 전화로 미리 말씀드린 것처럼 햇살도서관을 저희 학교 교지에 소개하는 글을 쓰려고 합니다. 햇살도서관이 학생들에게 참 좋을 거라고 주변 분들이 추천하시더라고요.

사서: 우리 도서관을 소개한다니 고마워요.

학생: 도서관에 다녀온 주민들이 SNS에 '햇살도서관은 책을 빌리는 곳, 그 이상의 장소'라고 쓴 것을 봤어요.

사서: 아마 '책편지' 서비스 때문일 거예요. 이 서비스가 특히 주민들에게 호응이 좋아요.

[A]
학생: 책편지 서비스는 어떻게 하는 건가요?

사서: 혹시 신청 방법이 궁금한 거예요?

학생: 아, 신청 방법뿐만 아니라 서비스 진행 과정도 설명해 주시겠어요?

사서: 네, 책편지 서비스를 이용하려면 도서관에 직접 와서 책을 통해 어떤 고민을 해결하고 싶은지 신청서를 작성하면 됩니다. 저희 사서들이 그것을 보고, 고민 해결에 도움이 될 만한 책을 선정합니다. 다음 날 선정한 이유를 적은 편지를 책과 함께 신청자에게 드립니다. 일종의 개인 맞춤형 서비스죠.

[B]
학생: 저희 학교 학생들에게 도움이 되겠네요. 이 서비스를 시작하시게 된 이유는 무엇인가요?

사서: 지역 주민들께 책으로 도움을 드리고 싶었어요.

학생: 구체적으로 어떤 도움을 주시고 싶었나요?

사서: 우리는 많은 고민 속에 살지만 그 답을 찾기가 힘들잖아요. 우리 도서관에서는 고민을 해결하는 데 책이 도움을 줄 수 있다고 생각해서 책편지 서비스를 시작하게 됐어요.

학생: 그렇군요. 그런데 이 서비스를 운영하시는 데 어려움은 없으세요?

사서: 적은 인원으로 일일이 책을 고르고 편지를 쓰는 게 힘든 건 사실이에요. 하지만 서비스를 즐겁게 이용하시는 주민들의 모습에 보람을 느끼고 있어요.

학생: 인자하신 모습만큼이나 마음이 따뜻하시네요. 마지막으로 질문드리겠습니다. 선생님께 도서관이란 어떤 곳인가요?

사서: 도서관은 단순히 책을 빌리는 곳이 아니라, 책을 경험하는 곳이라고 생각해요.

학생: 책으로 주민들에게 도움을 주시려는 선생님의 친절한 마음이 한국고 학생들에게도 전해졌으면 좋겠어요.

사서: 고맙습니다.

제대로 질문하기

❶ 질문자는 학교 (   )에 햇살도서관을 소개하는 글을 쓰기 위해 면담하고 있다.
❷ 질문자는 햇살도서관의 어떤 서비스에 대하여 질문하고 있는가?
❸ 한국고 학생들은 아직 '❷번 답'을 이용하고 있지 않다. (○, ×)
❹ 답변자는 질문자가 답변을 제대로 이해하지 못하고 있다고 생각한다. (○, ×)

▶ 해설편 13쪽

07 [A], [B]에 대한 이해로 가장 적절한 것은?

① [A]에서 학생은 사서의 답변이 질문의 의도에서 벗어났다고 판단하여 같은 질문을 다시 하고 있다.
② [A]에서 사서는 질문에 대한 답변을 학생이 제대로 이해하지 못했다고 판단하여 이를 확인하는 질문을 하고 있다.
③ [B]에서 학생은 사서의 답변이 면담의 목적에서 벗어났다고 판단하여 새로운 질문을 하고 있다.
④ [A]에서 사서는 학생의 질문이 명확하지 않았다고 판단하여 질문의 의도를 확인하고 있고, [B]에서 학생은 사서의 답변을 듣고 더 알고 싶은 점을 질문하고 있다.
⑤ [A]에서 학생은 질문의 의미가 잘못 전달됐다고 판단하여 다시 질문하고 있고, [B]에서 사서는 학생의 질문 중 일부 내용을 반복하여 자신의 이해 여부를 확인하고 있다.

08 다음은 위 면담을 바탕으로 학생이 쓴 글이다. 면담과 학생 글을 고려할 때, 학생이 활용한 글쓰기 방법으로 적절하지 않은 것은?

> **책과 마음이 닿는 햇살도서관**
> "도서관은 책을 경험하는 곳입니다."
>
> 햇살도서관은 책편지 서비스를 하는 마을 도서관이다. 인자한 인상의 사서 선생님의 설명에 따르면 책편지 서비스는 햇살도서관에서 신청자의 고민 해결에 도움이 되는 책을 골라 주고, 그 이유를 편지에 적어 주는 개인 맞춤형 서비스이다. 이 서비스를 경험한 주민들은 햇살도서관이 책을 빌리는 곳, 그 이상의 장소라고 말한다. 책편지 서비스는 방문객들을 친절하게 응대해 주는 사서 선생님들 덕분에 큰 호응을 얻고 있다. 진로 탐색이나 교우 관계에 고민이 있는 한국고 학생들이 이 서비스를 이용하면, 고민 해결에 많은 도움을 받을 수 있을 것으로 기대된다.

① 면담에서 받은 사서에 대한 주관적 인상을 포함하여 독자들에게 도서관에 대한 호감을 높인다.
② 책편지 서비스가 도움이 될 만한 대상자를 구체화하여 책편지 서비스를 통한 기대 효과를 알린다.
③ 마지막 질문에 대한 사서의 답변 중 일부를 글의 부제로 제시하여 도서관에 대한 관심을 이끌어 낸다.
④ 면담에서 알게 된 책편지 서비스 신청 방법을 제시하여 책편지 서비스 이용에 대한 정보를 제공한다.
⑤ 면담에서 학생이 사서에게 언급한, 도서관에 대한 주민들의 반응을 제시하여 도서관의 장점을 부각한다.

제대로 접근법 ☆ 문제 채점까지 마친 후 복습할 때 보세요.

07
말하기 목적을 추론하는 문제이다. 각 대화에서 질문의 발화 의도를 이해하자. [A]에서 학생이 책편지 서비스의 방법을 질문한 후 사서는 신청 방법이 궁금한 것이냐고 되물었고 이에 대하여 학생은 신청 방법과 진행 과정도 설명해 달라고 하였다. [B]에서는 학생이 서비스를 시작한 이유를 물은 뒤 지역 주민에게 구체적으로 어떤 도움을 주고 싶었는지 다시 질문하고 있다. 이 질문들이 질문자 입장에서 어떤 의도가 담긴 것인지 생각해 보면 쉽게 답을 찾을 수 있다.

08
자료 활용의 적절성을 평가하는 문제이다. 앞의 문제를 풀기 위해 면담 지문을 읽었으므로 바로 문제에 제시된 학생이 쓴 글을 읽은 후 선택지에 제시된 글쓰기 방법에 해당하는 부분에 밑줄을 긋도록 하자. '인자한 인상의 사서 선생님', '진로 탐색이나 교우 관계에 고민이 있는 한국고 학생들', '책을 경험하는 곳', '주민들은 햇살도서관이 책을 빌리는 곳, 그 이상의 장소'에 밑줄을 그었다면 맞게 문제를 푼 것이다. 이 내용과 관련되지 않은 선택지를 찾는다.

1차 채점

맞은 문항 수	개
틀린 문항 수	개
헷갈리는 문항 번호	

• 틀린 문항 '/' 표시

→

2차 채점

맞은 문항 수	개
틀린 문항 수	개
헷갈리는 문항 번호	

• 틀린 문항 '×' 표시

[01-03] 다음은 학생의 발표이다. 물음에 답하시오.

여러분, '탈'이라고 하면 무엇이 떠오르세요? (청중의 대답을 듣고) 저는 며칠 전에 『세계 여러 나라의 탈』이라는 책을 읽었는데요, 인상적인 탈이 있어서 여러분께 소개하고자 발표 주제로 선정했습니다. 발표를 준비하던 중 마침 국어 시간에 '봉산 탈춤'을 배워서 발표를 준비하는 데 도움이 되었습니다.

여러분, (화면 1을 가리키며) 이 탈의 이름을 아세요? (청중의 반응이 없자) 안동에서 볼 수 있는 탈이에요. (대답을 듣고) 하회탈이라고 말씀하신 분들이 많군요. 흔히들 그렇게 알고 계시는데 정확히는 하회탈 중 양반탈입니다. '봉산 탈춤'의 양반탈과 달리 눈 아래부터 귀 위까지 이어진 선이 눈꼬리와 겹쳐 미소를 만드는데, 단순한 얼굴형에 특별한 장식이나 화려한 색채 없이 눈썹, 눈, 코, 입을 선으로 표현한 것이 인상적입니다. "양반은 냉수 마시고도 이 쑤신다."라는 말에 담긴 허풍과 여유가 동시에 느껴지지 않나요?

(화면 2를 가리키며) 이 탈은 중국의 장수 관우 탈인데요, 무엇이 가장 먼저 보이세요? (청중의 대답을 듣고) 저는 용이 새겨진 복잡한 모양의 관에 시선이 갔습니다. 양반탈이 이마 부분까지만 표현돼 있는 것과 달리 관우 탈은 머리에 쓴 관까지 표현돼 있습니다. 그리고 보시는 것처럼 얼굴이 강렬한 붉은색이어서 무시무시하면서도 화려한 느낌을 줍니다. 얼굴과 머리 부분을 모두 이용해 관우의 박력과 위엄을 드러내고 있는 것이 인상적입니다.

마지막은 아프리카 카메룬의 탈입니다. 일반적으로 아프리카의 탈은 과장과 생략이 특징입니다. (화면 3을 가리키며) 보시는 것처럼 이 탈도 추상적으로 보일 만큼 과감한 생략이 인상적인데요, 단순한 곡선과 직선으로 표현된 커다란 눈이 작은 코와 대비되어 더 두드러져 보입니다.

지금까지 소개한 탈들을 (화면 4를 가리키며) 이렇게 정리해 보았습니다. 선을 활용하여 단순하게 표현된 왼쪽 탈들, 화려한 장식에 다소 복잡한 오른쪽 탈이 보이시죠? 이 차이가 탈의 용도 때문은 아닌지 궁금하여 기회가 되면 '탈의 용도에 따른 모양'이란 주제로 탐구해 보려 합니다. 여러분도 한번 조사해 보시면 어떨까요? 이만 발표를 마치겠습니다. 감사합니다.

제대로 질문하기

❶ 발표의 제재는 무엇인가?
❷ 세 탈 중 형태가 가장 복잡한 것은 (   )이다.
❸ 청중은 발표자에게 질문을 하여 필요한 정보를 얻고 있다. (○, ×)
❹ 발표자는 발표를 정리하며 다음 탐구 주제를 제시하고 있다. (○, ×)

01 위 발표에 대한 설명으로 가장 적절한 것은?

① 도입부에서 발표에 사용될 용어의 개념을 설명하며 화제를 제시하고 있다.
② 수업 시간의 경험이 발표 주제 선정의 동기가 되었음을 밝히고 있다.
③ 전문가의 말을 인용하며 발표 내용에 대한 신뢰도를 높이고 있다.
④ 청중에게 질문을 던지고 청중의 반응을 확인하며 추가 정보를 제시하고 있다.
⑤ 발표 내용에 대한 청중의 이해도를 확인하며 마무리하고 있다.

제대로 접근법 문제 채점까지 마친 후 복습할 때 보세요.

01
표현 전략을 평가하는 문제이다. 이 유형은 문제를 먼저 읽고 선택지에 제시된 말하기 전략을 기억한 후 지문을 읽으며 해당 내용에 밑줄을 긋는 방식으로 푸는 게 가장 효과적이다. 각 선택지의 내용을 살펴보고 발표에 대하여 가장 적절하게 설명하고 있는 선택지가 무엇인지 판단해 본다.

▶ 해설편 14쪽

02 다음은 위 발표에 반영된 매체 자료 활용 계획이다. 발표를 참고할 때 A, B에 들어가기에 가장 적절한 것은? [3점]

	화면 1 화면 2 화면 3		화면 4
제시 순서	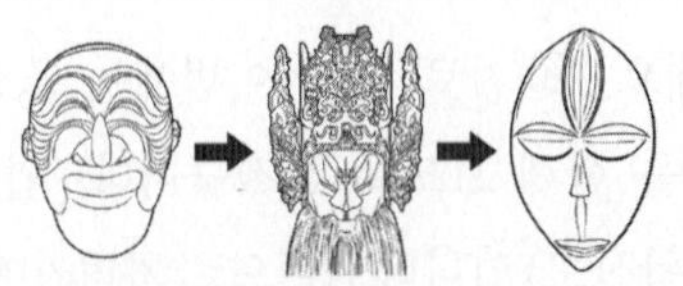	⇨	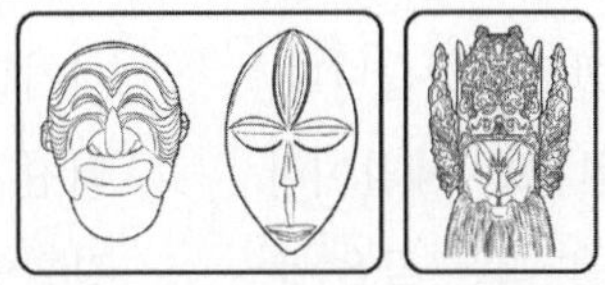
내용 구성	A	⇨	B

	A	B
①	사용된 색채를 중심으로 각각의 탈 소개하기	탈들의 형태상 차이점이 부각되도록 구분하여 제시하기
②	형태적 특징을 중심으로 각각의 탈 소개하기	탈들의 복잡성이 대비되도록 유형화하여 제시하기
③	인상적이었던 순서를 밝히며 각각의 탈 소개하기	탈들의 공통점이 드러나도록 순서를 변경하여 제시하기
④	지리적으로 인접한 순서를 밝히며 각각의 탈 소개하기	탈들의 관이 가진 장식성이 대비되도록 제시하기
⑤	표현된 선의 유사성을 중심으로 각각의 탈 소개하기	탈들의 선의 형태에 따른 분류 기준이 드러나도록 제시하기

03 〈보기〉는 위 발표를 들으며 떠올린 생각들이다. 〈보기〉의 듣기 활동을 이해한 내용으로 적절하지 <u>않은</u> 것은?

〈보기〉

- 저 탈이 하회탈인 줄 알았는데, 하회탈의 한 종류였구나. 양반탈 말고 다른 하회탈도 설명해 주겠지?
- 나도 관우 탈을 박물관에서 봤을 때에 정말 화려하다고 생각했었어.
- 발표자가 말한 대로 '탈의 용도에 따른 모양'에 대해 조사해 보면 좋을 것 같아.

① 발표 내용을 예측하며 능동적인 태도로 듣고 있다.
② 발표를 들으며 갖게 된 의문을 해결하며 듣고 있다.
③ 발표자가 제안한 탐구 주제를 긍정적으로 수용하며 듣고 있다.
④ 발표 내용과 관련된 경험을 떠올리며 발표자의 설명에 공감하며 듣고 있다.
⑤ 발표를 통해 알게 된 새로운 정보를 활용하여 기존 지식을 수정하며 듣고 있다.

제대로 접근법

문제 채점까지 마친 후 복습할 때 보세요.

02
자료의 활용 계획이 적절한지 확인하는 문제이다. 문제에 제시된 탈의 이미지와 그에 대한 설명이 제시된 지문을 연결하여 '화면 1~화면 3'은 무엇을 중점적으로 탈을 소개하고 있는지 확인해 보고, 화면 4는 5문단과 연결하여 탈의 무엇을 중점적으로 언급하고 있는지 판단한다. 특히 화면 4는 '단순, 복잡'의 기준으로 설명하고 있음을 확인할 수 있으므로, B에 대하여 더 명확하게 판단할 수 있을 것이다. 따라서 B에 해당하는 선택지 중 적절한 것을 먼저 찾은 후 A에 적절한 것을 찾는 것도 문제를 확실하고 안전하게 해결하는 방법이 될 수 있다.

03
반응의 적절성을 평가하는 문제이다. 〈보기〉의 생각들과 선택지의 내용을 연결하여 적절성을 판단해 본다. '다른 하회탈도 설명해 주겠지?', '탈의 용도에 따른 모양에 대해 조사해 보면 좋을 것 같아', '관우 탈을 박물관에서 봤을 때', '하회탈의 한 종류였구나.' 등이 어느 선택지와 연결할 수 있는지 살펴보도록 하자.

[04-06] 다음은 학생의 발표이다. 물음에 답하시오.

저는 오늘 '옛 그림의 제발'을 주제로 발표하겠습니다. 여러분, '제발(題跋)'이라는 말을 들어보셨나요? 제발이란 원래 책의 앞이나 뒤에 책과 관련된 사항을 적은 글을 뜻하는데요, 그림에도 제발이 있습니다. 그림 속의 제발은 작품에 대한 정보나 창작 배경, 작품에 대한 감상 등을 기록한 것입니다. 그림에 제발을 쓰는 문화는 중국에서 유행하다가 우리나라에는 조선 초에 들어왔다고 합니다. 먼저 시대에 따라 제발이 그림에 어떻게 나타났는지 보도록 하겠습니다.

(㉠자료 제시) 두 개의 그림 중 왼쪽의 그림은 중국 북송대에 그려진 이당의 〈만학송풍도〉입니다. 제발이 잘 보이지 않으시죠? (손가락으로 가리키며) 봉우리 속에 숨은 듯 적힌 글귀가 이당의 서명과 제작 연도가 쓰인 제발입니다. 제발이 나타난 초기에는 행여 그림을 해칠까 하는 마음에 제발을 눈에 띄지 않게 썼다고 합니다. 오른쪽 그림은 북송대 이후 원나라의 화가였던 오진이 그린 〈묵죽도〉인데요, 화가가 대나무 그림을 그리게 된 이유를 설명한 제발을 쉽게 확인할 수 있습니다. 이처럼 초기와 달리 그 이후에는 제발을 그림의 한 요소로 인식하여 잘 보이는 곳에 크게 써 넣었다고 합니다.

한편 제발은 화가뿐만 아니라 감상자가 작품에 직접 남기기도 했는데요. (㉡자료 제시) 이번에는 조선 후기에 그려진 두 작품을 함께 보도록 하겠습니다. 왼쪽의 그림은 강희언의 〈인왕산도〉입니다. (손으로 가리키며) 그림 왼쪽의 글귀는 당대의 문인이자 서화가였던 강세황이 남긴 제발로, 〈인왕산도〉가 사실적이면서 회화적 본질을 잃지 않았다고 호평한 글입니다. 이 제발은 감상자가 그림에 대한 인상을 비평의 형태로 표현한 것입니다. 다음으로 오른쪽 그림은 김홍도의 〈마상청앵도〉입니다. 그림 상단에 제발이 있는데요, 그림을 감상한 이인문이 한시로 적은 것입니다. 말을 타고 가던 선비가 올려다 본 나무 위의 꾀꼬리가 노래하는 모습을, '어여쁜 여인이 천 가지 가락으로 생황을 불고, 비안개를 이끌어다 봄 강에 비단을 짜고 있다'며 아름답게 비유했네요. 이처럼 때로는 감상자가 그림을 감상한 후의 감흥을 시의 형태로 표현하기도 했습니다.

지금까지 옛 그림 속에 나타난 제발을 살펴보았습니다. 여러분, 발표한 내용이 잘 이해되셨나요? (청중의 대답을 듣고) 다행이군요. 제발에 관심이 있으신 분들은 마침 제발과 관련된 전시회가 ○○미술관에서 열린다고 하니, 전시회를 관람해 보시는 것도 좋을 것 같습니다. 이상으로 발표를 모두 마치겠습니다.

제대로 질문하기

❶ 발표의 제재는 무엇인가?
❷ 발표 내용은 조선 시대 서예가의 글씨에 대한 것이다. (○, ×)
❸ 제발이 나타난 초기에는 제발이 눈에 띄지 않게 썼다. (○, ×)
❹ 조선 후기에는 감상자가 그림을 감상한 후의 감흥을 (   )의 형태로 표현한 제발이 나타나기도 하였다.

04 위 발표자의 말하기 방식에 대한 설명으로 적절하지 않은 것은?

① 중심 화제의 개념을 설명하여 청중의 이해를 돕고 있다.
② 비언어적 표현을 사용하여 청중의 집중을 유도하고 있다.
③ 청중과 공유했던 경험을 제시하여 발표의 목적을 밝히고 있다.
④ 발표 주제와 관련된 정보를 제공하며 발표를 마무리하고 있다.
⑤ 청중에게 질문을 하며 발표 내용에 대한 청중의 이해 여부를 확인하고 있다.

제대로 접근법 문제 채점까지 마친 후 복습할 때 보세요.

04
발표자의 말하기 방식을 파악하는 문제이다. 선택지에 제시된 말하기 방식이 발표 내용에서 확인되는지 파악한다. '제발이란 ~ 뜻하는데요', '(손가락으로 가리키며)', '제발과 관련된 전시회가 ~ ○○미술관에서 열린다고', '들어보셨나요?', '잘 보이지 않으시죠?' 등으로 판단할 수 있는 선택지는 무엇인지 확인해 보자.

▶ 해설편 16쪽

05 발표자의 자료 활용에 대한 설명으로 가장 적절한 것은?

① 제발이 그림에 잘 드러나지 않았을 때의 문제점을 설명하기 위해 ㉠을 제시하였다.
② 제발이 나타난 초기와 그 이후의 제발을 비교하여 표현 양상의 차이를 설명하기 위해 ㉠을 제시하였다.
③ 비평이나 시의 형태로 쓰인 제발의 역사적 유래를 설명하기 위해 ㉡을 제시하였다.
④ 화가가 요구한 바에 따라 제발이 다르게 쓰일 수도 있다는 점을 설명하기 위해 ㉡을 제시하였다.
⑤ 중국에서 유행하던 제발이 우리나라에 들어오게 된 이유를 설명하기 위해 ㉠과 ㉡을 제시하였다.

06 다음은 위 발표를 들은 후 청중이 보인 반응이다. 발표를 고려하여 청중의 반응을 분석한 것으로 적절하지 않은 것은? [3점]

청중 1: 제발은 문인화가 유행하면서 더욱 활발히 쓰였다고 알고 있어. 글을 쓰는 문인들이 그림을 그리게 되면서 그림에서 제발이 점차 중요하게 여겨졌을 것 같아.
청중 2: 감상자가 자신이 느낀 바를 그림에 시로 표현하기도 했다는 것은 몰랐던 사실이야. 이번 기회에 새로 배울 수 있어서 유익했어. 그런데 이인문이 〈마상청앵도〉에 그 감상을 한시로 표현했다고 하는데, 다양한 시의 갈래 중에 왜 한시를 택했을까?
청중 3: 평소 그림 속에 쓰인 글에 대해 궁금했는데, 발표를 통해 알게 되어서 좋았어. 예전에 미술관에 갔을 때는 잘 몰라서 제발을 그냥 지나쳤는데, 앞으로는 제발에도 관심을 가지고 작품을 감상해야겠어.

① '청중 1'은 발표에 직접적으로 언급되지 않은 내용을 배경지식을 통해 추론하고 있군.
② '청중 2'는 발표 내용의 일부를 언급하며 이와 관련된 궁금한 점을 떠올리고 있군.
③ '청중 3'은 발표를 들은 후, 작품을 감상하는 태도의 변화를 다짐하고 있군.
④ '청중 1'과 '청중 2' 모두 발표 내용과 자신의 의견이 다른 부분을 정리하며 듣고 있군.
⑤ '청중 2'와 '청중 3' 모두 발표를 통해 이전에 몰랐던 사실을 알게 된 것을 긍정적으로 생각하고 있군.

제대로 접근법 ☆ 문제 채점까지 마친 후 복습할 때 보세요.

05
자료 활용 파악에 대한 문제로 비교적 정답률이 낮은 편이었다. 발표에서 자료가 제시된 부분의 앞뒤 발표 내용을 주의 깊게 살펴보자. '제발이 잘 보이지 않으시죠?', '제발을 눈에 띄지 않게 썼다고 합니다.', '제발을 쉽게 확인할 수 있습니다.', '감상자가 그림에 대한 인상을 비평의 형태로 표현한 것', '한시로 적은 것', '감상한 후의 감흥을 시의 형태로 표현' 등으로 확인할 수 있는 선택지가 있는지 찾는다. 선택지 중 발표 내용에서 전혀 찾을 수 없는 내용이 제시된 것도 있음을 유의하여 문제를 해결한다.

06
반응의 적절성을 파악하는 문제이다. 문제에 제시된 청중이 보인 반응을 살펴본다. 청중 1의 '쓰였다고 알고 있어.', '여겨졌을 것 같아.' 등의 반응이 배경지식을 통한 추론인지 생각해 본다. 청중 2의 '왜 한시를 택했을까?'가 궁금한 점을 떠올리는 것인지 생각해 본다. 청중 3의 '앞으로는 ~ 감상해야겠어.'가 감상하는 태도의 변화를 다짐하는 것인지 생각해 본다. 청중 1, 2가 발표 내용과 자신의 의견이 다름을 드러낸 것이 문제에 제시된 청중의 반응에서 확인할 수 있는지 살펴보자. 청중 2, 3이 발표를 통해 이전에 몰랐던 사실을 드러내고 이를 긍정적으로 생각하고 있는지 확인하여 이 중 적절하지 않은 선택지를 찾는다.

◉ 권장 풀이 시간 : 4분 30초

[07-09] 다음은 수업 시간 중 학생의 발표이다. 물음에 답하시오.

안녕하세요. 저는 QR 코드에 대해 발표할 ○○○입니다. 최근 QR 코드가 많이 쓰이고 있는데요, 여러분도 사용해 보셨나요? (사진 1을 보여 주며) 이 사진에서처럼 공공장소에 들어갈 때 한 번쯤은 사용해 보셨을 텐데요. 이렇게 QR 코드는 주변에서 흔히 사용되고 있지만, QR 코드의 특징과 구성에 대해서는 잘 모르실 것 같아 발표를 준비했습니다.

QR 코드는 명암에 따라 빛의 반사량이 다르다는 원리가 이용된다는 점에서 바코드와 유사합니다. (표를 보여 주며) 하지만 표에 제시된 것처럼 바코드가 가로로 된 1차원적 구성이기 때문에 주로 간단한 숫자 정보만을 담을 수 있는 것과 달리, QR 코드는 가로와 세로의 2차구성이어서 이미지나 동영상과 관련한 정보까지도 담을 수 있습니다. (동영상을 보여 주고) 보신 것처럼 QR 코드는 상품 홍보, 결제, 웹 사이트 연결 등의 다양한 용도로 활용되고 있습니다.

다음은 QR 코드의 구성에 대해 설명하겠습니다. (사진 2를 제시하며) 우선 QR 코드는 밝은색과 어두운색 모듈들의 집합으로, 여기 가장 작은 한 칸의 사각형이 바로 모듈입니다. 뒤에 계신 분들 잘 보이시나요? 안 보이시는 분이 있다고 하니 확대해 보겠습니다. (사진 2를 확대하며) 잘 보이시죠? 이런 모듈들로 구성된 QR 코드는 인코드화 영역과 기능 패턴으로 구분할 수 있습니다.

인코드화 영역은 정보가 담긴 모듈들로 구성되어 있습니다. 모듈 수가 늘어날수록 인코드화 영역에는 더 많은 정보를 담을 수 있고, QR 코드의 크기도 커집니다. 모듈 수가 가장 많은 QR 코드 버전은 숫자는 7,089자, 한글은 1,817자까지 담을 수 있습니다.

다음으로 QR 코드가 효율적으로 인식될 수 있도록 돕는 기능 패턴들에 대해 설명하겠습니다. (사진 3을 제시하며) 여기 QR 코드 상단 양쪽 끝과 왼쪽 하단을 보시면 큰 사각형 형태들이 보이는데요. 이 세 개의 형태들은 QR 코드가 어떤 방향으로 놓여 있어도 쉽고 빠르게 인식될 수 있게 해 주는 위치 탐지 패턴이라고 합니다. 위치 탐지 패턴은 QR 코드의 버전이 달라지더라도 크기와 개수는 변하지 않습니다. 그리고 오른쪽 아래에 보이는 것과 같이 위치 탐지 패턴과 형태는 비슷하지만, 크기는 작은 사각형 형태를 정렬 패턴이라고 합니다. 정렬 패턴은 QR 코드가 곡면 등에 인쇄되어 일그러진 상태에서도 정상적으로 인식될 수 있게 합니다. 마지막으로 위치 탐지 패턴 사이의 밝은색과 어두운색 모듈이 하나씩 교대로 나타나는 부분을 타이밍 패턴이라고 하는데, 이 패턴은 다른 모듈들의 위치 정보를 알려 줄 뿐만 아니라 QR 코드의 버전도 확인할 수 있게 해 줍니다.

오늘 제가 준비한 발표는 여기까지입니다. QR 코드에 대한 궁금증이 조금이나마 해소되었길 바라며 발표를 마치겠습니다.

제대로 질문하기

❶ 발표의 제재는 무엇인가?
❷ 발표자는 청중들이 잘 이해할 수 있도록 발표 중간중간 내용을 요약하여 제시하고 있다. (○, ×)
❸ 바코드는 1차원적으로 구성되어 있어, 주로 간단한 (　　　　) 정보를 담을 수 있다.
❹ QR 코드의 타이밍 패턴은 다른 모듈들의 위치 정보를 알려 준다. (○, ×)

07 위 발표에 대한 설명으로 가장 적절한 것은?

① 발표 제재를 활용할 때 유의할 점을 안내하고 있다.
② 발표를 통해 배운 점을 실천해 볼 것을 권유하고 있다.
③ 발표 제재의 선정 이유를 도입 부분에 제시하고 있다.
④ 발표 중간중간에 앞에서 설명한 내용을 요약하고 있다.
⑤ 발표를 마치며 정보의 출처를 구체적으로 명시하고 있다.

제대로 접근법 문제 채점까지 마친 후 복습할 때 보세요.

07
말하기 방식을 파악하는 문제이다. 선택지에 제시된 말하기 방식이 발표 내용에 나타나는지 살펴보자. QR 코드를 활용할 때 유의할 점, 배운 내용을 실천할 것에 대한 권유, QR 코드를 발표 제재로 선정한 이유, 앞에서 설명한 내용의 중간중간에서의 요약, 정보 출처의 구체적 명시 등을 확인해 보고 확인되는 하나를 답으로 정한다.

▶ 해설편 17쪽

08 다음은 발표를 위해 준비한 분석 자료의 일부이다. 이를 바탕으로 위 발표가 진행되었다고 할 때, 발표자의 발표 전략으로 적절하지 않은 것은?

발표 제재의 특성 분석	㉠ 일상생활에서 자주 접할 수 있음. ㉡ 바코드의 원리와 비교 가능함.
청중의 특성 분석	㉢ QR 코드의 용도를 궁금해함. ㉣ QR 코드가 어떻게 구성되어 있는지 모름.
발표 장소의 특성 분석	㉤ 교실 구조상 자료 화면이 뒤쪽까지 잘 보이지 않을 수 있음.

① ㉠을 고려하여, 일상생활 속에서 QR 코드가 흔히 사용되고 있다는 것을 보여 주기 위해 '사진 1'을 활용하고 있다.

② ㉡을 고려하여, QR 코드와 바코드는 빛을 이용하는 원리가 다르다는 것을 비교하기 위해 '표'를 활용하고 있다.

③ ㉢을 고려하여, QR 코드의 다양한 용도를 알려 주기 위해 '동영상'을 활용하고 있다.

④ ㉣을 고려하여, QR 코드의 구성에 대해 설명하기 위해 '사진 2'와 '사진 3'을 활용하고 있다.

⑤ ㉤을 고려하여, 교실 뒤쪽까지 정보를 효과적으로 전달하기 위해 '사진 2'의 크기를 조절하여 활용하고 있다.

09 위 발표를 들은 학생이 〈보기〉에 대해 보인 반응으로 적절하지 않은 것은?

〈보기〉

① ⓐ가 있어 거꾸로 놓여 있는 QR 코드도 빠르게 인식될 수 있겠군.

② ⓑ를 통해 ⓓ의 위치 정보와 QR 코드의 버전을 확인할 수 있겠군.

③ ⓒ가 있어 둥근 유리병 표면에 부착된 QR 코드도 정상적으로 인식될 수 있겠군.

④ ⓓ의 수가 늘어나 QR 코드 크기가 커지면 ⓐ에 더 많은 정보를 담을 수 있겠군.

⑤ ⓐ, ⓑ, ⓒ는 모두 QR 코드가 효율적으로 인식될 수 있도록 하는 기능 패턴들이겠군.

제대로 접근법

✩ 문제 채점까지 마친 후 복습할 때 보세요.

08
매체 활용 이해에 대한 문제이다. 발표에서 매체를 어떻게 활용하고 있는지 명확하게 분석해야 하므로 어렵다고 느낀 학생이 많아 정답률이 낮았다. 문제에 제시된 ㉠~㉤을 발표 내용에서 확인할 수 있는지 살펴보고 선택지를 파악한다. '공공장소에 들어갈 때 한 번쯤은 사용', '명암에 따라 ~ 바코드와 유사', '상품 홍보 ~ 다양한 용도로 활용', 'QR 코드의 구성에 대해 설명', 뒤에 계신 분들 잘 보이시나요? 안 보이시는 ~ 확대해 보겠습니다.' 등의 내용으로 발표 전략이 발표 과정에 잘 활용되었는지 확인하고 선택지에 제시된 발표 전략이 적절한지 판단해 본다.

09
청중 반응의 적절성을 파악하는 문제이다. 발표에서 5문단의 내용을 확인하고 선택지에 제시된 내용이 적절한지 판단하자. ⓐ는 어떤 방향으로 놓여 있어도 쉽고 빠르게 인식될 수 있게 해 주는 위치 탐지 패턴, ⓑ는 다른 모듈들의 위치 정보를 알려 주고 QR 코드의 버전을 확인할 수 있게 하는 타이밍 패턴, ⓒ는 곡면 등에 인쇄되어 일그러진 상태에서도 정상적으로 인식될 수 있게 하는 정렬 패턴, ⓓ는 정보가 담기는 모듈임을 알 수 있는데 이를 확인하고 선택지에 제시된 내용이 적절한지 확인해 본다. 〈보기〉의 ⓐ~ⓓ의 개념과 기능을 정확히 안다면 선택지 내용의 적절성 여부를 헷갈리지 않고 파악할 수 있다.

1차 채점

맞은 문항 수		개
틀린 문항 수		개
헷갈리는 문항 번호		

• 틀린 문항 '/' 표시

→

2차 채점

맞은 문항 수		개
틀린 문항 수		개
헷갈리는 문항 번호		

• 틀린 문항 '×' 표시

❖ 출제 경향 및 학습 대책

작문은 주로 내용 평가와 생성, 글쓰기 전략, 자료 활용 등을 묻는 구성으로 화법 복합 문제를 제외하고 3문제 안팎이 출제된다. 지문을 분석해 나가면서 선택지를 정확하게 파악하는 훈련이 필요하다.

❶ 정보 전달, 자기소개, 설득, 건의, 주장 등 글의 종류에 따라 그 특징과 전략을 미리 익혀 두어야 한다.

❷ 글과 제시된 자료를 빠르게 파악할 수 있어야 한다.

❸ '글쓰기 윤리'를 다룬 문항이 출제되고 있으므로 이에 대한 내용을 숙지해 두어야 한다.

Ⅱ부

작문

미리 배우는 핵심 개념

1 작문의 본질과 태도

(1) **작문의 특성**: 글을 통해 의미를 주고받는 사회적 의사소통 행위. 필자와 독자는 서로 다른 시간적·공간적 상황에 있어도 상호 작용을 할 수 있음. 필자는 사회·문화적 상황을 고려하여 글을 쓰고, 이는 다시 공동체에 영향을 끼침.

(2) **작문의 기능**: 글쓰기 활동은 인간이 자신을 성찰하거나 자신의 정서를 진술하게 드러낼 수 있게 하고, 이 과정에서 개인의 자아가 성장함. 또한 공동체의 현안이나 쟁점에 대해 글을 쓰는 활동은 공동체를 발전시킴.

(3) **작문의 맥락**: 글쓰기가 이루어지는 배경으로 목적, 주제, 독자, 매체, 글의 유형 등이 맥락 요인이 될 수 있음.

(4) **글쓰기 윤리**
- 사실을 과장하거나 왜곡하지 않도록 주의함.
- 독자에게 상처를 주거나 오해를 불러일으키는 표현을 삼가야 함.
- 다른 사람의 저작물을 인용할 때에는 먼저 저작자의 동의를 구하고, 자신의 글과 인용한 부분을 명확하게 구분하며, 반드시 출처를 표기해야 함.

2 작문의 원리

(1) 정보 전달을 위한 글

글의 유형	• **설명문**: 어떤 대상에 대한 정보나 지식을 알기 쉽게 풀어 쓴 글 • **보고서**: 특정 대상이나 현상을 조사해 그 과정 및 결과를 정리한 글 • **자기소개서**: 독자에게 자신의 이력, 경험, 장단점 등을 알리는 글
글쓰기 전략	• 다양한 경로와 매체를 활용하여 정보를 수집하고, 가치 있고 신뢰할 만한 자료를 선별함. • 정보의 속성에 맞는 내용 조직 방법을 활용함.

(2) 설득을 위한 글

글의 유형	• **논설문**: 타당한 근거를 통해 자신의 주장을 논리적으로 밝힌 글 • **건의문**: 개인이나 단체가 어떤 문제의 해결 방안을 제시한 글 • **비평문**: 사물 및 현상의 옳고 그름, 장단점 등의 가치를 논하는 글
글쓰기 전략	• 관련 자료를 분석하여 명료한 주장과 관점을 제시하고, 이를 뒷받침할 만한 근거를 내세움. • 전문가의 의견을 인용하거나 도표 및 자료를 활용하여 설득력을 높임.

(2) 자기표현과 사회적 상호 작용을 위한 글

글의 유형	• **기행문**: 여행하는 동안 보고 듣고 느낀 것을 기록한 글 • **편지글**: 독자에게 안부, 소식, 용무 등을 적어 보내는 실용적인 글 • **일기문**: 그날그날 겪은 일이나 생각, 느낌 등을 기록한 글
글쓰기 전략	• 독자에 맞게 격식을 갖추며 상황에 알맞은 내용과 형식을 선정함. • 자신이 겪은 상황과 이에 대한 정서를 솔직하고 구체적으로 표현함.

제대로 개념 확인

01 작문의 특성으로 적절하지 않은 것은?
① 필자는 글을 쓸 때 사회적 상황을 고려한다.
② 글의 내용은 필자가 속한 공동체에 영향을 끼친다.
③ 글을 통해 의미를 주고받는 사회적 의사소통 행위이다.
④ 서로 다른 공간적 상황에 있어도 필자와 독자의 상호 작용은 가능하다.
⑤ 동일한 시간적 상황에 있어야 필자와 독자가 서로 상호 작용할 수 있다.

02 〈보기〉의 빈칸에 들어갈 알맞은 말을 쓰시오.

〈보기〉
( ) 활동은 자신을 성찰하거나 정서를 진술하게 드러낼 수 있어서 자아를 성장하게 한다.

03 글쓰기 윤리에 대한 설명으로 적절하지 않은 것은?
① 사실을 과장하여 쓰지 않는다.
② 오해를 불러일으킬 표현을 삼간다.
③ 저작물은 출처를 반드시 표기한다.
④ 저작물을 인용한 후에는 저작자의 허락을 받는다.
⑤ 인용한 부분과 자신이 쓴 부분을 명확하게 구분한다.

[04-05] 다음을 읽고 물음에 답하시오.

〈작문 상황〉
- **예상 독자**: 학교 홈페이지에 접속하는 학생들
- **목적**: 학교 홈페이지에 학생들의 잘못된 생활 습관에 대한 글을 올려 정보를 전달해야겠다.

04 위에 제시된 작문 상황과 어울리는 글의 유형은 논설문이다. (○, ×)

05 위의 작문 상황에 맞는 글쓰기 전략으로 적절하지 않은 것은?
① 다양한 경로로 정보를 수집한다.
② 자료의 출처를 제시하여 신뢰성을 높인다.
③ 거북목 증상으로 인한 문제점들을 알린다.
④ 거북목 치료 경험과 그때의 느낌을 솔직하게 표현한다.
⑤ 자료를 통해 거북목 증상 환자가 증가하였음을 제시한다.

❸ 작문의 절차

(1) **계획하기**: 글쓰기의 목적, 글의 유형, 주제, 예상 독자, 전달 매체 등을 고려하여 글을 전체적으로 구상하는 과정
- 계획하기의 단계: 작문 과정에서 해결해야 할 문제 분석 → 작문 과정의 전체적인 계획 수립 → 내용 생성을 위한 배경지식 점검 → 글의 내용과 구조 구상

(2) **내용 생성하기**: 글을 쓰기 위해 다양한 생각을 떠올리고 자료를 수집하는 활동
① 내용 생성하기의 단계: 내용 생성을 위한 사고 활동 → 중심 내용 생성 → 중심 내용 조정 및 구체화 → 중심 내용을 뒷받침할 세부 내용 생성
② 내용 생성을 위한 사고 활동

브레인스토밍	자유로운 토론으로 창조적인 아이디어를 끌어내는 일
자유 연상	연쇄적으로 생각의 흐름을 따라가면서 내용 떠올리기
자유롭게 쓰기	떠오르는 내용을 가감 없이 빠르게 종이에 옮기기

(3) **내용 조직 · 전개하기**: 생성한 내용을 위계, 비중, 순서 등에 따라 배치하는 과정으로, 개요나 내용 구조도를 이용하면 체계적으로 내용을 조직하고 전개할 수 있음.
① 내용 전개의 일반적인 원리

시간적 순서의 원리	시간의 흐름이나 사건의 선후에 따라 내용을 전개함.
공간적 순서의 원리	공간의 멀고 가까움이나 상하좌우에 따라 내용을 전개함.
논리적 순서의 원리	연역, 귀납, 유추 등 논리적 순서에 따라 내용을 전개함.

② 통일성과 응집성
- 통일성: 글의 여러 내용이 하나의 주제로 긴밀하게 연결되는 것
- 응집성: 문장과 문장, 문단과 문단의 연결 관계가 긴밀하고 자연스러운 것

(4) **표현하기**: 실제 글을 쓰는 과정. 적합한 어휘와 어법에 맞는 문장을 사용하고, 다양한 표현 기법을 활용해 개성적인 문체로 표현해야 함.

비유법	직유법, 은유법, 의인법, 활유법, 대유법, 풍유법 등
강조법	과장법, 반복법, 열거법, 대조법, 점층법, 영탄법 등
변화법	도치법, 설의법, 문답법, 대구법, 반어법, 역설법 등

(5) **고쳐쓰기**: 자신이 쓴 글을 검토하면서 부족하거나 빠뜨린 내용을 첨가하고, 글의 흐름에 맞지 않거나 불필요한 내용을 삭제하는 과정

글 수준	제목이 적절한지, 일관된 주제에 따라 작성되었는지, 구성이 체계적인지 검토함.
문단 수준	문단별로 중심 생각이 잘 드러나는지, 중심 문장과 뒷받침 문장 사이에 긴밀한 연관성이 있는지, 문단 길이가 적당한지 검토함.
문장 수준	문장의 의미가 명확한지, 지시어와 접속어가 적절하게 쓰였는지, 문장 길이가 적당한지, 문장이 어법에 맞게 쓰였는지 검토함.
단어 수준	적절한 단어를 사용했는지, 띄어쓰기와 맞춤법이 지켜졌는지 검토함.

제대로 개념 확인

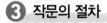

06 작문의 절차 중 글의 유형, 주제, 전달 매체 등을 고려하여 작문을 전체적으로 구상하는 단계는 '계획하기'이다. (○, ×)

07 다음 중 변화법에 해당하는 것은?
① 과장법 ② 대구법 ③ 대유법
④ 반복법 ⑤ 활유법

08 문장과 문장, 문단과 문단의 연결 관계가 긴밀하고 자연스러운 것을 (　　　)이라고 한다.

[09-10] 다음을 읽고 물음에 답하시오.

> 현행법상 아르바이트라도 근로 기준법, 최저 임금법 등 법의 보호를 받을 수 있다고 알고 있습니다. ㉠그래서 현실에서는 이것이 잘 지켜지지 않는 것 같습니다. ㉡또한 최저 임금 인상에 대한 논의가 더 필요합니다. 그 이유는 첫째, 고용주들이 ∨㉢∨잘 모르거나, 알고 있더라도 무시하는 경우가 많기 때문입니다. 둘째, 청소년들이 근로자로서 ㉣보장받아야 할 권리와 그것이 ㉤저해되었을 때 대처하는 방법을 몰라서 부당한 대우를 당해도 제대로 대응하지 못하기 때문입니다.

09 윗글의 '계획하기' 단계에서 <보기>와 같이 메모했다고 할 때, 빈칸에 들어갈 알맞은 말을 쓰시오.

<보기>
> 현행법을 언급하여 (　　　　　　) 라도 법의 보호를 받을 수 있다는 사실을 알려야겠어.

10 ㉠~㉤을 고쳐 쓰기 위한 방안으로 적절하지 않은 것은?
① ㉠은 앞뒤 문장을 자연스럽게 연결해 주지 못하므로 '그러나'로 고친다.
② ㉡은 글의 통일성을 해치므로 삭제한다.
③ ㉢은 필요한 문장 성분이 빠져 있으므로 '관련 법령을'을 첨가한다.
④ ㉣은 띄어쓰기가 잘못되었으므로 '보장받아야할'로 고친다.
⑤ ㉤은 사용된 어휘가 적합하지 않으므로 '침해당했을'로 고친다.

[01-03] 다음은 학교 협동조합을 운영하는 학생이 작성한 보고서의 초고이다. 물음에 답하시오.

우리 학교 협동조합의 운영 개선안

Ⅰ. 서론

우리 학교는 '협력을 통한 나눔 실천'이라는 취지로 학생 조합원으로 구성된 협동조합을 만들어 전교생을 대상으로 협동 매점을 운영하고 있다. 조합 설립 2년 차를 맞이하여 ㉠협동조합의 현황을 살펴보고 문제점을 확인한 후, 그로 인해 ㉡발생할 수 있는 어려움을 파악하고, 문제점을 해결할 수 있는 방안을 찾기 위해 이 보고서를 작성하였다. ㉢문제의 원인을 파악하기 위해 전교생을 대상으로 한 설문 조사를 진행하였다.

Ⅱ. 본론

1. 현황

조합원들이 점심시간(12:30~13:30)에 협동 매점을 운영하고 있고, 수익금 전액을 ○○ 환경 단체에 기부하는 데 사용하고 있다. 조합원은 설립 초기에 107명으로 시작하였고 지난해 4분기에는 85명이었다. 전교생은 322명으로, 지난 1년간 인원 변동은 없었다. 아래의 표는 협동조합의 1년 차 운영과 관련해 전교생 대비 조합원 비율 및 협동 매점 수익금의 변동 추이를 보여 주는 통계 자료이다.

	1분기	2분기	3분기	4분기
조합원 비율(%)	33.2	30.4	28.6	26.4
협동 매점 수익금(원)	752,400	672,600	547,200	461,700

〈조합원 비율 및 협동 매점 수익금〉

2. 문제점 분석 및 해결 방안

[A] 현황을 통해 문제점을 확인할 수 있었다. 첫째, 조합원 비율이 감소하고 있다. 이러한 상황이 지속되면 협동조합을 유지하기 어려워질 수 있다. 둘째, 협동 매점의 수익금이 줄고 있다. 그래서 수익금 기부를 통한 나눔 실천 활동을 지속하기가 어려워질 수 있다.

설문 조사 결과, 조합원 비율이 감소한 원인은 조합원에 대한 혜택이 부족해서 탈퇴한 것, 홍보가 부족해서 가입이 저조한 것으로 분석되었다. 또 협동 매점 수익금이 감소하는 원인은 판매 물품, 운영 시간에 대한 불만이 쌓여 협동 매점 이용자가 줄고 있기 때문으로 분석되었다.

첫 번째 문제점의 해결 방안은 두 가지가 있다. 우선 조합원의 탈퇴를 막기 위해 조합원이 혜택을 받을 수 있는 방안을 마련한다. 예를 들어 수익금 중 일부를 조합원의 복지를 위해 체험 활동비로 지원하는 방안 등이다. 다음으로 홍보를 통해 협동조합 가입을 유도하는 방안을 마련한다. 두 번째 문제점의 해결 방안으로 협동 매점의 소비자인 학생들의 불만 사항을 파악할 수 있는 수단을 마련한다.

Ⅲ. 결론

조합원들에 대한 지속적인 관심과 협동 매점 운영에 대한 학생들과의 적극적인 소통이 필요하다. 개선안을 실천한다면 우리 학교의 협동조합이 더욱 발전할 수 있을 것이다.

제대로 질문하기

❶ 학교에서 협동조합을 만들어 전교생을 대상으로 운영하고 있는 것은?
❷ 조합원 비율이 감소한 원인 중 하나는 전교생이 줄고 있기 때문이다. (○, ×)
❸ 보고서를 통해 조합원에 대한 혜택이 부족하게 된 원인을 알 수 있다. (○, ×)
❹ 결론에서는 협동 매점 운영에 대해 학생들과 적극적으로 (   )해야 한다고 언급하였다.

▶ 해설편 19쪽

01 학생이 보고서의 초고에 사용한 글쓰기 방법으로 가장 적절한 것은?

① 통계 자료를 통해 객관적인 정보를 제시한다.
② 문헌 자료 분석을 통해 결론의 근거를 제시한다.
③ 다양한 해결 방안의 장단점을 비교하여 설명한다.
④ 조사 기간과 방법 및 대상을 항목화하여 제시한다.
⑤ 조사 내용과 관련된 전문 용어의 개념을 설명한다.

02 〈보기〉는 보고서의 초고를 쓴 학생이 초고의 [A]를 보완하기 위해 수집한 자료이다. 자료의 활용 방안으로 적절하지 않은 것은? [3점]

〈보기〉

ㄱ. 전문가 인터뷰

"학교 협동조합은 학교를 기반으로 설립한 경제 조직이자 사회적 가치를 추구하는 교육 공동체입니다. 학생, 교직원, 학부모, 지역 주민 등이 참여할 수 있습니다. 수익금은 조합원의 복지를 위해 사용하거나 조합원의 동의를 바탕으로 공익을 위해 사용합니다"

ㄴ. 인근 학교 사례

Y학교의 협동조합에서는 SNS를 통해 소비자의 불만 사항을 파악하여 협동 매점 운영에 반영하고 있다. Z학교의 협동조합은 조합원 복지를 위해 수익금으로 도서 구입비를 지원하고 있다.

ㄷ. 우리 학교 학생 인터뷰

"저는 우리 학교 협동조합에 대해 잘 몰라서 가입하지 않았지만 알았다면 가입했을 것 같아요. 학교 게시판이나 누리집에도 협동조합에 대한 안내는 없었어요."

① ㄱ을 활용하여, 조합원을 위한 체험 활동비 지원이 조합원 복지 제도로서 협동조합의 수익금 사용 방법에 부합함을 밝혀 해결 방안의 근거로 제시한다.
② ㄴ을 활용하여, 조합원의 이탈 문제를 해결하는 방안의 예로 조합원에게 도서 구입비를 지원하는 것을 추가한다.
③ ㄴ을 활용하여, 협동 매점의 수익금 감소 문제를 해결하는 방안 중 하나로 SNS와 같은 소통 수단을 사용하는 것을 제시한다.
④ ㄷ을 활용하여, 협동 매점의 수익금을 늘리는 방안 중 하나로 협동조합에 대한 안내를 통해 협동 매점 이용자들의 불만 사항을 해소해 주는 것을 추가한다.
⑤ ㄷ을 활용하여, 조합원 가입이 저조한 문제를 해결하는 방안 중 하나로 학교 게시판이나 누리집에 협동조합을 홍보하여 학생들의 가입을 유도하는 것을 제시한다.

03 ㉠~㉢이 'Ⅱ. 본론'에 구체화된 내용으로 적절하지 않은 것은?

① ㉠: 협동 매점의 운영 시간 및 수익금 사용처
② ㉠: 조합원 비율 및 협동 매점 수익금의 변동 추이
③ ㉡: 협동조합 유지와 설립 취지의 지속적인 실현이 어려움
④ ㉢: 조합원에 대한 혜택이 부족하게 된 과정을 분석하여 파악한 원인
⑤ ㉢: 조합원 비율 및 협동 매점 수익금 감소와 관련된 설문 조사 내용을 분석하여 파악한 원인

제대로 접근법

문제 채점까지 마친 후 복습할 때 보세요.

01
글쓰기 전략을 파악하는 문제이다. 선택지에 제시된 내용을 지문에서 확인해 보자. 정답률이 높았던 문제로, 많은 학생들이 쉽게 정답을 찾았다. 통계 자료를 사용하였는지, 문헌 자료를 분석하였는지, 다양한 해결 방안을 설명하였는지, 조사 기간과 방법 및 대상을 항목화하였는지, 전문 용어의 개념을 설명하였는지 살펴보면 쉽게 문제를 해결할 수 있다.

02
자료, 매체 활용에 대한 문제이다. [A]는 협동조합 운영에서의 문제점 분석 및 해결 방안이 제시된 부분이다. 〈보기〉의 내용을 확인한 후 선택지에 제시된 내용을 읽고 적절하지 않은 것을 찾는다. [A]의 내용을 확인하였으면 〈보기〉의 전문가 인터뷰, 인근 학교 사례, 우리 학교 학생 인터뷰 내용 등이 초고를 보완하기 위해 어떻게 활용될 수 있을지 생각해 본 후 선택지에 제시된 내용이 적절한지 판단하자.

03
내용 생성의 적절성을 파악하는 문제이다. '협동조합의 현황, 문제점으로 인해 발생할 수 있는 어려움, 문제의 원인' 등이 '본론'에 구체화되어 있는지 살펴보자. '조합원들이 점심시간(12:30~13:30)에 협동 매점을 운영', '조합원 비율 및 협동 매점 수익음의 변동 추이를 보여 주는 통계 자료', '현황을 통해 문제점을 확인', '설문 조사 결과 ~ 분석되었다.' 등으로 판단이 가능한 선택지가 어느 것인지 확인한다.

◉ 권장 풀이 시간 : 4분 30초

[04-06] 다음은 작문 상황과 이를 바탕으로 작성한 학생의 초고이다. 물음에 답하시오.

• 작문 상황 : 손 글씨 쓰기의 효과를 소개하는 글을 써서 교지에 실으려 함.

• 학생의 초고

컴퓨터와 온라인을 기반으로 한 쓰기 환경이 조성됨에 따라, 많은 학생들이 펜을 쥐는 대신에 컴퓨터 자판을 두드리는 일이 일상화되었다. '손 글씨 쓰기'보다 힘이 덜 들고 편리하기 때문에 많은 학생들이 컴퓨터 자판을 이용한 쓰기를 선호한다. 하지만 손 글씨 쓰기의 효과는 생각보다 크다.

컴퓨터 자판으로 글자를 입력할 때에는 '강'을 입력하든 '물'을 입력하든 손가락으로 세 번의 타점을 두드리는 동작에는 큰 차이가 없다. 그러나 손으로 글씨를 쓸 때에는 손의 동선이 그대로 글씨를 이루며 단어마다 다른 궤적이 생기게 된다. 뇌의 시각 처리와 손을 통한 운동 경험, 쓰고자 하는 단어를 떠올리는 과정이 동시에 이루어져 뇌의 다양한 영역이 활성화되는 효과가 생기는 것이다.

손 글씨 쓰기는 컴퓨터 자판을 이용할 때보다 많은 시간이 소요된다. 하지만 이 느림 때문에 사고할 수 있는 시간이 확보된다. 또 느림 때문에 듣는 내용을 기록할 수 있는 양도 적어지므로 내용의 우선순위를 판단하고 체계를 세워 정리하게 된다. 이때 정보의 선별과 구조화라는 고등 사고 과정이 이루어진다. 결과적으로 해당 내용에 대한 이해도가 높아지는 것이다.

최근에는 정서적 효과도 주목받고 있다. 좋은 글귀를 손으로 차분히 따라 쓰는 필사는 자신이 적고 있는 글귀에 몰입하는 경험을 하게 한다. 자신의 손 글씨로 작성된 단 하나뿐인 책을 완성했다는 성취감을 맛보거나, 좋아하는 글을 음미하며 마음이 치유되는 느낌을 받기도 한다.

컴퓨터 자판을 이용한 쓰기는 현대 사회에서 필수적이다. 하지만 편리함이라는 그늘에 가려지기에는 손 글씨 쓰기가 우리에게 주는 효과가 이처럼 다양하다. [A]

제대로 질문하기

❶ 많은 학생들은 손 글씨 쓰기를 선호한다. (○, ×)
❷ 손으로 글씨를 쓰면 해당 내용에 대한 이해도가 높아진다. (○, ×)
❸ 좋은 글귀를 손으로 차분히 따라 쓰는 것을 무엇이라고 하였는가?
❹ 이 글은 손 글씨 쓰기의 (   )를 소개하는 글이다.

04 다음은 초고를 작성하기 전에 학생이 떠올린 생각이다. ⓐ~ⓔ 중 학생의 초고에 반영되지 않은 것은?

• 손 글씨 쓰기의 개념을 정의하며 글을 시작해야겠어. ⓐ
• 컴퓨터 자판을 이용한 쓰기가 일상화된 배경을 언급해야겠어. ⓑ
• 손 글씨 쓰기와 컴퓨터 자판을 이용한 쓰기의 차이를 예를 활용하여 설명해야겠어. ⓒ
• 컴퓨터 자판을 이용한 쓰기보다 손 글씨 쓰기의 속도가 느린 데서 오는 효과를 설명해야겠어. ⓓ
• 최근에 주목받는 손 글씨 쓰기의 효과를 언급해야겠어. ⓔ

① ⓐ ② ⓑ ③ ⓒ ④ ⓓ ⑤ ⓔ

제대로 접근법 ☆ 문제 채점까지 마친 후 복습할 때 보세요.

04
내용 생성 평가에 대한 문제이다. 문제에 제시되어 있는 학생이 떠올린 생각이 무엇인지 확인한다. 그 내용 중 초고에서 확인할 수 없는 것이 무엇인지 찾아보자. '컴퓨터와 온라인을 ~ 일상화되었다.' "손 글씨 쓰기'보다 ~ 선호한다.', '컴퓨터 자판으로 ~ 차이가 없다.', '손으로 글씨를 ~ 생기게 된다.', '느림 때문에 듣는 내용을 ~ 정리하게 된다.', '사고 과정이 이루어진다.', '최근에는 ~ 주목받고 있다.' 등으로 반영 여부를 판단해 보고 남은 하나를 답으로 정하자.

▶ 해설편 20쪽

05 〈보기〉는 학생이 초고를 보완하기 위해 추가로 수집한 자료이다. 자료의 활용 방안으로 적절하지 않은 것은? [3점]

〈보기〉

ㄱ. 전문가 인터뷰

"손으로 글씨를 쓸 때, 전두엽, 후두엽, 측두엽, 두정엽 등의 뇌의 전 영역에 걸쳐 신경 회로가 형성되어 활성화됩니다. 그래서 손 글씨 쓰기는 뇌를 건강하게 해 주는 일종의 뇌 운동이라고 할 수 있습니다."

ㄴ. 연구 자료

65명의 대학생에게 컴퓨터 자판을 이용한 쓰기와 손 글씨 쓰기라는 두 방식으로 강연 내용을 정리하도록 한 후 성취도를 확인했다. 그 결과, 기억 여부를 묻는 '과제 1'에서는 집단 간 차이가 없었으나, 개념의 이해를 묻는 '과제 2'에서는 손 글씨 쓰기 방식으로 정리한 집단이 훨씬 높은 성취도를 보였다.

ㄷ. 우리 학교 설문 조사

ㄷ-1. 학습 과제 작성 시 선호하는 쓰기 방식은?

컴퓨터 자판을 이용한 쓰기 72%, 손 글씨 쓰기 28%

ㄷ-2. ㄷ-1에서 응답한 쓰기 방식을 선호하는 이유는?

쓰기 방식 / 순위	컴퓨터 자판을 이용한 쓰기	손 글씨 쓰기
1순위	과제 작성을 빠르게 할 수 있어서	내 과제에 애착이 생겨서
2순위	손으로 쓰면 팔이 아프고 귀찮아서	과제에 정성을 쏟을 수 있어서

① ㄱ을 활용하여, 뇌의 다양한 영역이 활성화된다는 2문단의 내용을 구체화한다.
② ㄴ에서 과제 1의 결과를 활용하여, 손 글씨 쓰기가 특정 상황에서 효과적이라는 3문단의 내용을 보강한다.
③ ㄴ에서 과제 2의 결과를 활용하여, 손 글씨 쓰기가 내용 이해도를 높인다는 3문단의 내용을 뒷받침한다.
④ ㄷ-1을 활용하여, 학생들이 컴퓨터 자판을 이용한 쓰기 방식을 선호한다는 1문단의 내용을 보강한다.
⑤ ㄷ-2를 활용하여, 손 글씨 쓰기가 과제를 수행할 때에도 정서적 효과를 준다는 내용을 4문단에 보충한다.

제대로 접근법

☆ 문제 채점까지 마친 후 복습할 때 보세요.

05

자료, 매체 활용에 대한 문제이다. 〈보기〉에 제시된 추가 자료의 내용을 확인한다. 이어서 선택지에 제시된 자료의 활용 방안을 살펴본다. ㄱ은 손 글씨를 쓸 때 뇌의 전 영역이 활성화된다는 전문가의 인터뷰, ㄴ은 손 글씨 쓰기 방식으로 내용을 정리하였을 때 높은 성취도를 보인다는 연구 자료, ㄷ은 컴퓨터 자판 이용을 선호한다는 것과 그 방식을 선호하는 이유에 대한 설문 조사 내용이 제시되어 있다. 이 내용과 연결되는 초고의 문단은 어디인지 살펴보자. 연결된 내용의 설명이 적절하지 않은 선택지를 찾아 문제를 해결한다.

06 다음은 초고를 읽은 교지 편집부 담당 선생님의 조언이다. 이를 반영하여 [A]를 작성한 내용으로 가장 적절한 것은?

> "이 글에 제시된 손 글씨 쓰기의 주요 효과를 모두 언급하고 비유적 표현을 활용해서 마무리하면 어떨까요?"

① 손 글씨 쓰기의 다양한 효과를 정확히 알고 이를 상황에 맞게 활용한다면 쓰기의 효율성을 높일 수 있을 것이다.

② 손 글씨 쓰기의 과정, 장점과 한계, 정서적 효과를 통해 손 글씨 쓰기가 동전의 양면과 같음을 기억해야 할 것이다.

③ 손 글씨 쓰기가 우리의 뇌, 이해, 정서에 미치는 긍정적 영향을 고려하여 손 글씨 쓰기의 횟수를 더욱 늘려야 할 것이다.

④ 손 글씨 쓰기는 글을 쓰는 능력을 향상시키고 정서적 효과를 주기에, 그 가치는 시대가 변해도 늘 별처럼 빛날 것이다.

⑤ 손 글씨 쓰기를 통해 뇌의 다양한 영역 활성화, 이해도 향상, 정서적 효과라는 세 가지 빛깔의 진주를 발견할 수 있을 것이다.

제대로 접근법 ☆ 문제 채점까지 마친 후 복습할 때 보세요.

06
조건에 따른 내용 생성에 대한 문제이다. 문제에 제시된 선생님의 조언인 '손 글씨 쓰기의 주요 효과를 모두 언급', '비유적 표현을 활용'이 모두 반영된 선택지가 무엇인지 찾아보자. 학생의 초고에서 '뇌의 다양한 영역이 활성화되는 효과', '해당 내용에 대한 이해도가 높아지는 것', '정서적 효과' 등 손 글씨 쓰기의 주요 효과를 제시하였음을 기억하고 선택지를 확인하여 가장 적절한 것을 답으로 정한다.

[07-10] (가)는 교지에 실을 조사 보고서의 초고이고, (나)는 (가)를 작성한 학생이 자신의 블로그에 작성한 글이다. 물음에 답하시오.

(가)

'걷기'의 가치에 대한 학생 인식 조사 보고서

Ⅰ. 조사 동기 및 목적

최근 사회에서 일고 있는 걷기에 대한 높은 관심과 달리, 우리 학교 학생들의 걷기에 대한 관심은 낮은 것으로 보인다. 이에 학생들이 걷기를 어떻게 생각하는지에 대해 조사하고자 한다.

Ⅱ. 조사 계획

- 조사 대상: 우리 학교 학생 120명 및 일반 성인 75명
- 조사 기간 및 방법: 2020. 5. 10. ~ 5. 15., 설문지 조사
- 조사 내용: 걷기 실태 및 가치 인식

Ⅲ. 조사 결과

1. 걷기 실태

'이동 수단으로서의 걷기를 제외하고 30분 이상 걷기를 주 몇 회 하는가?'를 설문한 결과, 학생은 주 1회 이상의 비율이 10.0%에 불과한 반면 ○○ 공원에서 만난 성인은 44.0%로 나타났다. 학생과 달리 성인은 대부분 걷기를 실천하고 있었다.

2. 걷기 가치 인식

가. 걷기의 가치 인식 여부

'걷기가 가치 있는 활동이라고 보는가?'라는 설문에 대해 학생은 91.7%, 성인은 92.0%가 각각 '그렇다'라고 답했다.

나. 걷기의 가치 인식 비교

'걷기의 가치가 무엇이라 생각하는가?'라는 질문에, 가장 높은 응답은 학생이 '체력 증진(80.8%)'인 반면, 성인은 '자기 성찰(32.0%)'이었다. 이러한 성인의 응답은 걷기를 "발로 사색하는 것"(황△△, 『걷기 속 □□□』, ◇◇출판사, 2017, p.10.)이라고 보는 견해와 관련된다. 성인은 자기 성찰, 정서 안정, 체력 증진, 아이디어 생성 등 걷기의 가치를 다양하게 인식한 반면, 학생은 걷기의 가치를 다양하게 인식하지 못하는 것으로 판단된다.

걷기의 가치에 대한 학생과 성인의 인식 비교 결과

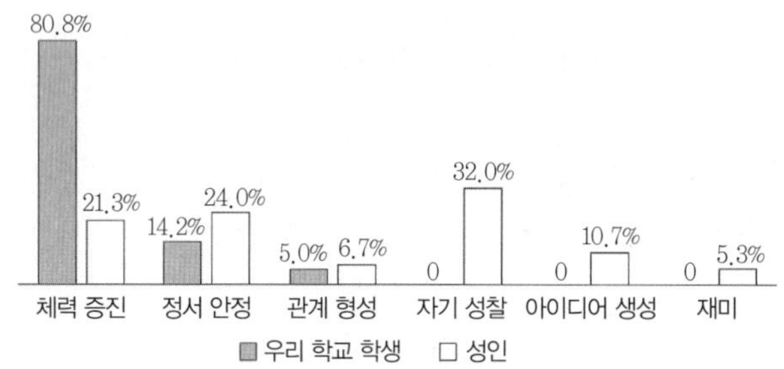

Ⅳ. 결론

[A]

(나)

Blog. ♡공감 80 댓글 12 공유 수정 삭제 설정

나는 평소 잘 걷지 않는 편이다. 그런데 걷기에 대한 조사 보고서를 작성하고 걷기가 내게는 어떤 의미가 있을지 궁금했다. 그래서 집 앞 공원을 걸어 보았다. 천천히 걷다 보니 어떤 진로를 택할지, 과제를 함께하던 친구가 왜 화를 냈는지, 이런저런 생각들이 꼬리를 물고 이어졌다. 한동안 걷다 보니 몇 가지 물음에 해답을 찾게 되어 걷기 전보다 마음이 훨씬 가벼워졌다. 바쁜 일상을 보내느라 정작 중요한 고민들은 미뤄 두기 일쑤였는데, 걷기가 삶을 찬찬히 돌아볼 수 있는 시간을 내게 만들어 준 것이다. 밥을 먹으면 몸이 자라고, 공부를 하면 지식이 자라는 것처럼, 걷기는 앞으로 내 마음을 한 뼘쯤 자라게 해 줄 것 같다.

제대로 질문하기

❶ (가)의 조사 결과에서 학생은 '걷기'를 가치 있는 활동으로 여긴다. (○, ×)
❷ (가)에서 학생과 성인 중 걷기의 가치를 다양하게 인식하는 조사 대상은?
❸ (나)는 객관적인 성격이 강한 글이다. (○, ×)
❹ (나)의 글쓴이는 (   )가 마음을 자라게 해 줄 것이라 생각한다.

07 다음은 (가)를 쓰기 위한 글쓰기 계획이다. (가)에 반영되지 않은 것은?

보고서를 쓸 때 먼저 ①사회적 추세와는 다른 우리 학교 학생들의 모습이 조사 동기가 되었음을 언급해야겠어. 또 ②조사 결과에 설문지의 질문 내용을 밝혀 제시하고, ③조사 대상별로 소제목을 달아 본문의 내용을 서술하자. 표면적 수치만 나열하기보다 ④학생과 성인의 설문 조사 결과들을 대비하여 조사 결과의 의미를 해석하는 것이 좋겠어. 그리고 ⑤일부 문항의 응답 결과를 비교하여 막대그래프로 표현해야지.

08 〈보기〉를 고려할 때, [A]에 들어갈 내용으로 가장 적절한 것은?

〈보기〉

- **친구의 조언**: 결론에는 조사 결과를 요약하고, 이를 바탕으로 학생들에게 실천을 제안하는 내용으로 마무리하면 좋겠어.

① 학생들은 걷기를 정기적으로 실천하는 비율이 높지 않다. 또한 성인에 비해 걷기의 여러 가치 중 특정 가치만을 인식하고 있다.

② 학생들은 걷기를 통해 성찰, 관계 형성, 정서 안정 등 걷기의 다양한 가치를 인식하고 있음을 알 수 있다. 많은 학생들이 걷기를 지속적으로 실천하기를 바란다.

③ 학생들은 성인과 달리 걷기의 가치 중 체력 증진을 가장 우선적으로 인식하고 있다. 학생들이 지금과 같은 걷기의 실천을 통해 신체적 건강을 유지할 수 있기를 바란다.

④ 학생들은 걷기가 가치 있다고 여기지만, 성인에 비해 걷기를 실천하지 않고 그 가치를 다양하게 인식하지 못하고 있다. 학생들이 걷기를 수행하며 걷기의 다양한 가치를 깨달았으면 한다.

⑤ 학생들은 성인에 비해 걷기의 가치를 잘 알고 있지만 이를 다양하게 인식하지 못하고 있다. 학생들이 걷기의 가치를 폭넓게 인식할 수 있도록 사회 · 제도적 방안이 마련되어야 할 것이다.

제대로 접근법 ☆ 문제 채점까지 마친 후 복습할 때 보세요.

07
계획에 따른 내용 생성 평가에 대한 문제이다. 문제에 제시된 글쓰기 계획을 읽어 보고 (가)의 내용을 살펴 반영 여부를 판단해 보자. '최근 사회에서 ~ 낮은 것으로 보인다.', ''이동 수단으로서의 ~ 나타났다. 학생과 ~ 있었다.', ''걷기가 가치 ~ 답했다.', ''걷기의 가치가 ~ 자기 성찰(32.0%)이었다.', '걷기 실태', '걷기 가치 인식', '걷기의 가치 인식 비교', '학생이 '체력 증진(80.8%)'인 ~ '자기 성찰(32.0%)'이었다. 이러한 ~ 관련된다. 성인은 ~ 판단된다.' 등의 내용으로 글쓰기 계획의 반영 여부를 판단해 보고 그중에서 문제의 글쓰기 계획과는 다르게 작성된 보고서의 내용은 무엇인지 판단하여 문제를 해결한다.

08
조건에 따른 내용 파악에 대한 문제이다. 〈보기〉에 제시된 친구의 조언 내용을 살펴보고 선택지 중에서 조언 내용이 반영된 것이 무엇인지 찾아보자. 조사 결과를 요약, 학생들에게 실천을 제안 하는 등의 내용이 나타나야 한다. 학생의 걷기 실천은 주 1회 이상의 비율이 10.0%이고 91.7%의 학생이 걷기가 가치 있는 활동이라고 답하였으며, 체력 증진의 가치가 있다고 답한 학생이 80.8%임을 고려한다. 그리고 선택지 중에서 걷기의 실천을 언급한 것도 찾아 답을 정한다.

▶ 해설편 21쪽

09 작문 맥락을 고려할 때, (가)와 (나)에 대한 이해로 가장 적절한 것은?

① 글의 유형을 고려할 때, (나)는 (가)와 달리 걷기의 경험을 바탕으로 삶에 대한 성찰을 표현했다.
② 글의 주제를 고려할 때, (나)는 (가)와 달리 걷기의 가치에 대한 인식 변화의 필요성을 드러냈다.
③ 예상 독자를 고려할 때, (나)는 (가)와 달리 구체적 자료를 활용하여 걷기에 대한 독자의 이해를 돕고 있다.
④ 작문 매체를 고려할 때, (가)와 (나)는 모두 글을 작성한 후에는 수정이 자유롭지 않다.
⑤ 작문 목적을 고려할 때, (가)와 (나)는 모두 걷기를 통한 공동체 문제의 해결 가능성을 강조했다.

10 〈보기〉의 ㉠~㉣ 중 (가)에 반영되지 않은 쓰기 윤리만을 있는 대로 고른 것은?

〈보기〉

선생님 : 보고서를 쓸 때에는 다음과 같은 쓰기 윤리를 지켜야 해요. 자료를 직접 조사한 경우 ㉠조사 기관과 조사 대상, 조사 방법을 기술해야 합니다. 그리고 ㉡조사 결과를 과장, 축소, 왜곡하여 해석하지 않도록 주의해야 합니다. 또한 ㉢타인의 글을 인용할 경우 출처를 밝히고, 그 내용과 자신의 글을 명확히 구분해야 합니다. '결론'의 뒤에는 참고 문헌을 제시해야 하는데, ㉣'참고 문헌'에는 보고서에서 인용한 모든 자료를 명시해야 합니다. 이와 같은 내용을 고려하여 보고서를 완성해 봅시다.

① ㉠, ㉡ ② ㉡, ㉣ ③ ㉢, ㉣
④ ㉠, ㉡, ㉢ ⑤ ㉠, ㉢, ㉣

제대로 접근법

문제 채점까지 마친 후 복습할 때 보세요.

09
글쓰기에서 고려한 작문 맥락 파악에 대한 문제이다. (가)는 교지에 실을 조사 보고서이고, (나)는 블로그에 작성한 글임을 기억하고 선택지의 설명을 살펴보자. 글의 유형, 주제, 예상 독자, 작문 매체, 작문 목적 등을 고려한 선택지의 내용이 적절한지 판단하도록 한다. 블로그에 작성한 글에서는 집 앞 공원을 걸어 본 경험이 제시되며, 교지에 실리는 글과는 달리 수정이 자유롭다는 특징이 있음에 유의한다.

10
글쓰기 윤리의 반영 여부 판단에 대한 문제로, 새롭게 출제된 유형이다. 선생님이 설명한 쓰기 윤리의 내용이 무엇인지 확인한 후 (가)의 내용을 살펴 선생님이 설명한 쓰기 윤리 중 반영되지 않은 것을 찾아보자. 조사 기관, 조사 대상, 조사 방법 등을 확인할 수 있는지 살펴보고 출처를 밝히고 있는지도 파악하면 문제를 쉽게 해결할 수 있다.

1차 채점

맞은 문항 수	개
틀린 문항 수	개
헷갈리는 문항 번호	

• 틀린 문항 '/' 표시

→

2차 채점

맞은 문항 수	개
틀린 문항 수	개
헷갈리는 문항 번호	

• 틀린 문항 '×' 표시

◉ 권장 풀이 시간 : 4분 40초

[01-03] 다음을 읽고 물음에 답하시오.

[작문 상황]
• 작문 목적 : 물 섭취와 관련된 잘못된 인식을 바로잡을 수 있는 올바른 물 섭취 방법에 대한 정보 제공
• 예상 독자 : 학교 학생들
• 전달 매체 : 2020년 6월에 발간될 학교 신문

[수집한 자료 목록]

구분	내용	출처	연도 (제작/발행)
〈자료 1〉	전문가가 권하는 물 섭취 방법	○○신문	2019
〈자료 2〉	물 중독 사례	△△방송 다큐멘터리	2014
〈자료 3〉	한국인의 물 섭취 현황	□□병원 보고서	2004
〈자료 4〉	1일 1인당 수돗물 사용량 현황	환경부 연례 보고서	2013

[초고]

학생들은 물 섭취에 대해 어떤 인식을 가지고 있을까? 인터뷰를 통해 만난 우리 학생들은 대부분 물은 많이 마실수록 좋다고 답했다. 물이 관절의 충격을 흡수하며, 장기와 조직을 보호하는 등의 역할을 한다는 점에서 물 섭취는 중요하다. 그러나 물을 많이 섭취한다고 무조건 좋은 것만은 아니다. 그렇다면 바람직한 물 섭취를 위해 유의할 점은 무엇일까?

우선, 한 번에 마시는 물의 양에 유의해야 한다. 단시간 내에 지나치게 많은 양의 물을 마시면 혈액 속 나트륨 농도가 정상 수치 이하로 내려가는 '물 중독'이 발생할 수 있다. 그러면 피로감이 커지고, 두통 또는 어지럼증에 시달리거나, 장기가 붓는 등의 증상이 나타날 수 있다. 한 다큐멘터리에서는 물 중독 환자들의 모습을 보여 주며 그 위험성을 경고하기도 했다.

다음으로, 물을 마시는 때에 대해서도 유의해야 한다. ◇◇대학 연구 팀의 실험이 이를 뒷받침한다. 연구 팀은 먼저 실험 참여자들을 대상으로 목이 마른지 물어보았다. 그런 다음 이들에게 동일한 과제를 부여했다. 이후 관찰을 통해 이들의 물 섭취 유무를 파악하며 과제 수행 능력을 측정했다. 실험 결과는 우리에게 다음과 같은 정보를 제공한다. 목이 마를 때 물을 마신 경우는 물을 마시지 않은 경우보다 과제 수행 능력이 뛰어나다. 이는 일반적인 생각과 같다. 반면 일반적 생각과 달리 목마르지 않은 때 물을 마신 경우는 물을 마시지 않은 경우보다 과제 수행 능력이 떨어진다.

제대로 질문하기

❶ 예상 독자는 누구인가?
❷ '초고'의 내용은 올바른 (   ) 섭취에 대한 것이다.
❸ 설문 조사에서 학생들은 물은 많이 마실수록 좋다고 답했다. (○, ×)
❹ '물 중독'이 발생하면 장기가 붓는 증상이 나타날 수 있다. (○, ×)

01 위의 '초고'에 반영된 내용 조직 방법으로 적절하지 않은 것은?

① 1문단에서 물 섭취에 대한 학생들의 인식은 묻고 답하는 구조로 제시한다.
② 1문단에서 물의 인체 내 역할은 원인과 결과의 관계가 드러나도록 제시한다.
③ 2문단에서 물 중독 증상에 대한 부분은 정보를 나열하여 제시한다.
④ 3문단에서 물 섭취에 대한 실험 방법은 그 과정을 순서대로 제시한다.
⑤ 3문단에서 물 섭취에 대한 실험 결과는 비교 · 대조의 방법으로 제시한다.

제대로 접근법 문제 채점까지 마친 후 복습할 때 보세요.

01
글쓰기의 내용을 조직하는 방법에 대한 문제이다. 각 문단에서 선택지에 설명된 내용 조직 방법을 확인해 보자. 선택지를 보고 각 문단에 반영된 내용 조직 방법을 확인하여 답을 정한다.

[04-06] (가)는 글을 쓰기 전 학생이 작성한 메모이고, (나)는 (가)를 작성한 학생이 쓴 글이다. 물음에 답하시오.

(가) 학생의 메모

- 작문 상황: 교내 학생들에게 인포그래픽에 대해 소개하는 글을 써서 교지에 실으려 함.

- 예상 독자가 궁금해할 만한 내용
  - 어떤 것을 인포그래픽이라고 할까? ······ ㉠
  - 인포그래픽의 유형을 나누는 기준은 무엇일까? ······ ㉡
  - 비상구 표시등의 그래픽 기호도 인포그래픽일까? ㉢
  - 인포그래픽이 글에 비해서 더 나은 점은 무엇일까? ㉣
  - 인포그래픽이 널리 쓰이게 된 배경은 무엇일까? ······ ㉤

(나) 학생의 글

[그림]과 같이 복합적인 정보의 배열이나 정보 간의 관계를 시각적인 형태로 나타낸 것을 '인포그래픽'이라고 한다.

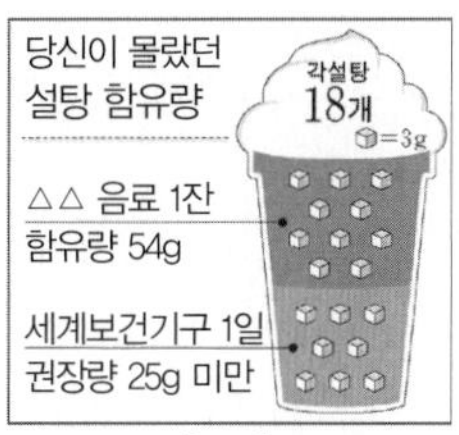

[그림]

인포그래픽에 대한 높은 관심은 시대의 변화와 관련이 있다. 정보가 넘쳐 나고 정보에 주의를 지속하는 시간이 점차 짧아지면서, 효과적으로 정보를 전달할 수 있는 인포그래픽에 주목하게 된 것이다. 특히 소셜 미디어의 등장은 정보 공유가 용이한 인포그래픽의 쓰임을 더욱 확대하였다.

인포그래픽과 유사한 것으로, 비상구 표시등의 그래픽 기호처럼 시설이나 사물 등을 상징화하여 표시한 픽토그램이 있다. 그러나 픽토그램은 인포그래픽과 달리 복합적인 정보를 나타내기 어렵다. 예를 들어 컴퓨터를 나타낸 픽토그램은 컴퓨터 자체를 떠올리게 하지만, 인포그래픽으로는 컴퓨터의 작동 원리도 효과적으로 설명할 수 있다.

인포그래픽은 독자의 정보 처리 시간을 절감할 수 있다. 글은 문자 하나하나를 읽어야 정보를 파악할 수 있지만, 인포그래픽은 시각 이미지를 통해 한눈에 정보를 파악할 수 있다. 또한 인포그래픽은 독자의 관심을 끌 수 있다. 김○○ 박사의 논문에 따르면, 인포그래픽은 독자들이 정보에 주목하는 정도를 높이는 효과가 있다고 한다.

시각적인 형태로 복합적인 정보를 나타냈다고 해서 다 좋은 인포그래픽은 아니다. 정보를 한눈에 파악하게 하는지, 단순한 형태와 색으로 구성됐는지, 최소한의 요소로 정보의 관계를 나타냈는지, 재미와 즐거움을 주는지를 기준으로 좋은 인포그래픽인지를 판단해 봐야 한다. 시각적 재미에만 치중한 인포그래픽은 정보 전달력을 떨어뜨릴 수 있다.

[A] 학생들도 쉽게 인포그래픽을 만들 수 있다. 발표를 하거나 보고서를 작성할 때 인포그래픽을 활용해 보면 어떨까? 발표와 보고서의 전달력이 한층 높아질 것이다.

제대로 질문하기

❶ (가)에는 (나)의 예상 독자가 제시되어 있다. (○, ×)
❷ (나)의 제재는 무엇인가?
❸ (나)에서 인포그래픽의 단점을 확인할 수 있다. (○, ×)
❹ 시설이나 사물 등을 상징화하여 표시한 것은 (   )이다.

▶ 해설편 23쪽

02 수집한 자료를 다음의 기준에 따라 선별한 후, 선별된 자료를 반영하여 '초고'를 작성하였다. 각 자료에 대한 이해로 적절하지 않은 것은? [3점]

선별 기준	그렇다	아니다
(가) 작문 목적에 부합하는가?		
(나) 출처가 분명한 최근의 정보인가?		

① 〈자료 1〉은 '내용'이 물 섭취 방법에 대한 올바른 정보를 제공하기에 적합하다고 보아 (가)에 대해 '그렇다'라고 판단했겠군.

② 〈자료 2〉는 '내용'이 물 섭취에 대한 많은 학생들의 인식이 잘못되었음을 뒷받침하는 정보를 제공한다고 보아 (가)에 대해 '그렇다'라고 판단했겠군.

③ 〈자료 3〉은 '연도'를 고려하면 최근의 상황을 반영하지 못하지만 '출처'가 명확하고 물 섭취 실태를 보여 주기에 적절하다고 보아 (나)에 대해 '그렇다'라고 판단했겠군.

④ 〈자료 4〉는 '내용'이 물 섭취에 관해 정확한 정보를 제공하려는 목적에 부합하지 않는다고 보아 (가)에 대해 '아니다'라고 판단했겠군.

⑤ 〈자료 4〉는 '출처'는 분명하지만 해마다 발간되는 보고서라는 점에서 '연도'를 고려했을 때 최근의 현황에 대한 정보가 아니라고 보아 (나)에 대해 '아니다'라고 판단했겠군.

03 〈보기〉는 '초고'를 읽은 친구의 조언이다. 〈보기〉를 반영하여 '초고'에 마지막 문단을 추가한다고 할 때 가장 적절한 것은?

〈보기〉

글이 마무리되지 않은 느낌이 드니까 중심 내용으로 제시한 두 가지 유의 사항을 모두 포함하는 문장을 추가하는 것이 좋겠어. 그리고 중심 내용에 담긴 정보가 독자에게 어떤 긍정적인 가치가 있는지도 언급하는 게 좋겠어.

① 물은 적당한 양을 필요한 때에 마셔야 좋은 것이다. 물 섭취에 대한 올바른 정보를 이해하고 삶에 적용한다면 건강을 지키며 삶의 질을 높일 수 있을 것이다.

② 언제 마시는가에 따라 물도 독이 될 수 있음을 유의해야 한다. 갈증을 느낄 때 물을 마셔야만 물이 인체에서 수행하는 역할을 활성화하는 데 기여할 수 있다.

③ 물은 인체에 필수적이나 한 번에 많은 물을 마시지는 말아야 한다. 물이 인체에 미치는 영향을 정확히 안다면 물이 지닌 긍정적 가치를 더 많이 발견할 수 있을 것이다.

④ 물 중독 사례와 연구 팀의 실험을 통해 물 섭취 시 유의 사항을 확인하였다. 결국 물을 한 번에 많이 마시면 건강에 해롭고, 목마르지 않은데 마시면 과제 수행 능력이 떨어진다.

⑤ 당연하다고 생각했던 것들이 거짓인 경우도 있는데 물은 많이 마실수록 좋다는 인식도 그러하다. 올바른 물 섭취를 생활화한다면 학습 능력 향상에 도움을 얻을 수 있을 것이다.

제대로 접근법

문제 채점까지 마친 후 복습할 때 보세요.

02
자료 활용에 대한 문제이다. 같은 유형의 다른 문제들에 비해 비교적 정답률이 높았다.
'수집한 자료'는 모두 4개이다. '초고'의 내용을 바탕으로 수집한 자료가 작문 목적에 부합하는지, 출처가 분명한 최근의 정보인지에 대한 판단 내용이 적절하지 않은 선택지를 찾아 해결해야 한다. 전달 매체가 2020년 6월에 발간될 학교 신문이므로, 최근 정보인가의 여부를 판단할 때 2004년, 2013년, 2014년의 정보가 최근이라고 할 수 있는지 생각해 보아야 한다. 또한 수집한 자료 중 작문 목적에 부합하지 않아 반영되지 않은 것은 무엇인지도 살펴본다.

03
글쓰기 내용 점검, 조정에 대한 문제이다. 선택지 중 〈보기〉에서 언급한 중심 내용으로 제시한 두 가지 유의 사항과 독자에게 주는 긍정적 가치가 제시되어 있는 것을 답으로 정한다. 글에서 물은 필요할 때 마셔야 하고 적당히 마셔야 한다는 내용을 담고 있음을 알 수 있다. 그리고 이러한 정보가 독자에게 어떤 긍정적 가치가 있는지에 대한 언급을 선택지에서 찾는다.

▶ 해설편 25쪽

04 ㉠~㉤ 중 (나)에 반영되지 않은 것은?

① ㉠ ② ㉡ ③ ㉢ ④ ㉣ ⑤ ㉤

05 〈보기〉는 [A]의 초고이다. 〈보기〉를 [A]로 고쳐 쓸 때 반영한 친구의 조언으로 가장 적절한 것은?

〈보기〉

지금까지 인포그래픽에 대해 살펴보았다. 인포그래픽의 여러 특성에 비추어 볼 때 앞으로 인포그래픽이 활용되는 분야는 더욱 늘어날 것이다.

① 예상 독자가 탐구해야 할 문제가 포함되도록 써 보는 게 어때?
② 예상 독자가 얻을 수 있는 효용이 드러나도록 써 보는 게 어때?
③ 글의 내용에 대해 균형 잡힌 관점이 드러나도록 써 보는 게 어때?
④ 글의 도입에서 제기한 문제에 대한 답이 포함되도록 써 보는 게 어때?
⑤ 글의 내용을 설명한 순서대로 요약한 내용이 포함되도록 써 보는 게 어때?

제대로 접근법

문제 채점까지 마친 후 복습할 때 보세요.

04
내용의 생성 기준을 파악하는 문제이다. 먼저 ㉠~㉤의 내용을 읽고 기억한다. 이어서 (나)를 읽으며 해당하는 내용이 제시된 선택지를 지워 나가고, 마지막으로 남게 되는 선택지를 답으로 정한다. 인포그래픽의 정의, 유형을 나누는 기준, 비상구 표시등 설명, 글에 비해 인포그래픽이 더 나은 점, 인포그래픽이 널리 쓰이게 된 배경 등을 (나)를 읽고 확인해 보자.

05
글쓰기 내용 점검, 조정에 대한 문제이다. 〈보기〉를 [A]로 고쳐 쓴 것이므로 어떤 변화가 있었는지 읽고 비교해 본다. 〈보기〉에서는 인포그래픽의 특성에 비추어 볼 때 활용되는 분야가 더 늘어날 것이라는 전망을 제시한 것으로 볼 수 있고, [A]에서는 인포그래픽을 활용해 보면 발표와 전달력이 높아질 것이라는 효용적인 면을 제시한 것으로 볼 수 있다. [A]에 예상 독자가 탐구해야 할 문제가 있는지, 예상 독자가 얻을 수 있는 효용이 제시되어 있는지, 글의 내용에 대해 균형 잡힌 관점이 드러나 있는지, 도입에서 제기한 문제에 답이 포함되어 있는지, 설명한 순서대로 요약한 내용을 포함하고 있는지 살펴본다.

06 다음은 (나)를 읽은 학생이 이를 참고하여 작성한 글의 일부이다. (나)의 정보를 활용한 방식으로 가장 적절한 것은? [3점]

> 설문 조사 결과 우리 학교 학생의 90%가 학교 정보 알림판을 읽어 본 적이 없었습니다. 그 이유를 물은 인터뷰에서 학생들 대다수는 '알림판에 관심이 안 생겨서'라고 답했습니다.
>
> 이러한 문제를 해결하기 위해, 알림판을 인포그래픽으로 만들어 주실 것을 건의합니다. 많은 학생들이 인포그래픽을 선호하며, 인포그래픽이 유용하다는 점도 알고 있습니다. 특히 교지의 글에서 인용한 논문을 찾아보니, 인포그래픽을 활용하면 정보에 주목하는 정도가 글만 활용할 때보다 성별이나 나이와 상관없이 2배 정도 높아졌다고 합니다. 또한 인근 학교에서는 학교 신문에 인포그래픽을 추가했더니 학교 신문을 읽는 학생이 3배 늘었다고 합니다. 건의가 수용되면 알림판에 관심을 갖는 학생들이 많아질 것입니다.

① (나)에 언급된 인포그래픽의 관심 유발 효과와 관련하여, 그 효과가 확인된 인근 학교의 사례를 문제 해결 방안의 근거로 제시하였다.

② (나)에 인용된 인포그래픽 연구 논문과 관련하여, 그 논문의 내용에 대해 추가적으로 조사한 정보를 문제 상황의 내용으로 제시하였다.

③ (나)에 진술된 좋은 인포그래픽의 기준과 관련하여, 그 기준으로 알림판의 정보가 신뢰할 만한지 평가한 결과를 문제 상황의 내용으로 제시하였다.

④ (나)에 언급된 인포그래픽의 사용 목적과 관련하여, 그 사용 목적이 무엇인지 교내 학생들에게 설문한 결과를 문제 상황의 내용으로 제시하였다.

⑤ (나)에 언급된 인포그래픽의 효율성과 관련하여, 그 효율성에 얼마나 공감하는지 교내 학생들에게 인터뷰한 내용을 문제 해결 방안의 근거로 제시하였다.

제대로 접근법

문제 채점까지 마친 후 복습할 때 보세요.

06

자료, 정보 활용에 대한 문제이다. 선택지에 언급된 인포그래픽의 관심 유발 효과, 인포그래픽의 연구 논문, 좋은 인포그래픽의 기준, 인포그래픽의 사용 목적, 인포그래픽의 효율성 등이 언급되거나 진술되고 있는지 (나)에서 확인한 후 문제에 제시된 학생의 글에 어떻게 활용되고 있는지 살펴본다. 판단의 과정이 다소 까다롭기는 하나 지문과 문제에 제시된 학생의 지문을 정독했다면 어렵지 않게 적절한 선택지를 찾을 수 있을 것이다.

(나)를 통해 확인할 수 있는 내용이 선택지에 제시되어 있다고 하더라도 선택지에 언급된 것과 다르게 활용되거나 아예 활용되지 않은 것도 있으므로 주의한다.

[07-09] (가)는 작문 과제이고, (나)는 (가)를 바탕으로 쓴 학생의 초고이다. 물음에 답하시오.

(가) 작문 과제
- 작문 목적: '게임화'에 대한 정보 전달
- 주제: 다양한 분야에서 활용되고 있는 '게임화'의 특징
- 예상 독자: '게임화'가 생소한 우리 학급 학생

(나) 학생의 초고

'게임화(gamification)'란 게임적 사고나 게임 기법과 같은 요소를 다양한 분야에 접목시키는 것이다. 이때 게임이란 컴퓨터 게임에 국한되는 것이 아니라 일정한 규칙에 따라 즐기는 놀이를 아우르는 개념이다.

게임화는 먼저 재미와 호기심을 느낄 수 있는 흥미로운 과제를 제공하여 이에 도전하게 만든다. 이후 과제에 참여한 사람들 간의 경쟁을 유도하거나, 목표를 달성하면 성취감과 같은 보상을 받을 수 있게 하여 참여자들이 과제에 몰입할 수 있도록 돕는다. 얼마 전 한국사 수업 시간에 우리나라 지도를 배경으로 윷놀이 판을 만들어 모둠별 퀴즈 대결을 펼친 것도 게임화에 해당한다. 역사적 사건에 대한 퀴즈를 맞히면 다음 지역으로 이동하며 전국을 순회하는 과정에서 학생들은 수업에 더욱 몰입하는 모습을 보였다. 이러한 사례는 게임화의 특징을 잘 보여 준다.

한편 게임화는 교육뿐만 아니라 보건, 기업의 마케팅 등 다양한 분야에서 활용되고 있다. 달리기를 하면 달린 거리와 소모 칼로리 등에 따라 보상을 제공하는 과제를 통해 참여자의 건강 증진에 도움을 줄 수 있다. 또한 비행기를 탈 때마다 마일리지를 올려 주고, 누적된 마일리지에 따라 회원의 지위를 차등 부여하는 등 기업의 마케팅 전략으로 활용되기도 한다.

이처럼 게임화는 우리의 실생활과 밀접한 여러 분야에서 활용되고 있다. 무엇보다 중요한 것은 어떻게 게임화를 활용하느냐이다. 게임화를 통해 달성하고자 하는 목적을 고려하여 흥미, 도전, 경쟁, 보상과 같은 게임적 요소를 적절히 활용하는 지혜가 필요한 것이다.

제대로 질문하기

❶ 작문의 (　　　　)은 게임화에 대한 정보를 전달하는 것이다.
❷ (나)의 제재는 무엇인가?
❸ (나)에는 글을 쓴 학생의 경험이 제시되어 있다. (○, ×)
❹ 게임화는 그동안 교육과 보건 분야에서만 활용되고 있었다. (○, ×)

07 (나)에 활용된 글쓰기 전략으로 적절하지 않은 것은?

① 제재에 대한 정보를 전달하기 위해 개념 간의 차이를 중심으로 대조한다.
② 제재의 특징을 드러내기 위해 제재가 가지는 효용적 측면을 부각한다.
③ 제재가 다양한 분야에서 활용되는 양상을 드러내기 위해 사례를 제시한다.
④ 제재에 대한 배경지식이 부족한 예상 독자의 이해를 돕기 위해 용어를 정의한다.
⑤ 제재와 관련한 정보를 효과적으로 전달하기 위해 예상 독자와 공유하고 있는 경험을 활용한다.

제대로 접근법 ✩ 문제 채점까지 마친 후 복습할 때 보세요.

07
글쓰기 전략을 파악하는 문제이다. 많은 학생들이 어렵지 않게 답을 맞혔다. 1문단에서 '게임화'와 '게임'의 개념을 제시하고 있는데 이후 부분에서 이 둘의 차이를 제시하고 있는지 살펴본다. 그리고 경쟁을 유도하거나, 성취감 같은 보상을 받을 수 있다는 것이 제재의 효용적 측면과 관련이 있는지, 게임화가 교육 분야, 보건, 기업 마케팅에 활용되는 양상은 다양한 분야에 활용되는 사례로 볼 수 있는지를 생각해 보자. 한국사 수업 시간에 모둠별 퀴즈 대결을 펼친 경험은 예상 독자와 공유하고 있는 경험을 활용한 것인지 판단하여 답을 정한다.

08 〈보기〉는 (나)의 '학생'이 '초고'를 보완하기 위해 추가로 수집한 자료이다. 자료 활용 방안으로 적절하지 않은 것은?

〈보기〉

ㄱ. 신문 기사

가상의 나무 심기가 실제 나무 심기로 이어지는 애플리케이션이 개발되었다. 이 애플리케이션은 사용자들이 가상의 나무를 심으며 얻는 성취감과 함께 환경 보호에 기여하고 있다는 보람을 느끼도록 설계되어, 가상의 나무 심기에 더욱 몰입하게 만든다는 평가를 받고 있다.

ㄴ. 전문가 인터뷰

"게임화된 과제에서는 참여자가 무언가를 하거나 선택할 때마다 그에 대한 피드백이 즉시 제공됩니다. 이때 피드백의 한 유형인 보상 또한 신속하게 주어집니다. 참여자는 성취감과 같은 보상을 바탕으로 과제에 더 집중하게 됩니다."

ㄷ. 연구 자료

○○ 초등학교 5학년을 대상으로, 사회 수업에 게임화를 적용한 학급과 적용하지 않은 학급으로 나누어 수업 전후의 변화를 측정하였다. 게임화를 적용한 학급은 적용하지 않은 학급과 달리, 도표와 같이 통계적으로 의미 있는 변화를 보였다.

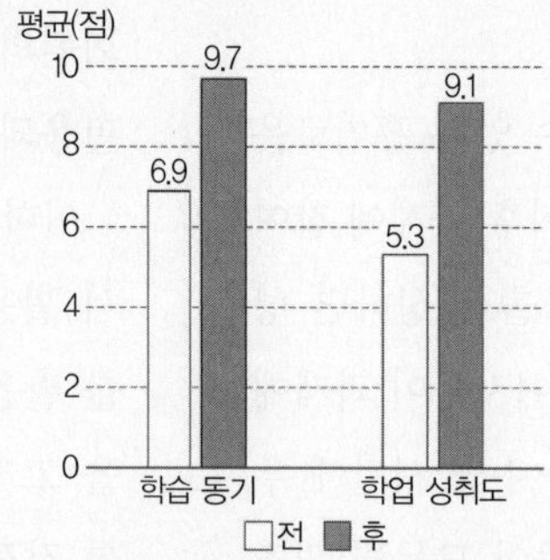

① ㄱ을 활용하여, 게임화가 다양한 분야에 적용되고 있다는 (나)의 내용에 게임화가 환경 분야에서도 활용된다는 점을 추가한다.

② ㄴ을 활용하여, 게임화의 특징을 다루고 있는 (나)의 내용에 참여자에게 피드백이 빠르게 제공된다는 점을 추가한다.

③ ㄷ을 활용하여, 게임화를 학습 상황에 적용한 (나)의 내용에 게임화가 학습 참여자의 학업 성취도를 높이는 데 효과적일 수 있다는 점을 제시한다.

④ ㄱ과 ㄴ을 활용하여, 게임화가 보상을 통해 참여자들의 몰입도를 높인다는 (나)의 내용을 뒷받침하는 근거로 추가한다.

⑤ ㄴ과 ㄷ을 활용하여, 게임화가 참여자의 호기심을 유발한다는 (나)의 내용에 학습 동기가 높을수록 과제 선택에 따른 성취감이 커진다는 점을 제시한다.

제대로 접근법 ☆ 문제 채점까지 마친 후 복습할 때 보세요.

08
자료 활용에 대한 문제이다. (나)의 내용을 보완하기 위해 〈보기〉의 자료를 활용한 것으로 적절하지 않은 것을 찾는다. '신문 기사'에서 게임화가 환경 분야에서도 활용된다는 내용이 다양한 분야에 게임화가 활용되는 예로 추가할 수 있는지, '전문가 인터뷰'에서 과제의 피드백이 빠르게 제공된다는 내용이 게임화의 특징으로 추가할 수 있는지, '연구 자료'의 통계 변화의 내용은 게임화가 학업 성취도를 높이는 데 효과적일 수 있다는 것을 설명하는 예로 추가할 수 있는지 살펴보자. 또, 'ㄱ'에서 '더욱 몰입하게 만든다는', 'ㄴ'에서 '더 집중하게 됩니다.'라고 하였으므로 게임화가 참여자들의 몰입도를 높인다는 것에 근거로 추가될 수 있는지 살펴보자. 'ㄴ'의 '성취감과 같은 보상을 바탕으로 과제에 더 집중'하게 된다는 내용과 'ㄷ'의 게임화를 적용한 학급의 성취도가 더 높다는 통계를 학습 동기가 높을수록 과제 선택에 따른 성취감이 커진다는 것을 제시하는 추가 자료로 제시할 수 있는지 따져 본다. 〈보기〉의 내용 제시가 추가 자료로서의 역할과 관련이 없는 것을 언급한 선택지를 찾아 문제를 해결할 수 있다.

▶ 해설편 26쪽

09 다음은 (나)의 '학생'이 '초고'를 고쳐 쓰는 과정에서 수행한 학습 활동이다. [A]에 들어갈 내용으로 가장 적절한 것은?

학습 활동

◦ 일상에 대한 성찰을 바탕으로, 자신이 쓴 글을 고쳐 써 보자.

(1) 자신이 쓴 글과 관련한 경험을 떠올려 보자.

> 지난 한국사 시간에 모둠별로 퀴즈 대결을 하는 과제에 참여했다. 다른 모둠을 꼭 이기고 싶다는 생각에 누구보다 열정적으로 과제에 임했다. 그러다 보니 나도 모르게 같은 모둠의 친구를 다그치며 싫은 소리를 해 버렸다. 집에 와서도 내내 마음이 편치 않아 다음 날 그 친구를 찾아가 미안하다는 말을 건넸다.

(2) (1)에서 작성한 내용을 바탕으로 고쳐 쓸 내용을 생각해 보자.

> 이번 일로 게임화에 대해 더 깊이 생각해 보게 되었다. 마지막 문단에서 [A] 내용을 제시하여 게임적 요소를 적절히 활용하는 지혜가 필요하다는 점을 강조해야겠다.

① 게임화를 통해 얻을 수 있는 물질적 보상에만 연연할 경우 주객이 전도될 수 있다는

② 게임화를 통해 단순히 흥미만 추구할 경우 상업적으로 변질되는 문제점이 발생할 수 있다는

③ 게임화된 과제에 도전하려는 의욕이 없는 경우 다른 참여자들의 과제 수행을 방해할 수 있다는

④ 게임화를 통해 달성하고자 하는 목적을 고려하지 않을 경우 과제에 대한 몰입이 저해될 수 있다는

⑤ 게임화의 경쟁적 속성이 지나치게 강조될 경우 참여자들 간의 관계에 부정적인 영향을 미칠 수 있다는

제대로 접근법 ☆ 문제 채점까지 마친 후 복습할 때 보세요.

09

글쓰기 내용 점검, 조정에 대한 문제이다. 문제의 학습 활동 (1)에 제시된 글쓴이 자신의 경험이 어느 선택지에 부합하는지 생각해 보자. (1)은 퀴즈 대결을 하는 과제에서 이기고 싶다는 생각에 누구보다 열정적으로 임하다 보니 친구를 다그치며 싫은 소리를 해 버려 집에 와서도 마음이 편치 않아 친구에게 미안하다고 말한 경험이다. 게임화를 통해 학업 성취도를 높이는 긍정적인 영향도 있지만, 이와 같은 부정적인 영향도 있음을 알 수 있다. 이러한 부정적인 영향은 어느 선택지에 제시되어 있는지 판단하여 문제를 해결하자.

1차 채점	
맞은 문항 수	개
틀린 문항 수	개
헷갈리는 문항 번호	

• 틀린 문항 '/' 표시

→

2차 채점	
맞은 문항 수	개
틀린 문항 수	개
헷갈리는 문항 번호	

• 틀린 문항 '×' 표시

◉ 권장 풀이 시간 : 3분 30초

[01-02] 다음은 작문 과제에 따라 작성한 학생들의 글이다. 물음에 답하시오.

[작문 과제]
일상의 체험을 바탕으로 자신을 성찰하는 글을 써 보자.

[학생의 글]

(가) 학생 1

옥수수 씨앗을 심으러 학교 텃밭에 가는 날이었다. 처음 심어 보는 옥수수라 마음이 설렜다. 그런데 텃밭에는 잡초가 무성했다. 잡초를 뽑고 텃밭의 흙을 정리하느라 흙먼지가 날리고 땀이 흘렀다. 생각보다 일이 많고 힘들었다. 괜히 시작한 것 같아 후회가 되면서 나도 모르게 투덜대며 얼굴을 찡그렸다. 옆에서 나를 지켜보신 선생님께서 "하나의 생명을 심을 때는 심는 사람의 마음도 함께 심는 거란다. 즐거운 마음으로 심어야지."라고 하셨다. 생각해 보니 텃밭에 오면서 느꼈던 설렘은 어느새 투덜댐으로 바뀌어 있었다. 당장의 어려움 때문에 시작할 때의 마음을 잊었던 것은 아닐까? 텃밭에 올 때의 마음으로 옥수수 씨앗을 심으며 선생님의 말씀을 떠올렸다. '하나의 생명을 심을 때는 심는 사람의 마음도 함께 심는 거란다.'

(나) 학생 2

선배와 학교 텃밭에 옥수수 씨앗을 심고 아침저녁으로 살피며 싹이 나기를 손꼽아 기다렸다. 열흘쯤 지나자 선배의 옥수수는 싹이 올라오는데, 내 옥수수의 싹은 아직 보이지 않았다. 마음이 조마조마하여 여러 번 텃밭에 갔다. 선배는 때가 되면 싹이 돋아날 테니까 너무 조급해하지 말고 기다려 보자고 했다. 선배의 말에 나를 되돌아보았다. 왜 그렇게 조급해했던 것일까? 나는 평소 무엇인가를 여유롭게 기다리지 못하고, 결과가 빨리 나오기를 바랄 때가 많았다. 이런 태도는 친구들을 대할 때도 마찬가지였다. 우정을 쌓기 위해서는 서로 알아 가기 위한 기다림의 자세가 필요한데, 빨리 친해지고 싶어서 조급해하며 서운했던 적이 많았다. 기다림의 시간을 소중하게 여기며 성급한 마음을 먹지 말아야겠다고 생각했다. 그렇게 생각한 지 며칠 지나지 않아 옥수수 싹이 어느새 올라와 있었다.

제대로 질문하기

❶ (가)에서 '학생 1'의 감정은 '(　　　　) → 투덜댐'으로 변화하였다.
❷ (가)와 (나)는 모두 옥수수 씨앗을 심은 날 겪은 일을 쓴 글이다. (○, ×)
❸ (나)에서 '학생 2'에게 너무 조급해하지 말고 기다리라고 말한 사람은 누구인가?
❹ (가)의 '학생 1'과 (나)의 '학생 2'는 모두 자신에게 질문을 하며 성찰하고 있다. (○, ×)

01 (가)와 (나)를 통해 두 학생의 글쓰기 과정을 이해한 내용으로 적절하지 않은 것은?

① '학생 1'과 '학생 2'는 모두 타인의 조언을 성찰의 계기로 삼았다.
② '학생 1'과 '학생 2'는 모두 식물이 자라는 모습에서 새로운 의미를 발견하였다.
③ '학생 1'과 '학생 2'는 모두 자신을 돌아보기 위해 스스로에게 질문하는 방식을 사용하였다.
④ '학생 1'은 같은 문장을 다시 인용하며, '학생 2'는 자신이 원했던 상황이 이루어진 모습을 제시하며 글을 마무리하였다.
⑤ '학생 1'은 자신의 감정 변화를 중심으로, '학생 2'는 자신의 태도를 타인과의 관계와 연결 지어 내용을 전개하였다.

제대로 접근법 문제 채점까지 마친 후 복습할 때 보세요.

01
효과적인 전달을 위한 표현의 적절성을 평가하는 문제이다. (가)와 (나)를 읽으며 중심 내용을 기억한다. (가), (나)에서 학생 1, 2에게 조언을 해 주는 인물을 찾아보자. 그리고 학생들이 식물의 자라는 모습에서 새로운 의미를 발견하고 있는지, 학생들이 질문의 형식으로 스스로를 돌아보고 있는지 찾아본다. 또한 학생들 글의 끝부분에 앞서 제시했던 문장이 다시 인용되는지, 자신이 원했던 모습이 제시되고 있는지 살펴본다. (가)에서 학생의 감정이 어떻게 변화하는지, (나)에서는 친구들을 대할 때 자신의 태도에 대하여 성찰하고 있는지 확인하여 선택지의 적절성을 판단한다.

▶ 해설편 27쪽

02 〈보기〉는 (가)와 (나)를 읽은 학생들이 나눈 대화의 일부이다. ㉠~㉤에 대한 설명으로 적절하지 않은 것은?

〈보기〉

A: 친구들이 쓴 글 읽어 봤어? 소감이 어때?

B: '학생 1', '학생 2' 모두 학교 텃밭에서 체험한 내용에 대해 쓴 점이 흥미로웠어. '학생 1'은 자신이 느낀 점을 진솔하게 표현한 점이 좋았고, '학생 2'는 결과를 얻기 위해서 기다림의 자세가 필요하다고 한 점이 인상 깊었어.

A: 나도 그렇게 생각해. ㉠그런데 기다림의 자세만으로 목표한 결과를 얻을 수 있다고 생각하니?

B: 그럼. ㉡예전에 수영을 배울 때 빨리 잘하고 싶었지만 생각처럼 되지 않은 적이 있어서 '학생 2'의 생각이 이해되더라. 나도 성급하게 생각하지 말고 꾸준히 연습해야겠다고 마음먹으니까 실력이 늘더라고.

A: ㉢'학생 2'의 생각처럼 여유를 갖고 기다리는 것도 중요하지만 문제점을 고치려는 노력도 중요하지 않을까? 원하는 결과가 나오지 않을 때 그 과정에 문제가 있을지도 모르잖아. ㉣노력에 따라 목표한 결과를 얻는 시기를 앞당길 수도 있어.

B: 그렇게 생각할 수도 있겠다. ㉤같은 글을 읽고 이야기해 보니, 서로의 생각이 어떤 점에서 비슷하고 다른지 알 수 있어서 좋았어.

① ㉠: '학생 2'의 글에 의문을 제기하며 상대의 생각을 묻고 있다.
② ㉡: 자신의 경험을 들어 '학생 2'의 글에 공감하고 있다.
③ ㉢: '학생 2'의 글에 담긴 생각을 인정하면서 자신의 생각을 추가하고 있다.
④ ㉣: '학생 2'의 글과 자신의 생각의 공통점을 근거로 자신의 의견을 강조하고 있다.
⑤ ㉤: '학생 1', '학생 2'의 글을 읽고 대화를 나누는 행위에 대해 이유를 들어 긍정적으로 평가하고 있다.

제대로 접근법

문제 채점까지 마친 후 복습할 때 보세요.

02
말하기 내용의 적절성을 평가하는 문제이다. 많은 학생들이 어렵지 않게 정답을 선택했다. 학생 2는 기다림의 자세가 중요하다고 생각하는데 이에 대해 대화를 나누고 있는 A는 어떻게 생각하는지 파악한다. 또 B는 자신이 경험했던 것을 바탕으로 학생 2의 생각에 어떻게 반응을 보이는지 확인해 보자. 〈보기〉에서 A는 학생 2의 견해를 인정하기도 하고 의문을 제기하기도 한다. B는 자신의 경험을 바탕으로 학생의 견해에 공감하기도 하고, 대화를 나누는 A의 견해에도 공감을 표하기도 한다. 이렇게 학생 1과 학생 2의 대화를 파악하면 쉽게 정답을 찾을 수 있다.

[03-05] (가)는 학교 신문에 실을 글을 쓰기 위해 학생이 작성한 메모이고, (나)는 이에 따라 쓴 초고이다. 물음에 답하시오.

(가) 학생의 메모

[작문 상황]
- 목적: 지역 방언 보호에 대한 관심 촉구
- 주제: 지역 방언의 보호가 필요하다.
- 예상 독자: 우리 학교 학생들

[독자 분석]
- 지역 방언이 사라져 가는 실태를 잘 모름. ……… ㉠
- 지역 방언의 가치에 대한 인식이 부족함. ……… ㉡

(나) 학생의 초고

세계에서 언어가 사라져 가는 현상은 우리나라 지역 방언에서도 벌어지고 있다. 특히 지역 방언의 어휘는 젊은 세대 사이에서 빠르게 사라져 가고 있는 실정이다. 일례로 한 조사에 따르면 우리 지역의 방언 어휘 중 특정 단어들을 우리 지역 초등학생의 80% 이상, 중학생의 60% 이상이 '전혀 사용하지 않는다.'라고 답했다. 또한 2010년에 유네스코에서는 제주 방언을 소멸 직전의 단계인 4단계 소멸 위기 언어로 등록하였다.

[A] 지역 방언이 사라져 가는 원인은 복합적이다. 서울로 인구가 집중되면서 지역 방언을 사용하는 인구가 감소하였으며, 대중 매체의 영향으로 표준어가 확산되어 가는 것도 한 원인이다.

일부 학생들은 표준어로도 충분히 대화할 수 있다며 지역 방언이 꼭 필요하냐고 말할 수도 있다. 그럼에도 우리는 왜 지역 방언 보호에 관심을 가져야 하는 것일까? 그것은 지역 방언의 가치 때문이다. 지역 방언은 표준어만으로는 표현하기 어려운 감정과 정서의 표현을 가능하게 한다. 그리고 '다슬기' 외에 '올갱이, 데사리, 민물고동'과 같이 동일한 대상을 지역마다 다르게 표현하는 지역 방언이 있는 것처럼 지역 방언은 우리말의 어휘를 더욱 풍부하게 만드는 바탕이 된다.

[B] 지역 방언은 우리의 소중한 언어문화 자산이다. 지역 방언의 세계 문화유산 지정이 시급하다. 사라져 가는 지역 방언의 보호에 관심을 기울이자.

제대로 질문하기

❶ (나)는 지역 방언 (   )의 필요성에 대하여 쓴 글이다.
❷ 2010년에 유네스코에서 4단계 소멸 위기 언어로 등록한 것은?
❸ '다슬기'와 '올갱이'는 가리키는 대상이 다르다. (○, ×)
❹ (나)에는 글의 흐름에서 벗어나는 문장이 있다. (○, ×)

03 ㉠, ㉡을 바탕으로 세운 글쓰기 계획 중 (나)에 활용되지 않은 것은?

① ㉠을 고려하여, 우리 지역 학생들의 지역 방언 사용 실태를 보여 주는 조사 결과를 제시한다.
② ㉠을 고려하여, 소멸 위기 언어로 등록될 정도로 심각한 위기에 처한 지역 방언이 있다는 내용을 제시한다.
③ ㉠을 고려하여, 문제의식을 환기하기 위해 지역 방언으로 인해 의사소통에 어려움을 겪었던 경험을 제시한다.
④ ㉡을 고려하여, 예상되는 반론을 제시하며 지역 방언의 보호에 관심을 가져야 하는 이유를 강조한다.
⑤ ㉡을 고려하여, 지역 방언의 예를 활용하며 지역 방언의 가치를 설명한다.

제대로 접근법 ☆ 문제 채점까지 마친 후 복습할 때 보세요.

03
글쓰기 계획을 파악하는 문제로, 정답률이 상당히 높았다. ㉠, ㉡은 지역 방언이 사라져 가는 실태를 독자가 잘 모른다는 것과 지역 방언의 가치에 대한 인식이 부족하다는 내용이다. (나)에서 연관되는 내용을 찾아보고 선택지의 내용 중 (나)에 언급되지 않은 것을 찾아 답으로 정한다.

▶ 해설편 28쪽

04 다음은 [A]를 보완하기 위해 추가로 수집한 자료이다. 자료 활용 방안으로 가장 적절한 것은? [3점]

[자료 1] 언어 의식 조사

표준어 사용자가 지역 방언 사용자와 대화할 때 받는 느낌

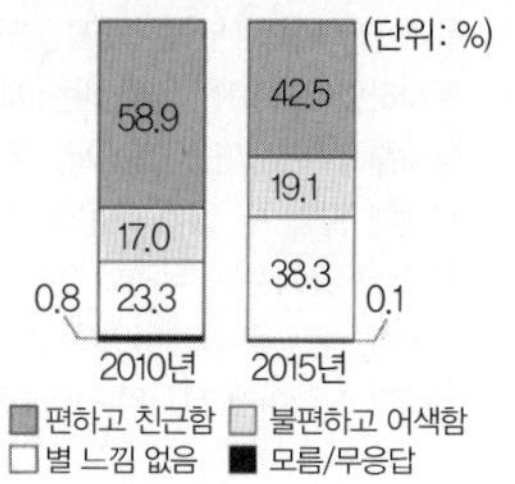

[자료 2] 전문가 인터뷰

"방언 사용 지역에서는 관공서와 학교 등에서나 표준어가 높은 비율로 사용되는 것이 일반적이었어요. 그런데 최근 조사 자료에 따르면, 일상생활에서도 표준어가 상당히 높은 비율로 사용되고 있습니다. 아무래도 표준어가 세련된 느낌을 준다고 생각하기 때문이겠지요."

① [자료 1]: 지역 방언에 대한 긍정적 느낌의 비율과 부정적 느낌의 비율 변화 양상이 상반된다는 점에서, 지역 방언에 대한 무관심을 원인으로 추가해야겠군.

② [자료 1]: 지역 방언 사용자와 대화할 때 받는 느낌의 순위가 변함이 없다는 점에서, 시대의 변화상을 반영하지 못한 지역 방언 교육 정책을 원인으로 추가해야겠군.

③ [자료 2]: 표준어와 지역 방언을 구분하여 사용해야 한다는 인식이 부족하다는 점에서, 공식적 상황에서의 표준어 사용 교육이 부재한 것을 원인으로 추가해야겠군.

④ [자료 2]: 공식적 상황에서 사용하는 표준어를 일상에서도 사용하려는 경향이 있다는 점에서, 방언을 사용해도 되는 상황에서도 표준어를 쓰려는 태도를 원인으로 추가해야겠군.

⑤ [자료 1]과 [자료 2]: 지역 방언에 대한 표준어 사용자와 지역 방언 사용자의 인식이 서로 다르다는 점에서, 대중 매체의 지역 방언에 대한 편향성을 원인으로 추가해야겠군.

제대로 접근법

☆ 문제 채점까지 마친 후 복습할 때 보세요.

04

글을 보완하기 위한 자료 활용에 대한 문제이다. [A]에 지역 방언이 사라져 가는 원인으로 서울로 인구 집중, 대중 매체의 영향으로 인한 표준어 확산이 제시되었다. [자료 1], [자료 2]에서는 표준어 사용자가 지역 방언 사용자와 대화할 때 편안하고 친근함을 느끼는 정도가 5년 사이 감소하였고, 표준어가 세련된 느낌을 준다는 생각을 한다는 인터뷰 내용이 제시되어 있다.

[자료 1]과 [자료 2]를 바탕으로 글에 추가할 내용의 설명이 적절한 것을 찾자. [자료 1]에서는 편하고 친근한 느낌은 줄고, 불편하고 어색한 느낌은 늘었다는 점을 확인하자. [자료 2]에서는 관공서, 학교뿐만 아니라 일상생활에서도 표준어가 상당히 높은 비율로 사용된다는 언급에 유의하며 선택지를 검토해 본다.

05 다음은 학생이 [B]를 고쳐 쓰는 과정의 일부이다. ⓐ, ⓑ에 해당하는 내용을 바르게 짝지은 것은?

점검	[B]에는 (ⓐ)해야겠다.

↓

고친 글	지역 방언은 지역의 고유한 문화와 정서를 담고 있다는 점에서 우리의 소중한 언어문화 자산이다. 우리의 언어문화를 전 세계에 알릴 수 있기 때문에 지역 방언의 세계 문화유산 지정이 시급하다. 사라져 가는 지역 방언의 보호에 관심을 기울이자.

↓

재점검	고친 글을 읽어 보았는데 (ⓑ)해야겠다.

↓

다시 고친 글	지역 방언은 지역의 고유한 문화와 정서를 담고 있다는 점에서 우리의 소중한 언어문화 자산이다. 사라져 가는 지역 방언의 보호에 관심을 기울이자.

① ⓐ: 문장의 내용을 뒷받침하는 근거가 없으니 이를 추가
　 ⓑ: 글의 흐름에서 벗어나는 문장이 있으니 이를 삭제

② ⓐ: 문단이 완결되지 않았으니 마무리하는 문장을 추가
　 ⓑ: 글의 통일성을 해치는 문장이 있으니 이를 삭제

③ ⓐ: 문장 간 연결이 긴밀하지 않으니 연결 표현을 추가
　 ⓑ: 의미가 중복되는 문장이 있으니 이를 삭제

④ ⓐ: 글의 목적에 부합하는 정보가 부족하니 이를 추가
　 ⓑ: 글의 맥락에 부적합한 담화 표지가 있으니 이를 삭제

⑤ ⓐ: 주요 개념의 설명이 부족하니 부연 설명을 추가
　 ⓑ: 앞 문단에서 다룬 중복된 내용이 있으니 이를 삭제

제대로 접근법

문제 채점까지 마친 후 복습할 때 보세요.

05

고쳐쓰기의 이유를 추론하는 문제이다. [B]와 고친 글의 내용을 비교하여 달라진 부분에서 ⓐ에 들어갈 내용을 추론하고, 고친 글과 다시 고친 글을 비교하여 ⓑ에 들어갈 내용을 추론한다. 선택지에 제시된 표현을 해당 부분에 넣어 고친 글, 다시 고친 글과 그 내용이 부합하는지 판단한다. [B]가 주장만 제시하였다면 고친 글에서는 '지역의 고유한 문화와 정서를 담고 있다는 점에서', '우리의 언어문화를 전 세계에 알릴 수 있기 때문에' 등을 추가하였고, 다시 고친 글에서는 '우리의 언어문화를 ~ 지정이 시급하다.' 문장을 삭제하였다. 이와 같은 변화에 대한 견해가 적절하게 제시된 선택지를 찾아보자.

◉ 권장 풀이 시간 : 4분 40초

[06-08] (가)는 작문 과제이고, (나)는 (가)를 바탕으로 쓴 학생의 글이다. 물음에 답하시오.

(가) 작문 과제

- 주제: 확증 편향에 빠지지 않기 위한 방안
- 글의 목적: 확증 편향에 빠지지 않기 위해 노력해야 함을 주장하기
- 예상 독자: 확증 편향의 개념이 생소한 우리 학교 학생들

(나) 학생의 글

만약 특정 주제에 대해 자신의 생각과 상반되는 증거를 본다면 사람들은 어떻게 반응할까? 미국의 한 심리학자는 사형 제도에 찬성, 반대하는 대학생들에게 사형 제도의 효과에 관한 상반된 연구 결과를 제공한 후 반응을 살피는 실험을 수행하였다. 그 결과 자신의 생각을 지지하는 연구 결과에 대해서는 '역시 그렇지.'라고 반응한 반면, 자신의 생각과 반대되는 연구 결과에 대해서는 받아들이지 않고 여러 이유를 들어 그 연구가 잘못되었을 가능성을 제기하는 반응을 보였다.

이처럼 자신의 생각이나 주장과 일치하는 정보만을 선택적으로 수집하고 그렇지 않은 것은 의도적으로 무시하는 심리적 경향을 확증 편향이라고 한다. 확증 편향에 빠질 경우 비판적 사고를 하기 어려워 비합리적인 판단을 내리기 쉽다. 또한 확증 편향에 의해 형성된 사고방식은 사회적으로 편향된 통념을 형성하여 사회 문제를 야기할 수 있다.

[A] 따라서 확증 편향에 빠지지 않기 위해서는 먼저 반대 입장에서 생각해 보는 자세를 지녀야 한다. 왜냐하면 고려의 대상이 되지 않았던 기존 증거들을 탐색하게 되어 판단의 착오를 줄일 수 있기 때문이다. 진화론을 주장한 찰스 다윈은 자신의 생각이 옳다는 확신이 강해질수록 그와 모순되는 증거들을 더 적극적으로 찾아 나섰기에 학문적 업적을 이룰 수 있었다.

다음으로는 토의와 같은 집단 의사 결정 방법을 거치도록 해야 한다. 이를 통해 확증 편향에 빠질 때 발생할 수 있는 개인의 판단 착오를 발견하여 수정할 수 있으며, 더 나아가 구성원 간 상호 작용을 통해 시너지 효과를 거둘 수 있기 때문이다.

마지막으로 자신의 생각이나 판단의 결과를 책임지는 자세를 지녀야 한다. 자신의 생각이나 판단을 글이나 말로 표현할 때 그것이 불러일으킬 영향을 예상하여 책임감을 가진다면, 판단의 착오를 줄이기 위해 더욱 신중하게 생각하게 될 것이기 때문이다.

물론 확증 편향에 빠지지 않는 것이 쉬운 일은 아니다. 하지만 개인이나 집단이 비합리적으로 판단하거나 서로 갈등하는 일을 막으려면 확증 편향에 빠지지 않기 위한 노력을 지속적으로 기울여야 한다.

제대로 질문하기

❶ (나)는 확증 편향의 원인을 분석한 글이다. (○, ×)
❷ 자신의 생각과 일치하는 정보만을 수집하고 그렇지 않은 것은 무시하는 심리적 경향은?
❸ 확증 편향에 빠지면 (   ) 사고를 하기 어렵다.
❹ (나)에서는 역사적 인물의 사례를 제시하여 주장을 강화하고 있다. (○, ×)

06 (가)를 바탕으로 (나)를 쓰기 위해 세운 글쓰기 계획 중 (나)에 활용된 것은?

① 주제를 구체화하기 위해 확증 편향의 원인을 개인적 측면과 사회적 측면으로 나누어 제시해야겠다.
② 글의 목적을 강조하기 위해 확증 편향의 문제점에 대한 상반된 견해를 비교하여 설명해야겠다.
③ 글의 목적을 분명히 하기 위해 확증 편향에 빠지지 않기 위한 방안의 한계와 이를 보완할 방향을 제시해야겠다.
④ 예상 독자의 이해를 돕기 위해 확증 편향을 보여 주는 예를 들어 개념을 설명해야겠다.
⑤ 예상 독자의 관심을 반영하기 위해 사회적 쟁점을 두고 우리 학교 학생들 간에 벌어진 논쟁을 제시해야겠다.

07 (나)에 제시된, 확증 편향에 빠지지 않기 위한 방안에 대해 〈보기〉를 바탕으로 비판하는 글을 쓰려고 한다. 비판의 내용으로 가장 적절한 것은? [3점]

〈보기〉

갈릴레이는 태양의 흑점 이동과 목성의 위성 존재 등 경험적 사실을 근거로 지동설이 옳음을 주장하였다. 하지만 당시 과학계에서는 천동설을 지지했기에 갈릴레이의 거듭된 증거 제시에도 불구하고 논의를 거쳐 이를 거부하였다. 지동설은 갈릴레이 사후에야 받아들여지게 되었다.

① 자신의 주장과 일치하는 정보만을 선택적으로 수집한다면 비판적 사고에 부정적 영향을 줄 수 있다.
② 집단 구성원 간의 상호 작용이 원활하게 이루어진다면 확증 편향으로 인한 판단의 착오를 줄일 수 있다.
③ 현상에 대해 판단을 내릴 때 책임감 있는 자세를 갖지 않는다면 보고 싶은 대로 보는 관습에서 벗어나기 어렵다.
④ 집단의 의견이 한쪽으로 치우쳐 있다면 집단 의사 결정 방법을 거치더라도 비합리적인 의사 결정이 이루어질 수 있다.
⑤ 가치관이 다양한 세상에서 일관된 자아 정체성을 유지할 수 있는 것은 인간에게 확증 편향이 있기에 가능한 일이다.

제대로 접근법

문제 채점까지 마친 후 복습할 때 보세요.

06
글쓰기 계획의 적절성을 평가하는 문제이다. 선택지에 제시된 계획 중 활용된 것을 찾으려면 (나)에서 해당하는 글쓰기 계획이 구현되었는지를 확인한다. 확증 편향의 원인을 개인적, 사회적 측면으로 나누어 제시하였는지, 확증 편향의 문제점에 대한 상반된 견해를 비교하고 있는지, 확증 편향에 빠지지 않기 위한 방안의 한계와 보완 방향을 제시했는지, 확증 편향을 보여 주는 예를 들어 개념을 설명하고 있는지, 사회적 쟁점을 두고 학생들 간 벌이는 논쟁을 제시했는지 찾아보자.

07
비판의 적절성을 평가하는 문제이다. 〈보기〉는 갈릴레이의 지동설이 그의 사후에 받아들여졌다는 내용이다. (나)에 제시된 확증 편향에 대한 내용을 고려하여 〈보기〉의 확증 편향을 비판하는 내용으로 적절한 것을 선택지에서 찾아본다. 〈보기〉에서 천동설을 지지한 당시 과학계는 확증 편향에 빠졌다는 비판을 받을 수 있다. 확증 편향과 관련하여 당시 과학계의 문제가 자신의 주장과 일치하는 정보만 선택적으로 수집한 것인지, 집단 구성원 간의 상호 작용이 원활하게 이루어지지 않은 것인지, 현상에 대해 판단을 내릴 때 책임감 있는 자세를 갖지 않은 것인지, 집단의 의견이 한쪽으로 치우쳐 있어 집단 의사 결정 방법을 거쳐도 비합리적인 의사 결정이 이루어진 것인지, 가치관이 다양한 세상에서 일관된 자아 정체성을 유지할 수 있는 것이 인간에게 확증 편향이 있기 때문이라는 것인지 생각해 보자.

▶ 해설편 30쪽

08 〈보기〉는 [A]의 초고이다. 〈보기〉를 고쳐 쓰기 위해 친구들이 조언한 내용 중 [A]에 반영되지 않은 것은?

〈보기〉

반대 입장에서 생각해 보는 자세를 지녀야 한다. 즉, 자신의 판단이 틀릴 수도 있는 이유에 대해 구체적으로 떠올려 보는 것이다. 그러나 반대를 위한 반대는 의사 결정에 역효과를 초래할 수 있다.

① 앞 문단과의 연결 관계를 보여 주기 위해 문단 간의 관계를 알려 주는 표현을 추가하는 게 어때?

② 첫 번째 문장의 내용을 뒷받침하는 근거가 제시되어 있지 않으니까 제시된 방안의 긍정적 효과를 근거로 추가하는 게 어때?

③ 두 번째 문장의 내용이 앞 문장과 유사하니까 두 문장의 핵심어를 포함한 한 문장으로 교체하는 게 어때?

④ 세 번째 문장의 내용이 문단의 통일성에서 벗어나니까 해당 문장을 삭제하는 게 어때?

⑤ 주장의 설득력을 강화하기 위해 역사적 인물의 사례를 주장에 대한 근거로 추가하는 게 어때?

제대로 접근법 문제 채점까지 마친 후 복습할 때 보세요.

08
고쳐쓰기의 적절성을 판단하는 유형이다. 〈보기〉를 [A]로 고치면서 변화된 내용을 확인해 보자. '따라서'라는 접속어의 사용, '확증 편향에 빠지지 않기 위해서는'이라는 근거의 추가, 〈보기〉의 세 번째 문장의 삭제, [A]에 찰스 다윈의 사례 추가 등을 확인할 수 있다. 〈보기〉를 [A]로 고쳐 쓴 것이므로 〈보기〉의 글이 [A]로 변화된 내용의 설명으로 적절하지 않은 선택지를 찾아 답으로 선택한다.

1차 채점

맞은 문항 수	개
틀린 문항 수	개
헷갈리는 문항 번호	

• 틀린 문항 '/' 표시

→

2차 채점

맞은 문항 수	개
틀린 문항 수	개
헷갈리는 문항 번호	

• 틀린 문항 'x' 표시

[01-03] (가)는 학생의 일기이고, (나)는 (가)를 쓴 학생이 친구들과 함께 작성한 글의 초고이다. 물음에 답하시오.

(가)

○월 ○일

환경 동아리 시간에 'PVC가 환경에 끼치는 영향'을 주제로 특강을 들었다. 특강을 통해 PVC가 플라스틱의 일종이라는 것과 정말 많은 물건이 PVC 재질로 만들어져 있다는 것을 알게 되었다. 심지어 나뿐만 아니라 많은 학생들이 가지고 있는 필통에도 PVC가 사용되었다고 한다. 그런데 그 PVC가 환경 문제의 원인이 된다고 한다. 내가 환경을 오염시키고 있었다니! 나 때문에 환경이 오염되면 안 된다는 생각이 문득 들었다. 그래서 동아리 친구들과 이야기를 나눠 보니 친구들도 나와 같은 생각을 하고 있었다. 환경 오염을 조금이라도 줄이기 위해 무엇인가 해야겠다는 생각에 친구들과 함께 의논을 했다.

(나)

안녕하세요? 저희는 □□ 고등학교 환경 동아리 학생들입니다. 저희가 이렇게 글을 쓰게 된 이유는 귀사에서 제조하는 필통에 대해 건의하기 위해서입니다.

저희 학교 학생들은 평소 귀사에서 만든 학용품을 자주 구입합니다. 그런데 ㉠ 귀사의 필통이 몸체는 PVC 재질이고, 지퍼는 철이어서 문제가 있음을 알게 되었습니다.

저희는 귀사가 필통의 재질을 개선하는 것이 옳다고 생각합니다. ㉡ 귀사뿐 아니라 여러 회사에서 학용품에 PVC 재질의 플라스틱을 사용하는 경우가 많아, 환경을 오염시킬 수 있기 때문입니다. 그렇지 않아도 ㉢ 우리나라 국민들의 플라스틱 사용량은 세계적으로 많고 그 증가율도 매우 높다고 합니다. 플라스틱을 완전히 사용하지 않을 수는 없겠으나, ㉣ 환경에 끼치는 영향 등을 고려한다면 PVC 사용이라도 줄여 가야 할 것입니다. 그러므로 ㉤ 귀사에서도 필통의 재질을 다른 것으로 바꾸어 주시기를 부탁드립니다.

끝까지 읽어 주셔서 감사합니다.

제대로 질문하기

❶ (가)와 (나)는 글을 쓴 목적이 같다. (○, ×)
❷ (가)와 (나)의 글쓴이가 환경 문제의 원인이라고 생각하는 것으로, 플라스틱의 일종인 것은?
❸ (나)는 필통의 재질을 바꾸어 달라고 학용품 제조 회사에 (　　　　)하는 글이다.
❹ (나)에는 필통의 재질을 바꾸었을 때 기업이 얻게 될 이익이 제시되어 있다. (○, ×)

01 작문 맥락을 고려할 때, (가)와 (나)에 대한 설명으로 적절하지 않은 것은?

① (가)의 글쓴이와 같은 생각을 하는 사람들이 (나)의 글쓰기 과정에 참여하고 있다.
② (가)에서 언급한 개인의 경험이 동기가 되어 (나)의 사회적 문제 해결의 글쓰기를 이끌어 내고 있다.
③ (가)는 (나)와 달리 예상 독자의 관심사에 대한 분석이 글쓰기에 중요하게 작용하고 있다.
④ (나)는 (가)와 달리 글쓴이의 주장과 그에 대한 논거가 제시되고 있다.
⑤ (가)는 (나)에 비해 글쓴이의 체험을 기록하고 이를 통해 일상을 반성하려는 성격이 두드러진다.

제대로 접근법 문제 채점까지 마친 후 복습할 때 보세요.

01
작문의 맥락을 고려하여 적절성을 판단하는 문제이다. (가)는 학생의 일기, (나)는 학생들이 기업에 건의할 내용을 쓴 것임을 기억하고 선택지에 언급된 내용을 판단해 보자. 선택지의 내용을 보면 일기에 부합하지 않는 설명이나 건의하는 글에 부합하는 설명을 하는 것도 있으므로, 어렵지 않게 문제를 해결할 수 있을 것이다.

▶ 해설편 31쪽

02 〈보기〉는 (나)에 대한 학생들의 수정 의견이다. 〈보기〉를 참고할 때, (나)에 추가할 내용으로 가장 적절한 것은?

〈보기〉

초고에서는 건의 내용을 언급한 후 글을 읽어 준 것에 감사하는 끝인사로 마무리 했잖아. 그런데 글의 설득력을 높이려면 건의 내용을 언급한 후에 건의가 받아들여졌을 때 소비자와 기업 양쪽이 얻게 될 이익을 직접적으로 표현하면 좋겠어.

① 재질을 개선한다면 소비자는 질 좋은 PVC 제품을 구매할 기회를 얻게 되고, 귀사는 제품의 재질을 개선하기 전보다 높은 수익을 얻을 수 있을 것입니다.

② 재질을 개선한다면 소비자는 귀사의 제품을 선택함으로써 자원 재활용에 동참하게 되는 것이며, 그렇게 되면 우리나라의 플라스틱 사용량이 줄어들 것입니다.

③ 재질을 개선한다면 귀사처럼 환경 보호에 동참하는 기업이 늘어나게 됨으로써 소비자는 환경을 오염시키지 않으면서 다양한 제품을 선택할 수 있을 것입니다.

④ 재질을 개선한다면 소비자는 제품을 구입하면서 환경 오염에 대한 부담을 덜 수 있을 것이며, 개선하지 않는다면 귀사에 환경 오염에 대한 부담이 돌아올 것입니다.

⑤ 재질을 개선한다면 소비자는 귀사 제품을 구매하며 환경 보호를 실천했다는 만족감을 얻을 것이고, 귀사는 친환경 기업이라는 신뢰감을 고객에게 주게 되어 매출이 증가할 것입니다.

제대로 접근법

문제 채점까지 마친 후 복습할 때 보세요.

02

내용 생성의 적절성을 판단하는 문제이다. 〈보기〉에서는 '소비자와 기업 양쪽이 얻게 될 이익'을 직접적으로 표현하면 좋겠다고 하였다. 따라서 필통 재질을 PVC가 아닌 다른 재질로 개선하였을 때 소비자와 기업이 모두 이익을 보게 되는 내용을 설명하고 있는 선택지를 찾아보도록 한다.

03 다음은 (나)를 작성한 후 추가로 수집한 자료이다. 자료를 활용하여 (나)의 ㉠~㉤을 수정 · 보완하고자 할 때 적절하지 않은 것은? [3점]

㉮ 논문 자료

플라스틱은 가공성이 우수하고 저렴하지만 재활용하지 않고 폐기하는 경우에 분해가 되지 않아 환경 오염을 일으킨다. 플라스틱은 성분에 따라 PVC, PP, PET 등으로 나뉘는데, 염화 비닐이 주성분인 PVC는 질기고 깨지지 않아 투명 지퍼백, 필통 등에 쓰인다. PVC를 부드럽게 하기 위해 첨가하는 프탈레이트는 인체에 유해할 수 있다. 이에 비해 식품 용기, 학용품 등에 사용되는 PP나 음료 병 등에 주로 사용되는 PET는 프탈레이트가 첨가되지 않는다.

㉯ 통계 자료

〈1인당 연간 플라스틱 사용량(kg) 세계 1위~6위 국가〉

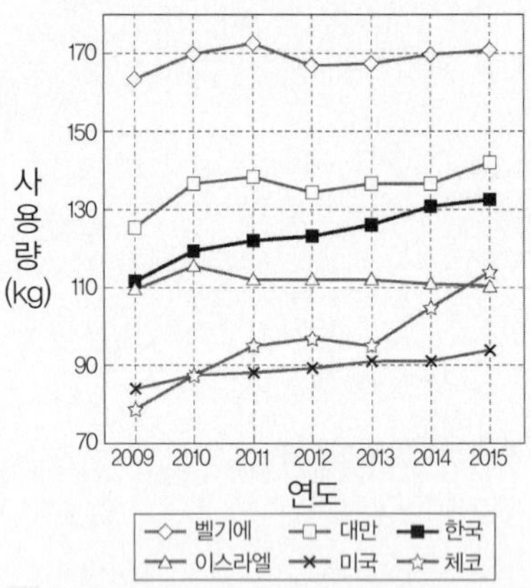

㉰ 보고서 자료

〈재질에 따른 재활용 정도〉

재질		재활용 정도: 용이함	재활용 정도: 어려움
플라스틱	PVC		○
	PP	○	
	무색 PET	○	
	유색 PET		○
철		○	

① ㉠: ㉰를 참고하여 문제점을 구체적으로 드러내려면 필통의 지퍼는 재활용이 용이한 재질이지만 몸체는 재활용이 어려운 재질인 것이 문제라고 수정해야겠군.

② ㉡: ㉮를 활용하여 상대방의 입장을 이해함을 드러내려면 PVC로 필통을 만드는 이유가 가격과 가공성 면에서 유리하며 질기기 때문일 것이라는 내용을 추가해야겠군.

③ ㉢: ㉯를 활용하여 정보를 정확하게 제시하려면 우리나라의 1인당 연간 플라스틱 사용량은 2009~2015년 기간 중 세계 3위에 해당할 만큼 많고 그 증가율도 가장 높았다고 수정해야겠군.

④ ㉣: ㉮와 ㉰를 참고하여 문제의 심각성을 드러내려면 PVC는 재활용이 어려워 환경에 부정적인 영향을 끼칠 뿐 아니라, 제조 공정에서 첨가되는 물질이 인체에 해로울 수 있다는 내용을 추가해야겠군.

⑤ ㉤: ㉮와 ㉰를 참고하여 건의 내용을 구체적으로 제시하려면 필통의 재질을 플라스틱으로 유지할 경우에 재활용이 용이하고 프탈레이트가 첨가되지 않는 PP로 바꾸어 달라고 수정해야겠군.

제대로 접근법 문제 채점까지 마친 후 복습할 때 보세요.

03

자료 활용의 적절성을 평가하는 문제이다. 높은 배점의 문제로, 정답률이 상당히 낮았다. 자료 활용의 적절성에 대한 문제는 매번 출제되므로 기출문제를 풀어 감을 익혀야 한다.

(나)의 ㉠~㉤의 내용을 읽고, 문제에 제시된 내용의 활용에 대한 선택지의 언급이 적절한지 판단해 보자. 각각의 선택지에서 글을 수정·보완하는 내용이 제시되어 있는데, 제시된 자료의 내용을 바탕으로 하지 않는 수정·보완은 적절한 것으로 볼 수 없다는 점을 기억한다. 재활용이 쉬운 재질과 어려운 재질, 많은 기업들이 플라스틱 재질을 사용하는 이유, 통계 자료에 제시된 우리나라의 연간 플라스틱 사용량과 기간 내에서의 증가율, 플라스틱이 환경에 미치는 영향과 인체에 끼치는 부정적인 영향, 플라스틱 재질 내에서도 재활용 정도가 용이한 것과 그렇지 않은 것을 활용한 수정·보완 등이 적절하게 설명되었는지 확인하여 답을 찾는다.

[04-07] (가)는 교지에 실린 조사 보고서의 일부이고, (나)는 (가)를 참고하여 학교 신문에 쓴 글이다. 물음에 답하시오.

(가)

'수면'에 대한 우리 학교 학생들의 인식과 실태 조사

Ⅰ. 서론

최근 사회적으로 수면의 중요성이 대두되고 있다. 이에 우리 학교 학생들 전체를 대상으로 수면에 대한 인식 및 수면의 실태를 설문지를 통해 조사하였다. 설문 조사는 2021년 3월 11일부터 3월 17일까지 진행되었다.

Ⅱ. 본론

1. 수면에 대한 인식

'수면이 중요하다고 생각하는가?'라는 질문에 대해 85%의 학생이 '그렇다'라고 답했다. '그렇다'라고 응답한 학생들만을 대상으로 한 '수면이 중요한 이유는 무엇인가?'라는 추가 질문에는 91%의 학생이 '피로를 풀기 위해'라고 응답하였다.

2. 수면 실태

실태 조사는 앞서 수면이 중요하다고 응답한 학생들을 대상으로, 수면의 양과 질에 대한 항목을 각각 설정하여 실시하였다. 먼저 '하루에 6시간 이상 잠을 자는가?'라는 질문에 61%의 학생이 '그렇지 않다'라고 응답했다. '하루에 6시간 이상 못 자는 이유는 무엇인가?'라는 추가 질문에는 휴대폰 사용(62%), TV 시청(20%), 공부(16%), 기타(2%) 순으로 답변했다.

그리고 '하루에 6시간 이상 잠을 자는가?'라는 질문에 대해 '그렇다'라고 응답한 학생을 대상으로 한, '수면 후 충분히 피로가 풀렸다고 생각하는가?'라는 추가 질문에는 75%의 학생이 '그렇지 않다'라고 응답했다. 그 이유를 묻는 질문에는 92%의 학생이 '잘 모르겠다'라고 응답하였다.

Ⅲ. 결론

우리 학교 학생들은 수면이 중요하다는 것을 알고 있지만, 절대적인 수면의 양이 부족하고, 수면의 양이 부족하지 않은 학생들도 수면의 질이 낮은 것을 확인할 수 있었다.

(나)

'잠이 보약'이라는 말이 있다. 잠을 잘 자는 것이 건강한 삶을 위한 기본이라는 뜻이다. 하지만 수면이 중요하다고 생각하는 학생 중 61%는 수면 시간이 6시간 미만이라고 응답했고, 이는 외국 학생들의 평균 수면 시간에 비해 낮은 수치이다. 수면 시간이 6시간 이상인 학생들도 수면 후 충분히 피로가 풀렸다고 생각하지 않는다고 응답했다. 이처럼 우리 학교에는 수면의 양이 부족하거나 수면의 질이 낮은 학생들이 많아 수면 습관 개선이 필요한 상황이다.

우리의 몸은 적절한 수면을 통해 건강을 유지할 수 있다. 그런데 수면의 양이 부족하거나 질이 떨어지게 되면 피로해진 몸을 회복할 기회를 얻지 못한다. 그 결과 면역력이 떨어져서 질병에 쉽게 노출될 수도 있고, 집중력과 판단력이 저하되어 정상적인 생활을 하는 데 어려움을 겪을 수도 있다.

이런 문제들을 해결하기 위해서는 첫째, 최소 6시간 이상의 충분한 수면 시간을 확보해야 한다. 이를 위해 효율적인 수면 계획을 세워 취침 시간과 기상 시간을 일정하게 유지해야 한다. 또한 잠자리에 들기 전에는 규칙적인 수면 습관을 방해하는 휴대폰 사용이나 TV 시청 등을 하지 않아야 한다.

둘째, 수면의 질을 높여야 한다. 수면의 질은 수면의 환경과 밀접한 관련이 있다. 밤이 되면 우리 몸에서는 잠과 관련된 호르몬인 멜라토닌이 분비되는데 빛에 노출되면 멜라토닌의 분비량은 줄어들고 결과적으로 깊은 잠을 자지 못한다. 그래서 취침 전에는 수면의 질에 영향을 미칠 수 있는 빛을 차단해야 한다.

잠은 우리의 삶에서 중요한 요소이다. 따라서 학생들은 건강한 수면 습관을 가지도록 힘써야 한다. 또한 ㉠학교에서는 수면의 양과 질이 모두 중요하다는 내용을 학생들에게 교육하기 위한 캠페인을 실시해야 한다.

제대로 질문하기

❶ (가)에서 객관적인 근거를 얻기 위하여 활용한 방법은?
❷ (가)에는 문제 상황에 대한 해결 방안이 제시되어 있다. (○, ×)
❸ 잠과 관련된 호르몬인 '멜라토닌'은 무엇에 노출되면 분비량이 줄어드는가?
❹ (나)의 글쓴이는 예상 독자에게 당부하는 내용을 제시하고 있다. (○, ×)

04 다음은 (가)를 쓰기 위한 계획의 일부이다. (가)에 반영되지 않은 것은?

구분	내용
설문 조사 계획	– 우리 학교 학생들을 대상으로 기간을 설정하고 설문지를 활용하여 조사해야겠어. ① – 설문 항목을 학생들의 수면에 대한 인식과 수면 실태로 구성해야겠어. ② – 수면에 대한 인식과 수면 실태에 대한 응답에 따라 추가 질문을 제시해야겠어. ③
보고서 작성 계획	– 서론에 조사 배경을 언급해야겠어. – 본론에 설문의 응답 결과를 구체적인 수치로 표현하여 제시해야겠어. ④ – 결론에 수면 실태가 수면에 대한 인식에 미치는 영향을 정리해야겠어. ⑤

05 〈조건〉에 따라 ㉠을 위한 캠페인 문구를 작성한다고 할 때, 가장 적절한 것은?

〈조건〉
- ㉠에 제시된 교육의 내용을 포함할 것.
- 비유적 표현을 활용할 것.

① 충분한 시간 동안 깊이 자는 잠은 건강한 삶을 위한 지름길입니다.
② 수면의 양과 질을 모두 확보해야 우리는 건강해질 수 있습니다.
③ 수면 시간을 줄이면 여러분의 몸에 빨간불이 켜집니다.
④ 잃어버린 수면의 질은 결국 당신의 건강을 앗아갑니다.
⑤ 달님도 꿈꾸는 늦은 밤에 당신도 꿈꾸고 있나요?

06 (가)와 (나)에 대한 이해로 가장 적절한 것은?

① (가)는 (나)와 달리, 예상 독자에 대한 글쓴이의 당부가 드러나고 있다.
② (가)는 (나)와 달리, 문제 상황에 대해 글쓴이가 생각하는 해결 방안을 제시하고 있다.
③ (나)는 (가)와 달리, 글쓴이의 경험을 구체적으로 밝혀 주제에 대한 독자의 흥미를 유발하고 있다.
④ (가)와 (나)는 모두, 객관적인 근거를 활용하여 글의 신뢰성을 높이고 있다.
⑤ (가)와 (나)는 모두, 제목을 활용하여 글의 내용을 효과적으로 전달하고 있다.

제대로 접근법

☆ 문제 채점까지 마친 후 복습할 때 보세요.

04
계획에 따른 내용 생성 평가에 대한 문제이다. 문제에 제시된 계획을 확인하고 (가)에 반영되었는지 확인한다. '우리 학교 학생들 전체를 대상', '설문지를 통해 조사', '2021년 3월 11일부터 3월 17일까지 진행', '수면에 대한 인식', '수면 실태', '수면이 중요한 이유는 무엇인가?', '하루에 6시간 이상 못 자는 이유는 무엇인가?', '85%의 학생', '91%의 학생', '61%의 학생', '75%의 학생', '92%의 학생' 등의 내용이 어떤 글쓰기 계획이 반영된 것인지 판단하고 남은 하나를 답으로 정한다.

05
조건에 따른 표현에 대한 문제이다. ㉠은 '수면의 양과 질이 중요하다는 교육을 위한 캠페인 실시'에 대한 내용이고, 문제의 〈조건〉은 ㉠의 교육 내용을 포함하고 비유적 표현을 활용하는 것이므로 선택지에서 이를 충족하는 것이 무엇인지 찾아보자. '건강한 삶을 위한 지름길', '여러분의 몸에 빨간불', '달님도 꿈꾸는' 등은 비유적 표현이라고 할 수 있다. 이 중 교육의 내용을 포함하고 있는 것을 찾아보도록 한다.

06
글의 유형에 따른 특징을 파악하는 문제이다. (가)는 조사 보고서의 일부이고 (나)는 이를 참고하여 학교 신문에 쓴 글이다. 이에 대한 이해로 적절한 선택지를 찾는다. (가)의 결론에 글쓴이의 당부가 드러나고 있는지, 문제 상황에 대해 글쓴이가 생각하는 해결 방안이 있는지 확인하자. (나)가 글쓴이의 경험을 구체적으로 밝혀 독자의 흥미를 유발하고 있는지 살펴본다. (가)와 (나)가 객관적인 근거를 활용하고 있는지, 글의 내용을 효과적으로 전달하기 위해 제목을 활용하고 있는지 확인하고 답으로 정할 하나의 선택지를 찾자.

▶ 해설편 33쪽

07 다음은 (나)를 보완하기 위해 추가로 수집한 자료이다. 자료의 활용 방안으로 적절하지 않은 것은? [3점]

[자료 1] 통계 자료

㉮ 국가별 고등학생 평균 수면 시간

국가	평균 수면 시간
한국	6시간 3분
일본	7시간 30분
미국	8시간 12분
OECD 평균	8시간 22분

㉯ T세포 활성화 수치

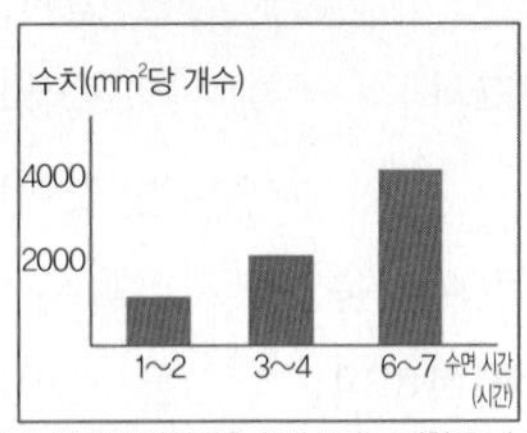

T세포: 인체의 면역력을 증가시키는 백혈구 내 세포

[자료 2] 연구 자료

생체 호르몬의 일종인 멜라토닌은 깊은 잠을 자는 데 도움을 주어 면역 기능 유지에 기여한다. 우리 몸에 멜라토닌이 부족해지면 면역력이 저하될 뿐만 아니라, 정보를 습득하고 판단하는 능력과 정서를 조절할 수 있는 능력 등이 저하될 수 있다. 연구에 따르면 전자 기기 화면에서 방출되는 빛에 2시간 노출되었을 때 멜라토닌의 분비가 노출 전보다 22% 정도 억제된다고 나타났다.

[자료 3] 전문가 인터뷰

"잠을 충분히 자기 위해서는 자기 전에 카페인이 함유된 커피나 에너지 음료 등의 섭취를 삼가야 합니다. 카페인은 뇌의 활동을 억제하는 물질인 아데노신의 활성을 방해하는데, 이로 인해 각성 효과가 나타나게 되고 결국 제시간에 잠을 자지 못하는 것입니다. 그뿐만 아니라 카페인은 우리가 깊은 수면에 빠지는 시간을 지연시키고, 자다가 깨는 빈도를 높여 수면의 질도 낮춥니다. 따라서 적어도 잠자리에 들기 6시간 전부터는 카페인이 들어간 음식을 섭취해서는 안 됩니다."

① [자료 1-㉮]를 활용하여, 외국 학생들의 평균 수면 시간에 비해 우리 학교 학생들의 수면 시간이 부족하다는 내용을 뒷받침하는 근거로 제시한다.
② [자료 2]를 활용하여, 멜라토닌 분비량이 빛과 관련이 있으므로 수면의 질을 높이기 위해서는 빛을 차단해야 한다는 내용을 뒷받침하는 자료로 제시한다.
③ [자료 3]을 활용하여, 충분한 수면 시간을 확보하기 위한 방안으로 자기 전에 카페인이 들어간 음식을 섭취해서는 안 된다는 내용을 추가한다.
④ [자료 1-㉯]와 [자료 2]를 활용하여, 수면의 양이 부족하거나 질이 떨어지면 면역력이 떨어질 수 있다는 내용을 구체화하는 자료로 제시한다.
⑤ [자료 2]와 [자료 3]을 활용하여, 수면의 질을 높이기 위해서는 멜라토닌의 분비량을 증가시켜 각성 효과가 나타나게 해야 한다는 내용을 해결책으로 추가한다.

제대로 접근법 문제 채점까지 마친 후 복습할 때 보세요.

07
자료 활용 방안의 적절성 판단에 대한 문제이다. 문제에 제시된 자료의 내용을 파악한다. [자료 1]을 통해 국가별 고등학생들의 평균 수면 시간을 비교하면 다른 나라의 학생보다 우리나라 학생들이 수면 시간이 부족하고 잠을 적게 자면 T세포 활성화 수치가 감소한다는 것을 알 수 있다. [자료 2]를 통해 멜라토닌이 부족해지면 우리 신체의 면역력이 저하될 수 있음을 알 수 있다. [자료 3]을 통해 잠을 충분히 자기 위해서는 잠자기 전에 각성 효과가 나타나게 하는 카페인 성분의 섭취를 삼가야 한다는 점을 이해할 수 있다. 각성 효과가 나타나면 수면의 질이 저하되고 제시간에 잠을 자지 못하는 경우가 발생하게 된다는 점을 이해하고 자료가 나타내는 내용 또는 방향과 다른 내용이 제시된 선택지는 무엇인지 찾아 답으로 정해 보자.

[08-11] (가)는 교지에 실을 조사 보고서이고, (나)는 (가)를 작성한 학생의 자기소개서이다. 물음에 답하시오.

(가)

블리스터 포장의 실태와 문제점에 대한 조사 보고서

Ⅰ. 조사 동기 및 목적

최근 충전기를 구매한 후 포장을 제거하는 데 큰 어려움을 겪었다. 플라스틱을 가열 성형한 후 앞뒤로 접착하여 제품을 포장한 블리스터 포장이 사용되어 있었기 때문이다. 이 포장은 손으로 열 수 없어 가위를 사용하는데, 포장을 잘라 내기 위해 힘이 많이 필요할 뿐만 아니라 잘린 플라스틱 단면이 날카로워 위험하기도 하다. 그래서 블리스터 포장의 실태와 문제점을 조사해 보고자 한다.

Ⅱ. 조사 계획

1. 조사 대상 및 방법: 10대~60대 각 연령대별 20명씩을 대상으로 한 설문지 조사, 업체 관계자 인터뷰
2. 조사 내용: 블리스터 포장의 실태 및 문제점

Ⅲ. 조사 결과

1. 블리스터 포장의 실태

가. 블리스터 포장을 사용한 품목

대형 마트를 찾아가 블리스터 포장이 사용되는 품목을 살펴본 결과, 각종 문구, 전기·전자 부품 등 생활용품에 블리스터 포장이 많이 사용되고 있었다.

나. 블리스터 포장의 이유

블리스터 포장을 사용한 제품의 생산 업체 5곳을 찾아 블리스터 포장을 사용한 이유를 인터뷰했다. 업체들은 블리스터 포장이 사용자에게 불편을 준다는 것은 인지하고 있으나, 상품 도난이나 훼손으로 인한 손실을 방지하고 생산 비용을 낮추기 위해 블리스터 포장을 사용한다고 응답했다. 생산 업체들은 기업의 이익과 효율을 중시하여 블리스터 포장을 사용하고 있었다.

2. 블리스터 포장의 문제점

가. 포장 개봉의 어려움

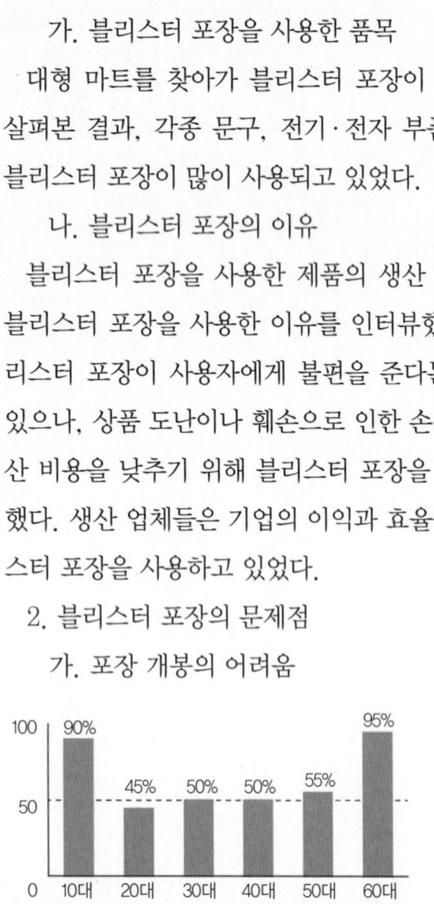

ⓐ 〈도표〉 블리스터 포장으로 어려움을 겪었다고 응답한 각 연령대별 비율

'블리스터 포장을 개봉하는 데 어려움을 겪은 경험이 있는가?'를 설문한 결과, 응답자의 64%가 '그렇다'라고 대답했다. 블리스터 포장으로 인해 많은 사람들이 개봉에 어려움을 겪고 있는 것이다. ⓑ특히 10대와 60대 중 '그렇다'라고 응답한 비율은 20대 청년층과 각각 45%p, 50%p의 상당한 차이를 보인다. ⓒ이는 노약자층이 20대 청년층에 비해 힘이 약해 블리스터 포장을 개봉하는 데 더 어려움을 겪었기 때문이라고 생각한다.

나. 사용자의 안전 위협

'블리스터 포장을 개봉하던 중 부상을 입은 경험이 있는가?'에 '그렇다'라고 응답한 비율이 전체의 35%로 나타났다. ⓓ대부분의 사용자가 블리스터 포장으로 인해 부상을 경험했음을 알 수 있었다. 외국에서도 블리스터 포장으로 부상을 입은 사람이 많다는 조사 결과가 있다. ⓔ블리스터 포장으로 인해 부상을 입어 응급실을 찾는 사례가 미국에서만 한 해 6,000건에 달한다고 한다(김△△, 『◇◇디자인』, ◎◎출판사, 2018, p. 210.).

Ⅳ. 결론

[A]

(나)

안녕하세요? □□디자인 연구소 청소년 디자이너 모집에 지원한 박○○입니다.

저는 □□디자인 연구소가 지향하는 '더 나은 삶으로의 한 걸음'을 실천하는 자세를 가졌습니다. 제가 실천한 것은 생활에 불편을 주는 제품을 개선하도록 목소리를 내는 것입니다. 고등학교 2학년 때 생활용품에 많이 사용된 '블리스터 포장'의 문제점을 조사하는 보고서를 작성하였습니다. 그리고 블리스터 포장을 사용한 업체에 이 보고서를 보내 포장의 변경을 검토해 보겠다는 긍정적인 답변을 얻었습니다. 저의 실천이 개인의 삶을 편안하게 만들 수 있을 것이며, 나아가 제품을 디자인할 때 사용자를 우선으로 고려하는 사회 분위기를 만드는 데 영향을 미칠 것이라 생각합니다.

또한 저는 □□디자인 연구소의 핵심 가치인 '도전 정신'을 지녔습니다. 앞에서 말한 보고서를 작성하는 과정에서 업체 관계자를 인터뷰하는 데 큰 어려움을 겪었습니다. 업

▶ 해설편 35쪽

체 관계자들은 회사의 제품에 사용된 포장에 비판적 태도를 갖고 있는 저에게 인터뷰 시간을 내주려고 하지 않았습니다. 그러나 저는 포기하지 않고 업체 관계자들을 설득했습니다. 제품 포장이 개선되면 제품에 대한 사용자의 인식도 긍정적으로 바뀐다는 제 말에 마음을 돌린 업체 관계자들이 인터뷰에 참여해 주셨습니다. 어려움을 회피하지 않고 이에 맞서 도전한 결과로 블리스터 포장의 실태를 파악한 보고서를 완성할 수 있었습니다.

□□디자인 연구소의 청소년 디자이너가 된다면 청소년의 삶을 불편하게 했던 디자인을 찾고, 이를 개선하는 아이디어를 고안해 청소년들의 더 나은 삶을 만드는 데에 기여하고 싶습니다. 감사합니다.

제대로 질문하기

❶ (가)에서는 블리스터 포장에 대하여 사용자와 생산 업체의 입장이 같음을 알 수 있다. (○, ×)
❷ (가)에는 막대그래프에 나타난 조사 내용을 과장하여 해석한 부분이 있다. (○, ×)
❸ (나)에서 학생이 자신의 장점을 강조하기 위해 활용한 것으로, □□디자인 연구소의 핵심 가치는?
❹ (나)의 학생은 블리스터 포장의 (　　　　)를 파악한 보고서를 작성했던 경험을 자기소개서에 활용하였다.

08 (가)와 (나)에 대한 설명으로 가장 적절한 것은?

① (가)는 자신이 탐구한 내용을, (나)는 자신에 관해 독자에게 알리고 싶은 정보를 전달하고 있다.
② (가)는 현상에 대한 원인 분석을 통한, (나)는 현상에 대한 관찰을 통한 자기 성찰을 목적으로 한다.
③ (가)는 (나)와 달리 예상 독자가 요구하는 바를 바탕으로 내용을 생성하고 있다.
④ (나)는 (가)와 달리 객관적인 사실을 근거로 하여 주제를 드러내고 있다.
⑤ (가)와 (나)는 모두 예상되는 문제와 그 해결 방안을 중심으로 글을 전개하고 있다.

제대로 접근법 문제 채점까지 마친 후 복습할 때 보세요.

08
글의 유형에 따른 특징을 파악하는 문제이다. (가)는 조사 보고서이고, (나)는 자기소개서이므로 이를 고려하여 선택지에 제시된 내용을 판단하자. 각각의 글이 탐구한 내용이나 알리고 싶은 정보를 전달하고 있는지, 현상에 대한 원인 분석이나 자기 성찰의 목적으로 하는지, 예상 독자의 요구 충족, 객관적 사실을 근거로 주제 전달, 문제와 해결 방안을 중심으로 전개하고 있는지 등 어떤 것에 부합하는지 파악하면 어렵지 않게 답을 찾을 수 있을 것이다.

09 〈보기〉를 바탕으로 (가)에 대한 자기 점검을 실시할 때, ⓐ~ⓔ를 점검한 내용으로 적절하지 않은 것은?

〈보기〉

	자기 점검 항목	점검 대상
1	보조 자료를 통해 글의 내용을 효과적으로 시각화하고 있는가?	ⓐ
2	명료한 표현을 사용하여 의미를 분명히 드러내었는가?	ⓑ
3	사실과 의견을 구분하여 제시하였는가?	ⓒ
4	조사 결과의 해석이 오류 없이 정확한가?	ⓓ
5	인용한 자료의 출처를 밝혔는가?	ⓔ

① ⓐ: 전체 응답자 중 '그렇다'라고 답한 응답자의 비율이 64%임을 막대그래프를 활용하여 효과적으로 시각화했다.
② ⓑ: 비교한 응답 비율의 차이를 구체적 수치로 명료하게 밝혀 의미를 분명히 드러냈다.
③ ⓒ: 해당 부분이 글쓴이의 의견임을 구분할 수 있는 표현을 제시하였다.
④ ⓓ: 조사 결과의 내용을 과장하여 해석한 부분이 있으므로 조사 결과의 해석이 정확하지 않다.
⑤ ⓔ: 참고 문헌의 저자명과 도서명, 발행처 등 출처를 밝혔다.

10 다음은 (나)를 쓰기 위해 작성한 글쓰기 계획이다. (나)에 반영되지 않은 것은?

- 나의 장점을 2, 3문단의 첫 부분에 제시하여 강조해야겠어. ············ ①
- 보고서를 작성한 사례를 언급해 나의 태도가 □□디자인 연구소가 지향하는 가치에 부합함을 드러내야겠어. ············ ②
- 나의 실천력이 가져올 수 있는 긍정적인 영향을 개인적 측면과 사회적 측면으로 나누어 언급해야겠어. ············ ③
- 도전 정신을 갖기 위해 노력했던 과정을 언급하며 나의 변화된 자세를 부각해야겠어. ············ ④
- 청소년 디자이너가 된 후의 나의 포부를 제시하며 글을 마무리해야겠어. ············ ⑤

제대로 접근법

문제 채점까지 마친 후 복습할 때 보세요.

09
작문 내용의 적절성을 점검하는 문제이다. 〈보기〉의 내용을 바탕으로 (가)를 살펴봐야 하는 쉽지 않은 문제로, 정답률이 높지 않았다. 〈보기〉의 자기 점검 항목으로 점검한 내용이 선택지에 제시되어 있으므로 선택지의 내용이 (가)에 제시되어 있는지 확인하여 적절하지 않은 것 하나를 찾는다.
ⓐ의 막대그래프가 '그렇다'라고 답한 응답자의 비율을 효과적으로 시각화한 것인지 살펴본다. ⓑ의 10대와 60대, 각각 45%p, 50%p 등의 수치 제시가 응답 비율의 차이를 명료하게 밝혀 의미를 분명히 드러낸 것인지 확인한다. ⓒ의 '때문이라고 생각한다.'라는 표현이 글쓴이의 의견임을 구분할 수 있는 표현인지 판단한다. ⓓ의 앞 문장에서 '그렇다'라고 응답한 비율이 전체의 35%라고 했는데 이를 '대부분의 사용자'라고 표현하는 것이 내용을 과장하여 해석한 것인지에 대해 생각해 본다. ⓔ에서 참고 문헌의 저자명, 도서명, 발행처 등의 출처가 제시되어 있는지 확인한다.

10
글쓰기 계획 평가에 대한 문제로, 비교적 정답률이 높지 않았다. 문제에 제시된 글쓰기 계획이 (나)의 어느 내용에 해당하는지 찾아보자. '저는 □□디자인 ~ 자세를 가졌습니다.', '저는 □□디자인 ~ 도전 정신'을 지녔습니다.', '핵심 가치인 '도전 정신'을 ~ 보고서를 완성할 수 있었습니다.', '저의 실천이 개인의 삶을 편안하게 ~ 사회 분위기를 만드는 데 영향', '청소년 디자이너가 된다면 ~ 기여하고 싶습니다.' 등으로 반영 여부를 확인할 수 있는 글쓰기 계획을 살펴보고 반영되지 않은 하나를 답으로 정한다.

▶ 해설편 35쪽

11 〈보기〉를 고려할 때, [A]에 들어갈 내용으로 가장 적절한 것은? [3점]

• **선생님의 조언**: 결론에는 조사 결과에 제시되어 있는 블리스터 포장에 대한 서로 다른 입장을 요약하고, 블리스터 포장에 대한 너의 의견을 제시하면 좋겠구나.

① 디자인의 아름다움도 중요하지만 가장 중요한 것은 사용자의 요구를 충족해야 한다는 것이다. 사용자를 생각하지 않는 디자인은 결국 사용자에게 외면받게 될 것이다.

② 블리스터 포장을 둘러싸고 이윤을 중시하는 생산자와 안전을 중시하는 사용자의 갈등이 심화되고 있다. 양측의 입장을 반영하여 해결책을 도출하는 성숙한 사회로 발전해야 한다.

③ 현재의 블리스터 포장은 인간의 기본 욕구인 안전의 욕구를 위협하고 있다. 사용자의 안전을 지키지 못하는 블리스터 포장은 종이 포장 등 보다 안전한 방식으로 바뀌어야 한다.

④ 생산 업체는 이익과 효율을 위해 블리스터 포장을 사용하고 있지만, 사용자들은 이로 인해 불편을 느끼고 안전을 위협받고 있다. 사용자의 안전과 편의를 위해 블리스터 포장을 개선할 필요가 있다.

⑤ 이번 조사를 통해 제품 포장을 둘러싼 생산자와 사용자 각각의 입장이 충돌하고 있음을 알 수 있었다. 또한 생산자와 사용자의 의견을 수렴한 절충안을 만들어 모두를 만족시키는 것이 디자이너의 역할임을 깨닫게 되었다.

제대로 접근법

문제 채점까지 마친 후 복습할 때 보세요.

11
조건에 따른 글쓰기에 대한 문제이다. 문제에 제시된 선생님의 조언을 확인하고 선택지 중 반영된 것을 찾아보자. (가)의 조사 결과에 제시되어 있는 블리스터 포장에 대한 서로 다른 입장의 요약, 글쓴이의 의견이 제시되어 있어야 한다. 블리스터 포장의 이유가 제시된 부분에서 '블리스터 포장이 사용자에게 불편을 준다는 것은 인지하고 있으나, 상품 도난이나 훼손으로 인한 손실을 방지하고 생산 비용을 낮추기 위해 블리스터 포장을 사용한다'가 제시되어 있는데 이 내용이 블리스터 포장에 대한 서로 다른 입장이 될 수 있는지 판단한다. 선택지 내용 중 글쓴이의 의견에 해당하는 것이 있는지도 살펴보도록 한다.

1차 채점

맞은 문항 수	개
틀린 문항 수	개
헷갈리는 문항 번호	

• 틀린 문항 '/' 표시

→

2차 채점

맞은 문항 수	개
틀린 문항 수	개
헷갈리는 문항 번호	

• 틀린 문항 '×' 표시

❖ 출제 경향 및 학습 대책

복합은 화법과 작문을 융합하여 두세 개의 지문으로 구성하여 주로 4문제 안팎이 출제된다. 제시된 지문들이 어떤 관계인지 빠르게 파악할 수 있어야 한다.

❶ 화법의 종류에 대한 기본 개념과 글의 종류에 따른 특징과 전략을 미리 정리해 두어야 한다.

❷ 말하기 상황과 글쓰기 상황을 연결하여 이에 대한 내용을 정확하게 분석하는 훈련이 필요하다.

❸ 말하기 상황에 제시된 정보를 바탕으로 글을 작성할 때 적용하는 계획 및 전략을 파악하는 연습이 중요하다.

Ⅲ부

복합

[01-05] (가)는 시정 소식지에 실린 글이고, (나)는 소식지 발행 이후에 개최된 협상이다. 물음에 답하시오.

(가)

시정 소식지 8월호(발행일: 20△△. 8. 1.)

신설 주민 복지 센터의 공간 활용을 위한 의견 수렴 실시

우리 시에서는 새로 건립되는 주민 복지 센터의 공간 활용 방안에 대해 Y동과 Z동 주민들을 대상으로 의견 수렴을 실시한다. 이번 의견 수렴은 사전에 선정된 몇 가지 방안에 대한 주민들의 선호도 파악을 목적으로 하며, 8월 9일부터 16일 사이에 시청 누리집 '시민 게시판'에 접속해서 참여할 수 있다.

지금까지 Y동과 Z동은 인근 세 개의 동과 주민 복지 센터를 함께 이용해 왔다. 그러나 Y동과 Z동은 다른 동들에 비해 기존의 주민 복지 센터와의 거리가 멀어서 이용에 어려움이 있었다. 또한 해당 두 동의 인구 증가로 현재의 주민 복지 센터로는 이용량을 감당하기 힘든 실정이다. 게다가 현재로서는 기존 주민 복지 센터를 확장하는 것이 불가능한 상황이다. 이러한 문제들 때문에 시청에서는 두 동을 위한 주민 복지 센터 신설을 추진해 왔다.

건립을 추진하면서 시청에서 Y동의 부지 한 곳과 Z동의 부지 한 곳을 후보지로 뽑자, 둘 중 어느 곳이 건립 부지로 더 적절한지에 대해 주민들 간에 의견 차이가 발생하기도 했다. 이에 시에서는 양측의 주민 대표와 함께 첫 협상의 자리를 가졌고, 부지의 면적, 인구 규모를 고려하여 Z동 부지에 새 주민 복지 센터를 건립하기로 결정했다. 양보를 한 Y동 주민들을 위해서는 새 주민 복지 센터로 연결되는 버스 노선을 신설하기로 했다.

시는 3층 규모의 해당 센터를 노인 복지 공간(1층), 육아 지원 공간(2층)으로 구성할 예정이다. 주민의 요구가 다양한 3층 공간은 의견 수렴을 통해 도서관, 주민 영화관, 체육 시설 중 주민 선호도를 파악하여 활용 방안을 결정한다. 두 동의 의견 수렴 결과가 불일치할 경우에는 이달 30일에 후속 협상을 진행하여 3층 공간 활용 방안을 결정할 계획이며, 의견 수렴 결과는 두 동 대표에게 전달된다.

(나)

[A]

시청 담당자: 오늘은 Z동에 신축할 주민 복지 센터 3층 공간 활용에 대해 협상을 진행하겠습니다. 첫 협상에 이어 후속 협상에도 참여해 주신 Y동 대표님과 Z동 대표님께 감사드립니다.

Y동 대표: 우리 동은 학령 인구의 비율이 높지만 아이들이 책을 읽고 공부할 수 있는 공간이 부족합니다. 그래서 도서관 건립을 지속적으로 건의해 왔습니다. 시청의 선호도 조사에서도 우리 동 주민들의 1순위는 도서관이었습니다. Z동에 주민 복지 센터가 지어지는 만큼 3층 공간에 대해서는 우리 동의 의견을 따라 주시면 좋겠습니다.

Z동 대표: 우리 동에서도 도서관을 선호하는 의견은 있었습니다. 하지만 우리 동은 중장년층 인구 비율이 높아 체육 시설의 필요성이 더 큽니다. 선호도 조사에서도 체육 시설을 가장 선호하는 것으로 나타났습니다. 이 점을 고려하여 체육 시설을 마련하면 좋겠습니다.

Y동 대표: 저희도 Z동의 상황을 알고 있습니다. 현재 진행 중인 저희 동의 체육 시설 확장 공사가 마무리되면 Z동의 중장년층 주민들도 편리하게 이용할 수 있을 것입니다. ㉠<u>그러니 주민 복지 센터에 도서관을 만들면 두 동에 필요한 시설을 다 갖추게 되어 모두에게 이득이 되지 않을까요?</u>

Z동 대표: 물론 두 시설을 다 이용할 수 있으면 좋습니다. 하지만 Y동의 체육 시설과 우리 동 사이의 거리가 멀고 교통편도 불편합니다. 주민 복지 센터로 연결되는 신설 버스 노선이 체육 시설에도 연결되도록 조정하는 추가 조치도 있어야 합니다.

시청 담당자: 그 문제는 버스 회사와 협의해야 하는 문제이고, 조정도 쉽지 않습니다.

Z동 대표: 그러면 체육 시설을 통한 수익 증가가 예상되는 Y동에서 비용을 부담해 주시는 것은 어떻습니까?

Y동 대표: 이번 협상을 준비하면서 우리 동에서 양보할 수 있는 부분에 대해 주민들과 의견을 나누었습니다. 우리 체육 시설에서 운영하는 무료 셔틀 버스를 Z동까지 운

행하는 것은 가능합니다.

Z동 대표: 그뿐만 아니라 Y동의 체육 시설 이용료는 기존 복지 센터 내 체육 시설 이용료보다 비쌉니다. ㉡Y동 입장에서는 이용자 증가로 더 큰 수익을 얻을 수 있지만, 우리 동 주민들은 체육 시설 이용에 대한 부담이 더 커질 것이므로 요금에 대한 부담을 낮춰 주십시오.

Y동 대표: 도서관을 설치하는 것에 동의해 주신다면 Z동 주민에게 우리 동 주민과 동일한 수준의 요금 할인을 적용하겠습니다.

Z동 대표: 네, 동의하겠습니다.

시청 담당자: 그럼 3층에 도서관을 설치하는 것으로 협상이 타결되었습니다. 세부 추진 방법은 차후에 논의하겠습니다. 참여해 주셔서 감사합니다.

제대로 질문하기

❶ (가)에는 주민 복지 센터를 신설하는 이유가 드러나 있다. (○, ×)
❷ 신설 주민 복지 센터의 1층과 2층에 설치할 시설은 정해지지 않았다. (○, ×)
❸ 신설 주민 복지 센터는 (   )동 부지에 건립할 예정이다.
❹ (나)의 협상 결과 신설 주민 복지 센터 3층에 설치하기로 한 것은 무엇인가?

01 (가)를 쓰기 위해 세운 글쓰기 계획 중 글에 반영되지 않은 것은?

① 실시 예정인 주민 의견 수렴의 목적과 참여 방법을 함께 밝혀야겠군.
② Y동과 Z동 주민들이 인근 지역 주민들과 주민 복지 센터를 함께 사용하고 있는 상황을 제시해야겠군.
③ 건립 부지의 적절성을 평가할 때 주민 참여가 필요하다는 의견 때문에 첫 협상이 개최되었음을 제시해야겠군.
④ 첫 협상의 결과를 이끌어 내면서 고려한 부지 선정의 기준이 무엇인지 제시해야겠군.
⑤ 새로 건립될 주민 복지 센터의 공간 활용에 대한 계획을 언급하며 후속 협상이 개최될 경우에 다룰 주제를 밝혀야겠군.

제대로 접근법 ☆ 문제 채점까지 마친 후 복습할 때 보세요.

01
계획에 따른 글쓰기 내용을 평가하는 문제이다. 선택지에 제시된 글쓰기 계획과 (가)의 내용을 연결하여 살펴보자. '주민들의 선호도 파악을 목적', '시민 게시판에 접속해서 참여', '인근 세 개의 동과 주민 복지 센터를 함께 이용', '주민들 간에 의견 차이', '첫 협상의 자리를 가졌고', '부지의 면적, 인구 규모를 고려', '시는 3층 규모의 ~ 예정', '주민의 요구가 ~ 활용 방안을 결정', '후속 협상을 진행', '공간 활용 방안을 결정할 계획' 등에서 글쓰기 계획이 반영되지 않은 하나를 찾아 문제를 해결한다.

02 (가)를 작성할 때 활용한 내용 조직 방법으로 가장 적절한 것은?

① 1문단에서는 시청에서 주민 복지 센터 건립을 위해 수행하는 여러 업무를 유형에 따라 분류한다.
② 2문단에서는 시청에서 주민 복지 센터 신설을 추진하게 된 이유를 나열한다.
③ 2문단에서는 Y동 주민들이 겪는 문제를 Z동 주민들이 겪는 문제와 대조한다.
④ 3문단에서는 주민 복지 센터 건립을 추진하는 과정에서 발생할 수 있는 문제점을 분석한다.
⑤ 4문단에서는 다양한 시설들을 설치가 완료된 순서대로 제시한다.

02
내용 조직 방법을 파악하는 문제이다. 선택지에 제시된 내용 조직 방법 중 (가)에서 확인할 수 있는 것을 찾는다. 선택지마다 문단별로 제시하고 있으므로 해당 문단에 집중하여 적절성 여부를 판단하자. (가)의 '이러한 문제들 때문에 시청에서는 두 동을 위한 주민 복지 센터 신설을 추진해 왔다.'라는 부분을 읽고 내용 조직 방법의 적절성을 판단할 수 있는 선택지를 찾으면 쉽게 문제를 해결할 수 있다.

03 (가)와 (나)의 맥락을 고려할 때, (가)를 읽고 (나)를 참관한 주민이 [A]에 보인 반응 중 적절하지 않은 것은?

① 시청 담당자의 말을 들으니, 소식지에서의 첫 협상과 같이 후속 협상에도 양측 동 대표가 참석하였군.

② Y동 대표의 말을 들으니, 소식지에 안내된 의견 수렴에 대하여 Y동의 결과가 언급되었군.

③ Y동 대표의 말을 들으니, 소식지에서 소개한 주민 복지 센터 건립 위치는 Z동의 중장년층 인구 비율을 고려하여 결정되었군.

④ Z동 대표의 말을 들으니, 소식지에서 소개한 공간 활용 방안 중에 도서관 설치를 선호하는 주민들이 Z동에도 있었군.

⑤ Z동 대표의 말을 들으니, 소식지에 언급된 신설 버스 노선에 대하여 조정 방안이 제시되었군.

04 협상 진행 과정을 고려할 때, ㉠, ㉡에 대한 설명으로 가장 적절한 것은? [3점]

① ㉠은 도서관 설치와 관련해 양보할 수 있는 범위를 제시하여 상대의 제안과 절충을 시도하는 발화이다.

② ㉠은 체육 시설에 대한 상대의 제안을 일부 수용하여 자신의 제안을 조정함으로써 상대의 양보를 이끌어 내는 발화이다.

③ ㉡은 체육 시설 설치가 실현 가능성이 낮음을 들어 자신의 이익을 극대화하는 발화이다.

④ ㉡은 체육 시설 이용에 대한 상대의 요구 사항을 언급하며 자신이 양보 가능한 범위를 제시하는 발화이다.

⑤ ㉡은 체육 시설 이용 시 예상되는 상대의 이익과 자신의 부담을 언급하며 추가적인 요구 사항을 제시하는 발화이다.

제대로 접근법 ☆ 문제 채점까지 마친 후 복습할 때 보세요.

03
반응의 적절성을 평가하는 문제이다. [A]의 협상 내용은 신축할 주민 복지 센터 3층 공간의 활용 방안이다. Y동 대표, Z동 대표의 견해를 확인하자. 선택지에 설명된 내용 중 (가)와 (나)에 제시되지 않은 내용이 드러나 있는 것은 무엇인지 찾아본다. 주민이 보인 반응으로 적절하지 않은 하나의 선택지를 답으로 정한다.

04
협상 전략을 파악하는 문제이다. ㉠은 '주민 복지 센터에 도서관을 만들면 모두에게 이득', ㉡은 'Y동이 더 큰 수익', '우리(Z) 동의 부담이 더 커질 것', '부담을 낮춰 주십시오.' 등에 주목하여 발화의 의도와 의미를 판단한다.

▶ 해설편 37쪽

05 〈보기〉는 (나)의 협상을 취재한 기자가 쓴 기사이다. 〈보기〉를 작성할 때 고려한 내용으로 적절하지 <u>않은</u> 것은?

〈보기〉

Y동과 Z동의 주민 대표는 신설될 주민 복지 센터에 도서관을 설치하기로 합의했다. 신설 센터의 공간 활용에 대한 두 동의 의견 차이를 조정하기 위한 협상이 지난달 30일 오후 2시에 시청 회의실에서 개최되었다.

협상은 다음과 같이 진행되었다. Y동 대표가 지역에 학령 인구 비율이 높아서 도서관 설치가 필요하다고 하자, Z동 대표는 중장년층 비율이 높아 체육 시설이 필요하다고 밝혔다. 양측의 입장 차는 Y동 체육 시설의 활용이 대안으로 떠오르면서 좁혀지기 시작했으며, 세부적인 조건의 조율을 거쳐 합의가 도출되었다.

① 독자들이 협상이 개최된 장소와 시간을 파악할 수 있도록 한다.
② 독자들이 합의가 도출되기까지의 협상의 경과를 확인할 수 있도록 한다.
③ 독자들이 기사의 중심 내용인 협상의 결과를 도입부에서 파악할 수 있도록 한다.
④ 독자들이 기사에 인용된 내용을 바탕으로 협상에 참여한 두 동 대표의 입장을 파악할 수 있도록 한다.
⑤ 독자들이 기사에 언급된 필자의 의견을 통해 협상의 결과가 Y동과 Z동 주민에게 중요한 사안임을 확인할 수 있도록 한다.

제대로 접근법

문제 채점까지 마친 후 복습할 때 보세요.

05
글쓰기 전략을 파악하는 문제이다. 〈보기〉의 내용을 확인하고 (나)에 제시된 협상 내용을 상기한 뒤 선택지의 내용을 확인한다. 〈보기〉에서 '도서관을 설치하기로 합의', '공간 활용에 대한 두 동의 의견 차이를 조정', '시청 회의실에서 개최', '협상은 다음과 같이 진행', 'Y동 대표 ~ 도서관 설치가 필요', 'Z동 대표 ~ 체육 시설이 필요', '입장 차', '대안으로 떠오르면서 좁혀지기 시작', '조율을 거쳐 합의가 도출' 등의 내용을 확인할 수 있는 중요 어구를 읽고 기사문의 작성에서 고려된 사항이 아닌 것을 찾아보자.

[06-10] (가)는 학생들의 대화이고, (나)와 (다)는 대화에 참여한 학생들이 작성한 초고이다. 물음에 답하시오.

(가)

학생 1: 이번 과제가 '공동체 문제의 해결을 위한 글을 써서 독자와 공유하기'잖아. 과제에 대해 생각 좀 해 봤어?

학생 2: 의류 수거함에 대해 쓰려고 자료 찾아보고 있어. 너는?

학생 1: 나도 의류 수거함 생각했는데. 잘 됐다. 찾은 자료 나한테 전자 우편으로 보내 줘.

학생 2: 음…, 주는 건 어렵지 않은데 네가 당연하다는 듯이 말해서 좀 당황스러워. [A]

학생 1: 미안해. 기분 상하게 하려던 건 아니었어. 나도 자료 준비되면 줄 테니까 공유 좀 부탁해도 될까?

학생 2: 알겠어. 그렇게 하자.

학생 1: 그런데 넌 왜 의류 수거함에 대해 쓰려고 해?

학생 2: 평소에도 문제가 많다고 생각했는데, 우리 학교 친구들도 수거함이 관리될 필요가 있다고 하더라고.

학생 1: 나도 그렇게 생각해. 수거함이 망가진 채 방치된 데다가 수거함 주변에 옷들이 버려져 있잖아.

학생 2: 맞아. 의류 수거함 주변이 쓰레기장이 되고 있어. 수거함에 수거 대상이 아닌 물품과 쓰레기들도 많고. 너는 수거함이 그렇게 된 원인이 뭐라고 생각해?

학생 1: ㉠얼마 전 신문 기사를 봤는데 ○○시에서도 비슷한 문제가 있었지만 시청이 적극 노력해서 잘 해결했다는 걸 보면 우리 시청의 대처가 미흡해서인 것 같아.

학생 2: ㉡○○시청은 어떤 노력을 한 거야?

학생 1: 파손된 수거함을 수리하고 시민들에게 올바른 수거함 사용법을 알리는 캠페인도 했대.

학생 2: ㉢그러니까 네 말은 우리 시청이 적극적으로 나서지 않은 게 원인이라는 거지?

학생 1: 맞아. 공공의 문제 해결에는 시청의 영향력이 크니까.

학생 2: ㉣그 말도 맞지만 이용자의 탓이 더 크지 않을까? 아무리 시청이 관리를 잘 해도 이용자들이 함부로 사용하면 궁극적으로는 문제가 해결되지 않으니까.

학생 1: 하지만 시청이 수거함의 올바른 이용 방식을 안내하는 게 먼저 아닐까? 안내대로 의류를 올바르게 배출하면 선별하는 데 드는 시간과 비용을 줄일 수 있잖아.

학생 2: ㉤나는 이 문제를 해결하려면 이용자부터 변화해야 한다고 생각하는데 너는 다르게 접근하는구나. 그럼 해결 방안을 구상해서 각자 글을 써 보자.

학생 1: 좋아. 나는 시청 누리집 게시판에 시청의 조치를 촉구하는 글을 올릴 거야.

학생 2: 그러면 나는 우리 학교 학생을 대상으로 우리가 할 수 있는 방안에 대해 글을 써서 학교 신문에 실어야지.

학생 1: 좋아. 그렇게 하자.

(나) 학생 1의 초고

제목을 입력해 주세요. 임시 저장 등록 취소

시장님, 안녕하세요. 저는 □□고등학교 3학년 학생입니다. 저희 학교의 많은 학생들도 필요성을 느끼고 있는 의류 수거함 관리에 대해 건의할 사항이 있어 글을 씁니다.

첨부한 영상처럼 우리 시의 의류 수거함 중 상당수가 파손된 채 방치되어 그 주변이 쓰레기장이 되고 있습니다. 의류가 의류 수거함 주변에 버려져 있는 일도 많습니다.

반면에 링크의 신문 기사(https://www.****.co.kr/v3R4e)에서 알 수 있듯이, 인근 ○○시에서도 유사한 문제가 있었지만 시청이 노력한 결과, 시민의 불편이 해소되고 의류 수거함 이용이 활성화되었다고 합니다.

따라서 파손되고 방치된 의류 수거함을 수리하거나 교체해 주시고 의류 수거함의 올바른 이용에 대한 캠페인을 벌여 주셨으면 합니다. 그러면 도시의 미관이 개선되고 의류 수거함에 대한 시민들의 인식도 좋아질 것입니다.

건의드린 내용에 대한 답변을 기대하겠습니다. 감사합니다.

첨부 파일 우리 시의 의류 수거함 실태 동영상.mp4 파일 찾기 + −

(다) 학생 2의 초고

수거 대상이 아닌 물품과 쓰레기로 의류 수거함이 몸살을 앓고 있다. 수거함 주변이 쓰레기장이 된 곳도 있다. 이에 의류 수거함의 올바른 이용에 대한 관심이 요구되고 있다.

우리는 왜 의류 수거함을 올바르게 이용해야 할까? 첫

째, 도시의 미관과 환경을 개선할 수 있다. 둘째, 다시 입기에 충분한 의류가 재사용되는 비율을 높일 수 있다. ⓐ외국은 기부와 판매 등의 방식을 통해 의류를 재사용하고 있다. 셋째, 의류를 자원으로 재활용하는 과정에 도움이 된다. 우리나라는 섬유 원료나 산업 자재의 자원으로 재활용될 수 있는 물품을 주로 수작업을 통해 선별한다. 따라서 올바르게 배출하면 선별 과정에서의 비용과 시간을 크게 줄일 수 있다.

그렇다면 학생인 우리가 할 수 있는 일은 무엇일까? 우선 의류 수거함 안이나 그 주변에 쓰레기를 버려서는 안 된다. 의류 수거함은 쓰레기통이 아니다. 다음으로 수거함에 넣을 수 있는 물건과 그렇지 않은 물건을 구분해서 넣어야 한다. ⓑ예를 들어 배출할 의류가 물에 젖었다면 반드시 말려야 한다. 이때 의류 수거함에 넣을 물건의 상태를 확인해야 한다. 이물질이 묻었다면 제거 후 배출하고 오염이 심하면 폐기하도록 한다.

의류 수거함을 올바르게 이용하는 일이 어른들만의 일은 아니다. 우리 학생들의 관심과 작지만 큰 실천이 모인다면 나눔과 공유라는 사회적 가치를 실현할 수 있을 것이다.

제대로 질문하기

❶ [A]에서 학생 1은 학생 2의 발화에 당황스러워하고 있다. (○, ×)
❷ (가)를 통해 학생 2가 쓸 글의 예상 독자를 알 수 있다. (○, ×)
❸ (나)의 학생 1은 의류 수거함 관리에 대하여 (   )할 사항을 글로 썼다.
❹ (다)에서 의류를 의류 수거함에 올바르게 배출하면 선별 과정에서 줄일 수 있다고 한 두 가지는?

06 대화의 흐름을 고려할 때, ㉠~㉤에 대한 설명으로 적절하지 않은 것은?

① ㉠: 사안의 원인을 묻는 상대에게 신문 기사의 내용을 근거로 답하고 있다.
② ㉡: 상대가 언급한 신문 기사의 내용에 대한 세부적인 정보를 상대에게 요청하고 있다.
③ ㉢: 사안의 원인에 대한 상대의 의견을 확인하고 있다.
④ ㉣: 상대의 의견을 인정하며 상대와 다른 견해를 드러내고 있다.
⑤ ㉤: 자신이 언급한 내용의 일부를 반복하며 절충안을 제시하고 있다.

07 [A]의 학생 1의 발화에 대한 설명으로 가장 적절한 것은?

① 상대에게 바라는 행동을 제안한 것에 대한 긍정적 반응을 보고, 구체적인 의견을 덧붙이고 있다.
② 상대와의 의견을 최대한 일치시킨 것에 대한 긍정적 반응을 보고, 세부 내용을 추가적으로 제시하고 있다.
③ 상대에게 의사를 명료하게 드러내지 않은 것에 대한 부정적 반응을 보고, 상대의 정서에 적극 공감하고 있다.
④ 상대에게 원하는 바를 일방적으로 요구한 것에 대한 부정적 반응을 보고, 질문의 방식으로 상대의 동의를 구하고 있다.
⑤ 자신의 상황을 내세워 상대의 요구를 일부만 수용한 것에 대한 부정적 반응을 보고, 상대에게 동조의 뜻을 표현하고 있다.

제대로 접근법

문제 채점까지 마친 후 복습할 때 보세요.

06
말하기 전략을 파악하는 문제이다. 선택지에 제시된 내용으로 각각의 발화의 의미와 의도가 적절한지 판단해 보자. '얼마 전 신문 기사를 봤는데', '어떤 노력을 한 거야?', '네 말은 우리 시청이 ~ 원인이라는 거지?', '그 말도 맞지만 ~ 더 크지 않을까?', '너는 다르게 접근하는구나.' 등에서 발화의 특성과 의도를 확인할 수 있다.

07
말하기 방식 평가에 대한 문제이다. [A]에서 학생 1은 학생 2의 '네가 당연하다는 듯이 말해서 좀 당황스러워.'라는 말에 어떻게 반응하고 있는지 다음에 이어지는 대화를 확인한다. 선택지에서 이에 대한 설명으로 적절한 것을 찾아 문제를 해결한다.

08 (가)의 대화 내용이 (나), (다)에 각각 반영된 양상으로 적절하지 않은 것은?

① (가)에서 학생 2가 글감 선정의 이유에 대해 언급한 내용이 (나)의 1문단에 학생 다수가 문제 해결의 필요성을 느끼고 있음을 밝히는 내용으로 제시되었다.

② (가)에서 학생 2가 의류 수거함의 상태에 대해 언급한 내용이 (다)의 1문단에 문제 제기의 내용으로 제시되었다.

③ (가)에서 학생 1이 신문 기사에 대해 언급한 내용이 (나)의 3문단에 건의를 뒷받침하는 사례로 제시되었다.

④ (가)에서 학생 1이 시청의 영향력에 대해 언급한 내용이 (나)의 2문단에 건의 수용의 기대 효과로 제시되었다.

⑤ (가)에서 학생 1이 의류를 올바르게 배출하는 일의 장점에 대해 언급한 내용이 (다)의 2문단에 의류 수거함을 올바르게 이용해야 하는 이유로 제시되었다.

09 작문 맥락을 고려할 때 (나), (다)에 대한 이해로 적절하지 않은 것은?

① 글의 유형 면에서, (나)는 구체적이고 실행 가능한 방안을 제시하며 공동체의 문제 해결을 요구하는 형식의 글이다.

② 작문 매체 면에서, (나)는 필자가 언급한 내용을 예상 독자가 확인할 수 있도록 글의 특정 정보가 다른 자료에 연결되게 하고 있다.

③ 예상 독자 면에서, (다)는 문제 해결의 당위성을 강조하기 위해 지역 공동체의 모든 구성원을 독자로 상정하고 있다.

④ 글의 주제 면에서, (다)는 공동의 실천으로 해결할 수 있는 문제 상황과 그 해결 방안을 중심 내용으로 제시하고 있다.

⑤ 작문 목적 면에서, (나)와 (다)는 예상되는 긍정적인 효과를 근거로 제시하며 예상 독자를 설득하고 있다.

제대로 접근법 문제 채점까지 마친 후 복습할 때 보세요.

08
내용 생성의 평가에 대한 문제이다. 선택지에 제시된 내용을 확인하고 (가)와 (나), (다)에서 학생들의 발화나 초고의 내용을 살펴본 뒤 선택지에 언급된 내용이 맞는지 판단한다. (가)에서 학생 2 의 '우리 학교 친구들도 수거함이 관리될 필요가 있다고 하더라고.', '의류 수거함 주변이 쓰레기장이 되고 있어.'와 학생 1의 '파손된 수거함을 ~ 캠페인도 했대.', '시청의 영향력이 크니까.', '선별하는 데 드는 시간과 비용을 줄일 수 있잖아.' 등이 선택지 뒷부분에 언급된 내용처럼 제시되고 있는지 살펴보고 답을 정하도록 한다.

09
작문 맥락 파악에 대한 문제이다. (나)는 학생 1이 시청 누리집 게시판에 작성한 글이고, (다)는 학생 2가 우리 학교 학생을 대상으로 글을 써 신문에 실은 글임을 알 수 있다. 글이 실리는 매체의 특성, 예상 독자, 주제, 작문의 목적 등을 고려하여 선택지에 제시된 내용의 적절성을 판단하여 문제를 해결한다.

▶ 해설편 39쪽

10 〈보기〉를 점검 기준으로 할 때 ⓐ, ⓑ를 고쳐 쓰기 위한 방안으로 가장 적절한 것은?

〈보기〉

㉮ 앞뒤 문장 간의 관계는 긴밀한가?
㉯ 주장을 뒷받침하는 논거인가?

① ㉮를 기준으로, ⓐ를 '여전히 다른 사람들이 입던 옷을 재사용하는 일을 꺼리는 사람들이 많기 때문이다'로 수정한다.
② ㉮를 기준으로, ⓑ를 '그러나 배출할 의류가 물에 젖었다면 반드시 말려야 한다'로 수정한다.
③ ㉮를 기준으로, ⓑ를 '의류와 가방, 담요 등은 가능하지만 솜이불과 베개, 신발 등은 넣어서는 안 된다'로 수정한다.
④ ㉯를 기준으로, ⓐ를 '왜냐하면 주변 친구들 중에는 의류 수거함에 쓰레기를 넣는 친구들이 없기 때문이다'로 수정한다.
⑤ ㉯를 기준으로, ⓑ를 '왜냐하면 이용자들이 재활용 가능 여부를 구분하는 일은 어렵기 때문이다'로 수정한다.

제대로 접근법 문제 채점까지 마친 후 복습할 때 보세요.

10
내용 점검과 조정에 대한 문제이다. 〈보기〉에 제시된 문장 간의 긴밀성, 주장을 뒷받침하는 논거 여부를 중심으로 선택지에 제시된 내용의 적절성을 판단하자. ⓐ는 다시 입기에 충분한 의류가 재사용되는 비율을 높일 수 있다는 내용과 긴밀한 관계를 갖는 내용이어야 하고, ⓑ는 수거함에 넣을 수 있는 물건과 그렇지 않은 물건을 구분해서 넣어야 한다는 문장을 뒷받침하는 내용이 논거로 제시되어야 하므로 이에 적절한 것이 무엇인지 찾아본다.

[11-14] (가)는 '활동 1'에 따른 대화이고, (나)는 '활동 2'에 따라 학생이 쓴 초고이다. 물음에 답하시오.

'한 학기 한 권 읽기' 독후 활동
[활동 1] 인상 깊은 인물을 선정하여 다양하게 이야기해 보기
[활동 2] 인상 깊은 인물을 중심으로 서평 쓰기

(가)

민지: 「레 미제라블」을 읽어 본 적은 없었는데, 이번 기회에 만나게 되어 좋았어. 여기에는 당시 프랑스 사회의 다양한 모습과 문제들, 그것에 대한 작가의 고민이 담겨 있는 것 같아. ㉠너희들은 어떤 인물이 가장 인상적이었어?

재민: 음…. 난 주인공 장 발장이 인상적이었어. 가난한 시골 일꾼에서 범죄자, 시장으로 삶의 변화가 심했고, 그만큼 내면의 성장이 드러난 인물인 것 같아서.

준수: 나도 장 발장이 위기에 처할 때마다 응원하며 읽게 되더라고. 근데 난 미리엘 주교가 가장 기억에 남아. 장 발장이 은그릇을 훔친 것을 알면서도 경찰에게 자신이 준 선물이라고 말해서 그를 위기에서 구해 주잖아. 오히려 두고 간 물건이 있다고 말하면서 은촛대마저 내주는 장면이 감동적이었거든.

민지: 맞아. 준수도 주교에게 깊은 인상을 받았구나. 그는 장 발장이 새 삶을 찾게 되는 계기를 마련해 주었어. 죄를 벌하는 게 능사만은 아닌 것 같아.

준수: 응. 나도 그렇게 생각해. ㉡그럼, 우리 미리엘 주교를 인상 깊은 인물로 정하면 어떨까?

재민: 좋은 생각이야. 나도 주교가 장 발장에게 변화의 계기를 준 인물이라 흥미로웠거든. 작가인 빅토르 위고에 대해 좀 찾아봤는데 프랑스의 변혁기에 정치 활동을 하면서 사회적 약자에 대한 애정, 인도주의를 담아내는 작품을 많이 썼더라고. 장 발장을 용서한 주교의 모습은 이런 작가의 생각을 잘 보여 주는 것 같아.

준수: 와, 작가에 대해서도 알아봤네. 대단하다. ㉢근데 미리엘 주교의 행동을 다른 관점에서도 한번 생각해 볼 수 있을 것 같은데? 장 발장은 남의 물건을 훔쳤으니 주교는 그의 죄를 덮어 줄 것이 아니라 정당한 법 집행이 이루어질 수 있도록 해야 한다고 말이야.

민지: 맞아. 법을 지켜야 한다는 면에서 보면, 미리엘 주교의 행동이 바람직하지 않다고 볼 수 있겠네. 모두가 주교처럼 범죄자를 대한다면 법이 필요가 없어지고 사회가 혼란에 빠질 수도 있고 말이야.

재민: 함께 이야기하니까 주교의 행동과 작품에 대해 다양한 생각을 할 수 있어서 좋네. ㉣다음 독후 활동은 '인상 깊은 인물을 중심으로 서평 쓰기'가 맞지?

준수: 응. 이야기한 내용을 바탕으로 각자 서평을 쓰면 되겠다.

민지: 좋아. 근데, 난 자료를 더 찾아보고 글을 쓰고 싶은데…. ㉤재민아, 아까 작가에 대해 알아본 책이나 자료를 빌려 줄 수 있을까?

재민: 응. 언제 필요한데?

[A] **민지**: (부드러운 목소리로) 주말에는 할머니 댁에 가야 해서, 혹시 목요일까지 줄 수 있겠니?

재민: 그래. 아직 못 읽은 부분이 있어서 얼른 읽고 빌려 줄게.

민지: 고마워. 아까 보니까 작품 이해에 도움이 되는 자료들을 잘 정리해 놓았더라.

[B] **재민**: (머리를 긁적이며) 아니야. 정리를 잘하진 못했는데 좋게 봐 줘서 고마워.

(나)

'레 미제라블'이라는 제목의 의미는 무엇일까? '불쌍한 사람들'이라는 뜻이다. 배경이 된 당시 프랑스는 국가 재정이 바닥났고, 흉작과 물가 폭등으로 사람들의 삶은 힘겨웠다. 가난한 장 발장의 모습은 시대 현실을 잘 보여 준다. 장 발장이 은그릇을 훔친 것을 알고도 죄를 덮어 준 사람이 미리엘 주교이다.

주교의 행동은 장 발장을 새사람으로 거듭나게 만들었다. 세상의 법은 19년 동안 장 발장의 자유를 박탈했지만 그는 교화되지 않았고 결국 주교의 사랑이 그를 바꾸어 놓았다. 한편 다른 관점에서 보면, 주교의 행동은 법의 집행을 어렵게 하여 사회를 혼란에 빠뜨릴 수 있으므로 바람직하지 않다고 주장할 수 있다. 하지만 세상의 모든 이치를 법으로만 판단할 수는 없다. 주교의 행동이 감동을 주는 이유는 법, 상식과 같이 일상적이고 예측 가능한 판단을 뛰어넘었기 때문이다.

▶ 해설편 41쪽

그럼에도 불구하고 주교의 행동은 사회적 약자에 대한 인도주의적 애정이며 한 사람에 대한 이해를 바탕으로 한 종교적 용서이다. 조카들을 위해 빵을 훔친 후에, 전과자의 낙인이 찍힌 그를 사회는 차갑게 외면했다. 그를 따뜻하게 받아 준 사람이 주교였으며 그의 죄를 용서해 준 모습에는 사회적 약자와 인도주의에 대한 작가의 생각이 담겨 있다.

이 작품은 장 발장의 죽음으로 마무리된다. 그는 마지막 순간에 "항상 서로 많이 사랑해라. 이 세상에 그 밖에 다른 것은 별로 없느니라."라고 딸에게 말한다. 이렇듯 그가 사랑의 힘을 믿게 된 것은 미리엘 주교가 있었기 때문이다. 작가는 서문에서 "지상에 무지와 빈곤이 존재하는 한, 이 책 같은 종류의 책들도 무익하지는 않으리라."라고 말했다. 무지와 빈곤의 세상을 살아갈 수 있게 하는 사랑의 힘. 「레 미제라블」이 여전히 우리에게 생명력을 지니는 이유이다.

제대로 질문하기

❶ (가)에서 학생들이 가장 인상 깊은 인물로 선정한 사람은?
❷ (가)에서 「레 미제라블」의 작가에 대하여 알아본 사람은 '민지'이다. (○, ×)
❸ (나)에는 「레 미제라블」이 쓰일 당시 (　　　　)의 어지러운 사회 모습이 구체적으로 제시되어 있다.
❹ (나)에서는 필자가 미리엘 주교의 행동에 대하여 긍정하는 관점을 드러내고 있다. (○, ×)

11 ㉠~㉤에 대한 이해로 적절하지 않은 것은?

① ㉠: '활동 1'을 하기 위해 인상 깊은 인물에 대한 친구들의 생각을 묻고 있다.
② ㉡: 인상 깊은 인물을 누구로 선정할 것인지에 대해 친구들에게 자신의 의견을 제안하고 있다.
③ ㉢: 인물에 대해 다른 관점에서 생각해 보자는 의견에 의문을 제기하면서 화제를 전환하고 있다.
④ ㉣: 자신이 알고 있는 '활동 2'에 대한 정보를 친구들에게 확인하고 있다.
⑤ ㉤: 자신에게 필요한 책이나 자료를 빌려 줄 것을 친구에게 부탁하고 있다.

제대로 접근법 문제 채점까지 마친 후 복습할 때 보세요.

11
말하기 방식 파악에 대한 문제이다. 선택지에 제시된 내용을 확인한 후 [활동 1]에 따른 대화의 흐름과 맥락을 파악하고 대화에 담긴 의미를 판단해 보자. '어떤 인물이 가장 인상적', '미리엘 주교를 인상 깊은 인물로 정하면', '다른 관점에서도 한번 생각', '서평 쓰기가 맞지?', '책이나 자료를 빌려 줄 수 있을까?' 등의 대화 내용에서 선택지에 제시된 내용이 적절한지 생각해 본다.

12 다음을 참고하여 [A], [B]에 나타난 표현 전략과 대화의 원리를 연결한 것으로 가장 적절한 것은?

표현 전략	ⓐ 준언어적 표현 ⓑ 비언어적 표현
대화의 원리	㉮ 상대의 처지를 고려하면서 상대가 부담스럽지 않게 말하기 ㉯ 상대를 배려하며 문제의 원인을 자신의 탓으로 돌려서 말하기 ㉰ 자신에 대한 칭찬을 최소화하고 자신을 낮추어 말하기

		표현 전략	대화의 원리
①	[A]	ⓐ	㉰
②	[A]	ⓑ	㉮
③	[B]	ⓐ	㉯
④	[B]	ⓑ	㉯
⑤	[B]	ⓑ	㉰

제대로 접근법

문제 채점까지 마친 후 복습할 때 보세요.

12
표현 전략과 대화의 원리 파악에 대한 문제이다. [A]의 민지는 부드러운 목소리로 재민에게 책이나 자료를 빌려 달라고 말하고 있고, [B]의 재민은 머리를 긁적이며 좋게 봐 줘서 고맙다는 말을 하고 있다. 이때 시선, 표정, 몸짓, 자세 등은 비언어적 표현에 해당한다. 그리고 준언어적 표현은 말의 억양, 성량, 속도, 어조 등을 이르는 말이다. 민지와 재민이가 사용한 것이 준언어적 표현인지 비언어적 표현인지 살펴보고 대화의 원리는 어느 것에 해당하는지 판단하여 답을 정한다.

13 다음은 (가)에 참여한 학생들이 (나)에 대해 상호 평가한 내용이다. (가)와 (나)를 바탕으로 할 때, 평가한 내용으로 적절하지 않은 것은?

〈상호 평가 활동지〉

[잘한 점]

- 1문단: '활동 1'에 언급된, 작품의 사회적 배경을 구체화하여 이를 장 발장의 상황과 연결시킨 점 ············ ①
- 1문단: '활동 1'에 언급되지 않았던, 작품 제목에 대한 정보를 추가하여 문답의 방식으로 제목의 의미를 제시한 점 ············ ②
- 2문단: '활동 1'에 언급된, 작가에 관한 내용을 활용하여 미리엘 주교의 행동이 지닌 한계를 제시한 점 ············ ③
- 4문단: '활동 1'에 언급되지 않았던, 작품 서문의 내용을 추가하여 작품의 의미를 강조하며 마무리한 점 ············ ④

[수정할 점]

- 3문단: 앞 문단과의 관계를 드러내는 담화 표지를 적절하게 사용하지 못한 점 ············ ⑤

13
상호 평가의 적절성 파악에 대한 문제이다. 문제에 제시된 〈상호 평가 활동지〉의 내용을 확인하고 (나)에 적용하여 적절한 선택지와 적절하지 않은 선택지를 찾아보자. '국가 재정이 ~ 삶은 힘겨웠다.', "레미제라블'이라는 ~ 무엇일까?' '불쌍한 사람들'이라는 뜻이다.', '지상에 ~ 않으리라.', '그럼에도 불구하고' 등으로 평가 활동지 내용의 적절성을 판단해 보고 남은 하나의 활동은 어느 부분이 (나)의 활동지의 내용과 연관이 되지 않는지 파악한다.

▶ 해설편 41쪽

14 〈보기〉를 바탕으로 할 때, (나)에 나타난 쓰기 전략으로 적절하지 않은 것은? [3점]

〈보기〉

비평하는 글을 쓸 때에는 관점을 수립하여 주장이 잘 드러나도록 쓰는 것이 중요하다. 이때 필자의 관점은 일관성 있게 유지해야 한다. 관점에 따라 주장을 명료하게 드러내기 위해서는 주장을 뒷받침하는 근거를 수집하여 체계적으로 조직해야 한다. 또한 선택하지 않은 관점의 단점이나 문제점을 근거로 활용하면 필자의 관점을 강화할 수 있다.

① 장 발장의 말을 인용하여 미리엘 주교로 인해 변화한 그의 모습을 보여 줌으로써, 미리엘 주교의 행동에 대해 긍정하는 관점을 드러냈다.

② 사회적 약자를 애정으로 대한 미리엘 주교의 행동을 근거로 들어, 필자의 주장을 뒷받침하였다.

③ 미리엘 주교의 행동이 장 발장에게 미친 긍정적 영향을 근거로 들어, 미리엘 주교의 행동은 바람직하다는 주장을 뒷받침하였다.

④ 조카들을 위해 빵을 훔친 장 발장의 행동을 근거로 들어, 미리엘 주교의 행동은 바람직하지 않다는 주장을 뒷받침하였다.

⑤ 미리엘 주교의 행동에 대해 반대하는 관점의 단점으로, 세상의 모든 이치를 법으로만 판단할 수는 없음을 제시하여 필자의 관점을 강화하였다.

제대로 접근법

문제 채점까지 마친 후 복습할 때 보세요.

14
글쓰기 전략의 적절성 평가에 대한 문제이다. 〈보기〉에 제시된 '관점을 수립하여 주장이 잘 드러나도록', '관점은 일관성 있게 유지', '관점에 따라 주장을 명료하게', '주장을 뒷받침하는 근거를 수집', '체계적으로 조직', '선택하지 않은 관점의 단점이나 문제점을 근거로 활용' 등에 주목한다. 선택지의 설명이 (나)의 글쓰기 전략에 부합하는지 여부를 파악하고 부합하지 않게 활용되고 있는 선택지 하나를 찾아보도록 하자.

1차 채점

맞은 문항 수	개
틀린 문항 수	개
헷갈리는 문항 번호	

• 틀린 문항 '/' 표시

→

2차 채점

맞은 문항 수	개
틀린 문항 수	개
헷갈리는 문항 번호	

• 틀린 문항 '×' 표시

[01-04] (가)는 비평문 쓰기 모둠 활동 중 학생들이 나눈 대화이고, (나)는 이를 바탕으로 작성한 글의 초고이다. 물음에 답하시오.

비평문 쓰기 모둠 활동

[활동 1]: 모둠 활동을 통해 비평문에서 다룰 현안과 관점 정하기

[활동 2]: 우리 학교 학생들을 예상 독자로 하여 [활동 1]의 결과를 바탕으로 초고 작성하기

(가)

학생 1: 오늘은 내가 모둠장 할 차례니까 진행해 볼게. 지난번에 비평문에서 다룰 현안에 대해 각자 찾아보기로 했잖아. 의견 나눠 볼까?

학생 2: 그래. ㉠시사성이 있으면서도 우리 학교 학생들도 고민해 볼 만한 현안을 다루기로 했었지?

학생 3: 맞아. 나는 우리 학교 학생들의 독서 실태 개선으로 하는 게 좋을 거 같은데.

학생 2: ㉡근데 그건 교지에서 다룬 적이 있어서 내용이 겹치지 않을까?

학생 3: 그러네. 그럼 어떤 걸로 하지?

학생 1: 얼마 전에 읽은 신문 기사 중에 장소의 획일화에 대한 내용이 인상적이었거든. 그건 어때?

학생 2: ㉢장소의 획일화에 대해 조금 더 얘기해 줄래?

학생 1: 응. 장소가 본모습을 잃고 다른 장소와 유사하게 변한 것을 말해.

학생 3: 그렇구나. 우리 학교 근처에 있던 골목길도 다른 지역과 비슷한 ○○ 거리로 변해 버렸잖아. 우리의 추억이 깃든 장소인데. ㉣이것도 장소의 획일화 아닐까?

학생 1: 그래. 그게 장소 획일화의 사례 중 하나라고 볼 수 있을 것 같아.

학생 2: 그러고 보니 우리 학교 학생들도 경험했을 만한 내용이네. 장소의 획일화를 현안으로 다뤄 보자.

학생 3: 좋아. 근데 장소의 획일화가 나쁜 점만 있을까? 인기 있는 명소를 따라 해서 획일화되더라도 관광객이 늘어나면 이익이 될 수도 있잖아.

학생 1: 물론 이익이 될 수도 있겠지. 근데 획일화된 장소는 금방 식상해져 관광객이 줄어들지 않을까? 그렇게 되면 이익 역시 줄어들게 될 거고.

학생 2: 나도 그렇게 생각해. 그럼 장소의 획일화에 대해 부정적 관점으로 비평문 쓰기를 해 보자.

학생 3: 응. ㉤그럼 장소의 획일화로 어떤 문제들이 생길 수 있는지 더 생각해 볼까?

학생 1: 아무래도 장소의 다양성이 줄어드니까 가 볼 만한 장소가 줄어들겠지. 다른 문제점도 있을 텐데, 내가 자료 수집하면서 더 조사해 볼게. 다른 역할도 나눠 볼까?

학생 2: 초고는 내가 써 볼게. 초고 다 쓰면 검토 부탁해.

학생 3: 나도 자료를 찾는 대로 정리해서 공유할게.

(나)

제목: 이곳저곳 같은 장소, 장소의 획일화 무엇이 문제인가

우리 학교 학생이라면 학교 인근의 변화된 모습을 본 적이 있을 것이다. 학생들이 즐겨 찾던 골목길이 사라지고, 개성 없는 ○○ 거리가 자리 잡았다. 추억이 담긴 골목길이 전국의 수많은 ○○ 거리 중 하나가 되어 버렸다. 이처럼 장소가 고유한 특성을 잃고 다른 장소와 동질화된 것이 장소의 획일화이다. 이러한 장소의 획일화는 바람직하지 않다.

장소가 획일화되면 장소에서 느끼는 정서적 유대가 훼손된다. 장소는 물리적 환경으로서의 공간과는 구별되며, 인간과 밀접한 관계를 형성한다. 지리학자 에드워드 렐프는 '나의 장소'라고 느낄 수 있는 진정한 장소가 인간에게 중요하다고 밝히며, 장소에 대한 정서적 유대를 강조하였다. 인간과 장소의 관계가 장소의 획일화로 훼손되면, 장소는 더 이상 애착의 대상이 되지 못하며 안정감을 주지 못한다.

또한 장소가 획일화되면 장소를 통해 얻을 수 있는 경험의 다양성도 줄어든다. 인기 있는 장소를 따라 하면, 장소 고유의 특성이 사라져 경험의 다양성이 줄어드는 것이다. 교내 학술제에서 소개된 '우리 동네 보고서'를 보면, 학교 근처 골목길에서 일어난 변화가 최근 우리 동네 곳곳으로 퍼지고 있음을 확인할 수 있다. 이렇듯 장소가 획일화되어 차별성이 사라지게 되면 경험을 할 수 있는 장소 선택의 폭이 좁아진다.

▶ 해설편 43쪽

그런데 장소의 획일화가 불가피하다고 주장하는 이들도 있다. 그들은 경제적 효과를 얻기 위해서는 유행하는 장소를 따라 할 수밖에 없다고 말한다. 그러나 이는 적절한 주장이 아니다. 어딜 가나 비슷한 장소에 싫증을 느낀 사람들은 더 이상 그곳을 찾지 않게 되고, 그로 인해 기대했던 경제적 효과도 지속되기 어렵기 때문이다.

장소의 가치는 장소가 가진 고유한 특성에 기인한다. △△ 재래시장에서는 전통적인 모습으로 장소의 고유성을 살려 상인과 방문객들에게 큰 호응을 얻고 있다. 이처럼 장소의 획일화에서 벗어나 각 장소에서만 느낄 수 있는 고유한 가치를 지키고 키우려는 노력이 필요하다.

제대로 질문하기

❶ (가)에는 장소의 획일화로 인한 문제점을 해결하는 방안이 제시되어 있다. (○, ×)
❷ (가)에서 '학생 1'이 '장소의 획일화'라는 내용을 접한 매체는?
❸ (나)의 '에드워드 렐프'는 (　　　　)에 대한 정서적 유대를 강조하였다.
❹ (나)는 '장소의 획일화'와 관련한 긍정적 관점의 내용만 제시하고 있다. (○, ×)

01 대화의 흐름을 고려할 때, ㉠~㉤에 대한 이해로 적절하지 않은 것은?

① ㉠: 상대가 언급한 내용을 구체화하여 확인하고 있다.
② ㉡: 상대의 제안에 대한 자신의 견해를 밝히고 있다.
③ ㉢: 상대의 의견에 대해 추가 정보를 요청하고 있다.
④ ㉣: 상대에게 자신의 생각이 맞는지 확인하고 있다.
⑤ ㉤: 상대의 의도를 정확히 파악했는지 확인하고 있다.

02 다음은 '학생 1'이 [활동 1]을 준비하면서 작성한 메모이다. ㉮~㉲ 중 (가)의 '학생 1'의 발화에서 확인할 수 있는 내용만을 고른 것은?

- **모둠 활동 시작**
  - [활동 1]과 관련해 지난 활동에서 논의된 사항 환기 ········· ㉮
- **비평문에서 다룰 현안 선정**
  - 교지에 실린 비평문을 참고 자료로 제시 ········· ㉯
  - 매체에서 찾은 현안 제안 ········· ㉰
- **현안에 대한 관점 선정**
  - 관점을 선정할 때 유의할 점 안내 ········· ㉱
- **모둠 활동 마무리**
  - [활동 2]와 관련해 모둠원들의 역할 분담 제안 ········· ㉲

① ㉮, ㉯, ㉰　　② ㉮, ㉰, ㉲　　③ ㉮, ㉱, ㉲
④ ㉯, ㉰, ㉱　　⑤ ㉰, ㉱, ㉲

제대로 접근법 문제 채점까지 마친 후 복습할 때 보세요.

01
말하기 전략 이해에 대한 문제이다. ㉠이 학생 1이 언급한 내용을 구체화하여 확인하고 있는지, ㉡이 학생 3의 제안에 대한 자신의 견해를 밝히고 있는지, ㉢이 학생 1의 의견에 대해 추가 정보를 요청하고 있는지, ㉣이 학생 1에게 자신의 생각이 맞는지 확인하고 있는지, ㉤이 학생 2의 의도를 정확히 파악했는지 확인하고 있는지 판단해 보자. 바로 앞에 제시한 언급이나 의견 등에 대한 대화가 어떤 기능을 하고 있는지 파악하면 쉽게 답을 찾을 수 있다.

02
대화 표현 전략을 파악하는 문제이다. 문제에 제시된 메모의 내용을 확인하고 (가)에 제시된 학생 1의 발화를 살펴보도록 한다. 학생 1의 발화가 지난 활동에서 논의된 사항을 환기하는지, 교지에 실린 비평문을 자료로 제시하는지, 매체에서 찾은 현안을 제안하는지, 관점을 선정할 때 유의할 점을 안내하는지, 역할 분담을 제안하고 있는지를 확인한다. 가장 명확하게 확인되지 않는 내용의 기호가 포함된 선택지를 먼저 지우고, 적절한 것을 남기는 방식으로 답이 되는 선택지를 줄여 최종적으로 하나의 선택지를 답으로 정한다.

03 '학생 2'가 (가)를 바탕으로 세운 글쓰기 계획 중, (나)에 반영되지 않은 것은?

- 제목
  [활동 1]에서 선정한 현안이 드러나게 제목을 구성해야겠군. ············ ①
- 1문단
  [활동 1]에서 예상 독자도 접했을 만하다고 논의된 경험을 제시하며 글을 시작해야겠군. ············ ②
- 2문단
  [활동 1]에서 언급되지 않았던 전문가의 견해를 인용하여 현안에 대한 사회적 인식의 변화에 대해 설명해야겠군. ············ ③
- 3문단
  [활동 1]에서 언급된 문제점과 관련하여, 장소의 획일화가 확산되고 있음을 보여 주는 추가 자료를 활용해야겠군. ············ ④
- 4문단
  [활동 1]에서 제기되었던 의견을 반영하여 서술해야겠군.
- 5문단
  [활동 1]에서 다뤄지지 않았던 사례를 추가하여 장소의 획일화에서 벗어나기 위한 노력이 필요함을 부각해야겠군. ············ ⑤

제대로 접근법 ☆ 문제 채점까지 마친 후 복습할 때 보세요.

03
계획에 따른 내용 조직에 대한 문제로, 정답률이 높지 않았다. 글쓰기 계획이 제시되는 문제는 자주 출제되는 유형이니 많이 풀어 보아야 한다.
문제에 제시된 학생 2의 글쓰기 계획 내용을 먼저 확인한 후 (나)의 내용을 살펴보면서 해당하는 내용을 찾을 수 없는 글쓰기 계획이 무엇인지 찾아본다. 선정한 현안이 드러나는 제목, 예상 독자도 접했을 만하다고 논의된 경험을 제시, 전문가의 견해를 인용하여 현안에 대한 사회적 인식의 변화 설명, 장소의 획일화가 확산되고 있음을 보여 주는 추가 자료 활용, 장소의 획일화에서 벗어나기 위한 노력의 필요성 부각 중 글에서 확인할 수 없는 것을 찾아 문제를 해결한다.

04 다음은 선생님의 모둠 활동 안내이다. 이에 따라 (나)를 평가한 내용으로 적절하지 <u>않은</u> 것은? [3점]

선생님: 오늘은 모둠에서 작성한 비평문의 초고를 평가해 볼게요. 다음 평가 기준에 따라 각 모둠별로 평가해 봅시다.

> ⓐ 현안에 대한 주장이 분명하게 드러나는가?
> ⓑ 현안에 대한 관점이 일관되는가?
> ⓒ 필자의 주장을 뒷받침할 근거를 제시하였는가?
> ⓓ 필자가 선택하지 않은 관점을 비판할 근거를 제시하였는가?

① ⓐ를 고려할 때, 장소의 획일화는 바람직하지 않다는 주장을 명시적으로 드러내고 있어.
② ⓑ를 고려할 때, 장소의 획일화에 대해 부정적으로 생각하는 관점을 일관되게 유지하고 있어.
③ ⓒ를 고려할 때, 획일화된 장소에 식상함을 느낀 사람들이 장소의 선택권을 요구했다는 점을 근거로 제시하고 있어.
④ ⓒ를 고려할 때, 장소가 획일화되면 인간이 장소에서 느끼는 정서적 유대와 안정감이 훼손된다는 점을 근거로 제시하고 있어.
⑤ ⓓ를 고려할 때, 장소의 획일화를 통해 얻으려는 경제적 효과가 지속되기 어렵다는 점을 비판의 근거로 제시하고 있어.

04
글쓰기 내용 점검, 조정에 대한 문제이다. 선택지에서 평가하고 있는 내용이 글의 어느 부분에서 확인할 수 있는지 찾아보자. 명시적으로 드러나는 주장, 관점의 일관된 유지, 근거로 제시되는 내용을 찾아 밑줄 긋는다. 선택지에서 선생님이 제시한 평가의 기준보다는 그 다음에 제시된 내용을 글에서 확인할 수 있는지 점검하여 답을 찾는다.

[05~08] (가)는 한 학생이 학교 홈페이지 '자유 게시판'에 올린 글이고, (나)는 이를 바탕으로 학생회 학생들이 나눈 대화이며, (다)는 학생회 학생들이 작성한 건의문이다. 물음에 답하시오.

(가)

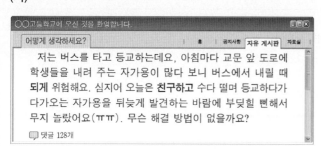

○○고등학교에 오신 것을 환영합니다.

어떻게 생각하세요? | 홈 | 공지사항 | 자유 게시판 | 자료실 |

저는 버스를 타고 등교하는데요, 아침마다 교문 앞 도로에 학생들을 내려 주는 자가용이 많다 보니 버스에서 내릴 때 **되게** 위험해요. 심지어 오늘은 **친구하고** 수다 떨며 등교하다가 다가오는 자가용을 뒤늦게 발견하는 바람에 부딪힐 뻔해서 무지 놀랐어요(ㅠㅠ). 무슨 해결 방법이 없을까요?

댓글 128개

(나)

학생 1: 어제 학교 **홈피** '자유 게시판'에 올라온 글 봤어?

학생 2: 아, 등굣길 문제?

학생 3: 나도 봤어. 조회 수도 엄청나고, 댓글을 보니 공감하는 애들이 **되게** 많더라.

학생 1: 그래서 말인데, 안전한 등굣길을 만들기 위해 학생회 차원에서 건의문을 써서 게시하는 건 어때?

학생 3: (고개를 끄덕이며) 좋은 생각이야.

[A]
학생 1: 내 생각엔 첫째로, 일단 학생들이 **학교 올 때** 자가용 이용은 자제하자고 제안하면 좋겠어.

학생 2: 그런데, 자가용 등교는 대부분 사정이 있는 거 아닐까? 다리를 다쳤거나 집이 너무 멀거나 하는.

학생 1: 내 기억에 차에서 내리는 애들 중 다리가 불편해 보이는 경우는 별로 없던데? 집도 멀지 않은데 차 타고 오는 애들도 많이 봤고.

학생 3: 어떤 방법으로 학교에 오든 그건 개인의 선택에 맡겨야 할 문제 아닐까?

[B]
학생 1: 그렇다 해도 댓글 보면 많은 애들이 자가용 등교 때문에 등굣길이 안전하지 않다고 여기는 건 분명해 보여. 누군가의 선택이 다른 많은 사람들을 불편하게 한다면 그건 문제가 있다고 봐야지.

학생 2: 그렇다고 특별한 사정이 있는 애들까지 자가용 등교를 미안해하게 만들 필요는 없잖아?

학생 3: 그럼 글 쓸 때 이런 경우는 이해해 주자고 따로 언급하는 건 어때?

학생 1: 그 정도면 괜찮겠다. 자가용을 이용하지 않았을 때 남은 물론 자기한테도 좋은 점이 있다는 것도 알려 주면 좋겠어.

학생 3: 응. 그리고 다른 사람의 자가용 등교 때문에 위험했던 적이 있는 학생들은 그 기억을 떠올리게 해 주자. 실제 자가용 등교로 인한 사고가 얼마나 많은지 자료도 찾아 제시하고.

학생 2: 그래. 그럼 이제 등굣길 안전을 위해 추가로 제안할 게 뭐가 있을지 생각해 보자. 아, 등굣길에 주변을 살피며 걸어야 한다는 건 어때?

학생 1: 나도 **너하고** 같은 생각 했는데. 그럼 **우리** 지금까지 이야기한 내용을 정리해서 학교 게시판에 올려 보자.

(다)

학생 여러분, 안녕하세요? 제28대 학생회입니다.

오늘 아침 여러분의 등굣길은 어떤 모습이었나요? 안전했나요?

㉠<u>최근 학교 **홈페이지**에 올라온 글처럼, 여러분도 **학교에 올 때** 누군가 등교에 이용한 자가용으로 인해 놀라거나 위험에 처한 적이 있을 것입니다.</u> ㉡<u>자가용 등교는 자신의 등굣길은 편하게 해 주지만 다른 학생들의 등굣길을 혼잡하고 위험하게 만들기도 합니다.</u> ㉢<u>□□ 경찰서의 자료에 따르면, 우리 지역 학교 앞 교통사고 발생률은 일과 시간과 대비하여 등교 시간에 67% 정도 높다고 합니다.</u> 여러분이 타고 온 차도 다른 학생들에게 해가 될 수 있습니다. 특히 우리 학교 앞 도로는 유난히 좁다 보니 횡단보도에 정차하는 경우도 많아 **몹시** 위험합니다.

㉣<u>물론 걷기가 불편하거나 집이 많이 먼 경우는 자가용 등교가 불가피할 수 있습니다.</u> 그러나 이런 경우가 아니라면, 안전한 등굣길을 위해 우선 자가용 이용을 자제하는 것이 필요합니다.

또한 안전한 등굣길을 만들려면 주변을 살피며 걷는 습관도 필요합니다. 휴대전화를 보거나 이어폰을 꽂고 걷다 보면 차가 오는 것을 보지 못해 위험해질 수 있기 때문입니다.

우리가 조금만 노력하면, 차에 놀라며 걷는 대신 **친구와** 함께 여유로운 발걸음으로 교문을 들어서는 아침 풍경을 만들 수 있습니다. 또, 자가용을 이용할 필요가 없게 부지런히 등교 준비를 하다 보면 규칙적인 생활 습관도 갖게 될 것입니다.

㉤여러분은 안전한 등굣길을 만들고 싶지 않으신가요? 그러려면 자가용 이용은 자제하고 주변을 살피며 걸어 주세요. 다 함께, 평화로운 등교 장면을 상상이 아닌 현실로 만듭시다.

긴 글 읽어 주셔서 감사합니다.

2020년 △월 △일

○○ 고등학교 학생회

제대로 질문하기

❶ (가)에서는 자가용으로 인해 (   )이 위험해진 문제에 대하여 해결 방법을 요청하고 있다.
❷ (나)는 (다)보다 공식적인 성격이 강하다. (○, ×)
❸ (다)에서 사용한 자료의 출처는 어디인가?
❹ (다)에서는 안전한 등굣길을 위한 방법으로 주변을 살피며 걷는 습관이 필요하다고 하였다. (○, ×)

05 (가)~(다)를 비교하여 이해한 내용으로 적절하지 않은 것은?

① 개인의 경험을 이야기하는 (가)보다 공식적인 성격이 강한 (다)에서 격식을 갖춘 표현이 더 두드러지게 나타나는군.
② (나)의 '홈피'와 (다)의 '홈페이지'를 비교해 보면, (다)에서는 줄인 말을 되도록 쓰지 않는 문어적인 특징을 확인할 수 있군.
③ (가), (나)는 (다)와 달리 의사소통 참여자들이 시간과 공간을 모두 공유하는 상황이므로 (가), (나)에는 언어적 표현 외에 비언어적 표현도 함께 나타나는군.
④ (나)의 '학교 올 때', '우리'와 (다)의 '학교에 올 때', '우리가'를 비교해 보면, (나)에서는 조사의 생략이 문어보다 자유롭게 허용되는 구어적인 특징을 확인할 수 있군.
⑤ (가)는 (다)처럼 문어 상황이지만 (가)의 '되게', '친구하고', (나)의 '되게', '너하고', (다)의 '몹시', '친구와'를 비교해 보면, (가)에서는 (나)에서처럼 구어적인 특징을 확인할 수 있군.

06 [A], [B]에 대한 설명으로 가장 적절한 것은?

① [A]에서 '학생 1'은 '학생 2'의 발화를 듣고 자신이 확인한 주변 상황을 근거로 들어 '학생 2'의 의견을 뒷받침하고 있다.
② [A]에서 '학생 3'은 '학생 1'의 발화 중 일부를 재진술하여 '학생 1'이 제시한 상황에 대한 자신의 이해가 정확한지 확인하고 있다.
③ [B]에서 '학생 1'은 자신의 관점과 상반되는 다수의 생각을 언급하며 자신의 의견이 지닌 차별성을 부각하고 있다.
④ [B]에서 '학생 3'은 '학생 2'가 한 말을 요약하며 '학생 2'의 견해가 지닌 한계를 드러내고 있다.
⑤ [A], [B] 모두에서 '학생 2'는 질문의 형식을 활용하여 '학생 1'의 의견에 대해 추가로 생각할 점이 있음을 밝히고 있다.

제대로 접근법 문제 채점까지 마친 후 복습할 때 보세요.

05
대화와 글의 특성 이해에 대한 문제이다. (가)는 홈페이지 자유 게시판의 글, (나)는 학생들의 대화, (다)는 건의문임을 고려하여 선택지에 제시된 내용의 적절성을 판단하자. 자유 게시판의 글보다 건의문이 격식을 갖춘 표현이 더 두드러지게 나타나는지, 건의문에서는 문어적 특징이 나타나는지, 홈페이지 자유 게시판의 의사소통도 참여자들의 시간과 공간을 공유하는지, 대화 상황에 구어적 특징이 잘 드러나는지 등을 확인해 보고 적절하지 않은 하나를 찾는다.

06
대화 표현 전략을 파악하는 문제이다. 해당하는 부분에서 학생 1은 자가용 이용을 자제하자는 주장을 하고 있고, 학생 2는 자가용 등교가 사정이 있어서 하는 것일 수도 있다고 언급하고 있으며, 학생 3은 사정이 있는 경우 자가용 등교를 하는 것에 대해서는 따로 언급하자고 말하고 있다. 이와 같은 각 학생의 관점과 태도를 이해하고 선택지에 설명되어 있는 대화 표현 전략의 적절성을 판단하여 문제를 해결한다.

▶ 해설편 45쪽

07 〈보기〉를 참고할 때, ㉠~㉤에 대한 반응으로 가장 적절한 것은?

〈보기〉

글을 쓸 때는 설득 전략과 표현 방식을 활용하여 설득 효과를 높일 수 있다. 논리적 추론을 강조하는 이성적 설득 전략에는 전문가 소견이나 객관적 자료 활용하기, 예상 반론을 언급하고 필자의 주장이 우위에 있음을 드러내기 등이 있다. 독자의 감정에 호소하는 감성적 설득 전략에는 독자의 공감을 얻기 위해 독자나 필자의 경험을 언급하기 등이 있다. 또한 표현 방식으로는 이중 부정이나 설의법 등이 활용된다.

① ㉠에서 현안과 관련한 예상 독자의 경험을 언급한 것은 필자의 주장이 전문가의 의견에 부합함을 강조하고 있다고 볼 수 있겠어.
② ㉡에서 필자의 경험을 제시하고 그와 대비되는 예상 독자의 경험을 제시한 것은 독자의 감정에 호소하여 설득의 효과를 높이고 있다고 볼 수 있겠어.
③ ㉢에서 구체적인 수치를 사용하여 현황을 보여 준 것은 객관적인 자료를 제시하여 이성적 설득 전략을 활용한 것으로 볼 수 있겠어.
④ ㉣에서 예상 독자가 제기할 수 있는 이견을 언급한 것은 그 의견이 실현 불가능한 것임을 밝혀 필자의 주장이 우위에 있음을 드러내기 위한 것으로 볼 수 있겠어.
⑤ ㉤에서 현재의 상황이 지속됨으로써 발생할 결과를 설의적인 표현으로 제시한 것은 표현 방식을 활용하여 설득적 효과를 높이고 있는 것으로 볼 수 있겠어.

08 〈보기〉는 (나)를 반영하여 (다)를 쓸 때 적용한 내용 전개 과정이다. 〈보기〉의 ⓐ~ⓔ에 따라 (나)와 (다)를 관련지어 이해한 내용으로 적절하지 않은 것은?

〈보기〉

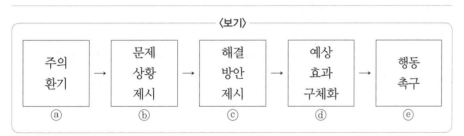

주의 환기	→	문제 상황 제시	→	해결 방안 제시	→	예상 효과 구체화	→	행동 촉구
ⓐ		ⓑ		ⓒ		ⓓ		ⓔ

① ⓐ: (나)에서 안전한 등굣길 만들기를 화제로 삼았던 것을 반영하여, (다)에서는 이와 관련한 독자의 일상을 떠올려 보게 함으로써 화제에 대한 주의를 환기하고 있다.
② ⓑ: (나)에서 자가용 등교로 인해 등굣길이 위험하다는 인식을 드러낸 것을 반영하여, (다)에서는 자가용 등교가 학교 주변 환경과 맞물려 심각한 문제가 되고 있음을 제시하고 있다.
③ ⓒ: (나)에서 자가용 이용이 불가피한 학생이 있음을 언급한 것을 반영하여, (다)에서는 집이 먼 경우 부지런히 등교 준비를 해야 한다는 것을 해결 방안으로 제시하고 있다.
④ ⓓ: (나)에서 자가용 등교 자제가 자신에게도 좋은 점이 있음을 알려 주자고 한 의견을 반영하여, (다)에서는 자가용 이용을 자제했을 때 예상되는 긍정적 변화를 구체화하고 있다.
⑤ ⓔ: (나)에서 등굣길 안전을 확보하기 위한 방법으로 언급한 제안들을 반영하여, (다)에서는 등교 시에 유념할 행동 방향을 제시하며 독자가 이를 실천하도록 촉구하고 있다.

제대로 접근법

문제 채점까지 마친 후 복습할 때 보세요.

07
반응의 적절성을 평가하는 문제이다. 〈보기〉의 내용을 굳이 참고하지 않아도 선택지의 내용과 지문의 해당 문장을 연결하여 읽고 적절성 여부를 판단할 수 있는 난도로, 정답률이 상당히 높았다.
예상 독자의 경험을 언급하는 것과 필자의 주장이 전문가의 의견에 부합함을 강조하는 것 사이에 상관관계가 있는지, 필자의 경험과 대비되는 예상 독자의 경험을 제시하고 있는지, 구체적 수치를 통한 객관적인 자료의 제시가 이성적 설득 전략인지, 예상 독자가 제기할 수 있는 이견을 언급한 것이 필자의 주장이 우위에 있음을 드러내기 위한 것인지, 설의적인 표현이 현재의 상황이 지속됨으로써 발생할 결과를 제시한 것인지를 생각해 보고 적절한 것을 답으로 정하도록 하자.

08
글쓰기 내용 조직에 대한 문제로, 선택지의 난도가 낮아 어렵지 않게 해결할 수 있다. 먼저 문제에 주어진 〈보기〉의 내용 전개 과정을 살펴본다. 그리고 (나)를 반영하여 (다)를 쓸 때 적용한 것이 무엇인지 파악하고, (나)와 (다)를 관련지어 이해한 내용이 적절한지 판단하면 쉽게 문제를 해결할 수 있다.

◉ 권장 풀이 시간 : 6분

[09~12] (가)는 텔레비전 방송의 인터뷰이고, (나)는 (가)를 시청하고 산림 치유 프로그램에 참여한 학생이 쓴 수기이다. 물음에 답하시오.

(가)

진행자: 산림 치유에 대해 알아보고자 ◇◇ 국립 산림 치유원의 산림 치유 지도사 이○○ 님을 모셨습니다. 안녕하세요.

지도사: 안녕하세요.

진행자: 시청자 분들께 산림 치유와 산림 치유 프로그램에 대해 간단히 소개해 주시겠어요?

지도사: 산림 치유란 피톤치드, 나뭇잎의 초록색 등과 같은 숲의 환경 요소로 심신의 건강을 회복시키는 것입니다. 삼림욕, 숲 치료라고들 하시는데요, 공식 명칭은 산림 치유입니다. 산림 치유원과 치유의 숲에서는 숲 명상, 숲 체조 등의 활동으로 구성된 다양한 산림 치유 프로그램을 운영하고 있습니다. 저희가 운영하고 있는 숲 명상 사례를 잠시 보여 드리겠습니다. (동영상 제시) 시청자 분들께서는 화면을 보시면서, 숲의 소리에 귀 기울여 보세요. 숲의 짙은 녹음과 맑은 새소리에 마음이 편안해지실 겁니다.

진행자: (동영상을 보고 나서) 숲에서의 활동이 실감 나게 느껴지네요. 실제로 체험하면 훨씬 좋겠습니다. 중·장년층이 주로 이런 활동에 참여할 거라고 많은 분들이 생각하시는데, 실제로는 그렇지 않죠?

지도사: 청소년부터 노년층까지 폭넓은 연령층이 참여합니다. 최근에는 청소년 대상 프로그램의 인기가 높습니다.

진행자: 제 생각에는 청소년들이 학업 등으로 힘들어하는 경우가 많아져서 그런 것 같네요. 산림 치유 프로그램에 참여하면 어떤 점이 좋나요?

지도사: 요즘 스트레스 때문에 힘들어하는 분들이 많으시죠? 진행자께서도 스트레스 때문에 힘들었던 적 있으신가요?

진행자: 네, 업무 처리가 생각만큼 잘 진행되지 않아서 스트레스를 받았던 적이 있습니다. 그럴 땐 좀 힘들죠.

지도사: 스트레스는 마음을 지치게 하죠. 그럴 때 산림 치유 프로그램이 도움이 될 수 있습니다. (표 제시) 이 표는 저희가 프로그램 참가자의 스트레스 정도를 조사한 자료인데요, 참가 전과 후를 비교해 보면 두 집단 모두 스트레스 점수의 평균값이 절반 이하로 감소했음을 알 수 있습니다.

진행자: 산림 치유 프로그램의 효과를 잘 알 수 있네요.

지도사: 진행자께서도 참여하시면 스트레스가 줄어들고 마음이 좀 편해지실 겁니다. 꼭 한번 참여해 보세요.

진행자: 네, 그러겠습니다. 그러면 프로그램 운영 장소에 대해 알려 주시겠어요?

지도사: (그림 제시) 이렇게 한 곳의 산림 치유원과 스물일곱 곳의 국공립 치유의 숲이 여러 시·도에 분산돼 운영되고 있습니다. 적절한 장소를 골라 참가 신청을 하고 이용하시면 됩니다.

진행자: 말씀하신 참가 신청은 어떻게 할 수 있나요?

지도사: △△ 누리집에 신청 방법과 프로그램 정보가 안내되어 있으니, 그에 따라 신청하시면 됩니다.

진행자: 끝으로 시청자 분들께 한 말씀 해 주시죠.

지도사: 숲은 마음을 토닥여 주는 친구입니다. 숲으로 오세요.

진행자: 오늘 좋은 말씀 감사합니다.

(나)

내성적인 성격 때문에 고민이 많았다. 내 생각을 표현하고 친구들에게 말을 거는 것이 쉽지 않아 속상했고, 스트레스를 받았다. 그러던 중 산림 치유에 대한 방송 인터뷰를 보게 되었다. 인터뷰에서는 산림 치유 프로그램이 스트레스를 낮춰 준다고 했다. 그런 점이 나에게 도움이 될 것 같아 산림 치유 프로그램에 참여하기로 마음먹었다.

내 생각과 달리 인터뷰에서는 산림 치유 프로그램에 어른들만 참여하는 것이 아니라고 했다. '내 또래의 다른 청소년들도 산림 치유 프로그램을 많이 찾는구나.' 하고 생각했다. 그런데 인터뷰 내용만으로는 내게 맞는 청소년 프로그램이 언제, 어디서 열리는지 알 수 없었다. 그래서 인터뷰에서 알려 준 누리집에 들어가 보니 자세한 내용을 확인할 수 있었다. □□ 치유의 숲에서 운영하는 산림 치유 프로그램의 하나인 '쉼숲' 프로그램이 마음에 들었다.

'쉼숲' 프로그램에서 제일 좋았던 활동은 '나무와 대화하기'였다. 내 마음에 드는 나무를 하나 골라 그 나무와 20분 동안 대화하는 활동이었다. 나무에 귀를 대고 숲의 소리를 들어 보기도 하고, 그동안 하지 못했던 이야기를 나무에게 털어놓기도 했다. 친구들에게 나를 표현하지 못해 답답했던 것, 그런 내 모습 때문에 힘들었던 일들을 이야기했다. 그러고 나니 마음이 후련해지면서 고민하던 나 자신의 모습을 한 발짝 물러서서 바라볼 수 있었다. 인터뷰에서 숲을 '마음을 토닥여 주는 친구'라고 했던 말이 마음에 와닿았다.

[A]

제대로 질문하기

❶ (가)에서 '지도사'는 청소년 프로그램에 대하여 자세하게 설명하고 있다. (○, ×)
❷ (가)에서 '진행자'는 자신의 경험을 언급하고 있다. (○, ×)
❸ (나)에서 '학생'은 산림 치유 프로그램이 ( )를 낮춰 준다고 하여 참여하기로 마음먹었다.
❹ (나)에서 '학생'이 가장 좋았다고 생각한 활동은?

09 (가)에 나타난 의사소통 방식으로 적절하지 않은 것은?

① '진행자'는 '지도사'의 답변에 자신의 의견을 덧붙이고 있다.
② '지도사'는 '진행자'가 잘못 이해하고 질문한 내용을 바로잡아 주고 있다.
③ '진행자'는 '지도사'의 답변에 대한 추가 정보를 요청하는 질문을 하고 있다.
④ '진행자'는 자신의 경험을 언급하며 '지도사'의 질문에 대해 답변하고 있다.
⑤ '지도사'는 기대되는 긍정적인 결과를 언급하며 '진행자'의 참여를 권유하고 있다.

10 (가)와 (나)를 고려할 때, 학생이 글을 쓰기 위해 떠올렸을 생각으로 적절하지 않은 것은?

① 인터뷰에서 숲을 비유적으로 표현했는데, 그 어구를 활용해 산림 치유 프로그램이 나에게 도움이 되었음을 제시해야겠다.
② 인터뷰에서 산림 치유 프로그램이 스트레스 해소에 좋다고 했는데, 그 점이 프로그램에 참여하는 계기였음을 밝혀야겠다.
③ 인터뷰에서 산림 치유 프로그램에 청소년들도 참가한다고 했는데, 이 말을 듣고 산림 치유 프로그램에 대한 기존의 생각이 바뀌었음을 밝혀야겠다.
④ 인터뷰에서 숲의 환경 요소가 심신에 좋은 영향을 준다고 했는데, 산림 치유 프로그램에서 만난 다른 사람들도 좋은 영향을 받았음을 언급해야겠다.
⑤ 인터뷰에서 청소년을 대상으로 하는 산림 치유 프로그램의 운영 시기와 장소에 대한 정보를 얻지 못했는데, 이에 대한 구체적 정보를 누리집에서 찾을 수 있었음을 언급해야겠다.

제대로 접근법 ☆ 문제 채점까지 마친 후 복습할 때 보세요.

09
대화 표현 전략 사용에 대한 문제이다. 대화에서 '실제로 체험하면 훨씬 좋겠습니다.', '말씀하신 참가 신청은 어떻게 할 수 있나요?', '업무 처리가 생각만큼 잘 진행되지 않아서 스트레스를 받았던 적이 있습니다.', '꼭 한번 참여해 보세요.' 등 선택지의 적절성을 판단할 수 있는 부분을 지문에서 찾아보자. 확인할 수 없어 남은 선택지 하나가 적절하지 않은 것으로 답이 된다.

10
글쓰기 내용 생성에 대한 문제이다. (가)의 '마음을 토닥여 주는 친구', '스트레스는 마음을 지치게 하죠. 그럴 때 산림 치유 프로그램이 도움이 될 수 있습니다.', '청소년부터 노년층까지 폭넓은 연령층이 참여', '누리집에 신청 방법과 프로그램 정보가 안내' 등을 고려하여 (나)를 쓴 학생이 글쓰기를 떠올렸다고 할 때 선택지에 제시된 내용의 적절성을 판단해 보자. 또한 (나)에서 산림 치유 프로그램에 참여한 자신의 이야기 이외에 프로그램에서 만난 다른 사람들에 대한 이야기도 있는지 살펴보고 문제를 해결하도록 하자.

11 〈보기 1〉은 '지도사'가 받은 전자 우편의 내용이고, 〈보기 2〉는 '지도사'가 인터뷰를 위해 준비한 자료이다. ㉠~㉢의 활용 계획 중 (가)에 드러나지 <u>않은</u> 것은? [3점]

〈보기 1〉

방송국입니다. 인터뷰 질문을 보내 드리니, 답변과 자료를 준비해 주세요. 추가 질문이 있으면 다시 연락드리겠습니다.

[질문 1] 산림 치유와 산림 치유 프로그램을 간단히 소개해 주시겠어요?

[질문 2] 산림 치유 프로그램의 긍정적 효과에 대해 소개해 주시겠어요?

[질문 3] 프로그램 운영 장소에 대한 정보를 알려 주시겠어요?

〈보기 2〉

㉠ [동영상]

• 내용: '숲 명상' 참가자들이 숲에서 새소리 등 숲의 소리를 들으며 명상하는 장면 (1분 분량)

㉡ [표]

산림 치유 프로그램 참가자 집단의 스트레스 점수 평균값 변화

참가자 집단	참가 전 점수 평균값	참가 후 점수 평균값
A 직업군	36.6점	12.4점
B 직업군	34.3점	10.8점

※ 32~49점 구간: '스트레스 관련 질환 주의군'에 해당함.

㉢ [그림]

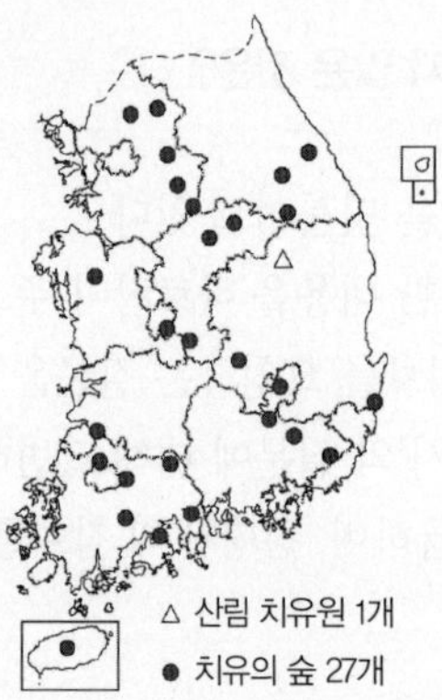

① [질문 1]에 대한 답변 과정에서 ㉠을 제시하며, 실제 산림 치유 프로그램 활동을 간접 체험해 보도록 안내해야겠군.

② [질문 1]에 대한 답변 과정에서 ㉠을 제시하여, 영상과 소리를 통해 산림 치유 프로그램 활동을 생생하게 전달해야겠군.

③ [질문 2]에 대한 답변 과정에서 ㉡을 제시하여, 수치 변화로 알 수 있는 산림 치유 프로그램의 효과를 보여 줘야겠군.

④ [질문 2]에 대한 답변 과정에서 ㉡을 제시하며, 많은 직장인이 스트레스 관련 질환 주의군에 속한다는 점을 언급해야겠군.

⑤ [질문 3]에 대한 답변 과정에서 ㉢을 제시하며, 산림 치유 프로그램 운영 장소의 수와 분포에 대한 정보를 제공해야겠군.

제대로 접근법 ☆ 문제 채점까지 마친 후 복습할 때 보세요.

11

자료 활용에 대한 문제이다. 〈보기 2〉에서 ㉠~㉢은 (가)의 인터뷰 과정에서 모두 활용된 자료이므로 〈보기 1〉의 질문에 대해 해당하는 〈보기 2〉의 자료 활용이 인터뷰 내용을 통해 확인되는지를 점검한다. 즉, 동영상을 통해 산림 치유 프로그램 활동을 간접 체험, 영상과 소리를 통해 산림 치유 프로그램 활동을 생생하게 전달, 수치 변화로 알 수 있는 산림 치유 프로그램의 효과, 직장인이 스트레스 관련 질환 주의군에 속한다는 점, 산림 치유 프로그램 운영 장소의 수와 분포에 대한 정보를 인터뷰 내용 중에서 확인할 수 있는지 점검하여 확인할 수 없는 것을 답으로 정한다.

▶ 해설편 47쪽

12 다음을 고려할 때, [A]에 들어갈 내용으로 가장 적절한 것은?

> **[글쓰기 과정에서의 자기 점검]**
> 체험의 의미가 부각되도록 '쉼숲' 프로그램에 참여하기 전과 후의 내 마음 상태를 모두 표현해야겠어. 그리고 삶의 자세에 대한 다짐을 나타내야지.

① 주말에 집에만 틀어박혀 지내던 나는 이제 주말이 오면 종종 숲으로 향한다. 숲이 내가 믿고 기댈 수 있는 친구가 되었기 때문이다.

② 고민거리를 지니고 있던 나는 나무와 대화를 나눈 후 마음의 짐을 덜어 낼 수 있었다. 산림 치유의 효과를 실감한 뜻깊은 시간이었다.

③ 인터뷰에서 알게 된 산림 치유 프로그램을 직접 경험해 보니 정말 만족스러웠다. 앞으로 힘든 일이 생길 때마다 숲을 찾아가 숲의 응원을 받고 와야겠다.

④ 이제 나는 집에 돌아와 다시 일상을 보내고 있다. 나를 따뜻하게 맞아 주던 숲을 기억하면서 나도 다른 사람들에게 향기로운 사람이 되려고 노력할 것이다.

⑤ 성격 때문에 속생해하던 나는 나무와 대화를 나누고 나서, 속상했던 마음이 풀리고 내 성격을 인정하게 되었다. 이제 내 모습을 아끼며 살아갈 것이다.

제대로 접근법 ☆ 문제 채점까지 마친 후 복습할 때 보세요.

12
글쓰기 내용 점검, 조정에 대한 문제이다. 선택지에서 프로그램 참여하기 전과 후의 내 마음 상태가 모두 표현되어 있고, 삶의 자세에 대한 다짐이 나타난 것을 찾아보자. 마음 상태, 삶의 자세 중 하나만 언급되어 있거나, 마음 상태가 언급되어 있어도 프로그램 참여하기 전과 후의 마음 상태를 모두 표현하지 않은 것은 답이 될 수 없다는 것을 유의하여 선택지를 살펴보고 문제를 해결한다.

1차 채점

맞은 문항 수	개
틀린 문항 수	개
헷갈리는 문항 번호	

• 틀린 문항 '/' 표시

→

2차 채점

맞은 문항 수	개
틀린 문항 수	개
헷갈리는 문항 번호	

• 틀린 문항 'x' 표시

[01-04] (가)는 토론의 일부이고, (나)는 청중으로 참여한 학생이 '토론 후 과제'에 따라 쓴 초고이다. 물음에 답하시오.

(가)

사회자: 이번 시간에는 '인공 지능을 면접에 활용하는 것이 바람직하다.'라는 논제로 토론을 진행하겠습니다. 찬성 측이 먼저 입론해 주신 후 반대 측에서 반대 신문해 주십시오.

찬성 1: 저희는 인공 지능을 면접에 활용하는 것이 바람직하다고 생각합니다. 인공 지능을 활용한 면접은 인터넷에 접속하여 [인공 지능과 문답하는 방식]으로 진행됩니다. 지원자는 시간과 공간에 구애받지 않고 면접에 참여할 수 있는 편리성이 있어 면접 기회가 확대됩니다. 또한 회사는 면접에 소요되는 인력을 줄여, 비용 절감 측면에서 경제성이 큽니다. 실제로 인공 지능을 면접에 활용한 ○○ 회사는 전년 대비 2억 원 정도의 비용을 절감했습니다. 그리고 기존 방식의 면접에서는 면접관의 주관이 개입될 가능성이 큰 데 반해, 인공 지능을 활용한 면접에서는 빅 데이터를 바탕으로 한 일관된 평가 기준을 적용할 수 있습니다. 이러한 평가의 객관성 때문에 많은 회사들이 인공 지능 면접을 도입하는 추세입니다.

[A]
반대 2: 기존 면접에서는 면접관의 주관이 개입될 여지가 있다고 하셨는데요, 회사의 특수성을 고려해 적합한 인재를 선발하려면 오히려 해당 분야의 경험이 축적된 [면접관의 생각이나 견해]가 면접 상황에서 중요한 판단 기준이 돼야 하지 않을까요?

찬성 1: 면접관의 생각이나 견해로는 [지원자의 잠재력]을 판단하기 어렵습니다. 오히려 오랜 기간 회사의 인사 정보가 축적된 데이터가 잠재력을 판단하는 데 적합하기 때문에 인공 지능 면접이 신뢰성도 높습니다. 회사 관리자들을 대상으로 한 설문 조사에서도 잠재력 파악에 인공 지능을 활용한 면접을 신뢰한다는 비율이 높게 나왔습니다.

사회자: 이번에는 반대 측에서 입론해 주신 후 찬성 측에서 반대 신문해 주십시오.

반대 1: 저희는 인공 지능을 면접에 활용하는 것이 바람직하다고 보지 않습니다. 먼저 인공 지능을 활용한 면접은 [기술적 결함]이 발생할 수 있습니다. 이로 인해 면접이 원활하지 않거나 중단되어 지원자들에게 불편을 줄 수 있고, 지원자들의 면접 기회가 상실될 수 있습니다. 또한 인공 지능을 활용한 면접은 당장의 비용 절감 효과에 주목해서는 안 되고 장기적인 관점에서 보아야 합니다. 현재의 경제성만 고려하면 미래에 더 큰 경제적 가치를 창출할 인재를 놓치게 돼 결국 경제적이지 않습니다. 마지막으로 인공 지능의 빅 데이터는 왜곡될 가능성이 있습니다. 빅 데이터는 [사회에서 형성된 정보가 축적된 결과물]로서 특정 대상과 사안에 치우친 것일 수 있습니다. 이러한 이유로 △△ 회사는 인공 지능을 활용한 면접을 폐지했습니다.

[B]
찬성 1: △△ 회사는 인공 지능을 활용한 면접을 폐지했지만, 통계 자료에서 보다시피 인공 지능을 면접에 활용하는 것은 확대되고 있는 추세이지 않습니까?

반대 1: 경제적인 이유로 인공 지능 면접이 활용되고 있지만, 인공 지능을 활용한 면접의 한계가 드러난다면 이를 폐지하는 기업들이 늘어나게 될 것입니다.

> **토론 후 과제**: 논제에 대한 자신의 입장을 밝히고, 이를 확장하여 '인간과 인공 지능의 관계'에 대해 주장하는 글 쓰기

(나) 학생의 초고

인공 지능을 면접에 활용하는 것은 바람직하지 않다. 인공 지능 앞에서 면접을 보느라 진땀을 흘리는 인간의 모습을 생각하면 너무 안타깝다. 미래에 인공 지능이 인간의 고유한 영역까지 대신할 것이라고 사람들은 말하는데, 인공 지능이 인간을 대신할 수 있을까? 인간과 인공 지능의 관계는 어떠해야 할까?

인공 지능은 인간의 삶을 편리하게 돕는 도구일 뿐이다. 인간이 만든 도구인 인공 지능이 인간을 평가할 수 있는지에 대해 생각해 볼 필요가 있다. 도구일 뿐인 기계가 인간을 평가하는 것은 정당하지 않다. 인간이 개발한 인공 지능이 인간을 판단한다면 주체와 객체가 뒤바뀌는 상황이 발생할 것이다.

인공 지능이 발전하더라도 인간과 같은 사고는 불가능하다. 인공 지능은 겉으로 드러난 인간의 말과 행동을 분석하지만 인간은 말과 행동 이면의 의미까지 고려하여 사

▶ 해설편 49쪽

고한다. 인공 지능은 빅 데이터를 바탕으로 결과를 도출해 내는 기계에 불과하므로, 통계적 분석을 할 뿐 타당한 판단을 할 수 없다. 기계가 타당한 판단을 할 것이라는 막연한 기대를 한다면 머지않아 인간이 기계에 예속되는 상황이 벌어질지도 모른다.

인공 지능은 사회적 관계를 맺을 수 없다. 반면 인간은 사회에서 의사소통을 통해 관계를 형성한다. 이 과정에서 축적된 인간의 경험이 바탕이 되어야 타인의 잠재력을 발견할 수 있다.

제대로 질문하기

❶ (가)의 [A]에서 '찬성 1'은 상대를 반박하며 자료를 추가로 요청하고 있다. (○, ×)
❷ (가)에서 인공 지능이 평가 기준을 적용할 때 활용하는 것을 무엇이라고 하였는가?
❸ (나)는 '인공 지능을 (   )에 활용하는 것이 바람직하지 않다는 내용이다.
❹ (나)에서 인공 지능은 사회적 관계를 맺을 수 없다고 하였다. (○, ×)

01 (가)의 입론을 쟁점별로 정리한 내용으로 적절하지 않은 것은?

[쟁점 1] 인공 지능을 활용한 면접은 편리한가?

▶ **찬성 1**: 때와 장소에 얽매이지 않고 면접에 참여할 수 있는 점을 들어 입장을 분명히 밝히고 있다.
▶ **반대 1**: 기술적 결함으로 인한 문제 상황을 제시하여 지원자가 오히려 불편할 수 있음을 강조하고 있다. ············ ①

[쟁점 2] 인공 지능을 활용한 면접은 경제적인가?

▶ **찬성 1**: 면접에 소요되는 인력을 줄임으로써 경제적 효과가 큼을 비용 절감의 사례를 통해 강조하고 있다. ············ ②
▶ **반대 1**: 경제적 가치를 창출할 인재를 놓치게 되는 점을 들어 장기적으로는 경제적이지 않음을 밝히고 있다. ············ ③

[쟁점 3] 인공 지능을 활용한 면접에서의 평가는 객관적인가?

▶ **찬성 1**: 면접관의 주관에 영향을 받지 않고 일관된 평가 기준을 적용할 수 있어 객관적임을 밝히고 있다. ············ ④
▶ **반대 1**: 빅 데이터에 근거하지 않고 왜곡된 정보를 바탕으로 평가하므로 객관적이지 않음을 강조하고 있다. ············ ⑤

제대로 접근법 문제 채점까지 마친 후 복습할 때 보세요.

01
말하기 과정 분석에 대한 문제로, 세부 정보의 사실적 이해를 평가하는 것이다. 지문에 제시된 내용과 선택지에 언급된 내용의 일치 여부를 확인해 보자. 인공 지능을 활용한 면접이 기술적 결함으로 인한 문제 상황이 발생하면 불편할 수 있다는 내용이 있는지, 경제적 효과가 크고 비용 절감의 사례를 확인할 수 있는지, 인재를 놓치게 되는 점을 들어 경제적이지 않음을 밝히는 내용이 있는지, 면접관의 주관에 영향을 받지 않아 객관적임을 밝히고 있는지, 빅 데이터에 근거하지 않고 평가한다는 내용, 왜곡된 정보를 바탕으로 평가하여 객관적이지 않다는 내용이 제시되고 있는지 확인해 보고 적절하지 않은 것을 답으로 정한다.

02 [A], [B]에 대한 설명으로 가장 적절한 것은?

① [A]의 반대 2는 상대측이 제시한 근거의 적절성에 의문을 제기하며 적합한 사례를 요구하고 있다.

② [A]의 찬성 1은 상대측의 이의 제기에 대해 반박하며 자료를 통해 자신의 주장이 타당함을 강조하고 있다.

③ [B]의 찬성 1은 상대측의 진술 내용에 이의를 제기하며 사실 관계를 확인할 수 있는 자료를 추가로 요청하고 있다.

④ [B]의 반대 1은 상대측이 제시한 근거 자료의 출처를 확인하고 새로운 정보를 통해 향후 전망을 제시하고 있다.

⑤ [A]의 찬성 1과 [B]의 반대 1은 모두 상대측이 언급한 의견에 이의를 제기하고 실현 가능한 방안을 추가하고 있다.

제대로 접근법 ☆ 문제 채점까지 마친 후 복습할 때 보세요.

02
말하기 목적 추론에 대한 문제이다. 선택지에 언급된 내용을 지문의 어느 부분에서 확인할 수 있는지 파악해 보자. [A]의 반대 2는 적합한 사례를 요구하고 있는가, 찬성 1은 자료를 통해 자신의 주장이 타당함을 강조하고 있는가, [B]의 찬성 1은 자료를 추가로 요청하고 있는가, 반대 1은 근거 자료의 출처를 확인하고 있는가, [A]의 찬성 1과 [B]의 반대 1은 모두 실현 가능한 방안을 추가하고 있는가를 확인하여 적절한 내용의 선택지를 찾는다.

03 〈보기〉를 바탕으로 (나)의 끝 부분에 새로운 문단을 이어 쓴다고 할 때, 그 내용으로 가장 적절한 것은?

〈보기〉

친구의 조언: 1문단에서 제기한 첫째 물음에 대해 너의 입장을 드러내야 할 것 같아. 둘째 물음에 대해서는 2문단에 썼던 두 단어를 활용하여 인간과 인공 지능의 관계를 드러내는 게 좋겠어.

① 인공 지능은 인간의 고유한 영역을 대신할 수 없다. 인공 지능과 인간의 의사소통을 통한 사회적 관계 형성은 불가능하다.

② 인공 지능은 인간을 대신하기보다는 보조하는 도구이어야 한다. 그러므로 인간은 인공 지능과 공존할 수 있는 길을 모색해야 한다.

③ 인공 지능은 인간보다 우위에 있을 수 없다. 그러나 인공 지능이 지속적으로 발전하고 있으므로 인간이 객체가 되는 날이 머지않았다.

④ 인공 지능은 인간을 대체할 수 없다. 인간의 삶을 결정하는 주체는 인간이고 인공 지능은 인간이 이용하는 객체일 뿐임을 명심해야 한다.

⑤ 객체인 인공 지능을 이용하는 인간의 태도가 무엇보다 중요하다. 인간은 인공 지능과의 소통을 통해 자신의 삶을 주체적으로 이끌어 가야 한다.

03
조건에 따른 새로운 내용의 생성에 대한 문제이다. 〈보기〉로 제시된 친구의 조언 내용을 모두 담고 있는 선택지가 어떤 것인지 확인하자. 1문단에 '인공 지능이 인간을 대신할 수 있을까?'라는 질문이 있고, 〈보기〉에서는 이 물음에 대한 글쓴이의 입장을 드러내야 한다고 하였으므로 선택지 중 이 질문에 대한 답이 제시된 것을 먼저 찾는다. 또한 '인간과 인공 지능의 관계'를 드러내고 있는 선택지를 찾아 두 조건을 모두 만족하는 하나의 선택지를 정한다.

▶ 해설편 49쪽

04 다음은 (가)에 청중으로 참여한 학생이 (나)를 쓰기 위해 작성한 과제 학습장의 일부이다. (나)에 반영되지 <u>않은</u> 것은?

토론 중 메모	글쓰기 전략
[입론] 찬성 1 • 인공 지능과 문답하는 방식	1문단 • 논제에 대한 나의 입장을 밝히며 인공 지능 앞에서 면접을 치르는 인간의 모습에 대한 느낌을 제시해야겠어. ……… ㉠
[반대 신문] 반대 2 • 면접관의 생각이나 견해	2문단 • 인공 지능이 지닌 기술적 결함을 근거로 활용하여 기계가 인간을 평가하는 것이 정당하지 않음을 강조해야겠어. ……… ㉡
찬성 1 • 지원자의 잠재력	3문단 • 인간은 말과 행동의 이면에 담긴 의미까지 고려할 수 있으므로 인공 지능과 대조되는 고유한 사고 능력이 있음을 강조해야겠어. ……… ㉢ • 인공 지능은 사회에서 형성된 정보에 기반하여 결과를 도출해 내는 기계일 뿐이므로 타당한 판단을 할 수 없음을 부각해야겠어. ……… ㉣
[입론] 반대 1 • 기술적 결함 • 사회에서 형성된 정보가 축적된 결과물	4문단 • 타인의 잠재력은 인공 지능으로 파악할 수 있는 것이 아니라 사회적 관계에서 축적된 인간의 경험으로 파악할 수 있음을 제시해야겠어. ……… ㉤

① ㉠　② ㉡　③ ㉢　④ ㉣　⑤ ㉤

제대로 접근법

☆ 문제 채점까지 마친 후 복습할 때 보세요.

04
글쓰기 전략을 점검하는 문제이다. 문제의 '글쓰기 전략'에 제시된 내용을 (나)에서 확인할 수 있는지 파악한다. 1문단에서 논제에 대한 글쓴이의 입장과 인공 지능 앞에서 면접을 치르는 인간의 모습에 대한 느낌을 제시하고 있는지, 2문단에서 인공 지능이 지닌 기술적 결함을 근거로 들고 있는지, 3문단에서 인간은 말과 행동의 이면에 담긴 의미까지 고려할 수 있다는 내용과 인공 지능이 사회에서 형성된 정보에 기반하여 결과를 도출해 내는 기계로 타당한 판단을 할 수 없다는 내용이 나타나 있는지, 4문단에서 타인의 잠재력을 사회적 관계를 통한 인간의 경험으로 파악할 수 있는지에 대한 내용을 찾아본다. 제시된 내용과 글쓰기 전략 내용의 일치 여부를 확인하여 일치하지 않는 것을 찾으면 문제를 해결할 수 있다.

[05-08] (가)는 지역 신문에 실린 기사문이고, (나)는 (가)의 보도 이후에 지역 사회에서 개최된 협상이다. 물음에 답하시오.

(가)

'전통 한옥의 멋' 솔빛 마을이 달라진다

솔빛 마을, 시청과 한옥 관광지 조성에 합의

시청 측과 솔빛 마을 주민 측은 △월 △일 시청에서 회동해, 지역 경제 활성화와 전통 한옥의 가치 전파를 위한 한옥 관광지 조성 사업을 연내 추진하는 데 큰 틀에서 합의했다.

시청 측은 솔빛 마을의 한옥이 타 지역 한옥에 비해 규모가 크고 보존 상태가 양호해 사업 경쟁력이 충분할 것이라고 말했다. 또한 전통 문화 체험 프로그램 운영, 둘레 길 조성, 마을 진입로 정비 등을 추진할 계획이라고 밝혔다.

주민 측도 사업이 마을 발전과 한옥의 가치 전파에 기여할 것이라고 말했다. 다만 한옥 관광지로 조성된 인근 ○○ 마을에서 발생한 과잉 관광 현상이 솔빛 마을에서 되풀이되지는 않을지 걱정했다.

지역 연구소 자료에 의하면 2010년 이래 ○○ 마을의 마을 소득과 관광객 수는 각각 연평균 약 5%, 7%씩 증가했다. ㉠그러나 관광객 수가 마을이 감당할 수 있는 방문 인원의 최대치인 관광 수용력을 초과했다. 이로 인해 주민들은 각종 문제에 봉착했고, 그에 따라 올해 4월 기준 ○○ 마을의 토착 거주 인구는 8년 전 대비 12% 감소했다.

주민 측은 ○○ 마을을 타산지석으로 삼아 예상되는 문제를 최소화할 방안을 마련해 이를 시청 측과 논의할 것이라고 말했다. 양측은 세부적인 사업 추진 계획을 협의하기 위해 이달 내 추가 협상을 진행한다.

(나)

시청 측: 지난 협상 후 기사를 통해 여러분의 입장을 확인했습니다. 성공적인 사업 진행을 위해 주민들의 적극적인 협조가 필요합니다. 우선 주민들의 한옥을 관광객들에게 개방해 주시기 바랍니다. ⓐ관광객에게 한옥 내부를 직접 관람하는 기회를 제공하면 관광객의 만족도를 높일 수 있지 않겠습니까?

[A] **주민 측**: 저희도 사업이 성공적으로 진행되기 위해 노력할 것입니다. 그러나 한옥 내부를 개방하면 주민들의 사생활이 침해받아 삶의 질이 저하될 것입니다. 결국 ○○ 마을처럼 오랫동안 거주했던 주민들이 떠난 자리가 관광업에 종사하는 외지인들로 채워져, 전통 마을로서의 모습도 퇴색될 것입니다.

시청 측: 이해합니다. 저희도 모든 한옥을 개방해 달라는 것은 아닙니다. 희망하는 주민들에 한하여 한옥을 개방하되 가능하면 많이 동참해 주십사 하는 것입니다. 개방을 허락하실 경우에도 예약한 관광객에게만 관람을 허용하고, 한옥 관광 도우미가 동행하여 미개방 영역이 침해되지 않도록 관리하겠습니다. 그렇게 하면 여러분이 우려하시는 바는 발생하지 않을 것입니다.

[B] **주민 측**: 한옥 내부 관람을 않고 골목길 관람만 한다 해도 많은 관광객이 한곳에 몰리면 현재의 마을 여건상 개방 여부와 상관없이 주민들의 삶이 침해될 것입니다. 많은 관광객이 다닐 만큼 길이 넓지도 않고요. 결국 지역 주민의 삶의 질과 관광객의 여행 경험의 질이 동시에 악화될 것입니다.

시청 측: 한옥 내부 관람 인원은 매일 일정 수 이하로 제한하고, 단체 관광은 마을 관광 에티켓 교육을 이수한 경우에만 실시하도록 하겠습니다. 또한 실시간 정보 안내판을 설치하여 관광객의 동선이 분산되도록 유도하겠습니다. ⓑ이 방법으로 특정 장소에 관광객이 몰리는 것을 방지할 수 있지 않겠습니까?

[C] **주민 측**: 그 정도 계획은 마을의 여건을 고려할 때 받아들일 수 있는 현실적인 방안이라 봅니다. 그러면 한옥 개방 시간은 오후 5시까지로 제한해 주십시오. 또한 한옥 관광 도우미로 지역 어르신들을 우선 채용해 주십시오.

시청 측: 지역민 일자리 창출이라는 측면에서 채용 건은 수용할 수 있습니다. 대신 개방 시간은 늘려 주시길 바랍니다. 야간 개방에 대한 관광객들의 호응이 클 것이므로 관광 산업이 활성화될 것입니다. ⓒ그러면 주민들의 소득도 증대되지 않을까요?

[D] **주민 측**: 개방 시간을 연장하면 주민들의 피로도가 높아질 것입니다. 그것을 상쇄할 만한 대가를 얻는다면 주민들이 연장에 찬성하겠지만, 실질적으로 개

방 시간 연장의 이득은 관광 산업에 종사하는 일부 에게만 돌아갈 것입니다. 야간 개방으로 주민들의 불만이 커지면 시청 측도 부담이 되지 않겠습니까?

시청 측: 그러면 야간은 아니더라도 오후 7시까지 개방은 고려해 주십시오. 그 후는 주민들의 생활을 배려하여 관광객들의 방문을 엄격히 제한하겠습니다.

[E] **주민 측**: 그렇게 하신다면 그 점은 주민들과 다시 상의해 보겠습니다. 대신 관광 산업 발전으로 증대된 세수는 반드시 주민 생활 복지 개선에 사용해 주십시오. 노인 회관 시설 개·보수와 주민 문화 시설 마련에 중점적으로 활용해 주신다면 개방 시간과 관련해 주민들의 동의를 얻을 수 있을 것입니다.

제대로 질문하기

❶ (가)의 '지역 연구소 자료'를 통해 솔빛 마을의 인구수를 알 수 있다. (○, ×)
❷ (가)에서 '마을이 감당할 수 있는 방문 인원의 최대치'를 무엇이라고 하였는가?
❸ (나)에서 주민 측은 지역민의 (   ) 창출을 요구하고 있다.
❹ (나)에서 야간 개방을 통해 관광 산업이 활성화될 것이라고 언급한 주체는 시청 측이다. (○, ×)

05 다음은 기자가 (가)를 작성하기 전 취재 계획을 메모한 것이다. (가)에 반영되지 않은 것은?

[기사 내용] 솔빛 마을 한옥 관광지 조성 사업
[조사 방법] 관계자 취재, 관련 기관 문헌 자료 수집

〈시청 측과 주민 측 협상 취재〉
• 사업 추진 목적 및 양측 합의 사항

〈시청 측과의 인터뷰〉
• 사업 경쟁력에 대한 판단 ······ ①
• 사업 추진 계획 ······ ②

〈솔빛 마을 주민 측과의 인터뷰〉
• 사업 추진에 따른 기대 및 우려 사항 ······ ③

〈지역 연구소 자료 수집〉
• ○○ 마을 한옥 관광지 사업 관련 통계 ······ ④
• 관광지 운영에 따른 피해 경감 사례 ······ ⑤

06 〈보기〉는 ㉠의 초안이다. 〈보기〉를 ㉠과 같이 수정한 이유로 가장 적절한 것은?

〈보기〉

그러나 관광객 수가 마을의 관광 수용력을 초과했다. 이로 인해 주민들은 각종 문제에 봉착했고, 그에 따라 올해 4월 기준 ○○ 마을 토착 거주 인구는 8년 전 대비 12% 감소했다.

① 독자의 관심도를 고려하여 인과 관계에 따라 정보를 배열하기 위해
② 독자의 이해도를 고려하여 주요 개념에 대한 정보를 추가하기 위해
③ 글의 통일성을 고려하여 주제와 관련이 없는 정보를 삭제하기 위해
④ 글의 응집성을 고려하여 맥락에 적합하지 않은 담화 표지를 수정하기 위해
⑤ 글의 가독성을 고려하여 긴 문장을 두 문장으로 나누어 간결하게 표현하기 위해

제대로 접근법

☆ 문제 채점까지 마친 후 복습할 때 보세요.

05
글쓰기 계획에 따른 표현에 대한 문제이다. 문제에 제시된 메모 중 (가)에서 확인할 수 없는 것이 있는지 확인한다. '규모가 크고 보존 상태가 양호해 사업 경쟁력이 충분', '전통 문화 체험 프로그램 운영, ~ 진입로 정비 등을 추진할 계획', '○○ 마을에서 발생한 ~ 되풀이되지는 않을지 걱정', '마을 소득과 관광객 수는 각각 연 평균 약 5%, 7%씩 증가' 등으로 (가)에 반영되었는지 여부를 판단할 수 있는 메모 내용을 확인하고 남은 하나를 답으로 정한다.

06
내용 점검에 대한 문제이다. ㉠과 그 초안인 〈보기〉를 비교하여 수정된 내용을 먼저 확인하고 수정한 이유로 제시된 선택지를 읽고 적절한 것을 찾자. ㉠에는 '마을이 감당할 수 있는 방문 인원의 최대치인'이 추가되었다. 이렇게 수정한 이유가 인과 관계에 따라 정보를 배열하기 위해서인지, 주요 개념에 대한 정보를 추가하기 위해서인지, 주제와 관련이 없는 정보를 삭제하기 위해서인지, 맥락에 적합하지 않은 담화 표지를 수정하기 위해서인지, 긴 문장을 두 문장으로 나누어 표현하기 위해서인지 판단해 보자.

07 다음은 솔빛 마을 주민 측에서 협상을 준비하는 과정에서 작성한 협상 계획서의 일부이다. 다음을 참고하여 [A]~[E]를 이해한 내용으로 적절하지 않은 것은?

논의할 내용	세부 내용	대응 전략
⋮	⋮	⋮
과잉 관광 문제 – 관광 수용력을 중심으로	개인 생활 침해, 공동체 구성원의 이탈과 같은 상황에 대처하지 못할 우려 ······ ㉮	
	관광객이 기대하는 관광 경험의 질적 수준을 유지하지 못할 우려 ······ ㉯	
	동시에 방문할 수 있는 관광객 규모를 넘을 우려 ······ ㉰	
지역민을 위한 현안	일자리 창출 ······ ㉱	
	생활 복지 개선 ······ ㉲	
⋮	⋮	⋮

① [A]에서는 ㉮와 관련된 문제 상황을 언급하며 상대측의 요구에 대한 입장을 제시하고 있다.
② [B]에서는 ㉯와 관련된 문제의식을 드러내며 상대측 의견에 대해 부정적으로 전망하고 있다.
③ [C]에서는 ㉰와 관련된 상대측 계획에 대한 수용 가능성을 언급하면서 추가적인 요구 사항을 제시하고 있다.
④ [D]에서는 ㉱에 대한 입장을 드러내면서 상대측에 그에 대한 대안을 요구하고 있다.
⑤ [E]에서는 ㉲에 대한 필요성을 드러내며 상대측의 요구에 대한 수용 가능성을 언급하고 있다.

08 (나)의 담화 흐름을 고려할 때, ⓐ~ⓒ의 공통점으로 가장 적절한 것은?

① 논의할 대상을 제한하여 상대방에게 선택할 것을 권유하는 발화이다.
② 예상되는 효과를 언급하며 상대방에게 자신의 의도를 전달하는 발화이다.
③ 상대방이 제기할 수 있는 의견을 가정하며 그 의견의 타당성 여부를 묻는 발화이다.
④ 상대방과 공유하고 있는 정보에서 자신이 파악하지 못한 부분에 대하여 설명을 요구하는 발화이다.
⑤ 상대방과 공동으로 기대하는 상황이 발생할 조건을 제시하며 기대가 충족되지 않을 가능성을 부정하는 발화이다.

제대로 접근법 ☆ 문제 채점까지 마친 후 복습할 때 보세요.

07
말하기 전략을 평가하는 문제이다. 문제에 제시된 '세부 내용'과 지문의 해당 부분을 연결하여 읽고 선택지에 제시된 내용이 적절한지 확인한다. [A]가 개인 생활 침해, 공동체 구성원의 이탈과 관련된 것인지, [B]가 관광객이 기대하는 관광 경험의 질적 수준의 유지와 관련한 것인지, [C]가 동시에 방문할 수 있는 관광객 규모를 넘을 우려와 관련한 것인지, [D]가 일자리 창출과 관련한 것인지, [E]가 생활 복지 개선과 관련한 것인지 먼저 파악하고 그에 대하여 적절하게 입장이나 전망, 요구, 언급을 한 것인지 판단하여 적절하지 않은 하나를 찾아 문제를 해결한다.

08
말하기 전략을 파악하는 문제이다. ⓐ는 한옥 내부를 개방하여 관광객의 만족도를 높이자는 내용, ⓑ는 관광객 동선이 분산되도록 유도하여 특정 장소에 관광객이 몰리는 것을 방지하자는 내용, ⓒ는 주민 소득이 증대될 것이라는 내용이다. 이 세 가지의 공통점을 선택지에 언급된 내용 중에서 찾아본다. 담화의 흐름을 고려하여 판단한다면 쉽게 찾을 수 있을 것이다.

◉ 권장 풀이 시간 : 6분 10초

[09-12] (가)는 학생회 학생들이 나눈 대화이고, (나)는 '학생 1'이 작성한 건의문의 초안이다. 물음에 답하시오.

(가)

[A]
학생 1: 연말에 기부 행사를 할 수 있을지 걱정이야. 왜냐하면 우리 학교 학생들이 만든 된장이 작년에 비해 판매가 너무 안 되고 있거든.

학생 2: ㉠올해 학교 행사가 대폭 축소되어서 그런 거지?

학생 3: 맞아. 된장을 판매해서 그 수익금으로 어려운 이웃을 돕는 기부 행사를 주관했는데, 올해는 어려울 것 같아.

학생 1: 좋은 방법이 없을까?

학생 2: 얼마 전 △△구에서 주최한 행사에 다녀왔는데, 학생들도 지역 상인과 함께 판매 부스를 운영하는 점이 인상 깊었어. 주민들의 호응도 좋더라.

학생 3: 우리 지역에서도 매달 '지역 사랑 상품 한마당'이 열리잖아. 여기에 참여해서 된장을 홍보해 보는 것은 어때?

학생 2: 아, 그럼 행사에 참여하게 되면 이번 기회에 학생회가 하는 다양한 활동도 소개하자.

학생 1: 지금은 된장 판매에만 집중했으면 좋겠어.

학생 2: 알았어. 그런데, '지역 사랑 상품 한마당'은 지역 상인만 신청할 수 있대. 행사 기간도 평일이라 학생이 참여하기가 어려워.

학생 3: 그래? 다른 지역의 사례를 들어 우리 지역에도 학생이 참여할 수 있는 행사가 필요하다는 글을 구청 누리집 게시판에 써 보자.

학생 1: 좋은 생각이야. 어떤 내용을 쓰면 좋겠어?

학생 2: ㉡학생이 지역 행사에 참여했을 때 학생들에게 교육적으로 효과가 있다고 이야기하는 것은 어떨까?

학생 3: 그리고 된장 판매가 어려워진 이유와 판매 수익금을 기부한다는 것을 알려 주면 구청에서도 우리의 건의를 긍정적으로 생각해 줄 거 같아.

학생 1: 그래. 우리가 만든 제품을 지역 주민들이 구매하는 것이 지역 사회에 도움이 된다는 내용을 강조하자.

학생 3: 좋아. 그리고 평일뿐만 아니라 주말에도 행사를 하면, 행사에 참여한 지역 상인들에게도 긍정적인 효과가 있다는 내용도 넣었으면 좋겠어.

학생 1: 그러면 오늘 이야기한 내용을 중심으로 건의문을 작성해 올게. 초고 다 쓰면 검토 부탁해.

(나)

안녕하십니까? 저희는 □□고등학교 학생회입니다. ○○구민의 행복을 위해 항상 애써 주셔서 감사드립니다.

저희가 이렇게 구청 누리집 게시판에 글을 올리게 된 이유는 구청에서 주관하는 '지역 사랑 상품 한마당'에 학생들이 참여할 수 있도록 부탁드리기 위해서입니다.

우리 학교에서는 수업 시간에 만든 된장을 학교에 방문하시는 학부모님을 대상으로 판매를 하고 그 수익금을 해마다 지역 사회에 기부해 왔습니다. 그런데 올해 학교 행사가 대폭 축소되어 수익이 거의 나지 않아 기부를 하기가 어려운 실정입니다. ○○구에서 주관하는 '지역 사랑 상품 한마당'은 이러한 어려움을 해결할 수 있는 좋은 기회라고 생각합니다. 그런데 '지역 사랑 상품 한마당'은 지역 상인만 부스를 운영할 수 있고, 행사 기간도 평일로 한정되어 있어 학생들이 참여하기 어렵습니다. △△구에서는 학생과 지역 상인이 함께하는 프로그램을 운영하여 주민들에게 큰 호응을 얻었다고 합니다. 저희도 '지역 사랑 상품 한마당'이 학생과 지역 상인이 함께하는 장이 될 수 있었으면 좋겠습니다.

학생의 참여가 우수 상품을 소개하는 행사의 취지에 맞는지 걱정하실 수 있으나, 우리 학교는 전문가의 자문을 받아 된장의 맛과 품질을 향상시키기 위해 꾸준히 노력하고 있습니다. 그리고 된장의 판매 수익을 지역 사회에 기부하기 때문에 주민들이 우리 학교의 제품을 구매하는 것은 지역 사회를 돕는 일이라는 점에서 의미가 있습니다. 아울러 학생들은 행사 참여를 통해 지역 공동체의 중요성을 배울 수 있어 학생들에게도 좋은 기회가 될 것입니다. 또한 주말에도 행사가 열린다면, 행사에 방문하는 주민의 수가 많아져 지역 상인에게도 큰 도움이 될 것입니다.

[B]
'지역 사랑 상품 한마당'에 꼭 참여하고 싶습니다. ○○구청에서 학생을 위한 다양한 행사가 진행 중인 것으로 알고 있습니다. 이 행사가 학생들과 지역 상인

이 함께하는 장이 될 수 있도록 ○○구에서 많은 관심을 가지고 배려해 주시면 좋겠습니다.

바쁘신데도 불구하고 저희의 글을 읽어 주셔서 감사합니다.

□□고등학교 학생회 올림

제대로 질문하기

❶ 건의 주체는 무엇의 판매 수익금으로 기부 행사를 주관하였는가?
❷ [A]에서 학생 2는 대화 주제와 관련이 없는 내용을 말하였다. (○, ×)
❸ 학생 1은 (   ) 누리집 게시판에 올릴 건의문의 초안을 작성하였다.
❹ '지역 사랑 상품 한마당'은 행사 기간이 주말로 한정되어 있다. (○, ×)

09 대화의 흐름을 고려할 때, ㉠과 ㉡에 대한 이해로 가장 적절한 것은?

① ㉠, ㉡은 모두 상대의 제안에 자신의 견해를 밝히는 발화이다.
② ㉠, ㉡은 모두 상대의 의견에 추가적인 설명을 요구하는 발화이다.
③ ㉠은 상대의 의견을 바로잡아 주는 발화이고, ㉡은 상대에게 조언을 요청하는 발화이다.
④ ㉠은 상대의 관심을 촉구하는 발화이고, ㉡은 상대의 긍정적인 반응을 기대하는 발화이다.
⑤ ㉠은 자신의 생각이 맞는지 확인하는 발화이고, ㉡은 구체적인 방안을 상대에게 제안하는 발화이다.

10 다음을 바탕으로 [A]를 평가한 내용으로 가장 적절한 것은?

> ㉮ 타당한 근거를 들어 진실을 말하는가?
> ㉯ 대화에서 모호한 말은 피하고 간결하게 말하는가?
> ㉰ 대화의 목적이나 주제와 관련된 것을 말하는가?
> ㉱ 대화의 목적에 필요한 만큼의 정보를 전달하는가?
> ㉲ 대화를 독점하지 않고 서로 교대해 가며 말을 하는가?

① ㉮: '학생 1'은 된장 판매 부진의 원인에 대해 타당한 근거를 들어 말하고 있군.
② ㉯: '학생 1'은 기부 행사가 어려워진 이유를 중의적 표현을 사용하여 모호하게 말하고 있군.
③ ㉰: '학생 2'는 대화의 주제와 관련이 없는 학생회 활동 홍보에 대해 언급하고 있군.
④ ㉱: '학생 2'는 대화 목적에 필요하지 않은 다양한 지역의 행사 정보를 전달하고 있군.
⑤ ㉲: '학생 3'은 대화 참가자들의 말을 중간에 끊어 대화를 독점하며 말하고 있군.

제대로 접근법 ☆ 문제 채점까지 마친 후 복습할 때 보세요.

09
발화 의미와 기능을 파악하는 문제이다. ㉠과 ㉡은 모두 의문형으로, 의문문이 담고 있는 발화 의도를 앞뒤 대화 내용을 고려하여 판단해 보자. 학생 2는 ㉠에서 작년에 비해 된장 판매가 안 되는 이유로 학교 행사가 대폭 축소되어 그런 것이 맞는지 묻고 있다. 그리고 ㉡에서 구청 누리집 게시판에 쓸 내용에 교육적으로 효과가 있다는 점을 이야기하는 것이 어떤지 묻고 있으므로 이에 적절한 발화 의도를 제시한 선택지를 찾아 답으로 정한다.

10
대화의 원리에 따른 발화의 적절성을 파악하는 문제이다. [A]는 연말 기부 행사를 할 수 있도록 학생들이 만든 된장을 판매할 수 있는 방안에 대하여 학생들이 나눈 대화이다. 문제에는 대화를 평가할 기준을 제시하고 있고, 선택지에서는 [A]를 평가한 내용을 제시하고 있으므로 대화의 흐름과 내용을 고려하여 적절성을 파악한다. '된장이 작년에 비해 판매가 너무 안 되고 있거든.'에 판매 부진의 원인에 대한 근거가 제시되었는지, 기부 행사가 어려워진 이유를 중의적 표현으로 나타냈는지를 살펴본다. '이번 기회에 학생회가 하는 다양한 활동도 소개하자.'는 대화 주제와 관련이 없는 내용을 언급한 것인지 판단해 본다. '얼마 전 ~ 운영하는 점이 인상 깊었어.'가 대회 목적에 필요하지 않은 다양한 지역의 행사 정보를 전달한 것인지, 학생 3이 대화 참가자들의 말을 중간에 끊는 부분이 있는지 확인해 본다.

▶ 해설편 52쪽

11 (가)의 대화가 (나)에 반영된 내용으로 적절하지 않은 것은?

① 학생들이 행사에 참여함으로써 지역 공동체의 중요성을 배울 수 있음을 드러내고 있다.
② 주말에 행사를 열게 되면 더 많은 주민들이 행사에 올 수 있어 행사에 참여한 지역 상인들에게도 도움이 될 수 있음을 드러내고 있다.
③ 학교 행사 축소로 학생들이 만든 된장을 판매할 기회가 부족해졌다는 점을 언급하며 지역 사랑 상품 한마당에 참가하고 싶다는 바람을 드러내고 있다.
④ 전문가의 도움을 받아 학생들이 된장의 맛과 품질을 향상시키기 위해 노력했음을 강조하여 학생들의 행사 참여가 교육적으로 효과가 있음을 드러내고 있다.
⑤ 학생들이 만든 된장을 판매하여 얻은 수익이 지역 사회로 환원되기 때문에 주민들이 된장을 구입하는 것이 지역 사회를 돕는 의미 있는 일이라는 점을 드러내고 있다.

12 〈보기〉는 학생들의 검토 의견에 따라 [B]를 수정한 것이다. 검토 의견으로 가장 적절한 것은?

〈보기〉

'지역 사랑 상품 한마당'에 학생들이 참여할 수 있도록 부스 운영 자격을 확대해 주시고, 주말에도 행사를 개최해 주실 것을 다시 한번 부탁드립니다. 이 행사가 학생들과 지역 상인이 함께하는 장이 될 수 있도록 ○○구에서 많은 관심을 가지고 배려해 주시면 좋겠습니다.

① 구청에 건의하는 내용을 명확하게 밝히고, 글의 흐름에 어긋나는 내용은 삭제했으면 좋겠어.
② 구청에서 준비하고 있는 행사의 목적을 밝히고, 학생이 지역 행사에 참여했을 때의 장점을 강조했으면 좋겠어.
③ 건의를 받아들였을 때에 나타날 수 있는 효과를 제시하고, 문제 해결을 위한 구청의 노력은 삭제했으면 좋겠어.
④ 구청이 지역 주민을 위해 노력하고 있는 일을 소개하는 내용을 추가하고, 중복된 요구 사항을 삭제했으면 좋겠어.
⑤ 건의하고자 하는 내용을 두 가지로 나눠 밝히고, 예상 독자가 수행하는 일에 대한 감사의 뜻을 추가했으면 좋겠어.

제대로 접근법 ☆ 문제 채점까지 마친 후 복습할 때 보세요.

11
내용 생성의 적절성을 파악하는 문제이다. (나)는 학생들이 나눈 대화 내용을 중심으로 구청 누리집 게시판에 지역 행사에 학생들도 참여할 수 있게 해 달라는 내용의 건의문 초안이다. 학생들의 대화가 건의문에 적절하게 반영되었는지 선택지를 살펴본다. '학생들에게 교육적으로 효과가 있다고 이야기하는 것', '주말에도 행사를 ~ 효과가 있다는 내용', '학교 행사가 대폭 축소', '학생이 참여할 수 있는 행사가 필요', '우리가 만든 제품을 ~ 내용을 강조' 등의 대화 내용이 (나)에 어떻게 반영되었는지 확인한 후 선택지에 제시된 내용의 적절성을 파악한다.

12
고쳐쓰기 전략을 평가하는 문제이다. 〈보기〉와 [B]의 내용 중 어느 것이 다른지 확인해 본다. 〈보기〉에 '부스 운영 자격을 확대해 주시고', '주말에도 행사를 개최해 주실 것을 다시 한번 부탁드립니다.'라는 내용이 추가되었고 '○○구청에서 학생을 위한 다양한 행사가 진행 중인 것으로 알고 있습니다.'가 삭제되었다. 새로 추가된 내용과 삭제된 내용에 대한 선택지의 설명 중 적절한 것 하나를 찾아보자.

1차 채점

맞은 문항 수	개
틀린 문항 수	개
헷갈리는 문항 번호	

• 틀린 문항 '/' 표시

→

2차 채점

맞은 문항 수	개
틀린 문항 수	개
헷갈리는 문항 번호	

• 틀린 문항 'x' 표시

[01-04] (가)는 고전 읽기 동아리 활동 중 학생들이 나눈 대화이고, (나)는 이를 바탕으로 '학생 3'이 작성한 글이다. 물음에 답하시오.

(가)

학생 1 : 지난번 모임에서 오늘은 「홍길동전」과 영웅'이라는 주제로 이야기하기로 했잖아. 우선 한 명씩 차례대로 이야기해 보자. (학생 2를 가리키며) 먼저 이야기해 볼래?

학생 2 : 나는 홍길동이 서자라는 신분적 한계에도 좌절하지 않고, 자신의 능력을 키워 고통받는 사람들을 도왔다는 점에서 영웅의 모습을 충분히 보여 주었다고 생각했어.

학생 3 : 나도 홍길동이 고통받는 사람들을 도왔다는 점에서는 영웅적인 면모가 있다고 생각해. 하지만 홍길동의 행동을 모두 정당하다고 인정할 수는 없어. 왜냐하면 홍길동이 강제로 남의 재물을 빼앗은 것은 사실이고, 그건 잘못이잖아.

[A]
학생 2 : 당대 대다수의 사람들은 힘없는 사람들 편에 서서 부정부패한 세력에 저항하는 소설 속 홍길동을 진정한 영웅이라고 생각하지 않았을까? 그러니까 그를 도적이 아닌 의적이라고 불렀던 것이겠지. 그리고 지금까지 「홍길동전」이 고전으로 읽히는 것도 그런 홍길동의 행동이 시대를 초월해서 많은 사람들에게 지지를 얻어서라고 생각해.

학생 3 : 물론 많은 사람들은 권력층의 부당한 횡포를 저지하고 불의에 맞서 싸우는 홍길동의 영웅적인 모습을 응원했겠지. 하지만 법 또한 사회 구성원 모두가 지켜야 할 약속이라는 점에서 본다면 법을 어긴 홍길동의 행동은 진정한 영웅의 모습이라고 볼 수는 없을 것 같아.

학생 1 : 다른 사람을 돕는다는 점에서 홍길동에게 영웅적인 면모가 있다는 것은 둘 다 인정하지만, 그를 진정한 영웅으로 볼 수 있는지에 대해서는 서로 생각이 다르구나. 그럼 지금부터는 진정한 영웅은 어떤 사람이어야 하는지에 대해 이야기해 보자. (학생 3을 가리키며) 이번에는 네가 먼저 얘기해 볼래?

[B]
학생 3 : 나는 목적이 정당하더라도 사회적 규범을 어기는 건 사회 질서를 어지럽힐 수 있다는 점에서 정의로운 행동으로 볼 수 없다고 생각해. 홍길동이 진정한 영웅이라면 목적을 실현하기 위한 방법까지도 정의로웠어야 해.

학생 2 : 진정한 영웅이 정의로워야 한다는 말에는 동의하지만, 영웅의 정의로움을 판단할 때 무엇을 더 중요하게 봐야 하는지에 대해서는 너와 생각이 좀 달라. 나는 홍길동의 행동이 사회 규범에 어긋났더라도, 사회적 약자를 돕기 위한 불가피한 선택이었다면 용기 있는 그의 행동은 정의로웠다고 생각해.

학생 1 : 너희가 생각하는 진정한 영웅은 사회적 규범 안에서 정당한 방법으로 정의를 실현해야 한다는 입장과 사회적 약자를 돕는다는 목적을 더 중요하게 여겨야 한다는 입장으로 나뉘는구나. 혹시 더 할 말 없어?

학생 2 : 얼마 전 지하철 선로에 떨어진 아이를 구한 용감한 시민에 대한 방송을 봤어. 물론 선로에 사람이 들어가는 것 자체는 법을 어긴 행동이지만, 많은 사람이 그의 행동을 칭찬하면서 영웅이라고까지 하잖아. 넌 어떻게 생각해?

학생 3 : 아, 그럴 수도 있겠구나. 소설 내용에만 집중하다 보니 미처 그런 부분까지는 생각을 못 했어. 좀 더 생각해 봐야겠다.

학생 1 : 그러면 오늘 나눈 이야기를 바탕으로 「홍길동전」과 우리 시대의 영웅'이라는 주제로 글을 써서 다음 모임 때 발표해 보자.

학생 2, 3 : 좋아.

(나)

우리 시대의 진정한 영웅은 누구인가?

'영웅'이라고 하면 지혜와 재능이 뛰어나고, 용맹하여 보통 사람이 하기 어려운 일을 해내는 사람을 떠올릴 것이다. 우리에게 익숙한 「홍길동전」의 주인공 역시 비범한 능력을 발휘하여 부정부패한 권력층의 재물을 빼앗아 가난한 백성들을 구제하는 등 불의에 맞서 의적 활동을 펼쳐 영웅의 대명사로 손꼽히고 있다.

하지만 나는 홍길동이 진정한 영웅이 되기에는 아쉬운 점이 있다고 생각했었다. 왜냐하면 홍길동은 법을 어기고 사회질서를 혼란스럽게 하는 행동들을 했기 때문이다. 사회 구성원 모두가 지켜야 할 약속을 어겨 공동체에 부정적인 영향을 끼친다면 진정한 영웅이라고 할 수 없을 것이

▶ 해설편 54쪽

다. 그러나 친구들과 대화를 나누고 보니 불가피하게 사회 규범을 어겼지만 사회적 약자나 도움이 필요한 사람들을 위해 위험을 무릅쓰고 용기를 발휘했다는 것 역시 그의 정의로움을 판단하는 데 중요하다는 것을 깨닫게 되었고, 홍길동도 진정한 영웅이라고 생각하게 되었다.

그렇다면 소설이 아닌 현대 사회 속에서의 진정한 영웅은 어떤 사람들일까? 나는 소설 속 홍길동이 발휘한 용기에 주목하여 그 답을 찾을 수 있었다. 오늘날 용기는 사회적 약자나 도움이 필요한 사람들을 위해 노력하는 사람들의 희생과 봉사라고 생각했다. 예를 들어 재난 현장 같은 위기의 상황에서 자신보다 다른 사람의 목숨을 먼저 구해주는 분들의 희생이나, 전염병이 발생했을 때 감염의 위험을 무릅쓰고 다른 사람의 생명을 돌보는 분들의 봉사는 용기 있는 이 시대의 진정한 영웅의 모습이라고 할 수 있을 것이다.

이번 동아리 활동은 「홍길동전」과 영웅에 관한 대화를 나누며 홍길동의 영웅적 면모와 진정한 영웅에 대해 함께 생각해 볼 수 있는 좋은 기회였다. 나아가서 우리 시대의 진정한 영웅은 어려움에 처한 사람을 위해 기꺼이 희생을 받아들이고 봉사할 수 있는 사람이라는 생각을 하게 되었고, 이러한 우리 주변의 진정한 영웅들에게 응원과 감사의 마음을 전해야겠다고 다짐하게 되었다.

제대로 질문하기

❶ (가)에서 학생 1은 중간중간 대화의 내용을 정리하고 있다. (○, ×)
❷ (가)에서 홍길동이 진정한 영웅이라고 생각하는 사람은?
❸ (나)에서 학생 3은 우리 시대의 진정한 영웅은 (   )을 받아들이고 봉사할 수 있는 사람이라고 생각한다.
❹ (가)에 드러난 학생 3의 홍길동에 대한 생각이 달라졌음을 (나)를 통해 알 수 있다. (○, ×)

01 다음은 '학생 1'이 동아리 활동을 준비하면서 작성한 메모이다. (가)의 '학생 1'의 발화에서 확인할 수 있는 내용으로 적절하지 <u>않은</u> 것은?

◎ 동아리 활동 시작
 – 지난 활동에서 결정된 주제 환기하기 ········· ①
 – 발언자의 순서를 지정하기 ········· ②
◎ 동아리 활동 진행
 – 사례를 제시하여 다양한 생각을 유도하기 ········· ③
 – 대화의 내용 정리하기 ········· ④
◎ 동아리 활동 마무리
 – 다음 모임의 활동 내용 제안하기 ········· ⑤

제대로 접근법

문제 채점까지 마친 후 복습할 때 보세요.

01
말하기 전략을 평가하는 문제이다. 문제에 제시된 메모 내용을 (가)의 학생들의 대화 중 학생 1의 발화에서 확인할 수 있는지 살펴본다. '오늘은 ~ 이야기하기로 했잖아.', '먼저 이야기해 볼래?', '이번에는 네가 먼저 얘기해 볼래?', '다른 사람을 ~ 서로 생각이 다르구나.', '너희가 생각하는 ~ 입장으로 나뉘는구나.', '오늘 나눈 ~ 다음 모임 때 발표' 등의 내용으로 메모와의 부합 여부를 판단하여 문제를 해결한다.

02 [A], [B]에 대한 설명으로 가장 적절한 것은?

① [A]의 '학생 2'는 질문을 통해 '학생 3'의 견해에 대한 자신의 이해가 정확한지를 확인하고 있다.

② [A]의 '학생 3'은 자신의 의견을 뒷받침하는 권위자의 말을 인용하여 '학생 2'의 견해가 지닌 논리적 오류를 지적하고 있다.

③ [B]의 '학생 2'는 발생할 수 있는 문제 상황을 예측하면서 '학생 3'이 제시한 정보의 적절성에 의문을 제기하고 있다.

④ [A]의 '학생 2'와 [B]의 '학생 3'은 모두 객관적인 자료를 제시하면서 자신의 의견이 지닌 타당성을 부각하고 있다.

⑤ [A]의 '학생 3'과 [B]의 '학생 2'는 모두 상대방이 한 말의 일부를 인정하면서도 상대방과 다른 자신의 입장을 밝히고 있다.

제대로 접근법 ☆ 문제 채점까지 마친 후 복습할 때 보세요.

02
말하기 방식을 파악하는 문제이다. 선택지에 제시된 내용을 읽고 [A], [B]의 대화 흐름과 맥락을 고려하여 적절성 여부를 판단하자. 앞뒤 대화의 내용을 고려하여 선택지에 언급된 발화가 어떤 의미와 기능을 하는지 살펴본다. 학생들의 대화에서 '물론 많은 ~ 응원했겠지. 하지만'과, '진정한 영웅이 정의로워야 한다는 말에는 동의하지만'에 담긴 발화 의도가 무엇인지 살펴보고 이어지는 내용의 입장이 상대방의 입장인지 자신의 입장인지도 살펴보도록 하자.

03 '학생 3'이 (가)를 바탕으로 세운 글쓰기 계획 중, (나)에 반영되지 않은 것은?

① (가)에서 언급되지 않았던 영웅의 일반적 의미를 설명하며 다른 영웅보다 정의로운 홍길동의 행동을 부각해야겠군.

② (가)에서 언급된 「홍길동전」의 내용을 활용하여 불의에 맞서 약자들을 돕는 홍길동의 영웅적인 모습을 제시해야겠군.

③ (가)에서 언급된 정의로움에 대한 '학생 2'의 견해에 공감하며 홍길동에 대한 생각이 달라졌음을 드러내야겠군.

④ (가)에서 언급되지 않은 사례를 제시하며 오늘날의 진정한 영웅의 의미를 구체적으로 밝혀야겠군.

⑤ (가)에서 언급된 내용을 정리하며 홍길동의 영웅적 면모와 진정한 영웅에 대해 생각해 볼 수 있었다는 활동의 의의를 강조해야겠군.

03
계획에 따른 내용 생성 평가에 대한 문제이다. (가)와 (나)의 내용을 정확히 이해하고 있어야 하는 까다로운 문제로, 정답률이 낮았다. (나)는 학생 3이 작성한 글이다. (가)의 대화 내용을 확인하고 선택지에 제시된 내용 중 (나)에서 반영 여부를 확인할 수 없는 것을 찾아보자. 학생 3의 글이 다른 영웅보다 정의로운 홍길동의 행동을 부각하고 있는지, 불의에 맞서 약자를 돕는 홍길동의 모습이 제시되었는지, 홍길동에 대한 글쓴이의 생각이 달라졌는지, (가)에서 언급되지 않은 사례를 제시하며 오늘날의 진정한 영웅의 의미를 밝히는지, 활동의 의의를 강조하고 있는지 등을 확인하여 답을 정한다.

▶ 해설편 54쪽

04 다음은 (나)의 마지막 문단의 초고이다. 이를 고쳐 쓰기 위해 학생들이 조언한 내용 중 반영되지 않은 것은?

> 이번 동아리 활동은 「홍길동전」과 영웅에 관한 대화를 나누며 홍길동의 영웅적 면모와 진정한 영웅에 대해 함께 생각해 볼 수 있는 좋은 기회였다. 고전을 읽으면 현대 문학을 이해하는 데에도 도움이 된다. 우리 시대의 진정한 영웅은 어려움에 처한 사람을 위해 기꺼이 희생을 받아들이고 수용하는 사람이라는 생각을 하게 되었고, 이러한 우리 주변의 진정한 영웅들에게 응원과 감사의 마음을 갖게 되었다.

① 의미가 중복되어 사용된 어휘 중 하나를 삭제하는 건 어때?
② 주제에서 벗어나 통일성을 해치는 문장은 삭제하는 건 어때?
③ 너의 생각이 확장되었음을 드러낼 수 있는 단어를 추가하는 건 어때?
④ 글을 읽는 사람들에게 네가 결심한 내용에 동참할 것을 촉구하면서 마무리하는 건 어때?
⑤ 제목과 관련해 앞 문단에서 제시한 너의 생각이 정확히 드러나도록 누락된 내용을 찾아 추가하는 건 어때?

제대로 접근법 ☆ 문제 채점까지 마친 후 복습할 때 보세요.

04
고쳐쓰기를 파악하는 문제로, 정답률이 낮았다. 고쳐쓰기 문제는 항상 출제되므로, 문제의 유형을 파악하고 있어야 한다. 문제에 제시된 (나)의 마지막 문단의 초고를 살펴보고 선택지로 제시된 학생들의 조언을 확인한다. 중복된 어휘를 삭제하였는지, 통일성을 해치는 문장을 삭제하였는지, 생각의 확장을 드러내는 단어를 추가하였는지, 글쓴이 자신의 결심을 다른 사람에게 동참할 것을 촉구하며 마무리하고 있는지, 누락된 내용을 찾아 추가하였는지 살펴보고 조언 내용이 반영되지 않은 하나의 선택지를 찾도록 한다.

[05-08] (가)는 '활동 1'에 따른 대화이고, (나)는 '활동 2'에 따라 '지민'이 쓴 초고이다. 물음에 답하시오.

독후 활동
[활동 1] 책에서 인상적이었던 내용에 대해 이야기 나누기
[활동 2] '활동 1'을 바탕으로 교훈을 주는 글쓰기

(가)

지민: 선생님께서 추천해 주신 책 다들 읽었지? 나는 지금까지 인식하지 못했던 우리들의 사고 경향에 대해 생각해 볼 수 있어 좋았는데, 너희들은 어땠어?

홍철: ㉠이 책이 내가 이해하기 너무 힘든 내용을 다루고 있지는 않은지 확인하려고 목차를 봤더니 걱정이 많이 되더라. 그런데 막상 읽어 보니 쉽게 설명을 잘 해 놓았더라.

윤주: 응. ㉡이 책은 우리의 사고 경향을 일곱 가지로 나눠 각 장에서 한 가지씩 설명하는 방식으로 구성되어 있어서 내가 하루 1장씩 일주일간 읽으려고 계획했었어. 그런데 3일 만에 다 읽었어.

지민: 어떤 내용이 흥미로웠는지 말해 줄래?

윤주: 배가 정박할 때 닻을 펄에 박아 두면 배가 일정 범위를 벗어나지 못하잖아. 그것처럼 우리도 주어진 기준에 얽매여 폭넓게 사고하지 못한다고 한 부분이 흥미로웠어.

홍철: 나는 우주 왕복선 챌린저호의 폭발 사고에 대한 내용이 기억에 남아. 보고 싶은 것만 보고 받아들이고 싶은 것만 받아들이는 성향이 특정한 판단을 강화하여 유용한 정보를 놓치고 오류를 범하게 만든다는 것이었어.

지민: ㉢(메모를 살피며) 3장에서 다룬 '정박 효과'와 5장에서 다룬 '확신의 덫'이 인상적이었다고 말하는 거구나.

윤주: (목소리를 높여) 우아! 그건 책의 내용을 메모해 둔 거야?

지민: 응, 맞아. 책을 읽으면서 책의 내용을 메모해 두면 독후 활동을 할 때 유용하거든. (메모를 살피며) 나는 책의 서문에서 '그 누구도 정답만을 말할 수는 없다.'라고 한 작가의 말이 인상적이었어.

홍철: ㉣나도 이 책의 작가가 우리에게 개방적인 자세를 가져야 한다는 교훈을 전해 주고 있다는 생각이 들었어.

지민: 나도 그렇게 생각해. 그래서 말인데, 우리가 독후 활동 중 '활동 2'를 해야 하잖아. 정박 효과나 확신의 덫을 일으키는 사고 경향의 문제점을 설명하고 우리가 가져야 할 바람직한 자세에 대해 서술하는 것이 좋겠지?

홍철: 음, 그런데 이 책에서도 언급하고 있듯이 그러한 사고 경향이 나쁜 것만은 아니야.

윤주: ㉤내가 이 책을 읽는 과정에서 더 알고 싶은 내용이 생겨서 책을 읽은 뒤에 이 책의 참고 문헌에 나와 있는 책도 찾아 읽었거든. 그 책에서도 그런 점을 언급하고 있더라.

지민: 그렇구나. 내가 초고에 그 점도 언급하도록 해 볼게.

[A]
홍철: 그런데 윤주야, (엄지손가락을 치켜들며) 그새 다른 책까지 찾아 읽어 보다니 대단하다.

윤주: (겸연쩍은 표정을 지으며) 내가 할 일이 없어서 그래.

지민: (간절한 눈빛으로) 윤주야, 초고를 쓸 때 참고하려고 그러는데, 내일까지 책 내용을 요약해서 줄 수 있니?

윤주: (안타까운 표정을 지으며) 그 책을 그냥 도서관에 반납해 버렸는데 어떡하지?

지민: (상냥한 말투로) 괜찮아. 내가 관련된 자료를 찾아볼게.

윤주: 응. 도울 일이 있으면 말해 줘.

(나)

10만 원이라는 가격표가 붙은 물건을 3만 원에 살 수 있다면 우리는 이 물건을 사야 할까, 말아야 할까? 아마 우리 중 대부분은 물건의 가격이 합당한 것인가를 생각하지 않고 10만 원이라는 가격표에 얽매여 지갑 열기를 주저하지 않을 것이다. 배가 항구에 정박할 때 닻을 펄에 박아 두면 배가 일정 범위를 벗어나지 못하는 것처럼 초기에 제시된 기준이나 상황을 벗어나는 것이 쉽지 않기 때문이다. 심리학에서는 이를 '정박 효과'라고 부른다. 정박 효과는 비단 소비의 측면뿐만이 아니라 우리의 일상생활에서 흔히 일어난다. 우리는 일상에서 어떤 사람의 첫인상을 통해 그 사람의 성격을 판단해 버리는 일이 많은데, 이때의 직관적 판단은 진위 여부를 확인하는 데 오랜 시간이 걸리고 그것이 틀린 것일지라도 쉽게 바뀌지 않는다. 이 역시 정박 효과와 관련이 있다.

▶ 해설편 56쪽

우리는 자신의 판단이 옳다는 것을 확인시켜 주는 정보만을 받아들이려고 하는 사고 경향도 가지고 있다. 이러한 사고 경향은 '확신의 덫'에 빠지는 문제를 일으킨다. 우주 왕복선 챌린저호의 폭발 사고는 이러한 문제를 잘 보여 준다. 챌린저호는 발사된 지 약 72초 만에 폭발하였는데, 챌린저호의 폭발 가능성이 충분히 예견되었음에도 불구하고 관련 전문가들이 자신들의 기대와 상충하는 정보를 무시해 버렸다는 사실이 원인 규명 조사 과정에서 밝혀졌다. 전문가들조차 보고 싶은 것만 보고 믿고 싶은 것만 믿음으로써 잘못된 판단을 내리는 확신의 덫에 빠졌던 것이다. '답은 정해져 있고 너는 대답만 하면 돼.'라는 뜻을 가진 '답정너'라는 신조어를 떠올려 보면 확신의 덫에 빠져 있는 것이 어떤 것인지 쉽게 이해할 수 있다.

아마 누군가는 정박 효과나 확신의 덫과 같은 문제를 일으킬 수 있는 직관적 판단과 자기 확신을 긍정적으로도 볼 수 있다는 반응을 보일 수 있다. 정보 부족과 시간 제약의 한계가 있는 상황에서 직관적 판단은 인지적 부담을 줄여 주고 의사 결정의 효율성을 높여 준다. 또한 어떠한 판단에 대한 자기 확신은 일을 적극적으로 추진할 수 있게 해 준다. 그러나 이러한 사고 경향은 터무니없거나 편향된 판단을 이끌어 낼 수 있다. 그러므로 우리는 이러한 문제점을 인지하고 예방하기 위해 노력해야 한다. 첫째, 누구든지 자신의 판단의 오류 가능성에 대해 인정할 수 있어야 한다. 그 누구도 정답만을 말할 수는 없다. 둘째, 다른 사람들의 말을 경청할 줄 알아야 한다. 내 생각과 다른 생각도 수용할 수 있는 개방적인 자세는 경청에서부터 나온다. 이러한 두 자세를 통해 우리는 보다 합리적인 판단을 할 수 있고 나 자신과 타인, 세계를 올바르게 이해할 수 있다.

제대로 질문하기

❶ (가)에서 윤주는 책의 쪽수를 고려하여 책 읽기 계획을 세웠다. (○, ×)
❷ (가)에서 지민의 '간절한 눈빛으로'는 (   ) 표현이다.
❸ (나)에서 '확신의 덫'을 이해하는 데 도움이 되는 신조어로 제시된 것은?
❹ (나)에서 '자기 확신'은 편향된 판단을 이끌어 낼 수 있음을 지적하였다. (○, ×)

05 ㉠~㉤에 대한 이해로 적절하지 않은 것은?

① ㉠: 책을 읽기 전에 미리 책의 내용 수준을 가늠하고자 하였음을 알 수 있다.
② ㉡: 책의 구성을 고려하여 책 읽기 계획을 세웠음을 알 수 있다.
③ ㉢: 책을 읽는 과정에서 책의 내용을 메모하였음을 알 수 있다.
④ ㉣: 책에 드러난 글쓰기 형식에 대해 평가하였음을 알 수 있다.
⑤ ㉤: 책을 읽은 뒤에 책의 내용과 관련하여 확장적 독서를 하였음을 알 수 있다.

06 [A]의 발화에 대한 설명으로 가장 적절한 것은?

① '홍철'의 발화에는 상대방을 칭찬하는 언어적 표현을 강화하는 비언어적 표현이 사용되었다.
② '윤주'의 첫 번째 발화에는 상대방에게 자신을 낮추는 언어적 표현을 보완하는 준언어적 표현이 사용되었다.
③ '지민'의 첫 번째 발화에는 상대방의 의견과 일치점을 찾고자 하는 언어적 표현을 부각하는 준언어적 표현이 사용되었다.
④ '윤주'의 두 번째 발화에는 상대방에게 이익이 되도록 제안하는 언어적 표현을 강조하는 비언어적 표현이 사용되었다.
⑤ '지민'의 두 번째 발화에는 언어적 표현이 담고 있는 내용이 자신의 의도와 다른 것임을 드러내는 준언어적 표현이 사용되었다.

제대로 접근법

문제 채점까지 마친 후 복습할 때 보세요.

05
발화의 의미와 기능 이해에 대한 문제이다. 선택지에 제시된 내용이 학생들의 대화에 대한 이해로 적절한지 생각해 보자. '목차를 봤더니', '사고 경향을 일곱 가지로 나눠 ~ 일주일간 읽으려고', '(메모를 살피며)', '교훈을 전해 주고 있다는 생각', '참고 문헌에 나와 있는 책도 찾아 읽었거든.' 등의 내용을 고려하여 선택지를 검토하여 답을 정한다.

06
발화의 특징을 파악하는 문제이다. 홍철, 윤주, 지민의 대화 내용을 살펴보고 선택지에 제시된 내용이 대화의 흐름과 의도에 맞는지 살펴본다. 비언어적 표현에는 언어적 표현과는 독립적으로 의미 작용을 하는 발화자의 시선, 표정, 몸짓 등이 있고, 준언어적 표현에는 언어적 표현에 직접적으로 더해져 의미 작용을 하는 억양, 성량, 말의 속도, 어조 등이 있다. 각 발화의 괄호에 제시된 것이 비언어적 표현과 준언어적 표현 중 무엇이고 그것이 어떤 의미 작용을 하는지 판단해 보자.

07 (가)를 바탕으로 (나)를 설명한 내용으로 적절하지 않은 것은?

① (가)에 언급되지 않은 첫인상 판단에 대해 설명하여 정박 효과가 일상생활에서 흔히 일어난다는 점을 부연하였다.
② (가)에 언급된 챌린저호의 폭발 사고에 대해 정보를 추가하여 확신의 덫에 빠지는 문제를 설명하였다.
③ (가)에 언급되지 않은 신조어를 예로 들어 확신의 덫에 대한 이해를 도왔다.
④ (가)에 언급된 작가의 말을 직접 인용하여 시간 제약이 있는 상황에서 합리적 판단을 이끌어 내는 방법을 제시하였다.
⑤ (가)에 언급되지 않은 경청의 중요성에 대해 밝혀 개방적인 자세의 필요성을 강조하였다.

제대로 접근법 ☆ 문제 채점까지 마친 후 복습할 때 보세요.

07
글의 내용 조직 방법 이해에 대한 문제이다. (가)와 (나)의 지문을 모두 이해해야 풀 수 있어 까다롭다고 느낄 수 있지만 정답을 고른 학생들이 많았다. 선택지에 제시된 내용을 확인하여 (가)에 첫인상 판단에 대한 대화 내용이 있는지, (나)에서는 챌린저호의 폭발 사고에 대한 정보가 추가되고 있는지, (가)에서는 언급되지 않은 신조어가 (나)에 제시되어 있는지, (가)에 언급된 작가의 말이 (나)에서 시간 제약이 있는 상황에서 합리적 판단을 이끌어 내는 방법을 제시하기 위해 직접 인용되고 있는지, (가)에서 언급되지 않은 경청의 중요성을 (나)에서는 밝히고 개방적인 자세의 필요성을 강조하고 있는지 살펴보도록 한다.

08 〈보기〉와 관련하여 (나)에 나타난 쓰기 전략을 분석한 내용으로 적절하지 않은 것은?

〈보기〉

글쓰기는 필자와 독자의 의사소통을 위한 것이다. 글쓰기에서 필자가 전달하려는 내용이 독자에게 의미 있는 것으로 받아들여지기 위해서는 독자의 공감을 유도하는 것이 중요한데, 이때 사용할 수 있는 전략은 다양하다. 대표적으로 ⓐ1인칭 대명사를 사용하여 필자와 독자가 동일한 특성을 지니고 있는 관계임을 나타내어 독자와의 거리감을 좁히는 전략, ⓑ물음이나 독창적 표현 등을 사용하여 독자의 주의를 환기하는 전략, ⓒ글의 내용이 독자의 상황과 관련되어 있음을 밝히는 전략, ⓓ독자의 반응을 예측하여 글 속에서 미리 대응하는 전략, ⓔ독자에게 의미가 있을 만한 정보나 문제 해결 방법 등을 제시하는 전략 등이 있다.

① ⓐ와 관련하여, 필자와 독자를 모두 포함하는 '우리'라는 표현을 사용함으로써 필자와 독자의 거리감을 좁혔다.
② ⓑ와 관련하여, 상품을 구매하는 일상적 상황을 가정한 물음을 제시함으로써 독자의 주의를 환기했다.
③ ⓒ와 관련하여, 판단의 오류를 인정하지 않으려고 하는 사회적 이유를 분석하여 독자가 자신의 문제 상황을 알 수 있게 했다.
④ ⓓ와 관련하여, 직관적 판단과 자기 확신의 긍정적 측면에 내재된 문제점을 언급하여 예상되는 독자의 반응에 대응하는 입장을 제시했다.
⑤ ⓔ와 관련하여, 터무니없거나 편향된 판단을 예방하기 위해 필요한 태도를 설명함으로써 독자에게 문제 해결 방법을 알려 주었다.

08
글쓰기 전략 파악에 대한 문제이다. (나)의 내용과 함께 〈보기〉, 선택지의 내용을 제대로 파악하여야 하므로 어려워하는 학생들이 많아 정답률이 낮았다. 문제에 제시된 〈보기〉의 분석 내용을 살펴보고, 선택지에 언급된 내용의 적절성을 판단해 보자. (나)의 1문단에서 '우리', '이 물건을 사야 할까, 말아야 할까?'를 확인할 수 있고, 3문단에서 '그러나 이러한 사고 경향은 터무니없거나 편향된 판단을 이끌어 낼 수 있다.', '누구든지 자신의 판단의 오류 가능성에 대해 인정', '다른 사람들의 말을 경청' 등의 내용을 확인할 수 있다. 이 내용이 〈보기〉에 제시된 글쓰기 전략에 부합하여 표현된 것들인지 판단하고 남는 하나의 선택지를 답으로 정한다.

[09-12] (가)는 지역 신문에 실린 기사문이고, (나)는 (가)의 보도 이후에 개최된 협상이다. 물음에 답하시오.

(가)

□□ 백화점 주변의 극심한 교통 혼잡 해결되려나

구청 측과 □□ 백화점 측은 지난 9월 7일 구청에서 만나, 백화점 방문 차량으로 인해 발생하고 있는 문제들을 해결하기 위해 함께 노력하기로 큰 틀에서 합의했다.

구청 측은 최근 □□ 백화점을 방문하는 차량이 크게 증가함에 따라 교통 혼잡으로 인해 민원이 폭증하는 문제가 발생하고 있음을 지적했다. 이에 따라 구청 측은 □□ 백화점에 해결책을 조속히 마련할 것을 요청할 예정이며, 필요한 부분이 있다면 구청도 적극적으로 협조할 것이라고 말했다. 한편, 백화점 측도 문제 해결을 위해 적극적으로 나서겠다고 밝혔다. 다만 주차장 확보라는 근본적인 문제 해결이 쉽지 않다는 점을 걱정하며 구청 측의 협조가 필요함을 강조하였다.

□□ 백화점 주변의 교통량을 분석한 교통 연구소의 최근 자료에 의하면 백화점이 입점한 이후 그 전보다 주변 도로의 주말 평균 교통량이 45%나 증가했고, 평균 정체 시간도 20분이나 증가한 것으로 나타났다. ㉠이 자료에서는 주말에 백화점으로 유입되는 차량의 수가 백화점의 주차 수용력을 40% 초과하기 때문에 주차장 추가 확보가 시급하다고 분석했다.

인근 아파트 주민 김 모 씨는 백화점을 방문하는 차량으로 인해 생활에 불편을 겪는 일이 많다면서 이번 협상을 통해 문제가 해결되기를 바란다고 말했다. 양측은 세부적인 해결 방안을 협의하기 위해 이달 내 추가 협상을 진행하기로 하였다.

(나)

[A] **구청 측**: 오늘은 문제 해결을 위한 세부적인 방안에 대해 논의하겠습니다. 아시다시피, 최근 백화점 방문 차량이 많아지면서 주변의 교통 혼잡이 심각한 상황입니다. 주차장 10부제를 운영하여 백화점 방문 차량의 수가 줄어들 수 있도록 조치해 주시기 바랍니다.

백화점 측: 고객의 입장을 먼저 생각해야 하는 저희 입장에서는 쉬운 선택이 아니지만 상황의 심각성을 고려하여 주차장 10부제 운영을 적극적으로 검토해 보겠습니다. 대신 백화점 앞을 지나는 버스 노선을 증설해 주셨으면 합니다.

구청 측: 그 문제는 여러 입장에 따라 이해관계가 복잡하고 또 다른 교통 혼잡을 유발할 수 있어 곤란합니다.

백화점 측: ⓐ그렇다면 백화점 앞을 지나는 기존 마을버스의 배차 간격을 줄여 주시면 좋겠습니다.

[B] **구청 측**: 그것은 마을버스 회사와 협의해 추진해 보도록 하겠습니다. 그런데 백화점 방문자들이 인근 아파트의 주차장을 무단으로 이용하는 경우도 있고 백화점으로 진입하려는 차량들이 아파트 입구를 막아 아파트 차량의 진출입을 방해하는 경우도 많습니다. 이에 대한 해결책도 마련해 주시기 바랍니다.

백화점 측: 그럼 무단 주차 예방을 위해 현수막을 부착하고 고객 알림 문자를 발송하는 등의 조치를 하겠습니다. 또한 주차 안내 요원을 백화점 외부에도 배치해 차량의 동선을 관리하도록 하겠습니다.

[C] **구청 측**: 협조해 주신다니 감사합니다. 그렇지만 무엇보다 교통 혼잡의 문제를 근본적으로 해결하기 위해서는 백화점 내부에 주차장 추가 확보가 필요합니다. △△ 백화점처럼 건물 옥상에 주차 공간을 마련하는 것도 한 방법이 될 것입니다.

백화점 측: 저희도 옥상 주차장을 검토하였으나 설계상의 문제로 추진이 어려웠습니다. 그래서 백화점 외부에 새로운 부지를 찾고 있는데, 쉽지 않은 상황입니다. 서면으로 요청드린 바와 같이 구청 측에서 도와주시면 좋겠습니다.

[D] **구청 측**: 저희도 문제 해결 방안을 고심해 보았습니다. ○○ 유수지 주변 공터를 주차장으로 이용하는 것은 어떻습니까? 백화점과 떨어져 있기는 하지만 도보로 이동은 가능한 거리이므로 괜찮지 않겠습니까?

백화점 측: ○○ 유수지는 백화점과 떨어져 있기 때문에 손님들의 편의를 최우선으로 생각해야 하는 저희들 입장에서는 쉬운 선택이 아닙니다. 주차장 부족 현상은 주로 주말에 일어나므로 주말에 한해 백화점 가까이에 위치한 구청 주차장을 개방해 주시는 것은 어떻습니까?

[E] 구청 측: 주말에 구청의 지하 주차장은 비어 있는 경우가 많아 안 되는 것은 아니지만, 출입구가 좁고 시설도 노후화되어 많은 차량이 오갈 경우 안전 문제 등이 우려됩니다. 따라서 면밀한 검토가 필요합니다.

백화점 측: 그렇다면 저희가 구청 주차장의 시설을 개선하고 주말에는 안전 요원도 배치하도록 하겠습니다.

구청 측: 그렇게 하면 지역 주민들의 편의도 향상될 수 있겠네요. 그럼 그 방안을 적극적으로 검토해 보겠습니다.

백화점 측: 대신 우리 백화점 방문자에 한해 주차 요금을 면제해 주셨으면 합니다.

구청 측: 백화점 주차장을 무료로 운영하지 않는 상황에서 구청 주차장을 무료로 운영할 경우 이곳으로 너무 많은 차량이 몰려 또 다른 문제가 발생할 것입니다.

백화점 측: ⓑ그럼 백화점 방문자에 대해 주차 요금을 할인해 주시면 어떻습니까?

구청 측: 지하 주차장 개방 여부에 대한 검토가 우선적으로 이루어져야 할 것으로 보입니다. 주차 요금 책정 등 구체적인 운영 방안은 차후에 논의하는 것이 좋겠습니다.

백화점 측: 네, 좋습니다. 긍정적 결과를 기대하겠습니다.

제대로 질문하기

❶ (가)의 자료에서는 □□ 백화점의 (   ) 추가 확보가 시급하다고 분석하였다.
❷ (가)에서 □□ 백화점 인근에 사는 주민은 백화점 방문 차량 때문에 불편함을 느끼고 있다. (○, ×)
❸ (나)에서 구청 측은 백화점 앞을 지나는 버스 노선을 줄여 교통 혼잡을 해결하고자 한다. (○, ×)
❹ (나)에서 백화점 측이 개방하기를 요청하는 것은 어느 곳의 주차장인가?

09 다음은 기자가 취재 과정에서 작성한 메모이다. (가)에 반영되지 않은 것은?

[구청 측과 백화점 측 협상 취재]

〈구청 측과의 인터뷰〉
- □□ 백화점 방문 차량으로 인한 민원 발생 ······ ①
- 문제 해결을 위한 노력 요청 및 협조 의향 ······ ②

〈백화점 측과의 인터뷰〉
- 문제 해결을 위한 의지 표명 및 협조 당부 ······ ③

〈교통 연구소 자료 수집 및 지역 주민 인터뷰〉
- □□ 백화점 관련 교통 상황 통계 ······ ④
- 시설 개선을 통한 주차 문제 해결 사례 ······ ⑤

10 〈보기〉는 ㉠의 초안이다. 기자가 〈보기〉를 ㉠과 같이 수정한 이유로 가장 적절한 것은?

〈보기〉

이 자료에서는 □□ 백화점의 주차장 추가 확보가 시급하다고 분석했다. 그리고 주말에 백화점으로 유입되는 차량의 수가 백화점의 주차 수용력을 40% 초과한다고 했다.

① 주요 개념에 대한 정보를 추가하기 위해
② 주관적인 의견이 담긴 부분을 삭제하기 위해
③ 한 측의 입장으로 치우친 정보를 수정하기 위해
④ 긴 문장을 나누어 내용을 효과적으로 표현하기 위해
⑤ 문제 원인과 해결 방안의 순서에 따라 정보를 재배치하기 위해

제대로 접근법 문제 채점까지 마친 후 복습할 때 보세요.

09
글쓰기 계획에 따른 표현에 대한 문제이다. 문제의 메모 내용을 확인한 후 (가)를 읽고 반영되었는지 여부를 판단하자. 차량으로 인한 민원이 발생한다는 내용이 있는지, 백화점 측에서 해결책을 마련하라고 요청하고 있는지, 백화점은 문제를 해결하겠다는 의지를 밝히고 있는지, 구청의 협조를 당부하고 있는지, 백화점 주변의 교통 상황의 통계가 제시되어 있는지, 시설을 개선하여 주차 문제를 해결한 사례가 제시되어 있는지 살펴보고 확인할 수 없는 하나를 찾아 답으로 정한다.

10
내용 점검에 대한 문제이다. ㉠과 그 초안인 〈보기〉를 살펴보고 다른 내용이 무엇인지 확인하자. 수정된 부분을 확인하고 그 이유를 제대로 파악해야 하므로 비교적 정답률이 낮았다.
두 문장이 하나의 문장으로 바뀌었고, 순접 관계인 앞뒤 문장이 인과 관계 안은문장으로 바뀌었다. 이렇게 바꾼 이유로 제시된 선택지의 내용을 살펴보고 적절한 것을 찾는다. 이러한 선택지의 적절성을 따져 문제를 해결한다.

▶ 해설편 58쪽

11 다음은 '구청 측'에서 협상을 준비하는 과정에서 작성한 협상 계획서의 일부이다. 다음을 참고하여 [A]~[E]를 이해한 내용으로 적절하지 않은 것은? [3점]

논의할 내용	세부 내용
⋮	⋮
백화점 방문 차량 관련 민원	백화점 방문자들의 차량 증가에 따른 교통 혼잡 ······ ㉮
	백화점 방문자들의 아파트 주차장 무단 이용 ······ ㉯
	인근 아파트 차량의 진출입 방해 ······ ㉰
주차장 공간 확보	백화점 내부에 새로운 주차 공간 확보 ······ ㉱
	백화점 외부에 새로운 주차 공간 확보 ······ ㉲
⋮	⋮

① [A]는 ㉮와 관련된 문제의식을 드러내며 상대측에 요구 사항을 제시하고 있다.
② [B]는 ㉯, ㉰와 관련된 문제 상황을 언급하며 문제 해결을 위한 방안을 마련할 것을 상대측에 요구하고 있다.
③ [C]는 ㉱의 필요성을 언급하며 다른 사례를 참고하여 문제를 해결할 것을 제안하고 있다.
④ [D]는 ㉲와 관련하여 대안을 제시하면서 이에 대한 상대측의 수용 의사를 묻고 있다.
⑤ [E]는 ㉱, ㉲와 관련된 상대측의 요구 사항을 수용하면서 그에 상응하는 요구 조건을 직접 제시하고 있다.

12 (나)의 담화 흐름을 고려할 때, ⓐ와 ⓑ의 공통점으로 가장 적절한 것은?

① 상대측이 제시한 문제점에 대해 추가적인 설명을 요구하는 발화이다.
② 상대측의 제안을 수용할 경우 예상되는 부작용에 대해 언급하는 발화이다.
③ 상대측이 지적한 문제점을 고려하여 요구 사항을 수정하여 제시하는 발화이다.
④ 상대측이 제기할 수 있는 의견을 가정하며 그 의견의 타당성 여부를 묻는 발화이다.
⑤ 상대측의 제안을 수용하기 어려운 이유를 들어 상대측에게 양보를 요구하는 발화이다.

제대로 접근법

문제 채점까지 마친 후 복습할 때 보세요.

11
말하기 전략을 평가하는 문제이다. 문제에 제시된 협상 계획서의 '세부 내용'과 지문의 해당 부분을 연결하여 읽은 후 선택지에 설명된 내용을 확인한다. [A]에 백화점 방문자들의 차량 증가에 따른 교통 혼잡의 문제의식이 드러나는지, [B]에 백화점 방문자들의 아파트 주차장 무단 이용, 인근 아파트 차량 진출입의 방해 등의 문제 상황을 언급하는지, [C]에 백화점 내부의 새로운 주차 공간 확보 필요성을 언급하는지, [D]에 백화점 외부에 새로운 주차 공간 확보라는 대안을 제시하는지, [E]에 백화점 내부, 외부의 새로운 주차 공간 확보라는 상대측 요구 사항을 수용하는지를 먼저 살펴본 후 이해한 내용으로 적절한 선택지를 찾아보자.

12
말하기 전략을 파악하는 문제이다. ⓐ는 기존 마을버스의 배차 간격을 줄여 달라는 요청, ⓑ는 백화점 방문자에 대한 주차 요금을 할인해 달라는 요청이다. 선택지의 내용을 확인하여 둘의 공통점으로 적절한 것을 찾아보자. 문제점에 대해 추가적인 설명을 요구하고 있는지, 예상되는 부작용을 언급하고 있는지, 요구 사항을 수정하여 제시하고 있는지, 의견의 타당성 여부를 묻고 있는지, 제안을 수용하기 어려운 이유를 들고 있는지 검토하여 적절한 것을 선택한다.

1차 채점

맞은 문항 수	개
틀린 문항 수	개
헷갈리는 문항 번호	

• 틀린 문항 '/' 표시

→

2차 채점

맞은 문항 수	개
틀린 문항 수	개
헷갈리는 문항 번호	

• 틀린 문항 '×' 표시

IV부

실전 기출 모의고사

[01-03] 다음은 학생의 발표이다. 물음에 답하시오.

안녕하세요? 오늘 발표를 맡은 ○○○입니다. 저는 얼마 전 읽은 책에서 17세기의 우리 음식 중 흥미로운 음식을 발견하여 '17세기의 두 가지 음식'을 발표 주제로 정했습니다. 혹시 『음식디미방』이라는 책을 알고 계신가요? (청중의 반응을 보며) 예상대로 아는 분이 많지 않으시네요. 이 책은 1670년경에 쓰인 한글 음식 조리서로, 당대의 음식을 알 수 있는 대표적인 자료인데요, '음식디미방'이란 '음식의 맛을 아는 방법'이라는 뜻입니다. 지금부터 책에 실린 음식 중 석류탕을 먼저 소개한 후 난면을 소개하겠습니다.

먼저 화면을 보시죠. (화면에 사진을 보여 주며) 어떤 음식에 더 관심이 있으신가요? (청중의 대답을 듣고 화면을 넘기며) 네, 여러분이 관심을 보이시는 이 사진이 '석류탕'입니다. 여기서 석류는 여러분이 알고 계신 바로 그 과일의 이름입니다. 석류탕은 석류 모양으로 빚은 만두를 넣어 만든 음식이기 때문에 붙여진 이름이지요. 석류탕은 꿩고기, 무, 표고 등에 간장과 후춧가루를 넣고 볶아 만두소를 만들고, 밀가루로 만든 피에 만두소와 잣가루를 넣어 석류 모양의 만두를 빚은 뒤 맑은장국에 넣어 끓여 낸 음식입니다.

(화면을 넘기고) 이 사진은 '난면'입니다. '계란' 할 때의 '란', '냉면' 할 때의 '면'입니다. 난면은 계란 흰자와 밀가루를 반죽한 후 썰거나 분틀에 눌러 면을 만들고 이를 삶아 낸 다음 꿩고기를 삶은 국물에 그 면을 말아 만든 음식입니다.

지금까지 17세기의 두 가지 음식을 소개했습니다. 『음식디미방』에는 두 음식을 포함하여 총 146가지의 음식이 면병류, 어육류, 주국방문 및 초류, 이 세 가지로 나뉘어 소개되어 있습니다. 면병류는 밀가루로 요리한 종류, 어육류는 생선과 고기를 요리한 종류, 주국방문 및 초류는 술과 식초 종류를 말합니다. 제가 소개한 것은 어육류에 속하는 음식이었습니다. 이 외에 다른 음식에 관심 있으신 분은 책을 보시면 흥미로운 음식들을 발견할 수 있을 겁니다. 제 발표는 여기서 마무리하겠습니다. 감사합니다.

제대로 질문하기

❶ 발표의 주제는 '(　　　　)세기의 두 가지 음식'이다.
❷ 석류탕과 난면에 공통으로 사용되는 재료는?
❸ 발표자가 소개한 음식은 『음식디미방』의 어육류 항목에 속하는 음식이다. (○, ×)
❹ 발표자는 소개한 두 음식에 대하여 전문가의 의견을 인용하여 설명하고 있다. (○, ×)

▶ 해설편 60쪽

01 위 발표에 대한 설명으로 가장 적절한 것은?

① 두 가지 음식에 대해 발표한 내용을 중간중간 요약하고 있다.
② 소개한 두 음식에 대해 추가로 자료를 탐색할 것을 권유하고 있다.
③ 소개한 조리법을 활용하여 만들 수 있는 다른 음식들의 예를 들고 있다.
④ 발표자 자신의 경험과 관련하여 발표 주제의 선정 동기를 밝히고 있다.
⑤ 언급한 책의 역사적 가치를 전문가들의 서로 다른 견해를 인용하며 설명하고 있다.

02 다음은 발표자가 위 발표를 준비하면서 작성한 메모이다. ㉠~㉤을 바탕으로 하여 발표에서 사용한 발표 전략으로 적절하지 않은 것은?

〈상황 분석〉
• 수업 시간에 이루어지는 정보 전달 목적의 발표임. ……… ㉠
• 발표 장소는 대형 모니터가 설치된 교실임. ……… ㉡
• 청중이 『음식디미방』이라는 책을 잘 알지 못할 것임. ……… ㉢
• 청중이 음식 이름에 익숙하지 않을 것임. ……… ㉣

〈실행 계획〉
• 청중의 반응을 고려하여, 발표할 내용의 순서나 분량을 조정할 수 있음. ……… ㉤

① ㉠: 청중이 발표 내용을 신뢰할 수 있도록 발표에서 다루려는 음식이 소개된 문헌을 밝힌다.
② ㉡: 전달 효과를 높이기 위해 모니터를 활용해 사진을 화면으로 제시하며 설명한다.
③ ㉢: 책에 대한 청중의 사전 지식을 점검하고, 책에 대한 이해를 돕기 위해 책의 집필 시기와 책 제목의 의미를 밝힌다.
④ ㉣: 청중의 이해를 돕기 위해 청중에게 익숙한 단어를 사용하여 음식의 이름을 설명한다.
⑤ ㉤: 청중과의 상호 작용으로 파악한 청중의 관심을 반영하기 위해, 도입부에서 안내한 발표 순서를 바꾸어 소개한다.

제대로 접근법 ☆ 문제 채점까지 마친 후 복습할 때 보세요.

01
말하기 방식 파악에 대한 문제이다. 학생의 발표 내용을 확인하고 선택지 중 발표 내용에서 확인할 수 있는 것을 찾아본다. 학생은 17세기의 우리 음식 중 흥미로운 음식을 발견하여 발표 주제 선정했다고 밝히고 있다. 그리고 『음식디미방』이라는 책에 실린 음식 중 석류탕과 난면을 소개하고 있다. 이에 부합하는 선택지가 있는지 확인해 보자.

02
발표 전략을 파악하는 문제이다. 문제에 제시된 메모를 확인하고 발표 내용을 고려하여 선택지의 발표 전략의 내용이 적절한지 확인하자. '『음식디미방』이라는 책', '(화면에 사진을 보여 주며)', '이 책은 1670년경에 ~ '음식의 맛을 아는 방법'이라는 뜻', '여기서 석류는 ~ 이름입니다. 석류탕은 ~ 붙여진 이름이지요.' 등의 내용으로 적절성을 판단할 수 있는 선택지를 찾아보고 남은 하나를 답으로 정한다.

03 〈보기〉는 위 발표를 들은 학생들의 반응이다. 〈보기〉에 드러난 학생들의 듣기 방식으로 가장 적절한 것은?

〈보기〉

학생 1: 석류탕과 난면을 조리할 때 모두 꿩고기를 재료로 사용하는 걸 보니 당시에는 꿩고기가 구하기 쉬웠나 봐.

학생 2: 석류탕에서 만두 만드는 방법이 내가 아는 만두 만드는 방법과 크게 다르지 않네.

학생 3: 석류탕이 어육류에 속하는 걸 보니 고기를 핵심적인 재료로 간주해서 분류한 것 같아.

① 학생 1은 학생 2와 달리 발표에서 음식 재료를 설명한 내용이 정확한지 평가하며 들었다.

② 학생 2는 학생 1과 달리 자신이 알고 있는 조리법과 비교하며 제시된 정보를 사실과 의견으로 구분하며 들었다.

③ 학생 2는 학생 3과 달리 발표자가 두 번째로 소개한 음식의 조리법에 대한 발표 내용을 배경지식을 바탕으로 예측하며 들었다.

④ 학생 1과 학생 3은 모두 발표 내용과 관련하여 발표자가 언급하지 않은 내용을 추론하며 들었다.

⑤ 학생 2와 학생 3은 모두 사전 경험을 바탕으로 발표 내용의 효용성을 점검하며 들었다.

제대로 접근법 문제 채점까지 마친 후 복습할 때 보세요.

03
발표 내용 이해에 대한 문제이다. 지문의 내용을 제대로 이해하고 〈보기〉와 선택지의 내용도 제대로 파악해야 풀 수 있어 정답률이 높지 않았다. 문제에 〈보기〉로 제시된 학생들의 반응을 살펴보고 선택지의 내용이 적절한지 판단한다. 학생 1의 '사용하는 걸 보니 ~ 쉬웠나 봐.'와 학생 3의 '속하는 걸 보니 ~ 분류한 것 같아.'의 반응은 어떤 듣기 방식에 해당하는지 생각해 보자.

[04-08] (가)는 한 학생이 학생회 누리집 게시판에 올린 글이고, (나)는 (가)를 읽은 학생회 학생들이 나눈 대화이다. 물음에 답하시오.

(가)

안녕하세요. 저는 올해 학생회에서 개최하는 토론 한마당에 참가하고자 하는 ○○○입니다. 토론 한마당을 담당하는 학생회 운영진에게 토론 한마당 예선 방식의 개선을 건의하고자 게시판에 글을 쓰게 되었습니다.

학생회가 진행해 온 토론 한마당은 예선과 본선에서 항상 많은 청중이 참여한 가운데 대면 토론으로 진행되어 현장감이 넘친다는 장점이 있습니다. 그런데 참가 팀이 늘면서 예선을 위한 시간과 공간 부족, 예선을 운영할 인원과 심사자 확보 곤란 등의 어려움이 발생하여 이를 해소하기 위해 작년부터 예선에 참가할 수 있는 인원을 학급당 한 팀으로 제한했습니다.

하지만 이런 현행 예선 방식으로 인해 토론 한마당에 대한 학생들의 불만이 매우 높아졌다는 문제가 발생하였습니다. 학생회도 알다시피 작년 행사 이후 학교 신문이 전교생을 대상으로 실시한 설문 조사에서 토론 한마당에 불만족스럽다는 응답률이 76%로 매우 높았습니다. 불만의 원인은 예선 참가 기회가 제한되어 있는 현행 예선 방식의 한계에서 찾을 수 있습니다.

이를 해결하기 위해 더 많은 학생들이 참여할 수 있도록 예선 방식을 개선해 주십시오. 현행의 평가 방법인 대면 토론을 유지하려면 예선 기간이 짧아 참여자를 제한할 수밖에 없으니 예선 기간을 연장해 주시기 바랍니다. 예선 기간을 연장하지 않는다면 대면 토론 외의 다른 방법을 마련해 주시기 바랍니다. 실제로, 우리 학교와 학생 수도 거의 같고 토론에 대한 관심도 높은 인근 학교 중에서도 우리와 유사한 문제를 겪다가 예선 방식을 개선하여 이를 해결한 사례가 있습니다. 이 학교들에서는 대면 토론의 기간을 연장하거나, 대면 토론 대신 예선에서 토론 개요서로 평가하니까 많은 학생들이 예선에 참가할 수 있었습니다.

토론 한마당 예선의 기간을 연장하는 방식이나 평가 방법을 변경하는 방식으로 현행의 예선 방식을 개선하면 학생들이 더 많이 참가할 수 있게 되어 불만이 해소될 것입니다. 그러면 토론 한마당에 대한 학생들의 관심도 더 높아져 토론 한마당이 학생 자치 대표 행사로 자리매김하게 될 것입니다. 읽어 주셔서 감사합니다.

(나)

학생 1: 토론 한마당 행사의 예선 방식을 개선해 달라고 게시판에 올라온 글 봤지? 기간 연장은 일정상 당장 반영하기 곤란하니 참가 인원을 늘릴 수 있는 좋은 방안이 있는지 논의해 보자.

학생 2: 응. 예선 참가 인원을 학급당 한 팀으로 제한하다 보니, 토론에 참가하지 못하는 학생들이 많아져서 불만이 많다는 건데, 예선 방식을 바꿔야 되겠더라.

학생 1: 행사 운영을 위한 시간과 공간이 부족하고 심사자가 부족한 상황에서 대면 토론을 유지하다 보니 참가 인원을 제한하게 되어 불만이 많아진 거니까 대면 토론을 대신할 방안을 찾을 필요가 있어.

학생 2: 그러면 토론 개요서를 도입하는 게 좋겠어. 글에서 언급한 것이기도 하지. 논제에 대한 입장과 근거가 담긴 토론 개요서를 제출하도록 하여 예선을 치르는 거야.

학생 3: 동영상을 활용해 보는 건 어때? 참가 신청한 팀들 중 두 팀씩 서로 찬반을 나누어 토론을 하고, 그 과정을 동영상으로 촬영해 제출하게 하는 거야.

학생 1: 두 가지 방식이 여러 측면에서 달라 보이는데, 각각의 방안이 가지는 장점은 뭐라고 생각해?

학생 2: 토론 개요서로 평가하면 현행 방식일 때 예선에 참가하지 못할 학생들도 기회를 얻을 수 있어. 그리고 시간이나 장소에 구애를 덜 받고, 대면 토론을 운영할 인원이나 심사자를 섭외하는 부담도 많이 줄일 수 있어.

학생 3: 동영상을 제출하도록 하면 대면 토론과 달리 토론 시간이나 장소를 참가자들이 자율적으로 정할 수 있고, 토론 개요서를 평가할 때와 달리 참가자들이 상대방과 서로 소통하는 토론 과정을 평가할 수 있다는 장점이 있어.

학생 1: 두 방식의 단점이나 운영상 어려움에는 어떤 것들이 있을까? 청중이 모인 가운데 진행되는 대면 토론만큼의 현장감 있는 토론을 경험하기는 어려울 테니 그것 말고 얘기해 줄래?

학생 2: 동영상 촬영을 하려면 참가 팀들이 별도의 장비를 준비해야 해서 번거로워. 또 토론 개요서와 다르게 대면 토론만큼 시간이 필요하니까 많은 팀이 참가한다면 심사자의 평가 부담이 클 것 같네.

학생 3: ㉠토론 개요서로 평가하는 것보다 심사자 부담은 큰 게 맞겠네. 그런데 토론 개요서 평가는 참가자들이 소통하는 과정을 평가하긴 어려워.

학생 2: ㉡그래도 토론에서 더 중요한 건 적절한 근거를 들어 논제에 대한 자신의 입장이 타당함을 밝히는 논증 능력이니까 그걸 평가하는 건 가능하다고 생각해.

학생 3: 네 말이 맞는 것 같아.

학생 1: 나도 좋아. 토론 개요서를 평가하면 예선 참가 가능한 인원이 늘겠지. 그러면 게시판의 글에서 말한 학생들 불만이 해소될 거야. 모두들 동의했으니 이 방안을 도입하기로 하고 오늘 논의는 마무리하자.

제대로 질문하기

❶ (가)는 문제를 조사하고 분석하여 그 결론을 보고하는 형식의 글이다. (○, ×)

❷ (가)에는 유사한 문제를 겪다가 해결한 인근 학교의 사례가 언급되어 있다. (○, ×)

❸ (나)에서 언급한 동영상 방식은 대면 토론만큼 (　　　　　)이 필요하여 심사자의 평가 부담이 클 것이라는 단점이 있다.

❹ (나)에서 논의를 거쳐 결론적으로 도입하기로 한 평가 방식은 무엇인가?

04 (가)의 작문 맥락을 파악한 내용으로 가장 적절한 것은?

① 공동체의 문제를 해결할 수 있는 주체를 예상 독자로 설정했다.

② 공동체의 문제를 해결하기 위해서는 공동체 구성원 개개인의 인식 개선이 필요함을 글의 주제로 삼았다.

③ 공동체의 문제와 관련하여 가치 있는 경험을 통해 얻은 깨달음을 성찰하는 것을 작문 목적으로 설정했다.

④ 공동체의 문제와 관련하여 자신의 생각을 진솔하게 기록하기 위해 개인적인 성격이 강한 작문 매체를 선택했다.

⑤ 공동체의 문제를 조사하고 분석한 절차와 결과가 잘 드러나도록 보고하는 형식을 갖춘 글의 유형을 선택했다.

제대로 접근법

문제 채점까지 마친 후 복습할 때 보세요.

04
건의 글쓰기 맥락 분석에 대한 문제이다. 글의 맥락을 파악하는 유형은 자주 등장하므로 훈련을 해 두는 것이 좋다. 자주 등장하는 문제이지만, 비교적 정답률이 낮았다. (가)는 토론 한마당의 예선 방식에 대하여 학생들이 불만을 제기하며 학생회에 문제를 해결해 줄 것을 요구하는 내용의 건의문이다. 이를 기억하고 선택지의 내용을 살펴본다. (가)의 맥락을 파악한 것으로 가장 적절한 선택지를 찾아 문제를 해결하도록 하자.

▶ 해설편 61쪽

05 〈보기〉를 기준으로 하여 (가)를 평가한 내용으로 적절하지 않은 것은?

〈보기〉

ⓐ 해결해야 할 현재의 문제를 제시했는가?
ⓑ 문제를 사실에 근거하여 제시했는가?
ⓒ 문제의 원인을 제시했는가?
ⓓ 문제 해결 방안의 실행 가능성을 점검하여 제시했는가?
ⓔ 문제 해결을 통한 기대 효과를 제시했는가?

① 2문단에서 현행 토론 한마당의 예선 방식으로 인해 발생한 문제를 언급한 내용은, 참가 팀이 늘면서 발생한 운영상의 어려움을 문제로 제시했다는 점에서 ⓐ를 충족하는군.
② 3문단에서 토론 한마당에 대한 설문 조사 결과를 인용한 내용은, 학생들의 불만이 높다는 문제를 사실에 근거하여 제시했다는 점에서 ⓑ를 충족하는군.
③ 3문단에서 현행 예선 방식의 한계를 언급한 내용은, 참가자 제한을 학생들이 불만족한 원인으로 제시했다는 점에서 ⓒ를 충족하는군.
④ 4문단에서 인근 학교의 사례를 언급한 내용은, 유사한 상황에서 문제를 해결한 사례를 통해 기간 연장 및 평가 방법 변경의 실행 가능성을 점검하여 제시했다는 점에서 ⓓ를 충족하는군.
⑤ 5문단에서 토론 한마당의 예선 방식 개선이 가져올 결과를 언급한 내용은, 문제 해결을 통한 기대 효과를 제시했다는 점에서 ⓔ를 충족하는군.

06 (나)의 '학생 1'에 대한 설명으로 적절하지 않은 것은? [3점]

① (가)에서 토론 한마당 예선 방식 개선을 요구한 것을 논의의 계기로 삼고 있다.
② (가)에서 서술한 예선 참가 인원 제한의 배경을 언급하며 논의의 필요성을 제시하고 있다.
③ (가)에서 예선 방식 개선을 위해 제시한 두 가지 방식 각각의 장단점을 판단하게 하며 논의를 진행하고 있다.
④ (가)에서 현행 예선 평가 방법의 장점으로 언급한 내용과 관련해서는 발언에서 제외하도록 논의 내용을 제한하고 있다.
⑤ (가)에서 서술한 현행 예선 방식에 대한 불만이 해소될 것을 언급하며 논의의 결론을 제시하고 있다.

제대로 접근법 ✩ 문제 채점까지 마친 후 복습할 때 보세요.

05
건의 글쓰기 내용 평가에 대한 문제이다. 정답률이 52%로, 학생들이 상당히 어려워한 유형임을 알 수 있다. 문제의 〈보기〉에 제시된 평가 기준을 확인하고 (가)의 내용을 고려할 때 선택지의 평가 내용 중 적절하지 않은 것이 무엇인지 판단해 본다. 선택지별로 언급된 문단의 내용을 살펴보고 서술된 선택지의 내용 중 적절한 것과 적절하지 않은 것을 구별한다. 2문단에서는 '참가 팀이 늘면서 ~ 학급당 한 팀으로 제한'했다는 내용을 확인할 수 있는데 이것이 해결해야 할 현재의 문제를 제시한 것인지 생각해 보자. 다른 선택지들도 위와 같은 방법으로 적절성을 파악해 본다.

06
말하기 방식 파악에 대한 문제이다. 자주 출제되는 유형이지만 함정에 빠져 오답을 선택한 학생들이 굉장히 많았다. 이 유형은 지문을 제대로 분석하면서 선택지의 내용도 정확히 파악하여야 풀 수 있다. 먼저 학생 1의 대화 내용을 확인하고 선택지의 언급이 적절한지 판단한다. (가)에서는 예선 기간을 연장하는 방안, 대면 토론을 토론 개요서 제출로 대체하는 방안이 제시되었음을 기억하고 아래 내용을 바탕으로 문제를 해결한다. '예선 방식을 개선해 달라고', '참가 인원을 늘릴 수 있는 좋은 방안', '기간 연장은 일정상 당장 반영하기 곤란하니', '청중이 모인 ~ 그것 말고 얘기해 줄래?', '게시판의 글에서 ~ 해소될 거야. 모두들 ~ 논의는 마무리하자.' 등으로 선택지 내용의 적절성 여부를 판단하여 문제를 해결한다.

07 ㉠, ㉡의 발화에 대한 이해로 가장 적절한 것은?

① ㉠은 ㉠ 직전의 '학생 2'가 말한 내용에 담긴 의견의 일부를 긍정하면서 추가로 자신의 의견을 드러낸다.

② ㉠은 ㉠ 직전의 '학생 2'가 말한 내용에 담긴 의견에 동의를 표하면서 그 의견에 대한 상세한 설명을 요청한다.

③ ㉠은 ㉠ 직전의 '학생 2'가 말한 내용에 담긴 의견에 이의를 제기하면서 그 의견을 뒷받침하는 근거의 타당성을 지적한다.

④ ㉡은 ㉡ 직전의 '학생 3'이 말한 내용에 담긴 의견을 뒷받침할 수 있는 근거를 덧붙이면서 공감을 드러낸다.

⑤ ㉡은 ㉡ 직전의 '학생 3'이 말한 내용에 담긴 의견의 핵심을 재진술하면서 그 의견에 대해 동의를 유보한다.

제대로 접근법 ☆ 문제 채점까지 마친 후 복습할 때 보세요.

07
말하기 전략 평가에 대한 문제이다. 학생들의 대화의 흐름과 맥락을 고려하여 선택지에 제시된 내용이 적절한지 판단하자. ㉠의 학생 3은 '토론 ~ 맞겠네.'라고 학생 2가 말한 내용을 일부 긍정한 후 '그런데 ~ 어려워.'로 자신의 의견을 드러내고 있으나 학생 2의 의견에 대한 상세한 설명을 요구하거나 이의를 제기하고 있지는 않다. ㉡의 학생 2는 학생 3이 말한 의견에 공감을 하거나 동의를 유보하는 것이 아니라 앞서 제시한 자신의 의견이 타당함에 대해 추가적인 설명을 하고 있음을 알 수 있다.

08 (나)의 흐름을 다음과 같이 정리할 때, ㉮에 해당하는 내용으로 적절하지 않은 것은?

> 문제 인식 및 대안 생성 → ㉮ 대안에 대한 검토 → 최선의 대안 선택

① 동영상 방식의 장점으로, 참가자들이 시간과 장소를 자율적으로 정할 수 있다는 점이 언급되었다.

② 동영상 방식의 장점으로, 대면 토론에 비해 심사자 섭외의 부담을 줄일 수 있다는 점이 언급되었다.

③ 동영상 방식의 단점으로, 참가자가 별도의 촬영 장비를 준비해야 한다는 점이 언급되었다.

④ 토론 개요서 방식의 장점으로, 현행 방식에 비해 더 많은 학생이 예선에 참여할 수 있다는 점이 언급되었다.

⑤ 토론 개요서 방식의 단점으로, 참가자들의 소통 과정을 평가하기 어렵다는 점이 언급되었다.

08
대화 내용 파악에 대한 문제이다. (나)에서의 대안은 '토론 개요서로 평가, 동영상을 활용'하는 것이고, 이 대안에 대해 학생들이 검토를 하고 있다. 선택지에 제시된 내용과 학생들 사이의 대화 내용 중 일치하지 않는 것이 있는지 찾아보자. 학생 2, 학생 3의 토론 개요서로 평가하는 방안과 동영상을 제출하도록 하는 방안에 대해 언급한 내용을 꼼꼼하게 살펴보면 답을 쉽게 찾을 수 있을 것이다.

[09-11] 다음은 '건강 상식' 잡지의 편집장이 보낸 요청과 그에 따라 기자가 작성한 초고이다 물음에 답하시오.

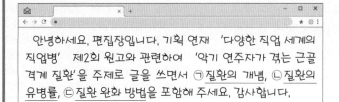

안녕하세요. 편집장입니다. 기획 연재 '다양한 직업 세계의 직업병' 제2회 원고와 관련하여 '악기 연주자가 겪는 근골격계 질환'을 주제로 글을 쓰면서 ㉠질환의 개념, ㉡질환의 유병률, ㉢질환 완화 방법을 포함해 주세요. 감사합니다.

〈초고〉

직업성 질환 중 하나인 근골격계 질환은 근육, 신경, 뼈와 주변 조직 등 근골격계에 발생하는 손상 또는 통증을 말한다. 사무직의 요통이 대표적인 예이다. 악기 연주자들도 연주를 할 때 주로 사용하는 부위에 근골격계 질환을 겪는다.

악기 연주자들의 근골격계 질환 유병률을 악기군과 부위의 범주로 나누어 차이를 살펴보면 다음과 같다. 먼저 악기군별로 보면, 다른 악기 연주자들보다 건반 악기 연주자들의 유병률이 가장 높았다. 피아니스트 ○○○ 씨는 오랜 시간 건반에 손을 얹고 손가락을 과도하게 사용하다 보니 손목과 손가락에 통증이 심하다고 고충을 토로하며, 주변의 건반 악기 연주자들도 흔히 겪는 질환이라고 덧붙였다. 다음으로 부위별 유병률을 보면 목, 어깨, 팔꿈치, 손목과 같은 상지 부위에서 유병률이 가장 높았고, 부위별로 구체적인 유병률은 악기군에 따라 차이를 보였다. 악기군에 따른 근골격계 질환의 전체 부위 유병률 순위와 부위별 유병률 순위는 일부 차이를 보였다.

악기군별로 차이는 있지만, 연습 중 휴식, 운동, 연주 자세, 연주 기간 등이 근골격계 질환의 유병률에 영향을 미친다. 그렇다면 악기 연주자의 근골격계 질환 완화를 위한 방법은 무엇일까? 악기 연주자들이 실천할 수 있는 방법 중 특히 도움이 되는 것은 연습 중의 규칙적인 휴식이다. 이와 관련하여 근골격계 질환에 영향을 미치는 요인에 대한 악기 연주자의 인식 개선이 필요하다. 또한 근골격계 질환 완화에 도움이 되도록 적절한 운동을 하는 것도 필요하다.

제대로 질문하기

❶ '초고'에는 근골격계 질환의 발병 유형이 제시되어 있다. (○, ×)
❷ 악기 연주자들은 연주를 할 때 주로 (   ) 에 근골격계 질환을 겪는다.
❸ 근골격계 질환의 유병률이 가장 높은 악기군은?
❹ 악기 연주자들의 근골격계 질환을 완화하는 데에는 연습 중 규칙적인 휴식이 특히 도움이 된다. (○, ×)

09 초고에서 ㉠~㉢을 작성할 때 활용한 글쓰기 방법으로 가장 적절한 것은?

① ㉠: 질환의 개념을 묻고 답하는 방식으로 제시했다.
② ㉡: 두 범주를 설정하여 범주별로 질환 유병률의 차이를 제시했다.
③ ㉡: 악기 연주자의 질환 경험 사례를 악기군별로 제시했다.
④ ㉢: 질환 완화 방법을 질환의 부위별로 분석하여 제시했다.
⑤ ㉢: 질환 완화에 효과가 있는 운동의 과정을 단계별로 제시했다.

제대로 접근법 문제 채점까지 마친 후 복습할 때 보세요.

09
글쓰기 방법 파악에 대한 문제로, 정답률이 높지 않았다. 선택지에 제시된 내용이 〈초고〉에 어떻게 나타나고 있는지 확인한다. 1문단에서 질환의 개념을 묻고 답하는 방식으로 제시하였는지, 2문단에서 두 범주를 설정하여 범주별로 질환 유병률 차이를 제시하였는지, 악기 연주자의 질환 경험 사례가 악기군별로 제시된 문단이 있는지 살펴보자. 3문단에서 질환 완화 방법을 질환의 부위별로 분석하여 제시하였는지, 질환 완화에 효과가 있는 운동의 과정을 단계별로 제시하였는지 살펴보고 가장 적절한 것을 답으로 정한다.

10 다음은 초고를 보완하기 위해 추가로 수집한 자료이다. 자료 활용 방안으로 적절하지 않은 것은? [3점]

(가) □□ 의학회 논문 자료

악기 연주자의 근골격계 질환의 전체 부위 유병률은 관악기는 57.6%, 건반 악기는 75.0%, 현악기는 68.1%로 나타났다. 통증 부위에 따른 유병률은 상지 부위의 경우, 관악기 대비 건반 악기가 1.82배, 현악기가 1.57배였고, 하지 부위는 관악기 대비 건반 악기가 1.72배, 현악기가 0.84배로 나타났다.

(나) △△ 연구소 통계 자료

(나-1)

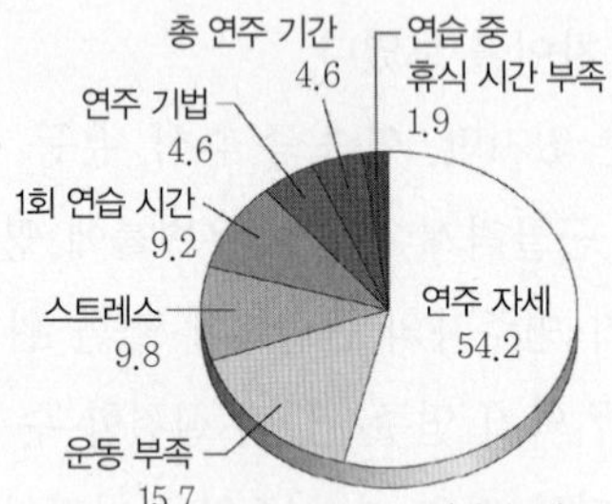

〈근골격계 질환에 영향을 미치는 요인에 대한 악기 연주자들의 인식〉

(나-2)

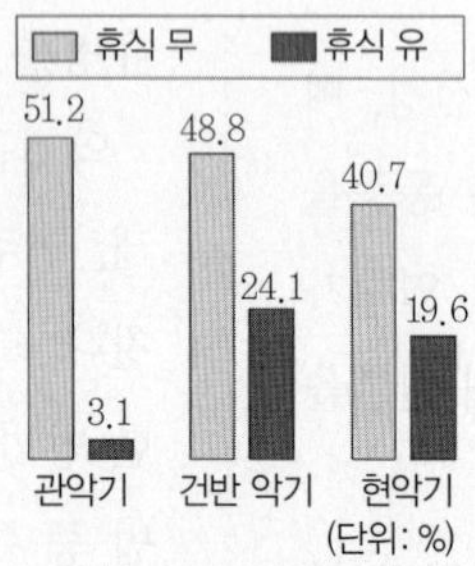

〈연습 중 휴식 유무에 따른 근골격계 질환 유병률〉

(다) ◇◇ 대학교 의대 교수 인터뷰 자료

"스트레칭 운동으로 근육의 긴장을 완화하고, 안정화 운동을 통해 바른 자세로 교정하면 근골격계에 도움이 됩니다."

① (가)를 활용하여, 악기군별 상지 부위의 유병률 차이에 대해, 건반 악기의 유병률이 가장 높고 다음으로 현악기, 관악기순이라는 내용으로 2문단을 구체화한다.

② (가)를 활용하여, 악기군에 따른 부위별 유병률 순위에 대해, 상지 부위와 달리 하지 부위의 유병률은 전체 부위 유병률과 순위가 일치하지 않는다는 내용으로 2문단을 보강한다.

③ (나-1)을 활용하여, 질환의 유병률을 낮추는 데 도움이 되는 방법에 대해, 근골격계 질환이 연주 자세에 미치는 영향에 대한 인식 개선이 필요하다는 내용으로 3문단을 구체화한다.

④ (나-2)를 활용하여, 연습 중 휴식이 악기군별 유병률에 미치는 영향에 대해, 관악기의 경우가 현악기보다 유병률을 낮추는 데 휴식의 영향이 더 크다는 내용으로 3문단을 구체화한다.

⑤ (다)를 활용하여, 질환 완화에 도움이 되는 운동에 대해, 근골격계에 도움이 되는 운동과 그 효과에 관한 내용으로 3문단을 보강한다.

제대로 접근법

☆ 문제 채점까지 마친 후 복습할 때 보세요.

10
자료 활용 방안의 적절성 평가에 대한 문제이다. 제시된 자료, 지문의 내용, 선택지의 내용을 모두 파악해야 하는 까다로운 문제로, 정답률이 상당히 낮았다. 문제에 제시된 추가로 수집된 자료의 내용을 먼저 확인하고 선택지에 제시된 내용을 살펴서 적절하지 않은 선택지 하나를 찾자. (가)의 의학회 논문 자료에는 전체 부위, 상지 부위, 하지 부위에 대한 유병률, (나-1)에는 근골격계 질환에 영향을 미치는 요인에 대한 악기 연주자들의 인식, (나-2)에는 연습 중 휴식 유무에 따른 근골격계 질환 유병률, (다)의 인터뷰에서는 스트레칭이 근골격계에 도움이 된다는 내용이 제시되었다. 선택지에 제시된 내용 중 자료의 내용이 잘못 제시되었거나 활용 방안이 잘못된 것이 있는지 살펴 문제를 해결한다.

▶ 해설편 63쪽

11 다음은 초고를 쓴 기자가 잡지 편집장에게 보낸 이메일의 일부이다. ⓐ에 들어갈 내용으로 가장 적절한 것은?

초고에 대한 검토 의견 중 (ⓐ) 요청에 따라 첫 문단을 아래와 같이 수정했습니다.

> 직업성 질환 중 하나인 근골격계 질환은 근육, 신경, 뼈와 주변 조직 등 근골격계에 발생하는 손상 또는 통증을 말한다. 주로 장기간의 반복된 작업으로 근골격계에 손상이 누적되어 나타난다. 악기 연주자들도 연주를 할 때 유사한 동작을 오래 반복하다 보니 주로 사용하는 부위에 근골격계 질환을 겪는다.

① 직업성 질환이 아닌 예 삭제, 근골격계 질환의 발병 이유 추가
② 직업성 질환이 아닌 예 삭제, 근골격계 질환의 발병 조건 추가
③ 다른 직업군의 예 삭제, 근골격계 질환의 발병 부위 추가
④ 다른 직업군의 예 삭제, 근골격계 질환의 발병 유형 추가
⑤ 다른 직업군의 예 삭제, 근골격계 질환의 발병 원인 추가

제대로 접근법 ☆ 문제 채점까지 마친 후 복습할 때 보세요.

11
정보 전달 글쓰기 내용 점검, 조정에 대한 문제이다. 문제에 제시된 첫 문단과 지문의 〈초고〉 내용을 비교하여 달라진 부분을 확인하고 그 부분이 선택지의 어느 것에 해당하는지 생각해 보자. 〈초고〉의 1문장은 수정하지 않았고, 2문장의 '사무직의 요통이 대표적인 예이다.'는 삭제되었다. 3문장에는 '유사한 동작을 반복하다 보니'가 추가되었고 수정한 글의 2문장인 '주로 장기간의 반복된 작업으로 근골격계에 손상이 누적되어 나타난다.'는 없던 문장을 새로 추가한 것이다. 이 문장이 선택지의 설명 중 무엇에 해당하는지 판단하고 삭제와 추가의 내용이 모두 적절하게 제시된 하나의 선택지를 찾아 답으로 선택한다.

1차 채점

맞은 문항 수	개
틀린 문항 수	개
헷갈리는 문항 번호	

• 틀린 문항 '/' 표시

→

2차 채점

맞은 문항 수	개
틀린 문항 수	개
헷갈리는 문항 번호	

• 틀린 문항 '×' 표시

◉ 권장 풀이 시간 : 4분 20초

[01-03] 다음은 텃밭 가꾸기를 안내하기 위한 사례 발표이다. 물음에 답하시오.

안녕하세요. 텃밭 선배 ○○○입니다. 잘 들리시나요? (청중의 반응을 살피며 큰 목소리로) 잘 안 들리시는 것 같으니 좀 더 크게 말씀드릴게요. 저는 텃밭을 처음 가꿀 때 가정에서 필요한 다양한 작물을 심고 싶었어요. 아마 15제곱미터 정도의 좁은 텃밭을 가꾸기 시작하시는 여러분도 비슷한 마음이실 거예요. 그러면 어떻게 해야 할까요? (잠시 뒤에) 작물을 심기 전에 효율적인 배치를 위해 작물 배치도를 그려 보면 도움이 됩니다.

(화면에 자료를 제시하며) 왼쪽은 제가 첫해 심은 작물의 배치도이고, 그 옆은 다음 해에 그것을 수정한 배치도입니다. 첫해 배치에는 두 가지 문제가 있었는데요, 우선 작물의 키를 고려하지 않았다는 점이에요. 해는 동쪽에서 떠서 한낮에 남쪽을 지나 서쪽으로 지고 해가 떠 있는 반대 방향으로 그림자가 생기죠. 작물은 광합성이 많이 이루어지는 오전부터 한낮까지 그림자의 영향을 최소한으로 받아야 잘 자랄 수 있어요. 이를 고려해 키가 작은 작물을 동쪽과 남쪽에 배치해야 해요. (자료를 가리키며) 그런데 보시는 것처럼 상대적으로 키가 큰 고추와 옥수수를 동쪽에 배치하여 상추와 감자에 그늘이 많이 생겼어요.

두 번째 문제는 작물의 재배 기간을 고려하지 않았다는 점이었어요. (자료를 가리키며) 제가 4월부터 텃밭을 가꾸기 시작했는데 8월에 옥수수를 수확한 후 같은 자리에 배추를 심었어요. 그런데 문제는 남쪽에 심은 고추의 재배 기간이었어요. 고추 재배가 10월까지 계속되는 바람에 배추가 광합성을 많이 하지 못했거든요. 그래서 좁은 땅을 효율적으로 사용하기 위해 기존 작물을 수확하고 다른 작물로 교체할 때에는 주변 작물의 재배 기간도 함께 고려하여 배치해야 한다는 것을 알았어요.

(자료를 다시 가리키며) 다음 해에는 이러한 실패를 교훈 삼아 작물의 키 순서에 따라 작은 것부터 상추는 남동쪽, 감자는 북동쪽, 고추는 남서쪽, 옥수수는 북서쪽에 배치했어요. 그리고 감자 수확 이후 재배 기간과 주변 작물의 키를 고려해 감자 위치에 배추를 심었더니 첫해와 동일한 위치임에도 배추가 더 잘 자랐어요.

좁은 텃밭에 다양한 작물을 잘 기르고 싶으신가요? 그렇다면 배치도를 그려 효율적으로 텃밭을 가꿔 보세요. 땀을 흘려 손수 먹거리를 수확하는 기쁨을 누리실 수 있을 겁니다.

제대로 질문하기

❶ 발표의 제재는 무엇인가?
❷ 발표자는 좁은 텃밭을 효율적으로 가꾸는 방법에 관해 말하고 있다. (○, ×)
❸ 발표자는 동영상을 활용하여 작물을 배치하는 과정을 생생하게 보여 주고 있다. (○, ×)
❹ 작물을 배치할 때 고려해야 하는 것은 작물의 (　　　　)와 작물의 (　　　　)이다.

▶ 해설편 65쪽

01 위 발표자의 말하기에 대한 설명으로 적절하지 않은 것은?

① 그림을 그리면서 설명을 하여 청중의 이해를 돕고 있다.
② 준언어적 표현을 조절하여 발표의 전달력을 높이고 있다.
③ 자신의 경험에 비추어 청중의 관심을 짐작하여 말하고 있다.
④ 질문하고 답하는 방식을 사용하여 발표 내용을 전달하고 있다.
⑤ 청중이 얻을 수 있는 효용을 제시하며 실천을 권유하고 있다.

02 발표자의 자료 활용 계획 중 발표에 반영되지 않은 것은? [3점]

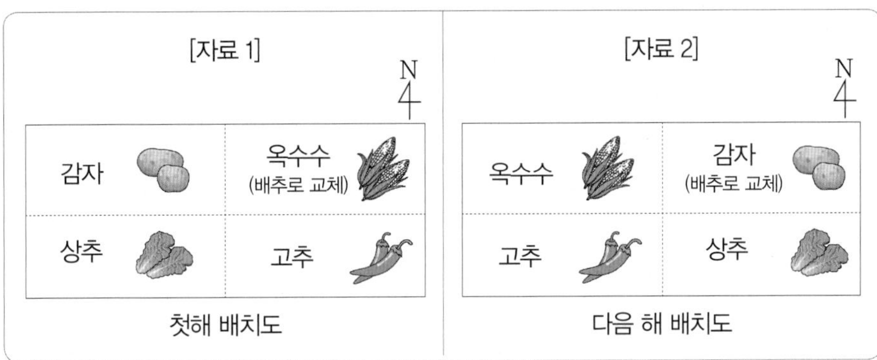

① 상추보다 키가 큰 고추가 상추의 동쪽에 배치되어 상추에 그늘이 많이 생겼음을 [자료 1]을 활용하여 설명해야지.
② 옥수수를 수확하고 나서 심은 배추가 고추 때문에 광합성이 부족했음을 [자료 1]을 활용하여 설명해야지.
③ 작물들의 키 순서를 고려하여 감자를 북동쪽에 배치했음을 [자료 2]를 활용하여 설명해야지.
④ 키가 제일 큰 옥수수는 어느 위치에 심어도 잘 자랄 수 있었음을 [자료 1]과 [자료 2]를 활용하여 설명해야지.
⑤ 동일한 위치에서도 주변 작물에 따라 배추가 자라는 정도가 달랐음을 [자료 1]과 [자료 2]를 활용하여 설명해야지.

제대로 접근법

문제 채점까지 마친 후 복습할 때 보세요.

01
발표 표현 전략에 대한 문제이다. 선택지를 보고 발표 내용에서 확인할 수 없는 발표 전략을 찾아보자. 선택지와 관련된 부분에 밑줄을 그으며 사용되지 않은 하나의 발표 전략을 찾는다.
발표자는 '시각 자료 활용', '준언어적 표현 사용', '청중의 관심 분석', '문답의 방식', '청중에게 권유' 등과 같은 발표 전략을 사용하고 있다. 이러한 전략들이 지문에서 어떻게 구현되는지 확인하여 발표 전략들의 특징과 효과를 이해하자.

02
발표에서 활용하는 자료에 대한 문제이다. 문제에서는 발표자가 사용했을 시각적 자료를 제시하고 있는데, 발표 내용을 바탕으로 이 자료를 해석해야 한다. [자료 1]은 첫해 배치도이고, [자료 2]는 다음 해 배치도이다. 방위표를 이용해 작물들의 위치가 어떻게 변화했는지 확인하고, 발표 내용을 참고하여 그 이유를 파악한다. 광합성이 부족한 작물이 발생하지 않도록 작물들의 키 순서를 고려하여 배치해야 한다는 점을 기억하면 적절하지 않은 선택지를 쉽게 찾을 수 있다.

03 발표 내용을 참고할 때 <보기>에 제시된 청중의 반응을 이해한 내용으로 가장 적절한 것은?

〈보기〉

청자 1: 작물을 수확하고 난 후 다른 작물로 교체한 이유를 제시하지 않았는데, 작물을 교체한 이유가 뭘까?

청자 2: 브로콜리가 케일보다 키가 크게 자란다고 알고 있어. 이번에 케일과 브로콜리를 심을 계획인데, 들은 것을 활용해 봐야겠어.

청자 3: 작물들의 키 순서만 알려 줘서, 작물들이 다 자랐을 때의 키를 알 수 없었어. 작물들의 키를 구체적으로 알려 주면 좋았겠어.

① 청자 1은 발표 내용의 정확한 이해를 바탕으로 발표 내용에서 보완할 점을 지적하고 있다.

② 청자 2는 자신이 알고 있던 사실과 발표 내용을 비교하며 발표에서 다룬 정보의 문제점을 제시하고 있다.

③ 청자 3은 자신이 필요하다고 생각하는 내용이 다루어지지 않았음을 지적하며 아쉬워하고 있다.

④ 청자 1과 청자 2는 모두 자신의 과거 경험을 떠올리며 발표 내용에 의문을 제기하고 있다.

⑤ 청자 2와 청자 3은 모두 발표 내용이 적용되지 않는 예외적 상황이 있는지 검토하고 있다.

제대로 접근법 ☆ 문제 채점까지 마친 후 복습할 때 보세요.

03
발표 내용에 대한 이해를 바탕으로 발표 내용을 평가하는 문제이다. 〈보기〉는 발표에 대한 청중의 반응을 정리한 것으로, 청중이 언급한 내용을 중심으로 지문을 다시 확인해야 한다.
발표 내용과 〈보기〉를 비교하며 청중의 반응을 올바르게 설명하고 있는 선택지를 찾아보자. 혹은 적절하지 않은 선택지를 하나씩 지워 나가고, 헷갈리는 선택지가 있다면 발표 내용이나 〈보기〉를 근거로 다시 한번 적절성을 판단해 본다.

[04-08] (가)는 비평문을 쓰기 위해 학생들이 나눈 대화이고, (나)는 이를 바탕으로 작성한 초고이다. 물음에 답하시오.

(가)

학생 1: '디스토피아 작품의 인기 현상'에 대한 글을 쓰기 위해 오늘 함께 이야기하기로 했는데 자료 좀 찾아봤어? 우리 동아리 이름으로 교지에 실을 글이니까 어떤 내용으로 구성하면 좋을지 이야기해 보자.

학생 2: 디스토피아의 정의부터 확인하고 시작하면 어떨까?

학생 1: 내가 그럴 줄 알고 사전을 찾아봤지. 디스토피아는 유토피아랑 반대되는 뜻으로 암울한 미래상을 의미해.

학생 3: 나는 기사를 검색해 봤는데 현실의 문제를 소재로 디스토피아적 세계를 형상화한 영화나 드라마가 요즘 엄청난 인기를 끌고 있다고 하더라고.

학생 2: ㉠ 나도 주변 친구들이 디스토피아 작품의 각종 소품을 사는 걸 보고 인기를 실감했어. 그런데 작품 속 세계를 충격적으로 표현한 자극적인 장면은 문제가 된다던데?

학생 3: 내가 봤던 기사에서도 그 점이 문제가 된다고 하더라고. 사람들이 자극적인 장면에 반복적으로 노출되면 불안감을 느끼고 현실에 대한 회의주의에 빠질 수 있다고.

학생 1: 자극적인 장면이 지금 우리가 사는 세상을 더 부정적으로 보게 만든다는 거구나. 그렇지?

학생 3: 맞아. 자극적인 장면은 메시지를 전달하기 위한 장치일 뿐인데, ㉡ 자극적인 장면이 주는 재미에 빠져서 작품이 담고 있는 메시지를 못 보는 게 문제가 되는 거지.

학생 2: 나는 디스토피아 소설을 찾아 읽어 봤어. 「멋진 신세계」라는 작품인데 과학 기술로 인간의 감정까지 통제하는 사회에 대한 이야기야. 꽤 오래전 작품인데도 작가가 그린 미래상이 대단히 실감나고 정교하게 표현되어서 놀라웠어.

학생 3: ㉢ 어, 나도 그 소설 봤는데, 과학 기술의 발전이 불행을 초래했는데도 사람들이 그걸 깨닫지 못하는 암울한 세상에 대한 이야기야.

학생 2: 오래전 작품인데 요즘에도 많이 읽히는 것은 디스토피아 작품의 인기 현상과 관련이 있는 것 같아.

학생 1: 아까 디스토피아 작품이 담고 있는 메시지에 대해 이야기하다 말았잖아. 구체적인 메시지가 뭔지 알려 줄래?

학생 3: ㉣ 부정적인 미래상을 통해서 현재의 사회상을 비판한다는 거지.

학생 1: 디스토피아적 미래가 어차피 허구인데 어떻게 현재 사회를 비판한다는 건지 잘 모르겠는데?

학생 3: ㉤ 허구적 미래가 현재를 비판한다는 게 이해가 안 되는 거구나. 디스토피아 작품은 현재의 사회 문제가 극단화되면 미래에 나타날 수 있는 가상의 상황을 실감나게 표현해. 우리는 그걸 보면서 사회가 지닌 문제의 위험성을 미리 깨달을 수 있는 거야.

학생 1: 아, 그러니까 그런 암울한 세상이 오기 전에 경계하자는 메시지를 담고 있는 거구나.

학생 2: 응, 디스토피아 작품의 메시지에 대해 글에서 자세히 설명하면 독자들의 이해에 도움이 되겠다.

학생 1: 그래, 일단 내가 초고를 쓸 테니 나중에 점검 부탁해. 모두들 고마워.

(나)

디스토피아 작품의 인기 몰이가 심상치 않다. 디스토피아를 다룬 영화와 드라마가 흥행하면서 '디스토피아 작품, 전 세계를 사로잡다'와 같은 제목의 기사가 쏟아지고 있다. 사전적 정의에 따르면 디스토피아는 부정적 측면이 극단화된 암울한 미래상이다. 유토피아와 마찬가지로 현실 어디에도 존재하지 않는 세계를 뜻하지만, 긍정적 의미를 지니는 유토피아와 반대로 디스토피아는 부정적 의미를 담고 있다.

디스토피아 작품의 인기 현상에 대해 부정적인 관점을 지닌 사람들은 작품이 주는 불편함을 이야기한다. 디스토피아 작품에서는 어떤 형태로든 일그러지거나 붕괴된 모습으로 세계가 묘사되기 때문이다. 이와 같이 충격적으로 묘사된 자극적인 장면에 반복적으로 노출되면, 불안 심리가 가중되어 현실을 부정적으로 인식하게 되고 결국 회의주의나 절망에 빠질 수 있다고 우려한다.

그러나 디스토피아 작품은 현실의 문제점이 극단화되면 나타날 수 있는 세계를 통해 현실의 문제를 경계하게 하므로 디스토피아 작품의 인기 현상은 긍정적이다. 디스토피아 작품은 과학 기술의 오남용, 핵전쟁, 환경 파괴 등을 소재로, 작가가 기발한 상상력으로 구현한 디스토피아적 세계를 제시한다. 우리는 그러한 세계에 몰입함으로써 암울한 미래상이 도래해서는 안 된다는 점을 깨닫게 된다.

물론 디스토피아 작품의 인기 현상 때문에 자극적으로 묘사된 장면이 초래하는 문제가 부각되어 보일 수 있지만, 이러한 장면은 오히려 무감각하게 받아들이고 있는 현실의 문제점을 강렬하게 자각하도록 하는 필수적인 장치로 보아야 한다. 그리고 이는 주제 의식을 드러내는 데 효과적으로 기여한다. 가령, 디스토피아 작품의 고전이라 할 수 있는 「멋진 신세계」에서는 사람들이 과학 기술을 지나치게 신뢰하다가 오히려 이에 종속당하는 충격적인 미래상을 암울하게 그리고 있다. 하지만 이를 통해 과학 기술에 대한 맹신이 현재 우리 사회가 점검해야 할 문제라는 점을 깨닫게 한다.

디스토피아 작품의 메시지는 우리가 현실의 문제를 인식하여 그 문제가 극단화되지 않도록 경계하게 한다는 점에서 큰 의미가 있다. 그리고 이러한 디스토피아 작품의 인기 현상은 사회를 개선하는 계기가 될 것이므로 이를 긍정적으로 보아야 한다. 디스토피아 작품들이 인기를 얻고 있는 요즘, 디스토피아 작품을 감상하며 현실의 문제를 성찰해 보는 것은 어떨까.

제대로 질문하기

❶ (가)의 대화와 (나)의 초고의 중심 소재는 무엇인가?
❷ 디스토피아는 현실에서 존재하지 않는 아름다운 세계를 의미한다. (○, ×)
❸ (나)의 글쓴이는 디스토피아 작품을 부정적으로 바라보고 있다. (○, ×)
❹ (나)의 글쓴이는 자신과 상반되는 입장의 의견을 반박하며 설득력을 높이고 있다. (○, ×)

04 위 대화에서 '학생 1'에 대한 설명으로 적절하지 않은 것은?

① 대화 참여자에게 대화의 목적을 밝히며 참여를 유도한다.
② 대화 참여자에게 자신이 조사한 내용이 이해되는지 확인한다.
③ 대화 참여자에게 자신이 이해한 내용이 맞는지 점검한다.
④ 대화 참여자의 발언과 관련해 추가적인 설명을 요청한다.
⑤ 대화 참여자와 대화를 진행하면서 자신의 이해를 심화한다.

제대로 접근법 ☆ 문제 채점까지 마친 후 복습할 때 보세요.

04
대화 표현 전략에 대한 문제이다. 선택지에 제시된 표현 전략이 '학생 1'의 발화에서 확인되는지 찾아보자. 지문에서 확인되는 부분에 밑줄을 긋고, 그와 관련하여 선택지에서 올바르게 설명하고 있는지 생각해 본다.
①은 첫 번째 발화, ②는 두 번째 발화, ③은 세 번째 발화, ④는 네 번째 발화, ⑤는 다섯 번째와 여섯 번째 발화를 통해 선택지의 적절성을 판단해 본다.

▶ 해설편 66쪽

05 대화의 흐름을 고려할 때, ㉠~㉤에 대한 이해로 가장 적절한 것은?

① ㉠: 앞선 발화 내용에 동의하며 디스토피아 작품의 인기 원인을 보여 주는 사례를 언급하고 있다.
② ㉡: 자신의 발언을 부연하며 디스토피아 작품의 메시지가 무엇인지 강조하고 있다.
③ ㉢: 대화의 내용을 상기하며 과학 기술 발전에 대한 반대 입장에 동의함을 드러내고 있다.
④ ㉣: 질문에 답변하며 부정적인 미래상에 대해 대화 참여자가 잘못 파악한 부분을 바로잡고 있다.
⑤ ㉤: 앞선 발화 내용을 재진술하며 디스토피아 작품과 관련하여 상대가 궁금해하는 점을 확인하고 있다.

06 다음은 '학생 1'이 (가)의 대화 내용을 정리하여 (나)의 글쓰기 계획을 세운 것이다. 글쓰기 계획 중 (나)에 반영되지 않은 것은? [3점]

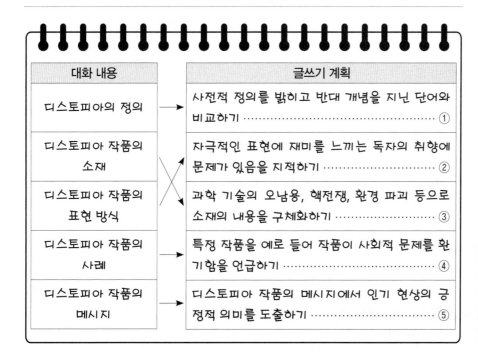

대화 내용	글쓰기 계획
디스토피아의 정의	사전적 정의를 밝히고 반대 개념을 지닌 단어와 비교하기 ······ ①
디스토피아 작품의 소재	자극적인 표현에 재미를 느끼는 독자의 취향에 문제가 있음을 지적하기 ······ ②
디스토피아 작품의 표현 방식	과학 기술의 오남용, 핵전쟁, 환경 파괴 등으로 소재의 내용을 구체화하기 ······ ③
디스토피아 작품의 사례	특정 작품을 예로 들어 작품이 사회적 문제를 환기함을 언급하기 ······ ④
디스토피아 작품의 메시지	디스토피아 작품의 메시지에서 인기 현상의 긍정적 의미를 도출하기 ······ ⑤

제대로 접근법 문제 채점까지 마친 후 복습할 때 보세요.

05
대화 맥락을 분석할 수 있는지 묻는 문제이다. ㉠~㉤의 앞뒤 문장을 살펴보면서 발화의 내용과 의도, 발화의 효과를 파악한다. 그 후 선택지에서 ㉠~㉤을 올바르게 설명하고 있는지 판단한다.
㉠에서 '디스토피아 작품의 인기 원인을 보여 주는 사례'가 언급되는지, ㉡에서 '디스토피아 작품의 메시지가 무엇인지' 언급되는지, ㉢에서 '과학 기술 발전에 대한 반대 입장에 동의'하는 내용이 있는지, ㉣에서 '대화 참여자가 잘못 파악한 부분'을 바로잡고 있는지, ㉤에서 재진술을 통해 '상대가 궁금해하는 점을 확인'하고 있는지 살펴보자.

06
대화 내용을 반영하여 글쓰기 내용을 바르게 생성했는지 묻는 문제이다. 글쓰기 계획으로 제시된 선택지들이 (나)에 반영되었는지 판단해야 한다. 선택지에 언급된 내용이 (나)의 어느 부분에서 확인되는지 찾아보고, 밑줄을 그어 보자. 선택지와 지문의 내용을 비교해 보며 지문과 다른 선택지 하나를 골라 본다.
2문단에는 디스토피아 작품의 자극적인 장면에 대한 부정적인 견해가 제시되어 있고, 4문단에는 자극적인 장면의 필요성이 제시되어 있다. 이를 참고하여 지문에서 '자극적인 표현에 재미를 느끼는 독자'를 언급하고 있는지 살펴보자.

07 〈조건〉을 반영하여 (나)의 제목을 작성한 것으로 가장 적절한 것은?

〈조건〉

- 디스토피아 작품의 주제 의식을 반영하여 글쓴이의 관점을 드러낼 것.
- 부제에서 비유적 표현을 활용할 것.

① 디스토피아란 무엇인가
– 디스토피아 작품의 인기 현상을 진단하다

② 디스토피아, 우리 사회의 자화상
– 디스토피아 작품에 드러난 우리의 모습

③ 말초 신경을 자극하는 디스토피아 작품
– 묵직한 메시지를 가볍게 다루다

④ 디스토피아 작품 열풍, 더 나은 사회를 향한 열망
– 아픈 사회를 들여다보는 거울이 되다

⑤ 어디에도 없지만, 어디에나 있는 디스토피아 세상
– 디스토피아 작품을 통한 새로운 세상과의 대화

제대로 접근법 ✩ 문제 채점까지 마친 후 복습할 때 보세요.

07
글쓰기의 표현 전략에 관한 문제이다. 문제에 제시된 조건을 모두 만족하는 글의 제목을 골라야 한다. 첫 번째 조건은 글쓴이의 관점이 드러나야 한다는 것이고, 두 번째 조건은 비유적 표현이 사용되어야 한다는 것이다. 비유적 표현이 사용되지 않은 선택지를 먼저 지운 다음, 표제와 부제에 주제 의식과 글쓴이의 관점이 담겨 있는지 판단해 보자.
(나)의 5문단에서 '디스토피아 작품은 우리가 현실의 문제를 인식하여 그 문제가 극단화되지 않도록 경계하게 한다는 점에서 의미가 있고, 이것은 사회를 개선하는 계기가 될 것'이라며 글쓴이의 관점을 드러내고 있다. 이러한 관점이 담긴 선택지를 골라내고, 비유적 표현이 사용되었는지 다시 한번 확인한다.

08 '학생 2'가 다음의 점검 기준에 따라 (나)를 점검한다고 할 때, 그 내용으로 적절하지 않은 것은?

점검 기준	점검 결과 (예/아니요)
• 사회적으로 관심을 가질 만한 사안임을 드러냈는가?	ⓐ
• 필자가 선택한 관점의 주장을 드러냈는가?	ⓑ
• 필자가 선택한 관점의 약점을 보완했는가?	ⓒ
• 필자가 선택하지 않은 관점의 주장도 다루었는가?	ⓓ
• 필자가 선택하지 않은 관점의 약점을 비판했는가?	ⓔ

① 디스토피아 작품이 흥행하고 이와 관련된 기사가 쏟아지고 있다고 언급한 점을 고려하여 ⓐ에 '예'라고 해야지.

② 디스토피아 작품이 현실의 문제를 경계하게 하므로 작품의 인기 현상이 긍정적이라고 언급한 점을 고려하여 ⓑ에 '예'라고 해야지.

③ 우려에도 불구하고 자극적인 장면이 현실의 문제점을 자각하게 하는 필수적인 장치라고 언급한 점을 고려하여 ⓒ에 '예'라고 해야지.

④ 디스토피아 작품이 회의주의에 빠지게 하므로 작품의 인기 현상이 부정적이라고 언급한 점을 고려하여 ⓓ에 '예'라고 해야지.

⑤ 충격적인 묘사에 반복적으로 노출되면 현실의 문제점을 무감각하게 받아들이게 된다고 언급한 점을 고려하여 ⓔ에 '예'라고 해야지.

08
글쓰기 내용의 점검 및 조정에 관한 문제이다. 문제에서 글을 점검하는 기준이 나오고, 그 기준을 근거로 (나)를 점검하고 있다. 선택지에 언급된 내용이 지문에 제시되고 있는지 확인하고, 기준에 부합하게 글을 점검하고 있는지 판단해 보자.
디스토피아 작품에 관련된 기사가 쏟아지고 있다는 내용은 1문단에서, 디스토피아 작품이 현실의 문제를 경계하게 하므로 작품의 인기 현상을 긍정적으로 본다는 내용은 3문단과 5문단에서, 디스토피아 작품의 자극적인 장면이 현실의 문제를 자각하게 하는 필수적 장치라는 내용은 4문단에서, 디스토피아 작품이 회의주의에 빠지게 하므로 작품의 인기 현상이 부정적이라는 내용은 2문단에서, 충격적인 묘사에 관한 내용은 2문단에서 확인할 수 있다.

◉ 권장 풀이 시간 : 4분 30초

[09-11] 다음은 작문 상황과 이를 바탕으로 학생이 작성한 초고이다. 물음에 답하시오.

• **작문 상황** : ○○ 지역 신문의 독자 기고란에 청소년 문제와 관련해 주장하는 글을 쓰려 함.

• **초고**

최근 감염병 유행에 따른 일상의 변화로 인해 무기력이나 우울과 불안 등의 부정적 감정을 겪는 청소년이 늘고 있다. 청소년기는 자아 정체성을 확립해 가는 시기로 부정적인 감정이 계속되면 부정적인 정체성을 형성할 우려가 있다. 그러므로 ㉠ 현 상황의 문제 해결을 위해 청소년을 위한 감정 관리 프로그램을 확대 실시해야 한다.

현재 우리 지역에서는 청소년의 감정 관리를 위해 전문 상담 기관을 운영하고 있다. 이를 근거로 청소년의 감정 관리 프로그램이 실시되고 있어 프로그램 확대 실시는 필요 없다고 주장할 수 있다. 하지만 기존의 감정 관리 프로그램은 소수의 청소년만을 대상으로 하며 전문적인 상담 활동만으로 시행된다는 한계가 있다.

감정 관리 프로그램은 청소년이 자신의 감정을 알아차리고 이해함으로써 상황에 따라 감정을 조절할 수 있도록 돕는 것을 목표로 한다. 청소년을 위한 감정 관리 프로그램의 실질적인 확대 실시를 위해서는 실시 대상의 확대와 활동 내용의 다양화라는 두 가지 방향에서 접근해야 한다. ㉡ 실시 대상의 확대가 필요한 이유는 부정적 감정을 겪는 청소년이 증가했고, 심각한 감정 상태임에도 기존의 전문 상담 기관을 찾지 않는 청소년이 있기 때문이다. 그리고 ㉢ 활동 내용의 다양화가 필요한 이유는 부정적 감정과 관련한 청소년 개개인의 다양성을 고려하여 보다 다양하고 단계적인 활동을 마련해야 청소년의 개인적 특성에 맞는 감정 관리 활동을 선택할 수 있기 때문이다.

[A] 요컨대 청소년 문제에 적극적으로 대응하고 청소년이 심리적으로 건강한 청소년기를 보낼 수 있도록 대상을 모든 청소년으로 확대하여 감정 관리 프로그램을 실시해야 한다. 이를 위해 지역 구성원의 관심이 필요하다.

제대로 질문하기

❶ 초고에서는 청소년 정신 건강을 위해 (   )을 확대 실시해야 한다고 주장하고 있다.
❷ 글쓴이는 감정 관리 프로그램의 실시 대상을 확대하고 (   )을 다양화해야 한다고 주장한다.
❸ 초고는 부정적인 감정을 겪는 청소년들을 예상 독자로 가정하고 쓴 글이다. (○, ×)
❹ 글쓴이는 청소년 시기에 겪는 부정적인 감정이 정체성 형성에 커다란 영향을 미친다고 본다. (○, ×)

09 '초고'에 대한 설명으로 가장 적절한 것은?

① 문제의 원인을 항목별로 유형화하였다.
② 일반적 통념이 지닌 모순을 지적하였다.
③ 주장에 대해 예상되는 반론을 반박하였다.
④ 자신의 주장이 지닌 한계점을 제시하였다.
⑤ 다양한 문제 해결 방안의 장단점을 비교하였다.

제대로 접근법 문제 채점까지 마친 후 복습할 때 보세요.

09
글쓰기 표현 전략을 바르게 파악했는지 묻는 문제이다. 필자가 자신의 생각을 효과적으로 전달하기 위해 어떤 표현 전략을 사용하고 있는지 파악해야 한다. 선택지에 제시된 표현 전략이 지문에서 확인되는지 찾아보며 적절한 선택지를 고르도록 한다. 사용되지 않은 나머지 표현 전략도 다음 시험을 위해 제대로 공부하고 넘어가자.

10 〈보기〉는 '초고'를 보완하기 위해 추가로 수집한 자료이다. ㉠~㉢과 관련한 자료 활용 방안으로 적절하지 <u>않은</u> 것은?

〈보기〉

[자료 1] ○○ 지역 청소년 대상 설문 조사

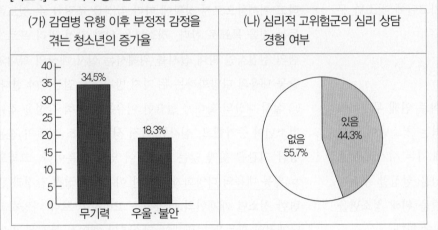

(가) 감염병 유행 이후 부정적 감정을 겪는 청소년의 증가율	(나) 심리적 고위험군의 심리 상담 경험 여부

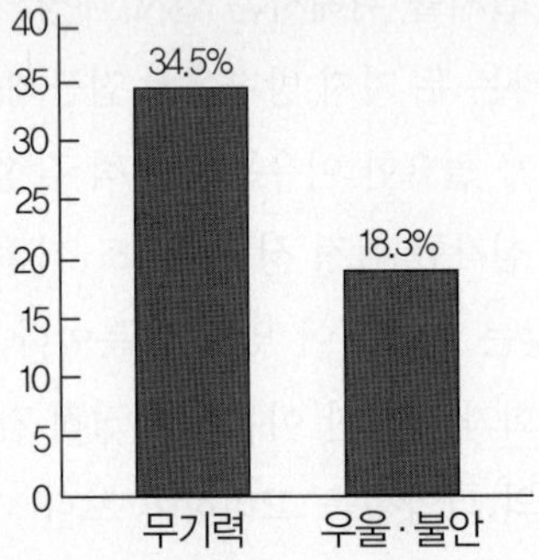

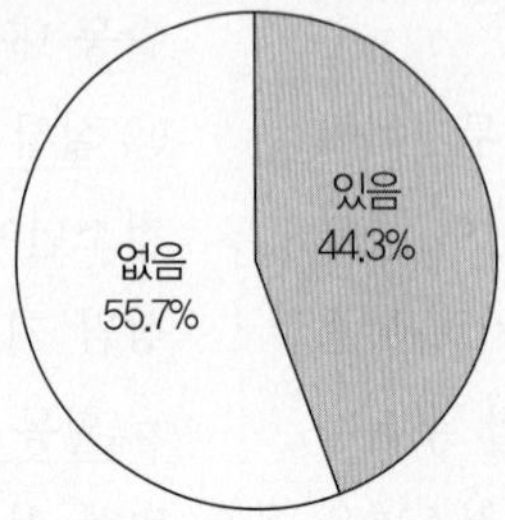

[자료 2] △△ 학술지의 논문

청소년기에 부정적인 감정을 유발하는 환경에 자주 노출되면 뇌 성장이 저해된다. 뇌가 제대로 성장하지 않으면 감정을 과잉 표출하거나 위험한 행동을 하게 된다. 우울, 불안, 짜증 등이 지속되면 뇌의 해마가 손상되어 학습에 어려움이 생기고 학업 능력의 저하도 발생할 수 있다.

[자료 3] ○○ 지역 교육 상담 전문가 면담

"청소년을 대상으로 적용할 수 있는 감정 관리 프로그램으로는 마음 알아차리기, 감정 노트 쓰기, 독서 치료 등이 있습니다. 실제로 전교생을 대상으로 감정 노트 쓰기를 실시한 학교에서는 학생들의 부정적 감정이 감소되고 학교생활을 긍정적으로 인식하게 되었다는 연구 결과가 있습니다."

① [자료 1]의 (가)와 (나)를 활용하여, ㉡이 필요한 이유를 뒷받침하는 자료로 부정적 감정을 겪는 청소년의 증가율과 심리 상담 경험이 없는 고위험군 청소년의 비율을 추가한다.

② [자료 2]를 활용하여, ㉠이 필요한 이유로 청소년기의 부정적 감정이 관리되지 않으면 뇌 성장이 저해될 수 있다는 점을 추가한다.

③ [자료 3]을 활용하여, ㉢의 적용 방법으로 학교에서 학생들의 감정 관리를 돕기 위해 실시할 수 있는 구체적인 활동의 예를 제시한다.

④ [자료 1]의 (가)와 [자료 2]를 활용하여, ㉠이 필요한 이유로 부정적 감정을 겪는 청소년이 늘어난 현상이 학습 및 학업에 곤란을 겪는 청소년의 증가로 이어질 가능성이 있음을 추가한다.

⑤ [자료 1]의 (나)와 [자료 3]을 활용하여, ㉢에 따른 기대 효과를 보여 주는 자료로 전문 상담 기관이 학생들의 부정적 감정 해소에 도움을 주었다는 연구 결과의 사례를 제시한다.

제대로 접근법 ☆ 문제 채점까지 마친 후 복습할 때 보세요.

10
추가로 수집한 자료를 적절하게 활용할 수 있는지 평가하는 문제이다. 지문의 ㉠~㉢이 어떤 내용인지 확인하고, 〈보기〉로 제시된 자료의 의미를 분석하여 선택지에서 언급하고 있는 내용이 적절한지 판단하자.

[자료 1]에는 부정적 감정을 겪는 청소년의 증가율과 심리적 고위험군의 심리 상담 경험 여부가 제시되어 있다. [자료 2]에는 부정적 감정이 지속될 때의 위험성이 제시되었으며, [자료 3]에는 감정 관리 프로그램의 다양한 활동과 감정 노트 쓰기의 효과가 제시되었다. ㉠~㉢을 뒷받침할 수 있는 자료는 무엇인지 생각해 보고, 자료를 적절하게 활용하지 않은 선택지를 찾아 문제를 해결한다.

▶ 해설편 68쪽

11 〈보기〉는 [A]를 고쳐 쓴 것이다. 그 과정에서 반영된 교사의 조언으로 가장 적절한 것은?

〈보기〉

요컨대 부정적 감정을 겪는 청소년이 늘고 있는 상황에 적극적으로 대응하고 청소년이 긍정적 자아 정체성을 형성할 수 있도록 청소년 감정 관리 프로그램의 실시 대상을 확대하고 활동 내용을 다양화해야 한다. 이를 위해 청소년 감정 관리 문제에 지역 구성원 모두의 관심이 필요하다.

① 실행 방법이 나타나지 않았으니 글에서 언급한 실행 방법을 강조하는 게 어때?
② 예상 독자가 언급되지 않았으니 예상 독자에게 호소하며 글을 마무리하는 게 어때?
③ 해결 방안 중 일부만 제시되어 있으니 글에서 다룬 주장을 모두 포함하는 게 어때?
④ 앞서 논의한 내용과 거리가 있는 내용이 제시되어 있으니 이를 지우고 글의 요점을 제시하는 게 어때?
⑤ 해결 방안의 이점을 다루지 않았으니 실행을 통해 기대할 수 있는 변화를 구체적으로 드러내는 게 어때?

제대로 접근법 ✩ 문제 채점까지 마친 후 복습할 때 보세요.

11
고쳐쓰기의 이유를 추론하는 문제이다. 학생은 교사의 조언을 듣고, [A]를 〈보기〉와 같이 수정했다. [A]와 〈보기〉를 비교하며 어떤 내용이 어떻게 달라졌는지 파악한다. 달라진 내용을 중심으로 교사가 어떤 조언을 했을지 생각해 본다. 선택지의 내용을 살펴보고, 가장 적절한 조언 내용을 담고 있는 선택지를 찾는다. 〈보기〉는 [A]와 달리 실시 대상의 확대뿐만 아니라 활동 내용의 다양화도 언급하고 있다는 점을 알고 있어야 한다.

1차 채점

맞은 문항 수	개
틀린 문항 수	개
헷갈리는 문항 번호	

• 틀린 문항 '/' 표시

→

2차 채점

맞은 문항 수	개
틀린 문항 수	개
헷갈리는 문항 번호	

• 틀린 문항 '×' 표시

[01-03] 다음은 학생의 발표이다. 물음에 답하시오.

안녕하세요? 오늘 발표를 맡은 ○○○입니다. 개똥쑥에서 말라리아 치료 성분을 발견했다는 지난주 특강 내용 기억나시나요? (청중의 대답을 듣고) 네, 인류를 살리는 식물에 관한 얘기였죠. 이런 식물이 지구상에서 사라진 상황, 상상이 되시나요? (㉠ 화면을 보여 주며) 나무의 경우 30%에 해당하는 종이 멸종 위기라고 합니다. 또 다른 조사 결과에 따르면 (㉡ 화면을 보여 주며) 보시는 바와 같이 전체 식물 중 40%에 해당하는 종이 멸종 우려 수준이라고 합니다. 그래서 식물을 품고 있는 씨앗, 즉 종자의 보존은 중요합니다. 오늘 발표는 그 종자 보존과 관련된 내용입니다.

종자를 보존하기 위한 시설로 시드볼트가 있습니다. 종자와 금고를 합친 말인데, 용어가 어려우니 종자 금고라고 할게요. 종자 금고는 기후 변화나 전쟁 등 예기치 못한 재앙으로 인한 식물의 멸종을 막기 위해 지어진 종자 영구 보관 시설입니다. 여기서 잠깐 퀴즈를 내 볼게요. 종자 금고는 전 세계에 몇 군데 있을까요? (청중의 대답을 듣고) 아, 정답자가 없네요. 놀라지 마세요. (손가락 두 개를 펼쳐 보이며) 단 두 나라, 노르웨이와 우리나라에 있습니다.

인류의 미래를 지키는 데 일조하고자 지은 우리나라 종자 금고는 경북 봉화군에 있습니다. (㉢ 화면을 보여 주며) 화면 속 건물 아래쪽에 보이는 공간이 저장고가 있는 지하의 모습인데, 외부 영향을 최소화하기 위해 지하에 종자를 보관하고 있습니다. 우리나라뿐만 아니라 외국의 종자도 기탁받아 4천 종 넘게 보관하고 있는데, 저장고 내부는 종자의 발아를 억제해 장기 보관이 가능하도록 적정 온도와 습도를 유지하고 있습니다. 보관된 종자는 특수한 상황이 아니면 반출하지 않는데 식물의 멸종이나 자생지 파괴 등을 대비해 보관하고 있기 때문입니다.

종자를 지키는 일은 미래를 지키는 일입니다. 다음 세대에 물려주어야 할 살아 있는 유산인 씨앗. 씨앗을 보존하기 위한 노력의 일환인 우리나라의 종자 금고는 그런 점에서 의미가 크다고 할 수 있습니다. 제가 준비한 내용은 여기까지인데 궁금한 점을 질문 받고 발표를 마무리할까 합니다.

제대로 질문하기

❶ 발표의 제재는 무엇인가?
❷ 발표자는 청중의 참여를 유도하여 청중의 흥미를 끌고 있다. (○, ×)
❸ 우리나라 종자 금고에는 우리나라뿐 아니라 외국의 종자도 보관하고 있다. (○, ×)
❹ 보관된 종자는 종자 개발을 위해 외부로 자주 반출된다. (○, ×)

▶ 해설편 69쪽

01 위 발표자의 말하기 방식으로 가장 적절한 것은?

① 청중에게 친숙한 사례로 개념 간의 차이를 부각하고 있다.
② 비언어적 표현을 통해 청중의 행동 변화를 촉구하고 있다.
③ 발표 중간중간에 청중의 질문을 받으며 청중과 상호 작용하고 있다.
④ 청중과 공유하고 있는 경험을 언급하여 청중의 주의를 환기하고 있다.
⑤ 발표 내용에 대한 청중의 이해 정도를 확인한 후 이어질 발표의 순서를 안내하고 있다.

02 다음은 발표자가 보여 준 화면이다. 발표자의 시각 자료 활용에 대한 설명으로 가장 적절한 것은?

〈멸종 위기에 처한 나무〉	〈멸종이 우려되는 식물〉	〈우리나라 종자 보관 시설〉
 국제 식물원 보존 연맹(2021)	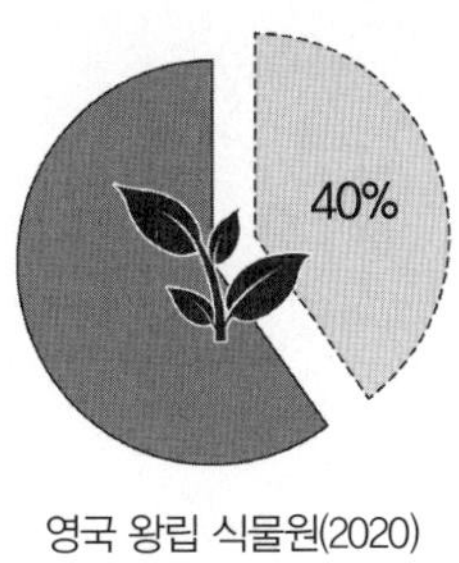 영국 왕립 식물원(2020)	
[화면 1]	[화면 2]	[화면 3]

① [화면 1]은 매년 나무 종이 얼마나 감소하고 있는지를 보여 주는 자료로 ㉠에 제시하였다.
② [화면 1]은 멸종 위기의 나무 종 중에서 종자가 보존되고 있는 종의 비율을 보여 주는 자료로 ㉠에 제시하였다.
③ [화면 2]는 전체 멸종 우려 종에서 식물 종이 차지하는 비율을 보여 주는 자료로 ㉡에 제시하였다.
④ [화면 3]은 외부 영향을 최소화하기 위해 종자를 지하에 보관하고 있음을 보여 주는 자료로 ㉢에 제시하였다.
⑤ [화면 3]은 지하 종자 저장고의 위치가 종자의 발아 상태에 따라 달라짐을 보여 주는 자료로 ㉢에 제시하였다.

제대로 접근법

문제 채점까지 마친 후 복습할 때 보세요.

01
발표 표현 전략에 관한 문제이다. 발표자는 시각 자료 활용, 문답의 방식, 비언어적 표현 사용, 청중과의 상호 작용 등 다양한 발표 전략을 사용하고 있다. 선택지를 보고 발표에서 사용한 표현 전략이 무엇인지 파악하고, 발표에 사용되었더라도 선택지에서 표현 전략의 효과를 올바르게 설명하고 있는지 판단한다. 발표 내용에서 찾을 수 없는 나머지 표현 전략들도 다음 시험을 위해 정확하게 공부해 두자.

02
발표에서 활용된 자료 및 매체에 관한 문제이다. 오답률이 높지 않았던 평이한 문제로, 문제에 제시된 화면 내용을 이해하고, 선택지의 언급이 적절한지 판단하면 된다.
[화면 1]은 멸종 위기에 처한 나무가 30%에 달함을, [화면 2]는 멸종이 우려되는 식물이 40%에 달함을, [화면 3]은 우리나라 종자 보관 시설의 모습으로 종자가 지하에 보관되고 있음을 보여 주고 있다. 자료의 내용과 상관없는 내용을 언급하는 선택지를 지우고, 자료를 올바르게 해석한 선택지 하나를 답으로 정한다.

03 다음은 청자와 발표자가 나눈 질의응답의 일부이다. [A]에 들어갈 청자의 질문으로 적절하지 않은 것은?

> **청자**: 발표 잘 들었습니다. 그런데 듣고 나서 궁금한 점이 생겨 질문합니다.
>
> [A]
>
> **발표자**: 그 내용은 발표에 없었네요. 추가로 그 내용에 대해 알려 드릴게요.

① 종자 금고는 현재 두 나라에 있다고 하셨는데, 두 나라의 종자 금고에는 어떤 차이점이 있나요?

② 기탁받은 종자를 보관하고 있다고 하셨는데, 종자를 기탁받는 절차는 어떻게 되나요?

③ 현재 보관 중인 종자 규모를 말씀하셨는데, 종자 금고에는 우리나라 종자만 보관하나요?

④ 적정한 온도를 유지해 종자를 보관한다고 말씀하셨는데, 적정 온도는 어떻게 되나요?

⑤ 종자 금고에 보관된 종자는 특수한 상황이 아니면 반출하지 않는다고 하셨는데, 반출했던 경우가 있나요?

제대로 접근법

☆ 문제 채점까지 마친 후 복습할 때 보세요.

03

발표 내용을 바르게 이해하고 반응했는지 평가하는 문제이다. 문제에는 청자와 발표자의 대화가 제시되어 있고, 청자의 질문이 빈칸으로 제시되어 있다. 발표자의 답변으로 [A]의 내용을 유추해 볼 때 빈칸에는 발표 내용에서 확인할 수 없는 질문이 나와야 한다.

선택지를 하나하나 읽어 보며 지문에서 확인할 수 있는 내용인지 파악하자. '청자의 질문으로 적절하지 않은' 하나를 고르는 문제이기 때문에 지문에서 확인할 수 있는 내용을 질문하는 선택지를 답으로 골라야 한다.

[04-08] (가)는 학교 신문에 실을 글의 초고이고, (나)는 (가)를 수정하기 위한 대화이다. 물음에 답하시오.

(가)

청소년의 팬 상품 소비가 우려된다

일요일 오후에 방문해 본 우리 학교 근처의 한 '팬 상품' 판매점. 옷이나 소품 등 연예인과 관련하여 판매되는 상품인 팬 상품을 사려는 청소년들로 북적였다. 최근 청소년들 사이에서 팬 상품의 인기가 뜨겁다. 국내 팬 상품 시장의 규모는 2020년 기준 약 2,200억 원으로 2014년과 비교해 크게 확대되었다.

하지만 청소년의 팬 상품 소비는 여러 가지 우려되는 점들이 있다. 우선 충동적으로 팬 상품을 소비하는 비율이 높다. ㉠ 2020년에 실시한 설문 조사에 따르면 약 67%가 충동적으로 팬 상품을 산 적이 있다고 응답했다. 이러한 일회성 소비는 잘못된 소비 습관의 형성으로 이어질 수 있다.

다음으로 과시적 소비도 문제로 지적된다. 사회학자 유△△ 교수는 "청소년의 과시적인 팬 상품 소비는 남과 차별화하고 싶은 욕구의 그릇된 발현이다."라고 그 원인을 밝혔다. 과시적인 팬 상품 소비는 물질적인 요소로 자신을 드러내야 한다는 잘못된 가치관을 형성하게 할 수 있다.

마지막으로 소외감을 느끼지 않으려고 팬 상품을 소비하는 일 역시 우려된다. 1학년 정○○은 "친구들은 다 갖고 있는데 나만 없으면 소외감을 느낄까 봐 산 적도 많아요."라며 인터뷰 과정에서 속마음을 드러내었다.

따라서 팬 상품 소비에 대한 청소년들의 바람직한 태도가 요구된다. 정신과 전문의 박□□의 저서 『청소년의 팬 상품 소비문화』에서 언급하였듯이 청소년들은 합리적이고 주체적인 소비 태도를 갖출 필요가 있다. 물론 기업이 디자인과 실용성을 갖춘 팬 상품을 판매하는 일이 선행되어야 한다.

(나)

학생 1: 청소년의 팬 상품 소비를 다룬 초고를 검토할 차례지?

학생 2: 응, 초고는 내가 작성했어. 편집부장은 조금 늦는대. 우리부터 의견 나누고 있자.

학생 1: 그래. 그런데 초고에 부정적인 관점의 내용만 제시했던데?

학생 2: 친구들을 보면 우려스럽다는 생각이 들 때가 많아. 학생들이 팬 상품 소비에 대해 바람직한 태도를 지녔으면 해서 그렇게 썼어.

[A]
학생 1: 그런데 긍정적인 면도 분명 있잖아. 즐거움이나 행복과 같은 정서적 만족감을 느낄 수 있고, 관심사가 같은 친구들끼리 더욱 친밀해지기도 하고. 그러니 두 관점의 내용을 균형 있게 제시해야 할 것 같아.
학생 2: 나도 그런 긍정적인 면이 있다는 의견에 동의해. 하지만 주변 친구들을 보면 우려되는 점이 더 커 보여. 팬 상품 소비의 바람직한 태도를 강조하려면 우려되는 면을 부각하는 게 맞지 않을까?

[B]
학생 3: (들어오며) 회의에 늦어서 정말 미안해. 회의 시작 시간을 착각했어.
학생 1: 괜찮아. 이제 막 시작했어.

[C]
학생 2: 너도 두 관점을 모두 제시하는 게 낫다고 생각해?
학생 3: (어리둥절해하며) 두 관점이라니 무슨 말이야?

[D]
학생 1: 방금까지 청소년의 팬 상품 소비에 대해 긍정하는 관점과 우려하는 관점의 내용을 균형 있게 다룰지, 우려하는 관점의 내용만 다룰지 논의 중이었어.

[E]
학생 3: 아, 그랬구나. 판매 수익 기부처럼 팬 상품 소비가 사회에 선한 영향력을 미치기도 하잖아. 학생들이 균형 잡힌 시각에서 바람직한 태도에 대해 생각해 볼 수 있게, 괜찮다면 두 관점의 내용을 모두 글에 담아 줄 수 있어?

학생 2: 듣고 보니 내가 너무 우려되는 점만 강조하려 한 것 같아. 팬 상품 소비의 긍정적인 면에 대한 내용을 추가해 볼게.

학생 1: 좋아. 그러면 제목도 그에 맞게 수정 부탁해.

학생 2: 알겠어.

학생 1: 다음으로 초고의 세부 내용을 검토해 보자.

학생 3: 2문단은 충동적 소비를 다루고 있잖아. 그러니 마지막 문장의 일회성 소비라는 표현은 적절해 보이지 않아.

학생 2: 다시 보니 그렇네. 문단의 중심 내용과 어울리는 표현으로 교체할게.

학생 1: 같은 문단에서 설문 조사 자료를 인용할 때 빠뜨린 게 있어. [Ⓐ]

학생 2: 설문 조사 자료의 내용을 믿기 어려운 문제가 있겠구나. 확인해서 수정할게.

학생 1: 혹시 더 검토할 부분이 있을까?

학생 3: 마지막 문단에 글의 초점에서 벗어나는 내용이 있으니 삭제가 필요해 보여.

학생 1: 아, 그리고 팬 상품 시장의 규모가 확대되었음을 강조하려면 비교 기준이 되는 해의 팬 상품 시장의 규모를 밝혀야 할 것 같아.

학생 2: 둘 다 좋은 의견이야. 반영해서 수정할게.

학생 1: 그럼 오늘 논의한 내용을 모두 잘 반영해서 다음 회의 때 확인하자.

학생 2, 3: 그래. 좋아.

제대로 질문하기

❶ (가)와 (나)의 중심 화제는?

❷ (가)는 팬 상품 소비의 문제점으로 잘못된 소비 습관과 잘못된 가치관 형성을 제시하고 있다. (○, ×)

❸ (나)의 학생 1과 학생 3은 팬 상품 소비가 지닌 긍정적인 측면을 제시하고 있다. (○, ×)

❹ (나)는 (가)에 언급된 전문가의 공신력을 문제점으로 지적하고 있다. (○, ×)

04 (가)에 활용된 글쓰기 방법으로 가장 적절한 것은?

① 담화 표지로 문단 간의 연결 관계를 드러낸다.
② 특정 이론을 활용하여 중심 화제의 개념을 제시한다.
③ 다른 나라의 사례와 대조하여 문제 해결의 필요성을 강조한다.
④ 예상되는 반론을 제시하고 이를 반박하여 글의 설득력을 높인다.
⑤ 중심 화제에 대한 인식을 시기별로 제시하여 인식의 변화 과정을 드러낸다.

05 다음은 (가)를 작성하기 위해 쓴 메모이다. ⓐ~ⓔ가 (가)에 반영된 양상으로 적절하지 않은 것은?

• 팬 상품의 인기 ······ ⓐ
• 팬 상품 소비에서 우려되는 점
 – 충동적 소비 ······ ⓑ
 – 과시적 소비 ······ ⓒ
 – 소외감을 느끼지 않으려고 하는 소비 ······ ⓓ
• 팬 상품 소비의 바람직한 태도 ······ ⓔ

① ⓐ: 현장을 방문하여 목격한 팬 상품 판매점의 분위기를 제시하였다.
② ⓑ: 글쓴이 자신의 경험을 근거로 들어 충동적인 팬 상품 소비 태도가 청소년에 미치는 부정적 영향을 제시하였다.
③ ⓒ: 전문가의 견해를 인용하여 팬 상품을 과시적으로 소비하는 행위의 심리적 원인을 제시하였다.
④ ⓓ: 학생을 인터뷰하여 팬 상품을 소비하는 이유가 소외감과 관련 있음을 제시하였다.
⑤ ⓔ: 관련 저서를 근거로 들어 청소년들은 합리적이고 주체적인 소비 태도를 갖출 필요가 있음을 제시하였다.

제대로 접근법 문제 채점까지 마친 후 복습할 때 보세요.

04
글쓰기의 표현 전략에 관한 문제이다. 선택지를 보고 (가)에 사용된 표현 전략을 찾아보자. 담화 표지란 화자의 발화 의도나 심리적 태도를 효과적으로 전달하기 위해 사용되는 말로, 지시어나 접속 표현, 예고·정리·강조 표현 등이 있다. (가)에 어떤 담화 표지가 사용되는지 찾아보고, 담화 표지가 문단 간의 연결 관계를 드러내는지 판단해 보자.

05
글쓰기 계획에 따라 바르게 내용을 생성했는지 묻는 문제이다. 메모는 글을 쓰기 전에 작성한 글의 개요로, 글의 개요가 (가)에서 어떻게 구체화되는지 이해하고 있어야 한다. ⓐ~ⓔ가 (가)의 몇 번째 문단의 내용에 해당하는지 확인하고, 선택지에 언급된 내용이 적절한지 판단한다.
팬 상품 판매점의 분위기에 대한 내용은 1문단에 제시되어 있고, 충동적인 팬 상품 소비의 부정적 영향에 관한 내용은 2문단에 제시되어 있다. 과시적인 팬 상품 소비의 심리적 원인에 관한 내용은 3문단에 제시되어 있고, 팬 상품을 소비하는 이유에 관해서는 4문단에 제시되어 있다. 합리적이고 주체적인 소비 태도에 관한 내용은 5문단에 제시되어 있다. 이를 참고하여 적절하지 않은 선택지를 골라 보자.

▶ 해설편 71쪽

06 다음 자료를 바탕으로 [A]~[E]의 대화 참여자의 발화를 이해한 내용으로 적절하지 않은 것은? [3점]

[자료 1]
대화 상황에서 자신의 말이 상대방에게 미칠 영향을 고려하며 상대방을 배려하는 태도를 가져야 한다. 이를 위해 ㉮상대방의 부담을 덜어 주기, ㉯문제의 원인을 자신의 탓으로 돌리기, ㉰상대방의 의견과 일치되는 점을 언급한 후 자신의 의견 제시하기 등을 활용할 수 있다.

[자료 2]
대화 참여자들이 ㉱대화 상황과 관련한 맥락을 공유하는 일은 중요하다. 맥락이 공유되지 않아 ㉲대화의 흐름을 이해하지 못한 경우 의사소통에 어려움을 겪을 수 있다.

① [A]: '학생 2'의 발화는 상대방과 의견이 다름을 제시하기 전에 공통되는 의견부터 말하고 있다는 점에서, ㉰에 해당한다.
② [B]: '학생 1'의 발화는 상대방이 회의에 늦은 것을 상대방의 탓으로 돌리지 않고 있다는 점에서, ㉯에 해당한다.
③ [C]: '학생 3'의 발화는 상대방의 물음에 대한 답변을 하는 대신 되묻고 있다는 점에서, ㉲에 해당한다.
④ [D]: '학생 1'의 발화는 회의에서 논의 중인 내용을 전달하고 있다는 점에서, ㉱에 해당한다.
⑤ [E]: '학생 3'의 발화는 질문의 형식을 활용함으로써 명령형으로 표현했을 때보다 상대방의 부담을 완화한다는 점에서, ㉮에 해당한다.

제대로 접근법 ✩ 문제 채점까지 마친 후 복습할 때 보세요.

06
대화의 맥락을 분석할 수 있는지 확인하는 문제이다. [자료 1]은 대화 상황에서 상대방을 배려하는 방식에 대해 설명하고 있고, [자료 2]는 대화에서 중요한 요소가 무엇인지 설명하고 있다. [자료 1]과 [자료 2]를 바탕으로 [A]~[E]를 읽어 보며 ㉮~㉲에 해당하는 것을 찾아본다. 선택지에서 참여자의 발화와 〈보기〉의 ㉮~㉲를 적절하게 연결하여 설명하고 있는지 파악한다. 참여자의 발화를 올바르게 설명하지 않은 하나의 선택지를 골라 문제를 해결한다.

07 ㉠과 (나)의 대화 상황을 고려할 때, Ⓐ에 들어갈 말로 가장 적절한 것은?

① 설문 조사가 언제 이루어졌는지를 밝히지 않았어.
② 설문 조사 자료를 인용하고 있음을 밝히지 않았어.
③ 설문 조사의 응답 결과를 순위대로 밝히지 않았어.
④ 설문 조사의 결과가 시사하는 점을 밝히지 않았어.
⑤ 설문 조사를 한 주체와 응답 대상을 밝히지 않았어.

07
제시된 자료의 근거가 충분한지 평가하는 문제이다. 학생 1과 학생 2는 (가)에서 사용된 설문 조사 자료의 신뢰성에 대해 이야기하고 있다. 설문 조사 자료를 인용할 때 반드시 넣어야 하는 요소가 무엇인지 생각해 보고, (가)에서 빠뜨린 요소가 무엇인지 파악해 보자. 이번 문제로 설문 조사 자료를 인용할 때 고려해야 할 점에 대해 알아 두자.

08 (나)의 논의 내용을 반영하여, (가)를 고쳐 쓰기 위한 방안으로 가장 적절한 것은?

제목	• '청소년의 팬 상품 소비 문제점과 해결 방안'으로 교체한다. ················ ①
처음	• 2014년도 국내 팬 상품 시장 규모에 관한 정보를 추가한다. ················ ②
중간	• '일회성 소비'를 '과시적 소비'로 교체한다. ··································· ③ • 팬 상품 소비가 과소비로 이어진다는 내용을 추가한다. ····················· ④
끝	• 마지막 문장의 내용은 기업의 사회적 책임에 관한 내용으로 교체한다. ·· ⑤

제대로 접근법

☆ 문제 채점까지 마친 후 복습할 때 보세요.

08

글쓰기 내용의 점검 및 조정에 관한 문제이다. 오답률이 매우 높았던 문제로 학생들이 어려움을 겪었던 문제이다. 선택지 3번과 4번을 답으로 선택한 학생들이 많았는데, (나)의 논의 내용을 꼼꼼히 확인하지 않아 실수한 것으로 보인다.

(나)의 논의 내용을 바탕으로 선택지가 적절한지 판단해 보자. 글의 관점에 따라 제목이 어울리게 수정되었는지, 확대된 시장 규모를 보여 주는 정보가 추가되었는지, 문맥에 맞는 단어와 내용으로 수정되었는지 판단한다. (나)에서 논의된 바가 없는 내용은 넣으면 안 된다는 점도 기억해야 한다.

[09-11] (가)는 글쓰기를 위한 학생의 생각이고, (나)는 (가)를 바탕으로 쓴 학생의 초고이다. 물음에 답하시오.

(가) [학생의 생각]

학생회에서 체육 대회의 새 이름을 공모하기로 했지. 공모전과 관련해서 이름 짓기에 대한 글을 학교 누리집에 올리려고 해. 그럼 어떻게 구성하면 좋을까? ㉠ 공모전을 하는 이유를 언급하며 글을 시작하자. 그리고 ㉡ 이름 짓기의 효과를 제시해야지. ㉢ 이름 짓기의 방법도 설명하면 좋을 것 같아.

(나) [학생의 초고]

올해 체육 대회는 운동을 잘 못하는 학생들도 즐겁게 참여할 수 있는 새로운 프로그램으로 구성될 예정이다. 그래서 학생회에서는 올해부터 바뀌는 체육 대회의 특징이 잘 드러나는 이름이 필요하다고 판단해서 새 이름을 짓는 공모전을 열기로 했다. 이름이 무슨 영향을 미칠까 생각할 수도 있지만 이름 짓기의 효과는 생각보다 크다.

이름 짓기를 잘하면, 사람들에게 대상에 대한 긍정적인 이미지를 갖게 할 수 있다. 맛과 영양에 문제가 없지만 흠집이 있어 상품성이 떨어진 사과에 '등급 외 사과' 대신 '보조개 사과'라는 이름을 붙여 이미지를 개선한 사례가 있다. 귀여운 보조개가 연상되는 이름으로 대상에 대한 인식을 변화시킨 것이다.

또한 이름 짓기를 잘하면, 사람들의 참여 동기를 이끌어 낼 수 있다. 지하철이나 버스에서 임산부가 우선적으로 앉을 수 있는 좌석의 이름은 '임산부 배려석'이다. 만약에 '임산부 양보석'이라고 하면 자신이 앉을 자리를 남에게 내어준다는 느낌을 갖게 한다. 하지만 '임산부 배려석'은 자신이 다른 사람을 배려하고 있다는 느낌을 갖게 하여 자발적으로 좌석을 양보할 수 있도록 한다.

그렇다면 이름 짓기는 어떻게 해야 할까? 먼저, 대상의 특성이 잘 드러나도록 표현해야 한다. 그리고 이름을 지나치게 생소하지 않게 지어야 한다. 이름이 지나치게 생소해서 이름의 의미를 이해하기 어려운 경우에는 사람들에게 수용되지 않을 수 있기 때문이다. 따라서 대상의 특성을 잘 드러내고 사람들이 이해하기 쉽도록 이름을 짓는 것이 중요하다. 또한 사람들이 기분 좋게 수용할 수 있도록 표현하는 것도 필요하다.

제대로 질문하기

❶ 이름 짓기의 중요성과 방법에 대한 정보를 전달하고 있다. (○, ×)
❷ '보조개 사과'는 흠집이 있는 사과에 대한 긍정적 이미지를 갖게 할 수 있는 이름이다. (○, ×)
❸ '임산부 배려석'에서 '임산부 양보석'으로 이름을 바꿔 사람들의 참여 동기를 이끌어 냈다. (○, ×)
❹ 잘 지은 이름의 조건은 독창성이므로, 사람들이 쉽게 이해할 수 없는 것으로 지어야 한다. (○, ×)

09 (가)의 ㉠~㉢을 (나)에 구체화한 내용으로 적절하지 않은 것은?

① ㉠: 체육 대회라는 이름에 대한 학생들의 부정적인 반응을 제시한다.
② ㉠: 올해부터 바뀌는 체육 대회의 특징이 잘 드러나는 새로운 이름이 필요함을 언급한다.
③ ㉡: 이름 짓기를 통해 이미지를 개선한 '보조개 사과'의 사례를 제시한다.
④ ㉡: '임산부 배려석'이라는 이름이 주는 효과를 '임산부 양보석'과 비교하여 제시한다.
⑤ ㉢: 이름 짓기를 할 때 사람들이 기분 좋게 수용할 수 있는 표현을 사용해야 함을 언급한다.

제대로 접근법 문제 채점까지 마친 후 복습할 때 보세요.

09
내용 생성의 적절성을 평가하는 문제이다. (가)에서 학생은 작문 상황을 생각하며 글감을 마련하고 있다. (가)에 제시된 글감이 (나)에서 어떻게 구체화되는지 알고 있어야 한다.
(나)를 토대로 선택지에 언급된 내용이 적절한지 판단한다. ㉠은 (나)의 첫 문단, ㉡은 (나)의 두 번째, 세 번째 문단, ㉢은 마지막 문단에서 구체화되고 있다. 해당 문단의 내용과 선택지의 내용을 비교하며 적절하지 않은 선택지를 골라 보자.

10 〈보기〉는 (나)를 보완하기 위해 추가로 수집한 자료이다. 자료 활용 방안으로 적절하지 <u>않은</u> 것은? [3점]

〈보기〉

[자료 1] 학생의 설문 조사 자료

〈'등급 외 사과'와 '보조개 사과'의 이미지 비교〉

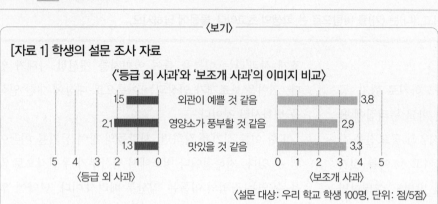

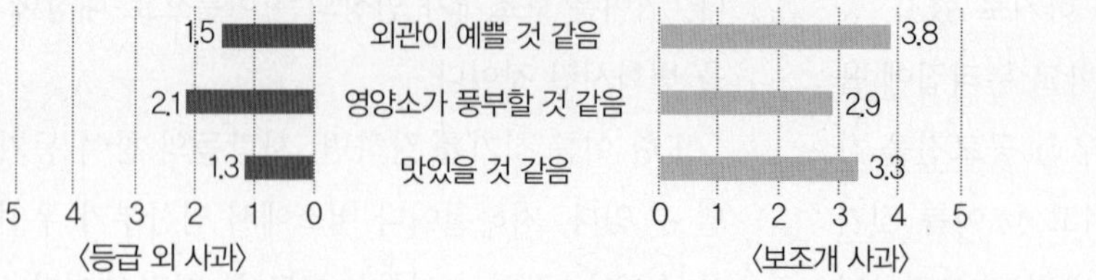

〈설문 대상: 우리 학교 학생 100명, 단위: 점/5점〉

[자료 2] 보고서 자료

〈이름 짓기의 사례〉

구분 \ 이름	대한민국 구석구석	G4C
목적	국내 관광 활성화 캠페인 홍보	각종 정부 민원을 24시간 처리하는 누리집 홍보
의미	국내 구석구석에 가 볼 만한 장소가 많음.	시민을 위한 정부 (Government for Citizen)
결과	국내 관광에 대한 인식을 개선하여 관광객이 증가하는 데 기여함.	이름이 대상의 특성을 잘 드러내지 못하고 지나치게 생소해 의미 파악이 어렵다는 지적에 '민원24'로 바꾸자 인지도가 향상됨.

① [자료 1]: '등급 외 사과'보다 '보조개 사과'가 외관과 맛 항목의 점수가 높다는 점을, 이름 짓기가 대상에 대한 인식을 변화시켰다는 근거로 2문단에 활용해야겠어.

② [자료 1]: '보조개 사과'와 '등급 외 사과'의 영양소 항목에서 점수 차이가 가장 작다는 점을, 이름 짓기가 대상에 대한 긍정적 이미지를 갖게 할 수 있다는 근거로 2문단에 활용해야겠어.

③ [자료 2]: '대한민국 구석구석'이라는 이름이 관광객의 증가에 기여했다는 점을, 잘 지어진 이름이 참여 동기를 이끌어 낼 수 있다는 또 다른 사례로 3문단에 활용해야겠어.

④ [자료 2]: 'G4C'라는 이름의 의미를 파악하기 어렵다는 점을, 이름이 지나치게 생소하여 사람들에게 받아들여지지 않은 사례로 4문단에 활용해야겠어.

⑤ [자료 2]: '민원24'라는 이름이 누리집의 인지도를 향상했다는 점을, 대상의 특성을 잘 드러내면서 이해하기 쉽게 이름을 짓는 것이 중요함을 보여 주는 사례로 4문단에 활용해야겠어.

제대로 접근법

문제 채점까지 마친 후 복습할 때 보세요.

10

자료 활용의 적절성을 평가하는 문제이다. 높은 배점의 문제이지만 정답률은 높았던 문제이다. 〈보기〉에 제시된 자료를 (나)의 내용과 연관 지어 이해하고, 이를 바탕으로 선택지의 적절성을 판단해 본다. [자료 1]은 이름에 따라 사람들의 인식이 달라질 수 있다는 것을, [자료 2]는 이름이 사람들의 참여 동기를 이끌어 내고, 인지도를 향상할 수 있다는 것을 보여 준다. (나)의 내용을 보완하기 위해 [자료 1]과 [자료 2]를 어떻게 활용하면 좋을지 생각해 보고, 자료를 잘못 활용하고 있는 선택지를 골라 문제를 해결한다.

▶ 해설편 73쪽

11 다음은 (나)를 읽은 학생회장의 조언이다. 이를 반영하여 추가할 마지막 문단의 내용으로 가장 적절한 것은?

> **학생회장**: 많은 학생들이 공모전에 참여할 수 있도록, 이름 짓기는 학생들에게 어려운 일이 아님을 밝혀 주면 좋겠어. 또한 2문단에서 언급한 효과와 관련하여 공모전 참여를 권유하면서 마무리하면 좋을 것 같아.

① 이름 짓기는 누구나 어렵지 않게 도전할 수 있는 일이다. 다만 이름을 지을 때 사람들이 이해하기 쉬운 표현을 사용해야 함을 유의하도록 한다.

② 이름 짓기는 지식과 경험이 풍부한 사람만이 할 수 있는 일은 아니다. 원활한 의사소통을 위해 이름 짓기의 효과를 이해하고 그 방법을 활용해 보자.

③ 지나치게 생소한 이름은 사람들에게 수용되지 않을 수 있다. 새로운 체육 대회의 긍정적 이미지를 느낄 수 있는 이름을 지어 이번 공모전에 참여하면 좋지 않을까?

④ 이름 짓기는 대상을 새롭게 바라보게 한다. 올해 새롭게 바뀔 체육 대회에 어울리는 참신한 이름이 지어진다면 체육 대회에 많은 학생들이 적극적으로 참여할 것이다.

⑤ 이름 짓기는 학생들도 충분히 할 수 있다. 새로운 체육 대회는 누구나 즐길 수 있다는 긍정적인 인식을 갖게 하는 좋은 이름을 지어 공모전에 도전해 보는 것은 어떨까?

제대로 접근법 ☆ 문제 채점까지 마친 후 복습할 때 보세요.

11
조건에 따라 바르게 내용을 생성했는지 묻는 문제이다. 학생은 학생회장의 조언을 반영하여 마지막 문단에 내용을 추가할 예정이다. 학생회장의 조언이 무엇인지 살펴보고, 조언이 모두 반영된 선택지를 찾아본다. 정답인 선택지에는 이름 짓기가 어려운 일이 아니라는 내용과 잘 지은 이름이 긍정적인 이미지를 갖게 한다는 내용, 공모전 참여를 권유하는 내용이 모두 담겨 있어야 한다.

1차 채점

맞은 문항 수	개
틀린 문항 수	개
헷갈리는 문항 번호	

• 틀린 문항 '/' 표시

→

2차 채점

맞은 문항 수	개
틀린 문항 수	개
헷갈리는 문항 번호	

• 틀린 문항 'x' 표시

◉ 권장 풀이 시간 : 4분 20초

[01-03] 다음은 수업 중 학생의 발표이다. 물음에 답하시오.

안녕하세요? 발표를 맡은 ○○○입니다. 지난 수업 시간에 우리는 도로에서 볼 수 있는 안전 설계에 대해 배웠는데요. 이와 관련한 유익한 내용이 있어 소개하려 합니다.

여러분, 달리는 차 안에서 특정 구간을 지날 때 드르륵 하는 소리가 들리며 차가 진동하는 것을 느껴 본 적 있나요? (대답을 듣고) 많은 분들이 경험했군요. 여러분이 느낀 진동은 도로에 시공된 홈 때문일 수 있습니다. (㉠자료 제시) 왼쪽은 진행 방향과 일치하는 세로 홈을, 오른쪽은 진행 방향에 수직인 가로 홈을 진하게 표시한 그림입니다. 세로 홈은 도로에 살얼음이 생기는 일을 줄이고, 가로 홈은 제동 거리를 줄여 주죠.

특히 가로 홈을 활용하면 도로에서 멜로디가 들리게 할 수 있는데요, 잠시 영상을 보겠습니다. (영상 제시) 차가 특정 도로 구간을 지날 때 동요 멜로디가 들리는 것이 신기하죠? (㉡자료 제시) 화면에 보이는 것처럼 홈의 너비와, 홈 사이의 도로면 너비를 합한 값에 따라 음 높이가 정해집니다. 홈 너비는 일정하니까 결국 홈 사이 도로면의 너비에 따라 음 높이가 달라지는 셈이죠. 이 자료에는 없지만 음 길이도 달라지게 홈을 시공하면 차가 달릴 때 멜로디가 들리게 됩니다. 이 멜로디는 운전자의 주의를 환기하여 졸음운전을 예방합니다. 실제로 졸음운전으로 인한 교통사고 발생 건수가 월 평균 2.6건이었던 구간에 멜로디가 들리게 가로 홈을 시공하자 해당 도로 구간에서의 교통사고가 3개월간 0건이었다고 합니다.

도로에서의 또 다른 안전 설계는 터널에서도 확인할 수 있습니다. (㉢자료 제시) 조명등이 설치된 간격이 달라서 낮에 터널 입구 쪽과 출구 쪽이 중간 구간보다 밝은데요, 이는 우리 눈이 터널 입구에서는 어둠에, 출구에서는 밝음에 서서히 익숙해지도록 하는 것이지요.

이 외에 곡선 도로에서 차가 이탈하는 것을 막기 위해 도로 바깥쪽이 높아지게 경사를 주고, 밤에도 차선이 잘 보이게 미세한 유리 알갱이를 차선에 바르기도 합니다. 발표 내용 잘 이해되었나요? 그동안 무심코 지나쳤던 도로에서 안전을 위한 장치들을 찾아보길 바라며 발표를 마치겠습니다.

제대로 질문하기

❶ 발표자는 도로에서 볼 수 있는 (   )에 대해 발표하고 있다.
❷ 발표자는 그림 자료와 영상 자료를 활용하여 청중들의 이해를 돕고 있다. (○, ×)
❸ 도로에 시공된 세로 홈에 의해 멜로디가 생기며 이는 졸음운전 예방에 효과적이다. (○, ×)
❹ 곡선 도로에서 차가 이탈하는 것을 막기 위해 미세한 유리 알갱이를 차선에 바른다. (○, ×)

▶ 해설편 74쪽

01 위 발표자의 말하기 방식으로 적절하지 <u>않은</u> 것은?

① 용어의 개념을 정의하여 발표에서 다룰 화제의 범위를 한정하고 있다.
② 청중과 공유하는 기억과 관련지어 발표의 계기를 밝히고 있다.
③ 청중의 경험과 관련한 질문을 하며 청중의 반응을 확인하고 있다.
④ 구체적인 수치를 밝혀 발표 내용의 근거로 활용하고 있다.
⑤ 발표 내용과 관련하여 청중에게 바라는 바를 언급하며 발표를 마무리하고 있다.

02 다음은 발표자가 제시한 자료이다. 발표자의 자료 활용에 대한 설명으로 가장 적절한 것은?

[자료 1] [자료 2] [자료 3]

① [자료 1]은 홈 사이의 도로면 너비를 달리해서 멜로디를 만든다는 내용을 설명하기 위해 ㉠에서 활용하였다.
② [자료 1]은 살얼음 발생 감소에 효과적인 홈과 제동 거리 단축에 효과적인 홈을 설명하기 위해 ㉢에서 활용하였다.
③ [자료 2]는 특정 구간을 지날 때 느끼는 차의 진동이 홈 때문일 수 있다는 내용을 설명하기 위해 ㉡에서 활용하였다.
④ [자료 3]은 낮에 터널의 중간 구간이 입구 쪽과 출구 쪽보다 어둡다는 내용을 설명하기 위해 ㉠에서 활용하였다.
⑤ [자료 3]은 달라지는 밝기에 눈이 서서히 적응하도록 조명등의 설치 간격을 달리한다는 내용을 설명하기 위해 ㉢에서 활용하였다.

제대로 접근법 ✩ 문제 채점까지 마친 후 복습할 때 보세요.

01
발표의 표현 전략을 파악하는 문제이다. 발표에서 사용되지 않은 표현 전략을 찾는 문제로, 선택지에 언급된 표현 전략이 지문에서 사용되었는지 확인해야 한다. 지문에서 확인할 수 없는 선택지를 골라 문제를 해결한다. 발표자가 용어의 개념을 정의하고 있는지, 청중과 공유하는 기억을 언급하고 있는지, 청중의 경험을 상기시키는 질문을 하고 있는지, 구체적인 수치를 밝혀 근거로 활용하고 있는지, 청중에게 바라는 바를 제시하며 발표를 마무리하고 있는지 파악한다.

02
발표에서 자료를 적절하게 활용할 수 있는지 묻는 문제이다. 문제에 제시된 세 개의 [자료]에 담긴 정보를 살펴보고, 자료들이 발표의 어느 부분에 활용될 수 있는지 판단해 본다. [자료 1]은 도로에 시공된 홈의 진행 방향을 보여 주는 자료이고, [자료 2]는 홈 사이 도로면의 너비에 따라 음의 높이가 달라짐을 보여 주는 자료이며, [자료 3]은 터널 내부에 설치된 조명등의 간격을 보여 주는 자료이다. 이러한 자료들을 발표의 ㉠~㉢에서 적절하게 활용한 선택지를 찾아 문제를 해결한다.

03 발표 내용을 바탕으로 할 때, 〈보기〉에 나타난 학생들의 반응에 대한 이해로 가장 적절한 것은?

〈보기〉

학생 1: 곡선 도로에 경사를 준다는 내용을 간략히 제시해서 아쉬워. 도서관에서 그 원리를 알아봐야겠어.

학생 2: 멜로디가 들리는 도로가 재미를 위한 것인 줄 알았는데, 안전을 위한 거였군. 이런 도로가 실제로 어디에 있는지 조사해 봐야겠어.

학생 3: 미세한 유리 알갱이를 차선에 바르는 방법이 무엇인지, 밤에도 터널 구간별로 밝기가 다른지 알고 싶어.

① 학생 1은 자신의 의문이 해소되었다는 점에서 발표 내용을 긍정적으로 평가하고 있다.

② 학생 2는 발표 내용이 자신의 배경지식과 일치하지 않는 이유를 궁금해하고 있다.

③ 학생 1과 학생 2는 모두, 발표에서 언급된 내용과 관련하여 추가적인 정보를 탐색하려 하고 있다.

④ 학생 1과 학생 3은 모두, 발표를 통해 새롭게 알게 된 정보가 사실과 부합하는지 판단하고 있다.

⑤ 학생 2와 학생 3은 모두, 자신의 경험을 바탕으로 발표 내용의 효용성을 점검하고 있다.

제대로 접근법

☆ 문제 채점까지 마친 후 복습할 때 보세요.

03
발표 내용에 대한 이해를 바탕으로 반응의 적절성을 판단하는 문제이다. 〈보기〉에는 발표를 들은 학생들의 반응이 제시되어 있다. 지문과 〈보기〉의 내용을 토대로 학생들의 반응을 적절하게 설명한 선택지를 찾아본다.

학생 1은 발표에서 간략하게 제시된 부분에 아쉬움을 드러내며 추가적인 정보를 찾아보려 한다. 학생 2는 자신의 배경지식과 일치하지 않았던 부분을 언급하며 추가적인 정보를 조사하려 한다. 학생 3은 발표에서 제시된 내용과 관련하여 추가적인 정보를 얻고자 한다. 이를 바탕으로 학생들의 반응을 올바르게 평가한 선택지를 골라 문제를 해결한다.

[04-08] (가)는 ○○ 고등학교 행사에 참여한 학생이 마을 소식지에 쓴 후기이고, (나)는 이를 읽은 다른 지역의 학생들이 나눈 대화이다. 물음에 답하시오.

(가)

지난 한 학기 동안 우리 학교에서는 식물에 대한 관심을 높이자는 취지에서 '다 함께 식물 지도 만들기' 행사를 진행하였다. 마을 사람들이 볼 △△동 식물 지도를 전교생이 함께 만들며, 다양한 식물에 관심을 갖게 되었고 자연의 소중함도 깨닫게 되었다.

식물 지도 만들기는 △△동 전체를 30개 구역으로 나눠 학급별로 맡은 구역의 식물을 조사하는 방식으로 이루어졌다. 먼저 최대한 여러 종류의 식물 사진을 찍은 다음, 식물의 이름을 알려 주는 누리집을 이용해 식물 이름을 편리하게 찾았다. 그리고 학급마다 특색 있게 그린 지도 위에 조사한 모든 식물의 이름을 표시하였다. 이렇게 학급별로 만든 지도를 이어 붙여 100여 종의 식물이 표시된 △△동 식물 지도를 완성하였다.

평소 우리가 잘 모르던 곳까지 꼼꼼히 살피며 식물을 조사하는 과정에서 몇몇 친구들은 힘들다고 포기하는 모습도 보였지만, 나는 이렇게 생각했다. '누군가는 이 지도를 보며 마을의 식물에 관심을 갖게 되지 않을까?' 이런 생각에 나는 계속해서 의욕적으로 조사를 해 나갈 수 있었다.

이번 행사를 통해 그동안 주변의 식물에 무심했던 나 자신을 반성하게 되었다. 그리고 화살나무나 분꽃 등의 식물을 교실 밖에서 직접 관찰하니 책으로만 접했을 때보다 식물에 대한 관심이 더 커지는 것 같았다. 다른 학교에서도 식물 지도 만들기 행사를 개최한다면 더 많은 학생들이 자연의 소중함을 느낄 수 있을 것이라는 생각이 들었다.

(나)

학생 1: 이번 가을에 열릴 동아리 발표회 때 전시하기 위해 우리도 △△동 마을 소식지에 실린 ○○ 고등학교 사례처럼 식물 지도를 만들기로 했잖아. ○○ 고등학교 사례에서 어떤 점을 수용하고 어떤 점을 달리할지 논의해 보자.

학생 2: 생각해 봤는데, 우리 셋이서 ○○ 고등학교가 한 것처럼 넓은 공간을 조사하긴 힘들 듯하니 학교에서 걸어갈 만한 거리만 지도의 범위로 삼는 게 좋지 않을까?

학생 1: 그러자. 학교에서 걸어갈 만큼 가까운 범위 내에서 어디로 조사하러 갈지 장소를 정해 보자.

[A]
학생 3: □□ 농장에 갔으면 하는데, 너희 생각은 어때? 거기는 나무가 많으니까.

학생 1: 거긴 매실나무만 많잖아. 식물 지도를 만드는 거니까 여러 종류의 식물이 있는 곳으로 가자.

학생 2: 여러 종류의 식물이 있는 곳도 좋지만, 나는 우리 학교 학생들이 볼 지도이니 학생들에게 친숙한 장소가 더 좋을 듯해. 그런데 그 농장은 아무나 들어갈 수가 없어서 가 본 학생이 거의 없을 테니…….

학생 3: 듣고 보니 일리가 있네. 친숙한 장소라면 전교생이 함께 걷기 행사를 했던 행복산과 구름천이 어때?

학생 1: 거기도 좋고 하늘습지도 좋을 것 같아. 학생들이 자주 산책하러 가는 곳이잖아.

학생 2: 모두 좋은 생각이야.

학생 3: 그럼 조사 장소는 세 군데로 정해진 거네.

학생 2: 맞아. 이제 어떤 식물을 지도에 표시할지 얘기해 보자.

학생 1: 우리 마을은 다양한 꽃과 나무가 자생하기로 유명하니까 우리도 지도에 되도록 다양한 종류의 식물을 표시하자.

학생 2: 근데 발표회까지 얼마 안 남아서 국가 보호종을 비롯해 주목할 만한 몇몇 식물만 표시해야 할 듯해. 그리고 식물 이름은 ○○ 고등학교처럼 누리집을 이용해 편리하게 찾자.

학생 1: 그러자.

[B]
학생 3: 식물 이름과 함께 식물이 어떤 효용이 있는지도 제시했으면 하는데, 너희는 어떻게 생각해?

학생 1: 약효가 있는 식물은 그 정보도 제시하자는 거지?

학생 3: 응? 나는 꽃이나 나무가 마음을 편안하게 해 주는 것 같은 효용을 말한 거였는데.

학생 1: 식물이 사람의 정서에 어떤 영향을 미칠 수 있는지에 대한 내용을 싣자는 말이었어?

학생 3: 응. 그런 정보가 학생들에게 의미가 있을 것 같아.

학생 2: 그거 좋은데? 우리가 행복산에서 조사할 꽃과 나무 중 일부에는 그런 내용도 추가로 표시하면 되겠다.

학생 1: 좋아. 이제 지도에 식물들을 어떻게 표현할지 얘기해 보자.

학생 2: 장소마다 대표 식물을 하나씩 선정해서 그 식물 이름 밑에 식물의 사진도 함께 제시하는 건 어때?

학생 3: 그래. 그리고 군집을 이루고 있는 식물은 모두 빗금으로 표시하자. 행복산은 갈림길이 많으니 걷기에 더 편한 길을 화살표로 표시도 하고.

학생 1: 좋은 생각이야. 모두 적용해 보자.

학생 2: 그래. 그런데 ○○ 고등학교가 이어 붙이는 방식으로 지도를 만든 건 참신하긴 한데 통일감이 없어 부자연스러울 듯해. 우리는 조사한 내용을 모아 함께 지도를 그리자.

학생 3: 그러자.

학생 1: 오늘 논의한 내용은 내가 회의록에 쓸게.

학생 2, 3: 고마워.

제대로 질문하기

❶ (가)와 (나)의 중심 화제는 (   ) 만들기이다.

❷ (가)에서 글쓴이는 행사에 참여한 뒤 식물 관리의 어려움을 깨달았다고 소감을 밝히고 있다. (○, ×)

❸ (나)에서 학생들은 ○○ 고등학교의 사례를 참고하여 식물 지도 만들기 계획을 세우고 있다. (○, ×)

❹ (나)에서 조사하기로 한 장소는 □□ 농장과, 하늘습지, 구름천이다. (○, ×)

04 (가)에 활용된 글쓰기 방식으로 가장 적절한 것은?

① 1문단에서는 식물 지도 만들기 행사에서 자신이 깨달은 점을 문제점과 해결책을 제시하는 방식으로 서술하였다.

② 2문단에서는 식물 지도를 만든 과정을 원인과 결과를 제시하는 방식으로 서술하였다.

③ 2문단에서는 학급별 식물 지도의 특색을 나열하는 방식으로 서술하였다.

④ 3문단에서는 식물 조사에 임하는 자신의 참여 자세를 친구들의 참여 자세와 대조하는 방식으로 서술하였다.

⑤ 3문단에서는 식물을 조사하며 친구들이 겪은 어려움을 묻고 답하는 방식으로 서술하였다.

제대로 접근법

문제 채점까지 마친 후 복습할 때 보세요.

04
글쓰기의 표현 전략에 관한 문제이다. 선택지에서는 (가)의 각 문단에 사용했을 글쓰기 전략에 대해 언급하고 있다. 선택지 순서대로 해당 문단을 확인하여 선택지에 언급된 글쓰기 전략이 사용되고 있는지 판단한다.
1문단에 문제점과 해결책을 제시하는 방식이 사용되었는지 파악한다. 2문단에는 원인과 결과를 제시하는 방식 또는 나열하는 방식이 사용되었는지 확인한다. 3문단에는 대조 방식 또는 문답의 방식이 사용되었는지 파악한다. 지문에서 확인할 수 있는 표현 전략만 제시한 선택지를 답으로 고른다.

▶ 해설편 76쪽

05 〈보기〉는 (가)의 마지막 문단의 초고이다. 〈보기〉를 고쳐 쓰기 위해 친구들이 조언한 내용 중 반영되지 않은 것은?

〈보기〉

이 행사를 통해 나 자신을 반성하게 되었다. 그리고 교실 밖에서 관찰 활동을 하는 것이 학업으로 인한 부담감을 덜어 준다는 것도 알게 되었다. 다른 학교에서도 식물 지도 만들기 행사를 열면 좋겠다는 생각이 들었다.

① 교실 밖에서 관찰한 대상의 구체적 예를 언급하는 게 어때?
② 행사를 통해 자신의 어떤 점을 반성했는지 밝히는 게 어때?
③ 다른 학교에서도 행사를 개최했을 때 예상되는 기대 효과를 제시하는 게 어때?
④ 교실 밖에서 관찰 활동을 하려면 책을 활용한 학습이 선행될 필요가 있다는 내용을 추가하는 게 어때?
⑤ 교실 밖에서 이루어지는 관찰 활동의 긍정적 효과를 행사의 취지에 부합하는 내용으로 바꾸는 게 어때?

06 (가)와 (나)를 고려할 때, '학생 1'이 쓴 회의록의 내용 중 적절하지 않은 것은? [3점]

일시 : 2022. 8. ▽▽.		**장소** : 동아리실
회의 주제 : 마을 식물 지도 만들기 계획 수립		
논의 내용 1 : ○○ 고등학교 식물 지도 제작 사례 검토		
수용할 점	정보 확인의 편의성을 고려하여, 우리도 식물의 이름을 누리집에서 찾는다. ………… ①	
	발표회까지 남은 기간을 감안하여, 우리도 몇몇 주목할 식물만 지도에 표시한다. ………… ②	
달리할 점	조사 인원을 고려하여, 우리는 학교에서 걸어갈 만큼 가까운 거리만 지도의 범위로 삼는다. ………… ③	
	지도를 볼 대상을 감안하여, 우리는 우리 학교 학생들에게 친숙한 장소의 식물을 조사한다. ………… ④	
	지도의 통일감을 고려하여, 우리는 각각의 지도를 이어 붙이는 방식은 활용하지 않는다. ………… ⑤	

제대로 접근법

문제 채점까지 마친 후 복습할 때 보세요.

05
글쓰기 내용의 점검 및 조정에 관한 문제이다. 〈보기〉는 (가)의 마지막 문단의 초고로, 글쓴이는 친구들의 조언을 듣고 (가)의 마지막 문단을 완성하였다. 문제의 〈보기〉와 지문의 마지막 문단의 내용을 비교하며 변화된 점을 중점으로 적절하지 않은 선택지를 찾는다. '그동안 주변의 식물에 무심했던', '화살나무나 분꽃 등의 식물을', '책으로만 접했을 때보다 식물에 대한 관심이 더 커지는 것', '더 많은 학생들이 자연의 소중함을 느낄 수 있을 것' 등 마지막 문단에 추가된 내용이 어떤 조언을 반영한 결과인지 판단한다.

06
대화 내용을 반영하여 내용을 바르게 생성했는지 묻는 문제이다. (나)의 학생들은 ○○ 고등학교 식물 지도 제작 사례를 검토하여 이를 바탕으로 자신들의 식물 지도 만들기 계획을 수립하고자 한다. 문제에서는 ○○ 고등학교의 사례를 수용할 점과 달리할 점으로 구분하고 있으므로, (가)와 (나)의 내용을 비교하며 선택지의 적절성을 판단해야 한다. ○○ 고등학교 식물 지도 만들기 방법은 (가)의 2문단에 자세히 언급되어 있으므로, 해당 문단을 참고하여 문제를 해결한다. (가)의 2문단과 (나)의 내용을 비교하여 회의록에 잘못 제시된 부분을 찾는다.

07 [A], [B]에 대한 설명으로 적절하지 않은 것은?

① [A]에서 '학생 2'는 '학생 1'의 발화를 일부 재진술한 후 자신의 견해를 밝히고 있다.
② [A]에서 '학생 1'과 '학생 2'는 각기 다른 이유로 '학생 3'의 제안에 반대하는 입장을 드러내고 있다.
③ [B]에서 '학생 1'과 '학생 3' 모두 질문을 주고받는 과정에서 서로가 상대의 발화 내용을 잘못 이해했음을 깨닫고 있다.
④ [B]에서 '학생 2'는 '학생 3'에게 공감을 표한 후 '학생 3'의 제안을 구체화할 방안을 제시하고 있다.
⑤ [A]와 [B] 모두의 첫 번째 발화에서 '학생 3'은 자신이 제안한 바에 대한 '학생 1'과 '학생 2'의 의견을 묻고 있다.

제대로 접근법 ☆ 문제 채점까지 마친 후 복습할 때 보세요.

07
대화의 맥락을 분석하는 문제이다. [A]에서는 조사 장소에 대한 논의가, [B]에서는 식물 지도에 추가할 내용에 대한 논의가 이뤄지고 있다. 이를 참고하여 [A]와 [B]에서 학생들이 어떤 의견을 어떻게 주고받는지 파악한다.
[A]에서 학생 3은 나무가 많은 □□ 농장에 가자고 제안하는데, 이에 학생 1은 매실나무만 많다는 이유로, 학생 2는 친숙하지 않은 장소라는 이유로 반대한다. [B]에서 학생 3은 식물 이름과 효용을 함께 제시하자고 제안하는데, 이에 학생 1은 질문을 통해 학생 3의 의견을 이해하고, 학생 2는 공감과 함께 학생 3의 의견에 동의한다. 이와 같은 맥락을 고려하여 설명이 적절하지 않은 선택지를 찾아본다.

08 다음은 (나)를 바탕으로 학생들이 만든 지도의 초안이다. ㉠~㉤에 대한 반응으로 가장 적절한 것은?

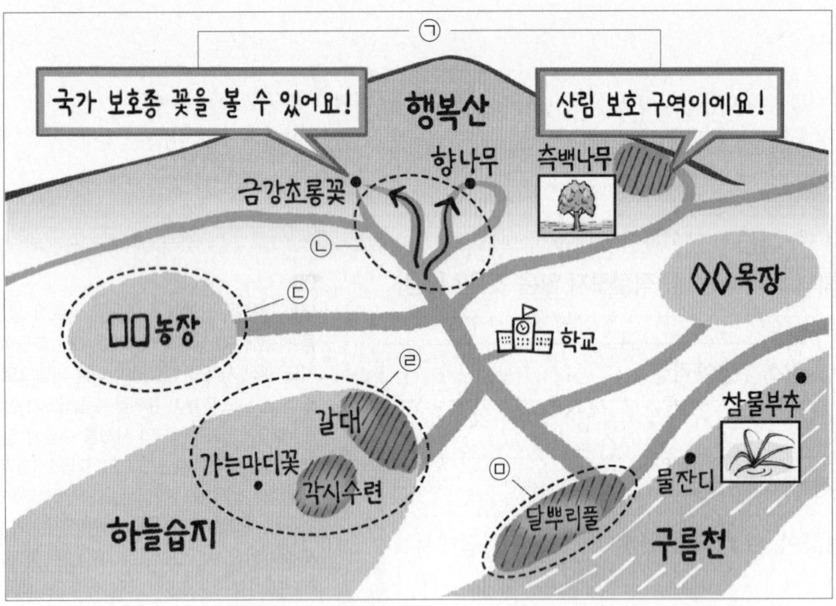

① ㉠: 식물이 있는 곳의 핵심적인 특징을 제시하기로 했으므로 논의한 내용이 반영되었군.
② ㉡: 국가 보호종 식물이 있는 곳으로 가는 길은 동선을 표시하기로 했으므로 논의한 내용이 반영되었군.
③ ㉢: 식물에 대해 조사한 내용이 제시되지 않았으므로 조사한 식물에 대한 정보를 추가해야겠군.
④ ㉣: 각 장소마다 하나씩 대표 식물의 사진을 제시하기로 했으므로 사진을 추가해야겠군.
⑤ ㉤: 군집을 이루고 있는 식물 중 학생들에게 낯선 식물은 빗금으로 표시하기로 했으므로 논의한 내용이 반영되었군.

08
대화 내용을 바탕으로 반응의 적절성을 판단하는 문제이다. 문제에 제시된 지도의 초안은 (나)의 대화를 반영하여 제작된 것이므로, (나)에서 논의된 내용을 바탕으로 선택지의 적절성을 판단해야 한다. 선택지에 언급된 내용이 (나)에서 논의된 바가 있는지, (나)에서 논의된 내용과 동일한지 확인한다. (나)의 내용을 고려하여 ㉠~㉤에 적절한 반응을 한 선택지를 찾아 답으로 정한다.

[09-11] 다음은 교지에 싣기 위해 학생이 작성한 초고이다. 물음에 답하시오.

우리나라의 연간 1인당 커피 소비량은 세계 평균의 2배 이상일 정도로 우리나라 사람들은 커피를 마시는 일에 관심이 많다. 이러한 관심이 커피 사랑에만 머물지 않고, 일회용 컵 회수 방안처럼 커피로 인한 사회적 문제에 대한 관심으로 이어지는 현상은 바람직하다. 하지만 커피로 인한 사회적 문제를 논할 때, 상대적으로 관심을 받지 못하고 있는 것이 있다. 커피를 만든 후 남는 커피 찌꺼기, 바로 '커피박(coffee 粕)'이다. 여러 면에서 커피박에 대한 우리 사회의 관심은 낮은 편이다.

우선, 커피박을 잘못 처리하고 있는 사람이 많다. 추출 직후의 커피박을 싱크대 배수구에 버리거나 흙에 버리기도 하는데, 이는 잘못된 처리 방법이다. 배수구에 버린 커피박에서 나온 카페인은 하수 처리 과정에서 완벽히 걸러지지 않은 채 강물에 흘러 들어가 부정적으로 작용할 수 있다. 그리고 흙에 버린 커피박은 토양과 식물에 악영향을 줄 수 있다.

또한, 커피박이 다양한 분야에서 재활용될 수 있다는 사실을 모르는 사람도 많다. 커피박은 일상에서 탈취제나 방향제로 이용된다. 그뿐만 아니라 건축 분야에서 합성 목재를 대신하는 재료로 쓰이거나 농업 분야에서 혼합 및 발효 과정을 거쳐 비료로 사용되기도 한다. 최근에는 바이오에너지의 원료로 활용될 수 있다는 점도 부각되고 있다.

끝으로, 커피박 수거 시설이 매우 부족하다는 점도 아쉬운 부분이다. 커피박을 그냥 버리지 않고 분리배출해야 한다는 것을 알게 되더라도 수거 시설이 있어야 실천으로 이어질 수 있다. 커피박 수거 시설을 곳곳에 마련한다면, 커피박 분리배출에 대한 시민들의 관심이 높아지는 효과가 있을 것이다.

[A]

제대로 질문하기

❶ 학생 초고의 중심 제재는 (   )이다.
❷ 잘못 처리된 커피박은 강물, 토양, 식물에 부정적인 영향을 미친다. (○, ×)
❸ 커피박은 일상뿐 아니라 건축, 농업, 바이오에너지 분야에서 재활용될 수 있다. (○, ×)
❹ 우리나라 커피 소비량이 높아짐에 따라 커피박에 대한 사람들의 관심도 높아지고 있다. (○, ×)

09 다음은 초고를 작성하기 전에 학생이 떠올린 생각이다. ㉠~㉤ 중, 학생의 초고에 반영되지 않은 것은?

- 커피박이 무엇을 지칭하는 단어인지 밝혀야겠어. ······ ㉠
- 커피박이 잘못 버려지고 있는 예를 제시해야겠어. ······ ㉡
- 커피박이 무엇으로 재활용될 수 있는지 언급해야겠어. ······ ㉢
- 우리나라의 연간 1인당 커피 소비량이 세계 평균 대비 어느 정도인지 밝혀야겠어. ······ ㉣
- 커피로 인해 발생하는 사회적 문제가 해마다 증가하고 있는 실태를 제시해야겠어. ······ ㉤

① ㉠　② ㉡　③ ㉢　④ ㉣　⑤ ㉤

제대로 접근법

문제 채점까지 마친 후 복습할 때 보세요.

09
글쓰기 계획에 따라 바르게 내용을 생성했는지 묻는 문제이다. 학생의 초고에서 찾아볼 수 없는 내용을 언급하는 선택지를 골라야 한다. ㉠은 커피박의 개념에 대한 선택지로, 1문단에서 확인할 수 있다. ㉡은 잘못 처리된 커피박에 대한 선택지로, 2문단에서 확인할 수 있다. ㉢은 재활용되는 커피박에 대한 선택지로, 3문단에서 확인할 수 있다. ㉣은 우리나라 커피 소비량에 대한 선택지, ㉤은 커피로 인한 사회적 문제에 대한 선택지로, 1문단에서 확인할 수 있다. 이를 참고하여 선택지의 적절성을 판단한다.

10 다음은 초고를 읽은 교지 편집부 학생의 조언이다. 이를 반영하여 [A]를 작성한다고 할 때, 가장 적절한 것은?

> "초고 2~4문단에서 문단별로 문제 삼고 있는 점을 해결할 수 있는 방안을 각각 언급하고, 우리 사회가 지녀야 할 태도를 커피에 대한 사랑과 관련지으며 마무리하는 게 좋겠어."

① 커피에 대한 사랑은 커피박에 관심을 갖는 태도로 이어질 필요가 있다. 다양한 재활용 분야와 수거 시설 확충의 중요성을 아는 것이 진정한 커피 사랑의 시작이다.
② 커피박의 올바른 처리 방법과 재활용 분야를 홍보하고, 수거 시설 확충을 제도화할 필요가 있다. 커피박에도 관심을 갖는 책임감 있는 태도가 커피 사랑의 참된 자세이다.
③ 커피를 마시지 않는 사람들은 왜 커피박에 관심을 가져야 하는지 의아해할 수 있다. 하지만 공동체의 문제 해결을 위해 가치관이 다르더라도 포용하는 태도가 필요하다.
④ 우리나라의 커피 소비량은 앞으로도 늘어날 것으로 보인다. 따라서 커피박의 바람직한 처리 방법과 재활용 분야를 알리고, 커피박 수거 시설을 확충하는 것이 필요하다.
⑤ 커피박 수거 시설의 설치는 시민들에게 커피박의 쓰임새를 알리는 효과가 있다. 사랑할수록 관심을 표현하듯이, 커피에 대한 사랑을 커피박에 대한 관심으로 표현해야 할 것이다.

제대로 접근법 문제 채점까지 마친 후 복습할 때 보세요.

10
조건에 따라 글의 내용을 생성하는 문제이다. 문제에는 교지 편집부 학생의 조언이 제시되어 있고, 선택지에는 초고에 추가될 내용이 제시되어 있다. 학생의 조언을 꼼꼼히 읽고, 학생의 조언을 모두 만족한 선택지를 찾아 문제를 해결한다.
편집부 학생은 초고의 2~4문단에서 제시한 문제점의 해결 방안을 언급하라고 조언하고 있다. 2문단에서는 사람들이 커피박을 잘못 처리하고 있다는 것을, 3문단에서는 커피박이 재활용될 수 있음을 사람들이 모른다는 것을, 4문단에서는 수거 시설이 부족하다는 것을 문제 삼고 있다. 이에 대한 해결 방안이 모두 제시되고, 우리 사회가 가져야 할 태도를 커피 사랑과 관련지은 문장으로 마무리한 선택지를 골라 본다.

▶ 해설편78쪽

11 〈보기〉는 초고를 보완하기 위해 추가로 수집한 자료이다. 자료 활용 방안으로 적절하지 않은 것은? [3점]

〈보기〉

(가) 전문가 인터뷰

“커피박으로 인한 탄소 배출이 문제가 되고 있습니다. 커피박 소각 시 탄소 배출량은 1톤당 338kg이나 됩니다. 또한 추출 직후의 커피박은 카페인 함유량이 높고, 수분이 많습니다. 이를 흙에 버리면 카페인과 토양 속 물질이 결합한 상태로 쌓여 식물의 생장을 저해할 수 있고, 수분이 많은 커피박이 부패하여 토양을 오염시킬 수 있습니다.”

(나) 연구 보고서 자료

〈커피박의 바이오에너지 원료화〉

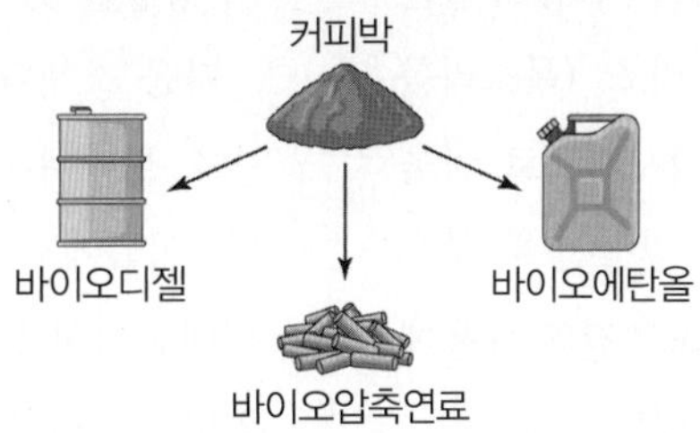

현재 우리나라는 커피박의 바이오에너지 원료화를 추진하고 있다. 바이오압축연료는 상품화되었으며, 바이오디젤, 바이오에탄올을 생산하는 기술도 개발되고 있다.

(다) 신문 기사

스위스는 우체국 등 2,600여 곳의 수거 거점을 마련해 커피박을 효과적으로 수거하고 있다. 반면에 우리나라는 일부 지방 자치 단체에서만 커피박 수거를 시도 중이다. ○○구는 “수거 시설이 시민들의 커피박 분리배출에 대한 관심을 높이고 커피박 수거나 운반 등과 관련한 일자리를 창출할 수 있을 것”이라고 밝혔다.

① (가) : 커피박을 소각할 때 발생하는 탄소 배출량 수치를, 커피박이 우리 사회에서 관심을 받지 못하고 있는 배경을 보여 주는 자료로 1문단에 추가한다.
② (가) : 추출 직후 커피박에 남은 카페인과 수분이 많은 커피박이 유발하는 문제를, 커피박이 식물과 토양에 미치는 악영향을 구체화하는 자료로 2문단에 추가한다.
③ (나) : 커피박으로 만들 수 있는 바이오에너지의 종류를, 커피박이 바이오에너지의 원료로 활용될 수 있다는 내용을 뒷받침하는 자료로 3문단에 추가한다.
④ (다) : 효과적으로 커피박을 수거하고 있는 해외 사례를, 커피박 수거 시설이 부족한 우리나라의 문제 상황을 부각하는 자료로 4문단에 추가한다.
⑤ (다) : 커피박 수거가 일자리 창출로 이어질 수 있음을, 커피박 수거 시설이 곳곳에 마련되었을 때 예상되는 또 다른 효과를 보여 주는 자료로 4문단에 추가한다.

제대로 접근법 ☆ 문제 채점까지 마친 후 복습할 때 보세요.

11
추가로 수집한 자료를 적절하게 활용할 수 있는지 평가하는 문제이다. 〈보기〉에는 학생이 추가로 수집한 자료들이 제시되어 있고, 선택지에서는 자료를 어떻게 활용할 것인지에 대한 계획을 언급하고 있다. 〈보기〉에 제공된 자료의 정보를 파악하고, 학생의 초고에 어떻게 활용될 수 있을지 생각해 본다.
(가)는 잘못 처리된 커피박이 환경에 미치는 영향에 대해 설명하는 자료이고, (나)는 커피박이 바이오에너지 분야에서 활용될 수 있음을 보여 주는 자료이다. (다)는 커피박 수거 시설을 설치한 다른 나라의 사례와 수거 시설 설치로 인해 얻는 부가적인 효과를 제시하는 자료이다. 이를 참고하여 자료를 적절하게 활용하고 있는 선택지를 골라 본다.

1차 채점

맞은 문항 수	개
틀린 문항 수	개
헷갈리는 문항 번호	

• 틀린 문항 ‘/’ 표시

→

2차 채점

맞은 문항 수	개
틀린 문항 수	개
헷갈리는 문항 번호	

• 틀린 문항 ‘×’ 표시

[01-03] 다음은 학생들을 대상으로 한 강연의 일부이다. 물음에 답하시오.

안녕하세요? ○○고 학생 여러분, 문화 해설사 □□□입니다. 한글 창제 이야기는 이미 잘 알고 계실 테니, 오늘은 한글 대중화에 힘쓴 두 인물에 대해 말씀드리죠. (목소리를 높여) 바로 주시경, 최현배 선생입니다. 역사적으로 암울했던 시기에 한글을 교육하고 연구하는 데 앞장선 두 분은 특별한 관계이기도 한데요. 어떤 관계일까요? 강연 내용에 힌트가 있으니 끝까지 잘 들어 주시길 바랍니다.

(한 손을 올렸다 내리며) "말이 오르면 나라도 오르고, 말이 내리면 나라도 내리나니라." 나라와 민족을 지키기 위해 한글 교육과 연구에 매진했던 주시경 선생이 남긴 말씀입니다. 선생은 한글을 가르칠 수 있다면 어디든 마다하지 않고 책 보따리를 들고 다녔기에 '주 보따리'로 불렸다고 합니다. 이런 열정으로 국어 강습소를 개설했고, 여기에서 배출한 제자들과 함께 국어 연구 학회를 설립하였는데 이는 오늘날 한글 학회의 뿌리가 됩니다. 대표 저서로는 『국어 문법』, 『국어문전음학』, 『국문 초학』 등이 있습니다. 그리고 얼마 전 주시경 선생에 대한 다큐멘터리가 방영되었는데, 이 영상을 찾아보는 것도 도움이 될 것입니다.

다음 소개할 인물은 최현배 선생입니다. 선생은 국어 강습소에 다니며 만난 어떤 인물로부터 큰 영향을 받게 됩니다. 이쯤에서 주시경 선생과의 관계를 눈치채신 분도 있을 텐데요. (청중의 반응을 살피며) 맞습니다. 두 분은 사제 간입니다. 최현배 선생은 스승의 길을 따라 한글 교육과 연구에 전념합니다. 조선어 학회 사건에 연루되어 옥고를 치르는 중에도 검열을 피해 솜옷 속에 쪽지를 숨겨 놓으며 한글을 연구했다는 이야기는 선생의 굳은 의지를 잘 보여 주죠. 대표 저서로는 『우리말본』과 『한글갈』이 있습니다. 아, '갈'이 무슨 뜻인지 잘 모르실 텐데, 연구를 의미하는 우리말입니다. 선생은 해방 후에 국어 교재 집필과 교원 양성에 힘썼습니다. 최현배 선생에 대한 자료는 △△ 기념관 누리집에서 찾으실 수 있습니다.

제대로 질문하기

❶ 강연의 제재는 무엇인가?
❷ 강연자는 청중들이 한글 창제에 대한 배경지식이 있다고 여기고 있다. (○, ×)
❸ 강연자는 인물들의 특성을 보여 주는 (   )를 제시하며 설명하고 있다.
❹ 최현배 선생은 장소를 가리지 않고 책 보따리를 들고 다니며 한글을 가르쳤다. (○, ×)

▶ 해설편 79쪽

01 위 강연자의 말하기 방식으로 가장 적절한 것은?

① 인물의 특성을 보여 주는 일화를 제시하고 있다.
② 자신의 경험을 시간 순서에 따라 전달하고 있다.
③ 대조를 통해 두 인물 간의 차이를 부각하고 있다.
④ 준언어적 표현을 조절하여 화제를 전환하고 있다.
⑤ 강연을 하게 된 소감을 밝히며 강연을 시작하고 있다.

02 다음은 강연자의 강연 계획이다. 강연에 반영되지 않은 것은?

• 화제 선정
– 청중의 배경지식을 고려하여 강연 내용을 한글 대중화에 힘쓴 두 인물로 선정해야겠다. ······ ①

• 청중 분석
– 청중이 생소하게 느낄 만한 우리말의 의미를 풀이해서 제시해야겠다. ······ ②
– 강연 내용에 관심 있는 청중을 위해 추가 정보를 찾을 수 있도록 안내해야겠다. ······ ③

• 강연 전략
– 강연 내용에 집중할 수 있도록 먼저 질문을 던져 궁금증을 유발하고 나중에 답을 제시해야겠다. ······ ④
– 강연 내용을 인상적으로 기억할 수 있도록 두 인물이 남긴 말을 각각 인용해야겠다. ······ ⑤

제대로 접근법

문제 채점까지 마친 후 복습할 때 보세요.

01
강연의 표현 전략을 평가하는 문제이다. 선택지에 제시된 표현 전략이 사용된 부분을 지문에서 찾아보자. 인물과 관련된 일화를 제시하고 있는지, 경험을 시간 순서에 따라 전달하고 있는지, 두 인물 간의 차이를 대조하고 있는지, 준언어적 표현을 통해 화제를 전환했는지, 강연을 하게 된 소감을 밝히고 있는지 등을 지문에서 확인한 후 적절성 여부를 판단한다.

02
강연 내용을 적절하게 생성했는지 확인하는 문제이다. 지문에서 선택지에 언급된 청중의 배경지식 고려, 생소한 우리말의 의미 풀이, 추가 정보 안내, 궁금증을 유발할 질문과 답, 두 인물이 남긴 말 인용 등이 나타나는지 꼼꼼하게 따져 봐야 한다. 다섯 가지 계획 중 하나는 지문에서 확인할 수 없는 내용이므로, 지문과 강연 계획을 살펴보면 선택지의 옳고 그름을 쉽게 판단할 수 있다.

03 강연 내용을 참고할 때, 〈보기〉에 제시된 청중의 반응을 이해한 내용으로 가장 적절한 것은?

〈보기〉

청중 1: 한글 학회의 출발점이 국어 연구 학회였음을 알게 되었어. 국어 연구 학회는 어떤 활동을 했는지 찾아봐야겠어.

청중 2: 조선어 학회 사건에 대한 발표를 맡았는데 강연 내용이 도움이 될 것 같아. 최현배 선생이 옥중에서도 한글을 연구했다는 내용을 발표에 추가해야지.

청중 3: 주시경 선생의 저서를 별다른 설명 없이 제목만 알려줘서 아쉬웠어. 그 저서들이 어떤 내용인지 찾아봐야겠어.

① 청중 1은 자신이 알고 있던 내용을 강연 내용과 비교하여 평가하고 있군.
② 청중 2는 강연을 통해 알게 된 정보를 유용성 측면에서 평가하고 있군.
③ 청중 3은 강연 내용을 바탕으로 강연에서 직접 언급되지 않은 내용을 추론하고 있군.
④ 청중 1과 3은 강연에서 새롭게 알게 된 사실에 대해 의구심을 드러내고 있군.
⑤ 청중 2와 3은 강연에서 언급된 내용과 관련하여 추가 정보를 탐색하려 하고 있군.

제대로 접근법 ☆ 문제 채점까지 마친 후 복습할 때 보세요.

03
반응의 적절성을 평가하는 문제이다. 먼저 〈보기〉에 제시된 청자 1, 2, 3이 강연의 어떤 내용에 주목하여 반응하고 있는지 확인한다. '청중 1'은 새롭게 알게 된 내용을 언급하며 추가적인 내용을 찾아봐야겠다고 반응하고 있다. '청중 2'는 강연 내용을 자신의 발표에 활용하겠다고 반응하고 있다. '청중 3'은 강연에서 아쉬웠던 점을 언급하며 추가적인 내용을 찾아봐야겠다고 반응하고 있다. 이러한 청중들의 반응을 고려하여 선택지의 적절성을 판단해 보자.

[04-08] (가)는 반대 신문식 토론의 일부이고, (나)는 토론에 참여한 반대 측 학생이 작성한 소감문의 초고이다. 물음에 답하시오.

(가)

사회자: 오늘 토론의 논제는 '규격화된 초보 운전 표지 부착을 의무화해야 한다.'입니다. 먼저 찬성 측 입론해 주십시오.

찬성 1: 얼마 전 초보 운전자의 운전 미숙으로 인해 교통사고가 연이어 발생하면서 초보 운전 표지 의무화에 대한 논의가 본격화되고 있습니다. 현행법에서 초보 운전자는 면허 취득일을 기준으로 정의하는데 이것으로는 면허 취득자의 실제 운전 여부를 파악하기 어렵습니다. 따라서 이번 토론에서는 관련 연구들을 참고하여 초보 운전자를 '자동차 보험 가입 경력 기준 1년 미만자'로 정의하여 입론하겠습니다.

초보 운전자는 운전이 서툴기 때문에 사고 위험이 높을 수밖에 없습니다. 초보 운전자의 사고율이 전체 운전자의 평균에 비해 18%p 높다는 통계도 있습니다. 교통사고는 안전과 직결되는 문제이며 생명을 위협할 수 있으므로 일본에서는 1970년대부터 초보 운전 표지 의무 부착 제도를 시행하고 있습니다. 표지를 의무화하여 초보임을 알리는 것은 초보 운전자를 보호할 뿐 아니라 모두의 안전을 위해 반드시 필요합니다.

한편 표지의 내용과 형식을 자율에 맡겨 발생하는 문제도 있습니다. 저는 최근에 '초보인데 보태 준 거 있어?'라는 표지를 커다랗게 붙인 차를 봤습니다. 이는 다른 운전자의 불쾌감을 유발하고 또 운전자의 후방 시야를 가려 안전 운전에 방해가 되기 때문에 표현의 자유라는 이유로 정당화될 수 없습니다. 따라서 국가 차원에서 예산을 들여 규격화된 표지를 제작하고 배부해 초보 운전자가 이를 의무적으로 부착하게 해야 합니다.

사회자: 이어서 반대 측에서 반대 신문해 주십시오.

반대 2: 질문에 앞서 방금 찬성 측이 한 발언은 표지 규격화가 표현의 자유를 침해한다는 점을 인정한 것으로 보입니다. 그럼 질문을 드리겠습니다. ㉠<u>초보 운전자 사고율에 대한 통계의 정확한 출처를 알 수 있을까요?</u>

찬성 1: 2022년 국회 입법 조사처에서 발표한 자료입니다.

반대 2: ㉡<u>그 자료에서처럼 초보 운전자의 운전 미숙이 사고의 주요 원인이라면 표지 부착 의무화로 사고가 감소할까요?</u>

찬성 1: 경력 운전자들이 도로 위에서 초보 운전자를 확인하게 되면 이들을 배려하는 태도로 운전할 수 있습니다. 이를 통해 초보 운전자의 사고 위험을 감소시킬 수 있으리라 생각합니다.

반대 2: 배려하는 태도, 중요하죠. 그런데 ㉢<u>일부 경력 운전자들이 표지를 부착한 초보 운전자에 대해 위협 운전을 할 수도 있지 않습니까?</u>

찬성 1: 표지를 보고 위협 운전을 하는 것은 제도로 인한 문제가 아니라 잘못된 운전 문화로 인해 발생한 문제입니다. 그러나 잘못된 운전 문화 역시 표지 부착 의무화를 통해서 바로잡을 수 있다고 생각합니다.

반대 2: 저희도 운전 문화 개선은 필요하다고 생각하지만 의무화로 해결될 문제는 아니라고 봅니다. 그리고 표지를 규격화해 제작하고 배부하려면 국가의 예산이 소요됩니다. ㉣<u>이 제도를 도입할 경우 비용이 발생할 텐데 결국 득보다 실이 더 크지 않을까요?</u>

찬성 1: 안전과 생명은 무엇보다 중요한 가치이기 때문에 비용의 측면으로만 따질 문제는 아니라고 생각합니다.

반대 2: ㉤<u>표지 의무화는 제재를 가한다는 뜻인데, 위반자를 적발하는 등 제도를 운영하는 것이 현실적으로 가능할까요?</u>

찬성 1: (잠시 생각한 후) 구체적인 방법은 아직 생각해 보지 못했습니다.

사회자: 이어서 [반대 측 입론] 해 주십시오.

(나)

이번 토론의 논제를 보고 나도 내년이면 면허를 취득할 수 있는 나이가 된다는 생각에 관심이 생겨 토론에 참여하기로 했다. 나는 반대 입장을 선택한 후 친구와 한 팀이 되어 토론을 준비했다.

먼저 쟁점을 분석한 후 주장할 내용을 정리하였다. 다음 날에는 근거 자료를 마련하려고 인터넷에서 자신의 개성을 자유롭게 표현하고 있는 다양한 초보 운전 표지 사진들을 찾아 저장했다. 그리고 '초보 스티커, 되레 난폭 운전자들의 표적'이라는 제목의 표지 부착 부작용 사례를 다룬 인터넷 신문 기사를 수집했다. 이후 관련 기관에 메일로 자료를 요청하여 운전 행태, 교통안전 등을 평가해 수치화한 교통 문화 지수가 운전자의 인식 개선을 위한 다양한 활동을 통해 매년 꾸준히 상승하고 있다는 보도 자료를 받았다. 그다음 날에도 자료를 찾으러 친구와 함께 도서관에 갔다. 미국 대다수의 주에서는, 표지 부착은 의무화하지 않으면서 임시 면허 기간을 두어 초보 운전자의 운전 숙련도를 높이는 단계적 운전면허 제도를 시행하고 있다는 논문 자료를 찾았다. 그리고 초보 운전자 대부분이 표지를 부착하고 있다는 설문 결과도 찾아 스크랩했다.

막상 토론을 하려니 평소 사람들 앞에서 말할 때 긴장해서 말을 더듬는 편이라 걱정이 되었다. 이를 극복하기 위해 실전처럼 말하는 연습을 반복했고 그 덕분에 토론에서 침착하게 말할 수 있었다. 한편 토론 후 상호 평가를 해 보니, 친구는 준비한 자료를 활용해 논리적으로 답변한 반면 나는 찬성 측 반론을 미흡하게 반박한 것 같아 조금 아쉬웠다.

[A] 이번 토론을 준비하며 생각보다 많은 시간과 노력이 든다는 것을 알았다. 논제에 대한 찬성과 반대의 자료를 모두 조사해야 하기 때문이다.

제대로 질문하기

❶ (가)에서 토론의 논제는 '규격화된 초보 운전 표지 부착을 (　　　　)해야 한다.' 이다.
❷ (가)에서 찬성 측은 최근 발생한 사건을 언급하여 논의가 필요하다는 점을 드러내고 있다. (○, ×)
❸ (가)에서 반대 측은 초보 운전 표지 부착을 통해 운전 문화를 개선할 수 있다고 주장하고 있다. (○, ×)
❹ (나)에서 글쓴이는 미국에서는 임시 면허 기간을 두어 단계적 운전면허 제도를 시행하고 있다는 (　　　　)를 찾았다.

04 (가)의 '찬성 1'의 입론에 대한 설명으로 가장 적절한 것은?

① 핵심 용어를 정의한 후 상대의 동의를 구하고 있다.
② 외국의 사례를 분류하여 논의의 범위를 확장하고 있다.
③ 특정 경험을 활용하여 기존 정책의 목적을 설명하고 있다.
④ 최근 발생한 사건을 언급하여 논의의 필요성을 드러내고 있다.
⑤ 정책이 변화한 과정을 중심으로 논의의 배경을 제시하고 있다.

제대로 접근법

문제 채점까지 마친 후 복습할 때 보세요.

04
토론의 표현 전략을 파악하는 문제이다. 지문에서 선택지에 언급된 표현 전략과 연관된 부분을 찾아 일치 여부를 확인한다. '찬성 1'은 얼마 전 초보 운전자의 운전 미숙으로 인해 교통사고가 연이어 발생하면서 초보 운전 표지 의무화에 대한 논의가 본격화되고 있다고 밝히고 있다. 이러한 내용을 통해 얻을 수 있는 효과가 무엇인지 확인한 다음 적절한 내용의 선택지를 찾아보자.

▶ 해설편 81쪽

05 반대 신문의 목적을 고려했을 때, ㉠~㉤에 대한 이해로 적절하지 않은 것은?

① ㉠은 상대가 근거로 인용한 자료가 신뢰할 만한 것인지 출처를 확인하고 있다.
② ㉡은 초보 운전 표지를 의무적으로 부착하면 사고가 감소한다는 상대의 주장이 타당하지 않음을 지적하고 있다.
③ ㉢은 상대의 주장이 경력 운전자의 입장만 반영하여 공정하지 않음을 지적하고 있다.
④ ㉣은 상대의 주장을 비용의 측면에서 보았을 때 실질적 이익이 있는지 확인하고 있다.
⑤ ㉤은 초보 운전 표지 의무화 제도를 운영하는 일이 실행 가능한지 확인하고 있다.

06 (가)의 토론 내용과 (나)의 자료를 바탕으로 반대 측 입론 내용을 추론했다고 할 때, 적절하지 않은 것은? [3점]

▶ 쟁점: 표지 부착 의무화는 교통사고 감소를 위해 필요한가?
[자료] 표지 부착 부작용 관련 신문 기사 ㄴ **반대 측 입론**: 일부 운전자가 초보 운전 표지를 붙인 차량을 위협하는 경우를 볼 때, 의무화가 오히려 교통사고를 유발할 수 있다. ········ ①
[자료] 단계적 운전면허 제도 관련 논문 ㄴ **반대 측 입론**: 단계적 운전면허 제도를 참고하여 초보 운전자의 운전 숙련도를 높인다면, 표지 부착을 의무화하지 않고도 초보 운전자의 교통사고를 줄일 수 있다. ········ ②
▶ 쟁점: 표지 부착 의무화는 운전 문화 개선을 위해 필요한가?
[자료] 교통 문화 지수 관련 보도 자료 ㄴ **반대 측 입론**: 교통 문화 지수의 상승 추세를 볼 때, 운전 문화는 홍보나 캠페인 등을 통해 개선할 수 있으므로 표지 부착을 의무화할 필요가 없다. ········ ③
▶ 쟁점: 국가 차원에서 표지를 규격화해야 하는가?
[자료] 다양한 초보 운전 표지 사진 ㄴ **반대 측 입론**: 국가 차원에서 표지를 규격화하면, 개성 있는 표지를 부착하고자 하는 운전자의 자기표현의 자유를 침해할 수 있어 규격화는 불필요하다. ····· ④
[자료] 초보 운전 표지 부착에 대한 설문 결과 ㄴ **반대 측 입론**: 대부분의 초보 운전자가 표지를 부착하고 있음을 볼 때, 기존 표지를 규격화된 표지로 교체하는 비용을 초보 운전자가 부담하게 되므로 규격화는 불필요하다. ········ ⑤

제대로 접근법

문제 채점까지 마친 후 복습할 때 보세요.

05
발화의 의미와 기능을 파악하는 문제이다. 반대 측의 입장에서 찬성 측의 주장이 지닌 문제점을 지적하고 있다는 점을 고려하여 ㉠~㉤과 같은 발화를 한 의도와 목적을 생각해 본다. '정확한 출처를 알 수 있을까요?', '사고가 감소할까요?', '위협 운전을 할 수도 있지 않습니까?', '득보다 실이 더 크지 않을까요?', '현실적으로 가능할까요?' 등에 담긴 의미를 통해 선택지의 적절성을 판단한다.

06
토론 내용을 추론하는 문제이다. '반대 측 입론'은 당연히 찬성 측의 주장을 반박하는 내용이 될 것이다. (가)에서 찬성 측은 모두의 안전을 위해 국가에서 예산을 들여 규격화된 표지를 제작해 초보 운전자가 의무적으로 부착하게 해야 한다고 주장하였다. 그리고 (나)에서 반대 측은 찬성 측의 주장을 반박하기 위해 다양한 초보 운전 표지 사진, 인터넷 신문 기사, 보도 자료, 논문 자료, 설문 결과 등을 근거 자료로 수집하였다. 이러한 근거 자료들을 효과적으로 활용했는지, 찬성 측의 주장을 적절하게 반박했는지 등을 고려하여 선택지의 적절성을 판단한다.

07 (나)를 작성할 때 활용한 내용 조직 방법으로 적절하지 않은 것은?

① 1문단에서는 논제에 대한 입장을 선택하게 된 계기를 원인과 결과에 따라 제시하였다.
② 2문단에서는 토론을 준비하는 과정을 시간 순서에 따라 제시하였다.
③ 2문단에서는 토론에 활용할 자료를 수집한 경로에 따라 나누어 제시하였다.
④ 3문단에서는 말하기 불안 문제를 인식하고 이를 해결하기 위한 노력을 제시하였다.
⑤ 3문단에서는 토론 활동에 대한 평가를 대비의 방식으로 제시하였다.

08 다음은 [A]를 고쳐 쓴 것이다. 그 과정에서 반영된 교사의 조언으로 가장 적절한 것은?

> 이번 토론을 준비하며 시간과 노력을 들여 자료 조사와 말하기 연습을 한 결과 설득력 있게 주장할 수 있다는 자신감이 생겼다. 또 토론 중 상대의 발언을 잘 들었더니 문제를 깊이 이해할 수 있었고 사회적 쟁점을 바라보는 다양한 시각의 중요성을 알았다.

① 토론의 경쟁적 속성이 지닌 장점만 다루고 있으니, 단점도 함께 제시해 보렴.
② 토론에서 배운 점만 다루고 있으니, 시행착오와 이를 보완할 계획을 모두 제시해 보렴.
③ 토론에서 자료 조사의 어려움만 다루고 있으니, 토론 중 겪은 어려움도 함께 제시해 보렴.
④ 토론 준비에 대해서만 다루고 있으니, 실제 토론을 하면서 깨달은 점도 함께 제시해 보렴.
⑤ 토론 준비 과정에서의 개인적 노력만 다루고 있으니, 협력하며 준비하는 토론의 가치도 함께 제시해 보렴.

제대로 접근법

문제 채점까지 마친 후 복습할 때 보세요.

07
내용 조직 방법을 파악하는 문제이다. 선택지에서 문단별로 내용 조직 방법을 제시하고 있으므로 해당 문단에 집중하여 적절성 여부를 판단해 보자. 1문단에서 논제에 대한 입장 선택 계기를 제시했는지 확인한다. 2문단에서 토론 준비 과정을 시간 순서에 따라 제시했는지, 그리고 토론 자료를 수집한 경로에 따라 제시했는지 확인한다. 3문단에서 말하기 불안 문제를 해결하기 위한 노력을 제시했는지, 또 토론 활동에 대한 평가를 대비의 방식으로 제시했는지 확인하여 적절하지 않은 것을 찾는다.

08
고쳐쓰기의 이유를 추론하는 문제이다. 학생은 교사의 조언을 듣고, [A]를 문제에 제시된 글과 같이 수정했다. [A]와 제시된 글을 비교하며 어떤 내용이 어떻게 달라졌는지 파악한다. 달라진 내용을 중심으로 교사가 어떤 조언을 했을지 생각해 본다. 선택지의 내용을 살펴보고, 가장 적절한 조언을 담고 있는 선택지를 찾는다. 제시된 글은 [A]와 달리 토론 준비와 함께 토론 중에 느낀 점을 함께 다루고 있다는 점을 고려한다.

[09~11] (가)는 기획 기사를 연재 중인 학교 신문의 일부이고, (나)는 학생이 작성한 <2편>의 초고이다. 물음에 답하시오.

(가) 학교 신문의 일부

제61호 **기획 연재** ○○ 고등학교

【기획 주제】 또 하나의 집, 학교 공간 바꾸기

1편	학교 공간, 어떤 역할을 해야 할까?
2편	우리 학교 공간, 이렇게 바꾸면 어떨까? – 바꾸고 싶은 공간, 일어날 변화
3편	국내외의 학교 공간, 어떤 방향으로 바뀌고 있나? – 생태 공간 조성, 학생 주도의 변화 ……㉠

＊이번 호에는 <2편>을 싣습니다.

(나) <2편>의 초고

학교는 학생들이 집 다음으로 오랜 시간 생활하는 공간으로 제2의 집이라 할 수 있다. 그런데 학교를 생각하면 네모난 교실에서 칠판을 향해 앉아 있는 학생들이 떠오른다. 학교는 학습 기능을 수행하는 효율적 공간임에 틀림없지만, 지적 성장을 위한 공간뿐만 아니라 정서적 안정과 사회적 성장을 위한 공간도 필요하다. 하지만 우리 학교는 학습을 위한 공간에 집중되어 있어 아쉽다. 그래서 3층과 4층에서 현재 사용하지 않는 서편 끝 교실을 새롭게 바꿀 것을 제안한다.

먼저 학교에서 가장 높은 곳에 있으며 바깥 풍경이 아름답고 조용한 4층 교실을 '사색의 방'으로 만들었으면 한다. 이곳은 통창을 설치해 산과 하늘을 볼 수 있도록 하고 창가 의자에 앉아 쉬며 사색할 수 있는 공간으로 바꾼다. 창을 통해 자연을 느끼며 안정을 찾고 성찰의 시간을 보낼 수도 있다. 이 공간은 집기로 채우지 않고 편안한 음악 소리로 채우되, 인공조명은 최소화한다. 마음을 다독일 수 있는 이 방은 정서적 안정을 위한 곳으로서 학생들이 머물고 싶은 공간이 될 것이다.

3층 교실은 '어울림의 방'으로 만들었으면 한다. 이곳은 교실과 복도 사이의 벽을 없애 누구나 드나들기 쉽도록 한다. 또 바닥은 자유롭게 앉거나 누워 즐겁게 이야기할 수 있는 공간으로 바꾼다. 모퉁이 공간을 활용하여 친한 친구들끼리 소모임을 할 수 있도록 하면 서로의 고민을 터놓을 수도 있다. 친구들과 어울리며 관계를 형성하는 이 방은 사회적 성장을 위한 곳으로서 학생들이 또 오고 싶은 공간이 될 것이다.

학생들이 바라는 이런 공간이 우리 학교에 생긴다면 학교 생활이 얼마나 행복할까? 정서적 안정과 사회적 성장을 위한 학교 공간의 조성으로 나의 생각은 커가고 친구들과 어울리며 행복을 느낄 수 있을 것이다. 이런 변화는 학업에도 더욱 열중할 수 있는 동력이 되며 학교에 대한 자부심도 느끼게 할 것이다.

제대로 질문하기

❶ (가)를 통해 학교 신문에서 '(   )의 변화'를 주제로 한 기획 기사를 연재하고 있음을 알 수 있다.
❷ (나)의 글쓴이는 정서적 안정을 위한 '(   )의 방'과 사회적 성장을 위한 '(   )의 방'을 제안하고 있다.
❸ (나)의 글쓴이는 학교 공간을 바꾸면 지적 성장을 위한 공간이 확대될 것으로 보고 있다. (○, ×)
❹ (나)의 글쓴이는 학교에 새로운 공간이 조성되면 학생들이 학교에 대한 자부심을 느낄 것으로 생각하고 있다. (○, ×)

09 '초고'에 활용된 쓰기 전략으로 가장 적절한 것은?

① 우리 학교와 다른 학교 공간의 구조를 비교하여 실태를 부각한다.
② 공간이 조성되었을 때의 모습을 가정하여 기대되는 효과를 제시한다.
③ 학교의 기능이 변화해 온 과정을 분석하여 공간 개선의 필요성을 강조한다.
④ 학교 공간의 중요성에 대한 질문을 반복하여 문제 해결의 시급성을 드러낸다.
⑤ 공간의 이동에 따라 각 공간의 문제점을 나열하여 공간별 개선 방안을 제안한다.

제대로 접근법 문제 채점까지 마친 후 복습할 때 보세요.

09
글쓰기 전략을 파악하는 문제이다. 정답률이 무척 높았던 문제이므로 실수하지 않도록 유의하자. 지문에서 다른 학교 공간의 구조를 비교했는지, 기대되는 효과를 제시했는지, 학교 기능 변화 과정을 분석했는지, 문제 해결의 시급성을 드러냈는지, 공간의 이동에 따라 문제점을 나열했는지 등을 확인하면 어렵지 않게 문제를 해결할 수 있다.

10 〈보기〉는 학생이 '초고'를 보완하기 위해 추가로 수집한 자료이다. 자료의 활용 방안으로 적절하지 않은 것은? [3점]

〈보기〉

ㄱ. 설문 조사 결과

우리 학교에 필요하다고 생각하는 공간은?

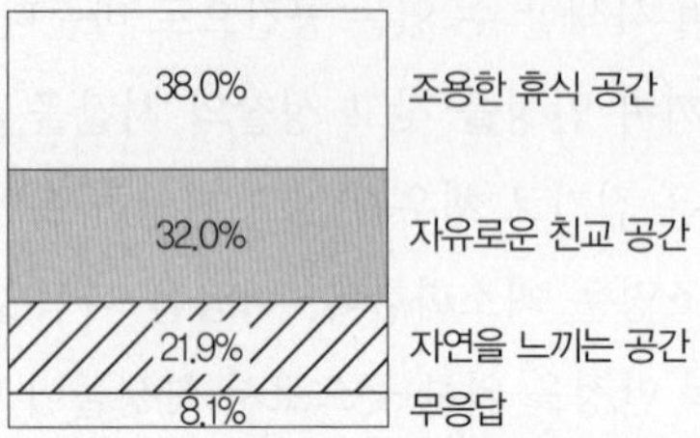

※ 대상: 우리 학교 학생 700명

ㄴ. 전문가 인터뷰

"천장이나 벽을 없애는 형태적 확장, 투명한 유리 재료를 이용해 변화를 주는 시각적 확장을 통해 건축물 내부와 외부가 연결되는 부분이 늘어나면 실내 공간의 개방감이 높아집니다."

ㄷ. 보고서 자료

1. 안정감을 주는 공간 구성	2. 청소년기의 심리 특성과 공간 구성
실내 공간에서 자연을 느끼며 안정감을 얻을 수 있는 방법으로 다음과 같은 것이 있다. – 창을 통해 자연과의 시각적 연결을 늘림. – 목재를 사용함. – 천연 소재 부품을 이용함.	청소년기는 자의식이 높아지는 시기로, 경계를 형성하는 벽을 없앤 공간에서 자신이 노출되는 것에 부담을 느낄 수 있다. 색의 대비, 부분 조명, 이동식 가구를 이용해 공간 분리 효과를 주면 부담감을 낮추는 데 도움이 된다.

① ㄱ을 활용하여, 학습 이외 다른 용도의 공간 조성이 필요한 이유로 휴식 공간과 친교 공간에 대한 학생들의 요구가 높은 비율로 나타났음을 1문단에 추가한다.

② ㄷ-1을 활용하여, 학생들이 자연을 느낄 수 있는 공간 조성 방안으로 창가 의자의 재질을 목재로 하고 천연 소재 방석을 비치할 것을 2문단에 추가한다.

③ ㄷ-2를 활용하여, 자신이 노출되는 것에 대한 부담을 줄이며 소모임을 할 수 있는 공간 조성 방안으로 모퉁이 공간에 이동식 가구를 비치해 공간 분리 효과를 줄 것을 3문단에 추가한다.

④ ㄴ과 ㄷ-1을 활용하여, 시각적 확장 효과를 주는 통창 설치를 제안하는 이유로 자연과의 시각적 연결이 늘어나 학생들의 안정감에 도움이 될 수 있다는 것을 2문단에 추가한다.

⑤ ㄴ과 ㄷ-2를 활용하여, 벽을 없애 형태적으로 확장된 공간에 개방감을 높이는 방안으로 색이 대비되는 소품을 비치하고 부분 조명을 설치할 것을 3문단에 추가한다.

제대로 접근법

문제 채점까지 마친 후 복습할 때 보세요.

10

자료 활용의 적절성을 평가하는 문제이다. 정답률이 비교적 낮은 편이었는데, 자료 활용의 적절성에 대한 문제는 매번 출제되므로 기출문제를 풀어 감을 익혀야 한다. 〈보기〉에서 ㄱ은 학생들이 필요하다고 생각하는 공간에 대한 설문 조사 결과, ㄴ은 실내 공간의 개방감을 높일 수 있는 방법에 대한 전문가 인터뷰, ㄷ-1은 자연을 느끼며 안정감을 주는 공간 구성에 대한 보고서 자료, ㄷ-2는 청소년기의 심리 특성에 대한 보고서 자료이다. 〈보기〉에 제시된 자료의 내용이 '초고'의 어떤 부분과 관련되어 있는지 살펴보고, 선택지에서 이 자료를 적절하게 활용했는지를 꼼꼼하게 따져 본다.

▶ 해설편 83쪽

11 〈보기〉를 반영하여 ㉠의 1문단을 다음과 같이 작성했다고 할 때, ⓐ~ⓔ 중 적절하지 않은 것은?

〈보기〉

편집부장: 기획 연재의 〈3편〉을 작성하려고 해. 1문단은 도입 문단의 성격을 살려서 〈2편〉 초고의 핵심 내용과 〈3편〉 표제, 부제의 내용이 드러나도록 작성하자.

학교 공간에 변화의 바람이 불고 있다. 지난 호에서는 ⓐ학습 공간 외에 학생들이 이용할 수 있는 사색의 공간, 어울림의 공간을 구상해 보았다. ⓑ공간의 변화는 학생들이 학교를 자랑스럽게 느끼도록 하며, 학업에도 긍정적인 영향을 미칠 것이다. 이에 ⓒ학교 공간 조성에 관심이 있는 학부모, 지역 사회의 참여가 요구된다. 나아가 최근 ⓓ국내외의 많은 학교들은 학생들이 자연을 가까이에서 느낄 수 있도록 생태 공간을 조성하고 있다. 이 과정에 ⓔ학생들이 학교 공간의 문제점을 찾거나 공간을 바꾸는 데 중심 역할을 하고 있다. 이번 호에서는 이러한 변화의 흐름을 국내외의 사례를 통해 살펴보고자 한다.

① ⓐ ② ⓑ ③ ⓒ ④ ⓓ ⑤ ⓔ

제대로 접근법 문제 채점까지 마친 후 복습할 때 보세요.

11
내용 생성의 적절성을 평가하는 문제이다. 〈보기〉에 제시된 '편집부장'의 요구 조건을 반영하여 글을 작성해야 한다는 점을 명심하자. 따라서 〈3편〉의 1문단에는 〈2편〉 초고의 핵심 내용인 '정서적 안정과 사회적 성장을 위한 학교 공간 조성' 및 '학업에 열중할 수 있는 동력과 학교에 대한 자부심'에 대한 내용을 제시해야 한다. 아울러 〈3편〉의 표제인 '국내외의 학교 공간, 어떤 방향으로 바뀌고 있나?'와 부제인 '생태 공간 조성, 학생 주도의 변화'와 관련된 내용을 반영해야 한다. 〈보기〉의 조건을 제대로 반영하지 못한 선택지를 찾아 문제를 해결한다.

1차 채점	
맞은 문항 수	개
틀린 문항 수	개
헷갈리는 문항 번호	

• 틀린 문항 '/' 표시

→

2차 채점	
맞은 문항 수	개
틀린 문항 수	개
헷갈리는 문항 번호	

• 틀린 문항 'x' 표시

[01-03] 다음은 학생의 발표이다. 물음에 답하시오.

안녕하세요? 지난 수업 시간에 곰팡이의 생육 환경에 대해 우리가 조사했던 활동이 기억나나요? (청중의 반응을 듣고) 네, 기억하는군요. 자료를 더 찾아보니 식물 뿌리와 함께 사는 곰팡이에 관한 흥미로운 사실이 있어 소개하려 합니다.

식물 뿌리와 함께 사는 곰팡이가 식물 뿌리와 상호 작용한다는 것을 알고 있나요? (청중의 반응을 살피고) 대부분 모르는군요. 곰팡이와 식물 뿌리의 상호 작용에는 곰팡이의 균사가 중요한 역할을 합니다. (㉠화면 제시) 이렇게 식물 뿌리를 감싸고 있는 실처럼 생긴 것이 곰팡이의 균사인데요, 균사는 곰팡이의 몸을 이루는 세포가 실 모양으로 이어진 것을 말합니다.

식물 뿌리와 연결된 곰팡이의 균사는 양분이 오가는 통로가 됩니다. 마치 서로를 잇는 다리와 같은 역할을 하지요. (㉡화면 제시) 이렇게 곰팡이가 토양에서 흡수한 양분은 식물 뿌리로 전달되고, 식물이 광합성으로 만든 양분도 곰팡이로 전달됩니다. 또한 균사는 땅속에서 퍼져 나가면서 거리가 떨어져 있는 식물 뿌리와 연결될 수 있고, 한 식물의 뿌리와 또 다른 식물의 뿌리를 연결할 수도 있습니다. 식물과 식물을 연결한 균사를 통해 양분이 식물 간에 전달되지요.

아, 질문이 있네요. (ⓐ질문을 듣고) 곰팡이나 식물에 눈이 있어 서로를 찾아가는 것은 아닙니다. 곰팡이와 식물 뿌리는 각각 상대의 생장을 촉진하는 물질을 내놓아 상대를 자기 쪽으로 유인하여 만날 수 있지요. 이해되었나요? (고개를 끄덕이는 모습을 보고) 그럼 발표를 이어 가겠습니다.

곰팡이의 균사가 식물 뿌리와 연결되는 방식은 곰팡이에 따라 다릅니다. 예를 들어, (㉢화면 제시) 화면의 왼쪽처럼 균사가 식물 뿌리 세포의 내부로 들어가는 곰팡이가 있고, 화면의 오른쪽처럼 균사가 식물 뿌리의 겉면이나 식물 뿌리 세포를 감싸는 곰팡이도 있습니다.

곰팡이와 식물 뿌리의 상호 작용이 흥미롭지 않나요? 발표 내용이 잘 이해되었기를 바라며 이만 마치겠습니다.

제대로 질문하기

❶ 곰팡이의 몸을 이루는 세포가 실 모양으로 이어진 것을 뜻하는 것은?
❷ 발표자는 청중과 공유하고 있는 경험을 언급하여 청중의 주의를 환기하고 있다. (○, ×)
❸ 식물 뿌리와 연결된 곰팡이의 균사는 (   )이 오가는 통로의 역할을 한다.
❹ 균사가 식물 뿌리와 연결되는 방식은 곰팡이마다 모두 동일하다. (○, ×)

▶ 해설편 84쪽

01 위 발표에 활용된 발표 전략으로 적절하지 않은 것은?

① 청중의 주의를 환기하기 위해 청중과 공유하고 있는 경험을 언급한다.
② 청중이 발표 내용을 예측하도록 발표 내용의 제시 순서를 발표 도입에서 밝힌다.
③ 청중이 발표 내용에 대해 사전에 알고 있었는지 확인하기 위해 발표 내용과 관련된 질문을 한다.
④ 청중이 특정 대상의 개념을 파악하도록 대상의 정의를 제시한다.
⑤ 청중의 이해를 돕기 위해 특정 대상을 일상적 소재에 빗대어 표현한다.

02 다음은 발표자가 보여 준 화면이다. 발표자의 시각 자료 활용에 대한 설명으로 가장 적절한 것은?

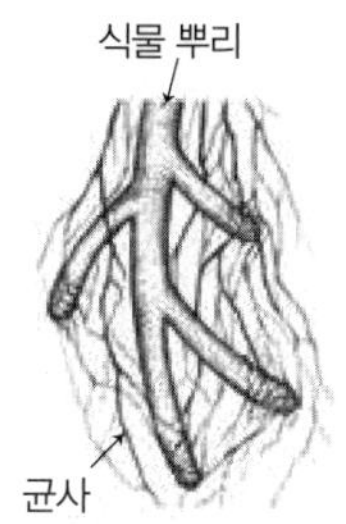		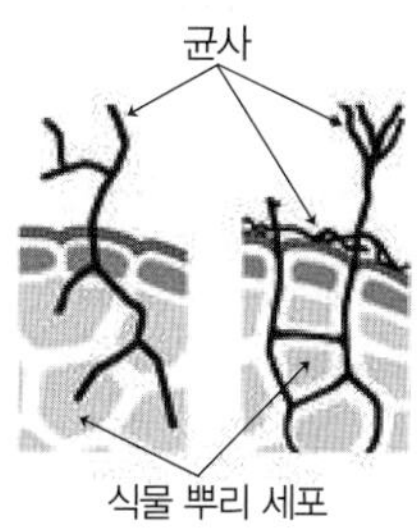
[화면 1]	[화면 2]	[화면 3]

① [화면 1]은 균사가 식물 뿌리를 감싸는 정도가 식물 뿌리의 부위마다 다름을 설명하기 위해 ㉠에 제시하였다.
② [화면 1]은 균사를 통해 한 식물의 양분이 다른 식물에 전달됨을 설명하기 위해 ㉠에 제시하였다.
③ [화면 2]는 곰팡이의 몸을 이루는 세포가 실 모양으로 이어진 것이 균사임을 설명하기 위해 ㉡에 제시하였다.
④ [화면 2]는 곰팡이가 토양에서 흡수한 양분은 식물 뿌리로 전달되고, 광합성으로 만들어진 양분은 곰팡이로 전달됨을 설명하기 위해 ㉡에 제시하였다.
⑤ [화면 3]은 땅속에서 퍼져 나가는 특성이 있는 균사가 주변에 서식하는 여러 식물의 뿌리와 연결될 수 있음을 설명하기 위해 ㉢에 제시하였다.

제대로 접근법

문제 채점까지 마친 후 복습할 때 보세요.

01
발표 표현 전략을 파악하는 문제이다. 선택지의 내용을 확인하고 지문을 읽으며 해당하는 부분에 밑줄을 긋는 방식으로 문제를 해결한다. '우리가 조사했던 활동이 기억나나요?', '흥미로운 사실이 있어 소개하려 합니다', '상호 작용한다는 것을 알고 있나요?', '실 모양으로 이어진 것을 말합니다', '마치 서로를 잇는 다리와 같은 역할을 하지요' 등과 같은 내용으로 확인할 수 있는 발표 전략이 무엇인지 생각해 보자.

02
자료 활용의 적절성을 평가하는 문제이다. 지문의 내용이 크게 변용되지 않은 채 선택지에 활용되어 어렵지 않게 문제를 해결할 수 있다. [화면 1]은 균사가 식물 뿌리를 감싸고 있는 모습을, [화면 2]는 식물 뿌리와 곰팡이 사이에 양분이 오간다는 점을, [화면 3]은 곰팡이에 따라 균사가 식물 뿌리와 연결되는 방식이 다르다는 점을 보여 주는 시각 자료이다. 자료의 내용과 상관없는 내용을 언급한 선택지를 지우고, 자료를 올바르게 해석한 선택지 하나를 선택하여 문제를 해결한다.

03 위 발표의 흐름을 고려할 때, ⓐ로 가장 적절한 것은?

① 균사가 식물 뿌리 세포의 내부까지 어떻게 들어가나요?
② 곰팡이는 식물 이외에 다른 생물과도 상호 작용할 수 있나요?
③ 서로 떨어져 있는 곰팡이와 식물 뿌리가 어떻게 닿을 수 있나요?
④ 곰팡이와 식물 뿌리의 생장을 촉진하는 물질에는 어떤 것이 있나요?
⑤ 곰팡이와 연결된 식물 뿌리는 그렇지 않은 식물 뿌리보다 빨리 생장하나요?

제대로 접근법 ☆ 문제 채점까지 마친 후 복습할 때 보세요.

03
질문의 내용을 추론하는 문제이다. ⓐ의 뒤에 나오는 발표자의 답변을 토대로 청중이 어떤 질문을 했는지를 추론해야 한다. 선택지에 제시된 질문과 발표자의 답변이 가장 자연스럽게 이어지는 것을 찾는다. 발표자는 청중의 질문에 대해 '곰팡이나 식물에 눈이 있어 서로를 찾아가는 것은 아닙니다.'라고 대답하였다. 이는 눈이 없이도 곰팡이와 식물이 서로를 찾아가는 방법이 있다는 의미이다.

[04-08] (가)는 방송 대담의 일부이고, (나)는 이를 바탕으로 학생회 학생들이 나눈 대화이며, (다)는 학생회장이 작성한 건의문이다. 물음에 답하시오.

(가)

진행자: 안녕하십니까? 특별 기획 '박물관에 바란다'입니다. 우리 지역 박물관은 증축을 추진하면서 시민 건의를 받고 있습니다. 오늘은 우리 지역 박물관의 발전적 변화를 모색하고자 전문가 두 분을 모셨습니다. 먼저 공간 구성에 관한 사항을 논의하겠습니다.

전문가 1: 이 지역은 ○○ 문화의 중심지였고, 박물관에서는 토기와 왕릉의 왕관 등 ○○ 문화의 흥망성쇠를 보여 주는 유물을 다수 보유하고 있습니다. 따라서 ○○ 문화권 상설 전시실의 규모를 확대할 것을 제안합니다.

[A] **진행자**: 지역의 역사와 유물을 고려해 상설 전시실 규모를 늘리자는 말씀이군요. 이에 대해 어떻게 생각하시나요?

전문가 2: 저 역시 동의합니다. 그리고 이번 기회에 교육, 공연, 시민 교류 등을 위한 시민 활용 공간들을 확보해서 박물관을 복합 문화 공간으로 조성해야 합니다.

전문가 1: 교육 공간의 확보에 대해서는 같은 생각입니다. 하지만 교육 공간 이외의 시민 활용 공간보다 유물 보존을 위한 공간을 확보하는 것이 더 중요합니다.

진행자: 보존 공간의 확보가 중요한 이유는 무엇인가요?

전문가 1: 인류의 귀중한 유산을 보존하는 게 박물관 본연의 기능이기 때문입니다. 보존 공간이 부족해 5년 만에 재증축한 □□ 박물관의 전철을 밟으면 곤란합니다. 증축할 공간에 한계가 있으니 본연의 기능에 집중해야 하지 않을까요?

전문가 2: 말씀에 공감하지만, 이번 증축을 계기로 박물관이 시민에게 더 다가가는 공간이 되었으면 합니다.

[B] **진행자**: 공간 구성에 대한 두 분의 좋은 말씀 고맙습니다. 다음으로 운영상 중점을 둘 부분을 논의해 볼까요?

전문가 1: 박물관의 핵심은 유물 보존과 연구입니다. 특히 충분한 연구가 전제되지 않으면 내실 있는 전시가 어렵습니다. 따라서 유물 연구를 강화해야 합니다.

전문가 2: 최근 새로 제시된 박물관의 정의에 공동체의 참여에 관한 내용이 추가되었지요. 이는 박물관 운영 과정에서 시민의 의견을 적극 수용해야 한다는 의미로 볼 수 있습니다. 저는 이 점이 중요하다고 생각합니다.

진행자: 방금 하신 말씀이 어떤 식으로 실현될지 궁금하네요.

전문가 2: 박물관에서 운영할 교육 프로그램 기획 단계에서 시민에게 의견을 묻고 이를 운영에 반영할 수 있습니다.

[C] **진행자**: 시민에게 의견을 묻고 이를 운영에 반영하면 수요자의 요구에 맞는 교육 프로그램 운영이 가능하겠군요.

(나)

학생회장: '박물관에 바란다'를 보고 우리도 박물관에 건의하기로 했잖아. 무엇을 건의할지 이야기해 보자.

학생 1: 전문가가 우리 지역은 ○○ 문화의 중심지였다고 했으니, 박물관을 왕릉 모양으로 만들면 뜻깊을 거야.

학생 2: 흥미롭지만 현실적으로 어렵지 않을까?

학생 1: 그럼 진로 체험 강좌를 운영해 달라는 건 어때?

학생 2: 그래. 역사학 관련 체험 강좌가 박물관에 없어서 진로 체험 기회가 부족한 게 문제였잖아.

학생회장: 방송에서 유물 보존과 연구가 박물관의 핵심이라고 했는데, 이와 관련한 강좌는 진로 개발에 큰 도움이 될 거야. 또 다른 건의 사항 있어?

학생 1: 설명 위주의 기존 전시 방식에 친구들의 불만이 많잖아. 유물 모형을 만져 보며 체험할 수 있는 공간을 만들어 달라고 건의하자.

학생 2: 맞아. 박물관이 다양한 시민 활용 공간을 확보해야 한다고 전문가도 그랬잖아.

학생회장: 이야기한 내용을 바탕으로 글을 써 볼게.

(다)

박물관장님, 안녕하세요? 저는 △△ 고등학교 김◇◇입니다. 증축을 앞둔 박물관에 건의 사항이 있습니다.

첫째, 유물 모형을 체험할 수 있는 공간을 마련해 주십시오. 저희 청소년은 체험해 보는 교육 활동을 좋아합니다. 그런데 기존 박물관은 유리벽 안의 유물에 대한 설명만 있어서 청소년의 불만이 많습니다. 유물 모형을 만져 보며 체험하는 공간이 생긴다면, ㉠<u>지역의 많은 청소년이 유물의 가치에 대해 더 재미있게 배울 수 있을 것입니다.</u> 또한 박물관을 홍보하는 효과가 있을 것입니다. ㉡<u>체험 중 안전사고를 우려하실 수 있지만 이 문제는 자원봉사자</u>

의 참여로 해결 가능하며, 이는 청소년에게 자원봉사의 기회를 제공하는 이점도 있습니다.

둘째, 청소년 대상의 진로 체험 강좌를 운영해 주십시오. 우리 지역은 ○○ 문화의 중심지여서 많은 청소년이 역사적 자긍심을 느끼고 있습니다. 그래서 역사학에 관심이 있는 청소년이 많은 편이지만, 진로 체험의 기회는 부족합니다. 유물의 보존과 연구에 대해 배우는 강좌가 운영된다면, 지역 청소년의 진로 개발에 큰 도움이 될 것입니다.

건의를 수용할 경우 ㉢박물관 운영에 부담이 된다고 우려하실 수 있지만, 이보다 청소년이 꿈을 키우고 지역에 대한 청소년의 자긍심이 높아지는 효과가 더 클 것입니다. 증축될 박물관은 자랑스러운 역사를 간직한 참여의 공간이 될 것입니다. 고맙습니다.

제대로 질문하기

❶ (가)에서 전문가 1이 박물관의 핵심으로 생각하는 것은?

❷ (가)에서 전문가 1과 전문가 2는 박물관을 증축할 때 교육 공간을 확보해야 한다는 데 의견이 일치하고 있다. (○, ×)

❸ (나)에서 학생 2는 박물관을 왕릉 모양으로 만들면 좋겠다는 학생 1의 의견에 동의하고 있다. (○, ×)

❹ (다)의 글쓴이는 박물관에 유리벽 안의 유물에 대한 설명을 늘려 달라고 건의하고 있다. (○, ×)

04 [A]~[C]에 대한 설명으로 가장 적절한 것은?

① [A]: '전문가 1'의 질문 내용을 요약하며 이에 대한 '전문가 2'의 생각을 묻고 있다.

② [A]: '전문가 1'의 답변 중 이해가 어려운 내용을 밝히며 추가 답변을 요청하고 있다.

③ [B]: '전문가 1'과 '전문가 2'의 제안을 종합한 후 이에 대한 자신의 의견을 제시하고 있다.

④ [B]: '전문가 1'과 '전문가 2'가 밝힌 의견에 대해 감사를 표한 후 이어서 논의할 사항을 제시하고 있다.

⑤ [C]: '전문가 2'가 언급한 내용의 일부를 재진술하며 예상되는 문제를 밝히고 있다.

제대로 접근법 문제 채점까지 마친 후 복습할 때 보세요.

04
대담의 맥락을 파악하는 문제이다. 방송 대담에서 진행자의 역할이 무엇인지를 고려해야 한다. [A]에서 진행자는 전문가 1의 의견을 요약하고 이에 대한 전문가 2의 생각을 묻고 있다. [B]에서 진행자는 두 전문가의 의견에 대해 감사를 표하고 이어서 논의할 사항을 제시하고 있다. [C]에서 진행자는 전문가 2가 언급한 내용을 재진술하고 예상되는 효과를 밝히고 있다. 이러한 내용을 가장 잘 담고 있는 선택지를 찾아보자.

05 (가), (나)의 담화 내용이 (다)에 반영된 양상으로 가장 적절한 것은? [3점]

① '학생회장'이 '전문가 1'의 발언을 언급하며 밝힌 의견이 박물관의 진로 체험 강좌 운영의 기대 효과로 제시되었다.

② '학생회장'이 '전문가 2'의 발언을 언급하며 밝힌 의견이 증축될 박물관의 향후 전망으로 제시되었다.

③ '학생 1'이 '전문가 1'의 발언을 언급하며 밝힌 의견이 박물관 전시 방식의 개선이라는 건의 사항으로 제시되었다.

④ '학생 1'이 '전문가 2'의 발언을 언급하며 밝힌 의견이 체험 교육 활동에 대한 청소년의 선호라는 건의 이유로 제시되었다.

⑤ '학생 2'가 '전문가 2'의 발언을 언급하며 밝힌 의견이 역사학 관련 진로 체험 강좌의 부재라는 문제 상황으로 제시되었다.

05
내용을 바르게 이해했는지 평가하는 문제이다. (가), (나), (다)의 내용을 모두 꼼꼼하게 확인하고 비교해야 하는 문제로, 정답률이 매우 낮았다. (가)의 대담 내용을 토대로 (나)에서 학생들이 대화를 나누었고, 이 대화 내용을 토대로 (다)의 건의문이 작성되었다는 점을 기억하자. (가)에는 전문가의 여러 주장이 제시되어 있고, (나)에서는 전문가의 이런 주장을 바탕으로 건의할 내용을 생성하였으며, (다)에서는 건의할 내용과 그 기대 효과를 정리하여 제시하였다. 그 각각의 주장과 건의 내용의 관련성을 염두에 두며 선택지의 적절성을 판단해 보자.

▶ 해설편 86쪽

06 다음은 (가)의 전문가들이 대담을 준비하며 쓴 메모의 일부이다. ⓐ~ⓔ와 관련하여 계획한 내용 중 (가)에 나타나지 않은 것은?

[전문가 1]	[전문가 2]
• ○○ 문화권 상설 전시실 규모 확대가 필요함. ……… ⓐ • 유물 연구가 강화될 필요가 있음. …… ⓑ • 유물 보존 공간이 충분히 확보되어야 함. ……… ⓒ	• 박물관 운영 과정에서 시민 의견이 적극 수용되어야 함. ……… ⓓ • 박물관이 복합 문화 공간이 되어야 함. ……… ⓔ

① ⓐ: 박물관에서 지역의 역사에 중요한 의미가 있는 유물을 다수 보유하고 있음을 이유로 제시한다.

② ⓑ: 내실 있는 전시는 충분한 연구가 선행되어야 가능함을 언급하며 유물 연구를 강화할 필요가 있음을 제시한다.

③ ⓒ: 박물관 본연의 기능을 위한 공간을 충분히 확보하지 않아 다시 증축하게 된 다른 박물관의 사례를 제시한다.

④ ⓓ : 박물관의 정의에 새롭게 추가된 내용을 언급하며 시민의 의견을 적극적으로 수용할 필요가 있음을 제시한다.

⑤ ⓔ: 박물관을 복합 문화 공간으로 만들면 공간별로 시민이 얻을 수 있는 효과가 다양함을 이유로 제시한다.

07 〈보기〉를 바탕으로 (다)의 ㉠~㉢을 이해한 내용으로 가장 적절한 것은?

〈보기〉

건의문의 필자는 건의 수용의 기대 효과를 분명하게 밝혀야 한다. 이때, ㉮ 건의가 필자 개인만이 아니라 다수를 위한 것임을 드러냄은 물론, ㉯ 건의를 받는 독자의 이점을 제시하는 것이 좋다. 한편, 건의를 수용할 경우 우려되는 점이 있다는 독자의 반론이 있을 수 있다. 필자가 이를 예상하여 독자가 우려하는 점은 해결 가능하다거나 ㉰ 우려하는 점보다 건의 수용의 기대 효과가 더 크다는 것을 제시하는 것이 좋다.

① ㉠: 체험 공간 조성으로 청소년이 얻을 수 있는 이점을 제시하고 있다는 점에서, ㉯에 해당한다.

② ㉡: 체험 중 안전사고의 문제를 해결해 달라는 요구가 청소년을 위한 것임을 드러내고 있다는 점에서, ㉮에 해당한다.

③ ㉡: 체험 중 안전사고에 대한 우려와 자원봉사 기회 제공이라는 이점을 비교하고 있다는 점에서, ㉰에 해당한다.

④ ㉢: 박물관 운영상의 부담이 해결된다는 이점을 제시하고 있다는 점에서, ㉯에 해당한다.

⑤ ㉢ : 박물관 운영상의 부담과 청소년에게 미치는 영향을 비교하고 있다는 점에서, ㉰에 해당한다.

제대로 접근법

문제 채점까지 마친 후 복습할 때 보세요.

06
계획에 따른 대담 내용을 평가하는 문제이다. 문제에 제시된 메모는 (가)에서 전문가들이 주장하는 내용들이고, 선택지는 그러한 주장의 이유나 근거에 해당하는 내용들이다. 예를 들어 전문가 1이 ⓐ와 같이 ○○ 문화권 상설 전시실 규모 확대를 주장한 것은, 선택지 ①과 같이 박물관에서 ○○ 문화의 흥망성쇠를 보여 주는 유물을 다수 보유하고 있기 때문이다. 이와 같이 ⓐ~ⓔ에 언급된 전문가의 주장과 선택지에 언급된 근거가 바르게 연결되어 있는지 확인한다.

07
내용 생성의 적절성을 평가하는 문제이다. 〈보기〉에는 건의문을 쓸 때 유의할 점이 제시되어 있는데, (다)가 이러한 요건을 잘 갖추고 있는지 평가해야 한다. ㉠에서는 건의를 수용했을 경우의 이점을 제시하고 있고, ㉡에서는 예상되는 우려와 그에 대한 해결 방안, 그리고 또 다른 이점을 제시하고 있다. ㉢에서는 건의를 수용했을 경우 기대되는 효과를 제시하였다. 선택지에서 ㉠~㉢을 적절하게 분석하고 있는지, 그러한 분석이 〈보기〉에 제시된 요건을 충족하고 있는지 면밀하게 따져야 한다.

08 다음은 (다)의 3문단의 초고이다. 3문단에 반영된 수정 사항으로 적절하지 않은 것은?

> 박물관에서 진로 체험 강좌를 운영해야 합니다. 우리 지역은 역사적 자긍심이 느껴지는 곳입니다. 그래서 역사학에 대한 관심이 높은 편입니다. 진로 체험의 기회가 부족하므로 체험 강좌가 운영된다면 우리 지역에 큰 도움이 될 것입니다. 또한 음악회, 미술전 등 문화 행사도 열어 주셨으면 합니다.

① 청소년 진로 개발의 중요성을 언급한다.
② 진로 체험 강좌의 수강 대상을 제시한다.
③ 청소년이 지역에 자긍심을 느끼는 이유를 추가한다.
④ 청소년이 진로 체험 강좌에서 배울 수 있는 내용을 밝힌다.
⑤ 진로 체험 강좌 운영의 요구에서 벗어나는 내용을 삭제한다.

제대로 접근법 문제 채점까지 마친 후 복습할 때 보세요.

08
글쓰기 내용을 바르게 점검하고 조정했는지 파악하는 문제이다. 비교적 단순한 문제인데도 정답률이 낮은 편이었다. 문제에 제시된 초고와 (다)의 3문단을 꼼꼼하게 비교한 다음 선택지의 적절성을 판단한다. 초고의 '박물관에서 진로 체험 강좌를 운영해야 합니다', '우리 지역은 역사적 자긍심이 느껴지는 곳입니다', '체험 강좌가 운영된다면', '우리 지역에 큰 도움이 될 것입니다', '음악회, 미술전 등 문화 행사도 열어 주셨으면 합니다'가 각각 (다)의 3문단에서 어떻게 달라졌는지 확인해 보자.

[09-11] (가)는 글쓰기를 위한 학생의 생각이고, (나)는 (가)를 바탕으로 쓴 학생의 초고이다. 물음에 답하시오.

(가) [학생의 생각]

학교 주변의 어린이 식품안전보호구역은 불량 식품과 관련 있다고 들었어. 무엇이 불량 식품이고, 이를 없애기 위해 우리 사회는 어떤 노력을 하고 있을까? 교지 원고를 모집하던데, 불량 식품에 관한 글을 써 봐야지. ㉠불량 식품의 개념과 ㉡불량 식품에 해당하는 것을 밝히고, ㉢불량 식품을 근절하는 방안을 제시해야겠어.

(나) [학생의 초고]

불량 식품은 건강과 직접적으로 관련된다. 따라서 불량 식품에 대해 이해하는 것은 중요하다. 연구 보고서에 따르면, 불량 식품은 생산, 유통, 판매 등의 과정에서 식품 위생 관련 법규를 준수하지 않은 식품을 말한다.

불량 식품에 해당하는 것이 다양하다 보니 무엇이 불량 식품인지 잘 모르는 경우가 있다. 예를 들어, 저렴한 군것질거리는 불량 식품으로 생각되기 쉽지만 법규에 맞게 위생적으로 만들어져 유통, 판매되는 것이라면 불량 식품이 아니다. 그렇다면 의약품인 것처럼 광고하는 식품은 불량 식품일까? 허위 광고나 과대광고를 통해 판매되는 식품은 소비자에게 유해한 불량 식품이다.

안전한 식생활을 위해 불량 식품을 근절하는 방안이 시행되고 있다. 첫째, 어린이 식품안전보호구역 제도가 있다. 이 제도는 학교 주변에서 불량 식품 판매 사례가 발생함에 따라 2009년부터 시행되었다. 이 구역의 어린이 기호 식품 조리·판매업소는 식품 위생 및 안전에 대해 관리를 받는다. 이 제도는 어린이가 위생적이고 안전한 식품을 접하게 하는 효과가 있다.

둘째, 이물 보고 의무화 제도가 있다. 이 제도는 식품 이물에 대한 업체의 소극적 대응에 소비자 불만이 커지면서 2010년부터 시행되었다. 업체는 식품에서 이물이 나왔다는 소비자의 신고를 받으면 이를 관련 기관장에게 보고해야 한다. 불량 식품 적발 유형 중 이물 검출 사례가 가장 많았는데, 이 제도는 이물 검출 문제를 해결하는 데 기여할 것으로 보인다.

[A]

제대로 질문하기

❶ 생산, 유통, 판매 등의 과정에서 식품 위생 관련 법규를 준수하지 않은 식품은?
❷ 법규에 맞게 위생적으로 만든 저렴한 군것질거리는 불량 식품이다. (○, ×)
❸ 허위 광고나 과대광고를 통해 판매되는 식품은 불량 식품이다. (○, ×)
❹ 불량 식품을 근절하기 위한 방안으로 어린이 식품안전보호구역 제도와 (   ) 제도가 있다.

09 (가)의 ㉠~㉢을 (나)에 구체화한 내용으로 적절하지 않은 것은?

① ㉠: 연구 보고서에서 제시한 불량 식품의 개념을 밝힌다.
② ㉡: 불량 식품인 것과 아닌 것을 구분하여 제시한다.
③ ㉡: 불량 식품에 대한 인식의 변화를 시기별로 제시한다.
④ ㉢: 불량 식품 근절을 위한 제도가 도입된 배경을 제시한다.
⑤ ㉢: 어린이 식품안전보호구역 제도와 이물 보고 의무화 제도를 설명한다.

제대로 접근법

☆ 문제 채점까지 마친 후 복습할 때 보세요.

09
글쓰기 계획에 따라 바르게 내용을 생성했는지 묻는 문제이다. (가)에 나타난 학생의 생각이 (나)에 제시된 학생의 초고에 정확하게 구체화되었는지를 확인해야 한다. ㉠과 관련된 내용은 1문단에, ㉡과 관련된 내용은 2문단에, ㉢과 관련된 내용은 3, 4문단에 제시되어 있다. 학생의 초고에 제시되지 않은 내용을 언급한 선택지를 찾는다.

10 〈보기〉는 학생이 (나)를 보완하기 위해 추가로 수집한 자료이다. 자료 활용 방안으로 적절하지 않은 것은? [3점]

〈보기〉

ㄱ. 통계 자료

ㄱ-1. 어린이 기호 식품 조리 · 판매업소의 식품 위생 및 안전 점검 결과

연도	점검 업소 (개소)	위반율 (%)
2009	325,880	0.19
2010	387,488	0.11
2011	404,222	0.09
2015	378,346	0.05
2016	375,508	0.04
2017	358,589	0.03

자료 출처: 식품의약품안전처

ㄱ-2. 불량 식품 적발 유형

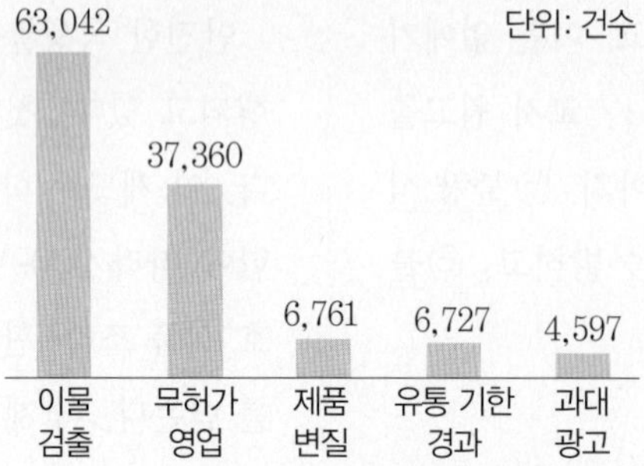

(2007~2016 누적 적발 건수 기준)

자료 출처: 식품의약품안전처

ㄴ. 신문 기사

A사는 자사 식품을 의약품인 것처럼 허위·과대 광고한 행위가 적발되어 시정 명령을 받았다. 해당 광고는 잘못된 정보로 소비자를 기만하여 소비자의 건강을 해친다는 점에서 문제가 되었다. 또한 이물이 검출된 B 가공식품은 인체에 유해하고 소비자의 불안감을 조성한다는 점에서 신속히 회수되었다.

ㄷ. 전문가 인터뷰

"불량 식품은 식중독, 급성 장염, 유해 물질에 장기간 노출되어 생기는 질병 등 건강상의 문제를 일으킵니다. 특히 어린이에게 더 위험하므로 어린이 식품안전보호구역 제도에 따라 구역 내 업소를 관리하는 전담 관리원은 식품 위생 및 안전을 주기적으로 점검하고, 위반 업소를 개선 시까지 관리합니다. 이러한 전담 관리원의 활동으로 위반 업소의 비율이 감소하고 있습니다."

① ㄱ-2를 활용하여, 불량 식품의 적발 유형 중 이물 검출의 누적 적발 건수를 식품에서 이물이 검출되는 사례가 가장 많았다는 내용을 구체화하는 자료로 4문단에 추가한다.

② ㄴ을 활용하여, 잘못된 정보로 소비자를 기만하여 건강을 해친다는 점을 허위 광고나 과대광고로 판매되는 식품이 소비자에게 유해함을 구체화하는 자료로 2문단에 추가한다.

③ ㄷ을 활용하여, 불량 식품이 일으키는 식중독, 급성 장염 등 건강상의 문제를 불량 식품이 건강과 직접적으로 관련되어 있다는 내용을 구체화하는 자료로 1문단에 추가한다.

④ ㄱ-1과 ㄷ을 활용하여, 전담 관리원이 업소를 점검하고 위반 업소를 개선 시까지 관리하여 위반 업소의 비율이 감소 추세인 점을 제도의 효과를 보여 주는 자료로 3문단에 추가한다.

⑤ ㄱ-2와 ㄴ을 활용하여, 소비자의 불안감을 조성하는 이물 검출이 과대광고보다 빈도가 높다는 점을 제도에 대한 소비자 불만이 커진 이유를 보여 주는 자료로 4문단에 추가한다.

제대로 접근법 문제 채점까지 마친 후 복습할 때 보세요.

10
자료 활용의 적절성을 평가하는 문제이다. 아주 어렵지는 않지만, 여러 자료를 (나)의 내용과 꼼꼼하게 대조해 보아야 하기 때문에 높은 집중력이 요구되는 문제이다. 〈보기〉에서 ㄱ-1은 식품 위생 및 안전 점검 결과 위반율이 해마다 줄어들고 있음을 보여 주는 통계 자료, ㄱ-2는 불량 식품 적발 건수 중 이물 검출 유형이 가장 많다는 사실을 보여 주는 통계 자료, ㄴ은 불량 식품을 팔다 문제가 된 회사의 사례를 보여 주는 신문 기사, ㄷ은 건강상의 문제를 일으키는 불량 식품이 전담 관리원의 활동으로 위반 업소의 비율이 감소하고 있다는 전문가의 인터뷰이다. (나)를 보완할 때 이런 자료가 적절하게 활용되지 않은 것을 찾는다.

▶ 해설편 88쪽

11 다음은 (나)를 읽은 교지 편집부장의 조언이다. 이를 반영하여 [A]를 작성한 내용으로 가장 적절한 것은?

> 식품 산업의 변화와 관련지어 독자가 글의 중심 내용을 아는 것이 어떤 의의가 있는지를 밝히는 마지막 문단이 있어야겠어.

① 소비자가 다양한 식품을 접할 수 있게 되면서 안전한 먹거리에 대한 관심이 높아지고 있다. 건강한 먹거리에 대한 기대가 큰 만큼 불량 식품 근절을 위한 노력이 요구된다.

② 식품 산업이 변화하면서 식품 안전의 사각지대가 발생하고 있다. 허위 광고나 과대광고로 홍보하는 식품의 신고 방법을 알면 불량 식품으로 인한 피해를 예방할 수 있다.

③ 어린이 식품안전보호구역과 이물 보고 의무화 제도가 불량 식품 문제를 해결할 수 있음을 아는 것은 중요하다. 이 제도는 앞으로도 불량 식품을 근절하는 역할을 할 것이다.

④ 식품 산업계는 안전한 식품을 원하는 소비자의 요구에 따라 건강한 식재료를 식품에 활용하고 있다. 식품업체는 소비자의 신뢰를 얻을 수 있는 식품 생산에 집중할 전망이다.

⑤ 식품 유통 및 판매 방식의 다변화로 다양한 식품이 출시되고 있다. 이 변화에 맞춰 무엇이 불량 식품이고 불량 식품 근절 방안이 무엇인지 아는 것은 우리 건강을 지키는 첫걸음이다.

제대로 접근법 ☆ 문제 채점까지 마친 후 복습할 때 보세요.

11
조건에 따라 바르게 내용을 생성했는지 묻는 문제이다. 학생은 교지 편집부장의 조언을 반영하여 마지막 문단에 내용을 추가할 예정이다. 편집부장의 조언이 무엇인지 살펴보고, 이러한 조언이 모두 반영된 선택지를 찾아본다. 편집부장의 조언은 '식품 산업의 변화와 관련지을 것', '독자가 글의 중심 내용을 아는 것이 어떤 의의가 있는지를 밝힐 것'의 두 가지이다.

1차 채점

맞은 문항 수	개
틀린 문항 수	개
헷갈리는 문항 번호	

• 틀린 문항 '/' 표시

→

2차 채점

맞은 문항 수	개
틀린 문항 수	개
헷갈리는 문항 번호	

• 틀린 문항 '×' 표시

[01-03] 다음은 학생의 발표이다. 물음에 답하시오.

여러분, 물고기가 눈을 감는 모습을 상상해 봅시다. (청중의 반응을 살피며) 잘 떠오르지 않으시죠? 일반적으로 물고기는 눈꺼풀이 없어 눈을 감지 못합니다. 물에 사니 눈을 촉촉하게 하고 이물질을 제거해 주는 역할을 하는 눈꺼풀이 필요 없는 거죠. 그런데 사람의 눈꺼풀처럼 눈을 덮어 주는 피부가 있어, 눈을 개폐하는 물고기가 있다고 합니다. 오늘은 그 물고기에 대해 발표하겠습니다.

바다와 갯벌을 오가는 말뚝망둑어를 소개해 드리죠. 화면을 봅시다. (자료 제시) 동영상에 보이는 것처럼 말뚝망둑어가 눈을 닫을 때 위로 볼록 솟아 있는 눈이 아래의 구멍으로 들어가고, 이어서 눈 아래 피부가 올라와 눈을 덮어 줍니다. 함몰된 눈이 다시 올라오면 피부가 내려가서 눈이 열리죠. 말뚝망둑어의 눈 구조에 대해 말씀드릴게요. (자료 제시) 말뚝망둑어와 물속에서만 사는 둥근망둑어의 안구와 눈 근육을 각각 그린 그림입니다. 말뚝망둑어 눈 근육은 둥근망둑어에 비해 그 기울기가 훨씬 가파릅니다. 이로 인해 눈 근육이 수직 방향으로 수축하며 안구를 아래로 잡아당길 수 있죠. 그래서 말뚝망둑어는 둥근망둑어와 달리 눈을 닫을 수 있습니다. 한 연구에 따르면 말뚝망둑어 눈의 개폐는 사람의 눈 깜빡임과 같은 역할을 수행하며, 이를 통해 갯벌에서도 살아갈 수 있다고 합니다.

민물고기 꾸구리도 말뚝망둑어처럼 눈을 개폐합니다. 다만 차이는 눈이 좌우로 개폐된다는 거죠. (자료 제시) 나란히 놓인 두 사진이 보이시죠? 왼쪽 사진은 밝은 곳에서 꾸구리가 눈으로 들어오는 빛을 줄이기 위해 눈 양옆의 피부로 눈을 덮은 모습입니다. 오른쪽 사진에서는 어두운 곳에서 꾸구리의 눈이 활짝 열린 것을 확인할 수 있죠. 꾸구리의 눈 양옆 피부는 눈으로 들어오는 빛의 양을 조절하는 역할을 하는 겁니다. 그렇다면 꾸구리는 낮과 밤 중 언제 주로 활동할까요? (대답을 듣고) 맞습니다. 밤이죠. 야행성인 꾸구리는 어두운 밤에 먹이를 잘 찾을 수 있도록 눈을 여는 겁니다.

오늘 발표 내용 잘 이해되었나요? 말뚝망둑어와 꾸구리는 모두 눈을 개폐하지만, 그 양상과 역할은 각각 다르죠. 특별한 두 물고기에 대해 알게 된 유익한 시간이 되었길 바랍니다.

제대로 질문하기

❶ 발표의 제재는 '눈을 (　　　　　)하는 물고기'이다.
❷ 발표자는 청중의 이해를 돕기 위해 전문 용어의 개념을 정의하고 있다. (○, ×)
❸ 말뚝망둑어는 둥근망둑어에 비해 눈 근육의 (　　　　　)가 가파르기 때문에 눈을 닫을 수 있다.
❹ 발표자는 꾸구리의 두 사진을 나란히 제시하여 눈이 개폐된 모습의 차이를 드러내고 있다. (○, ×)

01 위 발표자의 말하기 방식으로 가장 적절한 것은?

① 청중의 이해를 돕기 위해 전문 용어의 개념을 정의한다.
② 청중의 요청에 따라 발표 내용에 대한 정보를 추가한다.
③ 청중이 내용을 예측하며 듣도록 발표 진행 순서를 안내한다.
④ 청중의 참여를 이끌어 내기 위해 질문을 하고 청중의 반응을 확인한다.
⑤ 청중과 공유하는 기억을 환기하여 발표 주제를 선정하게 된 계기를 밝힌다.

제대로 접근법 문제 채점까지 마친 후 복습할 때 보세요.

01
발표 표현 전략을 파악하는 문제이다. 지문에서 선택지에 제시된 말하기 전략이 사용된 부분을 찾아 일치 여부를 판단한다. 전문 용어의 개념을 정의했는지, 청중이 추가 정보를 요청했는지, 발표 진행 순서를 안내했는지, 질문을 하고 청중의 반응을 확인했는지, 발표 주제 선정 계기를 밝혔는지 등을 확인해 본다.

▶ 해설편 90쪽

02 다음은 발표를 준비하며 참고한 내용이다. ㉠~㉢을 구체화한 발표 계획 중 발표에 반영되지 않은 것은?

- **청중 분석**
  - 청중의 요구, 배경지식, 청중과의 관련성 등
- **발표의 구성**
  - 도입부: 청중의 관심 유발 ………………………………………… ㉠
  - 전개부: 효과적인 정보 전달을 위한 내용 조직 ……………………… ㉡
    전달할 내용에 알맞은 자료 활용 ……………………………… ㉢
  - 정리부: 내용 요약 및 강조

① ㉠: 청중의 관심을 끌기 위해 물고기에게서 흔히 보기 어려운 모습을 떠올리도록 청중에게 요청해야겠어.
② ㉡: 말뚝망둑어 눈의 개폐 과정을 드러내기 위해 눈과 눈 아래 피부의 움직임을 순서대로 설명해야겠어.
③ ㉡: 말뚝망둑어 눈의 개폐가 가능한 이유를 설명하기 위해 말뚝망둑어와 둥근망둑어의 눈 근육을 비교하여 말해야겠어.
④ ㉢: 두 물고기의 눈 개폐 양상을 보여 주기 위해 말뚝망둑어의 동영상과 꾸구리의 사진을 제시해야겠어.
⑤ ㉢: 꾸구리 눈이 개폐된 모습의 차이를 드러내기 위해 두 사진을 화면에 순차적으로 제시해야겠어.

제대로 접근법 ☆ 문제 채점까지 마친 후 복습할 때 보세요.

02
발표 내용을 적절하게 생성했는지 확인하는 문제이다. 선택지에 구체화된 발표 계획 중 실제 발표에 반영되지 않은 것을 찾아야 하므로, 선택지에 제시된 내용이 지문의 몇 문단에 나오는지 확인하여 일치 여부를 따져야 한다. ①은 1문단, ②와 ③은 2문단, ④는 2문단과 3문단, ⑤는 3문단과 연관된 내용이다. 확인하는 과정에서 지문에 제시되지 않은 내용의 선택지가 있다면 어렵지 않게 답을 찾을 수 있다.

03 발표 내용을 바탕으로 할 때, 〈보기〉에 나타난 학생들의 반응에 대한 이해로 적절하지 않은 것은?

〈보기〉

학생 1: 눈꺼풀이 없는 다른 물고기들은 눈으로 들어오는 빛의 양을 어떻게 조절하는지에 대한 설명이 빠져 있어서 그것을 알고 싶어.
학생 2: 상어에도 눈꺼풀 같은 피부가 있다고 알고 있어. 그 피부가 꾸구리 눈에 있는 피부와 같은 역할을 수행하는지 누리집에서 검색해야지.
학생 3: 말뚝망둑어 눈의 개폐가 사람의 눈 깜빡임과 같은 역할을 한다는 정보는 흥미롭지만, 그 연구 결과가 믿을 만한 것일까? 관련 내용을 도서관에서 찾아봐야겠어.

① 학생 1은 발표에 언급되지 않은 정보에 대해 궁금증을 드러내고 있다.
② 학생 2는 발표 내용과 관련하여 자신의 배경지식을 떠올리고 있다.
③ 학생 3은 발표에 제시된 내용을 신뢰할 수 있는지에 대해 의문을 제기하고 있다.
④ 학생 1과 학생 3은 모두, 발표 내용을 통해 알게 된 정보의 효용성을 판단하고 있다.
⑤ 학생 2와 학생 3은 모두, 발표 내용과 관련하여 추가적인 정보를 탐색하려 하고 있다.

03
반응의 적절성을 평가하는 문제이다. 먼저 〈보기〉의 학생 1, 2, 3이 발표의 어떤 내용에 주목하여 반응하고 있는지 확인한다. '학생 1'은 발표에서 빠진 내용에 대해 궁금해하고 있다. '학생 2'는 자신이 알고 있는 것과 발표에서 언급된 것이 같은 역할을 하는지 검색해 보겠다고 하였다. '학생 3'은 발표에서 언급된 일부 내용에 대해 의문을 제기하며 관련 정보를 찾아보겠다고 하였다. 이러한 학생들의 반응을 고려하여 선택지의 적절성을 판단해 보자.

[04-08] (가)는 '전통 문화 연구 동아리' 학생들의 대화이고, (나)는 이를 바탕으로 '학생 1'이 작성한 초고이다. 물음에 답하시오.

(가)

학생 1: 교지에 우리 동아리 이름으로 글을 싣기로 했잖아. 유네스코 인류 문화유산으로 등재 신청한다는 전통 한지에 대해 쓰기로 한 거 기억하지? 전통 한지의 우수성부터 이야기해 볼까?

[A]

학생 2: 조사해 보니 유럽에서는 손상된 종이 문화재를 원상태로 되돌리는 용도로 우리 전통 한지를 사용하고 있대.

학생 3: 나도 봤는데 전통 한지가 보존성이 좋아서 그렇대. 목재 펄프로 만든 서양 종이는 빛에 취약해서 변색, 퇴색이 발생하는데 전통 한지는 빛에 안정적이야.

학생 2: 서양 종이는 빛을 받으면 색이 잘 변하는데 전통 한지는 빛에 더 강하단 말이지?

학생 3: 응. 또 중국, 일본에도 전통 한지처럼 닥나무로 만든 종이가 있지만, 전통 한지는 섬유 조직이 교차로 배열되어 더 질기고 오래간대.

학생 1: 그런데 이렇게 우수한 전통 한지가 정작 국내에서는 잘 사용되지 않고 있어.

학생 2: 맞아. 잘 사용되지 않으니 제작 업체도 많이 줄었다고 들었어. 또 전통 한지가 계승될 수 있었던 건 장인들 역할이 큰데, 요즘은 기술 전수받을 사람도 별로 없다고 해.

학생 1: 그럼 해결 방안에 대해 이야기해 볼까? 전통 한지를 계승하고 발전시킬 수 있는 방법에는 뭐가 있을까?

[B]

학생 2: 우선 높은 품질을 유지해야지. 그러려면 전통 방식으로 만들고 국내산 닥나무만 사용해야 해. 또 기술 전수 교육도 필요해.

학생 3: 품질 유지도 중요하지만, 어떤 식으로든 사용하지 않으면 결국 사라지게 될 거야.

학생 2: 나도 그렇게 생각해. 그래서 전통 한지 사용을 늘리기 위한 정부 차원의 노력이 필요해.

학생 3: 그것만으로 문제를 해결할 수 있을까? 난 민간에서 많이 사용하는 게 더 중요한 것 같아. 전통 한지로 만든 생활용품이나 공예품도 있잖아.

학생 2: 그런 데에 쓰이는 한지는 기계로 만들거나 수입산 닥나무로 만든 품질 낮은 한지가 대부분이야. 그렇게 해서는 전통을 계승하기 어려워.

학생 3: 민간에서 쓰이는 한지가 대부분 품질이 낮다는 건 확인이 필요할 것 같아. 그리고 옛것을 유지해야만 전통의 계승일까? 보존만이 좋은 건 아니라고 봐.

학생 1: 그러니까 너희는 각각 전통 한지의 원형을 지켜 나가야 한다는 입장과 두루 사용하는 게 더 중요하다는 입장인 거지? 둘 다 일리가 있는 말이야.

학생 2: 내가 강조하고 싶은 건, 전통 한지와 그 제작 기술에 자부심을 갖고 명품의 가치를 지켜 나가 전통 한지가 더 사랑받도록 해야 한다는 거야.

학생 3: 무슨 말인지 알겠어. 근데 난 사용 가치 측면에서도 생각해 봤으면 좋겠어. 비록 품질이 옛 수준에는 못 미치더라도 생활 속에서 다양하게 사용되는 게 더 가치 있다 생각해. 실제로 전통 한지가 친환경 소재, 인체 친화형 소재로도 주목받고 있는 걸로 알고 있어.

학생 1: 얘기 잘 들었어. 들으면서 메모해 두었으니 잘 정리해서 글을 써 볼게.

(나)

우리 고유의 방식으로 제작된 전통 한지는 세계적으로 주목받는 문화유산이다. 이에 문화재청에서는 전통 한지와 그 제작 기술을 유네스코 인류 무형 문화유산 등재 신청 대상으로 선정하였다.

전통 한지의 장점은 보존성이 우수하다는 것이다. 우리나라는 유네스코 세계 기록 유산을 아시아에서 가장 많이 보유한 나라인데, 그중 대부분이 전통 한지에 기록된 문화유산이라는 것이 이를 증명한다. 전통 한지처럼 닥나무를 원료로 하는 주변국들의 종이와 비교해도, 전통 한지는 섬유 조직이 교차로 배열되어 더 질기고 보존성이 좋다.

그러나 국내에서 전통 한지는 사용 부진으로 인한 위기를 겪고 있다. 유럽에서는 우리 전통 한지를 손상된 문화재 복구에 사용하는 등 관심이 높은데 정작 국내에서는 사용하는 사람이 많지 않으니, 제작 업체도 전수자도 줄어들어 향후 전통 한지의 명맥이 끊어질까 염려하는 사람도 많

▶ 해설편 91쪽

다. 그래서 전통 한지를 계승하고 발전시키기 위한 노력이 필요하다.

우선 전통 한지의 원형을 지켜 나가기 위해 품질을 유지하는 것이 중요하다. 이를 위해 재료 측면에서는 국내산 닥나무만을 사용해야 한다. 또 제작 기술 측면에서는 전통 방식으로 생산하고 기술 전수 교육도 실시해야 한다. 다음으로 전통 한지 사용을 확대하기 위한 노력도 필요하다. 정부 차원에서 공공 부문에 전통 한지 사용을 장려하고 문화재 수리에도 전통 한지를 사용해야 한다. 민간 차원에서는 전통 한지의 활용 분야를 넓힐 필요가 있다. 일례로 전통 한지는 친환경 소재로 주목받아 의류와 침구류 제작에 사용되고 있어, 그 응용 범위가 점차 확대되어 갈 것으로 기대된다.

전통 한지와 그 제작 기술은 우리의 자랑스러운 문화유산으로 세계가 주목하고 있다. 따라서 전통 한지가 더욱 사랑받을 수 있도록 전통 한지와 그 제작 기술의 가치를 이어 나가기 위한 우리 모두의 노력이 필요하다.

제대로 질문하기

❶ (가)와 (나)의 중심 화제는 무엇인가?
❷ (가)에서 '학생 3'은 전통 한지의 섬유 조직이 (   )로 배열되어 보존성이 뛰어나다고 말하고 있다.
❸ (가)에서 '학생 3'은 전통 한지의 계승을 위해서는 민간보다 정부 차원의 노력이 중요하다고 말하고 있다. (○, ×)
❹ (나)에서 글쓴이는 (가)의 대화에서 언급되었던 '전통 한지는 빛에 안정적'이라는 내용을 제외하였다. (○, ×)

04 (가)의 '학생 1'에 대한 설명으로 가장 적절한 것은?

① 대화 참여자에게 대화에 적극적인 태도로 참여할 것을 요청하고 있다.
② 대화 참여자에게 추후 모임에서 논의할 사항을 안내하고 있다.
③ 대화 참여자의 입장을 확인한 후 합의를 이끌어 내고 있다.
④ 대화 참여자에게 질문을 하여 대화 내용을 전환하고 있다.
⑤ 대화 참여자가 제시한 정보에 대해 출처를 요구하고 있다.

제대로 접근법 ☆ 문제 채점까지 마친 후 복습할 때 보세요.

04
대화의 맥락을 바르게 이해했는지 확인하는 문제이다. (가)에서 대화의 진행을 맡은 '학생 1'은 모두 네 번의 발화를 하고 있다. '학생 1'이 어떤 내용의 발화를 했는지 점검한 다음 선택지의 적절성을 판단해 보자. '학생 1'이 '학생 2'와 '학생 3'에게 적극적인 대화 참여를 요청했는지, 추후 모임에서 논의할 사항을 안내했는지, 두 입장의 합의를 이끌어 냈는지, 질문을 통해 대화 내용을 전환했는지, 정보의 출처를 요구했는지 확인한다.

05 [A], [B]에서 나타나는 의사소통 방식에 대한 설명으로 적절하지 <u>않은</u> 것은?

① [A]에서 '학생 2'는 '학생 3'의 말을 자신의 표현으로 바꾸어 말하며 이해한 내용을 확인하고 있다.
② [A]에서 '학생 3'은 '학생 2'가 말한 내용에 대해 자신이 알고 있는 정보를 덧붙이고 있다.
③ [B]에서 '학생 2'는 '학생 3'의 의견을 수용한 후, 자신의 의견을 제시하고 있다.
④ [B]에서 '학생 3'은 '학생 2'가 제공한 정보가 정확한지에 대해 의문을 제기하고 있다.
⑤ [B]에서 '학생 3'은 '학생 2'가 제시한 해결 방안이 공정하지 못하다고 지적하고 있다.

05
대화의 내용과 대화 전략을 파악하는 문제이다. '학생 2'와 '학생 3'은 [A]에서는 전통 한지의 우수성에 대해, [B]에서는 전통 한지의 계승과 발전 방안에 대해 대화하고 있다. 선택지에 제시된 내용을 확인하고 '학생 2'와 '학생 3'의 의사소통 방식을 파악하여 적절하지 않은 선택지 하나를 찾자. 대화의 주제와 그 주제에 대한 학생들의 입장, 각 발화에 담긴 의도를 이해한 다음 선택지의 적절성을 판단한다.

06 다음은 (가)에서 '학생 1'이 대화의 내용과 자신이 떠올린 생각을 작성한 메모이다. ㉠~㉤이 (나)에 반영된 양상으로 적절하지 않은 것은? [3점]

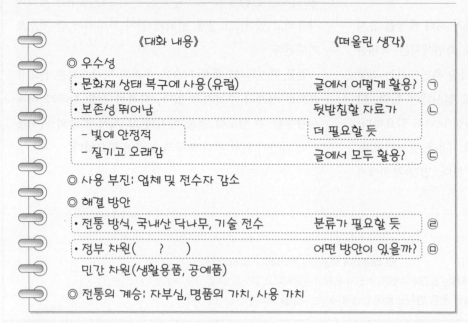

《대화 내용》	《떠올린 생각》	
◎ 우수성		
• 문화재 상태 복구에 사용(유럽)	글에서 어떻게 활용?	㉠
• 보존성 뛰어남	뒷받침할 자료가	㉡
- 빛에 안정적	더 필요할 듯	
- 질기고 오래감	글에서 모두 활용?	㉢
◎ 사용 부진: 업체 및 전수자 감소		
◎ 해결 방안		
• 전통 방식, 국내산 닥나무, 기술 전수	분류가 필요할 듯	㉣
• 정부 차원(　?　)	어떤 방안이 있을까?	㉤
민간 차원(생활용품, 공예품)		
◎ 전통의 계승: 자부심, 명품의 가치, 사용 가치		

① '학생 2'의 발화를 토대로 작성된 ㉠은, 전통 한지의 우수성을 부각하기 위한 내용으로 (나)에 반영되었다.

② '학생 3'의 발화를 토대로 작성된 ㉡은, 세계 기록 유산과 관련된 내용이 추가되어 (나)에 반영되었다.

③ '학생 3'의 발화를 토대로 작성된 ㉢은, 전통 한지의 보존성을 설명하는 내용 중 일부가 제외되어 (나)에 반영되었다.

④ '학생 2'의 발화를 토대로 작성된 ㉣은, 전통 한지의 품질 유지를 위한 방안이 범주화되어 (나)에 반영되었다.

⑤ '학생 2'의 발화를 토대로 작성된 ㉤은, 전통 한지의 사용 확대를 위한 방안이 구체화되어 (나)에 반영되었다.

제대로 접근법 문제 채점까지 마친 후 복습할 때 보세요.

06

글쓰기 계획에 따라 바르게 내용을 생성했는지 묻는 문제이다. 정답률이 매우 낮은 까다로운 문제였다. 문제에 제시된 메모는 (가)의 대화 내용과 글쓴이의 생각을 요약한 것으로, (나)를 쓰기 위한 개요라고 할 수 있다. 먼저 메모의 내용이 (가)의 어떤 발화를 토대로 작성된 것인지 찾아본다. 다음으로 이러한 발화 내용이 (나)에 어떤 내용으로 반영되었는지 확인한다. 마지막으로 이 내용이 (나)에서 어떤 역할을 하고 있는지 점검한다. 이러한 과정에 오류가 없어야 선택지의 적절성을 판단할 수 있다.

07 (나)의 글쓰기 방식에 대한 설명으로 가장 적절한 것은?

① 자신의 특별한 경험을 활용하여 문제의 심각성을 드러내었다.

② 독자에게 익숙한 상황을 들어 예상되는 반론에 대해 반박하였다.

③ 주장을 뒷받침하는 사례를 들어 주장의 실현 가능성을 제시하였다.

④ 제재의 물리적 특성을 분석하여 문제 상황의 원인으로 제시하였다.

⑤ 보도 자료의 내용을 인용하여 제재와 관련한 정책의 변화를 드러내었다.

07

글쓰기 전략을 파악하는 문제이다. 선택지와 연관된 부분을 (나)에서 찾아 일치 여부를 확인해 보자. (나)에서 글쓴이가 특별한 경험을 활용했는지, 반론에 대해 반박했는지, 사례를 들어 주장의 실현 가능성을 제시했는지, 제재의 물리적 특성을 분석하여 원인으로 제시했는지, 보도 자료 인용을 통해 정책 변화를 드러냈는지 등을 확인하여 선택지의 적절성을 판단한다.

▶ 해설편 91쪽

08 다음은 (나)의 마지막 문단을 고쳐 쓴 것이다. 그 과정에서 반영된 수정 계획으로 가장 적절한 것은?

> 전통 한지와 그 제작 기술은 우리가 자부심을 가질 만한 세계적인 문화유산이다. 따라서 전통 한지를 계승하고 발전시키려면 전통 한지와 그 제작 기술의 원형을 보존하여 품질을 유지하는 한편, 전통 한지의 사용을 확대하여 전통 한지가 다양한 방식으로 활용될 수 있도록 해야 한다.

① 전통 한지를 계승하고 발전시켜 예상되는 기대 효과를 제시해야겠군.
② 전통 한지를 계승해야 할 필요성이 드러나지 않으니, 관련된 내용을 추가해야겠군.
③ 전통 한지의 계승 및 발전을 위한 방안을, 앞서 제시한 두 가지 방향이 드러나도록 써야겠군.
④ 전통 한지의 계승 및 발전에 대해 언급하며 사용한 접속 표현이 적절하지 않으니 수정해야겠군.
⑤ 전통 한지의 특성에 관해 앞부분에서 이미 다룬 내용은 삭제하고 다른 내용으로 대체해야겠군.

제대로 접근법 문제 채점까지 마친 후 복습할 때 보세요.

08
글쓰기 내용을 바르게 점검하고 조정했는지 파악하는 문제이다. (나)의 마지막 문단과 문제에 제시된 고쳐 쓴 글을 꼼꼼하게 비교한 다음 선택지의 적절성을 판단한다. 한 문단 분량의 길지 않은 내용이므로 어렵지 않게 두 글의 차이를 확인할 수 있다. (나)의 내용이 고쳐 쓴 글에서 어떻게 달라졌는지 확인하고, 그렇게 고쳐 쓴 이유가 무엇인지도 생각해 본다.

[09-11] 다음은 작문 상황과 이를 바탕으로 학생이 작성한 초고이다. 물음에 답하시오.

[작문 상황]

학교 신문의 기고란에 기후 변화 대응과 관련된 글을 쓰려 함.

[초고]

제목: [A]

인류의 생존을 위협하는 기후 변화는 더욱 가속화될 것으로 예측된다. 이에 기후 변화에 대한 대응에 미래 세대인 청소년들이 관심을 가지고 참여해야 한다는 사회적 공감대가 형성되고 있다. 그러나 청소년의 참여도는 여전히 낮은 수준이다.

청소년이 기후 변화 대응 활동에 참여하지 않는 원인은 여러 가지이다. 청소년들은 기후 변화 대응 방안에 무엇이 있는지 제대로 모르는 경우가 많다. 제대로 모르기 때문에 하고자 하는 의지가 있어도 참여하기 어렵다. 반대로 방안을 알면서 참여하지 않는 경우도 있다. 기후 변화에 대응하는 것이 너무 큰 과제라고 인식하기 때문에 자신의 실천은 효과가 없다고 생각하여 참여하지 않는 것이다.

이를 고려할 때 청소년의 참여를 이끌어 내려면 우선 청소년이 실천할 수 있는 방안을 알려 주는 것이 중요하다. 이때의 대응 방안은 생활 속에서 실천할 수 있는 것부터 사회적인 차원의 것까지 다양하다. 생활 속에서의 실천과 함께, 그러한 실천들을 사회적인 차원으로 확산시키려는 노력이 중요하다. 구성원 개개인과 공동체의 노력이 어우러질 때 더 효과적인 대응이 될 것이기 때문이다.

자신의 활동을 통해 상황을 개선할 수 있다는 인식을 형성하는 것도 중요하다. 기후 변화 대응 활동에 관한 긍정적 인식이 형성되어야 자발적 참여를 이끌어 낼 수 있다. 긍정적 인식이 형성되려면, 대응 활동이 효과가 있었다고 체감할 수 있는 성공적인 경험이 쌓여야 한다. 이를 위해서는 체계적이고 지속적인 지원이 필요하다. 학교는 이러한 지원을 할 수 있는 대표적인 곳이다. 그래서 기후 변화 대응 활동에의 참여를 도울 수 있도록 학교 교육에 변화가 필요하다.

개인 및 공동체 차원에서의 실천과 이에 대한 지원을 통해 기후 변화에 대한 대응이 청소년의 삶에서 멀리 있는 것이 아니라는 생각을 만들어 갈 수 있다.

제대로 질문하기

❶ 청소년들은 기후 변화 대응 활동에 활발하게 참여하고 있다. (○, ×)
❷ 기후 변화 대응에 청소년의 참여를 유도하려면 구체적으로 (   )할 수 있는 방안을 제시해야 한다.
❸ 글쓴이는 기후 변화 대응에 대한 청소년 참여를 위한 구체적인 지원 정책을 소개하고 있다. (○, ×)
❹ 청소년의 기후 변화 대응 활동을 체계적이고 지속적으로 지원할 수 있는 대표적인 곳은?

09 '작문 상황'을 고려하여 구상한 글쓰기 내용으로, 초고에 반영되지 않은 것은?

① 기후 변화 대응에 대한 청소년의 참여를 유도하는 방안
② 기후 변화 대응에 대한 청소년 참여를 위한 지원 정책
③ 기후 변화 대응에 대한 청소년의 참여도가 낮은 원인
④ 기후 변화 대응에 대한 청소년 인식 형성의 중요성
⑤ 기후 변화 대응에 대한 청소년 참여의 필요성

제대로 접근법 ☆ 문제 채점까지 마친 후 복습할 때 보세요.

09
글쓰기 계획에 따라 바르게 내용을 생성했는지 묻는 문제이다. 선택지에 제시된 내용이 초고에 반영되어 있는지 확인한다. 초고의 1문단은 청소년 참여의 필요성, 2문단은 청소년 참여도가 낮은 원인, 3문단과 4문단은 이에 대한 해결 방안을 제시하고, 5문단은 앞의 내용을 종합하고 있다. 각 문단의 중심 내용을 파악하고 이를 선택지의 내용과 비교하면 답을 찾을 수 있다.

▶ 해설편 93쪽

10 〈보기〉는 초고를 보완하기 위해 추가로 수집한 자료이다. 자료의 활용 방안으로 적절하지 않은 것은? [3점]

〈보기〉

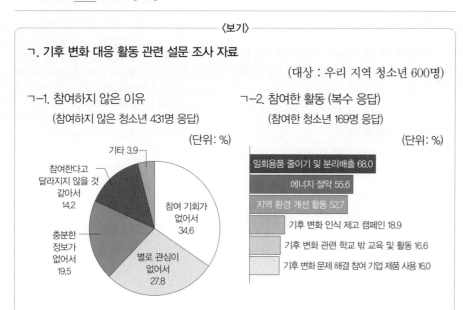

ㄱ. 기후 변화 대응 활동 관련 설문 조사 자료

(대상 : 우리 지역 청소년 600명)

ㄱ-1. 참여하지 않은 이유
(참여하지 않은 청소년 431명 응답)
(단위: %)

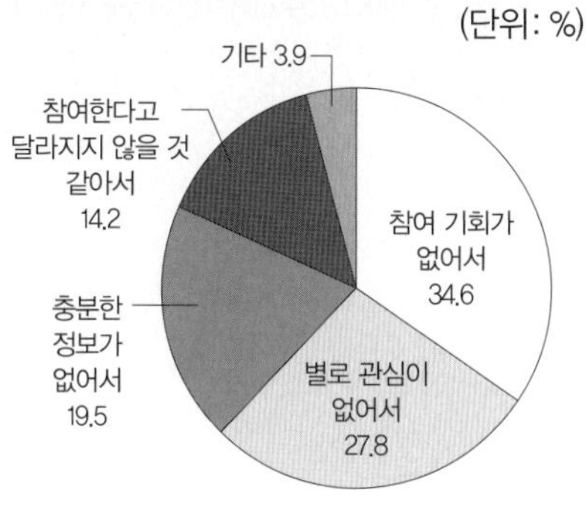

ㄱ-2. 참여한 활동 (복수 응답)
(참여한 청소년 169명 응답)
(단위: %)

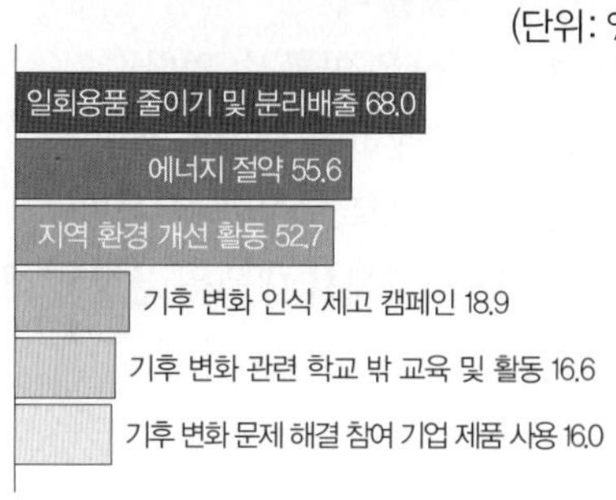

ㄴ. 신문 기사

청소년 기후 변화 대응 세미나가 ○○에서 개최되었다. 참여자들은, 기존의 교육이 기후 변화에 관심을 갖도록 만들었으나 청소년들의 실천적 대응을 이끌어 내기에는 한계가 있었다고 지적하며, 청소년들도 적극 참여하고 실천하며 효용을 체감할 수 있도록 학교 · 사회의 실천 연계형 교육으로 전환해야 한다는 데 의견을 모았다.

ㄷ. 인터뷰 자료

□□ 생태환경연구소 △△△ 박사는 "현재 각 국가가 온실가스 감축을 시행하고 있지만 각국에서 설정한 목표로 감축을 하더라도, 2020년에 출생한 세계 각국의 아이들은 평생 동안 50년 전에 태어난 세대에 비해 7배 수준의 폭염을 겪을 것이라고 예상합니다."라고 말했다.

① ㄱ-1을 활용하여, 청소년들이 대응 방안에 무관심하거나 관련 정보가 충분하지 않은 것을, 방안을 실천하더라도 효과가 없다고 청소년들이 생각하는 이유로 2문단에 구체화해야겠어.

② ㄴ을 활용하여, 기존 교육의 한계를 지적하며 세미나 참여자들이 동의한 내용을, 기후 변화 대응과 관련한 학교 교육의 변화 방향으로 4문단에 보강해야겠어.

③ ㄷ을 활용하여, 미래 세대는 폭염으로 인한 영향을 더 크게 받게 될 것이라는 전문가의 예측을, 청소년들의 활동 참여에 대한 사회적 공감대 형성의 근거로 1문단에 추가해야겠어.

④ ㄱ-1과 ㄱ-2를 활용하여, 청소년 다수가 참여한 활동들을, 참여 기회가 없다고 답한 청소년들이 생활 속에서 실천할 수 있는 기후 변화 대응 활동의 사례로 3문단에 추가해야겠어.

⑤ ㄱ-2와 ㄴ을 활용하여, 지역 환경 개선 활동이나 캠페인 등 지역 사회와 연계될 수 있는 활동들을, 청소년의 긍정적 인식 형성을 위해 학교가 지원할 사례로 4문단에 구체화해야겠어.

제대로 접근법 ☆ 문제 채점까지 마친 후 복습할 때 보세요.

10
자료 활용의 적절성을 평가하는 문제로, 정답률이 매우 낮았다. 〈보기〉에 제시된 자료의 내용을 꼼꼼하게 파악한 다음, 이를 초고에 적절하게 활용했는지 확인해야 한다. ㄱ-1은 청소년이 기후 변화 대응 활동에 참여하지 않는 이유를 보여 주는 설문 조사 자료, ㄱ-2는 청소년들이 참여한 기후 변화 대응 활동의 사례를 보여 주는 설문 조사 자료이다. ㄴ은 청소년들이 기후 변화 대응 활동에 적극 참여할 수 있도록 학교 교육이 실천 연계형 교육으로 전환해야 한다는 내용의 신문 기사이다. ㄷ은 미래 세대는 폭염으로 인한 영향을 더 크게 받게 될 것이라는 전문가의 인터뷰 자료이다. 초고를 보완할 때 이런 자료가 적절하게 활용되지 않은 것을 찾는다.

11 〈보기〉는 초고를 읽은 교사의 조언이다. 이를 반영하여 [A]를 작성한다고 할 때, 가장 적절한 것은?

〈보기〉

"글의 제목은 글에 대한 독자의 관심을 이끌어 낼 수 있도록 표현하는 게 좋아. 기후 변화의 심각성과 글의 5문단에서 말하고자 하는 바가 잘 드러나는 내용으로 쓰는 게 좋겠어."

① 기후 변화 정책, 학교와 사회의 실천적 연대를 지향할 때
② 기후 변화에 대처하는 삶의 양식 전환, 이제 더 이상은 미룰 수 없다
③ 환경에 위협받는 삶, 인간 중심의 삶에서 환경과 공존하는 생활로 전환
④ 기후 변화 문제, 청소년을 위해 모두가 실천적 노력으로 모여야 할 시기
⑤ 미래를 위협하는 기후 변화, 실천을 도와 청소년의 삶에서 대응을 실현할 때

제대로 접근법 문제 채점까지 마친 후 복습할 때 보세요.

11
글쓰기 내용을 바르게 점검하고 조정했는지 파악하는 문제이다. 〈보기〉에서 교사는 독자의 관심을 이끌어 낼 수 있게 표현할 것, 기후 변화의 심각성이 잘 드러날 것, 5문단에서 말하고자 하는 바가 잘 드러날 것 등과 같은 조언을 하고 있다. 이러한 세 가지 조건을 모두 충족하고 있는 선택지를 찾는다. 〈보기〉에 제시되어 있는 조건에 어긋나거나 일부의 조건만 충족하고 있는 선택지를 하나씩 지워 나간다.

1차 채점		
	맞은 문항 수	개
	틀린 문항 수	개
	헷갈리는 문항 번호	

• 틀린 문항 '/' 표시

→

2차 채점		
	맞은 문항 수	개
	틀린 문항 수	개
	헷갈리는 문항 번호	

• 틀린 문항 '×' 표시

꿈틀 국어 교재 목록

고등 국어 기초 실력 완성

고고 시리즈

고등 국어 공부, 내신과 수능 대비에 필요한 모든 내용을 알차게 정리한 교재

기본
문학
독서
문법

밥 먹듯이 매일매일 국어 공부

밥 시리즈

기출 공부를 통해 수능 필살기를 익힐 수 있도록 돕는 친절한 학습 시스템

처음 시작하는 문학 | 처음 시작하는 비문학 독서
문학 | 비문학 독서
언어와 매체 | 화법과 작문
어휘력

문학 영역 갈래별 명품 교재

명강 시리즈

수능에 출제될 만한 주요 작품과 실전 문제가 갈래별로 수록된 문학 영역 심화 학습 교재

현대시
고전시가
현대소설
고전산문

국어 기본 실력 다지기

국어 개념 완성

국어 공부에 꼭 필요한 개념을 예시 작품을 통해 완성할 수 있는 교재

문이과 통합 수능 실전 대비

국어는 꿈틀 시리즈

문이과 통합 수능 경향을 반영하여 수능 실전에 대비할 수 있도록 구성한 교재

문학
비문학 독서
단기 언어와 매체

내신·수능 대비

고등 국어 통합편

고1 국어 교과서 핵심 내용을 한 권으로 총정리하는 교재

일목요연한 필수 작품 정리

모든 것 시리즈

새 문학 교과서와 EBS 교재 수록 작품, 그 밖에 수능에 나올 만한 작품들을 총망라한 교재

현대시의 모든 것 | 고전시가의 모든 것
현대산문의 모든 것 | 고전산문의 모든 것
문법·어휘의 모든 것

문학 작품 집중 학습

문학 비책

필수&빈출 문학 작품 194편을 한 권으로 총정리하는 교재

고전시가 비책

고전시가 최다 작품의 필수 지문을 총정리한 고전시가 프리미엄 교재

www.ggumtl.co.kr

111분의 선생님께서 주신 의견과 꼼꼼한 검토를
반영하여 정성을 다해 이 책을 개발했습니다.

밥 화작

'2독 2해 학습법'으로 수능 1등급 완성

- 단계적·효율적 학습으로 수능 1등급을 달성하는 밥 화작
- '영역별 → 복합 → 실전' 기출의 체계적 학습으로 실력을 완성하는 밥 화작
- 문제 접근법 및 해결 전략을 익혀 실전에서 시간을 단축시켜 주는 밥 화작

지은이 이운영　**펴낸곳** (주)꿈을담는틀　**펴낸이** 백종민　**펴낸날** 2023년 12월 20일 2판 1쇄　**등록번호** 제302-2005-00049호
대표전화 1544-6533　**팩스** 02-749-4151　**주소** 서울시 영등포구 당산로 50길 3 꿈을담는빌딩
홈페이지 www.ggumtl.co.kr

수능·모의평가 기출 학습
화법과 작문 자신감 UP

- 개인의 학습 능력에 맞는 학습 계획 OK
- 2단계 2독 2해 학습법으로 반복 학습 OK
- 실수를 없애 주는 훈련으로 1등급 달성 OK

2025 수능 대비

밥 화작

[기출 정복 해설편]

꿈을담는틀

빈출 법화작

기출 정복 해설편

I 부 화법

핵심 개념 (제대로 개념 확인)

▶ 문제편 14~15쪽

01 의사소통　02 ④　03 ④　04 ⑤　05 비언어적
06 ①　07 ⑤　08 ④　09 ④　10 ①

01일 01 대화에서의 자기표현

▶ 문제편 16~17쪽

정답 | 01 ①　02 ④　03 ②

제대로 담화 분석

2022 9월 모의평가

❖ 유형: 라디오 방송
❖ 상황: 라디오 방송에서 친구를 사귀기 어려워하는 청취자의 사연을 소개하면서, 문제 상황을 분석한 후 조언을 하며 마무리하고 있다.
❖ 주제: 자기표현의 정도와 속도 조절의 필요성
❖ 내용 요약

1문단	방송 프로그램과 진행자 소개
2문단	청취자의 사연 - 친구를 사귀기 어려움
3문단	사연 속 문제 상황의 원인과 개선의 필요성
4문단	문제 해결 방법에 대한 조언과 권유
5문단	청취 소감 부탁 및 마무리

제대로 질문하기 정답

❶ × ❷ 자기표현 ❸ 친밀감 ❹ ×

01 말하기 방식 파악하기

정답률 96%

위 방송 진행자의 말하기 방식에 대한 설명으로 가장 적절한 것은?

정답인 이유

① 질문의 형식을 활용하여 청취자에게 실천을 권유하고 있다.

⋯› 친구를 사귀는 것이 어렵다며 사연을 보낸 청취자에게 진행자는 '○○ 님, 이렇게 한번 해 보는 건 어떨까요?'라고 질문 형식을 활용해 친구를 사귀기 위한 실천 방법을 권유하고 있다. 그리고 '여러분도 한번 시도해 보시겠어요?'라는 질문의 형식을 활용해 비슷한 경험이 있는 청취자들에게도 실천을 권유하고 있다.

오답인 이유

② 견해의 근거가 되는 출처를 언급하여 청취자가 신뢰감을 갖게 하고 있다.

⋯› 진행자는 3문단과 4문단에서 자기표현과 관련된 자신의 견해를 제시하고 있다. 그러나 그 견해의 근거가 되는 출처를 언급하고 있지는 않다.

③ 감사 표현을 반복적으로 사용하여 청취자에게 정중한 태도를 드러내고 있다.

⋯› 진행자는 방송을 마무리하는 단계에서 '오늘 방송 들어 주셔서 감사합니다.'라며 감사 표현을 사용해 청취자에게 정중한* 태도를 드러내고 있다. 그러나 방송 진행자가 이러한 감사 표현을 반복적으로 사용하고 있지는 않다.

* 정중(鄭重)하다: 태도나 분위기가 점잖고 엄숙하다. 예 그는 언제나 정중한 태도로 손님을 맞이한다.

④ 스스로 묻고 답하는 방식으로 개념을 설명하여 청취자의 이해를 돕고 있다.

⋯› 진행자는 '○○ 님, 이렇게 한번 해 보는 건 어떨까요?'라고 스스로 물은 후 이에 답하는 형식으로 자기표현의 정도와 속도를 조절하는 방법을 구체적으로 권유하고 있다. 그러나 이를 통해 어떤 개념을 설명하고 있지는 않다.

⑤ 중심 화제를 다양한 일상적 소재에 비유하여 청취자에게 친숙한 느낌을 주고 있다.

⋯› 진행자는 중심 화제인 '자기표현'에 대해 이야기하고 있지만 이를 다양한 일상적 소재에 비유하고 있지는 않다.

02 계획에 따른 말하기 내용 평가하기

정답률 91%

다음은 진행자가 방송 진행을 위한 계획을 메모한 것이다. 위 방송에 반영되지 않은 것은?

정답인 이유

④ 중심부 - 대화할 때 활용할 수 있는 화제의 예를 제시하고, 각각의 예를 활용한 발화 내용을 구성하여 소개

⋯› 진행자는 '친해지고 싶은 친구들과 처음에는 날씨, 텔레비전 프로그램 정도의 가벼운 화제로 대화를 시작하는 거예요.'라며 대화할 때 활용할 수 있는 화제의 예를 제시하였다. 그러나 각각의 예를 활용한 발화 내용을 구성하여 소개하고 있지는 않다.

오답인 이유

① 도입부 - 청취자의 사연을 읽고 문제 해결을 돕는 방식으로 방송을 진행할 것임을 소개

⋯› 진행자는 방송을 시작하면서 '오늘은 청취자께서 보내 주신 사연을 듣고 해결을 도와 드리는 시간을 가질 텐데요'라며 청취자의 사연을 읽고 문제 해결을 돕는 방식으로 방송을 진행할 것임을 소개하고 있다.

② 중심부 - 사연을 읽고, 사연 속 상황으로 인해 사연 신청자가 느꼈을 감정을 언급

⋯› 진행자는 청취자가 보낸 사연을 읽고, '○○ 님, 친구들과 더 가깝게 지내고 싶은 마음이 통하지 않아 많이 속상했겠어요.'라며 사연 신청자가 사연 속 상황으로 인해 느꼈을 감정을 언급하고 있다.

③ **중심부 – 사연 속 문제 상황의 원인을 밝히고, 사연 신청자의 문제 해결을 위해 조언**

⋯› 진행자는 '친밀감이 형성되기 전에 ~ 거리를 두는 원인이 돼요.'라며 사연 속 문제 상황의 원인을 밝히고 있다. 또한 '자기표현의 정도와 속도를 적절하게 조절할 필요가 있어요.'라고 말한 후 '○○ 님, 이렇게 한번 해 보는 건 어떨까요?'라며 사연 신청자에게 문제 해결을 위한 구체적인 방법을 조언하고 있다.

⑤ **마무리 – 방송 내용에 관해 청취자가 자신의 생각을 남길 수 있는 방법을 안내**

⋯› 진행자는 방송을 마무리하는 단계에서 '방송을 듣고 여러분이 조언하고 싶은 말이나 소감을 청취자 게시판에 글로 남겨 주시면 좋겠어요.'라며 청취자가 방송 내용에 관해 자신의 생각을 남길 수 있는 방법을 안내하고 있다.

03 내용 이해 과정 파악하기

정답률 94%

〈보기〉는 위 방송의 게시판에 청취자가 남긴 글이다. 방송 내용을 고려할 때, 〈보기〉에서 확인되는 청취자의 듣기 반응에 대한 이해로 적절하지 않은 것은?

정답인 이유

② **의무감을 느꼈다고 언급한 내용을 보니 자신의 고민을 나누어야 친밀감이 형성될 수 있다는 진행자의 말에 공감하며 들었다.**

⋯› 진행자는 방송에서 친밀감이 형성된 후에 자신의 고민을 나누어야 한다고 하였다. 또 〈보기〉에서 청취자는 '저도 다른 사람들에게 말하지 못했던 이야기를 ~ 부담이 됐었거든요.'라며 친밀감을 느끼기 전 고민을 들었을 때 부담을 느꼈던 경험을 언급하고 있다. 즉, 진행자는 자신의 고민을 나누어야 친밀감이 형성될 수 있다는 말을 하지 않았고, 청취자는 친밀감을 형성한 후에 고민을 나누어야지 그렇지 않으면 부담이 된다는 진행자의 말에 공감하며 들었다고 할 수 있다.

오답인 이유

① **자기표현과 관련된 사례를 언급한 내용을 보니 자신의 경험을 떠올리며 들었다.**

⋯› 〈보기〉에서 청취자가 '저도 사연을 들으면서, ~ 당황했던 기억이 떠올랐어요.'라며 자기표현과 관련된 사례를 언급한 것에서, 자신의 경험을 떠올리며 방송을 들었음을 알 수 있다.

③ **대화할 때 고려할 점에 대해 언급한 내용을 보니 진행자의 조언을 올바르게 이해하며 들었다.**

⋯› 〈보기〉에서 청취자는 '대화할 때 상대방과의 친밀감을 고려해야 한다는 진행자님의 말씀을 들으면서 앞으로 제가 대화할 때에도 그렇게 하는 것이 도움이 되겠다고 생각했어요.'라며 대화할 때 고려할 점에 대해 적절하게 언급하였다. 이를 통해 청취자는 방송 진행자가 조언한 내용을 올바르게 이해하며 들었음을 알 수 있다.

④ **방송에서 들은 조언을 자신에게 적용할 것을 언급한 내용을 보니 방송에서 얻은 정보의 유용성을 생각하며 들었다.**

⋯› 〈보기〉에서 청취자는 '대화할 때 상대방과의 친밀감을 고려해야 한다는 진행자님의 말씀을 ~ 도움이 되겠다고 생각했어요.'라며 방송에서 들은 조언을 자신에게 적용할 것을 언급하였다. 이를 통해 청취자는 방송에서 얻은 정보의 유용성을 생각하며 들었음을 알 수 있다.

⑤ **사연 신청자에게 조언하는 내용을 보니 자기표현을 조절하는 대화에 관한 진행자의 의견에 동의하며 들었다.**

⋯› 〈보기〉에서 청취자는 '저도 ○○ 님께 자신을 드러내는 정도를 ~ 꼭 말씀드리고 싶어요.'라며 사연 신청자에게 조언하고 있다. 이는 진행자가 방송에서 '자기표현의 정도와 속도를 적절하게 조절할 필요가 있어요.'라고 한 의견에 동의하는 내용이라고 볼 수 있다.

01일 02 여름철 가로수 고사

▶ 문제편 18~19쪽

정답 | **04** ② **05** ① **06** ⑤

제대로 담화 분석

2022 6월 모의평가

- **유형**: 강연
- **상황**: 강연자가 가로수 지킴이로 활동할 청중들에게 여름철 가로수 고사의 원인과 대책에 대하여 설명하고 있다.
- **주제**: 여름철 가로수 고사의 원인과 대책
- **내용 요약**

1문단	청중의 경험 환기와 강연의 주제 소개
2문단	도시의 가로수 고사 원인과 그에 대한 대책
3문단	기후 변화에 따른 도시의 가로수 고사 대책과 자원봉사자의 역할

제대로 질문하기 정답

❶ 가로수 지킴이 ❷ ○ ❸ × ❹ 수분

04 말하기 전략 파악하기

정답률 92%

위 강연자의 말하기 방식으로 가장 적절한 것은?

정답인 이유

② **강연 내용과 관련한 청중의 경험을 환기하고 있다.**

⋯› 강연자는 사진을 보여 주면서 '기억나시지요?'라며 지난 겨울 방학에 가로수 지킴이 활동을 했던 청중들의 경험을 환기하였고, '그해 여름이 얼마나 더웠는지 기억나시지요?'라며 2년 전 여름의 더위를 환기하고 있다.

오답인 이유

① **강연 대상을 다른 소재에 빗대어 설명하고 있다.**

⋯› 강연자는 강연 대상인 가로수에 대하여 여름철 가로수 고사의 원인과 대책을 말하고 있을 뿐, 강연 대상을 다른 소재에 빗대어 설명하고 있지는 않다.

③ **통계 자료를 인용하여 강연 내용을 설명하고 있다.**

··· 가로수가 말라 죽지 않도록 땅 표면 아래 20㎝까지 적셔 주려면 2시간 이상은 비가 내려야 한다는 구체적인 수치를 제시하고 있을 뿐, 통계 자료를 인용하고 있지는 않다.

④ **과거 사례와 최근의 사례를 대조하며 설명하고 있다.**

··· △△시의 2년 전 사진을 제시하고 있을 뿐, 과거 사례와 최근의 사례를 대조하며 설명하고 있지는 않다.

⑤ **강연을 하게 된 소감을 밝히며 강연을 시작하고 있다.**

··· 강연자는 자신을 소개하며 강연을 시작하고 있을 뿐, 강연을 하게 된 소감을 밝히고 있지는 않다.

05 계획에 따른 말하기 내용 평가하기

정답률 82%

다음은 동아리 부장이 강연자에게 보낸 전자 우편이다. 이를 바탕으로 세운 강연자의 계획 중 강연에 반영되지 않은 것은?

정답인 이유

① **청중이 여름 방학 봉사 활동에 참여하므로 여름철 가로수 지킴이 활동을 위한 준비 사항을 안내한다.**

··· 전자 우편의 '여름 방학 봉사 활동을 위해'라는 표현에서 청중이 여름 방학 봉사 활동에 참여할 학생들임을 알 수 있다. 그런데 강연자는 '이번 여름 방학에도 가로수 지킴이로 활동할' 청중들에게 도움을 주고자 '여름철 가로수 고사의 원인과 대책'을 설명하였을 뿐 강연에서 여름철 가로수 지킴이 활동을 위한 준비 사항을 안내하지는 않았다.

오답인 이유

② **청중이 도시 가로수 고사의 원인을 알고자 하므로 이와 관련한 도시의 토양 환경을 시각 자료를 활용하여 설명한다.**

··· 전자 우편에서 동아리 부장은 '도시의 가로수가 여름에 왜 말라 죽는지' 알고자 강연을 부탁드린다고 하였다. 이와 관련하여 강연자는 '도시의 토양은 물이 스며들기 어려워서 토양 내 수분 함유량이 매우 낮습니다.'라며 그림을 보여 주고 있다. 따라서 도시의 토양 환경을 시각 자료를 활용하여 설명한다는 계획은 강연에 반영되었음을 알 수 있다.

③ **청중이 도시 가로수의 고사를 방지하기 위한 방안을 알고자 하므로 가로수에 수분을 공급하는 다양한 방안을 설명한다.**

··· 전자 우편에서 동아리 부장은 도시의 가로수가 여름에 말라 죽는 것을 '막기 위해서 필요한 것은 무엇인지' 알고자 한다고 하였다. 이와 관련하여 강연자는 '살수차를 동원', '사람이 직접 나무마다 물주머니를 매달고 토양 보습제를 투입'하는 방안을 설명하였다. 따라서 가로수에 수분을 공급하는 다양한 방안을 설명한다는 계획은 강연에 반영되었음을 알 수 있다.

④ **청중이 봉사 활동의 의의를 알고자 하므로 봉사 활동이 가뭄과 폭염에서 가로수를 보호하는 데 기여한다는 것을 설명한다.**

··· 전자 우편에서 동아리 부장은 자신들의 활동이 '어떤 의미가 있는지를 알고자' 한다고 하였다. 이와 관련하여 강연자는 가로수가 말라 죽지 않도록 하기 위해서 '물주머니를 매달고 토양 보습제를 투입하는 것'이 '일일이 수작업해야 하는 일이라 여러분과 같은 자원봉사자의 역할이 매우 중요'하다고 하였다. 따라서 봉사 활동이 가뭄과 폭염에서 가로수를 보호하는 데 기여한다는 것을 설명한다는 계획은 강연에 반영되었음을 알 수 있다.

⑤ **청중이 자신의 지역과 관련한 자료의 활용을 희망하므로 △△시의 사진을 보여 주며 질의응답한다.**

··· 전자 우편에서 동아리 부장은 '강연하실 때 저희 지역과 관련한 자료를 활용해 주시면 도움이 될 것 같'다고 하였다. 이와 관련하여 강연자는 사진을 보여 주며 '어디인지 아시겠어요?, 여러분이 사는 △△시의 2년 전 사진입니다.'라고 한 뒤 '몇 월의 모습일까요?'라고 청중에게 질문을 하며 대답을 듣고 있다. 따라서 청중이 사는 △△시의 사진을 보여 주며 질의응답*한다는 계획은 강연에 반영되었음을 알 수 있다.

* 질의응답(質疑應答): 의심나거나 모르는 점을 묻고 물음에 대답하는 일. 예 이날 토론회는 발제와 질의응답, 토론의 순서로 진행되었다.

06 내용 이해 과정 파악하기

정답률 89%

다음은 학생이 강연을 들으면서 작성한 메모이다. 이를 바탕으로 학생의 듣기 과정을 이해한 내용으로 적절하지 않은 것은? [3점]

정답인 이유

⑤ **ⓔ: 강연 내용에 의문을 제기한 것으로 보아, 강연 내용의 논리적 모순을 확인하며 들었겠군.**

··· ⓔ(폭염 외에 대기 오염도 가로수 고사의 원인이 아닐까?)는 여름철 가로수 고사의 원인이 가뭄과 폭염이라고 설명한 강연 내용을 들으며 떠올린 내용을 메모한 것이다. 이는 강연 내용과 관련해 추가로 궁금해한 점이 있음을 보여 주는 것일 뿐, 강연 내용의 논리적 모순을 확인하는 것과는 관련이 없다.

오답인 이유

① **ⓐ: 화살표를 사용하여 강연 내용을 메모한 것으로 보아, 세부 정보들 사이의 관계를 파악하며 들었겠군.**

··· ⓐ(압력 → 토양 빈틈 줆 → 수분 전달 안 됨)는 화살표를 사용하여 강연 내용을 메모한 부분인데, 화살표 전후의 내용이 인과 관계로 연결되므로 이를 통해 학생이 세부 정보들 사이의 영향 관계를 파악하며 강연을 들었음을 알 수 있다.

② **ⓑ: 강연 이후의 조사 계획을 작성한 것으로 보아, 강연 내용에서 더 알고 싶은 점을 떠올리며 들었겠군.**

··· 메모의 '대책 1. 건조에 잘 견디는 수종 선택' 옆에 기록된 ⓑ(건조에 강한 나무의 종류를 찾아봐야지.)는 강연 이후의 조사 계획을 작성한 것이다. 이를 통해 학생이 강연 내용에서 더 알고 싶은 점을 떠올리며 들었음을 알 수 있다.

③ **ⓒ: 동네 가로수의 보호 틀을 교체한 이유를 추측한 것으로 보아, 강연 내용을 자기 경험과 관련지으며 들었겠군.**

··· 메모의 '대책 2. 보호 틀 확대' 옆에 기록된 ⓒ(우리 동네 가로수 보호 틀도 건조에 대비하기 위해 큰 것으로 교체한 거군.)는 동네 가로수의 보호 틀을 교체한 이유를 추측한 것이다. 이를 통해 학생이 강연 내용을 자기 경험과 관련지으며 들었음을 알 수 있다.

④ **ⓓ: 자신이 할 일을 따로 묶은 것으로 보아, 특정 기준으로 정보를 구분하며 들었겠군.**

⋯› 메모의 '대책 4. 물주머니 달기'와 '대책 5. 토양 보습제 투입'을 묶은 ⓓ(우리가 할 일)는 자신이 할 일을 따로 묶어 기록한 것이다. 이를 통해 학생이 특정 기준으로 정보를 구분하며 강연을 들었음을 알 수 있다.

01일 03 명태를 되찾기 위한 노력

▶ 문제편 20~21쪽

정답 | 07 ① 08 ③ 09 ②

제대로 담화 분석

2022 수능 예시

❖ **유형**: 발표

❖ **상황**: 너무 익숙해서 오히려 무관심했던 명태에 대해 알리기 위해 수업 시간에 발표하고 있다.

❖ **주제**: 명태가 사라져 가는 실태와 그 원인 및 명태를 되찾기 위한 노력

❖ **내용 요약**

1문단	청중의 흥미 유발 및 발표 내용 소개
2문단	명태가 사라져 가는 실태
3문단	명태가 사라진 원인
4문단	명태를 되찾기 위한 우리나라의 노력
5문단	추가 정보를 얻는 방법 및 발표 마무리

제대로 질문하기 정답

❶ 명태 ❷ ○ ❸ 남획 ❹ ×

07 계획 반영의 적절성 파악하기

위 발표를 위한 계획 중 발표에 반영되지 않은 것은?

정답인 이유

① 명태가 사라져 가는 문제에 관심을 갖게 된 사연을 소개해야겠다.

⋯› 발표에서는 명태가 사라져 가는 실태와 그 원인, 명태를 되찾기 위한 노력을 소개하고 있을 뿐, 명태가 사라져 가는 문제에 관심을 갖게 된 사연을 소개하고 있지는 않다.

오답인 이유

② 명태가 다양하게 불리는 점을 언급하며 화제를 제시해야겠다.

⋯› 발표자는 '북어, 황태, 코다리, 동태. 이처럼 명태는 가공 방식에 따라 여러 이름으로 불리는데요.'라며 명태가 다양하게 불리는 점을 언급하면서 화제를 제시하고 있다.

③ 어미 명태를 확보하는 일이 어려웠다는 점을 언급해야겠다.

⋯› 발표자는 '사례금을 걸 정도로 어렵게 명태를 확보한 연구진은 치어를 인공 부화하는 데 성공하였고'라며 어미 명태를 확보하는 일이 어려웠다는 점을 언급하고 있다.

④ 명태를 되찾기 위한 우리나라의 노력을 설명해야겠다.

⋯› 발표자는 '명태 살리기 프로젝트'에 대해 설명하였고 '해양수산부에서는 2019년부터 우리 바다에서의 명태잡이를 금지해 명태를 되찾기 위한 노력을 이어가고 있습니다.'라며 명태를 되찾기 위한 우리나라의 노력을 설명하고 있다.

⑤ 명태에 대한 내용을 발표하려는 목적을 밝혀야겠다.

⋯› 발표자는 '너무 익숙해서 오히려 무관심했던 명태에 대해 ~ 명태를 되찾기 위한 노력을 소개하겠습니다.'라며 명태에 대한 내용을 발표하려는 목적을 밝히고 있다.

08 발표 전략의 적절성 파악하기

〈보기〉를 바탕으로 위 발표가 진행되었다고 할 때, 학생의 발표 전략으로 적절하지 않은 것은? [3점]

정답인 이유

③ ⓒ을 고려하여, 수입산 명태의 원산지를 확인하는 방법을 안내하기 위해 도표 2를 활용하고 있다.

⋯› 발표자는 도표 2를 제시하면서 '그래서 보시는 것처럼 우리가 소비하고 있는 명태는 거의 다 외국에서 수입되고 있습니다.'라고 언급하였는데, 이는 수입산 명태의 원산지를 확인하는 방법을 안내하기 위한 것이 아니라 우리나라에서 명태가 사라져 가는 실태를 알려 주기 위한 것이다. 또한 발표 내용에는 청중의 실생활에 도움이 되는 정보가 제시되어 있지 않으므로, ③은 학생의 발표 전략으로 적절하지 않다.

오답인 이유

① ㉠을 고려하여, 청중의 흥미를 유발하기 위해 만화를 활용하고 있다.

⋯› 발표자는 만화를 제시하면서 '명천에 사는 어부 태 씨가 잡았다고 해서 이름이 명태라니 흥미롭지요?'라고 하였다. 이처럼 만화를 활용한 것은 명태에 대해 흥미가 적은 청중의 흥미를 유발하기 위해서라고 볼 수 있다.

② ㉡을 고려하여, 명태가 우리 바다에서 사라져 가는 실태를 알려 주기 위해 도표 1을 활용하고 있다.

⋯› 발표자는 '명태가 우리 바다에서 더 이상 잡히지 않는다는 사실을 아는 분은 아마 드물 것입니다.'라고 말한 후 도표 1을 제시하면서 1990년대 들어 명태의 어획량이 줄어들더니 최근에는 사실상 없다고 할 수 있다고 하였다. 이처럼 '도표 1'을 활용한 것은 명태가 우리 바다에서 사라져 가고 있는 상황을 모르는 청중의 특성을 고려하여 명태가 우리 바다에서 사라져 가는 실태를 알려 주기 위한 발표 전략이 활용된 것으로 볼 수 있다.

④ ㉣을 반영하여, 앞서 설명한 내용에 대한 청중의 이해를 돕는 정보를 전달하기 위해 동영상을 활용하고 있다.

⋯› 발표자는 '동해의 표층* 온도 상승이 명태에게 안 좋은 영향을 주었다는 것이지요.'라고 말하고 청중의 반응을 살핀 후 '말씀드린 내용의 이해를 돕기 위해 인터넷에서 동영상을 하나 찾아 보여 드릴게요.'라고 하였다. 이처럼 동영상을 활용한 것은 동해의 표층 온도와 명태의 관련성을 잘 이해하지 못하는 청중의 반응을 반영하여 앞서 설명한 내용에 대한 청중의 이해를 돕는 정보를 전달하기 위한 발표 전략이 활용된 것으로 볼 수 있다.

* 표층(表層): 여러 층으로 된 것의 겉을 이루고 있는 층. 예 최근 이상 고온 현상이 계속되면서 동해의 표층 온도가 평년에 비해 상승하였다.

⑤ ㉤을 반영하여, 발표 분량을 조정하기 위해 발표 전 준비한 사진 중 일부 사진을 선택적으로 활용하고 있다.

…› 발표자는 '명태 살리기 프로젝트'에 대해 설명하려 하면서 청중의 반응을 살핀 후 '간단히 설명하기를 원하시는 것 같네요.'라고 한 뒤 세 장의 사진만을 골라 제시하며 설명을 이어 나갔다. 이처럼 발표 전 준비한 사진 중 일부 사진을 선택적으로 활용한 것은 '프로젝트' 진행 과정을 간략하게 설명하기를 원하는 청중의 반응을 반영하여 발표 분량을 조정하기 위한 발표 전략이 활용된 것으로 볼 수 있다.

09 반응의 적절성 평가하기

다음은 두 학생이 위 발표를 들으며 쓴 메모이다. 학생 1과 학생 2가 상대의 메모에 대해 반응한 내용으로 가장 적절한 것은?

정답인 이유

② 학생 1: 나와 달리 발표 내용 간의 관계를 파악했군.

…› '학생 1'은 발표 내용의 정보와 자신의 경험을 각각 정리한 반면, '학생 2'는 남획과 지구 온난화로 명태가 사라지고, 그로 인해 명태 살리기 프로젝트가 추진되었음을 화살표를 사용해 정리하였다. 이 같은 '학생 2'의 메모는 '학생 1'의 것과 달리 발표 내용 간의 인과 관계를 파악하며 정리한 것이다.

오답인 이유

① 학생 1: 나처럼 발표 내용을 사실과 의견으로 구분했군.

…› '학생 2'의 '명절에 먹었던 동태전이 명태로 만든 것이었군.'은 의견을 메모한 것이다. 즉 '학생 2'는 사실 외에 의견도 메모하고 있지만, '학생 1'은 발표 내용을 사실과 의견으로 구분하여 메모하고 있지 않다.

③ 학생 1: 나와 달리 발표 내용을 일상의 경험과 관련지었군.

…› '학생 1'의 '음식점에서 명태의 원산지가 러시아라는 표기를 본 적이 있음.'과 '학생 2'의 '명절에 먹었던 동태전이 명태로 만든 것이었군.'은 모두 발표 내용을 일상의 경험과 관련지어 메모한 것이다.

④ 학생 2: 나처럼 발표 내용을 유사한 항목으로 범주화했군.

…› '학생 1'과 '학생 2' 모두 발표 내용을 유사한 항목으로 범주화*하고 있지 않다.

* 범주화(範疇化): 동일한 성질을 가진 부류나 범위로 묶음. 예 현대 사회에서 관찰할 수 있는 현상들은 대략 몇 가지로 범주화할 수 있다.

⑤ 학생 2: 나와 달리 발표 방식에 대해 평가했군.

…› '학생 1'과 '학생 2' 모두 발표 방식에 대해 평가하고 있지 않다.

02일 04 고구려 고분 벽화의 특징

▶ 문제편 22~23쪽

정답 | 01 ② 02 ④ 03 ①

제대로 담화 분석

2021 수능

❖ 유형: 발표

❖ 상황: '우리 문화재 깊이 보기'라는 탐구 과제를 제시하며 '고구려 고분 벽화'에 대하여 발표하고 있다.

❖ 주제: 고구려 고분 벽화에 담긴 당대의 인식과 사회상 및 가치

❖ 내용 요약

1문단	고구려 고분 벽화가 그려져 있는 돌방무덤에 대한 소개([자료 1] 활용)
2문단	3세기 중반~5세기 초에 그린 고분 벽화의 내용([자료 2] 활용)
3문단	5세기 중반~7세기 전반에 그린 고분 벽화의 내용([자료 3] 활용)
4문단	고구려 고분 벽화의 역사 자료로서의 가치

제대로 질문하기 정답

❶ 고구려 고분 벽화 ❷ × ❸ 질문 ❹ ×

01 표현 전략 사용하기

정답률 95%

위 발표자의 말하기 방식으로 가장 적절한 것은?

정답인 이유

② 발표 내용과 관련된 질문을 하여 청중의 반응을 이끌어 내고 있다.

…› 발표자는 '고구려 고분 벽화'에 대해 발표하며 '여러분은 고구려 고분 벽화를 본 적이 있나요?'라고 질문 후 청중의 대답을 듣고 '생각보다 많지 않네요.'라고 하였고, 또 '그럼 고구려 고분 벽화에는 무엇을 그렸을까요?'라고 질문 후 청중의 반응을 살피고 '네, 다양한 답변이 있네요.'라고 하였다. 따라서 발표자는 질문을 하여 청중의 반응을 이끌어 내고 있음을 알 수 있다.

오답인 이유

① 청중에게 기대하는 바를 언급하여 발표 목적을 부각하고 있다.

…› 발표자가 청중에게 기대하는 바를 언급하여 발표 목적을 부각*한 부분은 찾아보기 어렵다.

* 부각(浮刻): 어떤 사물을 특징지어 두드러지게 함. 예 광고는 제품의 장점을 부각한다.

③ 청중의 요청에 따라 발표 내용과 관련된 정보를 추가하여 설명하고 있다.

…› 청중이 발표 내용과 관련된 정보를 요청하고 있는 부분은 찾아보기 어렵다.

④ 발표 내용의 순서를 안내하여 청중이 발표 내용을 예측하도록 돕고 있다.

…› 발표자가 발표 내용의 순서를 안내하면 청중은 발표 내용을 예측할 수 있다. 그러나 이 발표에서는 발표 내용의 순서를 안내하고 있지 않다.

⑤ **발표 내용이 청중과 관련성이 높음을 제시하여 청중의 흥미를 유발하고 있다.**

···› 발표 내용이 청중과 관련성이 높다면 청중의 흥미를 유발*할 수 있다. 그러나 발표자는 발표 내용이 청중과 관련성이 높음을 제시하고 있지 않다.

* 유발(誘發): 어떤 것이 다른 일을 일어나게 함. 예 미세 먼지는 각종 질병을 유발하는 원인으로 지목된다.

·고난도·

02 자료 활용하기

정답률 71% | 매력적인 오답 ③ 20%

다음은 발표자가 제시한 자료이다. 발표자의 자료 활용에 대한 설명으로 적절하지 않은 것은? [3점]

[자료 1]		[자료 2]	[자료 3]
고분 벽화가 그려진 고구려 돌방무덤의 내부 모습	고분 벽화에 그린 것 →	• 주인과 종의 모습(주대종소법으로 표현함) • 무덤 주인의 권위 강조 • 풍요로운 삶이 사후에도 이어지길 바라는 마음을 담음.	• 연꽃(불교) 위 신선(도교 관련) • 불교와 도교 사상이 공존하던 사회상 반영

정답인 이유

④ **무덤 주인을 지켜 준다고 여긴 대상을 고분 벽화에 담아내었음을 보여 주기 위해 ㉢에 [자료 3]을 활용하였다.**

···› 6세기 중반부터 7세기 전반에 대다수의 고분 벽화에는 사신을 주로 그렸는데, 이는 사신이 무덤 주인을 수호해 준다고 여겼기 때문이라고 하였다. 한편 일부 고분에는 연꽃 위에 도교 사상과 관련된 신선을 그렸음을 설명하면서, 이는 불교와 도교 사상이 공존하던 사회상이 반영된 것이라며 ㉢에 [자료 3]을 활용하였다.

오답인 이유

③ **(매력적인 오답) 사후 세계에 대한 염원이 고분 벽화에 반영되어 있음을 보여 주기 위해 ㉡에 [자료 2]를 활용하였다.**

···› ㉡에 [자료 2]를 활용하여 주가 되는 것을 크게, 나머지는 작게 그리는 '주대종소법'을 설명하였고, 이 방법을 활용하여 고분 벽화에 무덤 주인의 풍요로운 삶이 사후 세계에서도 이어지길 바라는 마음을 담았다고 하였다.

① **고구려 돌방무덤 내부에 벽화가 그려져 있음을 보여 주기 위해 ㉠에 [자료 1]을 활용하였다.**

···› ㉠에 [자료 1]을 활용하여 고분 벽화가 그려져 있는 돌방무덤의 내부 모습을 보여 주고 있다.

② **무덤 주인의 권위를 고분 벽화에 담아내었음을 보여 주기 위해 ㉡에 [자료 2]를 활용하였다.**

···› ㉡에 [자료 2]를 활용하여 '주대종소법'을 설명하였고, 고분 변화에서는 이를 활용하여 무덤 주인의 권위를 강조했다고 하였다.

⑤ **종교 사상이 고분 벽화에 영향을 주었음을 보여 주기 위해 ㉢에 [자료 3]을 활용하였다.**

···› 5세기 중반부터 6세기 초에는 고분 벽화에 불교를 상징하는 연꽃 무늬가 주로 등장하였고, 6세기 중반부터 7세기 전반에는 연꽃 위에 도교 사상과 관련된 신선을 그렸으며 ㉢에 [자료 3]을 활용하여 불교와 도교 사상이 공존하던 당시 사회상이 반영된 것이라고 하였다. 이는 고분 벽화에 종교 사상이 영향을 주었음을 보여 준다.

03 청중의 질문 판단하기

정답률 79%

학생의 발표를 바탕으로 할 때, [A]에 들어갈 청중의 질문으로 가장 적절한 것은?

정답인 이유

① **고구려 고분 벽화의 전통이 후대까지 이어졌다고 하셨는데요, 무덤 내부에 벽화를 계속 그렸다는 것은 어떤 의미인가요?**

···› 발표에서 고분 벽화의 전통은 조선 전기까지 이어졌다고 하였고 '발표 후 질의응답'에서 발표자의 응답은 '고구려 이후에도 사람들이 사후 세계에 대해 관심을 가지고 있었음을 의미한다.'는 것이었다. 따라서 청중은 고구려 고분 벽화의 전통이 후대까지 이어져, 무덤 내부에 벽화를 계속 그렸다는 것은 어떤 의미인지를 물었을 것으로 추론할 수 있다.

오답인 이유

② **고구려에 도교가 확산된 시기가 있었다고 하셨는데요, 이 시기에 사신이 상징성을 지니게 되었다는 것은 어떤 의미인가요?**

···› 5세기 중반부터 6세기 초는 불교가 확산되는 시기였다고 하였지만, 도교가 확산된 시기는 언급하지 않았다. 그리고 도교의 영향으로 대다수의 고분 벽화에 사신을 그렸다고 하였지만, 상징성을 지니게 되었다는 내용은 발표자의 응답에 나타나 있지 않다.

③ **고구려 고분 벽화에 주대종소법이 활용되었다고 하셨는데요, 당시에 인물의 크기를 다르게 그렸다는 것은 어떤 의미인가요?**

···› 주대종소법에는 무덤 주인의 권위를 강조하고 그의 풍요로운 삶이 사후 세계에서도 이어지길 바라는 마음이 담겨 있다고 하였다. ③의 질문에 대한 답은 발표자의 발표 내용에 있는 것으로, '발표 후 질의응답'의 발표자 응답과 관련된 내용이 아니다.

④ **고구려 돌방무덤은 3세기에 출현했다고 하셨는데요, 이전 시기에서 볼 수 없었던 무덤 형태가 나타나게 된 것은 어떤 의미인가요?**

···› '발표 후 질의응답'의 발표자는 '3세기 이전 시기'가 아닌 '고구려 이후'에 대하여 말하고 있으므로, [A]에 들어갈 청중의 질문으로 적절하지 않다.

⑤ **고구려 고분 벽화가 역사 자료로서의 가치가 있다고 하셨는데요, 문화재가 시대를 초월하여 가치를 지닌다는 것은 어떤 의미인가요?**

···› 고구려 고분 벽화가 선조들의 삶의 모습을 보여 주어 역사 자료로서의 가치가 있다고 하였다. 그러나 '발표 후 질의응답'의 발표자는 고구려 이후 사람들의 사후 세계에 대한 관심에 대하여 말하고 있으므로, [A]에 들어갈 청중의 질문으로 적절하지 않다.

02일 05 떫은맛의 특징과 영향

▶ 문제편 24~25쪽

정답 | 04 ④ 05 ③ 06 ⑤

제대로 담화 분석

2021 9월 모의평가

❖ 유형: 발표

❖ 상황: 떫은맛이 어떻게 해서 느껴지고, 떫은맛이 나는 식품이 몸에 어떤 영향을 주는지에 대하여 발표하고 있다.

❖ 주제: 떫은맛이 느껴지는 과정과 떫은맛 식품이 몸에 미치는 영향

❖ 내용 요약

1문단	발표 제재인 '떫은맛' 제시
2문단	촉각인 떫은맛이 느껴지는 과정
3문단	떫은맛을 내는 성분 중 하나인 타닌([사진] 활용)
4문단	떫은맛이 나는 식품이 몸에 미치는 영향
5문단	우리 주변에 많은 떫은맛이 나는 식품들

제대로 질문하기 정답

❶ 떫은맛 ❷ × ❸ 타닌 ❹ ○

04 표현 전략 사용하기

정답률 93%

위 발표에 대한 설명으로 가장 적절한 것은?

정답인 이유

④ 발표 내용과 관련된 청중의 경험을 환기하며 청중의 반응을 확인하고 있다.

⋯› '과학 시간에 ~ 기억하시나요?', '과육 사이에 ~ 본 적이 있으시죠?'라며 청중의 경험을 환기*하였고, 청중의 대답을 들은 후 '다들 잘 알고 있네요.', '네, 다들 본 적이 있는 ~'이라며 청중의 반응을 확인하고 있다.

* 환기(喚起): 주의나 여론, 생각 따위를 불러일으킴. 예 선생님께서는 학생들의 흥미를 환기하기 위하여 커다란 도표를 펼치셨다.

오답인 이유

① 발표에 사용할 용어의 개념을 정의한 후 화제를 제시하고 있다.

⋯› 발표를 시작하면서 발표의 제재인 '떫은맛'을 먼저 제시한 후 다음 문단에서 '떫은맛'에 대하여 개념을 정의하고 있다.

② 청중의 요청에 따라 발표 내용에 대한 정보를 추가하여 설명하고 있다.

⋯› 발표에서 청중의 요청에 따라 정보를 추가로 설명하고 있는 부분은 나타나 있지 않다.

③ 발표 중간중간에 청중이 발표를 들으면서 주의해야 할 점을 안내하고 있다.

⋯› 발표에서 떫은맛이 나는 식품을 많이 섭취하면 입이 마르거나 속이 불편할 수 있어 적당히 섭취하는 게 좋다며 식품 섭취와 관련해 주의해야 할 점을 말하였다. 그러나 발표를 들으면서 주의해야 할 점에 대해서는 안내하고 있지 않다.

⑤ 발표 내용에 대한 청중의 이해 여부를 확인하는 질문을 하며 발표를 마무리하고 있다.

⋯› '떫은맛이 나는 식품에는 무엇이 더 있는지 여러분도 찾아보면 어떨까요?'라고 청중의 이해 여부를 확인하는 질문이 아닌 청중에게 제안하며 발표를 마무리하고 있다.

05 내용 생성하기

정답률 91%

다음은 발표를 하기 위해 작성한 메모와 발표 계획이다. 발표 내용에 반영되지 않은 것은?

정답인 이유

③ 감의 타닌(과육의 검은 점)이 떫은맛을 냄. → 떫은맛을 내는 다양한 성분을 분석한 시각 자료를 보여 줘야지.

⋯› 발표에서 감의 단면 사진을 보여 주며, 감 사이에 보이는 작고 검은 점들이 떫은맛을 내는 성분 중 타닌이라고 설명하였다. 그러나 떫은맛을 내는 다양한 성분을 분석한 시각 자료는 보여 주고 있지 않다.

오답인 이유

① 청중은 떫은맛의 느낌은 알지만 떫은맛과 관련된 지식은 부족할 것임. → 떫은맛에 대한 정보를 제공하는 것이 발표의 목적임을 밝혀야지.

⋯› 발표를 시작하면서, 떫은맛의 느낌을 모르는 사람은 없겠지만 어떻게 해서 느끼고 몸에 어떤 영향을 주는지는 잘 모르는 것 같다며 떫은맛에 대해 알려 주겠다고 발표 목적을 제시하였다.

② 청중은 기본적인 맛은 미각 세포를 통해 느낀다는 것을 배운 적이 있음. → 기본적인 맛과 떫은맛이 느껴지는 감각의 차이를 언급하며 떫은맛이 느껴지는 과정을 설명해야지.

⋯› 기본적인 맛은 미각 세포를 통해 느껴진다고 배웠음을 언급한 뒤, 떫은맛은 촉각에 해당하고 그 맛을 내는 성분이 혀 점막의 단백질과 결합하는데 이때 만들어진 물질이 점막을 자극하여 느낀다며 떫은맛이 느껴지는 과정을 설명하고 있다.

④ 떫은맛이 나는 식품이 건강에 도움을 줌. → 떫은맛이 나는 식품의 효능과 관련된 연구 결과를 인용해야지.

⋯› 타닌이 들어 있는 감과 녹차는 당뇨와 고혈압 등을 개선하는 기능이 있다고 하였다며, ○○ 연구소 연구 결과를 인용*하고 있다.

* 인용(引用): 남의 말이나 글을 자신의 말이나 글 속에 끌어 씀. 예 그 책은 여러 논문에 인용되었다.

⑤ 떫은맛이 나는 식품은 여러 가지가 있음. → 떫은맛이 포함되어 풍미를 느낄 수 있는 식품의 예를 언급해야지.

⋯› 떫은맛은 다른 맛과 혼합돼 독특한 풍미를 형성하기도 한다며 그 예로 녹차와 홍차를 언급하였다.

06 내용 이해, 평가하기

정답률 94%

<보기>는 위 발표를 들은 학생들의 반응이다. 발표의 내용을 고려하여 학생의 반응을 이해한 내용으로 가장 적절한 것은?

정답인 이유

⑤ '학생 2'와 '학생 3'은 모두, 발표에서 새롭게 알게 된 정보를 통해 자신이 평

소 생각하던 바를 수정하고 있다.

⋯› '학생 2'는 떫은맛이 나는 건 먹어서 좋을 게 없다고 생각했는데 발표를 통해 적당히 먹으면 건강에 도움이 된다는 것을 알았고, 앞으로 적당히 먹어 봐야겠다고 하였다. '학생 3'은 감의 검은 점이 단맛을 내는 것이라고 생각했지만 발표를 통해 떫은맛을 내는 성분 중 하나인 타닌이라는 것을 알았다. 따라서 '학생 2'와 '학생 3'은 발표에서 알게 된 정보를 통해 평소 생각하던 바를 수정하고 있음을 알 수 있다.

오답인 이유

① **'학생 1'은 발표 내용과 자신이 알고 있던 사실을 비교하며 발표에서 제시한 정보의 문제점을 지적하고 있다.**

⋯› '학생 1'은 발표를 통해 녹차에 타닌이 들어 있다는 사실을 알게 되었다고 하였지만, 발표 내용과 자신이 알고 있던 사실을 비교하거나 발표에서 제시한 정보의 문제점을 지적하고 있지는 않다.

② **'학생 2'는 발표자가 청중에게 익숙한 사물을 소재로 제시한 것에 대해 그 이유를 궁금해하고 있다.**

⋯› 발표자는 청중에게 익숙한 '감'을 소재로 떫은맛에 대하여 설명하고 있다. 그러나 '학생 2'는 발표자가 '감'과 같이 익숙한 사물을 소재로 제시한 이유를 궁금해하고 있지는 않다.

③ **'학생 3'은 발표에서 새롭게 알게 된 사실에 대해 추가적인 정보가 필요하다고 판단하고 있다.**

⋯› '학생 3'은 발표를 통해 감의 검은 점이 단맛이 아니라 떫은맛을 내는 성분이라는 것을 알았고, 감이 익으면서 그 성분의 성질이 변한다는 점이 흥미로웠다고 하였다. 그러나 이에 대하여 추가적인 정보가 필요하다고 판단하고 있지는 않다.

④ **'학생 1'과 '학생 2'는 모두, 발표에서 직접적으로 언급하지 않은 내용을 추론하고 있다.**

⋯› '학생 1'은 녹차를 우려내는 정도에 따라 떫은맛이 달라지는 것에 대하여 녹차의 타닌이 물에 녹는 성질을 가지고 있겠다며, 발표에서 직접적으로 언급하지 않은 내용을 추론하고 있다. 그러나 '학생 2'는 발표를 통해 떫은맛을 적당히 먹으면 건강에 도움이 된다는 사실을 알았고 앞으로 적당히 먹어 봐야겠다고 하였을 뿐, 발표에서 직접적으로 언급하지 않은 내용을 추론하고 있지는 않다.

02일 06 연안 생태계 보호

▶ 문제편 26~27쪽

정답 | **07** ① **08** ⑤ **09** ④

제대로 담화 분석

2021 6월 모의평가

❖ **유형**: 연설

❖ **상황**: 환경의 날 시청했던 영상을 떠올리고 지구 온난화가 빚어 낸 비극과 관련하여 연안 생태계의 가치와 보호에 대하여 관심을 촉구하는 연설을 하고 있다.

❖ **주제**: 연안 생태계의 가치와 보호에 대한 관심 촉구

❖ **내용 요약**

1문단	연설의 주제 제시
2문단	높은 수준인 우리나라의 이산화 탄소 배출량
3문단	연안 생태계의 특징 ① – 이산화 탄소 흡수에 탁월함
4문단	연안 생태계의 특징 ② – 탄소 저장에 효과적임
5문단	연안 생태계를 보호하고 가치를 알리는 데 동참하자고 촉구함

제대로 질문하기 정답

❶ 연안 생태계 ❷ × ❸ ○ ❹ 블루카본

·고난도·

07 표현 전략 사용하기

정답률 **82%** | 매력적인 오답 ③ **9%**

위 연설자의 말하기 방법으로 적절하지 않은 것은?

정답인 이유

① **청유의 문장을 사용하여 주장이 야기한 논란을 해소한다.**

⋯› 연설자는 '여러분, ~ 떠올려 봅시다.', '건강한 ~ 동참합시다.'라며 청유의 문장을 사용하고 있다. 그러나 연안 생태계를 보호하고 그 가치에 대한 관심을 갖자는 주장이 논란을 야기*하지 않았고 청유의 문장으로 이를 해소하고 있지도 않다.

* 야기(惹起): 일이나 사건 따위를 끌어 일으킴. 예 그의 대답은 혼란을 야기하였다.

오답인 이유

③ (매력적인 오답) **예상되는 반론을 언급하여 특정 대상의 가치를 강조한다.**

⋯› 연설자는 '물론 ~ 말하는 분도 계실 것입니다.'라고 예상되는 반론을 언급한 뒤, 근거를 제시하여 연안 생태계가 산림보다 이산화 탄소 흡수 능력이 뛰어나다며 그 가치를 강조하였다.

② **통계 자료를 근거로 활용하여 주장의 신뢰성을 강화한다.**

⋯› 연설자는 '2019년 통계에 따르면', '2018년 정부 통계에 따르면'이라고 말하며 통계 자료를 근거로 활용하여 연안 생태계를 보호하고 관심을 갖자는 주장의 신뢰성을 강화하고 있다.

④ **청중과 공유하는 경험을 들어 상황의 심각성을 인식시킨다.**

⋯› 연설자는 환경의 날 행사 때 교내 방송으로 시청했던 영상을 언급하면서, 작은 빙하에 의지한 북극곰의 눈물은 지구 온난화가 빚어 낸 비극이라며 상황의 심각성을 인식시키고 있다.

⑤ **비유적 표현을 활용하여 문제 해결에 동참할 것을 촉구한다.**

⋯→ 연설자는 '북극곰의 눈물은 우리의 눈물이 될 것', '이산화 탄소의 흡수원이자 저장고인 지구의 보물, 연안 생태계'라는 비유적 표현을 활용하여 연안 생태계를 보호하고 그 가치를 알리는 데 동참할 것을 촉구*하고 있다.

* 촉구(促求): 급하게 재촉하여 요구함. 예 정부는 일회용품 사용 자제를 촉구한다고 밝혔다.

08 자료 활용하기

정답률 89%

다음은 위 연설자가 자신의 연설을 홍보하기 위해 작성한 포스터이다. 위 연설을 바탕으로 할 때 적절하지 않은 것은? [3점]

정답인 이유

⑤ **대기 중 이산화 탄소 감축을 위한 기존의 방법을 연안 생태계 보호가 대체할 수 있음.**

⋯→ 연설에서 이산화 탄소의 감축*을 위해 일회용품 줄이기, 나무 한 그루 심기와 함께 연안 생태계를 보호하고 그 가치를 알리는 데 동참하자고 하였다. 이는 이산화 탄소 감축을 위한 기존의 방법 외에 연안 생태계 보호를 추가로 제시한 것으로, 대체할 수 있다고 한 것으로는 보기 어렵다.

* 감축(減縮): 덜어서 줄임. 예 경제가 어려워지자, 여러 기업들이 인원 감축을 위해 희망퇴직을 실시할 예정이다.

오답인 이유

① **연안의 염생 식물과 식물성 플랑크톤은 광합성을 통해 대기 중의 이산화 탄소를 흡수하여 갯벌과 염습지에 탄소를 저장함.**

⋯→ 연설에서 염생 식물과 식물성 플랑크톤 등은 광합성을 통해 대기 중 이산화 탄소를 흡수한다고 하였고, 이산화 탄소를 흡수하여 갯벌과 염습지에 탄소를 저장한다고 하였다.

② **우리나라는 이산화 탄소 배출량 순위가 높은 편이며 대기 중 이산화 탄소를 줄이고자 노력해 왔음.**

⋯→ 연설에서 우리나라의 이산화 탄소 배출량은 세계 11위로 높은 수준이고, 이산화 탄소를 줄이기 위해 대기 중 이산화 탄소 흡수를 위한 산림 조성에 힘써 왔다고 하였다.

③ **연안 생태계는 대기 중 이산화 탄소 감축 효과가 있으며 산림보다 이산화 탄소 흡수 능력이 우수함.**

⋯→ 연설에서 연안 생태계를 구성하는 갯벌과 염생 식물, 식물성 플랑크톤 등은 대기 중 이산화 탄소를 흡수하는데, 산림보다 흡수 능력이 뛰어나다고 하였다.

④ **연안 생태계가 훼손되면 블루카본이 공기 중에 노출되어 문제가 발생함.**

⋯→ 연설에서 연안 생태계가 훼손되면 저장되어 있던 블루카본이 공기 중에 노출되어 이산화 탄소 등이 대기 중으로 방출된다고 하였다.

09 내용 이해, 평가하기

정답률 91%

위 연설을 듣고 그 취지에 공감한 학생이 ㉠에 주목하여 친구들을 설득할 말로 가장 적절한 것은?

정답인 이유

④ **우리도 북극곰처럼 위기에 처할 수 있어. 이제 연안 생태계의 가치를 알고 이를 보호하기 위해 관심을 갖자.**

⋯→ ㉠(지금 우리가 연안 생태계로 눈을 돌리지 않으면 북극곰의 눈물은 우리의 눈물이 될 것입니다.)은 지구 온난화로 북극곰이 눈물을 흘리는 것처럼 우리도 위기에 처할 수 있음을 말하고 있다. 따라서 위기에 처하기 전에 연안 생태계의 가치를 알고 이를 보호하기 위해 관심을 갖자는 것은 친구들을 설득할 말로 적절하다.

오답인 이유

① **연안 생태계의 복구에 무심했던 나를 반성했어. 일회용품 사용을 자제하여 연안 생태계를 되살리자.**

⋯→ 이 연설은 연안 생태계의 복구가 아닌 연안 생태계의 보호와 그 가치에 대한 관심을 촉구하고 있다.

② **블루카본이 지구 온난화의 원인임을 알았어. 북극곰을 위해 연안 생태계 보호의 중요성을 홍보하자.**

⋯→ 블루카본은 연안의 염생 식물과 식물성 플랑크톤이 이산화 탄소를 흡수하여 갯벌과 염습지에 저장하는 탄소를 말하므로 지구 온난화의 원인이라고 보기 어렵다.

③ **북극곰의 모습에서 우리의 미래를 보는 것 같았어. 북극곰을 살리기 위해 산림 조성이 시급함을 알리자.**

⋯→ 이 연설은 연안 생태계의 보호와 그 가치에 대한 관심을 촉구하기 위한 것으로, ㉠에 주목하여 친구들을 설득할 때 북극곰을 살리기 위한 산림 조성에 관한 내용은 적절하지 않다.

⑤ **북극곰과 공생하려면 나무 한 그루가 의미 있다는 것을 알았어. 이산화 탄소를 줄이기 위해 작은 일부터 실천하자.**

⋯→ 이 연설은 연안 생태계의 보호와 그 가치에 대한 관심을 촉구하기 위한 것으로, ㉠에 주목하여 친구들을 설득할 때 북극곰과의 공생에 관한 내용은 적절하지 않다.

03일 07 널리 사용하는 볼펜

▶ 문제편 28~29쪽

정답 | **01** ④ **02** ③ **03** ①

제대로 담화 분석

2020 수능

❖ **유형:** 발표
❖ **상황:** 필기구 중 사람들이 널리 사용하는 볼펜에 대하여 발표하고 있다.
❖ **주제:** 볼펜이 널리 사용되는 이유
❖ **내용 요약**

1문단	발표 내용 소개 및 볼펜의 장점 ①, ②
2문단	볼펜의 장점 ③ – 만년필과 비교([자료 1] 활용)
3문단	모세관 현상과 관련한 청중의 질문에 대한 대답

4문단	볼펜으로 글씨가 써지는 원리와 문제를 보완하는 기술([자료 2, 3] 활용)
5문단	볼펜의 장점 ④ – 종류가 다양함
6문단	발표 정리

제대로 질문하기 정답

❶ 볼펜 ❷ ○ ❸ 모세관 ❹ ×

01 표현 전략 평가하기

정답률 89%

위 발표자의 말하기 방식으로 적절하지 않은 것은?

정답인 이유

④ 내용의 신뢰성을 높이기 위해 전문가의 견해를 인용하고 있다.

⋯› 발표자는 청중에게 볼펜이 널리 사용되는 이유에 대하여 설명하고 있지만, 전문가의 견해*를 인용하지는 않았다.

* 견해(見解): 어떤 사물이나 현상에 대한 자기의 의견이나 생각. 예 나는 이 문제에 대하여 그들과 견해가 다르다.

오답인 이유

① 발표 대상의 종류를 열거하여 장점을 소개하고 있다.

⋯› 발표자는 유성 볼펜, 수성 볼펜, 다색 볼펜, 쓰고 지울 수 있는 볼펜, 가압 볼펜 등 볼펜의 다양한 종류를 열거*하며 선택의 폭이 넓다는 장점을 소개하고 있다.

* 열거(列擧): 여러 가지 예나 사실을 낱낱이 죽 늘어놓음. 예 이 장비는 장점이 많아 다 열거하기 어렵다.

② 청중의 대답을 예상하고 질문하여 화제를 제시하고 있다.

⋯› 발표자는 필기구 중 볼펜에 대하여 설명하기 위해 청중의 대답을 예상하고 '여러분의 필통에는 ~ 가장 많은가요?'라고 질문하였고, '네, 제 생각대로 볼펜이 많군요.'라며 발표의 화제인 볼펜에 대하여 말을 이어 나가고 있다.

③ 청중의 경험을 이끌어 내며 관련된 내용을 설명하고 있다.

⋯› 발표자는 '그런데 볼펜의 볼이 빠진 경험이 한 번쯤 있으시죠?'라고 청중의 경험을 물은 후, 볼펜의 볼이 빠지는 것과 관련된 내용을 설명하고 있다.

⑤ 발표 대상의 특징을 부각하기 위해 다른 대상과 비교하고 있다.

⋯› 발표자는 글씨를 쓸 때 볼과 종이의 마찰에 의해 볼이 구르고, 볼의 잉크가 종이에 묻으며 글씨가 써지는 볼펜의 특징을 부각하기 위해서, 펜촉이 날카로워 종이가 찢어지고 거친 표면에 쓰면 망가지는 만년필과 비교하고 있다.

02 자료 활용의 적절성 평가하기

정답률 89%

다음은 위 발표에 활용된 매체 자료이다. 발표를 참고할 때, 발표 내용과 자료를 활용한 이유를 바르게 짝지은 것은? [3점]

	[자료 1]	[자료 2]	[자료 3]
그림 설명	펜촉에 있던 잉크가 종이로 흘러들어 가는 모습	볼펜 끝의 볼이 있는 부분의 단면 모습	대롱 밑 부분을 오므리는 모습
발표 내용	만년필에 적용된 모세관 현상	볼펜으로 글이 써지는 원리	볼펜의 볼을 고정하는 과정

정답인 이유

③ 자료 2–볼펜으로 글씨가 써지는 원리–볼이 있는 부분의 단면을 확대하여 볼의 잉크가 종이에 묻는 원리를 보여 주기 위해

⋯› '자료 2'는 볼펜에서 볼이 있는 부분의 단면을 확대한 것으로, 볼의 잉크가 종이에 묻는 원리를 보여 주고 있다. 그리고 발표자는 '자료 2'를 활용하여 글씨를 쓸 때 볼이 구르면서 잉크가 종이에 묻어 글씨가 써진다며, 볼펜으로 글씨가 써지는 원리에 대하여 설명하였다. 따라서 '자료 2'를 매체 자료로 활용한 이유는 적절하다.

오답인 이유

① 자료 1–만년필에 적용된 모세관 현상–표면의 거친 정도에 따라 모세관 현상이 일어나는 정도의 차이를 대비하여 보여 주기 위해

⋯› 발표자는 모세관 현상에 의해 만년필을 사용해서 힘들이지 않고 글씨를 쓸 수 있다며 '자료 1'을 활용하여 모세관 현상에 대하여 설명하였다. 그러나 발표에서 표면의 거친 정도에 따른 모세관 현상 정도의 차이를 설명하지는 않았다.

② 자료 2–볼펜의 제작 과정–볼펜의 복잡한 내부 구조를 단순화하여 보여 주기 위해

⋯› 발표자는 볼펜으로 글씨가 써지는 원리를 설명하기 위해 '자료 2'를 활용하여 볼의 잉크가 종이에 묻는 원리를 보여 주었다. 그러나 볼펜의 제작 과정은 발표 내용에 나타나 있지 않다.

④ 자료 3–볼펜의 볼을 고정하는 과정–볼펜의 볼을 정밀하게 가공하는 절차를 단계적으로 보여 주기 위해

⋯› 발표자는 '자료 3'을 활용하여 볼펜의 볼이 빠지지 않도록 하는 기술을 설명하였다. '자료 3'은 볼을 정밀하게 가공하는 절차를 단계적으로 보여 주고 있는 것이 아니다.

⑤ 자료 3–볼펜에 잉크를 주입하는 방법–잉크가 흘러나오는 과정을 한눈에 확인할 수 있도록 순서대로 보여 주기 위해

⋯› 발표자는 '자료 3'을 활용하여 볼펜의 볼이 빠지지 않도록 볼을 고정하는 과정을 설명하였고, 이를 통해 잉크가 홈을 통해 볼로 흘러나올 수 있음을 확인할 수 있다. 그러나 볼펜에 잉크를 주입하는 방법은 발표 내용에 나타나 있지 않다.

03 내용 추론하기

정답률 92%

위 발표의 흐름을 고려할 때, ㉠으로 가장 적절한 것은?

정답인 이유

① 만년필로 종이에 글씨를 수월하게 쓸 수 있는 것이 모세관 현상과 어떤 관련이 있나요?

⋯› 발표자는 ㉠(청중의 질문)의 대답으로 모세관 현상이 어떻게 나타나는지 구체적으로 설명하며 그 때문에 만년필로 쉽게 필기할 수 있게 된다고 설명하였다. 따라서 ㉠은 만년필로 종이에 글씨를 수월하게 쓸 수 있는 것이 모세관 현상과 어떤 관련이 있는지 묻는 내용

이 가장 적절하다.

오답인 이유

② 만년필 외에 모세관 현상이 적용되어 손쉽게 필기할 수 있는 필기구에는 무엇이 있나요?

⋯ 발표자는 ㉠의 대답으로 종이에 만년필로 쉽게 필기할 수 있도록 하는 모세관 현상에 대하여 설명하고 있을 뿐, 만년필 외의 필기구에 대해서는 언급하고 있지 않다.

③ 만년필 펜촉의 굵기와 필기할 때 힘을 들이는 정도는 어떤 연관성이 있나요?

⋯ 발표자는 ㉠의 대답으로 만년필로 쉽게 필기할 수 있는 이유를 모세관 현상과 관련 지어 설명하고 있지만, 만년필 펜촉의 굵기와 필기할 때 힘을 들이는 정도의 연관성에 대해서는 언급하고 있지 않다.

④ 만년필로 힘들이지 않고 글씨를 쓰려면 어떤 형태의 펜촉을 사용해야 하나요?

⋯ 발표자는 ㉠의 대답으로 모세관 현상에 의해 만년필로 쉽게 필기할 수 있다고 설명하고 있지만, 어떤 형태의 펜촉을 사용해야 만년필로 힘들이지 않고 글씨를 쓸 수 있는지에 대해서는 언급하고 있지 않다.

⑤ 종이의 섬유소가 가는 대롱과 같은 역할을 한다는 것이 무슨 의미인가요?

⋯ 발표자는 ㉠을 듣고, 종이의 섬유소가 가는 대롱의 역할을 하여 펜촉의 잉크가 모세관 현상에 의해 종이로 흘러가서 쉽게 필기할 수 있다고 대답하였다. 종이의 섬유소가 가는 대롱과 같은 역할을 한다는 것은 발표자의 대답으로 설명하는 내용이므로, ㉠에 포함되기에 적절하지 않다.

03일 08 전통극 문화유산 예산대

▶ 문제편 30~31쪽

정답 | **04** ③ **05** ⑤ **06** ①

제대로 담화 분석

2020 9월 모의평가

- **유형**: 발표
- **상황**: 전통극과 관련된 문화유산 중 '예산대'와 관련하여 학생들에게 설명하고 있다.
- **주제**: 예산대에 대한 소개와 예산대가 보여 주는 우리 조상들의 지혜
- **내용 요약**

1문단	발표 내용 소개
2문단	'산대'에 대한 소개와 이동이 가능한 산대인 예산대([자료 1] 활용)
3문단	예산대의 인형에 대한 소개([자료 2] 활용)
4문단	예산대 위의 인형이 움직일 수 있는 이유([자료 3] 활용)
5문단	예산대에서 드러나는 우리 조상들의 지혜 및 발표 정리

제대로 질문하기 정답

❶ 예산대 ❷ 산대 ❸ ○ ❹ ×

04 표현 전략 평가하기

정답률 93%

위 발표에 대한 설명으로 적절하지 않은 것은?

정답인 이유

③ 청중과 공유했던 경험을 제시하며 발표의 목적을 밝히고 있다.

⋯ 전통극과 관련된 문화유산 중 '예산대'를 소개한다며 발표의 목적을 밝히고 있지만, 청중과 공유했던 경험에 대한 내용은 찾아보기 어렵다.

오답인 이유

① 청중에게 질문을 하여 발표 내용에 관심을 유도하고 있다.

⋯ '~ 움직이고 있죠?, ~ 알아볼까요?, ~ 않으세요?, ~ 생겼나요?'와 같이 발표하는 동안 청중에게 질문을 하여 청중의 관심을 유도하고 있다.

② 정보의 출처를 언급하여 발표 내용의 신뢰성을 높이고 있다.

⋯ 이동이 가능한 산대가 있었음은 『광해군 일기』에 기록이 있고, 예산대라는 명칭은 『성종실록』에 기록되어 있다고 하였다. 이처럼 발표자는 정보의 출처를 밝히며 발표 내용의 신뢰성을 높이고 있다.

④ 발표 주제와 관련된 단어의 의미를 설명하여 청중의 이해를 돕고 있다.

⋯ 발표 주제와 관련된 단어인 '산대'에 대하여 산 모양의 큰 무대라고 설명하여 청중의 이해를 돕고 있다.

⑤ 발표에 대한 청중의 반응을 확인하며 청중에게 바라는 바를 제시하고 있다.

⋯ 청중에게 '예산대에 대해 관심이 좀 생겼나요?'라고 묻고 청중의 대답을 들은 후, 기술과 예술을 접목*한 전통문화의 또 다른 예를 찾아보면 좋겠다는 바람을 청중에게 전하고 있다.

* 접목(接木): 둘 이상의 다른 현상 따위를 알맞게 조화하게 함을 비유적으로 이르는 말. 예 요즘에는 국악과 클래식을 접목하여 무대에 서는 예술가들이 많아졌다.

05 자료 활용의 적절성 평가하기

정답률 92%

〈보기〉는 위 발표에서 발표자가 제시한 자료이다. 발표자의 자료 활용에 대한 설명으로 가장 적절한 것은? [3점]

	[자료 1]	[자료 2]	[자료 3]
그림 설명	예산대 전체 모습	예산대 위의 인형 모습	내부 구조를 재현한 모습
자료 활용	예산대 구조 설명	예산대 인형의 형태 설명	예산대 위의 인형들이 움직이는 원리 설명

정답인 이유

⑤ 예산대 인형이 움직이는 원리를 설명하기 위해 ㉢에 〈자료 3〉을 활용하였다.

⋯ 발표자는 예산대 내부의 톱니바퀴가 수레바퀴로부터 동력을 전달받아 회전하여 인형들이 움직였다며 예산대 인형의 작동 원리로 ㉢(자료)을 제시하였다. 〈보기〉의 〈자료 3〉에서 톱니바퀴와 수레바퀴를 확인할 수 있으므로, ㉢에 〈자료 3〉을 활용했다는 설명은 적절하다.

오답인 이유

① 예산대의 제작 과정을 보여 주기 위해 ㉠에 〈자료 1〉을 활용하였다.

…› 발표자는 예산대의 구체적인 모습을 설명하며 청중의 이해를 돕기 위해 ㉠(자료)을 제시하였다. 〈보기〉의 〈자료 1〉은 예산대의 전체 모습을 보여 주는 것으로, 그 제작 과정은 나타나 있지 않다.

② 예산대의 구조를 설명하기 위해 ㉠에 〈자료 3〉을 활용하였다.

…› 발표자는 ㉠(자료)을 제시하고 '기이한 돌산처럼 보이는 물체를 사람들이 움직이고 있죠?'라고 설명하였는데, 〈보기〉의 〈자료 3〉에서는 그에 해당하는 모습을 찾아볼 수 없다. 따라서 ㉠에 〈자료 3〉을 활용하였다는 설명은 적절하지 않다.

③ 예산대의 유래를 설명하기 위해 ㉡에 〈자료 2〉를 활용하였다.

…› 발표자는 예산대에 있는 인형을 설명하며 청중에게 인형을 잘 보여 주기 위해, 인형들만 확대한 〈보기〉의 〈자료 2〉를 활용하였다. 따라서 〈자료 2〉를 예산대의 유래를 설명하는 데 활용하였다는 설명은 적절하지 않다.

④ 예산대 인형의 형태를 보여 주기 위해 ㉢에 〈자료 2〉를 활용하였다.

…› 발표자는 예산대 위의 인형들이 어떻게 움직일 수 있는지 그 원리를 설명하기 위해 ㉢(자료)을 제시한 것이므로, 예산대 인형의 형태를 보여 주기 위해 ㉢에 〈자료 2〉를 활용하였다는 설명은 적절하지 않다. 〈보기〉의 〈자료 2〉는 예산대 인형을 확대한 것으로, ㉡(자료)에 활용하는 것이 적절하다.

06 내용 추론하기

정답률 90%

다음은 발표 후 청중의 질문에 대한 발표자의 답변이다. 발표 내용과 답변을 바탕으로 할 때, 청중의 질문으로 가장 적절한 것은?

정답인 이유

① 예산대에는 여러 인형들이 있다고 하셨는데, 그 인형들은 어떤 의미를 지니고 있나요?

…› 발표자는 예산대에는 선녀 인형, 낚시꾼 인형, 원숭이 인형이 있다고 설명하였지만, 발표에서 그 인형들의 의미를 설명하지는 않았다. 그런데 답변에서는 의미를 설명하고 있으므로 청중이 예산대 인형들의 의미를 묻는 것은 질문 내용으로 가장 적절하다.

오답인 이유

② 전통극 무대에는 상징적 의미가 있다고 하셨는데, 예산대는 무엇을 상징하는 것인가요?

…› 발표에서 전통극 무대의 상징적 의미나 예산대가 무엇을 상징하는지에 대한 설명은 찾아보기 어렵다. 또한 예산대가 무엇을 상징하는지는 답변 내용에 나타나 있지 않다.

③ 예산대는 산 모양의 큰 무대라고 하셨는데, 그 산은 신선의 세계와 어떤 관련이 있나요?

…› 발표자는 예산대가 아닌 '산대'를 산 모양의 큰 무대라고 설명하였고, 그 산이 신선의 세계와 어떤 관련이 있는지는 설명하지 않았다. 그렇지만 산과 신선의 세계와의 관련성은 답변 내용에도 나타나 있지 않으므로 청중의 질문으로 적절하지 않다.

④ 예산대에서 인형극이 행해졌다고 하셨는데, 사람이 직접 예산대 위에서 공연할 수 있었나요?

…› 발표자는 예산대에서 인형극이 행해졌고, 인형의 종류, 예산대에서 인형들이 움직이는 원리를 설명하였다. 그러나 사람이 직접 예산대 위에서 공연한 것과 관련된 설명은 발표 내용에도 또한 답변 내용에도 나타나 있지 않다.

⑤ 『봉사도』는 중국 사신단의 일정을 보여 준다고 하셨는데, 예산대 외에 다른 그림에는 무엇이 있었나요?

…› 발표자는 예산대의 구체적인 모습은 중국 사신단의 일정을 담은 『봉사도』에서 찾아볼 수 있다고 하였지만, 다른 그림에 대해서는 언급하지 않았다. 또한 다른 그림과 관련된 설명은 답변 내용에도 나타나 있지 않다.

03일 09 '책편지' 서비스

▶ 문제편 32~33쪽

정답 | **07** ④ **08** ④

제대로 담화 분석

2020 9월 모의평가

- **유형**: 면담
- **상황**: 교지에 햇살도서관을 소개하는 글을 쓰기 위하여 사서 선생님과 면담하고 있다.
- **주제**: 햇살도서관의 책편지 서비스에 대한 이해
- **내용 요약**

[A] 앞부분	각자 소개 및 면담을 요청한 이유
[A]	책편지 서비스의 신청 방법과 진행 과정
[B]	책편지 서비스를 시작하게 된 이유
[B] 뒷부분	책편지 서비스 운영의 어려움 및 마지막 질문

제대로 질문하기 정답

❶ 교지 ❷ 책편지 서비스 ❸ ○ ❹ ×

07 목적 추론하기

정답률 94%

[A], [B]에 대한 이해로 가장 적절한 것은?

정답인 이유

④ [A]에서 사서는 학생의 질문이 명확하지 않았다고 판단하여 질문의 의도를 확인하고 있고, [B]에서 학생은 사서의 답변을 듣고 더 알고 싶은 점을 질문하고 있다.

…› [A]에서 '책편지 서비스는 어떻게 하는 건가요?'라는 학생의 질문에, 사서는 '혹시 신청 방법이 궁금한 거예요?'라며 학생의 질문 의도를 확인하기 위해 다시 묻고 있다. 그리고 책편지 서비스의 신청 방법과 서비스 진행 과정에 대한 사서의 설명을 들은 후 [B]에서 학생은 '이 서비스를 시작하시게 된 이유는 무엇인가요?'라며 더 알고

싶은 점을 질문하고 있다.

오답인 이유

① [A]에서 학생은 사서의 답변이 질문의 의도에서 벗어났다고 판단하여 같은 질문을 다시 하고 있다.

⋯ [A]에서는 학생이 질문을 명확하게 하지 않아 사서가 학생에게 질문의 의도를 확인하고 있다. 그러나 학생이 사서의 답변이 질문 의도에서 벗어났다고 판단하거나 같은 질문을 다시 하는 부분은 나타나 있지 않다.

② [A]에서 사서는 질문에 대한 답변을 학생이 제대로 이해하지 못했다고 판단하여 이를 확인하는 질문을 하고 있다.

⋯ [A]에서 사서는 질문의 의도를 확인하고 있을 뿐, 답변을 제대로 이해하지 못했다고 판단하거나, 답변 후 이해 정도를 확인하는 질문을 하지는 않았다.

③ [B]에서 학생은 사서의 답변이 면담의 목적에서 벗어났다고 판단하여 새로운 질문을 하고 있다.

⋯ [B]에서 학생은 사서의 답변을 듣고 궁금한 점을 더 질문하고 있다. 그러나 사서의 답변이 면담의 목적에서 벗어났다고 판단하는 부분은 나타나 있지 않다.

⑤ [A]에서 학생은 질문의 의미가 잘못 전달됐다고 판단하여 다시 질문하고 있고, [B]에서 사서는 학생의 질문 중 일부 내용을 반복하여 자신의 이해 여부를 확인하고 있다.

⋯ [A]에서 학생의 질문에, 사서는 질문 의도를 명확히 확인하기 위해 또 질문하였고, 이에 대해 학생은 자신이 알고 싶은 것을 상세히 언급하였다. 그리고 [B]에서 사서는 학생의 질문에 답변하고 있을 뿐, 학생의 질문 내용을 반복하고 있지 않다.

08 자료 활용의 적절성 평가하기

정답률 83%

다음은 위 면담을 바탕으로 학생이 쓴 글이다. 면담과 학생 글을 고려할 때, 학생이 활용한 글쓰기 방법으로 적절하지 않은 것은?

정답인 이유

④ 면담에서 알게 된 책편지 서비스 신청 방법을 제시하여 책편지 서비스 이용에 대한 정보를 제공한다.

⋯ [A]에서 사서는 책편지 서비스 신청 방법을 설명하고 있다. 그러나 학생이 쓴 글에는 책편지 서비스에 대한 설명, 주민들의 햇살도서관에 대한 생각, 도움을 받을 수 있는 내용 등이 있지만, 책편지 서비스 신청 방법이 제시되어 있지는 않다.

오답인 이유

① 면담에서 받은 사서에 대한 주관적 인상을 포함하여 독자들에게 도서관에 대한 호감을 높인다.

⋯ 면담 후반부에서 학생은 '인자하신 모습만큼이나 마음이 따뜻하시네요.'라며 주관적 느낌을 드러내었다. 그리고 글에서 '인자한 인상의 사서 선생님의 설명에 따르면'이라고 자신이 받은 주관적 인상을 썼는데, 이는 독자들에게 도서관에 대한 호감을 높일 수 있다.

② 책편지 서비스가 도움이 될 만한 대상자를 구체화하여 책편지 서비스를 통한 기대 효과를 알린다.

⋯ '진로 탐색이나 교우 관계에 고민이 있는 한국고 학생들'이라고 대상자를 구체화하였고, '고민 해결에 많은 도움을 받을 수 있을 것'이라고 서비스를 통한 기대 효과를 언급하고 있다.

③ 마지막 질문에 대한 사서의 답변 중 일부를 글의 부제로 제시하여 도서관에 대한 관심을 이끌어 낸다.

⋯ 면담에서 학생은 마지막으로 '선생님께 도서관이란 어떤 곳인가요?'라고 질문하였고, 사서는 '도서관은 단순히 책을 빌리는 곳이 아니라, 책을 경험하는 곳이라고 생각해요.'라고 대답하였다. 학생은 글에서 사서의 대답 중 일부를 부제*로 제시하여 관심을 이끌어 내고 있다.

* 부제(副題): 서적, 논문, 문예 작품 따위의 제목에 덧붙어 그것을 보충하는 제목. 예 책의 제목보다 부제가 마음에 들어 읽었다.

⑤ 면담에서 학생이 사서에게 언급한, 도서관에 대한 주민들의 반응을 제시하여 도서관의 장점을 부각한다.

⋯ 면담 앞부분에서 학생은 주민들이 SNS에 '햇살도서관은 책을 빌리는 곳, 그 이상의 장소'라고 쓴 것을 보았다고 하였고, 글에서 이를 언급하여 도서관의 장점을 부각하고 있다.

04일 10 여러 나라의 탈

▶ 문제편 34~35쪽

정답 | 01 ④ 02 ② 03 ②

제대로 담화 분석

2020 6월 모의평가

- 유형: 발표
- 상황: 『세계 여러 나라의 탈』이라는 책을 읽고 인상적인 탈에 대하여 소개하고자 발표하고 있다.
- 주제: 여러 나라의 탈 중 인상적인 세 탈에 대한 소개
- 내용 요약

1문단	발표 주제 선정 동기 및 발표 주제 소개
2문단	안동의 하회탈 중 양반탈의 특징(화면 1 활용)
3문단	중국 관우 탈의 특징(화면 2 활용)
4문단	아프리카 카메룬 탈의 특징(화면 3 활용)
5문단	세 탈에 대한 분류 및 발표 정리(화면 4 활용)

제대로 질문하기 정답

❶ 탈 ❷ 관우 탈 ❸ × ❹ ○

01 표현 전략 평가하기

정답률 89%

위 발표에 대한 설명으로 가장 적절한 것은?

정답인 이유

④ 청중에게 질문을 던지고 청중의 반응을 확인하며 추가 정보를 제시하고 있다.

··· 발표자는 '~ 무엇이 떠오르세요?', '~ 탈의 이름을 아세요?', '~ 느껴지지 않나요?', '~ 보이세요?', '~ 보이시죠?', '~ 어떨까요?'라고 청중에게 질문하고 있다. 또한 탈의 이름을 아는지 물었을 때 청중의 반응이 없자, '안동에서 볼 수 있는 탈이에요.'라며 추가 정보를 제시하고 있다.

오답인 이유

① 도입부에서 발표에 사용될 용어의 개념을 설명하며 화제를 제시하고 있다.
··· 발표자는 도입부에서 발표할 주제와 관련된 질문을 한 후 자신이 읽은 책에서 인상적인 탈이 있어 소개하고자 발표 주제를 선정했다고 밝히고 있지만, 발표에 사용될 용어의 개념을 설명하고 있지는 않다.

② 수업 시간의 경험이 발표 주제 선정의 동기가 되었음을 밝히고 있다.
··· 발표자는 발표를 준비하던 중 국어 시간에 '봉산 탈춤'을 배워서 발표 준비하는 데 도움이 되었다고 하였지만, 수업 시간의 경험이 발표 주제 선정의 동기가 되었다고 하지 않았다. 발표 주제 선정의 동기는『세계 여러 나라의 탈』이라는 책을 읽은 것이다.

③ 전문가의 말을 인용하며 발표 내용에 대한 신뢰도를 높이고 있다.
··· 발표 내용에서 전문가의 말을 인용한 부분은 찾아볼 수 없다.

⑤ 발표 내용에 대한 청중의 이해도를 확인하며 마무리하고 있다.
··· 발표자는 화면을 통해 발표에서 소개한 탈들을 정리하였고, 이를 바탕으로 다음 탐구 주제를 언급하며 마무리하고 있지만, 청중의 이해도를 확인하고 있지는 않다.

02 자료 활용 계획하기

정답률 79%

다음은 위 발표에 반영된 매체 자료 활용 계획이다. 발표를 참고할 때 A, B에 들어가기에 가장 적절한 것은? [3점]

제시 순서	화면 1	화면 2	화면 3
특징	• 단순한 얼굴형 • 장식이나 화려한 색채 없이 눈썹, 눈, 코, 입을 선으로 표현함.	• 복잡한 모양의 관 • 강렬한 붉은색 얼굴 • 얼굴과 머리 부분을 모두 이용해 박력과 위엄 드러냄.	• 과감한 생략 • 단순한 곡선과 직선으로 표현된 커다란 눈이 작은 코와 대비됨.

정답인 이유

② A: 형태적 특징을 중심으로 각각의 탈 소개하기, B: 탈들의 복잡성이 대비되도록 유형화하여 제시하기
··· 발표자는 '화면 1'은 양반탈로, 단순한 얼굴형에 특별한 장식이나 화려한 색채 없이 눈썹, 눈, 코, 입을 선으로 표현한 것이 특징이라고 하였다. '화면 2'는 관우 탈로, 용이 새겨진 복잡한 모양의 관이 표현돼 있고, 얼굴이 강렬한 붉은색으로 화려한 느낌을 준다고 하였다. '화면 3'은 카메룬의 탈로, 단순한 곡선과 직선으로 커다란 눈이 표현되었고, 작은 코는 이와 대비되어 보인다고 하였다. 이 내용을 통해 '화면 1~3'은 형태적 특징을 보여 주는 매체임을 알 수 있다. 그리고 '화면 4'는 소개한 탈들을 정리한 것으로, 선을 활용하여 단순하게 표현된 왼쪽 탈들, 화려한 장식으로 복잡하게 표현된 오른쪽 탈로 정리하였다. 이 내용을 통해 단순하게 표현된 탈과 복잡하게 표현된 탈이 대비되도록 유형화한 것임을 알 수 있다.

오답인 이유

① A: 사용된 색채를 중심으로 각각의 탈 소개하기, B: 탈들의 형태상 차이점이 부각되도록 구분하여 제시하기
··· '화면 2'의 관우 탈은 얼굴이 강렬한 붉은색이라 하였지만, '화면 1'의 양반탈은 화려한 색채가 없다고 하였고 '화면 3' 카메룬의 탈에 관해서도 색채에 대해서는 설명하지 않았다.

③ A: 인상적이었던 순서를 밝히며 각각의 탈 소개하기, B: 탈들의 공통점이 드러나도록 순서를 변경하여 제시하기
··· 발표자는 각각의 탈을 소개할 때 인상적이었던 순서를 밝히고 있지 않다.

④ A: 지리적으로 인접한 순서를 밝히며 각각의 탈 소개하기, B: 탈들의 관이 가진 장식성이 대비되도록 제시하기
··· 발표자는 '화면 1'은 우리나라 안동의 양반탈, '화면 2'는 중국의 관우 탈, '화면 3'은 아프리카 카메룬의 탈이라고 소개하고 있지만, 지리적으로 인접한 순서를 밝히며 소개하고 있지는 않다. 그리고 탈에서 관이 있는 것은 관우 탈뿐이다.

⑤ A: 표현된 선의 유사성을 중심으로 각각의 탈 소개하기, B: 탈들의 선의 형태에 따른 분류 기준이 드러나도록 제시하기
··· 발표자는 '화면 1'은 눈 아래부터 귀 위까지 이어진 선이 눈꼬리와 겹쳐 미소를 만들고 눈썹, 눈, 코, 입을 선으로 표현한 것이 인상적이라고 하였다. 그리고 '화면 2'는 선에 대한 언급이 없고, '화면 3'은 단순한 곡선과 직선으로 커다란 눈을 표현했다고 하였다. 그러나 표현된 선의 유사성을 중심으로 각각의 탈을 소개하고 있지는 않다.

03 반응의 적절성 평가하기

정답률 81%

〈보기〉는 위 발표를 들으며 떠올린 생각들이다. 〈보기〉의 듣기 활동을 이해한 내용으로 적절하지 않은 것은?

정답인 이유

② 발표를 들으며 갖게 된 의문을 해결하며 듣고 있다.
··· 〈보기〉의 '저 탈이 ~ 종류였구나. 양반탈 말고 다른 하회탈도 설명해 주겠지?'는 이전에 자신이 알고 있던 정보를 정정하고, 진행될 발표를 예측하고 있는 것으로, 발표를 들으며 의문을 갖고 이를 해결하려는 생각은 찾아보기 어렵다.

오답인 이유

① 발표 내용을 예측하며 능동적인 태도로 듣고 있다.
··· 〈보기〉의 '양반탈 말고 다른 하회탈도 설명해 주겠지?'를 통해 이어지는 발표 내용을 예측하며 능동적인 태도로 듣고 있음을 알 수 있다.

③ 발표자가 제안한 탐구 주제를 긍정적으로 수용하며 듣고 있다.
··· 발표자는 기회가 되면 '탈의 용도에 따른 모양'이란 주제로 탐구해 보려 한다며 청중에게도 이를 제안하였다. 〈보기〉의 '발표자가 말한 대로 ~ 좋을 것 같아.'를 통해 발표자가 제안한 탐구 주제를 긍정적으로 수용하며 듣고 있음을 알 수 있다.

④ 발표 내용과 관련된 경험을 떠올리며 발표자의 설명에 공감하며 듣고 있다.
··· 발표자는 양반탈에 이어 관우 탈에 대해 설명하였다. 〈보기〉의

'나도 관우 탈을 박물관에서 봤을 때에 ~ 생각했었어.'를 통해 발표 내용과 관련된 경험을 떠올리며 설명에 공감하면서 듣고 있음을 알 수 있다.

⑤ **발표를 통해 알게 된 새로운 정보를 활용하여 기존 지식을 수정하며 듣고 있다.**

⋯› 발표자는 '화면 1'을 가리키며 하회탈이라는 분들이 많지만 정확히는 하회탈 중 양반탈이라고 하였다. 〈보기〉의 '저 탈이 ~ 하회탈의 한 종류였구나.'를 통해 발표를 듣고 알게 된 새로운 정보를 활용하여 기존 지식을 수정하며 듣고 있음을 알 수 있다.

04일 11 옛 그림 속에 나타난 제발

▶ 문제편 36~37쪽

정답 | **04** ③ **05** ② **06** ④

제대로 담화 분석

2021 7월 고3 학력평가

- **유형**: 발표
- **상황**: '옛 그림의 제발'을 발표 주제로 제시하며, 시대에 따라 제발이 그림에 나타난 양상과 형태에 관해 발표하고 있다.
- **주제**: 시대에 따라 다르게 나타난 제발의 양상과 형태
- **내용 요약**

1문단	발표의 주제 및 중심 화제의 개념 설명
2문단	시대에 따라 그림에 다르게 나타난 제발의 양상
3문단	감상자가 남긴 그림 속 제발의 형태
4문단	주제와 관련된 정보 제공 및 발표 마무리

제대로 질문하기 정답

❶ 제발 ❷ × ❸ ○ ❹ 시

04 말하기 방식 파악하기

정답률 94%

위 발표자의 말하기 방식에 대한 설명으로 적절하지 않은 것은?

정답인 이유

③ **청중과 공유했던 경험을 제시하여 발표의 목적을 밝히고 있다.**

⋯› 발표자는 발표의 주제를 밝히고 발표를 시작한 후 청중에게 질문을 하고 대답을 들으며 발표를 이어 가는 등 청중과 소통하고 있지만, 청중과 공유했던 경험을 제시하고 있지는 않다.

오답인 이유

① **중심 화제의 개념을 설명하여 청중의 이해를 돕고 있다.**

⋯› 발표자는 '제발이란 원래 책의 앞이나 뒤에 책과 관련된 사항을 적은 글을 뜻하는데요'라며 중심 화제인 제발의 개념을 설명하여 청중의 이해를 돕고 있다.

② **비언어적 표현을 사용하여 청중의 집중을 유도하고 있다.**

⋯› 발표자는 자료로 제시한 〈만학송풍도〉를 '손가락으로 가리키며' 제발에 대해 설명하거나, 〈인왕산도〉를 '손으로 가리키며' 설명하는 등 비언어적 표현을 사용하여 청중의 집중을 유도하고 있다.

④ **발표 주제와 관련된 정보를 제공하며 발표를 마무리하고 있다.**

⋯› 발표자는 '마침 제발과 관련된 전시회가 ○○미술관에서 열린다고 하니, 전시회를 관람해 보시는 것도 좋을 것 같습니다.'라고 발표 주제와 관련된 정보를 제공하며 발표를 마무리하고 있다.

⑤ **청중에게 질문을 하며 발표 내용에 대한 청중의 이해 여부를 확인하고 있다.**

⋯› 발표자는 '여러분, 발표한 내용이 잘 이해되셨나요?'라고 청중에게 질문하고 청중의 대답을 들음으로써 발표 내용에 대한 청중의 이해 여부를 확인하고 있다.

·고난도·

05 자료 활용 파악하기

정답률 83% | 매력적인 오답 ③ 9%

발표자의 자료 활용에 대한 설명으로 가장 적절한 것은?

정답인 이유

② **제발이 나타난 초기와 그 이후의 제발을 비교하여 표현 양상의 차이를 설명하기 위해 ㉠을 제시하였다.**

⋯› 발표자는 ㉠을 제시하고 그중 왼쪽의 그림(〈만학송풍도〉)에는 제발이 잘 보이지 않지만 오른쪽의 그림(〈묵죽도〉)에서는 제발을 쉽게 확인할 수 있다고 하였다. 그리고 이에 대해 '제발이 나타난 초기에는 ~ 제발을 눈에 띄지 않게 썼'으나 '초기와 달리 그 이후에는 제발을 ~ 잘 보이는 곳에 크게 써 넣었다'라며 표현 양상의 차이를 설명하였다.

오답인 이유

③ 매력적인 오답 **비평이나 시의 형태로 쓰인 제발의 역사적 유래를 설명하기 위해 ㉡을 제시하였다.**

⋯› ㉡은 제발 중 감상자가 그림에 대한 인상을 비평의 형태로 표현한 것도 있고, 감상자가 그림을 감상한 후의 감흥*을 시의 형태로 표현한 것도 있음을 설명하기 위해 제시한 자료이다. ㉡에 제시된 두 그림 〈인왕산도〉와 〈마상청앵도〉가 비평이나 시의 형태로 쓰인 제발의 역사적 유래를 설명하는 자료라고는 언급하지 않았다.

* 감흥(感興): 마음속 깊이 감동받아 일어나는 흥취. 예 운치 있는 가을 풍경이 사람들의 마음에 시적인 감흥을 불러일으켰다.

① **제발이 그림에 잘 드러나지 않았을 때의 문제점을 설명하기 위해 ㉠을 제시하였다.**

⋯› ㉠에서 〈만학송풍도〉는 행여 그림을 해칠까 하는 마음에 일부러 제발을 눈에 띄지 않게 썼던, 제발이 나타난 초기의 모습을 보여 주는 자료이다. 발표에서 제발이 그림에 잘 드러나지 않았을 때의 문제점을 설명하기 위해 제시하였다는 내용은 찾아볼 수 없다.

④ **화가가 요구한 바에 따라 제발이 다르게 쓰일 수도 있다는 점을 설명하기 위해 ㉡을 제시하였다.**

⋯› ㉡은 감상자가 그림에 대한 인상을 비평하거나 그림을 감상한 후의 감흥을 시의 형태로 표현한 제발이 쓰인 예이다. 발표에서 화가

의 요구에 따라 제발이 다르게 쓰였다는 내용은 찾아볼 수 없다.

⑤ **중국에서 유행하던 제발이 우리나라에 들어오게 된 이유를 설명하기 위해 ㉠과 ㉡을 제시하였다.**

⋯ 중국에서 유행하던 제발이 우리나라에는 조선 초에 들어왔다고만 언급하였을 뿐, 발표자가 우리나라에 제발이 들어오게 된 이유를 설명한 내용은 찾아볼 수 없다.

06 반응의 적절성 평가하기

정답률 95%

다음은 위 발표를 들은 후 청중이 보인 반응이다. 발표를 고려하여 청중의 반응을 분석한 것으로 적절하지 않은 것은? [3점]

정답인 이유

④ **'청중 1'과 '청중 2' 모두 발표 내용과 자신의 의견이 다른 부분을 정리하며 듣고 있군.**

⋯ '청중 1'은 발표에서 언급되지 않은 내용을 배경지식을 바탕으로 추론하고 있고, '청중 2'는 몰랐던 사실을 배울 수 있어 발표가 유익했다고 평가하며 궁금한 점을 떠올리고 있을 뿐, 모두 발표 내용과 자신의 의견이 다른 부분을 정리하며 듣고 있지는 않다.

오답인 이유

① **'청중 1'은 발표에 직접적으로 언급되지 않은 내용을 배경지식을 통해 추론하고 있군.**

⋯ 문인화가 유행하면서 제발이 더욱 활발히 쓰였다는 것은 발표에서 직접 언급되지 않은 내용으로, '청중 1'은 이러한 자신의 배경지식을 통해 글을 쓰는 문인들이 그림을 그리게 되면서 그림에서 제발이 점차 중요하게 여겨졌을 것이라고 추론하고 있다.

② **'청중 2'는 발표 내용의 일부를 언급하며 이와 관련된 궁금한 점을 떠올리고 있군.**

⋯ '청중 2'는 이인문이 〈마상청앵도〉에 감상을 한시로 표현했다는 발표 내용의 일부를 언급한 후, '다양한 시의 갈래 중에 왜 한시를 택했을까?'라며 이와 관련된 궁금한 점을 떠올리고 있다.

③ **'청중 3'은 발표를 들은 후, 작품을 감상하는 태도의 변화를 다짐하고 있군.**

⋯ '청중 3'은 예전에는 '잘 몰라서 제발을 그냥 지나쳤는데, 앞으로는 제발에도 관심을 가지고 작품을 감상해야겠어.'라며 발표를 들은 후 작품을 감상하는 태도를 변화시키겠다고 다짐하고 있다.

⑤ **'청중 2'와 '청중 3' 모두 발표를 통해 이전에 몰랐던 사실을 알게 된 것을 긍정적으로 생각하고 있군.**

⋯ '청중 2'는 발표를 통해 몰랐던 사실을 '이번 기회에 새로 배울 수 있어서 유익'했다고 하였고, '청중 3'은 평소 그림 속 글에 대해 궁금했는데 '발표를 통해 알게 되어서 좋았'다고 하였다. 즉 두 사람 모두 발표에 대해 긍정적으로 생각하고 있다.

04일 12 QR 코드

▶ 문제편 38~39쪽

정답 | **07** ③ **08** ② **09** ④

제대로 담화 분석

2021 4월 고3 학력평가

❖ **유형**: 발표
❖ **상황**: 최근 많이 쓰이고 있는 QR 코드에 대하여 그 특징과 구성을 설명함으로써 궁금증을 해소하고자 발표하고 있다.
❖ **주제**: QR 코드의 특징과 구성
❖ **내용 요약**

1문단	발표 제재 소개와 선정 이유
2문단	QR 코드의 특징 및 다양한 용도
3문단	QR 코드의 구성
4문단	QR 코드의 인코드화 영역
5문단	QR 코드의 기능 패턴
6문단	발표 마무리

제대로 질문하기 정답

❶ QR 코드 ❷ × ❸ 숫자 ❹ ○

07 말하기 방식 파악하기

정답률 96%

위 발표에 대한 설명으로 가장 적절한 것은?

정답인 이유

③ **발표 제재의 선정 이유를 도입 부분에 제시하고 있다.**

⋯ 발표자는 발표를 시작하면서 '이렇게 QR 코드는 주변에서 흔히 사용되고 있지만, QR 코드의 특징과 구성에 대해서는 잘 모르실 것 같아 발표를 준비했습니다.'라며, 발표 제재를 선정한 이유를 제시하고 있다.

오답인 이유

① **발표 제재를 활용할 때 유의할 점을 안내하고 있다.**

⋯ 발표자는 발표 제재인 QR 코드가 많이 쓰이고 있다며 그 특징과 구성에 대하여 설명하고 있을 뿐, QR 코드를 활용할 때 유의할 점을 안내하고 있지 않다.

② **발표를 통해 배운 점을 실천해 볼 것을 권유하고 있다.**

⋯ 발표자는 QR 코드에 대한 궁금증이 해소되었길 바란다고 하였을 뿐, 발표를 통해 배운 점을 실천해 볼 것을 권유하고 있지 않다.

④ **발표 중간중간에 앞에서 설명한 내용을 요약하고 있다.**

⋯ 발표자는 발표의 중간중간에 '다음은', '다음으로'와 같은 담화 표지*를 사용하고 있을 뿐, 앞에서 설명한 내용을 요약하고 있지는 않다.

* 담화 표지(談話標識): 문장의 내용에 직접적인 영향을 미치지는 않지만 전체적인 분위기나 대화의 최종적인 목적을 달성하고자 문장 간의 응집성을 높이기 위하여 사용하는 표지. 예 '첫째, 둘째'나 '또한' 등은 열거를 나타내는 담화 표지이다.

⑤ 발표를 마치며 정보의 출처를 구체적으로 명시하고 있다.

⋯ 발표자는 발표를 마치며 QR 코드에 대한 궁금증이 조금이나마 해소되었길 바란다고 하였을 뿐, 정보의 출처를 구체적으로 명시하고 있지 않다.

·고난도·

08 매체 활용 이해하기

정답률 77% | 매력적인 오답 ④ 17%

다음은 발표를 위해 준비한 분석 자료의 일부이다. 이를 바탕으로 위 발표가 진행되었다고 할 때, 발표자의 발표 전략으로 적절하지 않은 것은?

정답인 이유

② ⓛ을 고려하여, QR 코드와 바코드는 빛을 이용하는 원리가 다르다는 것을 비교하기 위해 '표'를 활용하고 있다.

⋯ 발표에서는 'QR 코드는 명암에 따라 빛의 반사량이 다르다는 원리가 이용된다는 점에서 바코드와 유사'하다고 하였으므로, 빛을 이용하는 원리가 비슷함을 알 수 있다. 또한 표를 제시한 뒤에는 바코드와 QR 코드가 구성과 담을 수 있는 정보가 다르다는 것을 비교하며 설명하였다.

오답인 이유

④ 매력적인 오답 ⓡ을 고려하여, QR 코드의 구성에 대해 설명하기 위해 '사진 2'와 '사진 3'을 활용하고 있다.

⋯ 발표에서는 'QR 코드의 구성에 대해 설명하겠습니다.'라며 '사진 2'를 제시하였고, 'QR 코드가 효율적으로 인식될 수 있도록 돕는 기능 패턴들에 대해 설명하겠습니다.'라며 '사진 3'을 제시하였다. 기능 패턴은 QR 코드를 구성하는 한 부분이므로 '사진 2'와 '사진 3'은 QR 코드의 구성에 대해 설명하기 위해 활용하고 있음을 알 수 있다.

① ⓖ을 고려하여, 일상생활 속에서 QR 코드가 흔히 사용되고 있다는 것을 보여 주기 위해 '사진 1'을 활용하고 있다.

⋯ 발표에서는 사진 1을 보여 주며 '이 사진에서처럼 공공장소에 들어갈 때 한 번쯤은 사용해 보셨을 텐데요.'라고 하였다. 따라서 '사진 1'은 QR 코드가 일상생활 속에서 흔히 사용되고 있음을 보여 주기 위해 활용되고 있음을 알 수 있다.

③ ⓒ을 고려하여, QR 코드의 다양한 용도를 알려 주기 위해 '동영상'을 활용하고 있다.

⋯ 발표자는 동영상을 보여 준 후 '보신 것처럼 QR 코드는 상품 홍보, 결제, 웹 사이트 연결 등의 다양한 용도*로 활용되고 있습니다.'라고 하였다. 따라서 QR 코드의 다양한 용도를 알려 주기 위해 '동영상'을 활용하고 있음을 알 수 있다.

* 용도(用途): 물건이나 금전 따위가 쓰이는 방식. 또는 쓰이는 곳. 예 연장은 용도에 맞게 사용하여야 한다.

⑤ ⓜ을 고려하여, 교실 뒤쪽까지 정보를 효과적으로 전달하기 위해 '사진 2'의 크기를 조절하여 활용하고 있다.

⋯ 발표자는 '뒤에 계신 분들 잘 보이시나요? 안 보이시는 분이 있다고 하니 확대해 보겠습니다.'라고 말하고 사진 2를 확대한 후 잘 보이는지 또다시 묻고 있다. 따라서 교실 뒤쪽까지 정보를 효과적으로 전달하기 위해 '사진 2'의 크기를 조절하여 활용하고 있음을 알 수 있다.

09 반응의 적절성 파악하기

정답률 84%

위 발표를 들은 학생이 〈보기〉에 대해 보인 반응으로 적절하지 않은 것은? [3점]

정답인 이유

④ ⓓ의 수가 늘어나 QR 코드 크기가 커지면 ⓐ에 더 많은 정보를 담을 수 있겠군.

⋯ 발표에서 'QR 코드는 밝은색과 어두운색 모듈들의 집합'이고, 가장 작은 한 칸의 사각형이 모듈이라고 하였으므로 ⓓ는 모듈임을 알 수 있다. 그리고 QR 코드 상단 양쪽 끝과 왼쪽 하단의 큰 사각형 형태들 세 개(ⓐ)는 위치 탐지 패턴임을 알 수 있다. 발표자는 '모듈 수가 늘어날수록 인코드화 영역에는 더 많은 정보를 담을 수 있고, QR 코드의 크기도 커집니다.'라고 하였으므로, 모듈 수가 늘어나 QR 코드의 크기가 커지면 위치 탐지 패턴(ⓐ)이 아니라 인코드화 영역에 더 많은 정보를 담을 수 있을 것이다.

오답인 이유

① ⓐ가 있어 거꾸로 놓여 있는 QR 코드도 빠르게 인식될 수 있겠군.

⋯ 발표에서 QR 코드 상단 양쪽 끝과 왼쪽 하단의 큰 사각형 형태들 세 개는 QR 코드가 어떤 방향으로 놓여 있어도 쉽고 빠르게 인식될 수 있게 해 주는 위치 탐지 패턴이라고 하였으므로 ⓐ는 위치 탐지 패턴이고, 이것이 있어 QR 코드가 거꾸로 놓여 있어도 빠르게 인식될 수 있음을 알 수 있다.

② ⓑ를 통해 ⓓ의 위치 정보와 QR 코드의 버전을 확인할 수 있겠군.

⋯ 발표의 '가장 작은 한 칸의 사각형이 바로 모듈'이라는 설명에서 ⓓ가 모듈임을 알 수 있다. 그리고 '위치 탐지 패턴 사이의 밝은색과 어두운색 모듈이 하나씩 교대로 나타나는 부분을 타이밍 패턴이라고 하는데, 이 패턴은 다른 모듈들의 위치 정보를 알려 줄 뿐만 아니라 QR 코드의 버전도 확인할 수 있게 해 줍니다.'라고 하였으므로, ⓑ가 타이밍 패턴이고, 이를 통해 모듈(ⓓ)의 위치 정보와 QR 코드의 버전을 확인할 수 있음을 알 수 있다.

③ ⓒ가 있어 둥근 유리병 표면에 부착된 QR 코드도 정상적으로 인식될 수 있겠군.

⋯ 발표의 '오른쪽 아래에 보이는 것과 같이 위치 탐지 패턴과 형태는 비슷하지만, 크기는 작은 사각형 형태를 정렬 패턴'이라고 한다는 데서 ⓒ가 정렬 패턴임을 알 수 있다. 정렬 패턴은 'QR 코드가 곡면 등에 인쇄되어 일그러진 상태에서도 정상적으로 인식될 수 있게' 한다고 하였으므로, ⓒ가 있어 둥근 유리병 표면에 부착된 QR 코드도 정상적으로 인식될 수 있음을 알 수 있다.

⑤ ⓐ, ⓑ, ⓒ는 모두 QR 코드가 효율적으로 인식될 수 있도록 하는 기능 패턴들이겠군.

⋯ 발표에서 ⓐ는 QR 코드가 어떤 방향으로 놓여 있어도 쉽고 빠르게 인식될 수 있게 해 주는 위치 탐지 패턴, ⓑ는 다른 모듈들의 위치 정보와 QR 코드의 버전을 확인할 수 있게 해 주는 타이밍 패턴, ⓒ는 곡면 등에 인쇄된 QR 코드를 정상적으로 인식될 수 있게 하는 정렬 패턴이라고 하였다. 따라서 ⓐ, ⓑ, ⓒ 모두 QR 코드가 효율적으로 인식될 수 있도록 돕는 기능 패턴들임을 알 수 있다.

Ⅱ부 작문

핵심 개념 제대로 개념 확인 ▶ 문제편 42~43쪽

01 ⑤ 02 글쓰기 03 ④ 04 × 05 ④ 06 ○
07 ② 08 응집성 09 아르바이트 10 ④

05일 01 협동조합의 운영 개선

▶ 문제편 44~45쪽

정답 | 01 ① 02 ④ 03 ④

제대로 내용 분석 2022 9월 모의평가

❖ 유형: 보고서의 초고
❖ 주제: 우리 학교 협동조합의 운영 개선안
❖ 내용 요약

서론		보고서의 작성 방향	
본론	1. 현황	현황 분석	
	2. 문제점 분석 및 해결 방안	1문단	현황을 통한 문제점 확인
		2문단	문제점의 원인 분석
		3문단	문제점의 해결 방안
결론		개선안과 개선안 실천에 따른 기대 방향 제시	

제대로 질문하기 정답
❶ 협동 매점 ❷ × ❸ × ❹ 소통

01 글쓰기 전략 파악하기 정답률 95%

학생이 보고서의 초고에 사용한 글쓰기 방법으로 가장 적절한 것은?

정답인 이유

① 통계 자료를 통해 객관적인 정보를 제시한다.
⋯ 'Ⅱ. 본론-1. 현황'의 마지막 부분에 〈조합원 비율 및 협동 매점 수익금〉을 나타낸 통계 자료를 제시하고 있다. 이를 통해 지난 1년간의 조합원 비율과 협동 매점 수익금이 줄고 있다는 객관적 정보를 확인할 수 있다.

오답인 이유

② 문헌 자료 분석을 통해 결론의 근거를 제시한다.
⋯ 보고서에서는 설문 조사 결과를 바탕으로 결론을 도출하였을 뿐, 문헌 자료를 분석한 내용은 찾아볼 수 없다.

③ 다양한 해결 방안의 장단점을 비교하여 설명한다.
⋯ 'Ⅱ. 본론-2. 문제점 분석 및 해결 방안'에서 여러 가지 해결 방안에 대하여 제시하였지만, 그 방안들의 장단점을 비교하여 설명한 내용은 찾아볼 수 없다.

④ 조사 기간과 방법 및 대상을 항목화하여 제시한다.
⋯ 'Ⅰ. 서론'에서는 전교생을 대상으로 설문 조사를 진행하였다며 조사 방법과 대상을 제시하였다. 그러나 조사 기간은 언급하지 않았고 이를 항목화하여 제시하지도 않았다.

⑤ 조사 내용과 관련된 전문 용어의 개념을 설명한다.
⋯ 보고서에서는 조사 내용과 관련된 전문 용어의 개념을 설명한 부분을 찾아볼 수 없다.

02 자료, 매체 활용하기 정답률 86%

〈보기〉는 보고서의 초고를 쓴 학생이 초고의 [A]를 보완하기 위해 수집한 자료이다. 자료의 활용 방안으로 적절하지 않은 것은? [3점]

정답인 이유

④ ㄷ을 활용하여, 협동 매점의 수익금을 늘리는 방안 중 하나로 협동조합에 대한 안내를 통해 협동 매점 이용자들의 불만 사항을 해소해 주는 것을 추가한다.
⋯ ㄷ은 협동조합에 대한 안내가 부족해 잘 몰라서 가입하지 않았다는 우리 학교 학생의 인터뷰이다. 보고서에서는 협동조합에 대한 홍보가 부족하여 조합원 가입이 저조하다고 분석하고 있으므로, ㄷ을 활용하여 협동조합에 대한 안내를 통해 협동조합 가입을 유도*하자는 방안을 제시할 수 있다. 그러나 협동조합에 대한 안내는 협동 매점 이용자들의 불만 사항을 해소하는 것과 관련이 없으므로, ④는 자료의 활용 방안으로 적절하지 않다.

* 유도(誘導): 사람이나 물건을 목적한 장소나 방향으로 이끎. 예 점원은 손님이 옷을 입어 보도록 유도하였다.

오답인 이유

① ㄱ을 활용하여, 조합원을 위한 체험 활동비 지원이 조합원 복지 제도로서 협동조합의 수익금 사용 방법에 부합함을 밝혀 해결 방안의 근거로 제시한다.
⋯ ㄱ은 전문가 인터뷰로, 협동조합의 수익금은 조합원의 복지를 위해 사용할 수 있다고 하였다. 이는 보고서의 내용 중 '수익금 중 일부를 조합원의 복지를 위해 체험 활동비로 지원하는 방안'의 근거가 될 수 있으므로, ①은 자료의 활용 방안으로 적절하다.

② ㄴ을 활용하여, 조합원의 이탈 문제를 해결하는 방안의 예로 조합원에게 도서 구입비를 지원하는 것을 추가한다.
⋯ ㄴ은 인근 학교 사례로, Z학교의 협동조합은 조합원 복지를 위해 수익금으로 조합원의 도서 구입비를 지원하고 있다고 하였다. 이는 보고서의 조합원들이 '조합원에 대한 혜택이 부족해서 탈퇴'한다는 문제점의 해결 방안이 될 수 있으므로 ②는 자료의 활용 방안으로 적절하다.

③ ㄴ을 활용하여, 협동 매점의 수익금 감소 문제를 해결하는 방안 중 하나로 SNS와 같은 소통 수단을 사용하는 것을 제시한다.

⋯› ㄴ은 인근 학교 사례로, Y학교의 협동조합은 SNS로 소비자의 불만 사항을 파악하여 협동 매점 운영에 반영하고 있다고 하였다. 보고서에서는 '협동 매점 수익금이 감소하는 원인은 판매 물품, 운영 시간에 대한 불만이 쌓여 협동 매점 이용자가 줄고 있기 때문'이라고 하였으므로, ③은 자료의 활용 방안으로 적절하다.

⑤ ㄷ을 활용하여, 조합원 가입이 저조한 문제를 해결하는 방안 중 하나로 학교 게시판이나 누리집에 협동조합을 홍보하여 학생들의 가입을 유도하는 것을 제시한다.

⋯› ㄷ은 우리 학교 학생의 인터뷰로, 협동조합에 대해 잘 몰라서 가입하지 않았다는 내용이다. 보고서에서는 협동조합에 대한 '홍보가 부족해서 가입이 저조한 것'이라고 하였으므로, ⑤는 자료의 활용 방안으로 적절하다.

03 내용 생성의 적절성 파악하기

정답률 82%

㉠~㉤이 'Ⅱ. 본론'에 구체화된 내용으로 적절하지 않은 것은?

정답인 이유

④ ㉣: 조합원에 대한 혜택이 부족하게 된 과정을 분석하여 파악한 원인

⋯› 'Ⅱ. 본론-2. 문제점 분석 및 해결 방안'에서는 '설문 조사 결과, 조합원 비율이 감소한 원인은 조합원에 대한 혜택이 부족해서 탈퇴한 것'이라고 하였는데, 이는 ㉣과 관련하여 조합원에 대한 혜택이 부족하다는 내용이 구체적인 문제 원인으로 제시된 부분이라 볼 수는 있다. 그러나 보고서에는 조합원에 대한 혜택이 부족하게 된 과정을 분석하고 있지 않으므로, ④는 'Ⅱ. 본론'에 구체화된 내용이라고 볼 수 없다.

오답인 이유

① ㉠: 협동 매점의 운영 시간 및 수익금 사용처

⋯› 'Ⅱ. 본론-1. 현황'에서, '점심시간(12:30~13:30)에 협동 매점을 운영하고 있고, 수익금 전액을 ○○ 환경 단체에 기부하는 데 사용하고 있다.'고 한 부분에서 확인할 수 있다.

② ㉡: 조합원 비율 및 협동 매점 수익금의 변동 추이

⋯› 'Ⅱ. 본론-1. 현황'에서, 분기별 조합원 비율과 협동 매점 수익금의 변동 추이를 통계 자료로 제시한 부분에서 확인할 수 있다.

③ ㉢: 협동조합 유지와 설립 취지의 지속적인 실현이 어려움

⋯› 'Ⅱ. 본론-2. 문제점 분석 및 해결 방안'에서, '조합원 비율이 감소'하는 상황이 지속되면 '협동조합을 유지하기 어려워질 수 있'고, '협동 매점의 수익금이 줄고 있'어 '수익금 기부를 통한 나눔 실천 활동을 지속하기가 어려워질 수 있다.'라고 한 데서 확인할 수 있다.

⑤ ㉤: 조합원 비율 및 협동 매점 수익금 감소와 관련된 설문 조사 내용을 분석하여 파악한 원인

⋯› 'Ⅱ. 본론-2. 문제점 분석 및 해결 방안'에서, 설문 조사 결과 '협동 매점 수익금이 감소하는 원인은 판매 물품, 운영 시간에 대한 불만이 쌓여 협동 매점 이용자가 줄고 있기 때문'이라고 한 데서 확인할 수 있다.

05일 02 손 글씨 쓰기

▶ 문제편 46~48쪽

정답 | **04** ① **05** ② **06** ⑤

제대로 내용 분석

2022 6월 모의평가

❖ **유형**: 학생의 초고(정보를 전달하는 글)
❖ **주제**: 손 글씨 쓰기의 효과
❖ **내용 요약**

[작문 상황]

손 글씨 쓰기의 효과를 소개하는 글을 써서 교지에 실으려 함.

[학생의 초고]

1문단	글의 화제 및 주제 제시
2문단	손 글씨 쓰기의 효과 ① - 뇌의 다양한 영역 활성화
3문단	손 글씨 쓰기의 효과 ② - 내용에 대한 이해도 향상
4문단	손 글씨 쓰기의 효과 ③ - 정서적 효과
5문단	손 글씨 쓰기의 다양한 효과

제대로 질문하기 정답

❶ × ❷ ○ ❸ 필사 ❹ 효과

04 계획에 따른 내용 생성 평가하기

정답률 94%

다음은 초고를 작성하기 전에 학생이 떠올린 생각이다. ⓐ~ⓔ 중 학생의 초고에 반영되지 않은 것은?

정답인 이유

① ⓐ(손 글씨 쓰기의 개념을 정의하며 글을 시작해야겠어.)

⋯› '학생의 초고'에서는 컴퓨터 자판을 두드리는 일이 일상화된 배경을 언급하면서 손 글씨 쓰기와 컴퓨터 자판을 이용한 쓰기의 차이를 비롯하여 손 글씨 쓰기의 효과를 설명하고 있지만, 손 글씨 쓰기의 개념을 정의한 내용은 없다.

오답인 이유

② ⓑ(컴퓨터 자판을 이용한 쓰기가 일상화된 배경을 언급해야겠어.)

⋯› '학생의 초고'에서는 '컴퓨터와 온라인을 기반으로 한 쓰기 환경이 조성됨에 따라, 많은 학생들이 펜을 쥐는 대신에 컴퓨터 자판을 두드리는 일이 일상화되었다.'라며 컴퓨터 자판을 이용한 쓰기가 일상화된 배경을 언급하고 있다.

③ ⓒ(손 글씨 쓰기와 컴퓨터 자판을 이용한 쓰기의 차이를 예를 활용하여 설명해야겠어.)

⋯› '학생의 초고'에서는 컴퓨터 자판으로 글자를 입력할 때 '강'을 입력하든 '물'을 입력하든 손가락으로 세 번의 타점을 두드리는 동작에는 큰 차이가 없으나, 손으로 글씨를 쓸 때에는 손의 동선이 그대로 글씨를 이루며 단어마다 다른 궤적이 생기게 된다며 손 글씨 쓰기와 컴퓨터 자판을 이용한 쓰기의 차이를 예를 활용하여 설명하고 있다.

④ ⓓ(컴퓨터 자판을 이용한 쓰기보다 손 글씨 쓰기의 속도가 느린 데서 오는 효과를 설명해야겠어.)

⋯▸ '학생의 초고'에서는 손 글씨 쓰기의 '느림' 때문에 사고할 수 있는 시간이 확보되고, 또 내용의 우선순위를 판단하고 체계를 세워 정리하게 된다면서 손 글씨 쓰기의 속도가 느린 데서 오는 효과를 설명하고 있다.

⑤ ⓔ(최근에 주목받는 손 글씨 쓰기의 효과를 언급해야겠어.)

⋯▸ '학생의 초고'에서는 '최근에는 정서적 효과도 주목받고 있다.'라며 최근에 주목받는 손 글씨 쓰기의 효과를 언급하고 있다.

05 자료, 매체 활용하기

정답률 87%

〈보기〉는 학생이 초고를 보완하기 위해 추가로 수집한 자료이다. 자료의 활용 방안으로 적절하지 않은 것은? [3점]

정답인 이유

② ㄴ에서 과제 1의 결과를 활용하여, 손 글씨 쓰기가 특정 상황에서 효과적이라는 3문단의 내용을 보강한다.

⋯▸ ㄴ의 연구 자료 중 과제 1은 기억 여부에서 컴퓨터 자판을 이용한 쓰기 방식과 손 글씨 쓰기 방식이 차이가 없다는 결과를 나타냈다고 하였다. 한편 3문단에서는 손 글씨 쓰기를 통해 해당 내용에 대한 이해도가 높아진다고 하였다. 따라서 ㄴ의 과제 1의 결과는 손 글씨 쓰기가 특정 상황에서 효과적이라는 3문단의 내용을 보강하는 자료로 적절하지 않다.

오답인 이유

① ㄱ을 활용하여, 뇌의 다양한 영역이 활성화된다는 2문단의 내용을 구체화한다.

⋯▸ ㄱ은 손 글씨를 쓸 때 뇌의 전 영역이 활성화되어 뇌를 건강하게 해 준다는 전문가 인터뷰이다. 2문단에서는 손 글씨 쓰기의 효과에 대하여 설명하면서 '뇌의 다양한 영역이 활성화'된다고 하였다. 따라서 ㄱ을 활용하여, 2문단의 내용을 구체화하는 것은 적절하다.

③ ㄴ에서 과제 2의 결과를 활용하여, 손 글씨 쓰기가 내용 이해도를 높인다는 3문단의 내용을 뒷받침한다.

⋯▸ ㄴ의 연구 자료 중 과제 2는 컴퓨터 자판을 이용한 쓰기보다 손 글씨 쓰기 방식이 개념의 이해에서 높은 성취도를 보이는 결과를 나타냈다고 하였다. 3문단에서는 손 글씨 쓰기를 통해 해당 내용에 대한 이해도가 높아진다고 하였으므로, ㄴ에서 과제 2의 결과는 3문단의 내용을 뒷받침하는 자료로 적절하다.

④ ㄷ-1을 활용하여, 학생들이 컴퓨터 자판을 이용한 쓰기 방식을 선호한다는 1문단의 내용을 보강한다.

⋯▸ ㄷ-1은 학생들이 학습 과제를 작성할 때 손 글씨 쓰기(28%)보다 컴퓨터 자판을 이용한 쓰기(72%)를 선호한다는 설문 조사 결과이다. 따라서 많은 학생들이 손 글씨 쓰기보다 컴퓨터 자판을 이용한 쓰기를 선호한다는 1문단의 내용을 보강하는 자료로 ㄷ-1을 활용하는 것은 적절하다.

⑤ ㄷ-2를 활용하여, 손 글씨 쓰기가 과제를 수행할 때에도 정서적 효과를 준다는 내용을 4문단에 보충한다.

⋯▸ ㄷ-2는 과제를 작성할 때 과제에 애착이 생기거나 과제에 정성을 쏟을 수 있어 손 글씨 쓰기를 선호한다는 설문 조사 결과이다. 따라서 손 글씨 쓰기의 정서적 효과에 대해 설명하고 있는 4문단의 내용을 보충하는 자료로 ㄷ-2를 활용하는 것은 적절하다.

06 조건에 따라 내용 생성하기

정답률 90%

다음은 초고를 읽은 교지 편집부 담당 선생님의 조언이다. 이를 반영하여 [A]를 작성한 내용으로 가장 적절한 것은?

정답인 이유

⑤ 손 글씨 쓰기를 통해 뇌의 다양한 영역 활성화, 이해도 향상, 정서적 효과라는 세 가지 빛깔의 진주를 발견할 수 있을 것이다.

⋯▸ '뇌의 다양한 영역 활성화, 이해도 향상, 정서적 효과'는 이 글에서 제시한 손 글씨 쓰기의 주요 효과이고, '세 가지 빛깔의 진주'는 비유적 표현에 해당한다. 따라서 선생님의 조언에 따라 [A]를 작성한 내용으로 적절하다.

오답인 이유

① 손 글씨 쓰기의 다양한 효과를 정확히 알고 이를 상황에 맞게 활용한다면 쓰기의 효율성을 높일 수 있을 것이다.

⋯▸ 이 글에서 제시한 손 글씨 쓰기의 주요 효과를 언급하지 않았고, 비유적 표현도 활용하지 않았다.

② 손 글씨 쓰기의 과정, 장점과 한계, 정서적 효과를 통해 손 글씨 쓰기가 동전의 양면과 같음을 기억해야 할 것이다.

⋯▸ '동전의 양면'에 비유적 표현을 활용하였으나, 이 글에서 제시한 손 글씨 쓰기의 주요 효과 중 '정서적 효과'만 언급하였으므로 적절하지 않다.

③ 손 글씨 쓰기가 우리의 뇌, 이해, 정서에 미치는 긍정적 영향을 고려하여 손 글씨 쓰기의 횟수를 더욱 늘려야 할 것이다.

⋯▸ 이 글에서 제시한 손 글씨의 주요 효과를 모두 언급하였지만, 비유적 표현을 활용하지 않았다.

④ 손 글씨 쓰기는 글을 쓰는 능력을 향상시키고 정서적 효과를 주기에, 그 가치는 시대가 변해도 늘 별처럼 빛날 것이다.

⋯▸ '별처럼 빛날 것'에 비유적 표현을 활용하였지만, 이 글에서 제시한 손 글씨 쓰기의 주요 효과를 모두 언급하지 않고, '정서적 효과'만 언급하였으므로 적절하지 않다. 또한 이 글에서 손 글씨 쓰기를 하면 글을 쓰는 능력이 향상된다는 내용은 제시되지 않았다.

05일 03 걷기의 가치

▶ 문제편 49~51쪽

정답 | 07 ③ 08 ④ 09 ① 10 ②

제대로 내용 분석

2022 수능 예시

- 유형: 보고서의 초고와 블로그 글
- 주제: (가) '걷기'의 가치에 대한 학생의 인식
  (나) 일상적 경험에서 깨달은 걷기의 가치
- 내용 요약

가 보고서의 초고

Ⅰ. 조사 동기 및 목적	조사 동기와 조사 목적	
Ⅱ. 조사 계획	조사 대상, 조사 기간 및 방법, 조사 내용	
Ⅲ. 조사 결과	1. 걷기 실태	학생과 달리 성인은 대부분 걷기를 실천하고 있음
	2. 걷기 가치 인식	– 학생과 성인 모두 걷기의 가치를 인식함 – 성인은 걷기의 가치를 다양하게 인식, 학생은 다양하게 인식하지 못함
Ⅳ. 결론	[A] (학생들은 성인에 비해 걷기를 실천하지 않고, 그 가치를 다양하게 인식하지 못함. 걷기의 다양한 가치를 깨달았으면 함)	

나 블로그에 작성한 글

내용	– 걷기에 대한 조사 보고서 작성 후 걷기가 어떤 의미일지 궁금하여 공원을 걸음 – 걷기가 삶을 돌아볼 수 있는 시간을 만들어 줌 – 걷기는 마음을 자라게 해 줄 것 같음

제대로 질문하기 정답

❶ ○ ❷ 성인 ❸ × ❹ 걷기

07 계획에 따른 내용 생성 평가하기

다음은 (가)를 쓰기 위한 글쓰기 계획이다. (가)에 반영되지 않은 것은?

정답인 이유

③ 조사 대상별로 소제목을 달아 본문의 내용을 서술

⋯› (가)에서 'Ⅰ. 조사 동기 및 목적', 'Ⅱ. 조사 계획', 'Ⅲ. 조사 결과'와 같이 소제목을 달기는 하였지만, 조사 대상별로 소제목을 달아 본문의 내용을 서술하고 있는 것은 아니다.

오답인 이유

① 사회적 추세와는 다른 우리 학교 학생들의 모습이 조사 동기가 되었음을 언급

⋯› 'Ⅰ. 조사 동기 및 목적'에서 '최근 ~ 달리, 우리 학교 학생들의 걷기에 대한 관심은 낮은 것으로 보인다.'라며 사회적 추세와는 다른 우리 학교 학생들의 모습을 제시하였고, '이에 학생들이 걷기를 어떻게 생각하는지에 대해 조사하고자 한다.'라며 조사 동기가 되었음을 언급하고 있다.

② 조사 결과에 설문지의 질문 내용을 밝혀 제시

⋯› 'Ⅲ. 조사 결과'에서는 '이동 수단으로서의 걷기를 제외하고 30분 이상 걷기를 주 몇 회 하는가?', '걷기가 가치 있는 활동이라고 보는가?'와 같이 설문지의 질문 내용을 밝히고 있다.

④ 학생과 성인의 설문 조사 결과들을 대비하여 조사 결과의 의미를 해석

⋯› 'Ⅲ. 조사 결과'에 각 설문 항목별로 학생과 성인의 설문 조사 결과를 각각 제시하였고, '성인은 자기 성찰, 정서 안정, 체력 증진, 아이디어 생성 등 걷기의 가치를 다양하게 인식한 반면, 학생은 걷기의 가치를 다양하게 인식하지 못하는 것으로 판단된다.'라며 학생과 성인의 인식 조사 결과의 의미를 해석하고 있다.

⑤ 일부 문항의 응답 결과를 비교하여 막대그래프로 표현

⋯› 'Ⅲ. 조사 결과'에서 '걷기의 가치가 무엇이라 생각하는가?'의 문항에 대하여 학생과 성인이 응답한 결과를 비교하여 막대그래프로 표현하여 제시하고 있다.

08 조건에 따라 내용 파악하기

〈보기〉를 고려할 때, [A]에 들어갈 내용으로 가장 적절한 것은?

정답인 이유

④ 학생들은 걷기가 가치 있다고 여기지만, 성인에 비해 걷기를 실천하지 않고 그 가치를 다양하게 인식하지 못하고 있다. 학생들이 걷기를 수행하며 걷기의 다양한 가치를 깨달았으면 한다.

⋯› 'Ⅲ. 조사 결과'를 보면 걷기가 가치 있는 활동이라고 생각하는 학생은 91.7%로 성인과 크게 차이가 나지 않는다. 그러나 성인의 44.0%가 걷기를 실천하는 데 비해 10.0%의 학생만이 걷기를 실천하고 있으며, 걷기의 가치에 대해 성인들은 다양하게 인식한 반면 학생은 대부분 체력 증진에 가치를 두면서 그 가치를 다양하게 인식하지 못하고 있다. 따라서 ④의 '학생들은 걷기가 ~ 인식하지 못하고 있다.'는 설문 조사 결과를 적절하게 요약한 내용이고, '학생들이 걷기를 수행하며 걷기의 다양한 가치를 깨달았으면 한다.'는 학생들에게 실천을 제안하는 내용이므로 〈보기〉를 고려할 때 [A]에 들어갈 내용으로 가장 적절하다.

오답인 이유

① 학생들은 걷기를 정기적으로 실천하는 비율이 높지 않다. 또한 성인에 비해 걷기의 여러 가치 중 특정 가치만을 인식하고 있다.

⋯› 'Ⅲ. 조사 결과'의 내용을 요약하고 있으나, 학생들에게 실천을 제안하는 내용은 찾아볼 수 없다.

② 학생들은 걷기를 통해 성찰, 관계 형성, 정서 안정 등 걷기의 다양한 가치를 인식하고 있음을 알 수 있다. 많은 학생들이 걷기를 지속적으로 실천하기를 바란다.

⋯› 학생들에게 실천을 제안하는 내용은 있으나, 보고서와 상반되는 내용으로 조사 결과를 요약하고 있다. 걷기의 다양한 가치를 인식하고 있는 것은 학생들이 아니라 성인이다.

③ 학생들은 성인과 달리 걷기의 가치 중 체력 증진을 가장 우선적으로 인식하고 있다. 학생들이 지금과 같은 걷기의 실천을 통해 신체적 건강을 유지할 수 있기를 바란다.

⋯› 학생들에게 실천을 제안하는 내용은 있으나, 조사 결과의 일부분인 체력 증진에 대한 것만 언급하고 있다.

⑤ 학생들은 성인에 비해 걷기의 가치를 잘 알고 있지만 이를 다양하게 인식하지 못하고 있다. 학생들이 걷기의 가치를 폭넓게 인식할 수 있도록 사회·제도적 방안이 마련되어야 할 것이다.

⋯› 학생들이 성인에 비해 걷기의 가치를 다양하게 인식하지 못하고 있다는 것은 'Ⅲ. 조사 결과'의 내용을 적절하게 요약한 것이지만, 성인과 학생 모두 걷기의 가치를 잘 인식하고 있다. 그리고 ⑤에는 학생들에게 실천을 제안하는 내용이 없다.

09 작문의 맥락 파악하기

작문 맥락을 고려할 때, (가)와 (나)에 대한 이해로 가장 적절한 것은?

정답인 이유

① 글의 유형을 고려할 때, (나)는 (가)와 달리 걷기의 경험을 바탕으로 삶에 대한 성찰을 표현했다.

···› (가)는 조사 보고서로, 특정 대상이나 현상을 조사하여 그 과정 및 결과를 정리한 글이다. 반면 (나)는 블로그에 작성한 개인적인 글로, (나)에서는 걷기의 경험을 바탕으로 자신의 삶에 대한 성찰을 표현하고 있다.

오답인 이유

② 글의 주제를 고려할 때, (나)는 (가)와 달리 걷기의 가치에 대한 인식 변화의 필요성을 드러냈다.

···› (나)는 걷기의 가치에 대하여 개인이 깨달은 느낌을 표현하고 있을 뿐, 걷기의 가치에 대한 인식 변화의 필요성을 드러내고 있지는 않다.

③ 예상 독자를 고려할 때, (나)는 (가)와 달리 구체적 자료를 활용하여 걷기에 대한 독자의 이해를 돕고 있다.

···› (나)는 블로그에 작성한 글로 개인적인 경험이나 깨달음 등을 표현한 내용이므로, 독자의 이해를 돕기 위해 구체적 자료를 활용하는 글은 아니다. 그러나 보고서인 (가)는 예상 독자를 고려하여 설문 조사의 수치와 막대그래프를 활용하여 독자의 이해를 돕고 있다.

④ 작문 매체를 고려할 때, (가)와 (나)는 모두 글을 작성한 후에는 수정이 자유롭지 않다.

···› (가)는 교지에 실을 조사 보고서이므로, 교지에 실은 후에는 수정하기 어렵다. 그러나 (나)는 자신의 블로그에 작성한 글이므로 언제든지 수정하거나 삭제할 수 있다.

⑤ 작문 목적을 고려할 때, (가)와 (나)는 모두 걷기를 통한 공동체 문제의 해결 가능성을 강조했다.

···› (가)와 (나) 모두 걷기를 통한 공동체 문제의 해결 가능성을 강조하고 있지는 않다.

10 글쓰기 윤리의 반영 여부 판단하기

〈보기〉의 ㉠~㉣ 중 (가)에 반영되지 않은 쓰기 윤리만을 있는 대로 고른 것은?

정답인 이유

② ㉡, ㉣

···› 걷기 실태에 대한 조사 결과에서는 성인 중 44.0%가 30분 이상 걷기를 주 1회 이상 하는 것으로 나타났다. 이것은 조사 대상이 75명으로 적은 수인데다 그중 과반수에 미치지 못하는 44%의 성인만 답한 것인데 이에 대해 '성인은 대부분 걷기를 실천하고 있었다.'라고 한 것은 조사 결과를 과장한 해석으로 볼 수 있다. 따라서 ㉡의 쓰기 윤리는 반영되지 않은 것이다. 또한 (가)에는 '결론' 뒤에 참고 문헌을 제시하고 있지 않으므로, ㉣의 쓰기 윤리 역시 반영되지 않았다.

오답인 이유

㉠, ㉢

···› 'Ⅱ. 조사 계획'에서 조사 기관과 조사 대상, 조사 방법과 조사 내용을 모두 기술하고 있으므로, ㉠의 쓰기 윤리는 반영된 것이다. 그리고 'Ⅲ-2-나'에서 성인의 응답은 걷기를 "발로 사색하는 것"으로 본 것이라고 하면서 '발로 사색하는 것'이라는 표현의 출처를 "황△△, 『걷기 속 □□□』, ◇◇출판사, 2017, p.10."라고 밝히고 있으므로, ㉢의 쓰기 윤리도 반영되었음을 알 수 있다.

06일 04 올바른 물 섭취

▶ 문제편 52~53쪽

정답 | **01** ② **02** ③ **03** ①

제대로 내용 분석

2021 6월 모의평가

❖ **유형**: 작문 상황 및 자료와 초고(정보 제공)
❖ **주제**: 올바른 물 섭취를 위한 유의점
❖ **내용 요약**

[작문 상황]

학교 학생들에게 올바른 물 섭취 방법에 대한 정보를 제공하기 위해 2020년 6월에 발간될 학교 신문에 글을 실음

[수집한 자료 목록]

〈자료 1~4〉	물 섭취와 관련한 신문 기사, 방송 다큐멘터리, 병원 보고서, 환경부 보고서

[초고]

1문단	물 섭취에 대한 잘못된 인식과 인체 내에서의 물의 역할
2문단	올바른 물 섭취를 위한 유의점 ① – 한 번에 마시는 물의 양에 유의해야 함
3문단	올바른 물 섭취를 위한 유의점 ② – 물을 마시는 때에 대해서 유의해야 함

제대로 질문하기 정답

❶ 학교 학생들 ❷ 물 ❸ × ❹ ○

01 내용 조직하기

정답률 83%

위의 '초고'에 반영된 내용 조직 방법으로 적절하지 않은 것은?

정답인 이유

② 1문단에서 물의 인체 내 역할은 원인과 결과의 관계가 드러나도록 제시한다.

···› 관절의 충격을 흡수하고 장기와 조직을 보호한다고 인체 내 물의 역할을 언급하였지만, 이를 원인과 결과의 관계가 드러나도록 제시하고 있지는 않다.

오답인 이유

① 1문단에서 물 섭취에 대한 학생들의 인식은 묻고 답하는 구조로 제시한다.

···› '학생들은 물 섭취에 대해 어떤 인식을 가지고 있을까?'라고 물은 뒤 이어서 학생들은 대부분 물은 많이 마실수록 좋다고 답했다며 질문에 대한 답을 제시하고 있다.

③ 2문단에서 물 중독 증상에 대한 부분은 정보를 나열하여 제시한다.

···› 물 중독이 발생하면 피로감이 커지고, 두통 또는 어지럼증에 시달리거나, 장기가 붓는 등의 증상이 나타날 수 있다며 정보를 나열하여 제시하고 있다.

④ 3문단에서 물 섭취에 대한 실험 방법은 그 과정을 순서대로 제시한다.

··· 물 섭취에 대한 실험에 대하여 '연구팀은 먼저 ~', '그런 다음 ~', '이후 ~ 측정했다.'라는 표현을 사용하며 그 과정을 순서대로 제시하고 있다.

⑤ **3문단에서 물 섭취에 대한 실험 결과는 비교 · 대조의 방법으로 제시한다.**

··· 목이 마를 때 물을 마신 경우는 일반적인 생각과 같이 물을 마시지 않은 경우보다 과제 수행 능력이 뛰어나고(비교), 목마르지 않은 때 물을 마신 경우는 일반적인 생각과 달리 물을 마시지 않은 경우보다 과제 수행 능력이 떨어진다며(대조) 물 섭취에 대한 실험 결과를 비교와 대조의 방법으로 제시하고 있다.

02 자료 활용하기

정답률 86%

수집한 자료를 다음의 기준에 따라 선별한 후, 선별된 자료를 반영하여 '초고'를 작성하였다. 각 자료에 대한 이해로 적절하지 않은 것은? [3점]

정답인 이유

③ **〈자료 3〉은 '연도'를 고려하면 최근의 상황을 반영하지 못하지만 '출처'가 명확하고 물 섭취 실태를 보여 주기에 적절하다고 보아 (나)에 대해 '그렇다'라고 판단했겠군.**

··· 〈자료 3〉은 연도가 '2004'로 최근의 상황을 반영하지 못하지만, 출처가 '□□병원 보고서'로 명확하다. 따라서 출처가 분명하지만 최근의 정보가 아니므로, (나)에 대해 '아니다'라고 판단했을 것이다.

오답인 이유

① **〈자료 1〉은 '내용'이 물 섭취 방법에 대한 올바른 정보를 제공하기에 적합하다고 보아 (가)에 대해 '그렇다'라고 판단했겠군.**

··· 2, 3문단은 올바른 물 섭취를 위해 유의해야 할 점에 대하여 다루고 있다. 〈자료 1〉의 내용은 '전문가가 권하는 물 섭취 방법'으로 물 섭취 방법에 대한 올바른 정보를 제공하기에 적합하므로, (가)에 대해 '그렇다'라고 판단했을 것이다.

② **〈자료 2〉는 '내용'이 물 섭취에 대한 많은 학생들의 인식이 잘못되었음을 뒷받침하는 정보를 제공한다고 보아 (가)에 대해 '그렇다'라고 판단했겠군.**

··· [작문 상황]에서 '작문 목적'은 물 섭취와 관련된 올바른 물 섭취 방법에 대한 정보를 제공하는 것이라고 하였다. 〈자료 2〉의 내용은 '물 중독 사례'이므로 물 섭취에 대한 학생들의 인식이 잘못되었음을 뒷받침하는 정보를 제공한다. 따라서 (가)에 대해 '그렇다'라고 판단했을 것이다.

④ **〈자료 4〉는 '내용'이 물 섭취에 관해 정확한 정보를 제공하려는 목적에 부합하지 않는다고 보아 (가)에 대해 '아니다'라고 판단했겠군.**

··· 〈자료 4〉는 물 섭취에 관한 정보가 아닌 '1일 1인당 수돗물 사용량 현황'에 대한 내용을 다루고 있어 '초고'와 관련이 없다. 따라서 '작문 목적'에 부합하지 않으므로, (가)에 대해 '아니다'라고 판단했을 것이다.

⑤ **〈자료 4〉는 '출처'는 분명하지만 해마다 발간되는 보고서라는 점에서 '연도'를 고려했을 때 최근의 현황에 대한 정보가 아니라고 보아 (나)에 대해 '아니다'라고 판단했겠군.**

··· 〈자료 4〉는 '2013' 환경부의 연례 보고서로 해마다 발간되는 것이므로, '연도'를 고려했을 때 최근의 현황에 대한 정보라고 보기 어렵다. 따라서 (나)에 대해 '아니다'라고 판단했을 것이다.

03 내용 점검, 조정하기

정답률 85%

〈보기〉는 '초고'를 읽은 친구의 조언이다. 〈보기〉를 반영하여 '초고'에 마지막 문단을 추가한다고 할 때 가장 적절한 것은?

정답인 이유

① **물은 적당한 양을 필요한 때에 마셔야 좋은 것이다. 물 섭취에 대한 올바른 정보를 이해하고 삶에 적용한다면 건강을 지키며 삶의 질을 높일 수 있을 것이다.**

··· '초고'에서는 유의 사항으로 '한 번에 마시는 물의 양', '물을 마시는 때'를 언급하고 있는데, '물은 적당한 양을 필요한 때에 마셔야 좋은 것이다.'에 두 가지 유의 사항을 모두 담고 있다. 또한' 물 섭취에 대한 올바른 정보를 이해하고 삶에 적용한다면 건강을 지키며 삶의 질을 높일 수 있을 것'이라는 내용은 긍정적인 가치에 대하여 언급하는 것이다.

오답인 이유

② **언제 마시는가에 따라 물도 독이 될 수 있음을 유의해야 한다. 갈증을 느낄 때 물을 마셔야만 물이 인체에서 수행하는 역할을 활성화하는 데 기여할 수 있다.**

··· '언제 마시는가'는 중심 내용으로 제시한 두 가지 유의 사항 중 '물을 마시는 때'만을 언급한 것이다. 따라서 중심 내용으로 제시한 두 가지 유의 사항 중 한 가지만을 언급하였기 때문에 '초고'의 마지막 문단으로 적절하지 않다.

③ **물은 인체에 필수적이나 한 번에 많은 물을 마시지는 말아야 한다. 물이 인체에 미치는 영향을 정확히 안다면 물이 지닌 긍정적 가치를 더 많이 발견할 수 있을 것이다.**

··· '한 번에 많은 물을 마시지는 말아야 한다.'는 중심 내용으로 제시한 두 가지 유의 사항 중 '한 번에 마시는 물의 양'만을 언급한 것이고, 물의 긍정적인 가치에 대하여 언급한 부분도 없으므로, '초고'의 마지막 문단으로 적절하지 않다.

④ **물 중독 사례와 연구 팀의 실험을 통해 물 섭취 시 유의 사항을 확인하였다. 결국 물을 한 번에 많이 마시면 건강에 해롭고, 목마르지 않은데 마시면 과제 수행 능력이 떨어진다.**

··· '물 중독 사례와 연구 팀의 실험'은 유의 사항을 이끌어 낸 근거에 해당하고 '물을 한 번에 많이 마시면 건강에 해롭고, 목마르지 않은데 마시면 과제 수행 능력이 떨어진다.'는 것은 중심 내용으로 제시한 두 가지 유의 사항만을 언급한 것이다. 즉, 물의 긍정적인 가치가 제시되지 않았으므로 '초고'의 마지막 문단으로 적절하지 않다.

⑤ **당연하다고 생각했던 것들이 거짓인 경우도 있는데 물은 많이 마실수록 좋다는 인식도 그러하다. 올바른 물 섭취를 생활화한다면 학습 능력 향상에 도움을 얻을 수 있을 것이다.**

··· 물은 많이 마실수록 좋다는 인식이 거짓이라는 내용은 중심 내용으로 제시한 두 가지 유의 사항 중 '한 번에 마시는 물의 양'만을 언급한 것이고, 올바른 물 섭취는 학습 능력 향상에 도움을 준다며 물의 긍정적인 가치를 언급하였다. 따라서 두 가지 유의 사항 중 한 가지만 언급하였기 때문에 '초고'의 마지막 문단으로 적절하지 않다.

06일 05 인포그래픽

▶ 문제편 54~56쪽

정답 | 04 ② 05 ② 06 ①

제대로 내용 분석

2021 9월 모의평가

❖ 유형: 작문 계획과 글(소개하는 글)
❖ 주제: 인포그래픽의 개념 및 장점과 좋은 인포그래픽의 기준
❖ 내용 요약

(가) 학생의 메모

작문 상황	교내 학생들에게 인포그래픽에 대해 소개하는 글을 써서 교지에 실으려 함
예상 독자가 궁금해할 만한 내용	– 인포그래픽의 개념 – 인포그래픽의 유형을 나누는 기준 – 비상구 표시등이 인포그래픽인지의 여부 – 인포그래픽이 글보다 더 나은 점 – 인포그래픽이 널리 쓰이게 된 배경

(나) 학생의 글

1문단	인포그래픽의 개념(그림 활용)
2문단	인포그래픽 사용의 확대 배경
3문단	인포그래픽의 장점 ① – 픽토그램과 비교
4문단	인포그래픽의 장점 ② – 글과 비교
5문단	좋은 인포그래픽의 판단 기준
6문단	인포그래픽의 활용 권유

제대로 질문하기 정답

❶ ○ ❷ 인포그래픽 ❸ × ❹ 픽토그램

04 내용 생성 기준 파악하기

정답률 91%

㉠~㉤ 중 (나)에 반영되지 않은 것은?

정답인 이유

② ㉡

⋯ 5문단에 좋은 인포그래픽을 판단하는 기준은 제시되어 있지만, 인포그래픽의 유형을 나누는 기준에 대해서는 찾아보기 어렵다.

오답인 이유

① ㉠

⋯ 1문단에서 인포그래픽은 복합적인 정보의 배열이나 정보 간의 관계를 시각적인 형태로 나타낸 것이라고 하였다.

③ ㉢

⋯ 3문단에서 비상구 표시등의 그래픽 기호처럼 시설이나 사물 등을 상징화하여 표시한 것은 픽토그램이라고 하였다.

④ ㉣

⋯ 4문단에서 인포그래픽은 시각 이미지를 통해 한눈에 정보를 파악할 수 있어, 문자 하나하나를 읽어야 하는 글보다 독자의 정보 처리 시간을 절감할 수 있다고 하였다. 또한 독자들이 정보에 주목하는 정도를 높이는 효과가 있다고 하였다.

⑤ ㉤

⋯ 2문단에서 인포그래픽에 대한 관심은 시대의 변화와 관련이 있다고 하였고, 특히 소셜 미디어의 등장은 정보 공유가 용이한 인포그래픽의 쓰임을 더욱 확대했다고 하였다.

05 내용 점검, 조정하기

정답률 88%

〈보기〉는 [A]의 초고이다. 〈보기〉를 [A]로 고쳐 쓸 때 반영한 친구의 조언으로 가장 적절한 것은?

정답인 이유

② 예상 독자가 얻을 수 있는 효용이 드러나도록 써 보는 게 어때?

⋯ 〈보기〉와 달리 [A]에서는 '학생들'을 넣어 예상 독자를 명확하게 하였고, 발표를 하거나 보고서를 작성할 때 인포그래픽을 활용하면 발표와 보고서의 전달력이 한층 높아질 것이라며 인포그래픽의 효용을 드러내고 있다. 이를 고려할 때 [A]에 반영한 친구의 조언으로는 예상 독자가 얻을 수 있는 효용을 언급한 ②가 가장 적절하다.

오답인 이유

① 예상 독자가 탐구해야 할 문제가 포함되도록 써 보는 게 어때?

⋯ [A]에는 예상 독자가 탐구해야 할 문제가 나타나 있지 않다.

③ 글의 내용에 대해 균형 잡힌 관점이 드러나도록 써 보는 게 어때?

⋯ 균형 잡힌 관점이 드러나려면 인포그래픽을 활용할 때의 장점과 함께 단점도 제시되어야 한다. 그러나 [A]에는 인포그래픽의 단점이 나타나 있지 않다.

④ 글의 도입에서 제기한 문제에 대한 답이 포함되도록 써 보는 게 어때?

⋯ 글의 도입에는 문제를 제기한 부분을 찾아볼 수 없고, 따라서 [A]에는 문제에 대한 답이 나타나 있지 않다.

⑤ 글의 내용을 설명한 순서대로 요약한 내용이 포함되도록 써 보는 게 어때?

⋯ [A]에는 글의 내용을 설명한 순서대로 요약한 내용이 나타나 있지 않다.

06 자료 활용하기

정답률 88%

다음은 (나)를 읽은 학생이 이를 참고하여 작성한 글의 일부이다. (나)의 정보를 활용한 방식으로 가장 적절한 것은? [3점]

정답인 이유

① (나)에 언급된 인포그래픽의 관심 유발 효과와 관련하여, 그 효과가 확인된 인근 학교의 사례를 문제 해결 방안의 근거로 제시하였다.

⋯ '(나)를 읽은 학생이 작성한 글'에서는 인근 학교에서는 학교 신문에 인포그래픽을 추가했더니 학교 신문을 읽는 학생이 3배 늘었다는 것을 근거로 알림판을 인포그래픽으로 만들면 알림판에 관심을 갖는 학생들이 많아질 것이라고 하였다. 인근 학교에 대한 내용은 (나)에 제시된 논문에서 인포그래픽은 독자들이 정보에 주목하는 정도를 높이는 효과가 있어, 독자의 관심을 끌 수 있다고 한 내용이 확인된 사례라고 할 수 있다.

오답인 이유

② **(나)에 인용된 인포그래픽 연구 논문과 관련하여, 그 논문의 내용에 대해 추가적으로 조사한 정보를 문제 상황의 내용으로 제시하였다.**

…› (나)에는 인포그래픽에 관련한 논문이 인용되어 있고, '(나)를 읽은 학생이 작성한 글'에서는 (나)의 논문을 찾아 인포그래픽을 활용하면 정보에 주목하는 정도가 글만 활용할 때보다 성별이나 나이와 상관없이 2배 정도 높아졌다고 하는 내용을 추가적으로 조사하였지만, 이를 문제 상황의 내용으로 제시하지는 않았다.

③ **(나)에 진술된 좋은 인포그래픽의 기준과 관련하여, 그 기준으로 알림판의 정보가 신뢰할 만한지 평가한 결과를 문제 상황의 내용으로 제시하였다.**

…› (나)에는 좋은 인포그래픽의 판단 기준이 제시되어 있지만 '(나)를 읽은 학생이 작성한 글'에서는 그와 관련된 내용이 나타나 있지 않다.

④ **(나)에 언급된 인포그래픽의 사용 목적과 관련하여, 그 사용 목적이 무엇인지 교내 학생들에게 설문한 결과를 문제 상황의 내용으로 제시하였다.**

…› '(나)를 읽은 학생이 작성한 글'에서 언급된 설문의 결과는 학교 정보 알림판을 읽어 본 학생이 적다는 것으로, 인포그래픽의 사용과 관련이 없다.

⑤ **(나)에 언급된 인포그래픽의 효율성과 관련하여, 그 효율성에 얼마나 공감하는지 교내 학생들에게 인터뷰한 내용을 문제 해결 방안의 근거로 제시하였다.**

…› '(나)를 읽은 학생이 작성한 글'에 따르면 글쓴이는 교내 학생들에게 학교 정보 알림판을 읽지 않는 이유에 대하여 인터뷰하였을 뿐, 인포그래픽의 효율성에 대해서는 인터뷰하지 않았다.

06일 06 게임화의 활용

▶ 문제편 57~59쪽

정답 | 07 ① 08 ⑤ 09 ⑤

제대로 내용 분석

2021 수능

❖ 유형: 작문 과제와 초고(정보 전달)
❖ 주제: 게임화의 특징 및 다양한 활용 분야
❖ 내용 요약

가 작문 과제

'게임화'가 생소한 우리 학급 학생에게 '게임화'에 대한 정보를 전달하기 위해 다양한 분야에서 활용되고 있는 '게임화'의 특징에 대하여 글을 씀

나 학생의 초고

1문단	게임화의 개념
2문단	게임화의 효과 및 사례
3문단	게임화의 다양한 활용 분야
4문단	게임화 활용 시 고려할 점

제대로 질문하기 정답

❶ 목적 ❷ 게임화 ❸ ○ ❹ ×

07 글쓰기 전략 파악하기

정답률 94%

(나)에 활용된 글쓰기 전략으로 적절하지 않은 것은?

정답인 이유

① **제재에 대한 정보를 전달하기 위해 개념 간의 차이를 중심으로 대조한다.**

…› '게임화'는 '게임적 사고나 게임 기법과 같은 요소를 다양한 분야에 접목시키는 것'이라고 제재의 개념이 제시되어 있지만 '게임화'라는 하나의 개념만 설명하였을 뿐 개념 간의 차이를 중심으로 대조하고 있지는 않다.

오답인 이유

② **제재의 특징을 드러내기 위해 제재가 가지는 효용적 측면을 부각한다.**

…› 제재인 게임화는 흥미로운 과제를 제공하여 이에 도전하게 만들고, 참여한 사람들 간의 경쟁을 유도하거나 참여자들이 과제에 몰입할 수 있도록 돕는 효과가 있다며 그 효용적 측면을 부각하고 있다.

③ **제재가 다양한 분야에서 활용되는 양상을 드러내기 위해 사례를 제시한다.**

…› 제재인 게임화가 활용되는 다양한 분야로 교육, 보건, 기업의 마케팅 등을 제시하며 그 사례를 언급하였다. 이는 제재가 다양한 분야에서 활용되는 양상을 드러낸 것이다.

④ **제재에 대한 배경지식이 부족한 예상 독자의 이해를 돕기 위해 용어를 정의한다.**

…› (나)에서는 제재인 게임화에 대하여 용어를 정의하고 있다. 이는 제재에 대한 배경지식이 부족한 예상 독자인 우리 학급 학생의 이해를 돕기 위한 것으로 볼 수 있다.

⑤ **제재와 관련한 정보를 효과적으로 전달하기 위해 예상 독자와 공유하고 있는 경험을 활용한다.**

…› (나)에서는 제재인 게임화와 관련한 정보를 효과적으로 전달하기 위해, 얼마 전 한국사 수업에 모둠별 퀴즈 대결을 펼친 것을 언급하며 예상 독자인 '우리 학급 학생'과 공유하고 있는 경험을 활용하였다.

08 자료 활용하기

정답률 87%

〈보기〉는 (나)의 '학생'이 '초고'를 보완하기 위해 추가로 수집한 자료이다. 자료 활용 방안으로 적절하지 않은 것은?

정답인 이유

⑤ **ㄴ과 ㄷ을 활용하여, 게임화가 참여자의 호기심을 유발한다는 (나)의 내용에 학습 동기가 높을수록 과제 선택에 따른 성취감이 커진다는 점을 제시한다.**

…› 〈보기〉의 ㄴ은 게임화된 과제에서는 참여자가 성취감과 같은 보상을 바탕으로 과제에 더 집중하게 된다고 하였고, ㄷ은 게임화를 적용한 학급이 적용하지 않은 학급보다 학습 동기와 학업 성취도가 높아진 것을 보여 준다. 이를 바탕으로 성취감이 보상으로 주어질 때 과제에 더 집중한다거나, 게임화를 통해 결과적으로 학습 동기가 높아진다는 내용을 이끌어 낼 수 있다. 그러나 학습 동기가 높을수록 과제 선택에 따른 성취감이 커진다는 점을 제시한다는 설명은 적절하지 않다.

오답인 이유

① **ㄱ을 활용하여, 게임화가 다양한 분야에 적용되고 있다는 (나)의 내용에 게임화가 환경 분야에서도 활용된다는 점을 추가한다.**

…› 〈보기〉의 ㄱ은 가상의 나무 심기가 실제 나무 심기로 이어지는

애플리케이션에 대한 기사이므로, 이를 바탕으로 하여 (나)의 내용에 게임화가 환경 분야에서도 활용된다는 점을 추가할 수 있다.

② ㄴ을 활용하여, 게임화의 특징을 다루고 있는 (나)의 내용에 참여자에게 피드백이 빠르게 제공된다는 점을 추가한다.

···› 〈보기〉의 ㄴ에서 전문가는 게임화된 과제에서 피드백이 빠르게 제공된다고 하였으므로, 이를 게임화의 특징에 추가할 수 있다.

③ ㄷ을 활용하여, 게임화를 학습 상황에 적용한 (나)의 내용에 게임화가 학습 참여자의 학업 성취도를 높이는 데 효과적일 수 있다는 점을 제시한다.

···› 〈보기〉의 ㄷ은 게임화를 적용한 학급이 적용하지 않은 학급보다 학습 동기와 학업 성취도가 높아진 것을 보여 주고 있으므로, 이를 통해 게임화가 학습 참여자의 학업 성취도를 높이는 데 효과적일 수 있다는 점을 제시할 수 있다.

④ ㄱ과 ㄴ을 활용하여, 게임화가 보상을 통해 참여자들의 몰입도를 높인다는 (나)의 내용을 뒷받침하는 근거로 추가한다.

···› 〈보기〉의 ㄱ에서는, 가상의 나무 심기 애플리케이션이 성취감과 환경 보호에 기여하고 있다는 보람을 느끼도록 설계되어 가상의 나무 심기에 더욱 몰입하게 만든다는 평가를 받는다고 하였고, ㄴ에서는 '참여자는 성취감과 같은 보상을 바탕으로 과제에 더 집중하게' 된다고 하였으므로, 게임화가 보상을 통해 참여자들의 몰입도를 높인다는 (나)의 내용을 뒷받침할 수 있다.

09 내용 점검, 조정하기

정답률 93%

다음은 (나)의 '학생'이 '초고'를 고쳐 쓰는 과정에서 수행한 학습 활동이다. [A]에 들어갈 내용으로 가장 적절한 것은?

정답인 이유

⑤ 게임화의 경쟁적 속성이 지나치게 강조될 경우 참여자들 간의 관계에 부정적인 영향을 미칠 수 있다는

···› '학습 활동' (1)은 (나)의 '학생'이 경험한 것을 쓴 글이다. 게임화가 적용된 한국사 시간의 모둠별 퀴즈 대결 과제에 관련해 '꼭 이기고 싶다'는 생각으로 열정적으로 임하는 긍정적 효과가 나타나기도 하였지만, 친구를 다그치며 싫은 소리를 한 것에서 부정적인 영향도 있음을 알 수 있다. 따라서 (2)의 [A]에는 '게임화의 경쟁적 속성이 지나치게 강조될 경우 참여자들 간의 관계에 부정적인 영향을 미칠 수 있다는' 내용을 제시할 수 있다.

오답인 이유

① 게임화를 통해 얻을 수 있는 물질적 보상에만 연연할 경우 주객이 전도될 수 있다는

···› '학습 활동' (1)은 게임화를 통해 경쟁이 과열되면 부정적인 결과를 가져올 수 있음을 보여 주고 있지만, 그 이유를 '물질적 보상에만 연연할 경우'라고 하지 않았다.

② 게임화를 통해 단순히 흥미만 추구할 경우 상업적으로 변질되는 문제점이 발생할 수 있다는

···› '학습 활동' (1)에서 과제에 열정적으로 임한 것은 게임화를 통해 단순히 흥미를 추구한 것이라 볼 수 있지만, 그 결과 '상업적으로 변질되는 문제점'이 발생하였다고 볼 수 없다.

③ 게임화된 과제에 도전하려는 의욕이 없는 경우 다른 참여자들의 과제 수행을 방해할 수 있다는

···› '학습 활동' (1)에서 친구를 다그치며 싫은 소리를 한 것은 다른 참여자들의 과제 수행을 방해했다고 볼 수 있지만, 누구보다 열정적으로 과제에 임했다고 하였으므로 '게임화된 과제에 도전하려는 의욕이 없는 경우'라는 표현은 적절하지 않다.

④ 게임화를 통해 달성하고자 하는 목적을 고려하지 않을 경우 과제에 대한 몰입이 저해될 수 있다는

···› '학습 활동' (1)은 게임화로 인해 과제에 과도하게 몰입할 수 있음을 보여 주고 있으므로, 몰입이 저해될 수 있다는 내용을 넣는 것은 적절하지 않다.

07일 07 성찰하는 글쓰기

▶ 문제편 60~61쪽

정답 | **01** ② **02** ④

제대로 내용 분석

2020 9월 모의평가

❖ 유형: 작문 과제와 글 1, 2(성찰하는 글)
❖ 주제: (가) 시작할 때의 마음을 잊은 것에 대한 성찰
(나) 조급해하는 태도에 대한 성찰
❖ 내용 요약

[작문 과제]

일상의 체험을 바탕으로 자신을 성찰하는 글 써 보기

[학생의 글]

㉮ 학생 1

일상의 체험	학교 텃밭에 옥수수 씨앗을 심음
성찰 내용	씨앗 심는 일에 대한 설렘이 투덜댐으로 바뀐 것을 성찰하고, '하나의 생명을 심을 때는 심는 사람의 마음도 함께 심는' 것이라는 선생님의 말씀을 되새김

㉯ 학생 2

일상의 체험	학교 텃밭에 심은 옥수수의 싹이 나기를 기다림
성찰 내용	싹이 올라오지 않아 조급해한 것을 성찰하고, 기다림의 시간을 소중히 여기며 성급한 마음을 먹지 말아야겠다고 생각함

제대로 질문하기 정답

❶ 설렘 ❷ × ❸ 선배 ❹ ○

01 글쓰기 과정 이해하기

정답률 90%

(가)와 (나)를 통해 두 학생의 글쓰기 과정을 이해한 내용으로 적절하지 않은 것은?

정답인 이유

② '학생 1'과 '학생 2'는 모두 식물이 자라는 모습에서 새로운 의미를 발견하였다.

⋯› '학생 1'은 옥수수 씨앗을 심는 과정에서 마음가짐이 중요함을 알게 되었고, '학생 2'는 옥수수 씨앗을 심은 후 '싹이 나오기를 기다리며' 성급한 마음을 먹지 말아야겠다고 생각하였다. 두 학생의 글에서 옥수수가 자라는 모습이 제시되지 않았으므로 '학생 1'과 '학생 2' 모두 식물이 자라는 모습에서 새로운 의미를 발견한 것으로 볼 수 없다.

오답인 이유

① '학생 1'과 '학생 2'는 모두 타인의 조언을 성찰의 계기로 삼았다.

⋯› '학생 1'은 투덜대는 자신에게 하신 선생님의 말씀을 들은 후 자신을 성찰하였다. 그리고 '학생 2'는 옥수수 싹을 기다리며 조급해하는 자신에게 한 선배의 말을 들은 후 자신을 되돌아보고 있다.

③ '학생 1'과 '학생 2'는 모두 자신을 돌아보기 위해 스스로에게 질문하는 방식을 사용하였다.

⋯› '학생 1'은 선생님의 말씀을 들은 후 '당장의 어려움 때문에 시작할 때의 마음을 잊었던 것은 아닐까?'라고 스스로에게 질문하였고 '학생 2'는 선배의 말을 들은 후 '왜 그렇게 조급해했던 것일까?'라고 스스로에게 질문하며 자신을 돌아보았다.

④ '학생 1'은 같은 문장을 다시 인용하며, '학생 2'는 자신이 원했던 상황이 이루어진 모습을 제시하며 글을 마무리하였다.

⋯› '학생 1'은 선생님께서 말씀해 주신 '하나의 생명을 ~ 심는 거란다.'를 다시 인용하며 글을 마무리하였고, '학생 2'는 자신이 원하던 상황인 옥수수 싹이 올라온 모습을 제시하며 글을 마무리하였다.

⑤ '학생 1'은 자신의 감정 변화를 중심으로, '학생 2'는 자신의 태도를 타인과의 관계와 연결 지어 내용을 전개하였다.

⋯› '학생 1'은 설렘에서 투덜댐으로 감정이 변화한 것을 중심으로 썼고, '학생 2'는 자신의 조급해하는 태도를 친구들을 대할 때의 모습과 연결 지어 내용을 전개하였다.

02 내용의 적절성 평가하기

정답률 94%

〈보기〉는 (가)와 (나)를 읽은 학생들이 나눈 대화의 일부이다. ㉠~㉤에 대한 설명으로 적절하지 않은 것은?

정답인 이유

④ ㉣: '학생 2'의 글과 자신의 생각의 공통점을 근거로 자신의 의견을 강조하고 있다.

⋯› '학생 2'의 글은 옥수수 싹이 나기를 기다리며 조급해했던 자신을 성찰하는 내용을 담고 있다. 반면 ㉣(노력에 ~ 앞당길 수도 있어.)은 결과를 얻는 시기를 앞당기기 위해서 노력해야 한다는 의미를 드러내고 있으므로 '학생 2'와 공통점이 있다고 볼 수 없다.

오답인 이유

① ㉠: '학생 2'의 글에 의문을 제기하며 상대의 생각을 묻고 있다.

⋯› '학생 2'의 글은 기다림의 시간을 소중하게 여기며 성급한 마음을 먹지 말아야겠다는 내용을 담고 있다. ㉠(그런데 기다림의 ~ 생각하니?)은 이러한 내용에 의문을 제기하며 생각을 묻고 있으므로 적절하다.

② ㉡: 자신의 경험을 들어 '학생 2'의 글에 공감하고 있다.

⋯› '학생 2'의 글은 조급해하는 태도를 성찰하는 내용이고, ㉡(예전에 ~ 이해되더라.)은 수영을 빨리 잘하고 싶었던 자신의 경험을 들어 '학생 2'의 글에 공감하고 있으므로 적절하다.

③ ㉢: '학생 2'의 글에 담긴 생각을 인정하면서 자신의 생각을 추가하고 있다.

⋯› ㉢('학생 2'의 생각처럼 ~ 않을까?)은 기다림의 시간을 소중히 여기고 성급한 마음을 먹지 말아야 한다는, 즉 여유를 갖고 기다려야 한다는 '학생 2'의 생각을 인정하면서 여기에 문제점을 고치려는 노력도 중요하다는 자신의 생각을 추가하고 있으므로 적절하다.

⑤ ㉤: '학생 1', '학생 2'의 글을 읽고 대화를 나누는 행위에 대해 이유를 들어 긍정적으로 평가하고 있다.

⋯› ㉤(같은 글을 ~ 좋았어.)은 '학생 1'과 '학생 2'의 글을 읽고 대화를 나누는 것에 대하여 서로의 생각이 어떤 점에서 비슷하고 다른지 알 수 있어서 좋았다며 긍정적으로 평가하고 있으므로 적절하다.

07일 08 지역 방언의 보호

▶ 문제편 62~64쪽

정답 | 03 ③ 04 ④ 05 ①

제대로 내용 분석

2020 수능

- 유형: 작문 계획과 초고(설득하는 글)
- 주제: 지역 방언 보호의 필요성
- 내용 요약

(가) 학생의 메모

작문 상황	우리 학교 학생들을 대상으로 하여 지역 방언 보호에 대한 관심을 촉구하는 글을 쓰고자 함
독자 분석	지역 방언이 사라져 가는 실태를 잘 모르고, 지역 방언의 가치에 대한 인식이 부족함

(나) 학생의 초고

1문단	지역 방언이 사라져 가는 실태
2문단	지역 방언이 사라져 가는 원인
3문단	지역 방언의 가치
4문단	지역 방언에 대한 관심 촉구

제대로 질문하기 정답

❶ 보호 ❷ 제주 방언 ❸ × ❹ ○

03 글쓰기 계획 파악하기

정답률 97%

㉠, ㉡을 바탕으로 세운 글쓰기 계획 중 (나)에 활용되지 않은 것은?

정답인 이유

③ ㉠을 고려하여, 문제의식을 환기하기 위해 지역 방언으로 인해 의사소통에 어려움을 겪었던 경험을 제시한다.

⋯→ 지역 방언으로 인해 의사소통에 어려움을 겪었던 경험은 지역 방언의 부정적 기능을 보여 주는 것일 수는 있어도 지역 방언이 사라져 가는 실태를 보여 주는 내용이 아니다. 따라서 ㉠을 고려한 내용으로 보기 어렵고 문제의식을 환기하기에도 적절하지 않다.

오답인 이유

① **㉠을 고려하여, 우리 지역 학생들의 지역 방언 사용 실태를 보여 주는 조사 결과를 제시한다.**

⋯→ ㉠은 학생들이 지역 방언이 사라져 가는 실태를 잘 모른다고 분석한 내용을 메모한 것이다. 이를 고려하여 (나)에서는 우리 지역의 방언 어휘 중 특정 단어들을 우리 지역 초등학생의 80% 이상, 중학생의 60% 이상이 '전혀 사용하지 않는다.'라고 답한 조사 결과를 제시하였다.

② **㉠을 고려하여, 소멸 위기 언어로 등록될 정도로 심각한 위기에 처한 지역 방언이 있다는 내용을 제시한다.**

⋯→ ㉠은 학교 학생들이 지역 방언이 사라져 가는 실태를 잘 모른다고 분석한 내용을 메모한 것으로, 이를 고려하여 (나)에서는 2010년에 유네스코에서 제주 방언을 4단계 소멸 위기 언어로 등록했다는 내용을 제시하였다.

④ **㉡을 고려하여, 예상되는 반론을 제시하며 지역 방언의 보호에 관심을 가져야 하는 이유를 강조한다.**

⋯→ ㉡은 학교 학생들이 지역 방언의 가치에 대한 인식이 부족하다고 분석한 내용을 메모한 것이다. 이를 고려하여 (나)에서는 표준어로도 충분히 대화할 수 있는데 지역 방언이 꼭 필요하냐는 예상 반론을 제시하였고, 이에 대하여 지역 방언은 표준어만으로 표현하기 어려운 감정과 정서의 표현을 가능하게 한다며 지역 방언의 가치를 강조하였다.

⑤ **㉡을 고려하여, 지역 방언의 예를 활용하며 지역 방언의 가치를 설명한다.**

⋯→ ㉡은 학교 학생들이 지역 방언의 가치에 대한 인식이 부족하다고 분석한 내용을 메모한 것이다. 이를 고려하여 (나)에서는 '다슬기'를 지역마다 '올갱이, 데사리, 민물고동'과 같이 다르게 표현하는 것처럼 지역 방언은 우리말의 어휘를 더욱 풍부하게 만드는 바탕이 된다며 그 가치를 설명하였다.

04 자료 활용하기

정답률 89%

다음은 [A]를 보완하기 위해 추가로 수집한 자료이다. 자료 활용 방안으로 가장 적절한 것은? [3점]

정답인 이유

④ **[자료 2]: 공식적 상황에서 사용하는 표준어를 일상에서도 사용하려는 경향이 있다는 점에서, 방언을 사용해도 되는 상황에서도 표준어를 쓰려는 태도를 원인으로 추가해야겠군.**

⋯→ [A]는 지역 방언이 사라져 가는 원인에 대하여 쓴 것이다. [자료 2]는 전문가의 인터뷰로, 전문가는 최근 조사 자료에서 방언 사용 지역에서도 일상생활에 표준어가 상당히 높은 비율로 사용되고 있고, 이는 표준어가 세련된 느낌을 준다고 생각하기 때문일 것이라고 하였다. 따라서 표준어를 쓰려는 태도의 원인에 대하여 [자료 2]를 추가하는 것은 적절하다.

오답인 이유

① **[자료 1]: 지역 방언에 대한 긍정적 느낌의 비율과 부정적 느낌의 비율 변화 양상이 상반된다는 점에서, 지역 방언에 대한 무관심을 원인으로 추가해야겠군.**

⋯→ [자료 1]은 언어 의식 조사에 대한 것으로, 표준어 사용자가 지역 방언 사용자와 대화할 때 받는 느낌 중 '편하고 친근함'은 2010년 58.9%에서 2015년 42.5%로 15% 이상 줄었고, '불편하고 어색함'은 17.0%에서 19.1%로 2.1% 늘었다. 이 자료를 통해 지역 방언에 대한 긍정적인 느낌의 비율이 줄고 부정적 느낌의 비율이 늘었음을 알 수 있지만, 그 원인이 지역 방언에 대한 무관심이라고 보기는 어렵다.

② **[자료 1]: 지역 방언 사용자와 대화할 때 받는 느낌의 순위가 변함이 없다는 점에서, 시대의 변화상을 반영하지 못한 지역 방언 교육 정책을 원인으로 추가해야겠군.**

⋯→ [자료 1]에서 지역 방언 사용자와 대화할 때 받는 느낌의 순위는 2010년과 2015년 모두 '편하고 친근함'이 1위, '별 느낌 없음'이 2위, '불편하고 어색함'이 3위, '모름/무응답'이 4위로 변함이 없다. 그러나 이 조사 결과의 원인이 시대의 변화상을 반영하지 못한 지역 방언 교육 정책인지는 알 수 없다.

③ **[자료 2]: 표준어와 지역 방언을 구분하여 사용해야 한다는 인식이 부족하다는 점에서, 공식적 상황에서의 표준어 사용 교육이 부재한 것을 원인으로 추가해야겠군.**

⋯→ [자료 2]는 공식적 상황에서 높은 비율로 사용되던 표준어가 일상생활에서도 상당히 높은 비율로 사용되고 있다는, 전문가의 인터뷰 내용을 담고 있다. 이 자료를 통해서는 표준어와 지역 방언을 구분하여 사용해야 한다는 인식과 관련한 정보를 확인하기 어렵고, 공식적 상황에서의 표준어 사용 교육이 부재했는지에 대해서도 알 수 없다.

⑤ **[자료 1]과 [자료 2]: 지역 방언에 대한 표준어 사용자와 지역 방언 사용자의 인식이 서로 다르다는 점에서, 대중 매체의 지역 방언에 대한 편향성을 원인으로 추가해야겠군.**

⋯→ [자료 1]을 통해 표준어 사용자가 지역 방언 사용자와 대화할 때 받는 느낌의 변화는 알 수 있지만, 지역 방언에 대한 표준어 사용자와 지역 방언 사용자의 인식이 서로 다르다는 점은 [자료 1]과 [자료 2]를 통해 알 수 없으며, 대중 매체의 지역 방언에 대한 편향성*의 원인도 확인하기 어렵다.

* 편향성(偏向性): 한쪽으로 치우친 성질. 예 정치적 편향성을 드러내는 것은 원활한 대화 흐름에 장애물이 될 수 있다.

05 고쳐쓰기의 이유 추론하기

정답률 87%

다음은 학생이 [B]를 고쳐 쓰는 과정의 일부이다. ⓐ, ⓑ에 해당하는 내용을 바르게 짝지은 것은?

[B]	고친 글
지역 방언은 우리의 소중한 언어문화 자산이다.	지역 방언은 지역의 고유한 문화와 정서를 담고 있다는 점에서 우리의 소중한 언어문화 자산이다.
지역 방언의 세계 문화유산 지정이 시급하다.	우리의 언어문화를 전 세계에 알릴 수 있기 때문에 지역 방언의 세계 문화유산 지정이 시급하다.
사라져 가는 지역 방언의 보호에 관심을 기울이자.	사라져 가는 지역 방언의 보호에 관심을 기울이자.

정답인 이유

① ⓐ: 문장의 내용을 뒷받침하는 근거가 없으니 이를 추가, ⓑ: 글의 흐름에서 벗어나는 문장이 있으니 이를 삭제

⋯→ [B]와 '고친 글'을 살펴보면, [B]의 첫 번째 문장에 '지역의 고유한 ~ 점에서', 두 번째 문장에 '우리의 언어문화를 ~ 때문에'를 넣어 문장의 내용을 뒷받침하는 근거를 추가하였음을 알 수 있다. 그리고 '고친 글'과 '다시 고친 글'을 살펴보면, '우리의 언어문화를 ~ 문화유산 지정이 시급하다.'가 빠져 있는데, 이것은 해당 문장이 '지역 방언 보호의 필요성'에 대하여 쓴 글의 흐름에서 벗어나 이를 삭제하였기 때문임을 파악할 수 있다.

오답인 이유

② ⓐ: 문단이 완결되지 않았으니 마무리하는 문장을 추가, ⓑ: 글의 통일성을 해치는 문장이 있으니 이를 삭제

⋯→ '고친 글'에 추가한 내용은 문장을 뒷받침하는 근거로, 문단이 완결되지 않아 마무리하는 문장을 추가한 것이 아니다. 그리고 '다시 고친 글'에서 삭제된 문장은 글의 통일성을 해치는 문장이다.

③ ⓐ: 문장 간 연결이 긴밀하지 않으니 연결 표현을 추가, ⓑ: 의미가 중복되는 문장이 있으니 이를 삭제

⋯→ '고친 글'에 추가한 내용은 문장 간 연결을 긴밀하게 하는 연결 표현이 아니라 문장을 뒷받침하는 근거이다. 또한 '다시 고친 글'에서 삭제한 문장은 중복되는 문장이 아니라, 글의 흐름에서 벗어나는 문장이다.

④ ⓐ: 글의 목적에 부합하는 정보가 부족하니 이를 추가, ⓑ: 글의 맥락에 부적합한 담화 표지가 있으니 이를 삭제

⋯→ '고친 글'에 추가한 내용은 문장을 뒷받침하는 근거이므로 글의 목적에 부합하는 정보를 담고 있다고 볼 수도 있다. 그러나 '다시 고친 글'에서 삭제한 것은 글의 흐름에서 벗어난 문장으로, 글의 맥락에 부적합한 담화 표지가 아니다.

⑤ ⓐ: 주요 개념의 설명이 부족하니 부연 설명을 추가, ⓑ: 앞 문단에서 다룬 중복된 내용이 있으니 이를 삭제

⋯→ '고친 글'에 추가한 내용은 주요 개념의 설명에 대한 부연 설명으로 보기 어렵고, '다시 고친 글'에서 문장을 삭제한 이유는 앞 문단에서 다룬 내용과 중복되었기 때문이 아니라 글의 흐름에서 벗어났기 때문이다.

07일 09 확증 편향에 빠지지 않기 위한 방안

▶ 문제편 65~67쪽

정답 | 06 ④ 07 ④ 08 ③

제대로 내용 분석

2020 9월 모의평가

❖ **유형**: 작문 과제와 학생의 글(설득하는 글)

❖ **주제**: 확증 편향에 빠지지 않기 위한 방안 및 노력 촉구

❖ 내용 요약

가 작문 과제

확증 편향의 개념이 생소한 우리 학교 학생들에게 확증 편향에 빠지지 않기 위해 노력해야 함을 주장하기 위하여 그 방안에 대하여 글을 씀

나 학생의 글

1문단	자신의 생각과 상반되는 증거를 본 사람들의 반응
2문단	확증 편향의 개념과 문제점
3문단	확증 편향에 빠지지 않기 위한 방안 ① – 반대 입장에서 생각하는 자세
4문단	확증 편향에 빠지지 않기 위한 방안 ② – 집단 의사 결정 방법
5문단	확증 편향에 빠지지 않기 위한 방안 ③ – 생각이나 판단의 결과를 책임지는 자세
6문단	확증 편향에 빠지지 않기 위한 노력 촉구

제대로 질문하기 정답

❶ × ❷ 확증 편향 ❸ 비판적 ❹ ○

06 글쓰기 계획의 적절성 평가하기

정답률 88%

(가)를 바탕으로 (나)를 쓰기 위해 세운 글쓰기 계획 중 (나)에 활용된 것은?

정답인 이유

④ 예상 독자의 이해를 돕기 위해 확증 편향을 보여 주는 예를 들어 개념을 설명해야겠다.

⋯→ 먼저 확증 편향과 관련된 심리학자의 실험을 언급하면서 확증 편향을 보여 주는 대학생들의 예를 제시하였고, 그 다음 문단에서 확증 편향의 개념을 설명하여 예상 독자인 우리 학교 학생들의 이해를 돕고 있다.

오답인 이유

① 주제를 구체화하기 위해 확증 편향의 원인을 개인적 측면과 사회적 측면으로 나누어 제시해야겠다.

⋯→ 확증 편향의 원인을 개인적 측면과 사회적 측면으로 나누어 제시한 내용은 (나)에 언급되어 있지 않다.

② 글의 목적을 강조하기 위해 확증 편향의 문제점에 대한 상반된 견해를 비교하여 설명해야겠다.

⋯→ 확증 편향에 대한 문제점으로 비합리적인 판단을 내리기 쉽고, 사회적으로 편향된 통념을 형성하여 사회 문제를 야기할 수 있다고 제시하고 있으나, 이에 대하여 상반된 견해를 비교하여 설명하고 있지 않다.

③ 글의 목적을 분명히 하기 위해 확증 편향에 빠지지 않기 위한 방안의 한계와 이를 보완할 방향을 제시해야겠다.

⋯→ 확증 편향에 빠지지 않기 위한 방안으로 반대 입장에서 생각해 보기, 집단 의사 결정 방법을 거치기, 생각이나 판단의 결과를 책임지는 자세 지니기를 제시하고 있지만 방안의 한계나 이를 보완할 방향을 언급하고 있지는 않다.

⑤ 예상 독자의 관심을 반영하기 위해 사회적 쟁점을 두고 우리 학교 학생들 간에 벌어진 논쟁을 제시해야겠다.

···› (나)에는 우리 학교 학생들 간에 벌어진 논쟁에 대하여 제시하고 있지 않다.

07 비판의 적절성 평가하기

정답률 86%

(나)에 제시된, 확증 편향에 빠지지 않기 위한 방안에 대해 〈보기〉를 바탕으로 비판하는 글을 쓰려고 한다. 비판의 내용으로 가장 적절한 것은? [3점]

정답인 이유

④ 집단의 의견이 한쪽으로 치우쳐 있다면 집단 의사 결정 방법을 거치더라도 비합리적인 의사 결정이 이루어질 수 있다.

···› 〈보기〉는 갈릴레이가 증거를 거듭 제시하며 '지동설'을 주장하였지만, 당시 과학계에서는 '천동설'을 지지했기에 논의를 거쳐 '지동설'을 거부했음을 보여 준다. 이는 집단(당시 과학계)의 의견이 한쪽(천동설)으로 치우쳐 있다면 확증 편향에 빠지지 않기 위한 방안 중 하나인 집단 의사 결정 방법을 거치더라도 비합리적인 의사 결정이 이루어질 수 있음을 보여 준다.

오답인 이유

① 자신의 주장과 일치하는 정보만을 선택적으로 수집한다면 비판적 사고에 부정적 영향을 줄 수 있다.

···› ①은 자신의 주장과 일치하는 정보만을 선택적으로 수집한 '과학계'에 대한 비판으로 볼 수 있으나, 확증 편향에 빠지지 않기 위한 방안을 비판한 내용은 아니다.

② 집단 구성원 간의 상호 작용이 원활하게 이루어진다면 확증 편향으로 인한 판단의 착오를 줄일 수 있다.

···› (나)에 제시되어 있는 확증 편향에 빠지지 않기 위한 방안 중 집단 의사 결정 방법을 뒷받침하는 내용이다. 따라서 확증 편향에 빠지지 않기 위한 방안에 대한 비판의 내용으로 볼 수 없다.

③ 현상에 대해 판단을 내릴 때 책임감 있는 자세를 갖지 않는다면 보고 싶은 대로 보는 관습에서 벗어나기 어렵다.

···› (나)에 제시되어 있는 확증 편향에 빠지지 않기 위한 방안 중 생각이나 판단의 결과를 책임지는 자세를 뒷받침하는 내용으로, 확증 편향에 빠지지 않기 위한 방안의 비판으로 볼 수 없다.

⑤ 가치관이 다양한 세상에서 일관된 자아 정체성을 유지할 수 있는 것은 인간에게 확증 편향이 있기에 가능한 일이다.

···› 확증 편향의 긍정적인 측면을 강조한 내용으로, 확증 편향에 빠지지 않기 위한 방안에 대한 비판의 내용으로 볼 수 없다.

08 고쳐쓰기의 적절성 판단하기

정답률 86%

〈보기〉는 [A]의 초고이다. 〈보기〉를 고쳐 쓰기 위해 친구들이 조언한 내용 중 [A]에 반영되지 않은 것은?

정답인 이유

③ 두 번째 문장의 내용이 앞 문장과 유사하니까 두 문장의 핵심어를 포함한 한 문장으로 교체하는 게 어때?

···› 〈보기〉의 두 번째 문장의 내용이 앞 문장과 유사하다고 볼 수 있지만, [A]에서는 〈보기〉의 첫 번째 문장을 그대로 썼고 두 번째 문장의 핵심어는 포함하고 있지 않다. 따라서 ③은 [A]에 반영되지 않은 내용이다.

오답인 이유

① 앞 문단과의 연결 관계를 보여 주기 위해 문단 간의 관계를 알려 주는 표현을 추가하는 게 어때?

···› [A]에는 〈보기〉의 첫 번째 문장 앞에 '따라서 확증 편향에 빠지지 않기 위해서는 먼저'를 추가하였는데, 이는 앞 문단과의 연결 관계를 보여 준다.

② 첫 번째 문장의 내용을 뒷받침하는 근거가 제시되어 있지 않으니까 제시된 방안의 긍정적 효과를 근거로 추가하는 게 어때?

···› [A]에는 '반대 입장에서 생각해 보는 자세를 지녀야 한다.'라는 방안을 뒷받침하는 근거로 '왜냐하면 ~ 판단의 착오를 줄일 수 있기 때문이다.'라며 긍정적 효과를 추가로 제시하고 있다.

④ 세 번째 문장의 내용이 문단의 통일성에서 벗어나니까 해당 문장을 삭제하는 게 어때?

···› 〈보기〉의 세 번째 문장은 확증 편향에 빠지지 않기 위한 방안 중 '반대 입장에서 생각해 보기'에 대한 내용에서 벗어나고, [A]에서는 삭제되었다.

⑤ 주장의 설득력을 강화하기 위해 역사적 인물의 사례를 주장에 대한 근거로 추가하는 게 어때?

···› [A]에는 확증 편향에 빠지지 않기 위한 방안 중 '반대 입장에서 생각해 보는 자세를 지녀야 한다.'라는 주장에 대하여 설득력을 강화하기 위해 〈보기〉에는 없는 '찰스 다윈'이라는 역사적 인물의 사례를 근거로 추가하여 제시하고 있다.

08일 10 환경 문제의 원인 PVC

▶ 문제편 68~70쪽

정답 | 01 ③ 02 ⑤ 03 ③

제대로 내용 분석

2020 6월 모의평가

❖ **유형**: 일기와 초고(건의하는 글)

❖ **주제**: (가) 특강을 듣고 느낀 점

(나) 필통의 재질 개선에 대한 건의

❖ **내용 요약**

(가) 학생의 일기

○월 ○일에 한 일	'PVC가 환경에 끼치는 영향'을 주제로 특강을 들음
알게 된 점	- PVC는 플라스틱의 일종임 - PVC 재질 물건이 많음 - 많은 필통에 PVC가 사용됨 - PVC는 환경 문제의 원인임
특강을 들은 후 한 일	친구들과 환경 오염을 줄이기 위한 방법을 의논함

㊉ 글의 초고

1문단	인사말, 작성자, 글을 쓴 이유, 건의 대상 제시
2문단	건의 배경 제시 - 귀사 필통 재질의 문제점
3문단	건의 내용 제시 - 귀사 필통의 재질 개선
4문단	끝인사

제대로 질문하기 정답

❶ × ❷ PVC ❸ 건의 ❹ ×

01 작문의 맥락 고려하기

정답률 91%

작문 맥락을 고려할 때, (가)와 (나)에 대한 설명으로 적절하지 않은 것은?

정답인 이유

③ (가)는 (나)와 달리 예상 독자의 관심사에 대한 분석이 글쓰기에 중요하게 작용하고 있다.

⋯› (가)는 일기로 예상 독자는 자기 자신이고, (나)는 건의문으로 예상 독자는 필통을 만드는 회사이다. 따라서 (가)가 아닌 건의문인 (나)가 예상 독자의 관심사에 대한 분석이 글쓰기에 중요하게 작용한다.

오답인 이유

① (가)의 글쓴이와 같은 생각을 하는 사람들이 (나)의 글쓰기 과정에 참여하고 있다.

⋯› (가)에서 글쓴이는 'PVC가 환경에 끼치는 영향'에 대한 특강을 듣고 환경 오염을 줄이기 위한 방법에 대하여 친구들과 의논을 했다고 하였다. 그리고 (나)는 (가)의 글쓴이가 친구들과 함께 작성한 건의문으로, 작성자를 □□ 고등학교 환경 동아리 학생들이라고 밝히고 있다. 따라서 (가)의 글쓴이와 같은 생각을 하는 사람들이 (나)의 글쓰기 과정에 참여하고 있음을 알 수 있다.

② (가)에서 언급한 개인의 경험이 동기가 되어 (나)의 사회적 문제 해결의 글쓰기를 이끌어 내고 있다.

⋯› (가)에서 글쓴이는 특강을 듣고 PVC가 환경 문제의 원인이 된다는 것과 많은 학생들이 가지고 있는 필통에 PVC가 사용되었음을 알게 되었다. 이것이 동기가 되어 글쓴이는 (나)와 같은 글을 써서 학용품 제작 회사에 필통의 재질을 개선해 달라고 건의하고 있다.

④ (나)는 (가)와 달리 글쓴이의 주장과 그에 대한 논거가 제시되고 있다.

⋯› (가)는 일기로, 자신이 보고 듣고 생각한 것들에 대하여 썼다. 반면 (나)는 건의문으로, 필통의 재질을 다른 것으로 바꾸어 달라는 주장과 이를 뒷받침하기 위해 PVC가 환경을 오염시킨다는 논거를 제시하고 있다.

⑤ (가)는 (나)에 비해 글쓴이의 체험을 기록하고 이를 통해 일상을 반성하려는 성격이 두드러진다.

⋯› (가)는 일기이고, (나)는 건의문이다. (나)는 환경 오염을 줄이기 위해 필통을 제작하는 회사에 문제의 해결 방안을 제시하는 글인 반면, (가)는 특강을 들은 글쓴이의 체험을 기록하고 이를 통해 자신의 일상을 반성하려는 성격이 두드러지는 글이다.

02 조건에 따른 내용 생성

정답률 89%

〈보기〉는 (나)에 대한 학생들의 수정 의견이다. 〈보기〉를 참고할 때, (나)에 추가할 내용으로 가장 적절한 것은?

정답인 이유

⑤ 재질을 개선한다면 소비자는 귀사 제품을 구매하며 환경 보호를 실천했다는 만족감을 얻을 것이고, 귀사는 친환경 기업이라는 신뢰감을 고객에게 주게 되어 매출이 증가할 것입니다.

⋯› 〈보기〉에서 학생들은 '건의가 받아들여졌을 때 소비자와 기업 양쪽이 얻게 될 이익을 직접적으로 표현하면 좋겠'다고 하였다. ⑤에서 소비자의 이익으로는 환경 보호를 실천했다는 만족감을 얻을 것이고, 기업의 이익으로는 매출이 증가할 것을 언급하고 있어 (나)에 추가할 내용으로 가장 적절하다.

오답인 이유

① 재질을 개선한다면 소비자는 질 좋은 PVC 제품을 구매할 기회를 얻게 되고, 귀사는 제품의 재질을 개선하기 전보다 높은 수익을 얻을 수 있을 것입니다.

⋯› 소비자의 이익과 기업의 이익이 모두 직접적으로 표현되어 있지만 그 내용이 적절하지 않다. (나)의 건의 내용은 필통을 질 좋은 PVC가 아닌 환경에 영향을 끼치지 않는 재질로 바꾸어 달라는 것이다. 따라서 추가할 내용으로 적절하지 않다.

② 재질을 개선한다면 소비자는 귀사의 제품을 선택함으로써 자원 재활용에 동참하게 되는 것이며, 그렇게 되면 우리나라의 플라스틱 사용량이 줄어들 것입니다.

⋯› 자원 재활용에 동참하게 된다는 소비자의 이익은 제시되어 있지만, 기업의 이익은 직접적으로 표현되지 않았다.

③ 재질을 개선한다면 귀사처럼 환경 보호에 동참하는 기업이 늘어나게 됨으로써 소비자는 환경을 오염시키지 않으면서 다양한 제품을 선택할 수 있을 것입니다.

⋯› 환경을 오염시키지 않으면서 다양한 제품을 선택할 수 있다는 소비자의 이익은 제시되어 있지만, 기업의 이익은 직접적으로 표현되지 않았다.

④ 재질을 개선한다면 소비자는 제품을 구입하면서 환경 오염에 대한 부담을 덜 수 있을 것이며, 개선하지 않는다면 귀사에 환경 오염에 대한 부담이 돌아올 것입니다.

⋯› 환경 오염에 대한 부담을 덜 수 있다는 소비자의 이익은 제시되어 있지만, 재질을 개선하지 않는다면 '귀사에 환경 오염에 대한 부담이 돌아올 것'이라며 기업의 이익이 아니라 부담을 직접적으로 표현하고 있다.

고난도

03 자료 활용의 적절성 평가하기

정답률 52% | 매력적인 오답 ② 29%

다음은 (나)를 작성한 후 추가로 수집한 자료이다. 자료를 활용하여 (나)의 ㉠~㉤을 수정·보완하고자 할 때 적절하지 않은 것은? [3점]

정답인 이유

③ ㉢: ㉯를 활용하여 정보를 정확하게 제시하려면 우리나라의 1인당 연간 플라스틱 사용량은 2009~2015년 기간 중 세계 3위에 해당할 만큼 많고 그 증가율도 가장 높았다고 수정해야겠군.

⋯› ㉯(통계 자료)를 살펴보면 우리나라의 연간 플라스틱 사용량이

2009~2015년 기간 중 세계 3위에 해당하는 것은 사실이지만, 그 증가율이 가장 높은 나라는 체코임을 확인할 수 있다.

오답인 이유

② (매력적인 오답) ㉡: ㉮를 활용하여 상대방의 입장을 이해함을 드러내려면 PVC로 필통을 만드는 이유가 가격과 가공성 면에서 유리하며 질기기 때문일 것이라는 내용을 추가해야겠군.

⋯➝ ㉮(논문 자료)를 통해 플라스틱은 가공성이 우수하고 저렴하며, PVC는 질기고 깨지지 않아 필통에 쓰인다는 것을 알 수 있다. 따라서 ㉮를 활용하여 ㉡을 수정·보완하는 것은 적절하다.

① ㉠: ㉰를 참고하여 문제점을 구체적으로 드러내려면 필통의 지퍼는 재활용이 용이한 재질이지만 몸체는 재활용이 어려운 재질인 것이 문제라고 수정해야겠군.

⋯➝ ㉰(보고서 자료)를 통해 필통의 몸체에 사용된 PVC는 재활용이 어렵고, 지퍼는 철이어서 재활용이 용이하다는 것을 구체적으로 드러낼 수 있다. 따라서 ㉰를 참고하여 ㉠을 수정·보완하는 것은 적절하다.

④ ㉣: ㉮와 ㉰를 참고하여 문제의 심각성을 드러내려면 PVC는 재활용이 어려워 환경에 부정적인 영향을 끼칠 뿐 아니라, 제조 공정에서 첨가되는 물질이 인체에 해로울 수 있다는 내용을 추가해야겠군.

⋯➝ ㉰(보고서 자료)를 통해 PVC는 재활용이 어렵다는 것을 알 수 있다. 또한 ㉮(논문 자료)에서는 플라스틱을 재활용하지 않고 폐기하면 분해가 되지 않아 환경 오염을 일으킨다는 부정적인 영향과 PVC를 부드럽게 하기 위해 첨가하는 프탈레이트는 인체에 유해함을 밝히고 있다. 따라서 ㉮와 ㉰를 참고하여 ㉣을 수정·보완하는 것은 적절하다.

⑤ ㉤: ㉮와 ㉰를 참고하여 건의 내용을 구체적으로 제시하려면 필통의 재질을 플라스틱으로 유지할 경우에 재활용이 용이하고 프탈레이트가 첨가되지 않는 PP로 바꾸어 달라고 수정해야겠군.

⋯➝ ㉮(논문 자료)를 통해 PP는 인체에 유해한 프탈레이트가 첨가되지 않았음을 알 수 있고, ㉰(보고서 자료)를 통해 PP는 재활용이 용이함을 알 수 있다. 따라서 ㉮와 ㉰를 참고하여 필통의 재질을 PP로 바꾸어 달라는 내용으로 ㉤을 수정·보완하는 것은 적절하다.

08일 11 수면의 중요성

▶ 문제편 71~73쪽

정답 | 04 ⑤ 05 ① 06 ④ 07 ⑤

제대로 내용 분석

2021 4월 고3 학력평가

❖ 유형: 보고서와 학교 신문 글

❖ 주제: (가) 수면에 대한 학생들의 인식과 실태 조사
(나) 건강한 수면 습관의 필요성

❖ 내용 요약

㉮ 조사 보고서

Ⅰ. 서론	보고서 작성 이유와 설문 조사의 대상, 내용, 방법, 기간	
Ⅱ. 본론	1. 수면에 대한 인식	'수면에 대한 인식'과 관련한 질문과 결과
	2. 수면 실태	'수면 실태'와 관련한 질문과 결과
Ⅲ. 결론	수면에 대한 인식 및 수면 실태의 결론	

㉯ 학교 신문에 쓴 글

1문단	조사 보고서의 결론과 문제 상황 제시
2문단	수면의 양과 질이 부족할 때의 문제점
3문단	해결 방법 ① – 충분한 수면 시간 확보
4문단	해결 방법 ② – 수면의 질 높이기
5문단	예상 독자인 학생과 학교에 당부하는 내용

제대로 질문하기 정답

❶ 설문 조사 ❷ × ❸ 빛 ❹ ○

04 계획에 따른 내용 생성 평가하기

정답률 90%

다음은 (가)를 쓰기 위한 계획의 일부이다. (가)에 반영되지 않은 것은?

정답인 이유

⑤ 결론에 수면 실태가 수면에 대한 인식에 미치는 영향을 정리해야겠어.

⋯➝ 'Ⅲ. 결론'에서는 설문 조사 결과에 따른 학생들의 수면에 대한 인식과 수면 실태를 정리하고 있으나, 수면 실태가 수면에 대한 인식에 미치는 영향에 대한 내용을 제시하지는 않았다.

오답인 이유

① 우리 학교 학생들을 대상으로 기간을 설정하고 설문지를 활용하여 조사해야겠어.

⋯➝ 'Ⅰ. 서론'을 살펴보면 '우리 학교 학생들 전체를 대상'으로 '설문지'를 통해 조사하였고, '설문 조사는 2021년 3월 11일부터 3월 17일까지 진행되었다'고 하였으므로 조사 대상과 방법, 기간이 드러나 있음을 알 수 있다.

② 설문 항목을 학생들의 수면에 대한 인식과 수면 실태로 구성해야겠어.

⋯➝ 'Ⅱ. 본론'을 통해 설문 조사 항목은 '수면에 대한 인식'과 '수면 실태'로 나뉘어 구성되어 있음을 알 수 있다.

③ 수면에 대한 인식과 수면 실태에 대한 응답에 따라 추가 질문을 제시해야겠어.

⋯➝ 'Ⅱ. 본론'에서 수면에 대한 인식과 관련하여 '수면이 중요한 이유는 무엇인가?'라는 추가 질문, 수면 실태와 관련하여 '하루에 6시간 이상 못 자는 이유는 무엇인가?'와 '수면 후 충분히 피로가 풀렸다고 생각하는가?'라는 추가 질문을 제시하였음을 알 수 있다.

④ 본론에 설문의 응답 결과를 구체적인 수치로 표현하여 제시해야겠어.

⋯➝ 'Ⅱ. 본론'에서 설문의 응답 결과를 %를 사용해 구체적인 수치로 표현하여 제시하고 있음을 알 수 있다.

05 조건에 따라 표현하기

정답률 89%

〈조건〉에 따라 ㉠을 위한 캠페인 문구를 작성한다고 할 때, 가장 적절한 것은?

정답인 이유

① 충분한 시간 동안 깊이 자는 잠은 건강한 삶을 위한 지름길입니다.

⋯→ '충분한 시간 동안 깊이 자는 잠'에 ㉠에 제시된 '수면의 양과 질이 모두 중요하다'는 교육의 내용을 포함하고 있다. 그리고 '건강한 삶을 위한 지름길'에 비유적 표현을 활용하고 있으므로, 〈조건〉에 따른 캠페인 문구로 가장 적절하다.

오답인 이유

② 수면의 양과 질을 모두 확보해야 우리는 건강해질 수 있습니다.

⋯→ ㉠에 제시된 교육의 내용은 포함하고 있지만, 비유적 표현은 활용하고 있지 않으므로 적절하지 않다.

③ 수면 시간을 줄이면 여러분의 몸에 빨간불이 켜집니다.

⋯→ '여러분의 몸에 빨간불이 켜집니다'에 비유적 표현을 활용하고 있지만, ㉠에 제시된 교육의 내용 중 '수면의 양'만 제시되어 있으므로 적절하지 않다.

④ 잃어버린 수면의 질은 결국 당신의 건강을 앗아갑니다.

⋯→ ㉠에 제시된 교육의 내용 중 '수면의 질'만 포함하고 있고, 비유적 표현은 활용하고 있지 않으므로 적절하지 않다.

⑤ 달님도 꿈꾸는 늦은 밤에 당신도 꿈꾸고 있나요?

⋯→ 비유적 표현은 활용하고 있지만, ㉠에 제시된 교육의 내용을 포함하고 있지 않으므로 적절하지 않다.

06 글의 유형에 따른 특징 파악하기

정답률 92%

(가)와 (나)에 대한 이해로 가장 적절한 것은?

정답인 이유

④ (가)와 (나)는 모두, 객관적인 근거를 활용하여 글의 신뢰성을 높이고 있다.

⋯→ (가)는 우리 학교 학생들을 대상으로 한 설문 조사 결과를 바탕으로 작성한 보고서이다. (나)는 (가)에서 실시한 설문 조사 결과를 바탕으로 수면과 면역력의 관계 및 잠과 관련된 호르몬인 멜라토닌과 빛의 관계 등을 제시하며 수면의 중요성을 학교 신문에 쓴 글이다. 따라서 (가)와 (나)는 모두 객관적인 근거를 활용하여 글의 신뢰성을 높이고 있음을 알 수 있다.

오답인 이유

① (가)는 (나)와 달리, 예상 독자에 대한 글쓴이의 당부가 드러나고 있다.

⋯→ (나)에는 예상 독자인 학생들에게 '건강한 수면 습관을 가지도록 힘써야 한다.'라고 당부하는 내용, 또 다른 예상 독자인 학교에 '수면의 양과 질이 모두 중요하다는 내용을 학생들에게 교육하기 위한 캠페인을 실시해야 한다.'라고 당부하는 내용이 드러나 있다. 그러나 (가)에는 예상 독자에 대한 글쓴이의 당부가 드러나 있지 않다.

② (가)는 (나)와 달리, 문제 상황에 대해 글쓴이가 생각하는 해결 방안을 제시하고 있다.

⋯→ (나)에는 '수면 습관 개선이 필요'하다는 문제 상황에 대해 글쓴이가 생각하는 해결 방안으로 '최소 6시간 이상의 충분한 수면 시간을 확보해야 한다.', '수면의 질을 높여야 한다.'를 제시하고 있다. 그러나 (가)에는 문제 상황에 대한 해결 방안이 제시되어 있지 않다.

③ (나)는 (가)와 달리, 글쓴이의 경험을 구체적으로 밝혀 주제에 대한 독자의 흥미를 유발하고 있다.

⋯→ (가)와 (나) 모두 글쓴이의 경험을 구체적으로 밝히고 있는 부분은 찾아볼 수 없다.

⑤ (가)와 (나)는 모두, 제목을 활용하여 글의 내용을 효과적으로 전달하고 있다.

⋯→ (가)는 ''수면'에 대한 우리 학교 학생들의 인식과 실태 조사'라는 제목을 활용하여 글의 내용을 효과적으로 전달하고 있지만, (나)에는 글의 제목이 나타나 있지 않다.

07 자료 활용 방안의 적절성 판단하기

정답률 87%

다음은 (나)를 보완하기 위해 추가로 수집한 자료이다. 자료의 활용 방안으로 적절하지 않은 것은? [3점]

정답인 이유

⑤ [자료 2]와 [자료 3]을 활용하여, 수면의 질을 높이기 위해서는 멜라토닌의 분비량을 증가시켜 각성 효과가 나타나게 해야 한다는 내용을 해결책으로 추가한다.

⋯→ [자료 2]에서는 멜라토닌이 깊은 잠을 자는 데 도움을 준다고 하였을 뿐, 멜라토닌과 각성 효과의 관계에 대해 언급한 내용은 찾아볼 수 없다. 그리고 [자료 3]에서 카페인은 각성 효과가 나타나게 하여 수면의 질을 낮춘다는 내용이 제시되어 있다. 따라서 자료의 활용 방안으로 ⑤는 적절하지 않다.

오답인 이유

① [자료 1-㉮]를 활용하여, 외국 학생들의 평균 수면 시간에 비해 우리 학교 학생들의 수면 시간이 부족하다는 내용을 뒷받침하는 근거로 제시한다.

⋯→ [자료 1-㉮]는 국가별 고등학생 평균 수면 시간을 나타낸 통계 자료로, 우리나라 고등학생들이 다른 나라 고등학생들에 비해 수면 시간이 짧다는 것을 보여 준다. 따라서 우리 학교 학생들의 수면 시간이 부족하다는 내용을 뒷받침하는 근거로 제시하기에 적절하다.

② [자료 2]를 활용하여, 멜라토닌 분비량이 빛과 관련이 있으므로 수면의 질을 높이기 위해서는 빛을 차단해야 한다는 내용을 뒷받침하는 자료로 제시한다.

⋯→ [자료 2]는 멜라토닌 분비량이 빛과 관련이 있음을 설명한 연구 자료로, 빛에 노출될 경우 멜라토닌의 분비가 억제된다는 것을 알 수 있다. 따라서 수면의 질을 높이기 위해서는 빛을 차단해 멜라토닌 분비량을 늘려야 한다는 내용을 뒷받침하는 자료로 제시하기에 적절하다.

③ [자료 3]을 활용하여, 충분한 수면 시간을 확보하기 위한 방안으로 자기 전에 카페인이 들어간 음식을 섭취해서는 안 된다는 내용을 추가한다.

⋯→ [자료 3]은 잠과 카페인의 상관관계를 다룬 전문가 인터뷰로, 카페인을 섭취하면 제시간에 잠을 자지 못한다는 내용이 제시되어 있다. 따라서 이를 활용하여, 충분한 수면 시간을 확보하기 위해서는 자기 전에 카페인이 들어간 음식을 섭취해서는 안 된다는 내용을 추가하는 것은 자료의 활용 방안으로 적절하다.

④ [자료 1-㉯]와 [자료 2]를 활용하여, 수면의 양이 부족하거나 질이 떨어지면 면역력이 떨어질 수 있다는 내용을 구체화하는 자료로 제시한다.

⋯→ [자료 1-㉯]는 수면 시간이 부족하면 면역력을 증가시키는 백혈구 내 세포의 수가 떨어지는 것을 보여 주는 자료이고, [자료 2]는 깊은 잠을 자는 데 도움을 주는 멜라토닌이 부족해지면 면역력이 저하된다는 것을 보여 주는 연구 자료이다. 따라서 수면의 양이 부족하거나 질이 떨어지면 면역력이 떨어질 수 있다는 내용을 구체화하는 자료로 제시하기에 적절하다.

08일 12 청소년 디자이너 모집

▶ 문제편 74~77쪽

정답 | 08 ① 09 ① 10 ④ 11 ④

제대로 내용 분석

2021 7월 고3 학력평가

❖ 유형: 조사 보고서와 자기소개서

❖ 주제: (가) 블리스터 포장의 실태와 문제점
(나) 자신의 장점 소개와 청소년 디자이너가 된 후의 포부

❖ 내용 요약

가 조사 보고서

Ⅰ. 조사 동기 및 목적	– 포장 제거에 어려움을 겪었던 경험 제시 – 힘이 많이 필요하고 위험한 블리스터 포장의 문제점 – 블리스터 포장의 실태와 문제점을 조사하기로 함	
Ⅱ. 조사 계획	1. 조사 대상 및 방법 2. 조사 내용	
Ⅲ. 조사 결과	1. 블리스터 포장의 실태	가. 블리스터 포장을 사용한 품목 나. 블리스터 포장의 이유
	2. 블리스터 포장의 문제점	가. 포장 개봉의 어려움 나. 사용자의 안전 위협
Ⅳ. 결론	[A] (블리스터 포장에 대한 서로 다른 입장과 작성자의 의견)	

나 자기소개서

1문단	인사와 자기소개
2문단	자신의 장점 소개 ① - 실천하는 자세
3문단	자신의 장점 소개 ② - 도전 정신
4문단	포부 제시 및 인사

제대로 질문하기 정답

❶ × ❷ ○ ❸ 도전 정신 ❹ 실태

08 글의 유형에 따른 특징 파악하기

정답률 88%

(가)와 (나)에 대한 설명으로 가장 적절한 것은?

정답인 이유

① (가)는 자신이 탐구한 내용을, (나)는 자신에 관해 독자에게 알리고 싶은 정보를 전달하고 있다.

⋯ (가)는 블리스터 포장의 실태와 문제점에 대하여 자신이 조사하고 탐구한 내용을 정리한 보고서로, 블리스터 포장과 관련된 정보를 전달하고 있다. (나)는 자기소개서로, □□디자인 연구소의 청소년 디자이너 모집에 지원한 글쓴이가 자신에 대하여 알리고 싶은 정보를 예상 독자에게 전달하고 있다.

오답인 이유

② (가)는 현상에 대한 원인 분석을 통한, (나)는 현상에 대한 관찰을 통한 자기 성찰을 목적으로 한다.

⋯ (가)는 블리스터 포장이 사용되고 있는 실태의 원인을 기업의 이익과 효율을 중시하는 태도 때문이라고 분석하였다. 또 (나)는 현상을 관찰한 내용이 아니라 자신에 대해 소개하고 있는 내용을 담고 있어, 둘 다 자기 성찰을 목적으로 한 글로 볼 수 없다.

③ (가)는 (나)와 달리 예상 독자가 요구하는 바를 바탕으로 내용을 생성하고 있다.

⋯ (나)는 청소년 디자이너 모집에 지원하기 위해 작성한 자기소개서이므로, 보고서인 (가)가 아닌 (나)가 예상 독자가 요구하는 바를 바탕으로 내용을 생성하고 있다고 볼 수 있다.

④ (나)는 (가)와 달리 객관적인 사실을 근거로 하여 주제를 드러내고 있다.

⋯ 객관적인 사실을 근거로 하여 주제를 드러내고 있는 것은 (나)가 아니라 보고서인 (가)이다.

⑤ (가)와 (나)는 모두 예상되는 문제와 그 해결 방안을 중심으로 글을 전개하고 있다.

⋯ (가)와 (나) 모두 예상되는 문제와 그 해결 방안을 중심으로 글을 전개하고 있지 않다.

·고난도·

09 내용의 적절성 점검하기

정답률 77% | 매력적인 오답 ④ 11%

〈보기〉를 바탕으로 (가)에 대한 자기 점검을 실시할 때, ⓐ~ⓔ를 점검한 내용으로 적절하지 않은 것은?

정답인 이유

① ⓐ: 전체 응답자 중 '그렇다'라고 답한 응답자의 비율이 64%임을 막대그래프를 활용하여 효과적으로 시각화했다.

⋯ ⓐ는 블리스터 포장으로 어려움을 겪었다고 응답한 각 연령대별 비율을 막대그래프를 활용하여 시각적으로 제시한 자료이다. 전체 응답자 중 '그렇다'라고 답한 응답자의 비율이 64%임을 막대그래프를 활용하여 시각화하고 있지는 않으며, 이는 도표에서 64%에 해당하는 막대그래프가 없는 것에서도 짐작할 수 있다.

오답인 이유

④ (매력적인 오답) ⓓ: 조사 결과의 내용을 과장하여 해석한 부분이 있으므로 조사 결과의 해석이 정확하지 않다.

⋯ '블리스터 포장을 개봉하던 중 부상을 입은 경험이 있는가?'라는 설문에 '그렇다'라고 응답한 비율은 전체의 35%라고 하였다. 그런데 ⓓ에서는 '대부분'의 사용자가 부상을 경험했다고 서술하였다. 35%의 응답자 비율을 대부분의 사용자라고 한 것은 조사 결과의 내용을 과장하여 해석한 것으로, 조사 결과의 해석이 정확하지 않다고 할 수 있다.

② ⓑ: 비교한 응답 비율의 차이를 구체적 수치로 명료하게 밝혀 의미를 분명히 드러냈다.

⋯ ⓑ에서는 10대와 60대 중 '그렇다'라고 응답한 비율과 20대 청년층 중 '그렇다'라고 응답한 비율을 비교하고 있는데, 응답 비율이 각각 45%p, 50%p 차이가 난다며 구체적 수치로 명료하게 밝혀 의미를 분명히 드러내고 있다.

③ ⓒ: 해당 부분이 글쓴이의 의견임을 구분할 수 있는 표현을 제시하였다.

⋯ ⓒ에서는 '노약자층이 20대 청년층에 비해 힘이 약해 블리스터 포장을 개봉하는 데 더 어려움을 겪었기 때문'이라고 진술하고 있는데 '생각한다'라는 표현을 사용하여 이것이 글쓴이의 의견임을 드러내고 있다.

⑤ ⓔ: 참고 문헌의 저자명과 도서명, 발행처 등 출처를 밝혔다.

⋯ ⓔ는 미국의 사례를 참고 문헌을 통해 소개하고 있는 내용으로,

인용한 자료의 저자명(김△△), 도서명(『◇◇디자인』), 발행처(◎◎ 출판사) 등 출처를 밝히고 있다.

10 글쓰기 계획 평가하기

정답률 80% | 매력적인 오답 ③ 11%

다음은 (나)를 쓰기 위해 작성한 글쓰기 계획이다. (나)에 반영되지 않은 것은?

정답인 이유

④ 도전 정신을 갖기 위해 노력했던 과정을 언급하며 나의 변화된 자세를 부각해야겠어.

⋯› (나)에서는 자신이 '□□디자인 연구소의 핵심 가치인 '도전 정신'을 지녔습니다.'라고 밝혔을 뿐, 도전 정신을 갖기 위해 노력했던 과정을 언급하거나 자신의 변화된 자세를 부각하고 있지 않다.

오답인 이유

③ (매력적인 오답) 나의 실천력이 가져올 수 있는 긍정적인 영향을 개인적 측면과 사회적 측면으로 나누어 언급해야겠어.

⋯› (나)에서는 실천력이 가져올 수 있는 긍정적인 영향의 개인적 측면으로 '저의 실천이 개인의 삶을 편안하게 만들 수 있을 것'임을, 사회적 측면으로 '나아가 제품을 디자인할 때 사용자를 우선으로 고려하는 사회 분위기를 만드는 데 영향을 미칠 것'임을 나누어 언급하고 있다.

① 나의 장점을 2, 3문단의 첫 부분에 제시하여 강조해야겠어.

⋯› (나)의 2문단 첫 문장에서는 '저는 □□디자인 연구소가 지향하는 '더 나은 삶으로의 한 걸음'을 실천하는 자세를 가졌습니다.'라고 하였고, 3문단 첫 문장에서는 '저는 □□디자인 연구소의 핵심 가치인 '도전 정신'을 지녔습니다.'라며 자신의 장점을 문단 첫 부분에 제시하여 강조하고 있다.

② 보고서를 작성한 사례를 언급해 나의 태도가 □□디자인 연구소가 지향하는 가치에 부합함을 드러내야겠어.

⋯› (나)에서 글쓴이는 고등학교 2학년 때 '블리스터 포장'의 문제점을 조사하는 보고서를 작성하여 업체에 보내 포장의 변경을 검토해 보겠다는 긍정적인 답변을 얻었던 사례를 언급하였다. 이는 자신의 실천하는 자세가 □□디자인 연구소가 지향하는 '더 나은 삶으로의 한 걸음'에 부합하는 것임을 드러낸 것으로 볼 수 있다.

⑤ 청소년 디자이너가 된 후의 나의 포부를 제시하며 글을 마무리해야겠어.

⋯› (나)의 마지막 문단에서 '청소년 디자이너가 된다면 ~ 청소년들의 더 나은 삶을 만드는 데에 기여하고 싶습니다.'라며 자신의 포부를 제시하면서 글을 마무리하고 있다.

11 조건에 따라 내용 생성하기

정답률 90%

〈보기〉를 고려할 때, [A]에 들어갈 내용으로 가장 적절한 것은? [3점]

정답인 이유

④ 생산 업체는 이익과 효율을 위해 블리스터 포장을 사용하고 있지만, 사용자들은 이로 인해 불편을 느끼고 안전을 위협받고 있다. 사용자의 안전과 편의를 위해 블리스터 포장을 개선할 필요가 있다.

⋯› '생산 업체는 이익과 효율을 위해 블리스터 포장을 사용'하고 있다는 것과 '사용자들은 이로 인해 불편을 느끼고 안전을 위협받고 있다'는 것은 조사 결과에 제시되어 있는 블리스터 포장에 대한 서로 다른 입장을 요약한 내용이다. 그리고 '사용자의 안전과 편의*를 위해 블리스터 포장을 개선할 필요가 있다.'는 작성자인 학생의 의견을 제시한 것이다. 따라서 ④는 선생님의 조언에 따라 [A]에 들어갈 내용으로 가장 적절하다.

* 편의(便宜): 형편이나 조건 따위가 편하고 좋음. 예 최대한의 편의를 손님에게 제공하다.

오답인 이유

① 디자인의 아름다움도 중요하지만 가장 중요한 것은 사용자의 요구를 충족해야 한다는 것이다. 사용자를 생각하지 않는 디자인은 결국 사용자에게 외면받게 될 것이다.

⋯› 학생의 의견만 제시되어 있을 뿐, 조사 결과에 제시되어 있는 블리스터 포장에 대한 서로 다른 입장은 요약되어 있지 않다.

② 블리스터 포장을 둘러싸고 이윤을 중시하는 생산자와 안전을 중시하는 사용자의 갈등이 심화되고 있다. 양측의 입장을 반영하여 해결책을 도출하는 성숙한 사회로 발전해야 한다.

⋯› '이윤을 중시하는 생산자'와 '안전을 중시하는 사용자'에 블리스터 포장에 대한 서로 다른 입장이 드러나 있다. 그러나 '갈등이 심화되고 있다'는 것은 (가)의 조사 결과에서 언급되지 않았으므로 요약한 내용으로 적절하지 않다.

③ 현재의 블리스터 포장은 인간의 기본 욕구인 안전의 욕구를 위협하고 있다. 사용자의 안전을 지키지 못하는 블리스터 포장은 종이 포장 등 보다 안전한 방식으로 바뀌어야 한다.

⋯› '블리스터 포장은 종이 포장 등 보다 안전한 방식으로 바뀌어야 한다.'에 학생의 의견만 제시되어 있을 뿐, 조사 결과에 제시되어 있는 블리스터 포장에 대한 서로 다른 입장은 요약되어 있지 않다. 첫 문장에 블리스터 포장이 안전을 위협한다는 내용이 제시되었다고 본다 해도, 이는 사용자 입장의 일부분만 반영한 것이어서 적절한 요약으로 볼 수 없다.

⑤ 이번 조사를 통해 제품 포장을 둘러싼 생산자와 사용자 각각의 입장이 충돌하고 있음을 알 수 있었다. 또한 생산자와 사용자의 의견을 수렴한 절충안을 만들어 모두를 만족시키는 것이 디자이너의 역할임을 깨닫게 되었다.

⋯› 생산자와 사용자의 입장이 서로 다르다는 것만 제시되어 있을 뿐, 조사 결과에 제시된 서로 다른 입장이 구체적으로 요약되어 있지 않다. 또한 학생이 깨달은 내용만 제시되어 있고, 블리스터 포장에 대한 의견은 제시되어 있지 않다.

Ⅲ부 복합

09일 01 신설 주민 복지 센터의 공간 활용

▶ 문제편 80~83쪽

정답 | 01 ③ 02 ② 03 ③ 04 ⑤ 05 ⑤

제대로 내용 분석

2022 9월 모의평가

- 유형: 소식지 글과 협상
- 주제: (가) 신설 주민 복지 센터의 공간 활용을 위한 의견 수렴
  (나) 신설 주민 복지 센터 3층의 공간 활용을 위한 Y동과 Z동 대표 간의 협상
- 내용 요약

가 소식지에 실린 글

1문단	신설 주민 복지 센터의 공간 활용 방안에 대한 의견 수렴 목적과 참여 방법
2문단	주민 복지 센터를 신설하는 이유
3문단	Y동 및 Z동 대표와의 협상 개최 이유와 결과
4문단	3층 공간 활용 방안과 관련한 후속 협상 계획

나 협상

참가자		시청 담당자, Y동 대표, Z동 대표
내용	[A]	신축할 주민 복지 센터 3층의 공간 활용 – Y동, Z동 대표의 입장 표명
	[A] 뒷부분	의견 조정과 3층 도서관 설치 결정 및 차후 논의 안내

제대로 질문하기 정답

❶ ○ ❷ × ❸ Z ❹ 도서관

01 계획에 따른 글쓰기 내용 평가하기

정답률 86%

(가)를 쓰기 위해 세운 글쓰기 계획 중 글에 반영되지 않은 것은?

정답인 이유

③ **건립 부지의 적절성을 평가할 때 주민 참여가 필요하다는 의견 때문에 첫 협상이 개최되었음을 제시해야겠군.**

⋯› (가)에서는 '건립을 추진하면서 시청에서 Y동의 부지* 한 곳과 ~ 주민들 간에 의견 차이가 발생하기도 했다. 이에 시에서는 양측의 주민 대표와 함께 첫 협상의 자리를 가졌고'라고 하였다. 이를 통해 건립 부지의 적절성을 평가할 때 주민 참여가 필요하다는 의견 때문이 아니라, Y동과 Z동의 부지 중 어느 곳이 더 적절한지에 대한 주민들 간의 의견 차이 때문에 첫 협상이 개최되었음을 알 수 있다.

* 부지(敷地): 건물을 세우거나 도로를 만들기 위하여 마련한 땅. 예 그 공터는 공원 부지로 결정되었다.

오답인 이유

① **실시 예정인 주민 의견 수렴의 목적과 참여 방법을 함께 밝혀야겠군.**

⋯› (가)의 '이번 의견 수렴은 사전에 선정된 몇 가지 방안에 대한 주민들의 선호도 파악을 목적으로 하며'에 주민 의견 수렴의 목적, '8월 9일부터 16일 사이에 시청 누리집 '시민 게시판'에 접속해서 참여할 수 있다.'에 주민 의견 수렴의 참여 방법을 밝히고 있다.

② **Y동과 Z동 주민들이 인근 지역 주민들과 주민 복지 센터를 함께 사용하고 있는 상황을 제시해야겠군.**

⋯› (가)의 '지금까지 Y동과 Z동은 인근 세 개의 동과 주민 복지 센터를 함께 이용해 왔다.'에 Y동과 Z동 주민들이 인근 지역 주민들과 주민 복지 센터를 함께 사용하고 있는 상황이 제시되어 있다.

④ **첫 협상의 결과를 이끌어 내면서 고려한 부지 선정의 기준이 무엇인지 제시해야겠군.**

⋯› (가)의 '이에 시에서는 ~ 부지의 면적, 인구 규모를 고려하여 Z동 부지에 새 주민 복지 센터를 건립하기로 결정했다.'에 첫 협상의 결과를 이끌어 내면서 고려한 부지 선정의 기준이 제시되어 있다.

⑤ **새로 건립될 주민 복지 센터의 공간 활용에 대한 계획을 언급하며 후속 협상이 개최될 경우에 다룰 주제를 밝혀야겠군.**

⋯› (가)의 '시는 3층 규모의 해당 센터를 노인 복지 공간(1층), 육아 지원 공간(2층)으로 구성할 예정'에 새로 건립될 주민 센터의 공간 활용 계획이 언급되어 있다. 그리고 '두 동의 의견 수렴 결과가 불일치할 경우에는 이달 30일에 후속 협상을 진행하여 3층 공간 활용 방안을 결정할 계획'이라며 후속 협상이 개최될 경우에 다룰 주제도 밝히고 있다.

02 내용 조직 방법 파악하기

정답률 96%

(가)를 작성할 때 활용한 내용 조직 방법으로 가장 적절한 것은?

정답인 이유

② **2문단에서는 시청에서 주민 복지 센터 신설을 추진하게 된 이유를 나열한다.**

⋯› 2문단에서는 시청에서 주민 복지 센터 신설을 추진하게 된 것에 대하여 'Y동과 Z동은 다른 동들에 비해 기존의 주민 복지 센터와의 거리가 멀어서 이용에 어려움'이 있고, '인구 증가로 현재의 주민 복지 센터로는 이용량을 감당하기 힘든 실정'이며, '기존 주민 복지 센터를 확장하는 것이 불가능한 상황'이라는 이유를 나열하고 있다.

오답인 이유

① **1문단에서는 시청에서 주민 복지 센터 건립을 위해 수행하는 여러 업무를 유형에 따라 분류한다.**

⋯› (가)의 1문단을 통해 시청에서 주민 복지 센터 건립을 위해 주민들을 대상으로 의견 수렴을 실시하는 업무를 수행함을 알 수 있다. 그러나 시청의 여러 업무를 유형에 따라 분류하고 있지는 않다.

③ **2문단에서는 Y동 주민들이 겪는 문제를 Z동 주민들이 겪는 문제와 대조한다.**

⋯› (가)의 2문단에서 기존의 주민 복지 센터를 이용하는 것과 관련해

Y동과 Z동 주민들이 겪는 문제를 제시하고 있으나, Y동과 Z동의 문제를 대조하고 있지는 않다.

④ **3문단에서는 주민 복지 센터 건립을 추진하는 과정에서 발생할 수 있는 문제점을 분석한다.**

··· (가)의 3문단에서는 주민 복지 센터 건립이 결정되기까지의 추진 과정에 대하여 설명하였을 뿐, 그 과정에서 발생할 수 있는 문제점을 분석하고 있지는 않다.

⑤ **4문단에서는 다양한 시설들을 설치가 완료된 순서대로 제시한다.**

··· (가)의 4문단에서는 주민 복지 센터에 설치될 시설에 대하여 층별로 구분하여 밝히고 있으나, 이를 설치가 완료된 순서대로 제시하고 있지는 않다.

03 반응의 적절성 평가하기

정답률 83%

(가)와 (나)의 맥락을 고려할 때, (가)를 읽고 (나)를 참관한 주민이 [A]에 보인 반응 중 적절하지 않은 것은?

정답인 이유

③ **Y동 대표의 말을 들으니, 소식지에서 소개한 주민 복지 센터 건립 위치는 Z동의 중장년층 인구 비율을 고려하여 결정되었군.**

··· (가)에서는 '부지의 면적, 인구 규모를 고려하여 Z동 부지에 새 주민 복지 센터를 건립하기로 결정'했다고만 하였다. 또한 [A]에서 Y동 대표는 Y동의 학령 인구 비율이 높다는 것과 Y동의 체육 시설 확장 공사가 마무리되면 Z동의 중장년층 주민들도 편리하게 이용할 수 있을 것이라고만 하였다. 따라서 Z동의 중장년층 인구 비율을 고려해 주민 복지 센터 건립 위치를 결정했다는 내용은 소식지에서 소개하고 있지 않으며 Y동 대표의 말에서도 확인하기 어렵다.

오답인 이유

① **시청 담당자의 말을 들으니, 소식지에서의 첫 협상과 같이 후속 협상에도 양측 동 대표가 참석하였군.**

··· (가)를 통해 '양측의 주민 대표와 함께 첫 협상의 자리'를 가졌다는 것과 두 동의 의견 수렴 결과가 불일치할 경우 '후속 협상을 진행'할 것임을 알 수 있다. 그리고 [A]에서 시청 담당자가 '첫 협상에 이어 후속 협상에도 참여해 주신 Y동 대표님과 Z동 대표님께 감사드립니다.'라고 하였으므로, 첫 협상과 후속 협상에 양측 동 대표가 참석하였음을 알 수 있다.

② **Y동 대표의 말을 들으니, 소식지에 안내된 의견 수렴에 대하여 Y동의 결과가 언급되었군.**

··· (가)의 끝부분에서 주민 복지 센터 3층 공간 활용 방안에 대한 두 동의 주민 '의견 수렴 결과는 두 동 대표에게 전달'된다고 하였다. 그리고 [A]에서 Y동 대표가 '우리 동 주민들의 1순위는 도서관이었습니다.'라고 한 것에서 Y동의 의견 수렴 결과가 언급되었음을 알 수 있다.

④ **Z동 대표의 말을 들으니, 소식지에서 소개한 공간 활용 방안 중에 도서관 설치를 선호하는 주민들이 Z동에도 있었군.**

··· (가)에서 3층 공간 활용 방안에 대한 두 동의 주민 '의견 수렴 결과는 두 동 대표에게 전달'된다고 하였다. 그리고 [A]에서 Z동 대표가 '우리 동에서도 도서관을 선호하는 의견은 있었습니다.'라고 한 데서 도서관 설치를 선호하는 주민들이 Z동에도 있었음을 알 수 있다.

⑤ **Z동 대표의 말을 들으니, 소식지에 언급된 신설 버스 노선에 대하여 조정 방안이 제시되었군.**

··· (가)에서 주민 복지 센터 부지를 양보한 'Y동 주민들을 위해서는 새 주민 복지 센터로 연결되는 버스 노선을 신설하기로 했다.'라고 하였다. 그리고 [A]에서 Z동 대표가 '주민 복지 센터로 연결되는 신설 버스 노선이 체육 시설에도 연결되도록 조정하는 추가 조치도 있어야' 한다고 하였으므로, 신설 버스 노선에 대한 조정 방안이 제시되었음을 알 수 있다.

04 말하기 전략 파악하기

정답률 94%

협상 진행 과정을 고려할 때, ㉠, ㉡에 대한 설명으로 가장 적절한 것은? [3점]

정답인 이유

⑤ **㉡은 체육 시설 이용 시 예상되는 상대의 이익과 자신의 부담을 언급하며 추가적인 요구 사항을 제시하는 발화이다.**

··· Z동 대표는 ㉡에서 'Y동 입장에서는 이용자 증가로 더 큰 수익을 얻을 수 있지만'이라며 체육 시설 이용 시 예상되는 상대의 이익을 제시한 후 '우리 동 주민들은 체육 시설 이용에 대한 부담이 더 커질 것'이라며 자신의 부담을 언급하였다. 그리고 '요금에 대한 부담을 낮춰 주십시오.'라며 추가적인 요구 사항을 제시하였다.

오답인 이유

① **㉠은 도서관 설치와 관련해 양보할 수 있는 범위를 제시하여 상대의 제안과 절충을 시도하는 발화이다.**

··· ㉠에서는 주민 복지 센터에 도서관을 만들면 두 동 모두에게 이익이 된다는 점을 밝히고 있을 뿐, 도서관 설치와 관련해 양보할 수 있는 범위를 제시하고 있지는 않다.

② **㉠은 체육 시설에 대한 상대의 제안을 일부 수용하여 자신의 제안을 조정함으로써 상대의 양보를 이끌어 내는 발화이다.**

··· ㉠은 체육 시설에 대한 상대의 제안을 일부 수용하는 것이 아니라 자신의 제안이 모두에게 이득이 됨을 밝히고 있는 발화이다.

③ **㉡은 체육 시설 설치가 실현 가능성이 낮음을 들어 자신의 이익을 극대화하는 발화이다.**

··· ㉡에서는 체육 시설 설치가 실현 가능성이 낮다는 점을 언급하고 있지 않다. 또한 Y동 대표의 '현재 진행 중인 저희 동의 체육 시설 확장 공사'라는 말로 미루어 보아 체육 시설을 확장하여 설치하는 공사가 이미 진행되고 있음을 알 수 있다.

④ **㉡은 체육 시설 이용에 대한 상대의 요구 사항을 언급하며 자신이 양보 가능한 범위를 제시하는 발화이다.**

··· ㉡에서는 체육 시설 이용에 대한 상대의 요구 사항을 언급하지 않았고, 자신이 양보 가능한 범위가 아니라 추가적인 요구 사항을 제시하고 있다.

05 글쓰기 전략 파악하기

정답률 87%

〈보기〉는 (나)의 협상을 취재한 기자가 쓴 기사이다. 〈보기〉를 작성할 때 고려한 내용으로 적절하지 않은 것은?

정답인 이유

⑤ **독자들이 기사에 언급된 필자의 의견을 통해 협상의 결과가 Y동과 Z동 주민에게 중요한 사안임을 확인할 수 있도록 한다.**

⋯ 〈보기〉에서는 협상의 진행 과정과 관련한 사실만을 언급하였을 뿐, 필자의 의견을 언급하고 있지 않다.

오답인 이유

① **독자들이 협상이 개최된 장소와 시간을 파악할 수 있도록 한다.**

⋯ 〈보기〉의 '지난달 30일 오후 2시에 시청 회의실에서 개최되었다.'에서 확인할 수 있는 내용이다.

② **독자들이 합의가 도출되기까지의 협상의 경과를 확인할 수 있도록 한다.**

⋯ 〈보기〉의 '협상은 다음과 같이 진행되었다.'로 시작하여 신설될 주민 복지 센터의 공간 활용과 관련한 협상의 경과*를 제시한 부분에서 주민 복지 센터에 도서관을 설치하기로 한 합의가 도출된 과정을 알 수 있다.

* 경과(經過): 일이 되어 가는 과정. 예 사건의 경과를 기록한 문서이다.

③ **독자들이 기사의 중심 내용인 협상의 결과를 도입부에서 파악할 수 있도록 한다.**

⋯ 〈보기〉의 첫 문장에서 'Y동과 Z동의 주민 대표는 신설될 주민 복지 센터에 도서관을 설치하기로 합의했다.'라고 하여 기사의 중심 내용인 협상의 결과를 도입부에서 제시하였다.

④ **독자들이 기사에 인용된 내용을 바탕으로 협상에 참여한 두 동 대표의 입장을 파악할 수 있도록 한다.**

⋯ 〈보기〉의 'Y동 대표가 ~ 도서관 설치가 필요하다고 하자, Z동 대표는 ~ 체육 시설이 필요하다고 밝혔다.'에서 협상에 참여한 두 동 대표의 입장을 파악할 수 있다.

09일 02 의류 수거함에 대한 글쓰기

▶ 문제편 84~87쪽

정답 | 06 ⑤ 07 ④ 08 ④ 09 ③ 10 ③

제대로 내용 분석

2022 6월 모의평가

❖ **유형**: 대화와 학생 1의 초고(건의하는 글) 및 학생 2의 초고(설득하는 글)

❖ **주제**: (가) 의류 수거함 관리와 이용에 대한 의견 교환
(나) 의류 수거함 관리의 필요성과 방법
(다) 의류 수거함의 올바른 이용

❖ **내용 요약**

가 대화

대화자	학생 1	– 의류 수거함과 관련된 문제의 원인은 시청의 미흡한 대처 때문임 – 시청 누리집 게시판에 시청의 조치를 촉구하는 글을 쓸 계획
	학생 2	– 공공의 문제 해결에는 이용자의 태도 변화가 필요함 – 학교 신문에 우리 학교 학생들이 할 수 있는 방안에 대한 글을 쓸 계획

나 학생 1의 초고

건의 대상	시장님
문제 상황	– 의류 수거함 중 상당수가 파손된 채 방치됨, 그 주변이 쓰레기장이 되고 있음
건의 내용	– 파손되고 방치된 의류 수거함을 수리하거나 교체해 주길 요청함 – 의류 수거함의 올바른 이용에 대한 캠페인을 벌여 주길 요청함

다 학생 2의 초고

1문단	문제 제기와 글의 주제 소개
2문단	의류 수거함을 올바르게 이용해야 하는 이유
3문단	의류 수거함의 올바른 이용을 위해 해야 할 일
4문단	독자에 대한 당부와 설득

제대로 질문하기 정답

❶ × ❷ ○ ❸ 건의 ❹ 비용, 시간

06 말하기 전략 파악하기

정답률 94%

대화의 흐름을 고려할 때, ㉠~㉤에 대한 설명으로 적절하지 않은 것은?

정답인 이유

⑤ **㉤: 자신이 언급한 내용의 일부를 반복하여 절충안을 제시하고 있다.**

⋯ 의류 수거함 문제에 대하여 학생 1은 시청의 대처가 미흡하다고 언급하며 시청의 역할을 강조하고 있는 것과 달리, 학생 2는 이용자의 탓이 더 크다고 여기고 있다. ㉤은 학생 2가 견해를 분명히 밝히며 자신의 생각이 상대의 견해와 다름을 확인하는 것일 뿐, 절충안을 제시하고 있지는 않다.

오답인 이유

① **㉠: 사안의 원인을 묻는 상대에게 신문 기사의 내용을 근거로 답하고 있다.**

⋯ ㉠은 의류 수거함 주변이 쓰레기장이 된 원인이 무엇이라고 생각하는지 묻는 학생 2의 질문에 대한 답이다. 학생 1은 이에 대해 얼마 전 신문 기사에서 본 ○○시의 경우를 들어 시청의 대처가 미흡*했기 때문이라고 판단하고 있다. 즉 사안의 원인을 묻는 상대에게 신문 기사의 내용을 근거로 답하고 있는 것이다.

* 미흡(未洽): 아직 흡족하지 못하거나 만족스럽지 않음. 예 이번 사고는 회사의 안전 조치가 미흡했기 때문에 발생하였다.

② **㉡: 상대가 언급한 신문 기사의 내용에 대한 세부적인 정보를 상대에게 요청하고 있다.**

⋯ ㉡은 학생 1이 언급한 신문 기사의 내용과 관련해 학생 2가 ○○시청은 어떤 노력을 하였는지 세부적인 정보를 학생 1에게 묻고 있는 발화이다.

③ **㉢: 사안의 원인에 대한 상대의 의견을 확인하고 있다.**

⋯ ㉢에 앞서 학생 1은 우리 시청의 대처가 미흡하였고, 비슷한 문제가 있었던 ○○시의 경우 시청에서 파손된 수거함을 수리하고 시민들에게 올바른 수거함 사용법을 알리는 캠페인을 했다고 하였다. ㉢은 학생 2가 사안의 원인에 대한 학생 1의 의견을 재정리하여 묻고 있는 발화로 상대의 의견을 확인하고 있는 것이다.

④ ㉣: 상대의 의견을 인정하며 상대와 다른 견해를 드러내고 있다.
⋯› ㉣에 앞서 학생 1은 공공의 문제 해결에는 시청의 영향력이 크다고 하였고, 이에 ㉣에서 학생 2는 '그 말도 맞지만'이라고 상대의 의견을 인정하면서도 '이용자의 탓이 더 크지 않을까?'라며 상대와 다른 견해를 드러내고 있다.

07 말하기 방식 평가하기

정답률 95%

[A]의 학생 1의 발화에 대한 설명으로 가장 적절한 것은?

정답인 이유

④ 상대에게 원하는 바를 일방적으로 요구한 것에 대한 부정적 반응을 보고, 질문의 방식으로 상대의 동의를 구하고 있다.
⋯› [A]에서 학생 1은 '찾은 자료 나한테 전자 우편으로 보내 줘.'라며 자신이 원하는 바를 상대에게 일방적으로 요구하였다. 이에 대해 학생 2가 당황스러워하며 부정적 반응을 보이자, '나도 자료 준비되면 줄 테니까 공유 좀 부탁해도 될까?'라며 질문의 방식으로 상대의 동의를 구하고 있다.

오답인 이유

① 상대에게 바라는 행동을 제안한 것에 대한 긍정적 반응을 보고, 구체적인 의견을 덧붙이고 있다.
⋯› 학생 2는 학생 1이 상대에게 바라는 행동을 제안한 것에 대해 긍정적 반응을 보이지 않았다.

② 상대와의 의견을 최대한 일치시킨 것에 대한 긍정적 반응을 보고, 세부 내용을 추가적으로 제시하고 있다.
⋯› 학생 1과 학생 2가 선택한 과제의 주제는 일치하지만, 학생 2는 학생 1의 요구에 긍정적 반응이 아니라 부정적 반응을 보이고 있다.

③ 상대에게 의사를 명료하게 드러내지 않은 것에 대한 부정적 반응을 보고, 상대의 정서에 적극 공감하고 있다.
⋯› 학생 2는 학생 1이 의사를 명료하게 드러내지 않은 것에 대하여 부정적 반응을 보인 것이 아니라, 학생 1의 일방적인 요구에 대해 부정적 반응을 보인 것이다.

⑤ 자신의 상황을 내세워 상대의 요구를 일부만 수용한 것에 대한 부정적 반응을 보고, 상대에게 동조의 뜻을 표현하고 있다.
⋯› 학생 1이 학생 2의 요구를 일부만 수용한 것은 아니다. 또한 학생 2가 부정적 반응을 보인 것은 학생 1의 일방적인 요구 때문이다.

08 대화에 따른 내용 생성 평가하기

정답률 84%

(가)의 대화 내용이 (나), (다)에 각각 반영된 양상으로 적절하지 않은 것은?

정답인 이유

④ (가)에서 학생 1이 시청의 영향력에 대해 언급한 내용이 (나)의 2문단에 건의 수용의 기대 효과로 제시되었다.
⋯› (가)에서 학생 1은 '우리 시청의 대처가 미흡해서인 것 같아.', '공공의 문제 해결에는 시청의 영향력이 크니까.'라며 시청의 영향력에 대해 언급하였다. 그러나 (나)의 2문단에서는 의류 수거함이 파손된 채 방치되거나 그 주변이 쓰레기장이 되어 버린 실태를 지적하고 있을 뿐, 건의 수용의 기대 효과를 제시하고 있지는 않다.

오답인 이유

① (가)에서 학생 2가 글감 선정의 이유에 대해 언급한 내용이 (나)의 1문단에 학생 다수가 문제 해결의 필요성을 느끼고 있음을 밝히는 내용으로 제시되었다.
⋯› (가)에서 학생 2는 '평소에도 문제가 많다고 생각했는데, 우리 학교 친구들도 수거함이 관리될 필요가 있다고 하더라고.'라며 글감으로 의류 수거함을 정한 이유를 언급하였다. 그리고 (나)의 1문단에서는 '저희 학교의 많은 학생들도 필요성을 느끼고 있는 의류 수거함 관리에 대해 건의할 사항이 있어 글을 씁니다.'라며 학생 다수가 문제 해결의 필요성을 느끼고 있음을 제시하고 있다.

② (가)에서 학생 2가 의류 수거함의 상태에 대해 언급한 내용이 (다)의 1문단에 문제 제기의 내용으로 제시되었다.
⋯› (가)에서 학생 2는 '의류 수거함 주변이 쓰레기장이 되고 있어. 수거함에 수거 대상이 아닌 물품과 쓰레기들도 많고.'라며 의류 수거함의 상태에 대해 언급하였다. 그리고 (다)의 1문단에서 '수거 대상이 아닌 물품과 쓰레기로 의류 수거함이 몸살을 앓고 있다. 수거함 주변이 쓰레기장이 된 곳도 있다.'라며 (가)에서 언급한 내용을 문제 제기의 내용으로 제시하고 있다.

③ (가)에서 학생 1이 신문 기사에 대해 언급한 내용이 (나)의 3문단에 건의를 뒷받침하는 사례로 제시되었다.
⋯› (가)에서 학생 1은 '○○시에서도 비슷한 문제가 있었지만 시청이 적극 노력해서 잘 해결했다'는 신문 기사의 내용을 언급하였다. 그리고 (나)에서 의류 수거함을 수리하거나 교체해 주고, 올바른 이용에 대한 캠페인을 벌여 달라는 건의를 뒷받침하는 내용으로 3문단에서는 '인근 ○○시에서도 유사한 문제가 있었지만 시청이 노력한 결과, 시민의 불편이 해소되고 의류 수거함 이용이 활성화되었다'며 (가)에서 학생 1이 언급한 내용을 건의를 뒷받침하는 사례로 제시하고 있다.

⑤ (가)에서 학생 1이 의류를 올바르게 배출하는 일의 장점에 대해 언급한 내용이 (다)의 2문단에 의류 수거함을 올바르게 이용해야 하는 이유로 제시되었다.
⋯› (가)에서 학생 1은 '안내대로 의류를 올바르게 배출하면 선별하는 데 드는 시간과 비용을 줄일 수 있잖아.'라며 의류를 올바르게 배출하는 일의 장점을 언급하였다. 그리고 (다)의 2문단에서는 의류 수거함을 올바르게 이용해야 하는 이유를 제시하며 '올바르게 배출하면 선별 과정에서의 비용과 시간을 크게 줄일 수 있다.'라고 제시하고 있다.

09 작문 맥락 파악하기

정답률 81%

작문 맥락을 고려할 때 (나), (다)에 대한 이해로 적절하지 않은 것은?

정답인 이유

③ 예상 독자 면에서, (다)는 문제 해결의 당위성을 강조하기 위해 지역 공동체의 모든 구성원을 독자로 상정하고 있다.
⋯› (가)에서 학생 2는 '우리 학교 학생을 대상'으로 우리가 할 수 있는 방안에 대해 글을 쓰겠다고 하였다. 그리고 (다)에서 '그렇다면 학생인 우리가 할 수 있는 일은 무엇일까?', '우리 학생들의 관심과 작지만 큰 실천이 모인다면'과 같은 표현을 사용하였다. 따라서 (다)의 예상 독자는 지역 공동체의 모든 구성원이 아니라 학생 2와 같은 학교에 다니는 학생들임을 알 수 있다.

오답인 이유

① **글의 유형 면에서, (나)는 구체적이고 실행 가능한 방안을 제시하며 공동체의 문제 해결을 요구하는 형식의 글이다.**

⋯▸ (가)에서 학생 1은 시청 누리집 게시판에 '시청의 조치를 촉구하는 글'을 올릴 것이라고 하였다. 실제로 (나)는 시장님을 예상 독자로 설정해 의류 수거함 관리와 관련한 건의 사항을 적은 글로, 4문단에서 구체적이고 실행 가능한 방안을 제시하고 있다. 따라서 글의 유형 면에서 (나)는 공동체의 문제 해결을 요구하는 형식의 글이라고 할 수 있다.

② **작문 매체 면에서, (나)는 필자가 언급한 내용을 예상 독자가 확인할 수 있도록 글의 특정 정보가 다른 자료에 연결되게 하고 있다.**

⋯▸ (나)에서는 신문 기사를 링크하고 있는데, 이를 통해 예상 독자는 학생 1이 언급한 신문 기사의 내용을 확인할 수 있다. 이는 (나)가 글의 특정 정보를 다른 자료에 연결되게 할 수 있는 매체, 즉 누리집의 게시판에 작성되었기 때문에 가능한 것이다.

④ **글의 주제 면에서, (다)는 공동의 실천으로 해결할 수 있는 문제 상황과 그 해결 방안을 중심 내용으로 제시하고 있다.**

⋯▸ (가)에서 학생 2는 '이 문제를 해결하려면 이용자부터 변화해야 한다'고 하면서 '우리 학교 학생을 대상으로 우리가 할 수 있는 방안에 대해 글'을 쓰겠다고 하였다. 실제로 (다)는 의류 수거함에 쓰레기가 버려져 있거나 수거함 주변이 쓰레기장이 된 문제 상황을 제시하고 '의류 수거함 안이나 그 주변에 쓰레기를 버려서는 안 된다.', '수거함에 넣을 수 있는 물건과 그렇지 않은 물건을 구분해서 넣어야 한다.'라며 해결 방안을 중심으로 내용을 제시하고 있다.

⑤ **작문 목적 면에서, (나)와 (다)는 예상되는 긍정적인 효과를 근거로 제시하며 예상 독자를 설득하고 있다.**

⋯▸ (나)의 4문단에서는 '도시의 미관이 개선되고 의류 수거함에 대한 시민들의 인식도 좋아질 것'이라며 예상되는 긍정적인 효과를 근거로 예상 독자인 시장님을 설득하고 있다. 그리고 (다)는 4문단에서 '우리 학생들의 관심과 작지만 큰 실천이 모인다면 나눔과 공유라는 사회적 가치를 실현할 수 있을 것'이라며 예상 독자인 학교 학생들을 설득하고 있다.

10 내용 점검과 조정하기

정답률 85%

〈보기〉를 점검 기준으로 할 때 ⓐ, ⓑ를 고쳐 쓰기 위한 방안으로 가장 적절한 것은?

정답인 이유

③ **㉮를 기준으로, ⓑ를 '의류와 가방, 담요 등은 가능하지만 솜이불과 베개, 신발 등은 넣어서는 안 된다'로 수정한다.**

⋯▸ ⓑ의 앞 문장은 '수거함에 넣을 수 있는 물건과 그렇지 않은 물건을 구분해서 넣어야 한다.'라는 내용이다. ⓑ는 이에 대한 예를 제시하는 문장이므로 〈보기〉의 ㉮를 기준으로 하면 수거함에 넣을 수 있는 물건이나 넣으면 안 되는 물건을 예로 들어야 한다. 따라서 ⓑ를 '의류와 가방, 담요 등은 가능하지만 솜이불과 베개, 신발 등은 넣어서는 안 된다'로 수정하는 것은 적절한 고쳐쓰기 방안이다.

오답인 이유

① **㉮를 기준으로, ⓐ를 '여전히 다른 사람들이 입던 옷을 재사용하는 일을 꺼리는 사람들이 많기 때문이다'로 수정한다.**

⋯▸ ⓐ의 앞 문장의 내용은 의류의 재사용 비율을 높일 수 있으므로 의류 수거함을 올바르게 이용해야 한다는 것이다. ⓐ는 외국의 경우 기부와 판매 등의 방식을 활용한 의류 재사용 비율이 높다는 내용이므로 앞 문장과 긴밀한 관계에 있다고 볼 수 있다. 그런데 '여전히 다른 사람들이 입던 옷을 재사용하는 일을 꺼리는 사람들이 많기 때문이다'는 의류가 재사용되는 비율을 높이는 것과는 관련이 없으므로 적절한 고쳐쓰기 방안이라고 할 수 없다.

② **㉮를 기준으로, ⓑ를 '그러나 배출할 의류가 물에 젖었다면 반드시 말려야 한다'로 수정한다.**

⋯▸ '그러나 배출할 의류가 물에 젖었다면 반드시 말려야 한다'는 접속 표현만 바꾼 것으로, 여전히 내용상 앞 문장과 관련이 적으므로 ㉮를 기준으로 한 고쳐쓰기 방안으로 적절하지 않다.

④ **㉯를 기준으로, ⓐ를 '왜냐하면 주변 친구들 중에는 의류 수거함에 쓰레기를 넣는 친구들이 없기 때문이다'로 수정한다.**

⋯▸ '왜냐하면 주변 친구들 중에는 의류 수거함에 쓰레기를 넣는 친구들이 없기 때문이다'는 의류 수거함을 올바르게 이용해야 한다는 주장을 뒷받침하는 근거로 볼 수 없다. 따라서 ㉯를 기준으로 한 고쳐쓰기 방안으로 적절하지 않다.

⑤ **㉯를 기준으로, ⓑ를 '왜냐하면 이용자들이 재활용 가능 여부를 구분하는 일은 어렵기 때문이다'로 수정한다.**

⋯▸ '왜냐하면 이용자들이 재활용 가능 여부를 구분하는 일은 어렵기 때문이다'는 의류 수거함을 올바르게 이용해야 한다는 주장을 뒷받침하는 근거로 볼 수 없다. 따라서 ㉯를 기준으로 할 때 고쳐쓰기 방안으로 적절하지 않다.

09일 03 레 미제라블 독후 활동

▶ 문제편 88~91쪽

정답 | 11 ③ 12 ⑤ 13 ③ 14 ④

제대로 내용 분석

2022 수능 예시

❖ **유형:** 대화와 학생의 초고(서평)

❖ **주제:** (가)『레 미제라블』에서 인상 깊었던 인물

(나) 미리엘 주교를 중심으로 살펴 본『레 미제라블』의 의미

❖ **내용 요약**

[독후 활동]

[활동 1] 인상 깊은 인물을 선정하여 다양하게 이야기해 보기

[활동 2] 인상 깊은 인물을 중심으로 서평 쓰기

가 대화

대화자	독후 활동을 위해 모인 학생들
내용	–『레 미제라블』에서 인상 깊었던 인물로 미리엘 주교를 선정함 – 주교의 모습은 작가인 빅토르 위고의 사회적 약자에 대한 애정과 인도주의를 보여 줌 – 주교의 행동을 바람직하지 않다고 보는 관점도 존재함

㉯ 초고

1문단	제목의 의미와 작품의 사회적 배경 제시
2문단	미리엘 주교의 행동에 대한 두 가지 관점
3문단	미리엘 주교의 행동에 대한 필자의 생각
4문단	『레 미제라블』의 의미

제대로 질문하기 정답

❶ 미리엘 주교 ❷ × ❸ 프랑스 ❹ ○

11 말하기 방식 파악하기

㉠~㉤에 대한 이해로 적절하지 않은 것은?

정답인 이유

③ ㉢: 인물에 대해 다른 관점에서 생각해 보자는 의견에 의문을 제기하면서 화제를 전환하고 있다.

⋯› '준수'는 ㉢에서 미리엘 주교의 행동을 다른 관점에서도 생각해 볼 수 있을 것 같다고 하였는데 이는 인물에 대하여 다른 관점에서 생각해 보자는 의견을 제시한 것으로, 그 의견에 의문을 제기하면서 화제를 전환하고 있는 것은 아니다.

오답인 이유

① ㉠: '활동 1'을 하기 위해 인상 깊은 인물에 대한 친구들의 생각을 묻고 있다.

⋯› '민지'는 ㉠에서 친구들에게 인상 깊은 인물에 대하여 묻고 있다. '활동 1'이 '인상 깊은 인물을 선정하여 다양하게 이야기해 보기'라는 점을 고려할 때, 이는 '활동 1'을 위해 '민지'가 친구들의 생각을 물은 것으로 볼 수 있다.

② ㉡: 인상 깊은 인물을 누구로 선정할 것인지에 대해 친구들에게 자신의 의견을 제안하고 있다.

⋯› '준수'는 ㉡에서 미리엘 주교를 인상 깊은 인물로 정하는 것이 어떤지를 묻고 있다. 질문의 방식을 사용하였지만 이는 인상 깊은 인물을 미리엘 주교로 선정하자는 의견을 친구들에게 제안하고 있는 것으로 볼 수 있다.

④ ㉣: 자신이 알고 있는 '활동 2'에 대한 정보를 친구들에게 확인하고 있다.

⋯› '준수'는 ㉣에서 다음 독후 활동 내용에 대하여 묻고 있다. 이는 질문의 방식을 통해 '활동 2'와 관련하여 자신이 알고 있는 정보가 맞는지를 확인하고 있는 것으로 볼 수 있다.

⑤ ㉤: 자신에게 필요한 책이나 자료를 빌려 줄 것을 친구에게 부탁하고 있다.

⋯› '민지'는 ㉤에서 재민에게 책이나 자료를 빌려 줄 수 있는지를 묻고 있다. 이는 질문의 방식을 통해 자신에게 필요한 책이나 자료를 빌려 줄 것을 친구에게 부탁하고 있는 것으로 볼 수 있다.

12 표현 전략과 대화의 원리 파악하기

다음을 참고하여 [A], [B]에 나타난 표현 전략과 대화의 원리를 연결한 것으로 가장 적절한 것은?

정답인 이유

⑤ [B], ⓑ, ㉰

⋯› [B]에서 '재민'은 '머리를 긁적이며' 말하고 있는데, 이는 비언어적 표현에 해당한다. 그리고 '정리를 잘하진 못했는데 좋게 봐 줘서 고마워.'는 자신에 대한 칭찬을 최소화하고 자신을 낮추어 말하는 대화의 원리가 활용된 것으로 볼 수 있다.

오답인 이유

① [A], ⓐ, ㉰

⋯› [A]에서 '민지'는 '부드러운 목소리로' 말하고 있는데, 이는 준언어적 표현에 해당한다. 그러나 '혹시 목요일까지 줄 수 있겠니?'라고 묻는 것은 요구 사항을 완곡하게 말하는 것이지, 자신에 대한 칭찬을 최소화하고 자신을 낮추어 말하는 것은 아니다.

② [A], ⓑ, ㉮

⋯› [A]에서 '민지'는 '부드러운 목소리로' 말하고 있는데, 이는 비언어적 표현이 아닌 준언어적 표현에 해당한다. 그리고 '혹시 목요일까지 줄 수 있겠니?'라고 하는 것은 상대가 부담스럽지 않게 말하는 것으로 볼 수 있다.

③ [B], ⓐ, ㉯

⋯› [B]에서 '재민'은 '머리를 긁적이며' 말하고 있는데, 이는 준언어적 표현이 아닌 비언어적 표현에 해당한다. 그리고 '정리를 잘하진 못했는데 좋게 봐 줘서 고마워.'는 자신에 대한 칭찬을 최소화하고 자신을 낮추어 말하는 것이지, 상대를 배려하며 문제의 원인을 자신의 탓으로 돌려서 말하는 것은 아니다.

④ [B], ⓑ, ㉯

⋯› [B]에서 '재민'은 '머리를 긁적이며' 말하고 있는데, 이는 비언어적 표현에 해당한다. 그리고 '정리를 잘하진 못했는데 좋게 봐 줘서 고마워.'는 자신에 대한 칭찬을 최소화하고 자신을 낮추어 말하는 것이지, 상대를 배려하며 문제의 원인을 자신의 탓으로 돌려서 말하는 것은 아니다.

13 상호 평가의 적절성 파악하기

다음은 (가)에 참여한 학생들이 (나)에 대해 상호 평가한 내용이다. (가)와 (나)를 바탕으로 할 때, 평가한 내용으로 적절하지 않은 것은?

정답인 이유

③ 2문단: '활동 1'에 언급된, 작가에 관한 내용을 활용하여 미리엘 주교의 행동이 지닌 한계를 제시한 점

⋯› 2문단의 '한편 다른 관점에서 보면, 주교의 행동은 법의 집행을 어렵게 하여 사회를 혼란에 빠뜨릴 수 있으므로 바람직하지 않다고 주장할 수 있다.'에서 미리엘 주교의 행동이 지닌 한계를 제시하였다고 볼 수 있지만, 2문단에서 작가에 관한 내용을 활용한 부분은 찾아볼 수 없다. 한편 (가)의 '재민'의 말 중 '작가인 빅토르 위고에 대해 좀 찾아봤는데 ~ 작가의 생각을 잘 보여 주는 것 같아.'는 작가에 관한 내용을 활용하여 미리엘 주교의 행동을 평가한 것으로 볼 수 있지만, 그 행동이 지닌 한계를 제시한 것은 아니다.

오답인 이유

① 1문단: '활동 1'에 언급된, 작품의 사회적 배경을 구체화하여 이를 장 발장의 상황과 연결시킨 점

⋯› 1문단의 '배경이 된 당시 프랑스는 ~ 사람들의 삶은 힘겨웠다. 가난한 장 발장의 모습은 시대 현실을 잘 보여 준다.'에서 (가)에 언급

된 작품의 사회적 배경을 구체화하여 이를 장 발장의 상황과 연결시키고 있다.

② 1문단: '활동 1'에 언급되지 않았던, 작품 제목에 대한 정보를 추가하여 문답의 방식으로 제목의 의미를 제시한 점

⋯› 1문단의 ''레 미제라블'이라는 제목의 의미는 무엇일까? '불쌍한 사람들'이라는 뜻이다.'에서는 작품 제목에 대한 정보를 추가하여 문답의 방식으로 그 의미를 제시하고 있다. (가)에서는 작품 제목과 관련한 언급이 없으므로, ②는 평가한 내용으로 적절하다.

④ 4문단: '활동 1'에 언급되지 않았던, 작품 서문의 내용을 추가하여 작품의 의미를 강조하며 마무리한 점

⋯› 4문단의 '작가는 서문에서 "지상에 무지와 빈곤이 존재하는 한, 이 책 같은 종류의 책들도 무익하지는 않으리라."라고 말했다. 무지와 빈곤의 세상을 살아갈 수 있게 하는 사랑의 힘. 「레 미제라블」이 여전히 우리에게 생명력을 지니는 이유이다.'에서는 작품 서문의 내용을 추가하여 작품의 의미를 강조하며 마무리하고 있다. (가)에서는 작품 서문의 내용을 언급하지 않았으므로, ④는 평가한 내용으로 적절하다.

⑤ 3문단: 앞 문단과의 관계를 드러내는 담화 표지를 적절하게 사용하지 못한 점

⋯› 2문단과 3문단에서는 모두 미리엘 주교에 대해 긍정적으로 평가하고 있다. 그런데 3문단에 사용된 담화 표지 '그럼에도 불구하고'는 앞 내용에서 예상되는 결과와 다르거나 상반되는 내용이 뒤에 나타날 때 앞뒤 문장을 이어 주는 말이므로, 앞 문단과의 관계를 드러내는 담화 표지로 적절하지 않다.

14 글쓰기 전략의 적절성 평가하기

〈보기〉를 바탕으로 할 때, (나)에 나타난 쓰기 전략으로 적절하지 않은 것은? [3점]

정답인 이유

④ 조카들을 위해 빵을 훔친 장 발장의 행동을 근거로 들어, 미리엘 주교의 행동은 바람직하지 않다는 주장을 뒷받침하였다.

⋯› 〈보기〉에서 '필자의 관점은 일관성 있게 유지해야 한다.'라고 하였다. (나)에서 필자가 조카들을 위해 빵을 훔친 장 발장의 행동을 언급한 것은 사실이지만, 필자는 오히려 그런 장 발장을 따뜻하게 받아 준 미리엘 주교의 행동 때문에 장 발장이 사랑의 힘을 믿게 되었다며 주교의 행동을 바람직하다고 주장하고 있다.

오답인 이유

① 장 발장의 말을 인용하여 미리엘 주교로 인해 변화한 그의 모습을 보여 줌으로써, 미리엘 주교의 행동에 대해 긍정하는 관점을 드러냈다.

⋯› (나)에서는 '"항상 서로 많이 사랑해라. 이 세상에 그 밖에 다른 것은 별로 없느니라."'라며 장 발장의 말을 인용하였다. 이는 미리엘 주교로 인해 사랑의 힘을 믿게 된 장 발장의 변화된 모습을 보여 주는 것이고 미리엘 주교의 행동에 대해 긍정하는 관점을 드러내고 있으므로, ①은 (나)에 나타난 쓰기 전략으로 적절하다.

② 사회적 약자를 애정으로 대한 미리엘 주교의 행동을 근거로 들어, 필자의 주장을 뒷받침하였다.

⋯› (나)에서 '주교의 행동은 사회적 약자에 대한 인도주의*적 애정'이라고 하면서 미리엘 주교의 행동을 통해 장 발장이 사랑의 힘을 믿게 되었다고 하였다. 따라서 미리엘 주교의 행동을 근거로, 미리엘 주교를 긍정하는 필자의 주장을 뒷받침하고 있으므로, ②는 (나)에 나타난 쓰기 전략으로 적절하다.

* 인도주의(人道主義): 인간의 존엄성을 최고의 가치로 여기고 인종, 민족, 국가, 종교 따위의 차이를 초월하여 인류의 안녕과 복지를 꾀하는 것을 이상으로 하는 사상이나 태도. 예 이번 식량 지원 정책은 인도주의에 입각한 결정이었다.

③ 미리엘 주교의 행동이 장 발장에게 미친 긍정적 영향을 근거로 들어, 미리엘 주교의 행동은 바람직하다는 주장을 뒷받침하였다.

⋯› 전과자의 낙인이 찍힌 장 발장을 따뜻하게 받아 준 미리엘 주교의 행동으로 인해 장 발장은 사랑의 힘을 믿게 되었다. 즉 미리엘 주교의 행동은 장 발장에게 긍정적 영향을 미쳤고 이를 근거로 하여 미리엘 주교의 행동이 바람직하다는 주장을 뒷받침하고 있으므로, ③은 (나)에 나타난 쓰기 전략으로 적절하다.

⑤ 미리엘 주교의 행동에 대해 반대하는 관점의 단점으로, 세상의 모든 이치를 법으로만 판단할 수는 없음을 제시하여 필자의 관점을 강화하였다.

⋯› (나)에서 미리엘 주교의 행동에 대해 반대하는 관점을 언급한 후 '하지만 세상의 모든 이치를 법으로만 판단할 수는 없다.'라며 그 관점의 단점을 제시하였다. 이는 '선택하지 않은 관점의 단점이나 문제점을 근거로 활용하면 필자의 관점을 강화할 수 있다.'는 〈보기〉의 전략이 적용된 것으로 볼 수 있다.

10일 04 장소의 획일화

▶ 문제편 92~94쪽

정답 | 01 ⑤ 02 ② 03 ③ 04 ③

제대로 내용 분석

2021 수능

- **유형**: 대화와 초고(비평하는 글)
- **주제**: (가) 비평문에서 다룰 현안과 관점 정하기
  (나) 장소의 획일화로 인한 문제점과 해결 방안
- **내용 요약**

가 [활동 1] 대화

대화자	비평문 쓰기 모둠 활동을 위해 모인 학생들
내용	대화를 통해 비평문에서 다룰 현안과 그에 대한 관점을 정하고 각자 역할을 분배함

나 [활동 2] 초고 작성

1문단	장소의 획일화 사례와 그것이 바람직하지 않다는 관점
2문단	장소의 획일화로 인한 문제점 ① – 정서적 유대 훼손
3문단	장소의 획일화로 인한 문제점 ② – 경험의 다양성 감소
4문단	장소의 획일화에 대한 다른 관점과 이에 대한 반박
5문단	장소의 획일화에서 벗어나려는 노력의 필요성

제대로 질문하기 정답

❶ × ❷ 신문 ❸ 장소 ❹ ×

01 말하기 전략 이해하기

정답률 95%

대화의 흐름을 고려할 때, ㉠~㉤에 대한 이해로 적절하지 않은 것은?

정답인 이유

⑤ ㉤: 상대의 의도를 정확히 파악했는지 확인하고 있다.

⋯→ '학생 3'은 ㉤과 같이 말하며 장소의 획일화로 생길 수 있는 문제들에 대하여 생각해 보고 의견을 나누자고 제안하고 있다. 이는 이어서 '학생 1'이 자신의 의견을 말하고 있는 데서도 확인할 수 있다. 따라서 ⑤는 ㉤에 대한 이해로 적절하지 않다.

오답인 이유

① ㉠: 상대가 언급한 내용을 구체화하여 확인하고 있다.

⋯→ '학생 1'이 '비평문에서 다룰 현안*'에 대하여 의견을 나눠 보자고 하였고, 이에 대해 '학생 2'는 ㉠과 같이 말하며 현안을 구체화하여 확인하고 있다.

* 현안(懸案): 이전부터 의논하여 오면서도 아직 해결되지 않은 채 남아 있는 문제나 의안. 예 정치인들은 그 현안에 대하여 논의하였다.

② ㉡: 상대의 제안에 대한 자신의 견해를 밝히고 있다.

⋯→ '학생 3'이 '학생들의 독서 실태 개선'을 비평문에서 다룰 현안으로 제안하였고, 이에 대하여 '학생 2'는 ㉡과 같이 말하며 자신의 견해를 밝히고 있다.

③ ㉢: 상대의 의견에 대해 추가 정보를 요청하고 있다.

⋯→ '학생 1'이 신문 기사 중 '장소의 획일화'에 대한 내용이 인상적이었다며 이를 비평문에서 다룰 현안으로 제시하자 '학생 2'는 ㉢과 같이 말하며 추가 정보를 요청하고 있다.

④ ㉣: 상대에게 자신의 생각이 맞는지 확인하고 있다.

⋯→ '학생 1'이 '장소가 ~ 변한 것을 말해.'라며 장소의 획일화에 대해 설명하자, '학생 3'은 사례를 제시한 후 ㉣과 같이 물으며 자신의 생각이 맞는지 확인하고 있다.

02 표현 전략 파악하기

정답률 92%

다음은 '학생 1'이 [활동 1]을 준비하면서 작성한 메모이다. ㉮~㉲ 중 (가)의 '학생 1'의 발화에서 확인할 수 있는 내용만을 고른 것은?

정답인 이유

② ㉮([활동 1]과 관련해 지난 활동에서 논의된 사항 환기), ㉰(매체에서 찾은 현안 제안), ㉲([활동 2]와 관련해 모둠원들의 역할 분담 제안)

⋯→ '학생 1'의 첫 번째 발화인 '지난번에 비평문에서 ~ 찾아보기로 했잖아.'에서 [활동 1]과 관련해 지난 활동의 논의 사항을 환기(㉮)하고 있고, 두 번째 발화인 '얼마 전에 읽은 ~ 인상적이었거든.'에서 신문이라는 매체에서 찾은 현안을 제안(㉰)하고 있음을 확인할 수 있다. 그리고 '학생 1'의 마지막 발화인 '다른 역할도 나눠 볼까?'에서 [활동 2]와 관련해 모둠원들의 역할 분담을 제안(㉲)하고 있음을 알 수 있다.

오답인 이유

㉯(교지에 실린 비평문을 참고 자료로 제시), ㉱(관점을 선정할 때 유의할 점 안내)

⋯→ '학생 1'의 발화에서는 ㉯, ㉱의 내용을 확인할 수 없다.

03 계획에 따른 내용 조직하기

정답률 83% | 매력적인 오답 ④ 9%

'학생 2'가 (가)를 바탕으로 세운 글쓰기 계획 중, (나)에 반영되지 않은 것은?

정답인 이유

③ [활동 1]에서 언급되지 않았던 전문가의 견해를 인용하여 현안에 대한 사회적 인식의 변화에 대해 설명해야겠군.

⋯→ [활동 1]에서는 전문가의 견해를 언급하지 않았고, 견해를 (나)에서는 지리학자 에드워드 렐프의 '나의 장소'에 대한 견해를 제시하고 있다. 그러나 이는 현안인 '장소의 획일화'에 대한 사회적 인식의 변화와 관련된 내용이 아니다.

오답인 이유

④ (매력적인 오답) [활동 1]에서 언급된 문제점과 관련하여, 장소의 획일화가 확산되고 있음을 보여 주는 추가 자료를 활용해야겠군.

⋯→ [활동 1]에서 '학생 3'의 세 번째 발화인 '우리 학교 ~ 변해 버렸잖아.'와 관련하여 (나)에서는 학교 근처 골목길에서 일어난 변화가 동네 곳곳으로 퍼지고 있음을 확인할 수 있다며 '우리 동네 보고서'를 추가 자료로 활용하고 있다.

① [활동 1]에서 선정한 현안이 드러나게 제목을 구성해야겠군.

⋯→ [활동 1]에서 선정한 현안인 '장소의 획일화'가 (나)의 제목인 '이곳저곳 같은 장소, 장소의 획일화 무엇이 문제인가'에 드러나 있다.

② [활동 1]에서 예상 독자도 접했을 만하다고 논의된 경험을 제시하며 글을 시작해야겠군.

⋯→ (나)는 '우리 학교 학생이라면 ~ 있을 것이다.'라며 글을 시작하고 있다. [활동 1]에서 '학생 3'의 세 번째 발화인 '우리 학교 ~ 변해 버렸잖아.'를 통해 이것이 예상 독자도 접했을 만하다고 논의된 경험을 제시한 것임을 알 수 있다.

⑤ [활동 1]에서 다뤄지지 않았던 사례를 추가하여 장소의 획일화에서 벗어나기 위한 노력이 필요함을 부각해야겠군.

⋯→ (나)의 '△△ 재래시장에서는 ~ 얻고 있다.'는 사례를 통해 장소의 획일화에서 벗어나기 위한 노력이 필요함을 부각하고 있는 부분이다. 이 내용은 [활동 1]에서 다루지 않았던 사례이다.

04 내용 점검, 조정하기

정답률 94%

다음은 선생님의 모둠 활동 안내이다. 이에 따라 (나)를 평가한 내용으로 적절하지 않은 것은? [3점]

정답인 이유

③ ⓒ를 고려할 때, 획일화된 장소에 식상함을 느낀 사람들이 장소의 선택권을 요구했다는 점을 근거로 제시하고 있어.

⋯→ (나)에서 '어딜가나 비슷한 장소에 싫증을 느낀 사람들'을 '획일화된 장소에 식상함을 느낀 사람들'로 볼 수 있으나 이들이 '더 이상 그 곳을 찾지 않게' 된다는 내용만 제시하고 있을 뿐 장소의 선택권을 요구했다는 내용은 찾아볼 수 없다.

오답인 이유

① ⓐ를 고려할 때, 장소의 획일화는 바람직하지 않다는 주장을 명시적으로 드러내고 있어.

⋯→ (나)에서는 '이러한 장소의 획일화는 바람직하지 않다.'라며 주장을 명시적으로 드러내고 있다.

② ⓑ를 고려할 때, 장소의 획일화에 대해 부정적으로 생각하는 관점을 일관되게 유지하고 있어.

⋯→ (나)는 장소의 획일화에 대하여 1문단(장소의 획일화는 바람직하지 않음.), 2문단(장소에서 느끼는 정서적 유대가 훼손됨.), 3문단(장소를 통해 얻을 수 있는 경험의 다양성 줄어듦.), 4문단(경제적 효과를 지속하기 어려움.), 5문단(장소의 획일화에서 벗어나려는 노력이 필요함.)까지 장소의 획일화에 대해 부정적으로 생각하는 관점을 일관되게 유지하고 있다.

④ ⓒ를 고려할 때, 장소가 획일화되면 인간이 장소에서 느끼는 정서적 유대와 안정감이 훼손된다는 점을 근거로 제시하고 있어.

⋯→ (나)에서는 '장소의 획일화의 문제점'을 뒷받침하기 위해 '장소가 획일화되면 장소에서 느끼는 정서적 유대가 훼손'된다는 것을 제시한 뒤 그렇게 되면 '장소는 더 이상 애착의 대상이 되지 못하며 안정감을 주지 못한다.'고 하였다.

⑤ ⓓ를 고려할 때, 장소의 획일화를 통해 얻으려는 경제적 효과가 지속되기 어렵다는 점을 비판의 근거로 제시하고 있어.

⋯→ (나)에서는 장소의 획일화가 불가피하다고 주장하는 이들을 비판하는 근거로, 비슷한 장소에 싫증을 느낀 사람들은 더 이상 그곳을 찾지 않게 되어 경제적 효과도 지속되기 어렵다고 하였다.

10일 05 안전한 등굣길

▶ 문제편 95~97쪽

정답 | 05 ③ 06 ⑤ 07 ③ 08 ③

제대로 내용 분석

2021 6월 모의평가

❖ **유형**: 게시판 글과 대화 및 건의문
❖ **주제**: 안전한 등굣길을 위한 노력
❖ **내용 요약**

가 게시판에 올린 글

내용	자가용을 이용한 등교로 인해 등굣길이 위험해진 문제에 대한 해결 방법 요청

나 학생들의 대화

대화자		학생회 학생들
내용	[A] 앞부분	게시판의 글을 읽고 건의문을 작성하기로 함
	[A]	자가용 등교 자제를 제안하자는 의견
	[B]	특별한 사정이 있는 경우를 따로 언급하기로 함
	[B] 뒷부분	자료 제시, 등굣길 안전을 위한 제안을 추가하자는 의견

다 학생들의 건의문

1문단	인사 및 글쓴이 소개
2문단	화제인 등굣길 안전에 대한 관심 유도
3문단	자가용 등교의 위험성 제시
4문단	자가용 이용을 자제해야 함
5문단	안전한 등굣길을 위한 방법
6문단	자가용 등교 자제 시의 장점
7~8문단	건의 내용 촉구 및 마무리
9문단	작성일 및 건의 주체

제대로 질문하기 정답

❶ 등굣길 ❷ × ❸ □□ 경찰서 ❹ ○

05 대화와 글의 특성 이해하기

정답률 87%

(가)~(다)를 비교하여 이해한 내용으로 적절하지 않은 것은?

정답인 이유

③ (가), (나)는 (다)와 달리 의사소통 참여자들이 시간과 공간을 모두 공유하는 상황이므로 (가), (나)에는 언어적 표현 외에 비언어적 표현도 함께 나타나는군.

⋯→ 의사소통 참여자들이 시간과 공간을 모두 공유하는 것은 (나)뿐이다. (나)에는 언어적 표현 외에 '고개를 끄덕이며'와 같이 비언어적 표현도 함께 나타나고 있다.

오답인 이유

① 개인의 경험을 이야기하는 (가)보다 공식적인 성격이 강한 (다)에서 격식을 갖춘 표현이 더 두드러지게 나타나는군.

⋯→ (가)는 한 학생이 자신이 겪은 등굣길 경험에 대하여 홈페이지에 쓴 글이고, (다)는 학생회 학생들이 작성한 건의문이므로, (가)보다 (다)가 공식적인 성격이 더 강하다. (가)는 '~요'의 형태인 비격식체를 사용하고 있고, (다)는 도입부를 제외하면 주로 '~니다'의 형태인 격식체를 사용하고 있다. 따라서 (가)보다 (다)에서 공식적인 성격이 강한 격식을 갖춘 표현이 더 두드러지게 나타나고 있다.

② (나)의 '홈피'와 (다)의 '홈페이지'를 비교해 보면, (다)에서는 줄인 말을 되도록 쓰지 않는 문어적인 특징을 확인할 수 있군.

⋯→ (나)는 학생회 학생들이 나눈 대화로 '홈피'와 같은 줄인 말을 사용하고 있지만, (다)는 건의문으로 '홈페이지'와 같이 줄인 말을 되도록 쓰지 않는 문어적인 특징을 드러내고 있다.

④ (나)의 '학교 올 때', '우리'와 (다)의 '학교에 올 때', '우리가'를 비교해 보면, (나)에서는 조사의 생략이 문어보다 자유롭게 허용되는 구어적인 특징을 확인할 수 있군.

⋯→ (나)는 대화이고 (다)는 건의문이다. (나)는 (다)와 달리 조사를 생략하는 등 구어적인 특징을 드러내고 있다.

⑤ (가)는 (다)처럼 문어 상황이지만 (가)의 '되게', '친구하고', (나)의 '되게', '너하고', (다)의 '몹시', '친구와'를 비교해 보면, (가)에서는 (나)에서처럼 구어적인 특징을 확인할 수 있군.

⋯→ (가)는 자유 게시판에 쓴 글로 (다)처럼 문어 상황이지만, 대화인 (나)처럼 '되게', '친구하고' 등 구어적인 표현을 사용한 것에서 구어적인 특징을 확인할 수 있다.

06 표현 전략 파악하기

정답률 91%

[A], [B]에 대한 설명으로 가장 적절한 것은?

정답인 이유

⑤ **[A], [B] 모두에서 '학생 2'는 질문의 형식을 활용하여 '학생 1'의 의견에 대해 추가로 생각할 점이 있음을 밝히고 있다.**

⋯→ [A]에서 '학생 1'의 '학생들이 ~ 제안하면 좋겠어.'라는 의견에 대해 '학생 2'는 '그런데, ~ 아닐까?'라고 하였고, [B]에서는 '학생 1'의 '누군가의 ~ 있다고 봐야지.'라는 의견에 '학생 2'는 '그렇다고 ~ 없잖아?'라며 [A], [B]에서 모두 질문의 형식을 활용하여 '학생 1'의 의견에 대해 추가로 생각할 점이 있음을 밝히고 있다.

오답인 이유

① **[A]에서 '학생 1'은 '학생 2'의 발화를 듣고 자신이 확인한 주변 상황을 근거로 들어 '학생 2'의 의견을 뒷받침하고 있다.**

⋯→ [A]에서 '학생 2'의 '자가용 ~ 아닐까?'라는 발화를 듣고 '학생 1'은 '내 기억에 ~ 별로 없던데?'라며 자신이 확인한 주변 상황을 근거로 '학생 2'의 의견을 뒷받침이 아닌 반박을 하고 있다.

② **[A]에서 '학생 3'은 '학생 1'의 발화 중 일부를 재진술하여 '학생 1'이 제시한 상황에 대한 자신의 이해가 정확한지 확인하고 있다.**

⋯→ [A]에서 '학생 1'은 학교 올 때 자가용 이용을 자제하자고 제안하면 좋겠다는 의견을 제시하였다. 이에 대하여 학생 3은 어떤 방법으로 오든 그것은 '개인의 선택에 맡겨야 할 문제'라며 '학생 1'과 다른 의견을 제시하였다. 또한 '학생 1'의 발화 중 일부를 재진술하거나 자신의 이해가 정확한지 확인하고 있지 않다.

③ **[B]에서 '학생 1'은 자신의 관점과 상반되는 다수의 생각을 언급하며 자신의 의견이 지닌 차별성을 부각하고 있다.**

⋯→ [B]에서 '학생 1'은 댓글을 근거로 자가용 등교 때문에 등굣길이 안전하지 않다는 자신의 관점과 같은 다수의 생각을 언급하며 자신의 의견이 정당함을 밝히고 있다.

④ **[B]에서 '학생 3'은 '학생 2'가 한 말을 요약하며 '학생 2'의 견해가 지닌 한계를 드러내고 있다.**

⋯→ [B]에서 '학생 3'은 '학생 2'가 제시한 '그렇다고 특별한 사정이 있는 애들까지 자가용 등교를 미안해하게 만들 필요는 없잖아?'라는 견해를 수용하여 '글 쓸 때 이런 경우는 이해해 주자고 따로 언급'하자고 제안하고 있다.

07 반응의 적절성 평가하기

정답률 93%

〈보기〉를 참고할 때, ㉠~㉤에 대한 반응으로 가장 적절한 것은?

정답인 이유

③ **㉢에서 구체적인 수치를 사용하여 현황을 보여 준 것은 객관적인 자료를 제시하여 이성적 설득 전략을 활용한 것으로 볼 수 있겠어.**

⋯→ ㉢은 □□ 경찰서의 자료를 제시해 교통사고 발생률이 일과 시간과 대비하여 등교 시간에 67% 정도 높다는 구체적인 수치를 객관적으로 제시하고 있다. 이는 〈보기〉의 내용 중 '객관적 자료 활용하기'를 이용한 '이성적 설득 전략'을 활용한 것이다.

오답인 이유

① **㉠에서 현안과 관련한 예상 독자의 경험을 언급한 것은 필자의 주장이 전문가의 의견에 부합함을 강조하고 있다고 볼 수 있겠어.**

⋯→ ㉠은 현안인 '안전한 등굣길'과 관련하여 예상 독자의 경험을 언급한 부분으로, 〈보기〉의 내용 중 '독자의 감정에 호소하는 감성적 설득 전략'을 활용하였다. 이는 필자의 주장이 전문가의 의견에 부합함을 강조하는 내용으로는 볼 수 없다.

② **㉡에서 필자의 경험을 제시하고 그와 대비되는 예상 독자의 경험을 제시한 것은 독자의 감정에 호소하여 설득의 효과를 높이고 있다고 볼 수 있겠어.**

⋯→ ㉡은 자가용 등교의 장점과 단점을 언급한 것으로, 〈보기〉의 내용과 관련이 없다.

④ **㉣에서 예상 독자가 제기할 수 있는 이견을 언급한 것은 그 의견이 실현 불가능한 것임을 밝혀 필자의 주장이 우위에 있음을 드러내기 위한 것으로 볼 수 있겠어.**

⋯→ ㉣은 예상 독자가 제기할 수 있는 이견을 언급한 것으로 〈보기〉의 내용 중 '예상 반론을 언급'을 이용한 '이성적 설득 전략'을 활용한 부분이다. 자가용 이용이 불가피한 상황을 담고 있으므로 실현 불가능한 상황과는 관련이 없다.

⑤ **㉤에서 현재의 상황이 지속됨으로써 발생할 결과를 설의적인 표현으로 제시한 것은 표현 방식을 활용하여 설득적 효과를 높이고 있는 것으로 볼 수 있겠어.**

⋯→ ㉤은 현재의 상황이 지속됨으로써 발생할 결과가 아닌 현재 상황을 개선해야 한다는 주장을 설의적으로 표현한 것이다. 이는 〈보기〉의 내용 중 '설의법'을 활용한 것에 해당한다.

08 글쓰기 내용 조직하기

정답률 89%

〈보기〉는 (나)를 반영하여 (다)를 쓸 때 적용한 내용 전개 과정이다. 〈보기〉의 ⓐ~ⓔ에 따라 (나)와 (다)를 관련지어 이해한 내용으로 적절하지 않은 것은?

정답인 이유

③ **ⓒ: (나)에서 자가용 이용이 불가피한 학생이 있음을 언급한 것을 반영하여, (다)에서는 집이 먼 경우 부지런히 등교 준비를 해야 한다는 것을 해결 방안으로 제시하고 있다.**

⋯→ 〈보기〉의 ⓒ는 '해결 방안 제시'이다. (나)에서 '학생 2(두 번째 발화)'는 자가용 이용이 불가피한 학생이 있음을 언급하였고, (다)에서 '물론 ~ 불가피할 수 있습니다.'라며 이를 반영하였다. 그러나 (다)에서는 그러한 불가피한 경우가 아니라면, 자가용 이용을 자제하는 것이 필요하다고 하였고, '집이 먼 경우 부지런히 등교 준비를 해야 한다는 것'을 해결 방안으로 제시하지 않았다.

오답인 이유

① **ⓐ: (나)에서 안전한 등굣길 만들기를 화제로 삼았던 것을 반영하여, (다)에서는 이와 관련한 독자의 일상을 떠올려 보게 함으로써 화제에 대한 주의를 환기하고 있다.**

⋯→ 〈보기〉의 ⓐ는 '주의 환기'이다. (나)에서 '학생 1(두 번째 발화)'은 안전한 등굣길을 만들기 위해 건의문을 써서 게시하자며 '안전한 등굣길 만들기'를 화제로 삼았다. 이를 반영하여, (다)에서는 '오늘 아침 여러분의 등굣길은 어떤 모습이었나요? 안전했나요?'라며 독자의 일상을 떠올려 보게 함으로써 화제에 대한 주의를 환기하고 있다.

② **ⓑ: (나)에서 자가용 등교로 인해 등굣길이 위험하다는 인식을 드러낸 것을 반영하여, (다)에서는 자가용 등교가 학교 주변 환경과 맞물려 심각한 문제가 되고 있음을 제시하고 있다.**

⋯→ 〈보기〉의 ⓑ는 '문제 상황 제시'이다. (나)에서 '학생 1(다섯 번째 발화)'은 자가용 등교 때문에 등굣길이 안전하지 않다며 등굣길이 위험하다는 인식을 드러내고 있다. 이를 반영하여, (다)에서는 학교 앞 도로가 좁아 횡단보도에 자가용이 정차하는 경우가 많아 몹시 위험

하다며, 학교 주변 환경과 맞물려 심각한 문제가 되고 있음을 제시하고 있다.

④ ⓓ: (나)에서 자가용 등교 자제가 자신에게도 좋은 점이 있음을 알려 주자고 한 의견을 반영하여, (다)에서는 자가용 이용을 자제했을 때 예상되는 긍정적 변화를 구체화하고 있다.

··· 〈보기〉의 ⓓ는 '예상 효과 구체화'이다. (나)에서 '학생 1(여섯 번째 발화)'은 자가용 등교 자제가 남은 물론 자기한테도 좋은 점이 있다는 것도 알려 주면 좋겠다고 하였다. 이를 반영하여, (다)에서는 자가용 이용을 자제했을 때 차에 놀라며 걷는 대신 여유로운 발걸음으로 교문을 들어설 수 있고, 규칙적인 생활 습관도 갖게 될 것이라며 예상되는 긍정적 변화를 구체화하고 있다.

⑤ ⓔ: (나)에서 등굣길 안전을 확보하기 위한 방법으로 언급한 제안들을 반영하여, (다)에서는 등교 시에 유념할 행동 방향을 제시하며 독자가 이를 실천하도록 촉구하고 있다.

··· 〈보기〉의 ⓔ는 '행동 촉구'이다. (나)에서 등굣길 안전을 확보하기 위한 방법으로 '학생 1(세 번째 발화)'은 '학교 올 때 자가용 이용은 자제하자', '학생 2(마지막 발화)'는 '등굣길에 주변을 살피며 걸어야 한다'를 제안하였다. 이를 반영하여, (다)에서는 '자가용 이용을 자제하고 주변을 살피며 걸어' 달라면서 등교 시에 유념할 행동 방향을 제시하며 독자가 이를 실천하도록 촉구하고 있다.

10일 06 산림 치유 프로그램

▶ 문제편 98~101쪽

정답 | 09 ② 10 ④ 11 ④ 12 ⑤

제대로 내용 분석

2021 9월 모의평가

❖ 유형: 인터뷰 대화와 수기

❖ 주제: (가) 산림 치유 프로그램의 소개와 치유 효과
(나) 산림 치유 프로그램 참가 경험과 느낀 점

❖ 내용 요약

가 방송 인터뷰

대화자	진행자	– 산림 치유 및 산림 치유 프로그램에 대한 소개 요청 – 주요 참여 계층, 운영 장소, 참가 신청 방법 등 질문
	지도사	– 산림 치유의 개념, 산림 치유 프로그램 중 숲 명상 사례 소개 – 참여 시 좋은 점과 참가 신청 방법 등 안내

나 학생의 수기

1문단	산림 치유 프로그램에 참여하게 된 계기
2문단	'쉼숲' 프로그램을 선택한 과정과 선택 이유
3문단	'쉼숲' 프로그램에서 제일 좋았던 활동과 느낀 점

제대로 질문하기 정답

❶ × ❷ ○ ❸ 스트레스 ❹ 나무와 대화하기

09 표현 전략 사용하기

정답률 92%

(가)에 나타난 의사소통 방식으로 적절하지 않은 것은?

정답인 이유

② '지도사'는 '진행자'가 잘못 이해하고 질문한 내용을 바로잡아 주고 있다.

··· (가)에서 '지도사'의 발화를 살펴보면, '진행자'가 잘못 이해하여 질문한 내용을 바로잡아 주고 있는 부분은 찾아볼 수 없다.

오답인 이유

① '진행자'는 '지도사'의 답변에 자신의 의견을 덧붙이고 있다.

··· (가)에서 '지도사'의 세 번째 발화 내용인 '최근에는 청소년 대상 프로그램의 인기가 높습니다.'라는 답변에, '진행자(네 번째 발화)'는 '제 생각에는 ~ 그런 것 같네요.'라며 자신의 의견을 덧붙이고 있다.

③ '진행자'는 '지도사'의 답변에 대한 추가 정보를 요청하는 질문을 하고 있다.

··· (가)에서 '지도사'의 일곱 번째 발화 내용인 '적절한 장소를 골라 참가 신청을 하고 이용하시면 됩니다.'라는 답변에, '진행자(여덟 번째 발화)'는 '말씀하신 ~ 할 수 있나요?'라며 추가 정보를 요청하는 질문을 하고 있다.

④ '진행자'는 자신의 경험을 언급하며 '지도사'의 질문에 대해 답변하고 있다.

··· (가)에서 '지도사'의 네 번째 발화 내용인 '진행자께서도 스트레스 때문에 힘들었던 적 있으신가요?'라는 질문에 대해 '진행자(다섯 번째 발화)'는 '네, 업무 처리가 ~ 받았던 적이 있습니다. 그럴 땐 좀 힘들죠.'라고 자신의 경험을 언급하며 답변하고 있다.

⑤ '지도사'는 기대되는 긍정적인 결과를 언급하며 '진행자'의 참여를 권유하고 있다.

··· (가)에서 '지도사(여섯 번째 발화)'는 '진행자께서도 참여하시면 ~ 편해지실 겁니다. 꼭 한번 참여해 보세요.'라며 스트레스가 줄어들고 마음이 편해질 것이라고 긍정적인 결과를 언급하면서 '진행자'의 참여를 권유하고 있다.

10 내용 생성하기

정답률 94%

(가)와 (나)를 고려할 때, 학생이 글을 쓰기 위해 떠올렸을 생각으로 적절하지 않은 것은?

정답인 이유

④ 인터뷰에서 숲의 환경 요소가 심신에 좋은 영향을 준다고 했는데, 산림 치유 프로그램에서 만난 다른 사람들도 좋은 영향을 받았음을 언급해야겠다.

··· (가)에서 지도사(두 번째 발화)는 '산림 치유란 ~ 심신의 건강을 회복시키는 것'이라면서 숲의 환경 요소가 심신에 좋은 영향을 준다고 설명하였다. 그러나 (나)에서는 산림 치유 프로그램에서 만난 다른 사람들에 대해서 언급하지 않았으므로, ④는 학생이 글을 쓰기 위해 떠올렸을 생각으로 적절하지 않다.

오답인 이유

① 인터뷰에서 숲을 비유적으로 표현했는데, 그 어구를 활용해 산림 치유 프로그램이 나에게 도움이 되었음을 제시해야겠다.

··· (가)에서 지도사(마지막 발화)는 '숲은 마음을 토닥여 주는 친구'라며 숲을 비유적으로 표현하였고, (나)의 3문단에서는 '인터뷰에서 숲을 '마음을 토닥여 주는 친구'라고 했던 말이 마음에 와닿았다.'라

고 이를 활용한 표현을 사용해 산림 치유 프로그램이 자신에게 도움이 되었음을 제시하고 있다.

② 인터뷰에서 산림 치유 프로그램이 스트레스 해소에 좋다고 했는데, 그 점이 프로그램에 참여하는 계기였음을 밝혀야겠다.

⋯→ (가)에서 지도사(다섯 번째, 여섯 번째 발화)는 스트레스로 마음이 지쳤을 때 산림 치유 프로그램이 도움이 될 수 있다며 산림 치유 프로그램이 스트레스 해소에 좋다고 하였다. 그리고 (나)의 1문단에서는 '인터뷰에서는 ~ 낮춰 준다고 했다. 그런 점이 나에게 도움이 될 것 같아'라며 그러한 점이 프로그램에 참여하는 계기였음을 밝히고 있다.

③ 인터뷰에서 산림 치유 프로그램에 청소년들도 참가한다고 했는데, 이 말을 듣고 산림 치유 프로그램에 대한 기존의 생각이 바뀌었음을 밝혀야겠다.

⋯→ (가)에서 지도사(세 번째 발화)는 '청소년부터 노년층까지' 참여한다고 하였고, (나)의 2문단에서는 '내 생각과 달리 인터뷰에서는 산림 치유 프로그램에 어른들만 참여하는 것이 아니라고 했다.'라며 인터뷰를 듣고 산림 치유 프로그램에 대한 기존의 생각이 바뀌었음을 밝히고 있다.

⑤ 인터뷰에서 청소년을 대상으로 하는 산림 치유 프로그램의 운영 시기와 장소에 대한 정보를 얻지 못했는데, 이에 대한 구체적 정보를 누리집에서 찾을 수 있었음을 언급해야겠다.

⋯→ (가)에서는 청소년을 대상으로 하는 산림 치유 프로그램의 운영 시기와 장소에 대해 별도로 언급하지 않았다. (나)에서 글쓴이는 이에 대하여 '인터뷰에서 알려 준 누리집에 들어가 보니 자세한 내용을 확인할 수 있었다.'라며 구체적인 정보를 누리집에서 찾을 수 있었음을 언급하였다.

11 자료 활용하기

정답률 94%

〈보기 1〉은 '지도사'가 받은 전자 우편의 내용이고, 〈보기 2〉는 '지도사'가 인터뷰를 위해 준비한 자료이다. ㉠~㉢의 활용 계획 중 (가)에 드러나지 않은 것은? [3점]

정답인 이유

④ [질문 2]에 대한 답변 과정에서 ㉡을 제시하며, 많은 직장인이 스트레스 관련 질환 주의군에 속한다는 점을 언급해야겠군.

⋯→ (가)에서 [질문 2]에 대하여 지도사(다섯 번째 발화)는 ㉡(표)을 제시하며 '참가 전과 후를 비교해 보면 두 집단 모두 스트레스 점수의 평균값이 절반 이하로 감소했음을 알 수 있'다고 하였지만, 많은 직장인이 스트레스 관련 질환 주의군에 속한다는 점에 대해서는 언급하고 있지 않다.

오답인 이유

① [질문 1]에 대한 답변 과정에서 ㉠을 제시하며, 실제 산림 치유 프로그램 활동을 간접 체험해 보도록 안내해야겠군.

⋯→ (가)에서 [질문 1]에 대하여 지도사(두 번째 발화)는 ㉠(동영상)을 제시하였고, '시청자 분들께서는 ~ 귀 기울여 보세요. 숲의 ~ 편안해지실 겁니다.'라며 실제 산림 치유 프로그램 활동을 간접 체험해 보도록 안내하고 있다.

② [질문 1]에 대한 답변 과정에서 ㉠을 제시하여, 영상과 소리를 통해 산림 치유 프로그램 활동을 생생하게 전달해야겠군.

⋯→ (가)에서 [질문 1]에 대하여 지도사(두 번째 발화)는 ㉠(동영상)을 제시하였고, 화면을 통해 숲의 짙은 녹음과 맑은 새소리를 보고 듣게 함으로써 산림 치유 프로그램 활동을 생생하게 전달하고 있다.

③ [질문 2]에 대한 답변 과정에서 ㉡을 제시하여, 수치 변화로 알 수 있는 산림 치유 프로그램의 효과를 보여 줘야겠군.

⋯→ (가)에서 [질문 2]에 대하여 지도사(다섯 번째 발화)는 ㉡(표)을 제시하였고, 산림 치유 프로그램에 참가하기 전과 후를 비교해 스트레스 점수의 평균값이 절반 이하로 감소하였음을 보여 주었다. 이는 수치 변화로 알 수 있는 산림 치유 프로그램의 효과를 보여 주는 것이다.

⑤ [질문 3]에 대한 답변 과정에서 ㉢을 제시하며, 산림 치유 프로그램 운영 장소의 수와 분포에 대한 정보를 제공해야겠군.

⋯→ (가)에서 [질문 3]에 대하여 지도사(일곱 번째 발화)는 ㉢(그림)을 제시하였고, '한 곳의 산림 치유원과 스물일곱 곳의 국공립 치유의 숲이 여러 시 · 도에 분산돼 운영되고 있'다며 산림 치유 프로그램 운영 장소와 분포에 대한 정보를 제공하고 있다.

12 내용 점검, 조정하기

정답률 94%

다음을 고려할 때, [A]에 들어갈 내용으로 가장 적절한 것은?

정답인 이유

⑤ 성격 때문에 속상해하던 나는 나무와 대화를 나누고 나서, 속상했던 마음이 풀리고 내 성격을 인정하게 되었다. 이제 내 모습을 아끼며 살아갈 것이다.

⋯→ 체험의 의미가 부각되도록 프로그램에 참여하기 전과 후의 마음 상태는 '성격 때문에 ~ 인정하게 되었다.'에 표현하고 있고, 삶의 자세에 대한 다짐은 '이제 내 모습을 아끼며 살아갈 것이다.'에 나타나 있다.

오답인 이유

① 주말에 집에만 틀어박혀 지내던 나는 이제 주말이 오면 종종 숲으로 향한다. 숲이 내가 믿고 기댈 수 있는 친구가 되었기 때문이다.

⋯→ 체험의 의미가 부각되도록 프로그램에 참여하기 전과 후의 마음 상태를 표현하지 않았고, 삶의 자세에 대한 다짐 또한 나타나 있지 않다.

② 고민거리를 지니고 있던 나는 나무와 대화를 나눈 후 마음의 짐을 덜어 낼 수 있었다. 산림 치유의 효과를 실감한 뜻깊은 시간이었다.

⋯→ '고민거리를 ~ 덜어 낼 수 있었다.'에 프로그램에 참여하기 전과 후의 마음 상태를 모두 표현하고 있지만, 삶의 자세에 대한 다짐은 나타나 있지 않다.

③ 인터뷰에서 알게 된 산림 치유 프로그램을 직접 경험해 보니 정말 만족스러웠다. 앞으로 힘든 일이 생길 때마다 숲을 찾아가 숲의 응원을 받고 와야겠다.

⋯→ '앞으로 ~ 응원을 받고 와야겠다.'에 삶의 자세에 대한 다짐을 나타냈지만, 프로그램에 참여하기 전과 후의 마음 상태는 표현하고 있지 않다.

④ 이제 나는 집에 돌아와 다시 일상을 보내고 있다. 나를 따뜻하게 맞아 주던 숲을 기억하면서 나도 다른 사람들에게 향기로운 사람이 되려고 노력할 것이다.

⋯→ '나를 따뜻하게 ~ 노력할 것이다.'에 삶의 자세에 대한 다짐을 나타냈지만, 프로그램에 참여하기 전과 후의 마음 상태는 표현하고 있지 않다.

11일 07 인공 지능의 면접 활용

▶ 문제편 102~105쪽

정답 | 01 ⑤ 02 ② 03 ④ 04 ②

제대로 내용 분석

2020 수능

❖ 유형: 토론과 초고(주장하는 글)
❖ 주제: (가) 인공 지능을 면접에 활용하는 것에 대한 토론
(나) 인공 지능을 면접에 활용하는 것에 대한 반대 입장과 그 근거
❖ 내용 요약

㉮ 토론

논제		인공 지능을 면접에 활용하는 것이 바람직하다.
내용	[A] 앞부분	사회자의 논제 제시와 찬성 측의 입론
	[A]	반대 측의 반대 신문과 찬성 측의 재반론
	[B] 앞부분	반대 측의 입론
	[B]	찬성 측의 반대 신문과 반대 측의 재반론

㉯ 학생의 초고

1문단	논제에 대한 반대 입장과 물음 제시
2문단	반대 근거 ① – 인공 지능은 도구일 뿐임
3문단	반대 근거 ② – 인공 지능은 타당한 판단을 할 수 없음
4문단	반대 근거 ③ – 인공 지능은 타인의 잠재력을 발견할 수 없음

제대로 질문하기 정답

❶ × ❷ 빅 데이터 ❸ 면접 ❹ ○

01 말하기 과정 분석하기

정답률 92%

(가)의 입론을 쟁점별로 정리한 내용으로 적절하지 않은 것은?

정답인 이유

⑤ 빅 데이터에 근거하지 않고 왜곡된 정보를 바탕으로 평가하므로 객관적이지 않음을 강조하고 있다.

⋯› 반대 1은 입론에서 '인공 지능의 빅 데이터는 왜곡될 가능성'이 있다며 빅 데이터는 사회에서 형성된 정보가 축적된 결과물로서 특정 대상과 시안에 치우친 것일 수 있다고 하였다. 이는 인공 지능을 활용한 면접이 빅 데이터에 근거하지 않았다는 것이 아니라, 정보가 빅 데이터를 근거로 할 때에 왜곡될 수 있다는 점을 강조한 것이다.

오답인 이유

① 기술적 결함으로 인한 문제 상황을 제시하여 지원자가 오히려 불편할 수 있음을 강조하고 있다.

⋯› 반대 1은 입론에서 '인공 지능을 활용한 면접은 기술적 결함'이 발생할 수 있어 '면접이 원활하지 않거나 중단되어 지원자들에게 불편함'을 줄 수 있다고 강조하고 있다.

② 면접에 소요되는 인력을 줄임으로써 경제적 효과가 큼을 비용 절감의 사례를 통해 강조하고 있다.

⋯› 찬성 1은 입론에서 회사는 면접에 소요되는 인력을 줄여, 비용 절감 측면에서 경제성이 크다며 ○○ 회사의 사례를 통해 이를 강조하고 있다.

③ 경제적 가치를 창출할 인재를 놓치게 되는 점을 들어 장기적으로는 경제적이지 않음을 밝히고 있다.

⋯› 반대 1은 입론에서 현재의 경제성만 고려하면 미래에 더 큰 경제적 가치를 창출할 인재를 놓치게 돼 결국 경제적이지 않다고 밝히고 있다.

④ 면접관의 주관에 영향을 받지 않고 일관된 평가 기준을 적용할 수 있어 객관적임을 밝히고 있다.

⋯› 찬성 1은 입론에서 '기존 방식의 면접에서는 면접관의 주관이 개입될 가능성'이 크지만 '인공 지능을 활용한 면접에서는 빅 데이터를 바탕으로 한 일관된 평가 기준'을 적용할 수 있다며 인공 지능을 활용한 면접이 객관적임을 밝히고 있다.

02 목적 추론하기

정답률 94%

[A], [B]에 대한 설명으로 가장 적절한 것은?

정답인 이유

② [A]의 찬성 1은 상대측의 이의 제기에 대해 반박하며 자료를 통해 자신의 주장이 타당함을 강조하고 있다.

⋯› 반대 2가 '면접관의 생각이나 견해가 면접 상황에서 중요한 판단 기준'이 돼야 한다고 이의를 제기한 것에 대해 찬성 1은, 면접관은 '지원자의 잠재력'을 판단하기 어렵다며 회사 관리자들을 대상으로 한 설문 조사 자료를 통해 상대측의 이의 제기에 대해 반박하면서 자신의 주장이 타당함을 강조하고 있다.

오답인 이유

① [A]의 반대 2는 상대측이 제시한 근거의 적절성에 의문을 제기하며 적합한 사례를 요구하고 있다.

⋯› [A]에서 반대 2는 '면접관의 생각이나 ~ 돼야 하지 않을까요?'라며 상대측이 제시한 근거의 적절성에 의문을 제기하였지만, 적합한 사례를 요구하고 있지는 않다.

③ [B]의 찬성 1은 상대측의 진술 내용에 이의를 제기하며 사실 관계를 확인할 수 있는 자료를 추가로 요청하고 있다.

⋯› [B]에서 찬성 1은 '△△ 회사는 인공 지능을 활용한 면접을 폐지'했다는 상대측의 진술 내용에 대하여, 통계 자료를 들어 인공 지능을 면접에 활용하는 것은 확대되고 있는 추세라고 말하며 이의를 제기하였다. 그러나 사실 관계를 확인할 수 있는 자료를 추가로 요청하고 있지는 않다.

④ [B]의 반대 1은 상대측이 제시한 근거 자료의 출처를 확인하고 새로운 정보를 통해 향후 전망을 제시하고 있다.

⋯› [B]에서 반대 1은 상대측이 제시한 인공 지능을 면접에 활용하는 것이 확대되고 있는 추세임을 보여 주는 통계 자료의 출처를 확인하고 있지 않다. 또한 '인공 지능을 활용한 면접의 한계가 드러난다면 이를 폐지하는 기업이 늘어나게 될 것'이라며 향후 전망을 제시하고 있지만, 새로운 정보를 통해 제시하고 있지는 않다.

⑤ [A]의 찬성 1과 [B]의 반대 1은 모두 상대측이 언급한 의견에 이의를 제기하고 실현 가능한 방안을 추가하고 있다.

⋯› [A]의 찬성 1과 [B]의 반대 1은 상대측이 언급한 의견에 재반론을 하며 이의를 제기하고 있지만 실현 가능한 방안을 추가하고 있지는 않다.

03 내용 생성하기

정답률 93%

〈보기〉를 바탕으로 (나)의 끝 부분에 새로운 문단을 이어 쓴다고 할 때, 그 내용으로 가장 적절한 것은?

정답인 이유

④ **인공 지능은 인간을 대체할 수 없다. 인간의 삶을 결정하는 주체는 인간이고 인공 지능은 인간이 이용하는 객체일 뿐임을 명심해야 한다.**

⋯› 1문단의 첫째 물음인 '인공 지능이 인간을 대신할 수 있을까?'에 대해서는 '인공 지능은 인간을 대체할 수 없다.'라고 입장을 드러내었다. 그리고 둘째 물음인 '인간과 인공 지능의 관계는 어떠해야 할까?'에 대해서는 2문단에 썼던 두 단어인 '주체'와 '객체'를 활용하여 '인간의 삶을 결정하는 주체는 인간이고 인공 지능은 인간이 이용하는 객체일 뿐'이라고 두 관계를 드러내었다.

오답인 이유

① **인공 지능은 인간의 고유한 영역을 대신할 수 없다. 인공 지능과 인간의 의사소통을 통한 사회적 관계 형성은 불가능하다.**

⋯› '인공 지능은 인간의 고유한 영역을 대신할 수 없다.'는 〈보기〉에서 언급한 '1문단에서 제기한 첫째 물음'에 대한 입장을 드러낸 것이지만, '둘째 물음'에 대한 내용은 나타나 있지 않다.

② **인공 지능은 인간을 대신하기보다는 보조하는 도구이어야 한다. 그러므로 인간은 인공 지능과 공존할 수 있는 길을 모색해야 한다.**

⋯› '인공 지능은 ~ 도구이어야 한다.'는 〈보기〉에서 언급한 '첫째 물음'에 대한 입장으로 적절하다. 그러나 '둘째 물음'에 대하여 인공 지능과 인간의 관계를 나타내기 위해 쓴 '공존'이라는 단어는 2문단에 썼던 단어가 아니다.

③ **인공 지능은 인간보다 우위에 있을 수 없다. 그러나 인공 지능이 지속적으로 발전하고 있으므로 인간이 객체가 되는 날이 머지않았다.**

⋯› '인공 지능은 ~ 없다.'는 〈보기〉에서 언급한 '첫째 물음'에 대한 입장으로 명확하지 않다. 또한 '둘째 물음'에 대하여 2문단에 썼던 '객체'라는 단어 하나만 활용하였고, 인간과 인공 지능의 관계에 대해서도 분명하게 드러내고 있지 않다.

⑤ **객체인 인공 지능을 이용하는 인간의 태도가 무엇보다 중요하다. 인간은 인공 지능과의 소통을 통해 자신의 삶을 주체적으로 이끌어 가야 한다.**

⋯› '객체인 ~ 중요하다.'는 〈보기〉에서 언급한 '첫째 물음'에 대한 입장으로 적절하지 않고, '둘째 물음'에 대하여 2문단에 썼던 '주체'라는 단어를 활용하였지만 인간과 인공 지능의 관계에 대해서는 드러내고 있지 않다.

04 글쓰기 전략 점검하기

정답률 90%

다음은 (가)에 청중으로 참여한 학생이 (나)를 쓰기 위해 작성한 과제 학습장의 일부이다. (나)에 반영되지 않은 것은?

정답인 이유

② **ⓒ(인공 지능이 지닌 기술적 결함을 근거로 활용하여 기계가 인간을 평가하는 것이 정당하지 않음을 강조해야겠어.)**

⋯› 과제 학습장에는 반대 1의 입론에 대하여 '인공 지능이 지닌 기술적 결함을 근거로 활용하여 기계가 인간을 평가하는 것이 정당하지 않음을 강조'해야겠다고 하였다. (나)의 2문단에서는 '기계가 인간을 평가하는 것은 정당하지 않다.'고 언급하면서 그 근거로 인공 지능이 도구에 불과하다는 것을 제시하였고, 인공 지능이 지닌 기술적 결함을 근거로 활용하고 있지는 않다.

오답인 이유

① **㉠(논제에 대한 나의 입장을 밝히며 인공 지능 앞에서 면접을 치르는 인간의 모습에 대한 느낌을 제시해야겠어.)**

⋯› (나)의 1문단에서는 '인공 지능을 면접에 활용하는 것은 바람직하지 않다.'라며 자신의 입장을 밝히고 있고, '인공 지능 앞에서 면접을 보느라 진땀을 흘리는 인간의 모습을 생각하면 너무 안타깝다.'라며 인간의 모습에 대한 느낌을 제시하고 있다.

③ **ⓒ(인간은 말과 행동의 이면에 담긴 의미까지 고려할 수 있으므로 인공 지능과 대조되는 고유한 사고 능력이 있음을 강조해야겠어.)**

⋯› (나)의 3문단에서는 '인공 지능이 발전하더라도 인간과 같은 사고는 불가능하다.'라며 인공 지능은 겉으로 드러난 것만을 분석하고, 인간은 이면의 의미까지 고려하여 사고한다며 인공 지능과 대조되는 고유한 사고 능력이 있음을 강조하고 있다.

④ **㉣(인공 지능은 사회에서 형성된 정보에 기반하여 결과를 도출해 내는 기계일 뿐이므로 타당한 판단을 할 수 없음을 부각해야겠어.)**

⋯› (나)의 3문단에서는 인공 지능은 '빅 데이터를 바탕으로 결과를 도출해 내는 기계에 불과'하여 '통계적 분석을 할 뿐 타당한 판단을 할 수 없다.'라고 이를 부각하고 있다.

⑤ **㉤(타인의 잠재력은 인공 지능으로 파악할 수 있는 것이 아니라 사회적 관계에서 축적된 인간의 경험으로 파악할 수 있음을 제시해야겠어.)**

⋯› (나)의 4문단에서 타인의 잠재력은 사회에서 의사소통을 통해 관계를 형성하는 '이 과정에서 축적된 인간의 경험이 바탕이 되어야' 발견할 수 있다고 제시하고 있다.

11일 08 한옥 관광지 조성 사업

▶ 문제편 106~108쪽

정답 | **05** ⑤ **06** ② **07** ④ **08** ②

제대로 내용 분석

2020 6월 모의평가

❖ **유형**: 기사문과 협상

❖ **주제**: (가) 솔빛 마을의 한옥 관광지 조성 추진에 대한 정보 전달
(나) 한옥 관광지 사업 성공을 위한 시청과 솔빛 마을 주민 간의 협상

❖ **내용 요약**

가 지역 신문의 기사문

표제		'전통 한옥의 멋' 솔빛 마을이 달라진다
부제		솔빛 마을, 시청과 한옥 관광지 조성에 합의
전문	1문단	누가 시청 측, 마을 주민 측 언제 △월 △일 어디서 시청 무엇을 한옥 관광지 조성 사업을 연내 추진 어떻게 큰 틀에서 합의 왜 지역 경제 활성화, 전통 한옥의 가치 전파
본문	2문단	사업 경쟁력과 추진 계획에 대한 시청 측의 의견
	3문단	사업에 대한 주민 측의 기대와 우려
	4문단	인근 ○○ 마을에서 발생한 문제점
	5문단	양측의 추가 협상 진행 예고

㉯ 협상

참가자	시청 측	한옥 내부 개방 요구, 야간 개방 필요
	주민 측	한옥 내부 개방 반대, 야간 개방 반대
해결안		– 한옥 내부 관람 인원 제한 – 관광 도우미(지역 어르신 우선 채용) 동행 – 개방 시간 오후 7시까지로 주민들과 상의 예정

제대로 질문하기 정답

❶ × ❷ 관광 수용력 ❸ 일자리 ❹ ○

05 계획에 따른 표현하기

정답률 86%

다음은 기자가 (가)를 작성하기 전 취재 계획을 메모한 것이다. (가)에 반영되지 않은 것은?

정답인 이유

⑤ 관광지 운영에 따른 피해 경감 사례

···› (가)의 '지역 연구소 자료'에는 관광 수용력을 초과하여 이로 인해 ○○ 마을에서 문제가 발생한 사례를 언급하고 있을 뿐 관광지 운영에 따른 피해 경감* 사례는 반영되지 않았다.

* 경감(輕減): 부담이나 고통 따위를 덜어서 가볍게 함. 예 정부는 정책을 통해 농민의 세금 부담을 경감시켰다.

오답인 이유

① 사업 경쟁력에 대한 판단

···› '솔빛 마을의 한옥이 타 지역 한옥에 비해 규모가 크고 보존 상태가 양호해 사업 경쟁력이 충분할 것'이라며 '사업 경쟁력에 대한 판단'을 반영하여 기사를 작성하였다.

② 사업 추진 계획

···› '전통 문화 체험 프로그램 운영, 둘레 길 조성, 마을 진입로 정비 등을 추진할 계획'이라며 '사업 추진 계획'을 반영하여 기사를 작성하였다.

③ 사업 추진에 따른 기대 및 우려 사항

···› 주민 측은 '사업이 마을 발전과 한옥의 가치 전파에 기여할 것'이라는 기대와 '인근 ○○ 마을에서 발생한 과잉 관광 현상이 되풀이되지는 않을지 걱정'하고 있다고 '기대 및 우려 사항'을 반영하여 기사를 작성하였다.

④ ○○ 마을 한옥 관광지 사업 관련 통계

···› 지역 연구소 자료에 따르면 '○○ 마을의 마을 소득과 관광객 수는 각각 연평균 약 5%, 7%씩 증가'하였고, '토착 거주 인구는 8년 전 대비 12% 감소'했다며 '○○ 마을 한옥 관광지 사업 관련 통계'를 반영하여 기사를 작성하였다.

06 내용 점검하기

정답률 76%

〈보기〉는 ㉠의 초안이다. 〈보기〉를 ㉠과 같이 수정한 이유로 가장 적절한 것은?

정답인 이유

② 독자의 이해도를 고려하여 주요 개념에 대한 정보를 추가하기 위해

···› 〈보기〉와 ㉠을 비교해 보면, ㉠은 〈보기〉와 달리 관광 수용력에 대하여 '마을이 감당할 수 있는 방문 인원의 최대치'라며 그 개념을 언급하고 있다. 따라서 독자의 이해도를 고려하여 개념에 대한 정보를 추가하기 위해 ㉠과 같이 수정하였음을 알 수 있다.

오답인 이유

① 독자의 관심도를 고려하여 인과 관계에 따라 정보를 배열하기 위해

···› 〈보기〉와 ㉠ 모두 '관광객 수가 관광 수용력을 초과'하여 '이로 인해 주민들은 각종 문제에 봉착했고'라며 인과 관계에 따라 정보를 배열하고 있다.

③ 글의 통일성을 고려하여 주제와 관련이 없는 정보를 삭제하기 위해

···› 글의 통일성을 고려하여 주제와 관련이 없는 정보를 삭제하는 것은 적절하지만, 〈보기〉와 ㉠을 비교해 보면 ㉠에 정보를 추가하였을 뿐 삭제하지는 않았다.

④ 글의 응집성을 고려하여 맥락에 적합하지 않은 담화 표지를 수정하기 위해

···› 글의 응집성*을 고려하여 맥락에 적합하지 않은 담화 표지를 수정하는 것은 적절하지만, 〈보기〉와 ㉠에 공통으로 있는 글의 담화 표지인 '그러나, 이로 인해, 그에 따라'를 수정하지는 않았다.

* 응집성(凝集性): 텍스트성 기준들 중 하나로, 문장 간의 내용적 · 인지적 결속 관계를 나타내는 것. 예 이 기사는 응집성이 낮다.

⑤ 글의 가독성을 고려하여 긴 문장을 두 문장으로 나누어 간결하게 표현하기 위해

···› 글의 가독성을 고려하여 긴 문장을 두 문장으로 나누어 간결하게 표현하는 것은 적절하다. 그러나 〈보기〉의 첫 번째 문장은 개념에 대한 정보가 추가되어 ㉠에서 길이가 더 길어졌다.

07 말하기 전략 평가하기

정답률 84%

다음은 솔빛 마을 주민 측에서 협상을 준비하는 과정에서 작성한 협상 계획서의 일부이다. 다음을 참고하여 [A]~[E]를 이해한 내용으로 적절하지 않은 것은?

정답인 이유

④ [D]에서는 ㉱에 대한 입장을 드러내면서 상대측에 그에 대한 대안을 요구하고 있다.

···› [D]에서는 '개방 시간을 연장하면 주민들의 피로도가 높아질 것', '개방 시간 연장의 이득은 관광 산업에 종사하는 일부에게만 돌아갈 것', '주민들의 불만'이 커질 것이라며 야간 개방에 대한 반대 의견을 제시하고 있다. 따라서 이는 ㉱에 대한 입장이 아닌 '야간 개방'에 대한 입장을 드러내고 있는 것이다.

오답인 이유

① [A]에서는 ㉮와 관련된 문제 상황을 언급하며 상대측의 요구에 대한 입장을 제시하고 있다.

···› [A]는 한옥 내부 개방 시 '주민들의 사생활이 침해받아 삶의 질이 저하', '오랫동안 거주했던 주민들'이 떠나 전통 마을로서의 모습이 퇴색될 것이라는 ㉮와 관련된 문제 상황을 언급하며 '주민들의 한옥을 관광객들에게 개방해' 달라는 상대측의 요구에 대한 부정적 입장을 제시하고 있다.

② [B]에서는 ㉯와 관련된 문제의식을 드러내며 상대측 의견에 대해 부정적으

로 전망하고 있다.

··· [B]는 마을이 관광객이 다닐 만큼 길이 넓지 않아 주민의 삶의 질과 관광객의 여행의 질이 동시에 악화될 것이라는 ㉯와 관련된 문제 의식을 드러내며 '희망하는 주민들에 한하여 한옥을 개방'해 달라는 상대측의 의견에 대해 부정적으로 전망하고 있다.

③ **[C]에서는 ㉰와 관련된 상대측 계획에 대한 수용 가능성을 언급하면서 추가적인 요구 사항을 제시하고 있다.**

··· [C]에서는 ㉰와 관련된 상대측 계획에 대해 마을의 여건을 고려할 때 시청 측의 계획은 받아들일 수 있는 현실적인 방안이라고 본다며 수용 가능성을 언급하면서 '한옥 개방 시간은 오후 5시까지로 제한', '한옥 관광 도우미로 지역 어르신들을 우선 채용해' 달라며 추가적인 요구 사항을 제시하고 있다.

⑤ **[E]에서는 ㉲에 대한 필요성을 드러내며 상대측의 요구에 대한 수용 가능성을 언급하고 있다.**

··· [E]에서는 '관광 산업 발전으로 증대된 세수는 반드시 주민 생활 복지 개선에 사용해' 달라면서 ㉲에 대한 필요성을 드러내었고, 이와 함께 '개방 시간과 관련해 주민들의 동의를 얻을 수 있을 것'이라며 상대측의 요구에 대한 수용 가능성을 언급하고 있다.

08 말하기 전략 파악하기

정답률 91%

(나)의 담화 흐름을 고려할 때, ⓐ~ⓒ의 공통점으로 가장 적절한 것은?

정답인 이유

② **예상되는 효과를 언급하며 상대방에게 자신의 의도를 전달하는 발화이다.**

··· (나)의 ⓐ~ⓒ는 모두 시청 측의 발화이다. ⓐ는 '관광객에게 한옥 내부를 직접 관람하는 기회를 제공하면 관광객의 만족도'를 높일 수 있다는 내용, ⓑ는 시청 측이 제시하는 방법으로 특정 장소에 관광객이 몰리는 것을 방지할 수 있다는 내용, ⓒ는 관광 산업이 활성화되면 '주민들의 소득'이 증대될 것이라는 내용을 담고 있다. 이는 모두 예상되는 효과에 해당하므로, ⓐ~ⓒ는 예상되는 효과를 언급하며 상대인 주민 측에게 의도를 전달하는 발화이다.

오답인 이유

① **논의할 대상을 제한하여 상대방에게 선택할 것을 권유하는 발화이다.**

··· ⓐ~ⓒ는 의문문 형식으로 예상되는 효과를 언급하며 상대방에게 자신의 제안을 선택하도록 권유하는 발화로 볼 수 있지만, 논의할 대상을 제한하고 있지는 않다.

③ **상대방이 제기할 수 있는 의견을 가정하며 그 의견의 타당성 여부를 묻는 발화이다.**

··· ⓐ~ⓒ는 상대방이 제기할 수 있는 의견을 가정하거나 그 의견의 타당성 여부를 묻는 발화로 볼 수 없다.

④ **상대방과 공유하고 있는 정보에서 자신이 파악하지 못한 부분에 대하여 설명을 요구하는 발화이다.**

··· ⓐ~ⓒ는 자신이 파악하지 못한 부분에 대하여 설명을 요구하는 발화로 볼 수 없다.

⑤ **상대방과 공동으로 기대하는 상황이 발생할 조건을 제시하며 기대가 충족되지 않을 가능성을 부정하는 발화이다.**

··· ⓐ~ⓒ는 상대방과 공동으로 기대하는 상황이 발생할 조건을 제시하는 발화로 볼 수 있지만, 기대가 충족되지 않을 가능성을 부정하는 발화가 아닌 기대가 충족될 가능성을 긍정하는 발화이다.

11일 09 지역 사랑 상품 한마당

▶ 문제편 109~111쪽

정답 | **09** ⑤ **10** ③ **11** ④ **12** ①

제대로 내용 분석

2021 7월 고3 학력평가

❖ **유형**: 대화와 건의문

❖ **주제**: (가) 된장 판매와 홍보를 위한 방안 논의

(나) '지역 사랑 상품 한마당'의 부스 운영 자격 확대와 주말 행사 개최 건의

❖ **내용 요약**

㉮ 대화

	대화자	학생회 학생들
내용	[A]	연말 기부 행사를 위한 된장 판매 방안 논의
	[A] 뒷부분	'지역 사랑 상품 한마당' 참여를 위한 건의문 작성 논의

㉯ 건의문 초안

1문단	소개와 감사 인사
2문단	건의문 작성 이유
3문단	문제 상황과 해결 방안 및 건의 내용 제시
4문단	학생의 참여에 대한 설득 근거 제시
5문단	건의 내용 강조
6문단	감사 인사 및 건의 주체

제대로 질문하기 정답

❶ 된장 ❷ ○ ❸ 구청 ❹ ×

09 발화 의미와 기능 파악하기

정답률 94%

대화의 흐름을 고려할 때, ㉠과 ㉡에 대한 이해로 가장 적절한 것은?

정답인 이유

⑤ **㉠은 자신의 생각이 맞는지 확인하는 발화이고, ㉡은 구체적인 방안을 상대에게 제안하는 발화이다.**

··· ㉠은 된장이 작년에 비해 판매가 너무 안 되고 있다는 학생 1의 말에, 된장 판매 감소의 원인이 학교 행사 축소 때문이라는 자신의 생각이 맞는지 확인하는 발화이다. ㉡은 구청 누리집 게시판에 어떤 내용을 쓰면 좋겠냐는 학생 1의 물음에, 지역 행사에 학생들이 참여했을 때 학생들에게 교육적으로 효과가 있다는 것을 이야기하자는 구체적인 방안을 제안하는 발화이다.

오답인 이유

① **㉠, ㉡은 모두 상대의 제안에 자신의 견해를 밝히는 발화이다.**

··· ㉡은 구청 누리집 게시판에 글을 써 보자는 학생 3의 제안에 대해 학생 2가 자신의 견해를 밝히는 발화라고 볼 수 있다. 그러나 ㉠은 상대의 제안에 대한 발화라고 볼 수 없다.

② **㉠, ㉡은 모두 상대의 의견에 추가적인 설명을 요구하는 발화이다.**

··· ㉠과 ㉡ 모두 상대의 의견에 추가적인 설명을 요구하는 발화라고 볼 수 없다.

③ ㉠은 상대의 의견을 바로잡아 주는 발화이고, ㉡은 상대에게 조언을 요청하는 발화이다.

⋯› ㉠은 자신이 생각한 이유를 제시한 발화이므로 상대의 의견을 바로잡아 주는 발화로 볼 수 없고, ㉡도 상대에게 조언을 요청하는 발화가 아니다.

④ ㉠은 상대의 관심을 촉구하는 발화이고, ㉡은 상대의 긍정적인 반응을 기대하는 발화이다.

⋯› ㉠은 자신의 생각이 맞는지 확인하는 발화일 뿐, 상대의 관심을 촉구하는 것으로 볼 수 없다. 그리고 ㉡은 의견을 묻는 상대에게 구체적인 방안을 의문문의 형식으로 제안하는 발화일 뿐, 상대의 긍정적인 반응을 기대하고 있는지 여부는 알 수 없다.

10 발화의 적절성 평가하기

정답률 87%

다음을 바탕으로 [A]를 평가한 내용으로 가장 적절한 것은?

정답인 이유

③ ㉰: '학생 2'는 대화의 주제와 관련이 없는 학생회 활동 홍보에 대해 언급하고 있군.

⋯› ㉰는 대화의 목적이나 주제와 관련된 것을 말하는지 확인하는 항목이다. [A]에서 대화의 주제는 된장 판매량을 늘리기 위한 방안인데, 학생 2는 '학생회가 하는 다양한 활동도 소개하자.'라며 대화의 주제와 관련이 없는 학생회 활동 홍보에 대해 언급하고 있다.

오답인 이유

① ㉮: '학생 1'은 된장 판매 부진의 원인에 대해 타당한 근거를 들어 말하고 있군.

⋯› [A]에서 학생 1은 된장 판매가 부진한 상황에 대해서만 언급하였을 뿐, 된장 판매가 부진한 원인에 대하여 말하고 있지는 않다.

② ㉯: '학생 1'은 기부 행사가 어려워진 이유를 중의적 표현을 사용하여 모호하게 말하고 있군.

⋯› [A]에서 학생 1이 연말 기부 행사가 어려워진 이유를 된장 판매가 너무 안 되고 있기 때문이라고 말하고 있으나, 중의적 표현을 사용하여 모호하게 말하고 있지는 않다.

④ ㉱: '학생 2'는 대화 목적에 필요하지 않은 다양한 지역의 행사 정보를 전달하고 있군.

⋯› [A]에서 학생 2는 △△구에서 주최한 행사에 대해 이야기하였을 뿐, 다양한 지역의 행사 정보를 전달하고 있지 않다. 또한 △△구에서 주최한 행사는 학생들도 판매 부스를 운영한다는 점에서 된장 판매를 위한 대화 목적에서 벗어났다고 볼 수도 없다.

⑤ ㉲: '학생 3'은 대화 참가자들의 말을 중간에 끊어 대화를 독점하며 말하고 있군.

⋯› [A]에서 학생 3은 앞서 말한 '학생 2'의 말에 '맞아'라고 긍정하는 한편, '여기에 참여해서 된장을 홍보해 보는 것은 어때?'라며 다른 대화 참가자들에게 의견을 묻고 있다. 이는 대화 참가자들과 원활하게 소통하는 것으로, 대화를 독점하며 말하고 있다고 볼 수 없다.

11 대화에 따른 내용 생성의 적절성 파악하기

정답률 82%

(가)의 대화가 (나)에 반영된 내용으로 적절하지 않은 것은?

정답인 이유

④ 전문가의 도움을 받아 학생들이 된장의 맛과 품질을 향상시키기 위해 노력했음을 강조하여 학생들의 행사 참여가 교육적으로 효과가 있음을 드러내고 있다.

⋯› (나)를 살펴보면 '학생의 참여가 우수 상품을 소개하는 취지에 맞는지 걱정하실 수 있으나'라고 예상되는 우려를 언급한 뒤 '우리 학교는 전문가의 자문을 받아 된장의 맛과 품질을 향상시키기 위해 꾸준히 노력하고 있습니다.'라고 쓰고 있다. 이는 학생의 참여가 우수 상품을 소개하는 행사의 취지*에도 맞는다는 점을 설득하기 위한 내용으로, 학생들의 행사 참여가 교육적으로 효과가 있음을 드러내는 것은 아니다.

* 취지(趣旨): 어떤 일의 근본이 되는 목적이나 긴요한 뜻. 예 참가 자격에 제한을 두는 것은 이번 행사의 취지에 어긋나는 것이다.

오답인 이유

① 학생들이 행사에 참여함으로써 지역 공동체의 중요성을 배울 수 있음을 드러내고 있다.

⋯› (가)에서 학생 2는 '학생이 지역 행사에 참여했을 때 학생들에게 교육적으로 효과가 있다고 이야기하는 것은 어떨까?'라고 하였고, (나)에서는 이를 반영하여 '학생들은 행사 참여를 통해 지역 공동체의 중요성을 배울 수 있어 학생들에게도 좋은 기회가 될 것입니다.'라고 하였다.

② 주말에 행사를 열게 되면 더 많은 주민들이 행사에 올 수 있어 행사에 참여한 지역 상인들에게도 도움이 될 수 있음을 드러내고 있다.

⋯› (가)에서 학생 3은 '평일뿐만 아니라 주말에도 행사를 하면, 행사에 참여한 지역 상인들에게도 긍정적인 효과가 있다는 내용도 넣었으면 좋겠어'라고 하였다. 그리고 (나)에서는 이를 반영하여 '주말에도 행사가 열린다면, ~ 지역 상인에게도 큰 도움이 될 것입니다.'라고 하였다.

③ 학교 행사 축소로 학생들이 만든 된장을 판매할 기회가 부족해졌다는 점을 언급하며 지역 사랑 상품 한마당에 참가하고 싶다는 바람을 드러내고 있다.

⋯› (가)의 학생 1과 학생 2의 대화를 통해 된장 판매가 너무 안 되고 있는 이유가 학교 행사가 축소되었기 때문임을 알 수 있다. 그리고 학생 3이 '된장 판매가 어려워진 이유와 판매 수익금을 기부한다는 것을 알려 주면 구청에서도 우리의 건의를 긍정적으로 생각해 줄 거 같아.'라고 하였는데, (나)에서는 이를 반영하여 '우리 학교에서는 수업 시간에 만든 된장을 ~ 기부해 왔습니다. 그런데 올해 학교 행사가 대폭 축소되어 ~ 어려운 실정입니다.'라며 '지역 사랑 상품 한마당'에 학생들이 참여할 수 있도록 부탁드린다고 하였다.

⑤ 학생들이 만든 된장을 판매하여 얻은 수익이 지역 사회로 환원되기 때문에 주민들이 된장을 구입하는 것이 지역 사회를 돕는 의미 있는 일이라는 점을 드러내고 있다.

⋯› (가)에서 학생 1은 '우리가 만든 제품을 지역 주민들이 구매하는 것이 지역 사회에 도움이 된다는 내용을 강조하자.'라고 하였고 (나)에서는 이를 반영하여 '된장의 판매 수익을 지역 사회에 기부하기 때문에 ~ 지역 사회를 돕는 일이라는 점에서 의미가 있습니다.'라고 하였다.

12 고쳐쓰기 전략 평가하기

정답률 88%

〈보기〉는 학생들의 검토 의견에 따라 [B]를 수정한 것이다. 검토 의견으로 가장 적절한 것은?

정답인 이유

① 구청에 건의하는 내용을 명확하게 밝히고, 글의 흐름에 어긋나는 내용은 삭제했으면 좋겠어.

⋯→ [B]의 ''지역 사랑 상품 한마당'에 꼭 참여하고 싶습니다.'는 참여하고 싶은 의사만 언급하고 있어 구청에 건의하는 내용이 명확하지 않다. 반면 〈보기〉의 ''지역 사랑 상품 한마당'에 학생들이 참여할 수 있도록 ~ 다시 한번 부탁드립니다.'에는 구청에 요청하는 내용이 보다 명확하게 드러나 있다. 또한 [B]의 '○○구청에서 학생을 위한 ~ 알고 있습니다.'는 글의 흐름에 어긋나는 내용으로, 〈보기〉에서는 삭제되었다.

오답인 이유

② 구청에서 준비하고 있는 행사의 목적을 밝히고, 학생이 지역 행사에 참여했을 때의 장점을 강조했으면 좋겠어.

⋯→ 〈보기〉에서 구청에서 준비하고 있는 행사의 목적을 밝힌 부분이나 학생이 지역 행사에 참여했을 때의 장점을 강조한 부분은 찾아볼 수 없다.

③ 건의를 받아들였을 때에 나타날 수 있는 효과를 제시하고, 문제 해결을 위한 구청의 노력은 삭제했으면 좋겠어.

⋯→ 〈보기〉에 건의를 받아들였을 때에 나타날 수 있는 효과는 제시되어 있지 않고, [B]에는 문제 해결을 위한 구청의 노력이 드러나 있지 않다.

④ 구청이 지역 주민을 위해 노력하고 있는 일을 소개하는 내용을 추가하고, 중복된 요구 사항을 삭제했으면 좋겠어.

⋯→ 〈보기〉에 구청이 지역 주민을 위해 노력하고 있는 일을 소개하는 내용은 찾아볼 수 없고, [B]에는 요구 사항이 중복되어 나타나 있지 않다.

⑤ 건의하고자 하는 내용을 두 가지로 나눠 밝히고, 예상 독자가 수행하는 일에 대한 감사의 뜻을 추가했으면 좋겠어.

⋯→ 〈보기〉에서 건의하고자 하는 내용을 부스 운영 자격 확대와 주말 행사 개최 두 가지로 나누어 밝히고 있지만, 예상 독자가 수행하는 일에 대한 감사의 뜻은 드러나 있지 않다.

12일 10 우리 시대의 진정한 영웅

▶ 문제편 112~115쪽

정답 | 01 ③ 02 ⑤ 03 ① 04 ④

제대로 내용 분석

2021 4월 고3 학력평가

❖ 유형: 대화와 학생의 글
❖ 주제: 「홍길동전」과 우리 시대의 진정한 영웅
❖ 내용 요약

㉮ 대화

대화자	고전 읽기 동아리 학생들
내용	「홍길동전」의 홍길동을 진정한 영웅으로 볼 수 있는지와 진정한 영웅의 판단 기준에 대한 의견 교환

㉯ 학생의 글

1문단	영웅의 일반적 의미와 영웅의 대명사로 손꼽히는 홍길동
2문단	홍길동에 대한 생각의 변화
3문단	현대 사회의 진정한 영웅의 모습
4문단	동아리 활동의 의의와 다짐

제대로 질문하기 정답

❶ ○ ❷ 학생 2 ❸ 희생 ❹ ○

01 말하기 전략 평가하기

정답률 89%

다음은 '학생 1'이 동아리 활동을 준비하면서 작성한 메모이다. (가)의 '학생 1'의 발화에서 확인할 수 있는 내용으로 적절하지 않은 것은?

정답인 이유

③ 동아리 활동 진행 – 사례를 제시하여 다양한 생각을 유도하기

⋯→ 학생 1은 지난 활동에서 결정된 주제를 환기하고 발언자의 순서를 지정해 대화를 이끌고 있다. 그리고 중간중간에 대화의 내용을 정리하고 대화의 화제를 제시하는 한편 다음 모임의 활동 내용도 제안하고 있다. 그러나 학생 1이 사례를 제시하여 다양한 생각을 유도하고 있는 내용은 찾아볼 수 없다.

오답인 이유

① 동아리 활동 시작 – 지난 활동에서 결정된 주제 환기하기

⋯→ 학생 1은 '지난번 모임에서 오늘은 『홍길동전』과 영웅'이라는 주제로 이야기하기로 했잖아.'라며 지난 활동에서 결정된 주제를 환기하고 있다.

② 동아리 활동 시작 – 발언자의 순서를 지정하기

⋯→ 학생 1은 '우선 한 명씩 차례대로 이야기해 보자.'라고 말한 뒤 학생 2를 가리키며 '먼저 이야기해 볼래?'라고 순서를 지정하였다. 또 두 번째 발화에서 학생 3을 가리키며 '이번에는 네가 먼저 얘기해 볼래?'라고 하며 발언자의 순서를 지정하고 있다.

④ 동아리 활동 진행 – 대화의 내용 정리하기

⋯→ 학생 1은 '다른 사람을 돕는다는 점에서 ~ 서로 생각이 다르구나.', '너희가 생각하는 진정한 영웅은 ~ 입장으로 나뉘는구나.'라며 학생 2와 학생 3의 대화 내용을 정리하고 있다.

⑤ 동아리 활동 마무리 – 다음 모임의 활동 내용 제안하기

⋯→ 학생 1은 '그러면 오늘 나눈 이야기를 바탕으로 『홍길동전』과 우리 시대의 영웅'이라는 주제로 글을 써서 다음 모임 때 발표해 보자.'라며 다음 모임의 활동 내용을 제안하고 있다.

02 말하기 방식 파악하기

정답률 93%

[A], [B]에 대한 설명으로 가장 적절한 것은?

정답인 이유

⑤ [A]의 '학생 3'과 [B]의 '학생 2'는 모두 상대방이 한 말의 일부를 인정하면서도 상대방과 다른 자신의 입장을 밝히고 있다.

⋯→ [A]에서 학생 3은 '물론 많은 사람들은 ~ 영웅적인 모습을 응원

했겠지.'라며 학생 2가 한 말의 일부를 인정하면서도 '하지만 법 또한 사회 구성원 모두가 ~ 진정한 영웅의 모습이라고 볼 수는 없을 것 같아.'라며 상대방과 다른 자신의 입장을 밝히고 있다. [B]에서 학생 2는 '진정한 영웅이 정의로워야 한다는 말에는 동의하지만'이라며 학생 3이 한 말의 일부를 인정하면서도 '영웅의 정의로움을 판단할 때 ~ 너와 생각이 좀 달라. 나는 홍길동의 행동이 ~ 용기 있는 그의 행동은 정의로웠다고 생각해.'라며 학생 3과 다른 자신의 입장을 분명히 밝히고 있다.

오답인 이유

① **[A]의 '학생 2'는 질문을 통해 '학생 3'의 견해에 대한 자신의 이해가 정확한지를 확인하고 있다.**

··· [A]에서 학생 2는 '당대 대다수의 사람들은 ~ 진정한 영웅이라고 생각하지 않았을까?'라며 질문하는 방식으로 자신의 견해를 드러내고 있을 뿐, 학생 3의 견해에 대한 자신의 이해가 정확한지를 확인하고 있지 않다.

② **[A]의 '학생 3'은 자신의 의견을 뒷받침하는 권위자의 말을 인용하여 '학생 2'의 견해가 지닌 논리적 오류를 지적하고 있다.**

··· [A]에서 학생 3은 '물론 많은 사람들은 ~ 영웅적인 모습을 응원했겠지.'라며 상대의 말을 일부 인정하면서 '하지만 법 또한 ~ 진정한 영웅의 모습이라고 볼 수는 없을 것 같아.'라며 자신의 의견을 밝혔을 뿐, 권위자의 말을 인용하거나 '학생 2'의 견해가 지닌 논리적 오류를 지적하고 있지 않다.

③ **[B]의 '학생 2'는 발생할 수 있는 문제 상황을 예측하면서 '학생 3'이 제시한 정보의 적절성에 의문을 제기하고 있다.**

··· [B]에서 학생 2는 정의로움을 판단할 때 중요하게 생각하는 기준이 학생 3과 다르다고 했을 뿐, 문제 상황을 예측하거나 '학생 3'이 제시한 정보의 적절성에 의문을 제기하고 있지 않다.

④ **[A]의 '학생 2'와 [B]의 '학생 3'은 모두 객관적인 자료를 제시하면서 자신의 의견이 지닌 타당성을 부각하고 있다.**

··· [A]에서 학생 2는 「홍길동전」이 고전으로 읽히는 것을 근거로, 많은 사람들이 홍길동을 영웅이라고 생각한다는 의견을 제시하였으므로 객관적인 자료를 제시했다고 볼 수 없다. 그리고 [B]의 학생 3 역시 객관적인 자료를 제시하고 있지 않다.

·고난도·

03 계획에 따른 내용 생성 평가하기

정답률 71% | 매력적인 오답 ② 9%

'학생 3'이 (가)를 바탕으로 세운 글쓰기 계획 중, (나)에 반영되지 않은 것은?

정답인 이유

① **(가)에서 언급되지 않았던 영웅의 일반적 의미를 설명하며 다른 영웅보다 정의로운 홍길동의 행동을 부각해야겠군.**

··· (나)에는 "'영웅'이라고 하면 지혜와 재능이 뛰어나고, 용맹하여 보통 사람이 하기 어려운 일을 해내는 사람을 떠올릴 것'이라며 (가)에서 언급되지 않았던 영웅의 일반적 의미를 설명하고 있다. 그리고 홍길동 역시 그러한 영웅의 개념에 부합하는 활동을 펼쳤음을 밝히고 있을 뿐, (나)에서 다른 영웅보다 정의로운 홍길동의 행동을 부각하고 있지는 않다.

오답인 이유

② (매력적인 오답) **(가)에서 언급된 「홍길동전」의 내용을 활용하여 불의에 맞서 약자들을 돕는 홍길동의 영웅적인 모습을 제시해야겠군.**

··· (가)에서 학생 2와 학생 3의 대화를 통해 홍길동이 부정부패한 세력에 저항해 고통받는 사람들을 도왔다는 「홍길동전」의 내용을 알 수 있다. 그리고 (나)에서는 이를 활용하여 홍길동이 '부정부패한 권력층의 재물을 빼앗아 가난한 백성들을 구제하는 등 불의에 맞서 의적 활동을 펼쳐 영웅의 대명사로 손꼽히'게 되었음을 제시하였다.

③ **(가)에서 언급된 정의로움에 대한 '학생 2'의 견해에 공감하며 홍길동에 대한 생각이 달라졌음을 드러내야겠군.**

··· (가)에서 학생 2는 법을 어겼지만 정의로운 행동을 했다고 칭찬받은 용감한 시민의 사례를 들었다. 이에 학생 3은 정의로움에 대한 학생 2의 견해에 공감하며 홍길동에 대해 좀 더 생각해 봐야겠다고 하였다. (나)에서 학생 3은 홍길동이 진정한 영웅이 되기에 아쉬운 점이 있다고 생각했었지만, 친구들과 대화를 나눈 후 '홍길동도 진정한 영웅이라고 생각하게 되었다.'라며 홍길동에 대한 생각이 달라졌음을 드러내고 있다.

④ **(가)에서 언급되지 않은 사례를 제시하며 오늘날의 진정한 영웅의 의미를 구체적으로 밝혀야겠군.**

··· (가)에는 홍길동 외에 학생 2가 언급한, 지하철 선로에 떨어진 아이를 구한 용감한 시민의 사례가 제시되어 있다. (나)에서는 (가)에서 언급되지 않은 사례인 '재난 현장 같은 위기의 상황에서 ~ 다른 사람의 생명을 돌보는 분들의 봉사' 등을 제시하며 오늘날의 진정한 영웅의 의미를 구체적으로 밝히고 있다.

⑤ **(가)에서 언급된 내용을 정리하며 홍길동의 영웅적 면모와 진정한 영웅에 대해 생각해 볼 수 있었다는 활동의 의의를 강조해야겠군.**

··· (가)에서 학생들은 홍길동의 영웅적 면모에 대해 각기 다른 의견을 제시하면서 우리 시대의 진정한 영웅에 대해 언급하였다. 그리고 (나)에서는 이를 정리하여 '이번 동아리 활동은 「홍길동전」과 영웅에 관한 대화를 나누며 ~ 좋은 기회였다. 나아가서 우리 시대의 진정한 영웅은 ~ 생각을 하게 되었'다며 활동의 의의를 강조하고 있다.

·고난도·

04 고쳐쓰기 파악하기

정답률 73% | 매력적인 오답 ② 12%

다음은 (나)의 마지막 문단의 초고이다. 이를 고쳐 쓰기 위해 학생들이 조언한 내용 중 반영되지 않은 것은?

정답인 이유

④ **글을 읽는 사람들에게 네가 결심한 내용에 동참할 것을 촉구하면서 마무리하는 건 어때?**

··· 초고의 마지막 문장은 '이러한 우리 주변의 진정한 영웅들에게 응원과 감사의 마음을 갖게 되었다.'이고, (나)의 마지막 문단에는 '이러한 우리 주변의 진정한 영웅들에게 응원과 감사의 마음을 전해야겠다고 다짐하게 되었다.'라며 글쓴이가 다짐한 내용이 추가되어 있다. 그러나 (나)에서 글을 읽는 사람들에게 자신이 결심한 내용에 동참*할 것을 촉구하는 내용은 찾아볼 수 없으므로, ④는 고쳐 쓰기에 반영되지 않은 내용이다.

* 동참(同參): 어떤 모임이나 일에 같이 참가함. 예 시민들이 적극적으로 동참하여 모금 운동이 성공적으로 끝났다.

오답인 이유

② (매력적인 오답) **주제에서 벗어나 통일성을 해치는 문장은 삭제하는 건 어때?**

⋯→ 초고의 '고전을 읽으면 현대 문학을 이해하는 데에도 도움이 된다.'는 주제에서 벗어나 통일성을 해치는 문장인데, (나)의 마지막 문단에서는 삭제되어 있다.

① 의미가 중복되어 사용된 어휘 중 하나를 삭제하는 건 어때?

⋯→ 초고의 '우리 시대의 진정한 영웅은 어려움에 처한 사람을 위해 기꺼이 희생을 받아들이고 수용하는 사람'에서 '받아들이고'와 '수용하는'은 의미가 중복되는 어휘인데, (나)의 마지막 문단에서는 이 중 '수용하는'이 삭제되어 있다.

③ 너의 생각이 확장되었음을 드러낼 수 있는 단어를 추가하는 건 어때?

⋯→ 초고와 달리 (나)의 마지막 문단에는 '나아가서'라는 단어가 추가되어 있는데, 이는 글쓴이의 생각이 확장되었음을 드러낼 수 있는 단어이다.

⑤ 제목과 관련해 앞 문단에서 제시한 너의 생각이 정확히 드러나도록 누락된 내용을 찾아 추가하는 건 어때?

⋯→ 초고에서는 우리 시대의 진정한 영웅에 대하여 '희생을 받아들이는 사람'만 언급한 것과 달리 (나)의 마지막 문단에는 '봉사할 수 있는'이라는 내용이 추가되어 있다. 이는 '우리 시대의 진정한 영웅은 누구인가?'라는 제목과 관련하여 앞 문단에서 '재난 현장 같은 위기의 상황에서 자신보다 다른 사람의 목숨을 먼저 구해 주는 분들의 희생', '다른 사람의 생명을 돌보는 분들의 봉사' 두 가지를 언급한 학생 3의 생각이 정확히 드러나도록 누락된 내용을 추가한 것이다.

12일 11 정박 효과와 확신의 덫

▶ 문제편 116~118쪽

정답 | 05 ④ 06 ① 07 ④ 08 ③

제대로 내용 분석

2021 3월 고3 학력평가

❖ 유형: 대화와 초고(교훈을 주는 글)

❖ 주제: (가) 책에서 인상적이었던 내용과 활동 2에서 다룰 내용

(나) 정박 효과나 확신의 덫을 일으키는 사고 경향의 문제점과 우리가 가져야 할 바람직한 자세

❖ 내용 요약

[독후 활동]

[활동 1] 책에서 인상적이었던 내용에 대해 이야기 나누기
[활동 2] '활동 1'을 바탕으로 교훈을 주는 글쓰기

㉮ 대화

대화자	독후 활동을 위해 모인 학생들
내용	– 우리의 사고 경향을 일곱 가지로 나눠 설명한 책에서 '정박 효과'와 '확신의 덫' 내용이 인상적이었음 – 개방적인 자세를 가져야 한다는 교훈을 얻음 – '활동 2'에서 정박 효과나 확신의 덫을 일으키는 사고 경향의 문제점, 우리가 가져야 할 바람직한 자세에 대하여 서술하기로 함

㉯ 초고

1문단	정박 효과가 일어나는 이유와 그 사례
2문단	확신의 덫의 개념과 그에 빠지는 이유
3문단	직관적 판단과 자기 확신의 사고 경향의 문제점 및 우리가 가져야 할 바람직한 자세

제대로 질문하기 정답

❶ × ❷ 비언어적 ❸ 답정너 ❹ ○

05 발화의 의미와 기능 이해하기

정답률 93%

㉠~㉤에 대한 이해로 적절하지 않은 것은?

정답인 이유

④ ㉣: 책에 드러난 글쓰기 형식에 대해 평가하였음을 알 수 있다.

⋯→ ㉣에서 '홍철'은 책의 작가가 개방적인 자세를 가져야 한다는 교훈을 전해 주고 있다는 생각이 들었다고 하였다. 이는 책을 통해 작가가 전달하고자 한 교훈을 생각한 것일 뿐, 책에 드러난 글쓰기 형식에 대해 평가한 것으로 볼 수는 없다.

오답인 이유

① ㉠: 책을 읽기 전에 미리 책의 내용 수준을 가늠하고자 하였음을 알 수 있다.

⋯→ ㉠에서 '홍철'은 책이 자신이 이해하기 힘든 내용을 다루고 있지는 않은지 확인하려고 목차를 봤다고 하였다. 이는 책을 읽기 전에 목차를 통해 미리 책의 내용 수준을 가늠하고자 한 것으로 볼 수 있다.

② ㉡: 책의 구성을 고려하여 책 읽기 계획을 세웠음을 알 수 있다.

⋯→ ㉡에서 '윤주'는 책이 사고 경향을 일곱 가지로 나눠 각 장에서 한 가지씩 설명하는 방식으로 구성되어 있어 하루 1장씩 일주일간 읽으려고 계획했었다고 하였다. 이는 책의 구성을 고려하여 책 읽기 계획을 세운 것이다.

③ ㉢: 책을 읽는 과정에서 책의 내용을 메모하였음을 알 수 있다.

⋯→ ㉢에서 '지민'은 메모를 살피며 '윤주'와 '홍철'이 말한 내용이 책의 3장과 5장에서 다룬 것임을 확인하고 있다. 이는 '지민'이 책을 읽으면서 책의 내용을 메모하였음을 보여 준다.

⑤ ㉤: 책을 읽은 뒤에 책의 내용과 관련하여 확장적 독서를 하였음을 알 수 있다.

⋯→ ㉤에서 '윤주'는 책을 읽으며 더 알고 싶은 내용이 생겼고, 그래서 책을 읽은 후 참고 문헌에 나와 있는 책도 읽었다고 하였다. 이는 책을 읽은 뒤에 책의 내용과 관련하여 확장적 독서를 한 것이다.

06 발화의 특징 파악하기

정답률 88%

[A]의 발화에 대한 설명으로 가장 적절한 것은?

정답인 이유

① '홍철'의 발화에는 상대방을 칭찬하는 언어적 표현을 강화하는 비언어적 표현이 사용되었다.

⋯→ 비언어적 표현이란 언어가 아닌, 의사나 감정을 표현하거나 전달하는 데 쓰이는 몸짓이나 손짓, 시선이나 얼굴 표정 등 신체 동작을

통틀어 이르는 표현을 말한다. [A]에서 '홍철'은 엄지손가락을 치켜 드는 비언어적 표현을 사용하여 다른 책까지 찾아 읽은 '윤주'를 대단하다고 칭찬하였으므로 적절한 설명이다.

오답인 이유

② **'윤주'의 첫 번째 발화에는 상대방에게 자신을 낮추는 언어적 표현을 보완하는 준언어적 표현이 사용되었다.**

⋯› 준언어적 표현이란 말을 할 때 언어적 표현에 덧붙어 의미 전달에 영향을 미치는 말의 높낮이, 빠르기, 크기 등을 말한다. [A]의 '윤주'는 첫 번째 발화에서 겸연쩍은 표정을 짓는 비언어적 표현을 사용하였을 뿐, 준언어적 표현은 사용하지 않았다.

③ **'지민'의 첫 번째 발화에는 상대방의 의견과 일치점을 찾고자 하는 언어적 표현을 부각하는 준언어적 표현이 사용되었다.**

⋯› [A]의 '지민'은 첫 번째 발화에서 상대에게 도움을 요청하는 언어적 표현을 부각하는 비언어적 표현을 사용하였을 뿐, 준언어적 표현은 사용하지 않았다.

④ **'윤주'의 두 번째 발화에는 상대방에게 이익이 되도록 제안하는 언어적 표현을 강조하는 비언어적 표현이 사용되었다.**

⋯› [A]의 '윤주'는 두 번째 발화에서 상대의 요청에 응하지 못하는 안타까움을 드러내는 비언어적 표현을 사용하였다. 상대방에게 이익이 되도록 제안하는 언어적 표현을 강조하는 비언어적 표현은 사용하지 않았다.

⑤ **'지민'의 두 번째 발화에는 언어적 표현이 담고 있는 내용이 자신의 의도와 다른 것임을 드러내는 준언어적 표현이 사용되었다.**

⋯› [A]의 '지민'은 두 번째 발화에서 자신이 괜찮다는 것을 드러내 상대를 다독이기 위한 준언어적 표현을 사용하였다. 언어적 표현이 담고 있는 내용이 자신의 의도와 다른 것임을 드러내는 준언어적 표현은 사용하지 않았다.

07 내용 조직 방법 이해하기

정답률 87%

(가)를 바탕으로 (나)를 설명한 내용으로 적절하지 않은 것은?

정답인 이유

④ **(가)에 언급된 작가의 말을 직접 인용하여 시간 제약이 있는 상황에서 합리적 판단을 이끌어 내는 방법을 제시하였다.**

⋯› (가)에서 '지민'은 책의 서문에 있는 '그 누구도 정답만을 말할 수는 없다.'라는 작가의 말이 인상적이었다고 하였고, (나)에서는 편향된 판단을 예방하기 위한 방법으로, 자신이 내린 판단의 오류 가능성에 대해 인정할 수 있어야 한다며 이 말을 인용하고 있다. 그러나 시간 제약이 있는 상황에서 합리적 판단을 이끌어 내는 방법을 제시하고 있지는 않다.

오답인 이유

① **(가)에 언급되지 않은 첫인상 판단에 대해 설명하여 정박 효과가 일상생활에서 흔히 일어난다는 점을 부연하였다.**

⋯› (가)에서는 정박 효과가 무엇인지에 대해서만 언급하고 있다. 그런데 (나)에서는 정박 효과가 비단 소비의 측면뿐만이 아니라 우리의 일상생활에서 흔히 일어난다며 사람의 첫인상을 통해 성격을 판단하는 사례에 대해 설명하였다.

② **(가)에 언급된 챌린저호의 폭발 사고에 대해 정보를 추가하여 확신의 덫에 빠지는 문제를 설명하였다.**

⋯› (가)에서 '홍철'은 우주 왕복선 챌린저호의 폭발 사고에 대한 내용이 기억에 남는다고 하였는데, '지민'의 말을 통해 그것이 '확신의 덫'과 관련된 것임을 알 수 있다. (나)에서는 챌린저호의 폭발 사고는 관련 전문가들이 자신들의 기대와 상충하는 정보를 무시해 일어났다는 추가적 정보를 언급하여, 확신의 덫에 빠지는 문제를 설명하고 있다.

③ **(가)에 언급되지 않은 신조어를 예로 들어 확신의 덫에 대한 이해를 도왔다.**

⋯› (가)에서는 확신의 덫에 대해서만 설명하였을 뿐, 신조어를 예로 들고 있지 않다. (나)에서는 '답은 정해져 있고 너는 대답만 하면 돼.'라는 뜻을 가진 '답정너'라는 신조어를 예로 들어 확신의 덫에 빠져 있는 것이 어떤 것인지를 설명하고 있다.

⑤ **(가)에 언급되지 않은 경청의 중요성에 대해 밝혀 개방적인 자세의 필요성을 강조하였다.**

⋯› (나)에서는 터무니없거나 편향된 판단을 인지하고 예방하기 위해 경청할 줄 알아야 한다며 개방적인 자세의 필요성을 강조하고 있다. (가)에서는 정박 효과나 확신의 덫을 일으키는 사고 경향의 문제점을 설명하고 우리가 가져야 할 바람직한 자세에 대해 서술하는 것이 좋겠다고 하였을 뿐, 경청의 중요성에 대해서는 언급하고 있지 않다.

고난도

08 글쓰기 전략 파악하기

정답률 75% | 매력적인 오답 ④ 16%

〈보기〉와 관련하여 (나)에 나타난 쓰기 전략을 분석한 내용으로 적절하지 않은 것은?

정답인 이유

③ **ⓒ와 관련하여, 판단의 오류를 인정하지 않으려고 하는 사회적 이유를 분석하여 독자가 자신의 문제 상황을 알 수 있게 했다.**

⋯› (나)에서는 터무니없거나 편향된 판단을 인지하고 예방하기 위하여 '누구든지 자신의 판단의 오류 가능성에 대해 인정할 수 있어야 한다.'라고 하였으나, 판단의 오류를 인정하지 않으려고 하는 사회적 이유를 분석하거나 이를 통해 독자가 자신의 문제 상황을 알 수 있게 하는 내용은 찾아볼 수 없다.

오답인 이유

④ **매력적인 오답 ⓓ와 관련하여, 직관적 판단과 자기 확신의 긍정적 측면에 내재된 문제점을 언급하여 예상되는 독자의 반응에 대응하는 입장을 제시했다.**

⋯› (나)에서는 '아마 누군가는 정박 효과나 확신의 덫과 같은 문제를 일으킬 수 있는 직관적 판단과 자기 확신을 긍정적으로도 볼 수 있다는 반응을 보일 수 있다.'라고 한 후 직관적 판단과 자기 확신의 긍정적 측면을 언급하였다. 그리고 '그러나 이러한 사고 경향은 터무니없거나 편향*된 판단을 이끌어 낼 수 있다.'라며 직관적 판단과 자기 확신의 긍정적 측면에 내재된 문제점을 언급하고 있다. 이는 〈보기〉의 ⓓ와 관련해 볼 때, 예상되는 독자의 반응에 대응하는 입장을 제시한 것으로 볼 수 있다.

* 편향(偏向): 한쪽으로 치우침. 예 어느 한쪽으로만 편향된 태도는 갈등만을 일으킨다.

① **ⓐ와 관련하여, 필자와 독자를 모두 포함하는 '우리'라는 표현을 사용함으로써 필자와 독자의 거리감을 좁혔다.**

⋯› (나)에서는 '우리는 이 물건을 사야 할까, 말아야 할까? 아마 우

리 중 대부분은 ~'이라며 '우리'라는 1인칭 대명사를 사용하고 있다. 〈보기〉의 ⓐ와 관련해 볼 때, 이는 필자와 독자를 모두 포함하여 필자와 독자의 거리감을 좁히는 표현으로 볼 수 있다.

② ⓑ와 관련하여, 상품을 구매하는 일상적 상황을 가정한 물음을 제시함으로써 독자의 주의를 환기했다.

⋯ (나)에서는 '10만 원이라는 가격표가 붙은 물건을 3만 원에 살 수 있다면 우리는 이 물건을 사야 할까, 말아야 할까?'라며 상품을 구매하는 일상적 상황을 가정한 물음을 제시하고 있다. 〈보기〉의 ⓑ와 관련해 볼 때, 이는 물음을 제시하여 독자의 주의를 환기하는 전략이 사용된 것으로 볼 수 있다.

⑤ ⓔ와 관련하여, 터무니없거나 편향된 판단을 예방하기 위해 필요한 태도를 설명함으로써 독자에게 문제 해결 방법을 알려 주었다.

⋯ (나)에서는 터무니없거나 편향된 판단을 예방하기 위해 필요한 태도 두 가지를 설명하고 있다. 〈보기〉의 ⓔ와 관련해 볼 때, 이는 독자에게 문제 해결 방법을 제시하는 전략이 적용된 것으로 볼 수 있다.

12일 12 백화점 주변의 교통 혼잡

▶ 문제편 119~121쪽

정답 | 09 ⑤ 10 ⑤ 11 ⑤ 12 ③

제대로 내용 분석

2020 10월 고3 학력평가

❖ 유형: 기사문과 협상
❖ 주제: (가) □□ 백화점 주변의 교통 혼잡 해결에 대한 정보 전달
(나) □□ 백화점 주변의 교통 혼잡 해결을 위한 구청과 □□ 백화점 간의 협상
❖ 내용 요약

㉮ 지역 신문의 기사문

표제		□□ 백화점 주변의 극심한 교통 혼잡 해결되려나
전문	1문단	누가 구청 측, □□ 백화점 측 언제 9월 7일 어디서 구청 무엇을 함께 노력 어떻게 큰 틀에서 합의 왜 백화점 방문 차량으로 인해 발생하고 있는 문제들을 해결
본문	2문단	문제 발생에 대한 구청 측의 해결책 요청
	3문단	□□ 백화점 주변의 교통량 급증
	4문단	양측의 추가 협상 진행 예고

㉯ 협상

참가자	구청 측	백화점 방문 차량의 수가 줄어들 수 있도록 조치 요청
	백화점 측	마을버스 배차 간격 줄이기, 방문자에 대해 주차 요금 할인 요청
해결안		– 백화점 주차장 10부제 운영 검토 – 배차 간격은 마을버스 회사와 협의해 추진 – 주말에 한해 구청 주차장 개방

제대로 질문하기 정답

❶ 주차장 ❷ ○ ❸ × ❹ 구청

09 계획에 따른 표현하기

정답률 94%

다음은 기자가 취재 과정에서 작성한 메모이다. (가)에 반영되지 않은 것은?

정답인 이유

⑤ 시설 개선을 통한 주차 문제 해결 사례

⋯ 메모의 〈교통 연구소 자료 수집 및 지역 주민 인터뷰〉에 '시설 개선을 통한 주차 문제 해결 사례'라고 제시되어 있다. (가)의 교통 연구소의 최근 자료에서는 '주차장 추가 확보가 시급하다'고 분석하였을 뿐 시설 개선을 통한 주차 문제 해결 사례에 대해서는 나타나 있지 않다.

오답인 이유

① □□ 백화점 방문 차량으로 인한 민원 발생

⋯ 구청 측의 □□ 백화점 방문 차량이 증가함에 따라 '교통 혼잡으로 인해 민원이 폭증하는 문제가 발생'하고 있다는 내용에서 메모를 반영하여 기사를 작성하였음을 알 수 있다.

② 문제 해결을 위한 노력 요청 및 협조 의향

⋯ 구청 측의 '□□ 백화점에 해결책을 조속히 마련할 것을 요청할 예정이며, 필요한 부분이 있다면 구청도 적극적으로 협조할 것'이라는 내용에서 메모를 반영하여 기사를 작성하였음을 알 수 있다.

③ 문제 해결을 위한 의지 표명 및 협조 당부

⋯ 백화점 측이 '문제 해결을 위해 적극적으로 나서겠다고' 밝혔고 '구청 측의 협조가 필요함을 강조'했다는 내용에서 메모를 반영하여 기사를 작성하였음을 알 수 있다.

④ □□ 백화점 관련 교통 상황 통계

⋯ 교통 연구소의 최근 자료를 언급하며 □□ 백화점이 입점한 이후 '그 전보다 주변 도로의 주말 평균 교통량이 45%나 증가', '평균 정체 시간도 20분' 증가했다는 내용에서 메모를 반영하여 기사를 작성하였음을 알 수 있다.

10 내용 점검하기

정답률 84%

〈보기〉는 ㉠의 초안이다. 기자가 〈보기〉를 ㉠과 같이 수정한 이유로 가장 적절한 것은?

정답인 이유

⑤ 문제 원인과 해결 방안의 순서에 따라 정보를 재배치하기 위해

⋯ ㉠은 〈보기〉와 달리 '주말에 백화점으로 유입되는 차량의 수가 백화점의 주차 수용력을 40% 초과'한다는 문제 원인을 먼저 밝혔고, 그 해결 방안으로 '주차장 추가 확보가 시급하다'는 분석을 제시하였다. 이는 문제 원인과 해결 방안의 순서에 따라 정보를 재배치하기 위해 〈보기〉를 ㉠과 같이 수정한 것이다.

오답인 이유

① 주요 개념에 대한 정보를 추가하기 위해

⋯ 〈보기〉와 ㉠을 비교해 보면, ㉠에는 〈보기〉에 제시되지 않은 주요 개념에 대한 정보를 추가하지 않았다.

② 주관적인 의견이 담긴 부분을 삭제하기 위해

⋯ 〈보기〉에서는 주관적인 의견이 담긴 부분을 찾아볼 수 없고, ㉠

은 〈보기〉의 내용에서 문제 원인과 해결 방안에 따라 문장만 재배치하였을 뿐 삭제한 부분은 없다.

③ **한 측의 입장으로 치우친 정보를 수정하기 위해**

⋯➝ 〈보기〉에서는 한 측의 입장으로 치우친 정보를 찾아볼 수 없다. 따라서 한 측의 입장으로 치우친 정보를 수정하기 위해 ㉠과 같이 수정했다고 볼 수 없다.

④ **긴 문장을 나누어 내용을 효과적으로 표현하기 위해**

⋯➝ 〈보기〉와 ㉠의 문장 길이를 비교해 보면, ㉠의 문장 길이가 더 길다. 따라서 긴 문장을 나누어 내용을 효과적으로 표현하기 위해 ㉠과 같이 수정했다고 볼 수 없다.

11 말하기 전략 평가하기

정답률 88%

다음은 '구청 측'에서 협상을 준비하는 과정에서 작성한 협상 계획서의 일부이다. 다음을 참고하여 [A]~[E]를 이해한 내용으로 적절하지 <u>않은</u> 것은? [3점]

정답인 이유

⑤ **[E]는 ㉣, ㉤와 관련된 상대측의 요구 사항을 수용하면서 그에 상응하는 요구 조건을 직접 제시하고 있다.**

⋯➝ [E]에서는 구청 주차장을 개방해 달라는 상대측의 요구 사항에 대하여 '안전 문제 등이 우려'된다며 검토가 필요하다고 하였으므로, 상대측의 요구 사항을 수용한 것이 아니다. 또한 그에 상응하는 요구 조건을 직접 제시하고 있지도 않다.

오답인 이유

① **[A]는 ㉮와 관련된 문제의식을 드러내며 상대측에 요구 사항을 제시하고 있다.**

⋯➝ [A]에서는 백화점 방문 차량으로 인해 주변의 교통 혼잡이 심각하다는 ㉮와 관련된 문제의식을 드러내며, '주차장 10부제를 운영하여 백화점 방문 차량의 수가 줄어들 수 있도록 조치해' 달라는 요구 사항을 상대측에 제시하고 있다.

② **[B]는 ㉯, ㉰와 관련된 문제 상황을 언급하며 문제 해결을 위한 방안을 마련할 것을 상대측에 요구하고 있다.**

⋯➝ [B]에서는 백화점 방문자들의 아파트 주차장 무단 이용과 백화점 진입 차량들이 아파트 차량의 진출입을 방해한다는 ㉯, ㉰와 관련된 문제 상황을 언급하며 '이에 대한 해결책'을 마련할 것을 상대측에 요구하고 있다.

③ **[C]는 ㉱의 필요성을 언급하며 다른 사례를 참고하여 문제를 해결할 것을 제안하고 있다.**

⋯➝ [C]에서는 교통 혼잡 문제의 근본적 해결을 위해서는 '주차장 추가 확보가 필요'하다며 ㉱의 필요성을 언급하였고, '△△ 백화점처럼 건물 옥상에 주차 공간을 마련하는 것도 한 방법'이라며 다른 사례를 참고하여 문제를 해결하도록 제안하고 있다.

④ **[D]는 ㉲와 관련하여 대안을 제시하면서 이에 대한 상대측의 수용 의사를 묻고 있다.**

⋯➝ [D]에서는 ㉲와 관련하여 '○○ 유수지 주변 공터를 주차장으로 이용하는 것'을 대안으로 제시하고 '~ 어떻습니까?', '~ 괜찮지 않겠습니까?'라며 상대측에게 수용 의사를 묻고 있다.

12 말하기 전략 파악하기

정답률 93%

(나)의 담화 흐름을 고려할 때, ⓐ와 ⓑ의 공통점으로 가장 적절한 것은?

정답인 이유

③ **상대측이 지적한 문제점을 고려하여 요구 사항을 수정하여 제시하는 발화이다.**

⋯➝ (나)의 ⓐ, ⓑ는 모두 백화점 측의 발화이다. 백화점 앞 버스 노선을 증설해 달라는 요구에, 여러 이해관계가 복잡하고 다른 교통 혼잡을 유발할 수 있다는 문제점을 구청 측이 지적하자 이를 고려하여 ⓐ는 '기존 마을버스의 배차 간격을 줄여' 달라며 기존 요구 사항을 수정하였다. 또한 구청 주차장 이용 시 백화점 방문자의 주차 요금을 면제해 달라는 요구에, 또 다른 문제가 발생할 것이라는 구청 측의 의견을 고려하여 ⓑ에서는 기존 요구 사항을 수정하여 '주차 요금을 할인해' 달라고 제시하였다.

오답인 이유

① **상대측이 제시한 문제점에 대해 추가적인 설명을 요구하는 발화이다.**

⋯➝ ⓐ, ⓑ는 상대측이 언급한 문제점을 고려하여 요구 사항을 수정하여 제시하였을 뿐 추가적인 설명을 요구하지 않았다.

② **상대측의 제안을 수용할 경우 예상되는 부작용에 대해 언급하는 발화이다.**

⋯➝ ⓐ, ⓑ는 상대측의 제안을 수용할 경우 예상되는 부작용에 대하여 언급하지 않았다.

④ **상대측이 제기할 수 있는 의견을 가정하며 그 의견의 타당성 여부를 묻는 발화이다.**

⋯➝ ⓐ, ⓑ는 상대측이 제기할 수 있는 의견을 가정하고 있지 않고, 그 의견의 타당성 여부를 묻고 있지도 않다.

⑤ **상대측의 제안을 수용하기 어려운 이유를 들어 상대측에게 양보를 요구하는 발화이다.**

⋯➝ ⓐ, ⓑ는 상대측의 제안을 수용하기 어려운 이유를 들어 상대측에게 양보를 요구한 것이 아니라, 상대측이 지적한 문제점을 고려하여 요구 사항을 수정하여 제시한 것이다.

Ⅳ부 실전 기출 모의고사

13일 01 석류탕과 난면

▶ 문제편 124~126쪽

정답 | 01 ④ 02 ⑤ 03 ④

제대로 담화 분석

2022 수능

- 유형: 발표
- 상황: 『음식디미방』을 읽고 흥미롭게 느낀 음식인 석류탕과 난면에 대하여 발표하고 있다.
- 주제: 17세기의 우리 음식 중 석류탕과 난면에 대한 소개
- 내용 요약

1문단	발표 주제 선정 동기 및 발표 내용 소개
2문단	석류탕에 대한 소개
3문단	난면에 대한 소개
4문단	『음식디미방』의 내용 요약 및 발표 마무리

제대로 질문하기 정답

❶ 17 ❷ 평고기 ❸ ○ ❹ ×

01 말하기 방식 파악하기

정답률 83%

위 발표에 대한 설명으로 가장 적절한 것은?

정답인 이유

④ 발표자 자신의 경험과 관련하여 발표 주제의 선정 동기를 밝히고 있다.

…→ 발표자는 '얼마 전 읽은 책에서 17세기의 우리 음식 중 흥미로운 음식을 발견'하였다며 자신의 경험을 드러냈고, 이와 관련하여 발표 주제를 '17세기의 두 가지 음식'으로 정했다며 주제의 선정 동기를 밝히고 있다.

오답인 이유

① 두 가지 음식에 대해 발표한 내용을 중간중간 요약하고 있다.

…→ 발표자는 마지막 문단에서 자신이 읽었던 『음식디미방』의 내용을 간단히 요약하면서 석류탕과 난면은 '어육류'에 속하는 음식이라고 언급하고 있다. 그러나 두 가지 음식에 대해 중간중간 요약하고 있지는 않다.

② 소개한 두 음식에 대해 추가로 자료를 탐색할 것을 권유하고 있다.

…→ 발표자는 마지막 문단에서 소개한 음식 외에 '다른 음식에 관심이 있으신 분은 책을 보시면 흥미로운 음식들을 발견할 수 있을' 것이라며 책을 통해 다른 음식을 탐색할 것을 권유하고 있으나, 소개한 두 음식에 대해서 탐색하라고 권유하고 있지는 않다.

③ 소개한 조리법을 활용하여 만들 수 있는 다른 음식들의 예를 들고 있다.

…→ 발표자는 석류탕과 난면의 조리법을 설명하였지만 이를 활용하여 만들 수 있는 다른 음식들의 예를 들고 있지는 않다.

⑤ 언급한 책의 역사적 가치를 전문가들의 서로 다른 견해를 인용하며 설명하고 있다.

…→ 발표자는 『음식디미방』이라는 책에 대하여 '이 책은 1670년경에 쓰인 한글 음식 조리서로, 당대의 음식을 알 수 있는 대표적인 자료'라며 역사적 가치를 언급하고 있지만, 이를 전문가들의 서로 다른 견해를 인용하며 설명하고 있지는 않다.

02 발표 전략 파악하기

정답률 95%

다음은 발표자가 위 발표를 준비하면서 작성한 메모이다. ㉠~㉤을 바탕으로 하여 발표에서 사용한 발표 전략으로 적절하지 않은 것은?

정답인 이유

⑤ ㉤: 청중과의 상호 작용으로 파악한 청중의 관심을 반영하기 위해, 도입부에서 안내한 발표 순서를 바꾸어 소개한다.

…→ 발표자는 발표를 시작하는 부분인 도입부에서 『음식디미방』이라는 '책에 실린 음식 중 석류탕을 먼저 소개한 후 난면을 소개하겠'다고 하였는데, 발표는 이 순서대로 진행되었으므로, ⑤는 적절하지 않다.

오답인 이유

① ㉠: 청중이 발표 내용을 신뢰할 수 있도록 발표에서 다루려는 음식이 소개된 문헌을 밝힌다.

…→ 발표자는 발표의 도입부에서 청중이 발표 내용을 신뢰할 수 있도록 발표에서 다루려는 음식인 '석류탕'과 '난면'이 소개된 『음식디미방』이라는 문헌을 밝히고 있다.

② ㉡: 전달 효과를 높이기 위해 모니터를 활용해 사진을 화면으로 제시하며 설명한다.

…→ 발표자는 발표 내용 소개 후 석류탕을 소개하기 전, 전달 효과를 높이기 위해 화면에 소개하려는 음식의 사진을 보여 주며 발표를 이어 나가고 있다.

③ ㉢: 책에 대한 청중의 사전 지식을 점검하고, 책에 대한 이해를 돕기 위해 책의 집필 시기와 책 제목의 의미를 밝힌다.

…→ 발표자는 발표 주제를 소개하면서 『음식디미방』이라는 책을 알고 있는지 물었고, 책에 대한 이해를 돕기 위해 '이 책은 1670년경에 ~ '음식의 맛을 아는 방법'이라는 뜻입니다.'라고 책의 집필 시기와 책 제목의 의미를 밝히고 있다.

④ ㉣: 청중의 이해를 돕기 위해 청중에게 익숙한 단어를 사용하여 음식의 이름을 설명한다.

…→ 발표자는 청중의 이해를 돕기 위해 난면을 소개할 때 난면에 쓰인 글자는 '계란' 할 때의 '란', '냉면' 할 때의 '면'이라며 청중에게 익숙한 단어를 사용하여 이름을 설명하고 있다.

03 발표 내용 이해하기

정답률 83% | 매력적인 오답 ② 11%

〈보기〉는 위 발표를 들은 학생들의 반응이다. 〈보기〉에 드러난 학생들의 듣기 방식으로 가장 적절한 것은?

정답인 이유

④ 학생 1과 학생 3은 모두 발표 내용과 관련하여 발표자가 언급하지 않은 내용을 추론하며 들었다.

⋯› 발표에서 석류탕과 난면의 조리법을 소개할 때 모두 꿩고기를 언급하였는데, 이와 관련하여 학생 1은 '모두 꿩고기를 재료로 ~ 구하기 쉬웠나 봐.'라고 추론하고 있다. 그리고 석류탕과 난면은 어육류에 속하는 음식이라는 발표 내용과 관련하여 학생 3은 '석류탕이 어육류에 ~ 분류한 것 같아.'라고 추론하고 있다.

오답인 이유

② (매력적인 오답) 학생 2는 학생 1과 달리 자신이 알고 있는 조리법과 비교하며 제시된 정보를 사실과 의견으로 구분하며 들었다.

⋯› 학생 2는 '내가 아는 ~ 다르지 않네.'라고 자신이 알고 있는 만두 만드는 방법과 비교하며 들었지만, 제시된 정보를 사실과 의견으로 구분하지는 않았다.

① 학생 1은 학생 2와 달리 발표에서 음식 재료를 설명한 내용이 정확한지 평가하며 들었다.

⋯› 학생 1은 석류탕과 난면의 재료에 대하여 추측하였을 뿐, 발표에서 음식 재료를 설명한 내용이 정확한지 평가하지는 않았다.

③ 학생 2는 학생 3과 달리 발표자가 두 번째로 소개한 음식의 조리법에 대한 발표 내용을 배경지식을 바탕으로 예측하며 들었다.

⋯› 학생 2는 발표자가 두 번째로 소개한 음식이 아닌, 첫 번째로 소개한 석류탕의 만두 만드는 방법에 대하여 자신이 알고 있는 방법과 비교하였다.

⑤ 학생 2와 학생 3은 모두 사전 경험을 바탕으로 발표 내용의 효용성을 점검하며 들었다.

⋯› 학생 2는 자신이 알고 있는 조리법과 비교하였고 학생 3은 내용을 추론하면서 발표를 들었지만, 모두 사전 경험을 바탕으로 발표 내용의 효용성을 점검하지는 않았다.

13일 02 토론 한마당의 예선 방식

▶ 문제편 127~130쪽

정답 | 04 ① 05 ① 06 ③ 07 ① 08 ②

제대로 내용 분석

2022 수능

❖ **유형:** 게시판 글과 대화

❖ **주제:** 토론 한마당 예선 방식의 개선

❖ **내용 요약**

(가) 게시판 글

1문단	자기소개 및 글을 쓴 동기
2문단	토론 한마당의 장점 및 문제의 발생 배경
3문단	토론 한마당 예선 방식의 문제점 제시
4문단	건의 내용 및 개선 사례 제시
5문단	개선 방법 제시 및 개선 후 기대 효과

(나) 대화

대화자	게시판 글을 읽은 학생회 학생들
내용	대화를 통해 토론 한마당 예선 방식의 개선 방안을 논의함

제대로 질문하기 정답

❶ × ❷ ○ ❸ 시간 ❹ 토론 개요서

04 글쓰기 맥락 분석하기

정답률 86% | 매력적인 오답 ⑤ 9%

(가)의 작문 맥락을 파악한 내용으로 가장 적절한 것은?

정답인 이유

① 공동체의 문제를 해결할 수 있는 주체를 예상 독자로 설정했다.

⋯› (가)의 글쓴이는 학생회에서 개최하는 '토론 한마당 예선 방식의 개선을 건의하고자', '학생회 운영진'을 대상으로 하여 학생회 누리집 게시판에 글을 쓰게 되었다고 하였다. 따라서 건의하고자 하는 공동체의 문제를 해결할 수 있는 주체를 예상 독자로 설정했음을 알 수 있다.

오답인 이유

⑤ (매력적인 오답) 공동체의 문제를 조사하고 분석한 절차와 결과가 잘 드러나도록 보고하는 형식을 갖춘 글의 유형을 선택했다.

⋯› (가)는 '토론 한마당 예선 방식의 개선을 건의'하기 위하여 현재 상황과 문제점, 건의 내용 및 개선 후 효과 등이 잘 드러나도록 쓴 건의문으로, 보고하는 형식을 갖춘 글이 아니다.

② 공동체의 문제를 해결하기 위해서는 공동체 구성원 개개인의 인식 개선이 필요함을 글의 주제로 삼았다.

⋯› (가)에서는 토론 한마당 예선 방식의 문제를 해결하기 위해 대면 토론의 기간을 연장하거나 예선에서 토론 개요서로 평가하는 사례를 들어 예선 방식을 개선해 달라고 건의하였다. 공동체 구성원 개개인의 인식 개선이 필요함을 글의 주제로 삼지 않았다.

③ 공동체의 문제와 관련하여 가치 있는 경험을 통해 얻은 깨달음을 성찰하는 것을 작문 목적으로 설정했다.

⋯› (가)는 공동체 문제의 개선을 위해 해결 방안을 제시하며 건의하는 글로, 깨달음을 성찰하는 것과는 관련이 없는 글이다.

④ 공동체의 문제와 관련하여 자신의 생각을 진솔하게 기록하기 위해 개인적인 성격이 강한 작문 매체를 선택했다.

⋯› (가)는 공동체의 문제를 개선하려는 목적으로 쓴 건의문으로, 자신의 생각을 진솔하게 기록하지 않았으며, 개인적인 성격이 강하게 드러나는 글도 아니다.

·고난도·

05 글쓰기 내용 평가하기

정답률 52% | 매력적인 오답 ④ 18%

〈보기〉를 기준으로 하여 (가)를 평가한 내용으로 적절하지 않은 것은?

정답인 이유

① 2문단에서 현행 토론 한마당의 예선 방식으로 인해 발생한 문제를 언급한 내용은, 참가 팀이 늘면서 발생한 운영상의 어려움을 문제로 제시했다는 점에서 ⓐ를 충족하는군.

⋯ 2문단에서는 현행 토론 한마당의 예선 방식으로 인해 발생한 문제가 아니라, '작년부터 예선에 참가할 수 있는 인원을 학급당 한 팀으로 제한'하게 된 배경을 언급하고 있다.

오답인 이유

④ 매력적인 오답 4문단에서 인근 학교의 사례를 언급한 내용은, 유사한 상황에서 문제를 해결한 사례를 통해 기간 연장 및 평가 방법 변경의 실행 가능성을 점검하여 제시했다는 점에서 ⓓ를 충족하는군.

⋯ 4문단에서는 '우리 학교와 학생 수도 거의 같고 토론에 대한 관심도 높은 인근 학교'의 사례를 언급하면서 '이 학교들에서는 대면 토론의 기간을 연장하거나, 대면 토론 대신 예선에서 토론 개요서로 평가'하는 방법으로 변경하여 많은 학생들이 예선에 참가할 수 있었다고 하였다. 이미 효과를 보았던 사례를 제시하였다는 점에서 건의하는 방안의 실행 가능성을 점검하여 제시했다고 볼 수 있다.

② 3문단에서 토론 한마당에 대한 설문 조사 결과를 인용한 내용은, 학생들의 불만이 높다는 문제를 사실에 근거하여 제시했다는 점에서 ⓑ를 충족하는군.

⋯ 3문단에서는 학교 신문이 전교생을 대상으로 실시한 설문 조사의 결과를 인용하면서 토론 한마당에 불만족스럽다는 응답률이 76%로 매우 높았다며 예선 방식에 대한 학생들의 불만이 높다는 문제를 사실에 근거하여 제시하고 있다.

③ 3문단에서 현행 예선 방식의 한계를 언급한 내용은, 참가자 제한을 학생들이 불만족한 원인으로 제시했다는 점에서 ⓒ를 충족하는군.

⋯ 3문단에서 현행 예선 방식의 한계를 언급하기 전, 2문단을 살펴보면 토론 한마당의 참가 팀이 늘면서 여러 어려움이 발생하여 이를 해소하기 위해 작년부터 예선 참가 인원을 학급당 한 팀으로 제한하였는데, 3문단에서는 '이런 현행 예선 방식으로 인해 토론 한마당에 대한 학생들의 불만이 매우 높아졌다는 문제가 발생하였'다고 하였다. 따라서 ⓒ를 충족하는 것으로 볼 수 있다.

⑤ 5문단에서 토론 한마당의 예선 방식 개선이 가져올 결과를 언급한 내용은, 문제 해결을 통한 기대 효과를 제시했다는 점에서 ⓔ를 충족하는군.

⋯ 5문단에서는 현행 예선 방식을 개선하면 학생들이 더 많이 참가할 수 있게 되고, '그러면 토론 한마당에 대한 학생들의 관심도 더 높아져 토론 한마당이 학생 자치 대표 행사로 자리매김하게 될 것'이라며 문제 해결을 통한 기대 효과를 제시하고 있다. 따라서 ⓔ를 충족하는 것으로 볼 수 있다.

·고난도·

06 말하기 방식 파악하기

정답률 28% | 매력적인 오답 ④ 61%

(나)의 '학생 1'에 대한 설명으로 적절하지 않은 것은? [3점]

정답인 이유

③ (가)에서 예선 방식 개선을 위해 제시한 두 가지 방식 각각의 장단점을 판단하게 하며 논의를 진행하고 있다.

⋯ (가)에서는 예선 방식 개선을 위해 '예선의 기간을 연장하는 방식'과 '평가 방법을 변경하는 방식'을 제시하였다. 그러나 (나)의 '학생 1'은 '기간 연장은 일정상 당장 반영하기 곤란하'다며 '참가 인원을 늘릴 수 있는 좋은 방안이 있는지'에 대하여 논의하자고 하였다. (가)에서 제시한 한 가지 방식에 대하여 논의를 진행하고 있으므로 ③은 적절하지 않다.

오답인 이유

④ 매력적인 오답 (가)에서 현행 예선 평가 방법의 장점으로 언급한 내용과 관련해서는 발언에서 제외하도록 논의 내용을 제한하고 있다.

⋯ (가)에서 토론 한마당은 '대면 토론으로 진행되어 현장감이 넘친다는 장점이 있'다고 하였는데, (나)에서 '학생 1'은 '토론 개요서로 평가', '동영상 제출' 방식의 단점이나 운영상 어려움을 논의하는 중 '대면 토론만큼의 ~ 그것 말고 얘기해 줄래?'라며 (가)에서 언급한 현행 예선 평가 방법의 장점과 관련한 내용은 발언에서 제외하도록 논의 내용을 제한하고 있다.

① (가)에서 토론 한마당 예선 방식 개선을 요구한 것을 논의의 계기로 삼고 있다.

⋯ (가)는 토론 한마당의 현행 예선 방식을 개선해 달라고 건의하기 위하여 쓴 글이다. (나)의 '학생 1'은 (가)의 글이 올라온 학생회 누리집 게시판을 언급하면서 '참가 인원을 늘릴 수 있는 좋은 방안이 있는지 논의해 보자.'고 하였다.

② (가)에서 서술한 예선 참가 인원 제한의 배경을 언급하며 논의의 필요성을 제시하고 있다.

⋯ (가)에서는 토론 한마당의 참가 팀이 늘면서 예선을 위한 시간과 공간 부족, 예선 운영 인원과 심사자 확보 곤란 등의 어려움이 있어 작년부터 예선 참가 인원을 학급당 한 팀으로 제한했다고 하였다. (나)에서 '학생 1'은 '행사 운영을 위한 시간과 ~ 방안을 찾을 필요가 있어.'라며 (가)에서 언급한 예선 참가 인원 제한의 배경과 함께 논의의 필요성을 제시하고 있다.

⑤ (가)에서 서술한 현행 예선 방식에 대한 불만이 해소될 것을 언급하며 논의의 결론을 제시하고 있다.

⋯ (가)에서는 '현행의 예선 방식을 개선하면 학생들이 더 많이 참가할 수 있게 되어 불만이 해소될 것'이라고 하였고, (나)에서 '학생 1'은 '토론 개요서를 평가하면 예선 참가 가능한 인원이 늘'고, 그러면 '학생들 불만이 해소될' 것이라며 토론 개요서를 평가하는 방안을 도입하는 것으로 결론을 제시하고 있다.

07 말하기 전략 평가하기

정답률 90%

㉠, ㉡의 발화에 대한 이해로 가장 적절한 것은?

정답인 이유

① ㉠은 ㉠ 직전의 '학생 2'가 말한 내용에 담긴 의견의 일부를 긍정하면서 추가로 자신의 의견을 드러낸다.

⋯ ㉠ 직전에서 '학생 2'는 제출한 동영상을 평가하는 심사자는 부담이 클 것 같다고 하였고, 이 의견에 대하여 ㉠은 '심사자 부담은 큰 게 맞겠네.'라며 일부를 긍정하면서 '그런데 ~ 평가하긴 어려워.'라고 추가로 자신의 의견을 드러내고 있다.

오답인 이유

② ㉠은 ㉠ 직전의 '학생 2'가 말한 내용에 담긴 의견에 동의를 표하면서 그 의견에 대한 상세한 설명을 요청한다.

⋯› ㉠ 직전에 '학생 2'가, 제출한 동영상을 평가하는 '심사자의 평가 부담이 클 것 같네.'라고 말한 의견에 대해 ㉠은 '심사자 부담은 큰 게 맞겠네.'라고 동의를 표한 후 추가로 '토론 개요서 평가'에 대하여 자신의 의견을 드러내고 있을 뿐, '학생 2'의 의견에 대한 상세한 설명을 요청하고 있지는 않다.

③ ㉠은 ㉠ 직전의 '학생 2'가 말한 내용에 담긴 의견에 이의를 제기하면서 그 의견을 뒷받침하는 근거의 타당성을 지적한다.

⋯› ㉠ 직전의 '학생 2'가 말한 내용에 담긴 의견에 대하여 ㉠이 이의를 제기하고 있는 부분은 찾아볼 수 없다.

④ ㉡은 ㉡ 직전의 '학생 3'이 말한 내용에 담긴 의견을 뒷받침할 수 있는 근거를 덧붙이면서 공감을 드러낸다.

⋯› ㉡은 ㉡ 직전의 '학생 3'이 말한 내용에 담긴 의견을 뒷받침할 수 있는 근거를 덧붙이고 있지 않으며 공감을 드러내고 있지도 않다.

⑤ ㉡은 ㉡ 직전의 '학생 3'이 말한 내용에 담긴 의견의 핵심을 재진술하면서 그 의견에 대해 동의를 유보한다.

⋯› ㉡은 ㉡ 직전의 '학생 3'이 말한 내용에 담긴 의견의 핵심을 재진술하고 있지 않으며 그 의견에 대해 동의를 유보*하고 있지도 않다.

* 유보(留保): 어떤 일을 당장 처리하지 아니하고 나중으로 미루어 둠.
예 그는 배우의 꿈을 유보한 채 회사에 다니고 있다.

08 대화 내용 파악하기

정답률 87%

(나)의 흐름을 다음과 같이 정리할 때, ㉮에 해당하는 내용으로 적절하지 않은 것은?

정답인 이유

② 동영상 방식의 장점으로, 대면 토론에 비해 심사자 섭외의 부담을 줄일 수 있다는 점이 언급되었다.

⋯› '학생 2'는 세 번째 발화에서 토론 개요서로 평가하면 '심사자를 섭외하는 부담도 많이 줄일 수 있어.'라고 하였다. '학생 2'가 언급한 심사자 섭외의 부담을 줄일 수 있다는 점은 동영상 방식이 아니라 토론 개요서 평가 방식의 장점이다.

오답인 이유

① 동영상 방식의 장점으로, 참가자들이 시간과 장소를 자율적으로 정할 수 있다는 점이 언급되었다.

⋯› '학생 3'은 동영상을 제출하도록 하면 '토론 시간이나 장소를 참가자들이 자율적으로 정할 수 있'다며 동영상 방식의 장점을 언급하였다.

③ 동영상 방식의 단점으로, 참가자가 별도의 촬영 장비를 준비해야 한다는 점이 언급되었다.

⋯› '학생 2'는 '동영상 촬영을 하려면 참가 팀들이 별도의 장비를 준비해야 해서 번거로워.'라며 동영상 방식의 단점을 언급하였다.

④ 토론 개요서 방식의 장점으로, 현행 방식에 비해 더 많은 학생이 예선에 참여할 수 있다는 점이 언급되었다.

⋯› '학생 2'는 '토론 개요서로 평가하면 현행 방식일 때 예선에 참가하지 못한 학생들도 기회를 얻을 수 있어.'라며 토론 개요서 방식의 장점을 언급하였다.

⑤ 토론 개요서 방식의 단점으로, 참가자들의 소통 과정을 평가하기 어렵다는 점이 언급되었다.

⋯› '학생 3'은 '토론 개요서 평가는 참가자들이 소통하는 과정을 평가하긴 어려워.'라며 토론 개요서 방식의 단점을 언급하였다.

13일 03 악기 연주자의 근골격계 질환

▶ 문제편 131~133쪽

정답 | 09 ② 10 ③ 11 ⑤

제대로 내용 분석

2022 수능

❖ **유형**: 원고 요청과 초고(설명하는 글)
❖ **주제**: 악기 연주자가 겪는 근골격계 질환과 완화 방법
❖ **내용 요약**

잡지 편집장의 요청

주제	악기 연주자가 겪는 근골격계 질환
포함시킬 내용	질환의 개념, 질환의 유병률, 질환 완화 방법

[초고]

1문단	근골격계 질환의 개념과 이를 겪고 있는 악기 연주자들
2문단	악기 연주자들의 근골격계 질환 유병률
3문단	근골격계 질환에 영향을 미치는 요인과 질환의 완화 방법

제대로 질문하기 정답

❶ × ❷ 사용하는 부위 ❸ 건반 악기 ❹ ○

09 글쓰기 방법 파악하기

정답률 83% | 매력적인 오답 ③ 13%

초고에서 ㉠~㉢을 작성할 때 활용한 글쓰기 방법으로 가장 적절한 것은?

정답인 이유

② ㉡: 두 범주를 설정하여 범주별로 질환 유병률의 차이를 제시했다.

⋯› 초고에서는 악기 연주자들의 근골격계 질환 유병률에 대하여 '악기군'과 '부위'의 범주로 나누어 범주별로 질환 유병률의 차이를 제시하고 있다.

오답인 이유

③ 매력적인 오답 ㉢: 악기 연주자의 질환 경험 사례를 악기군별로 제시했다.

⋯› 초고에서는 악기 연주자의 질환 경험 사례로 악기 연주자들 중 유병률이 가장 높은 건반 악기 연주자인 '피아니스트 ○○○ 씨'의 사례 하나만을 제시하고 있다.

① ㉠: 질환의 개념을 묻고 답하는 방식으로 제시했다.

⋯› 초고에서 근골격계 질환의 개념을 언급하고 있지만, 묻고 답하는 방식으로 제시하고 있지는 않다.

④ ⓒ: 질환 완화 방법을 질환의 부위별로 분석하여 제시했다.

⋯› 초고에서는 악기 연주자의 근골격계 질환 완화를 위한 방법으로 '연습 중의 규칙적인 휴식'과 '적절한 운동'이 도움이 된다고 제시하였으나, 질환의 부위별로 분석하여 제시하고 있지는 않다.

⑤ ⓒ: 질환 완화에 효과가 있는 운동의 과정을 단계별로 제시했다.

⋯› 초고에서는 '근골격계 질환 완화에 도움이 되도록 적절한 운동을 하는 것도 필요하다.'라고만 언급하였을 뿐, 질환 완화에 효과가 있는 운동의 과정을 단계별로 제시하고 있지는 않다.

·고난도·

10 자료 활용 방안의 적절성 평가하기 정답률 48% | 매력적인 오답 ② 24%

다음은 초고를 보완하기 위해 추가로 수집한 자료이다. 자료 활용 방안으로 적절하지 않은 것은? [3점]

정답인 이유

③ (나-1)을 활용하여, 질환의 유병률을 낮추는 데 도움이 되는 방법에 대해, 근골격계 질환이 연주 자세에 미치는 영향에 대한 인식 개선이 필요하다는 내용으로 3문단을 구체화한다.

⋯› (나-1)은 근골격계 질환이 연주 자세에 미치는 영향에 대한 것이 아닌 '근골격계 질환에 영향을 미치는 요인에 대한 악기 연주자들의 인식'을 조사한 자료로, 악기 연주자들은 근골격계 질환에 영향을 미치는 주요 요인을 '연주 자세'라고 생각함을 보여 준다. 따라서 질환의 유병률을 낮추는 데 도움이 되는 방법에 대해 3문단을 구체화하기 위해 (나-1)을 활용하는 것은 적절하지 않다.

오답인 이유

② (매력적인 오답) (가)를 활용하여, 악기군에 따른 부위별 유병률 순위에 대해, 상지 부위와 달리 하지 부위의 유병률은 전체 부위 유병률과 순위가 일치하지 않는다는 내용으로 2문단을 보강한다.

⋯› □□ 의학회 논문 자료인 (가)를 살펴보면 악기 연주자의 근골격계 질환의 전체 부위 유병률은 건반 악기, 현악기, 관악기순으로 높고 통증 부위에 따른 유병률은 상지 부위의 경우 건반 악기, 현악기, 관악기순으로 높지만 하지 부위는 건반 악기, 관악기, 현악기순으로 높은 것을 확인할 수 있다. 따라서 하지 부위의 유병률은 전체 부위 유병률과 순위가 일치하지 않는다는 내용으로 2문단을 보강하기 위해 (가)를 활용하는 것은 적절하다.

① (가)를 활용하여, 악기군별 상지 부위의 유병률 차이에 대해, 건반 악기의 유병률이 가장 높고 다음으로 현악기, 관악기순이라는 내용으로 2문단을 구체화한다.

⋯› (가)를 살펴보면 악기군별 상지 부위의 유병률은 건반 악기, 현악기, 관악기순으로 높은 것을 확인할 수 있다. 따라서 건반 악기의 유병률이 가장 높고 다음으로 현악기, 관악기순이라는 내용으로 2문단을 구체화하기 위해 (가)를 활용하는 것은 적절하다.

④ (나-2)를 활용하여, 연습 중 휴식이 악기군별 유병률에 미치는 영향에 대해, 관악기의 경우가 현악기보다 유병률을 낮추는 데 휴식의 영향이 더 크다는 내용으로 3문단을 구체화한다.

⋯› (나-2)는 '연습 중 휴식 유무에 따른 근골격계 질환 유병률'에 대한 자료로, 휴식을 하였을 때 관악기의 경우 유병률이 가장 낮아졌음을 확인할 수 있다. 따라서 관악기의 경우가 현악기보다 유병률을 낮추는 데 휴식의 영향이 더 크다는 내용으로 3문단을 구체화하기 위해 (나-2)를 활용하는 것은 적절하다.

⑤ (다)를 활용하여, 질환 완화에 도움이 되는 운동에 대해, 근골격계에 도움이 되는 운동과 그 효과에 관한 내용으로 3문단을 보강한다.

⋯› ◇◇ 대학교 의대 교수 인터뷰 자료인 (다)를 살펴보면 '스트레칭 운동으로 근육의 긴장을 완화하고, 안정화 운동을 통해 바른 자세로 교정하면 근골격계에 도움이' 된다고 하였다. 따라서 근골격계에 도움이 되는 운동과 그 효과에 관한 내용으로 3문단을 보강하기 위해 (다)를 활용하는 것은 적절하다.

11 내용 점검, 조정하기 정답률 90%

다음은 초고를 쓴 기자가 잡지 편집장에게 보낸 이메일의 일부이다. ⓐ에 들어갈 내용으로 가장 적절한 것은?

정답인 이유

⑤ 다른 직업군의 예 삭제, 근골격계 질환의 발병 원인 추가

⋯› 수정한 글을 살펴보면, 초고 첫 문단의 '사무직의 요통이 대표적인 예이다.'가 삭제되었는데 이는 검토 의견 중 '다른 직업군의 예 삭제'를 반영한 것이다. 그리고 '주로 장기간의 반복된 작업으로 ~ 누적되어 나타난다.'와 '유사한 동작을 오래 반복하다 보니'가 추가되었는데, 이는 검토 의견 중 '근골격계 질환의 발병* 원인 추가'를 반영한 것임을 확인할 수 있다.

* 발병(發病): 병이 남. 예 그 면역 질환의 발병 원인은 아직도 조사 중이다.

오답인 이유

① 직업성 질환이 아닌 예 삭제, 근골격계 질환의 발병 이유 추가

⋯› 초고의 첫 문단에서는 직업성 질환이 아닌 예는 언급하고 있지 않으므로, 이를 삭제해야 한다는 요청은 적절하지 않다.

② 직업성 질환이 아닌 예 삭제, 근골격계 질환의 발병 조건 추가

⋯› 초고의 첫 문단에서는 직업성 질환이 아닌 예는 언급하고 있지 않다.

③ 다른 직업군의 예 삭제, 근골격계 질환의 발병 부위 추가

⋯› 수정한 글을 살펴보면, 이메일의 검토 의견을 반영하여 초고 첫 문단의 '사무직의 요통이 대표적인 예이다.'가 삭제된 것을 확인할 수 있다. 그러나 근골격계 질환의 발병 부위에 대한 내용은 추가되지 않았다.

④ 다른 직업군의 예 삭제, 근골격계 질환의 발병 유형 추가

⋯› 수정한 글을 살펴보면, 이메일의 검토 의견을 반영하여 초고 첫 문단의 '사무직의 요통이 대표적인 예이다.'가 삭제된 것을 확인할 수 있지만, 근골격계 질환의 발병 유형에 대한 내용은 추가되지 않았다.

14일 04 텃밭 가꾸기

▶ 문제편 134~136쪽

정답 | 01 ① 02 ④ 03 ③

제대로 담화 분석

2023 6월 모의평가

- **유형**: 발표
- **상황**: 좁은 텃밭을 가꾸기 시작하는 청중에게 자신의 경험을 바탕으로 작물을 효율적으로 가꾸는 방법을 설명하고 있다.
- **주제**: 좁은 텃밭을 효율적으로 가꾸기 위한 작물 배치도
- **내용 요약**

1문단	발표자와 발표 내용 소개
2문단	작물을 효과적으로 배치하는 방법 ① – 작물의 키 고려
3문단	작물을 효과적으로 배치하는 방법 ② – 작물의 재배 기간 고려
4문단	키와 재배 기간에 따른 작물 재배치
5문단	발표 마무리

제대로 질문하기 정답

❶ 작물 배치도 ❷ ○ ❸ × ❹ 키, 재배 기간

01 말하기 방식 파악하기

정답률 90%

위 발표자의 말하기에 대한 설명으로 적절하지 않은 것은?

정답인 이유

① 그림을 그리면서 설명을 하여 청중의 이해를 돕고 있다.

…› 발표자는 청중의 이해를 돕기 위해 미리 준비해 온 시각 자료를 화면에 띄우며 발표를 하고 있다. 하지만 그림을 그리면서 설명하는 부분은 지문에서 확인할 수 없다.

오답인 이유

② 준언어적 표현을 조절하여 발표의 전달력을 높이고 있다.

…› 발표자는 인사와 자기소개를 하고 '잘 들리시나요?'라고 물으며 청중의 반응을 살핀 다음 큰 목소리로 말하고 있다. 즉, 발표자는 준언어적 표현* 중 하나인 목소리의 크기를 조절하여 발표의 전달력을 높이고 있다.

* 준언어적 표현: 언어적 요소에 덧붙여 의미를 전달하는 것으로, 목소리의 크기, 말의 빠르기, 강세, 억양 등이 있다.

③ 자신의 경험에 비추어 청중의 관심을 짐작하여 말하고 있다.

…› 발표자는 '저는 텃밭을 처음 가꿀 때 가정에서 필요한 다양한 작물을 심고 싶었어요. 아마 15제곱미터 정도의 좁은 텃밭을 가꾸기 시작하시는 여러분도 비슷한 마음이실 거예요.'라고 말하고 있다. 이를 통해 발표자가 자신의 경험에 비추어 청중의 관심을 짐작하여 말하고 있음을 알 수 있다.

④ 질문하고 답하는 방식을 사용하여 발표 내용을 전달하고 있다.

…› 발표자는 청중에게 '그러면 어떻게 해야 할까요?'라고 질문을 하고, 곧이어 '작물을 심기 전에 효율적인 배치를 위해 작물 배치도를 그려 보면 도움이 됩니다.'라고 답하고 있다. 이를 통해 발표자가 스스로 질문하고 답하는 방식을 사용하여 발표 내용을 효과적으로 전달하고 있음을 알 수 있다.

⑤ 청중이 얻을 수 있는 효용을 제시하며 실천을 권유하고 있다.

…› 발표자는 발표 말미에 '배치도를 그려 효율적으로 텃밭을 가꿔 보세요. 땀을 흘려 손수 먹거리를 수확하는 기쁨을 누리실 수 있을 겁니다.'라고 말하고 있다. 이를 통해 발표자가 작물 배치도로 청중이 얻을 수 있는 효용을 제시하고, 청중이 작물 배치도를 그려 보도록 권유하고 있음을 알 수 있다.

02 자료 활용 파악하기

정답률 81%

발표자의 자료 활용 계획 중 발표에 반영되지 않은 것은? [3점]

정답인 이유

④ 키가 제일 큰 옥수수는 어느 위치에 심어도 잘 자랄 수 있었음을 [자료 1]과 [자료 2]를 활용하여 설명해야지.

…› 발표에서 '그림자의 영향을 최소한으로 받아야 잘 자랄 수 있어요.'라고 했는데, 이를 통해 키가 제일 큰 옥수수는 그림자의 영향을 거의 받지 않아 잘 자랄 수 있음을 추론할 수 있다. 하지만 이는 발표 내용을 토대로 추론할 수 있는 사실일 뿐, 발표자가 자료를 활용해 직접 설명한 내용은 아니다. 따라서 ④는 발표에 반영되었다고 볼 수 없다.

오답인 이유

① 상추보다 키가 큰 고추가 상추의 동쪽에 배치되어 상추에 그늘이 많이 생겼음을 [자료 1]을 활용하여 설명해야지.

…› [자료 1]은 고추가 동쪽에 배치되어 있음을 보여 주는 자료이고, 발표자는 자료를 가리키며 상대적으로 키가 큰 고추를 동쪽에 배치하여 상추에 그늘이 많이 생겼다고 설명하고 있다. 따라서 [자료 1]을 활용해 상추에 그늘이 많이 생겼음을 설명하겠다는 ①은 발표에 반영되었다고 볼 수 있다.

② 옥수수를 수확하고 나서 심은 배추가 고추 때문에 광합성이 부족했음을 [자료 1]을 활용하여 설명해야지.

…› [자료 1]은 옥수수 자리에 배추를 심었음을 보여 주는 자료이고, 발표자는 자료를 가리키며 고추 재배 기간이 길어서 배추가 광합성을 많이 하지 못했다고 설명하고 있다. 따라서 [자료 1]을 활용해 배추가 광합성이 부족했음을 설명하겠다는 ②는 발표에 반영되었다고 볼 수 있다.

③ 작물들의 키 순서를 고려하여 감자를 북동쪽에 배치했음을 [자료 2]를 활용하여 설명해야지.

…› [자료 2]는 감자가 북동쪽에 배치되어 있음을 보여 주는 자료이고, 발표자는 자료를 다시 가리키며 키 순서에 따라 감자를 북동쪽에 배치했다고 설명하고 있다. 따라서 [자료 2]를 활용해 감자의 배치를 설명하겠다는 ③은 발표에 반영되었다고 볼 수 있다.

⑤ 동일한 위치에서도 주변 작물에 따라 배추가 자라는 정도가 달랐음을 [자료 1]과 [자료 2]를 활용하여 설명해야지.

…› [자료 1]과 [자료 2]를 비교하면 배추가 동일한 위치에 배치되었음을 알 수 있고, 발표자는 첫해와 동일한 위치임에도 배추가 더 잘 자랐다고 설명하고 있다. 따라서 [자료 1]과 [자료 2]를 활용해 배추가

자라는 정도가 달라졌음을 설명하겠다는 ⑤는 발표에 반영되었다고 볼 수 있다.

03 반응의 적절성 파악하기

정답률 94%

발표 내용을 참고할 때 <보기>에 제시된 청중의 반응을 이해한 내용으로 가장 적절한 것은?

정답인 이유

③ 청자 3은 자신이 필요하다고 생각하는 내용이 다루어지지 않았음을 지적하며 아쉬워하고 있다.

⋯› 청자 3은 작물들이 다 자랐을 때의 키를 알고 싶다고 했는데, 발표자는 '키 순서에 따라 작은 것부터 상추는 남동쪽, 감자는 북동쪽, 고추는 남서쪽, 옥수수는 북서쪽에 배치했어요.'라고 했다. 이를 통해 작물들의 키 순서를 알 수 있지만, 작물들이 다 자랐을 때의 키는 구체적으로 알 수 없다. 따라서 ⑤는 청자 3의 반응에 대한 이해로 적절하다.

오답인 이유

① 청자 1은 발표 내용의 정확한 이해를 바탕으로 발표 내용에서 보완할 점을 지적하고 있다.

⋯› 청자 1은 작물을 수확하고 난 후 다른 작물로 교체한 이유가 궁금하다고 했는데, 발표자는 '좁은 땅을 효율적으로 사용하기 위해 기존 작물을 수확하고 다른 작물로 교체'한다고 했다. 청자 1의 질문은 발표자가 이미 언급한 내용이므로, 청자 1이 발표 내용을 정확하게 이해하고 보완할 점을 지적하고 있다는 설명은 적절하지 않다.

② 청자 2는 자신이 알고 있던 사실과 발표 내용을 비교하며 발표에서 다룬 정보의 문제점을 제시하고 있다.

⋯› 청자 2는 자신이 알고 있는 사실인 '브로콜리가 케일보다 키가 크게 자란다'는 것을 언급하고 있지만, 이를 발표 내용과 비교하거나 발표에서 다룬 정보의 문제점을 제시하고 있지는 않다.

④ 청자 1과 청자 2는 모두 자신의 과거 경험을 떠올리며 발표 내용에 의문을 제기하고 있다.

⋯› 청자 1은 '작물을 교체한 이유가 뭘까?'라며 발표 내용에 의문을 제기하고 있지만, 청자 2는 의문을 제기하지 않는다. 또한 청자 1과 청자 2 모두 자신의 경험을 밝히고 있지도 않다.

⑤ 청자 2와 청자 3은 모두 발표 내용이 적용되지 않는 예외적 상황이 있는지 검토하고 있다.

⋯› 발표 내용은 작물을 심을 때 작물의 키와 재배 기간을 고려해야 한다는 것이다. 청자 2는 키 순서를 고려해 케일과 브로콜리를 심겠다고 했고, 청자 3은 작물들의 키를 구체적으로 알고 싶다고 했으므로, 청자 2와 청자 3의 반응은 발표 내용과 연관성이 있는 반응이다. 따라서 청자 2와 청자 3이 예외적 상황을 검토하고 있다는 설명은 적절하지 않다.

14일 05 디스토피아 작품의 인기 현상

▶ 문제편 137~140쪽

정답 | 04 ② 05 ⑤ 06 ② 07 ④ 08 ⑤

제대로 내용 분석

2023 6월 모의평가

❖ **유형**: 대화 및 초고(비평하는 글)

❖ **주제**: (가) 디스토피아 작품의 인기 현상에 대한 논의
(나) 디스토피아 작품의 인기 현상을 긍정적으로 다룬 비평문

❖ **내용 요약**

㉮ 대화

대화자	비평하는 글을 쓰기 위해 모인 학생들
내용	글에 담을 내용에 대한 의견을 내고, 질문과 답변을 하며 디스토피아 작품에 대한 이해도를 높임

㉯ 학생의 글

1문단	디스토피아 작품의 심상찮은 인기
2문단	디스토피아 작품의 인기 현상에 대한 부정적인 관점
3문단	디스토피아 작품의 인기 현상에 대한 긍정적인 관점
4문단	「멋진 신세계」를 통해 반대 입장 반박
5문단	사회 개선의 계기가 되는 디스토피아 작품

제대로 질문하기 정답

❶ 디스토피아 작품의 인기 현상 ❷ × ❸ × ❹ ○

04 말하기 전략 파악하기

정답률 94%

위 대화에서 '학생 1'에 대한 설명으로 적절하지 않은 것은?

정답인 이유

② 대화 참여자에게 자신이 조사한 내용이 이해되는지 확인한다.

⋯› '학생 1'은 두 번째 발화에서 '디스토피아는 유토피아랑 반대되는 뜻으로 암울한 미래상을 의미해.'라며 자신이 조사한 내용을 설명하고 있다. 하지만 이 내용을 다른 학생들이 이해했는지 확인하고 있지는 않다.

오답인 이유

① 대화 참여자에게 대화의 목적을 밝히며 참여를 유도한다.

⋯› '학생 1'은 첫 번째 발화에서 '우리 동아리 이름으로 교지에 실을 글이니까 어떤 내용으로 구성하면 좋을지 이야기해 보자.'라며 대화의 목적을 밝히고, 다른 학생들의 참여를 유도하고 있다.

③ 대화 참여자에게 자신이 이해한 내용이 맞는지 점검한다.

⋯› '학생 1'은 세 번째 발화에서 '자극적인 장면이 지금 우리가 사는 세상을 더 부정적으로 보게 만든다는 거구나. 그렇지?'라며 자신이 이해한 내용이 맞는지 대화 참여자에게 확인하고 있다.

④ 대화 참여자의 발언과 관련해 추가적인 설명을 요청한다.

⋯› '학생 1'은 네 번째 발화에서 '아까 디스토피아 작품이 담고 있는

메시지에 대해 이야기하다 말았잖아. 구체적인 메시지가 뭔지 알려 줄래?'라며, '학생 3'의 '자극적인 장면이 주는 재미에 빠져서 작품이 담고 있는 메시지를 못 보는 게 문제가 되는 거지.'라는 발언과 관련해 추가적인 설명을 요청하고 있다.

⑤ **대화 참여자와 대화를 진행하면서 자신의 이해를 심화한다.**

⋯› '학생 1'은 다섯 번째와 여섯 번째 발화에서 '디스토피아적 미래가 어차피 허구인데 어떻게 현재 사회를 비판한다는 건지 잘 모르겠는데?'라고 질문하고 그에 대한 답변을 들으면서, 디스토피아 작품이 사회 문제를 경계하자는 메시지를 담고 있음을 이해하고 있다.

05 대화의 맥락 파악하기

정답률 86%

대화의 흐름을 고려할 때, ㉠~㉤에 대한 이해로 가장 적절한 것은?

정답인 이유

⑤ **㉤: 앞선 발화 내용을 재진술하며 디스토피아 작품과 관련하여 상대가 궁금해하는 점을 확인하고 있다.**

⋯› '학생 3'은 ㉤에서 '학생 1'의 앞선 발화를 재진술하며, 상대가 궁금해하는 점이 허구적 미래가 어떻게 현재 사회를 비판할 수 있는지에 관한 것임을 확인하고 있다.

오답인 이유

① **㉠: 앞선 발화 내용에 동의하며 디스토피아 작품의 인기 원인을 보여 주는 사례를 언급하고 있다.**

⋯› '학생 2'는 ㉠에서 '나도 ~ 인기를 실감했어.'라며 앞선 발화인 '디스토피아적 세계를 형상화한 영화나 드라마가 요즘 엄청난 인기를 끌고 있다.'는 내용에 동의하고 있다. 하지만 디스토피아 작품의 인기 원인을 보여 주는 사례는 언급하고 있지 않다.

② **㉡: 자신의 발언을 부연하며 디스토피아 작품의 메시지가 무엇인지 강조하고 있다.**

⋯› '학생 3'은 ㉡에서 디스토피아 작품의 문제점으로 자극적인 장면 때문에 작품의 메시지를 보지 못한다는 점을 제시하고 있을 뿐, 디스토피아 작품의 메시지를 강조하고 있지는 않다.

③ **㉢: 대화의 내용을 상기*하며 과학 기술 발전에 대한 반대 입장에 동의함을 드러내고 있다.**

⋯› '학생 3'은 디스토피아 작품 「멋진 신세계」에 담긴 메시지를 밝히고 있을 뿐, 과학 기술 발전에 대한 반대 입장에 동의하고 있지 않다.

* 상기(想起): 지난 일을 돌이켜 생각하여 냄. ⓔ 그는 당시의 상황을 상기했다.

④ **㉣: 질문에 답변하며 부정적인 미래상에 대해 대화 참여자가 잘못 파악한 부분을 바로잡고 있다.**

⋯› '학생 3'은 앞선 '학생 1'의 질문인 '구체적인 메시지가 뭔지 알려 줄래?'에 답변하고 있을 뿐, 대화 참여자가 잘못 파악한 부분을 바로잡고 있는 것은 아니다.

06 계획에 따른 내용 생성 파악하기

정답률 92%

다음은 '학생 1'이 (가)의 대화 내용을 정리하여 (나)의 글쓰기 계획을 세운 것이다. 글쓰기 계획 중 (나)에 반영되지 않은 것은? [3점]

정답인 이유

② **자극적인 표현에 재미를 느끼는 독자의 취향에 문제가 있음을 지적하기**

⋯› (나)는 (가)의 내용을 반영하여 자극적인 장면으로 인한 '불안 심리', '회의주의', '절망'과 같은 부정적인 현상을 제시하고 그에 대한 우려를 언급하고 있다. 하지만 자극적인 표현에 재미를 느끼는 독자의 취향을 지적하는 내용은 찾아볼 수 없다.

오답인 이유

① **사전적 정의를 밝히고 반대 개념을 지닌 단어와 비교하기**

⋯› 디스토피아의 사전적 정의를 제시한 (가)를 바탕으로 (나)의 첫 문단에서는 디스토피아의 정의를 밝히고, 디스토피아의 반대 개념인 유토피아와 비교하고 있다.

③ **과학 기술의 오남용, 핵전쟁, 환경 파괴 등으로 소재의 내용을 구체화하기**

⋯› (나)에서는 (가)에서 언급한 '현재의 사회 문제가 극단화된 미래 상황'을 '과학 기술의 오남용, 핵전쟁, 환경 파괴 등'과 같이 구체화하여 밝히고 있다.

④ **특정 작품을 예로 들어 작품이 사회적 문제를 환기함을 언급하기**

⋯› (나)에서는 (가)에서 제시한 「멋진 신세계」를 예로 들어 디스토피아 작품이 사회적 문제를 깨닫도록 해 준다고 언급하고 있다.

⑤ **디스토피아 작품의 메시지에서 인기 현상의 긍정적 의미를 도출하기**

⋯› (가)에서는 디스토피아 작품의 메시지로 '부정적인 미래상을 통해서 현재의 사회상을 비판'함을 제시하고 있고, (나)에서는 (가)의 내용을 반영하여 '디스토피아 작품의 인기 현상은 사회를 개선하는 계기가 될 것'이라며 인기 현상의 긍정적 의미를 도출하고 있다.

07 조건에 따라 표현하기

정답률 87%

〈조건〉을 반영하여 (나)의 제목을 작성한 것으로 가장 적절한 것은?

정답인 이유

④ **디스토피아 작품 열풍, 더 나은 사회를 향한 열망**
– 아픈 사회를 들여다보는 거울이 되다

⋯› (나)의 글쓴이는 디스토피아 작품이 현실의 문제를 인식하게끔 하여 문제가 극단화되지 않도록 경계한다는 점에서 디스토피아 작품의 인기 현상을 긍정적으로 인식하고 있다. 이를 고려하면 '디스토피아 작품 열풍, 더 나은 사회를 향한 열망'이 표제로 적절하다고 볼 수 있다. 그리고 부제인 '아픈 사회를 들여다보는 거울이 되다'의 '아픈 사회', '거울'에서 비유적 표현이 사용되었음을 알 수 있다. 따라서 조건을 모두 충족하는 ④는 (나)의 제목으로 적절하다.

오답인 이유

① **디스토피아란 무엇인가**
– 디스토피아 작품의 인기 현상을 진단하다

⋯› 디스토피아 작품의 주제 의식과 디스토피아 작품의 인기 현상에 대한 글쓴이의 관점이 드러나 있지 않으므로 적절하지 않다.

② **디스토피아, 우리 사회의 자화상**
– 디스토피아 작품에 드러난 우리의 모습

⋯› (나)의 내용이 일부 반영되어 있으나, 디스토피아 작품의 인기 현상에 대한 글쓴이의 관점이 드러나 있다고 볼 수 없다. 또한 부제에서 비유적 표현이 사용되지 않았으므로 적절하지 않다.

③ **말초 신경을 자극하는 디스토피아 작품**

– 묵직한 메시지를 가볍게 다루다

⋯→ 부제의 '묵직한 메시지'에서 비유적 표현이 사용되었지만, 디스토피아 작품의 주제 의식과 디스토피아 작품의 인기 현상에 대한 글쓴이의 관점이 드러나 있지 않으므로 적절하지 않다.

⑤ 어디에도 없지만, 어디에나 있는 디스토피아 세상
– 디스토피아 작품을 통한 새로운 세상과의 대화

⋯→ 부제에서 디스토피아 작품이 주는 메시지를 '새로운 세상과의 대화'에 비유했다고 볼 수 있지만, 표제와 부제에서 글쓴이의 관점이 드러나 있지 않으므로 적절하지 않다.

·고난도·

08 기준에 따라 글 점검하기

정답률 71% | 매력적인 오답 ④ 16%

'학생 2'가 다음의 점검 기준에 따라 (나)를 점검한다고 할 때, 그 내용으로 적절하지 않은 것은?

정답인 이유

⑤ 충격적인 묘사에 반복적으로 노출되면 현실의 문제점을 무감각하게 받아들이게 된다고 언급한 점을 고려하여 ⓔ에 '예'라고 해야지.

⋯→ (나)의 2문단에서 자극적인 장면에 반복적으로 노출되면 사람들이 회의주의나 절망에 빠질 수 있다고 언급하고 있으나, 이로 인해 현실의 문제를 무감각하게 받아들이게 된다는 내용은 제시하지 않았다. 또한 글쓴이는 4문단에서 자극적인 장면이 무감각하게 받아들이고 있는 현실의 문제점을 자각하게 한다고 하였으므로, ⑤의 내용은 적절하지 않다.

오답인 이유

④ 매력적인 오답 디스토피아 작품이 회의주의에 빠지게 하므로 작품의 인기 현상이 부정적이라고 언급한 점을 고려하여 ⓓ에 '예'라고 해야지.

⋯→ (나)의 2문단에서 자극적인 장면에 반복적으로 노출되면 회의주의나 절망에 빠질 수 있다고 언급하고 있다. 이는 디스토피아 작품의 인기 현상을 부정적으로 보는 사람들의 관점이므로, 필자가 선택하지 않은 관점의 주장을 다루었다고 볼 수 있다.

① 디스토피아 작품이 흥행하고 이와 관련된 기사가 쏟아지고 있다고 언급한 점을 고려하여 ⓐ에 '예'라고 해야지.

⋯→ (나)의 1문단에서 '디스토피아를 다룬 영화와 드라마가 흥행하면서 ~ 기사가 쏟아지고 있다.'고 언급하고 있는데, 이는 디스토피아 작품의 인기 현상이 사회적으로 관심을 가질 만한 사안임을 드러낸 것이다. 따라서 ⓐ에 '예'라고 답하는 것은 적절하다.

② 디스토피아 작품이 현실의 문제를 경계하게 하므로 작품의 인기 현상이 긍정적이라고 언급한 점을 고려하여 ⓑ에 '예'라고 해야지.

⋯→ (나)의 5문단에서 '디스토피아 작품의 인기 현상은 사회를 개선하는 계기가 될 것이므로 이를 긍정적으로 보아야 한다.'고 언급하고 있다. 이는 필자의 주장으로, 필자가 선택한 관점의 주장이 드러나 있다고 볼 수 있다. 따라서 ⓑ에 '예'라고 답하는 것은 적절하다.

③ 우려에도 불구하고 자극적인 장면이 현실의 문제점을 자각하게 하는 필수적인 장치라고 언급한 점을 고려하여 ⓒ에 '예'라고 해야지.

⋯→ 디스토피아 작품의 자극적인 장면이 회의주의와 절망을 유발할 수 있다는 비판에 대해, 필자는 자극적인 장면이 현실의 문제점을 강렬하게 자각하도록 도와준다고 설명하고 있다. 이는 필자가 선택한 관점의 약점을 보완한 것으로 볼 수 있다.

14일 06 청소년을 위한 감정 관리 프로그램

▶ 문제편 141~143쪽

정답 | 09 ③ 10 ⑤ 11 ③

제대로 내용 분석

2023 6월 모의평가

❖ 유형: 작문 상황 및 초고(설득하는 글)
❖ 주제: 청소년을 위한 감정 관리 프로그램의 확대 실시 필요
❖ 내용 요약

㉮ 작문 상황

작문 목적	청소년 문제와 관련하여 주장하는 글을 씀
예상 독자	○○ 지역 신문의 독자
전달 매체	○○ 지역 신문

㉯ 초고

1문단	청소년들을 위한 감정 관리 프로그램 확대의 필요성
2문단	기존 청소년 감정 관리 프로그램의 한계
3문단	감정 관리 프로그램의 실시 대상 확대와 내용의 다양화
4문단	내용 요약 및 관심 촉구

제대로 질문하기 정답

❶ 감정 관리 프로그램 ❷ 활동 내용 ❸ × ❹ ○

·고난도·

09 글쓰기 전략 파악하기

정답률 65% | 매력적인 오답 ① 15%

'초고'에 대한 설명으로 가장 적절한 것은?

정답인 이유

③ 주장에 대해 예상되는 반론을 반박하였다.

⋯→ 학생은 '청소년을 위한 감정 관리 프로그램을 확대 실시해야 한다.'고 주장하며, 2문단에서 '청소년의 감정 관리 프로그램이 실시되고 있어 프로그램 확대 실시는 필요 없다'는 반론을 예상하고 있다. 이에 대해 학생은 '기존의 감정 관리 프로그램은 소수의 청소년만을 대상으로 하며 전문적인 상담 활동만으로 시행된다는 한계가 있다.'며 반박하고 있다.

오답인 이유

① 매력적인 오답 문제의 원인을 항목별로 유형화하였다.

⋯→ 학생은 부정적인 감정을 겪고 있는 청소년들이 늘고 있는 문제에 대해 '최근 감염병 유행에 따른 일상의 변화'를 원인으로 제시하고 있지만, 문제의 원인을 항목별로 유형화하고 있지는 않다.

② 일반적 통념이 지닌 모순을 지적하였다.

⋯→ 초고에는 일반적 통념이 드러나 있지 않기 때문에 일반적 통념이 지닌 모순에 대한 내용도 찾아볼 수 없다.

④ 자신의 주장이 지닌 한계점을 제시하였다.

⋯→ 학생은 기존의 감정 관리 프로그램이 지닌 한계점을 제시하고 있을 뿐, 자신의 주장이 지닌 한계점을 제시하고 있지는 않다.

⑤ 다양한 문제 해결 방안의 장단점을 비교하였다.

···› 학생은 부정적 감정을 겪는 청소년이 늘고 있는 현 상황을 해결하기 위해 청소년 감정 관리 프로그램의 실시 대상 확대와 활동 내용 다양화를 해결 방안으로 제시하고 있지만, 해결 방법 간의 장단점을 비교하고 있지는 않다.

10 자료 활용의 적절성 판단하기

정답률 80%

〈보기〉는 '초고'를 보완하기 위해 추가로 수집한 자료이다. ㉠~㉢과 관련한 자료 활용 방안으로 적절하지 않은 것은?

정답인 이유

⑤ [자료 1]의 (나)와 [자료 3]을 활용하여, ㉢에 따른 기대 효과를 보여 주는 자료로 전문 상담 기관이 학생들의 부정적 감정 해소에 도움을 주었다는 연구 결과의 사례를 제시한다.

···› [자료 1]의 (나)는 심리적 고위험군인데도 불구하고 심리 상담 경험이 없는 청소년들이 많음을 보여 주고, [자료 3]은 감정 노트 쓰기의 효과를 보여 주고 있다. 이를 통해 '전문 상담 기관이 학생들의 부정적 감정 해소에 도움을 주었다는 연구 결과'를 도출하기는 어렵다. 또한 해당 내용은 ㉢의 내용과 어울리지도 않는다.

오답인 이유

① [자료 1]의 (가)와 (나)를 활용하여, ㉡이 필요한 이유를 뒷받침하는 자료로 부정적 감정을 겪는 청소년의 증가율과 심리 상담 경험이 없는 고위험군 청소년의 비율을 추가한다.

···› [자료 1]의 (가)는 감염병 유행 이후 부정적 감정을 겪는 청소년들이 증가하였음을 보여 주고, (나)는 그럼에도 불구하고 심리 상담을 받은 청소년들이 많지 않음을 보여 주고 있다. 이러한 자료를 활용하여 실시 대상의 확대가 필요하다는 ㉡을 뒷받침할 수 있다.

② [자료 2]를 활용하여, ㉠이 필요한 이유로 청소년기의 부정적 감정이 관리되지 않으면 뇌 성장이 저해될 수 있다는 점을 추가한다.

···› 초고에서는 ㉠이 필요한 이유로 부정적인 감정이 계속되면 부정적인 정체성을 형성할 수 있다고 언급하였다. [자료 2]는 청소년기에 부정적인 감정을 유발하는 환경에 자주 노출되면 뇌 성장이 저해된다는 결과를 보여 주고 있으므로, ㉠이 필요한 이유로 추가할 수 있다.

③ [자료 3]을 활용하여, ㉢의 적용 방법으로 학교에서 학생들의 감정 관리를 돕기 위해 실시할 수 있는 구체적인 활동의 예를 제시한다.

···› 초고에는 ㉢이 필요한 이유만 제시되어 있고, [자료 3]에서는 청소년을 대상으로 실시할 수 있는 여러 감정 관리 프로그램을 제시하고 있다. 따라서 [자료 3]을 활용하여 구체적인 활동의 예를 제시한다는 것은 적절하다.

④ [자료 1]의 (가)와 [자료 2]를 활용하여, ㉠이 필요한 이유로 부정적 감정을 겪는 청소년이 늘어난 현상이 학습 및 학업에 곤란을 겪는 청소년의 증가로 이어질 가능성이 있음을 추가한다.

···› 초고에는 ㉠이 필요한 이유로 부정적인 정체성 형성에 관한 내용만 제시되어 있으므로, [자료 1]의 (가)와 [자료 2]를 활용하여 부정적인 감정을 겪는 청소년들이 늘어남에 따라 학습 및 학업에 곤란을 겪는 청소년들이 증가한다는 내용을 추가할 수 있다.

고난도

11 고쳐쓰기 이유 파악하기

정답률 65% | 매력적인 오답 ⑤ 15%

〈보기〉는 [A]를 고쳐 쓴 것이다. 그 과정에서 반영된 교사의 조언으로 가장 적절한 것은?

정답인 이유

③ 해결 방안 중 일부만 제시되어 있으니 글에서 다룬 주장을 모두 포함하는 게 어때?

···› [A]에는 앞에서 언급한 해결 방안 중 '실시 대상 확대'만 언급하고 있고, 이를 고쳐 쓴 〈보기〉에는 '실시 대상 확대'와 '활동 내용의 다양화'를 모두 언급하고 있다. 〈보기〉는 [A]와 다르게 글에서 다룬 주장이 모두 포함되어 있으므로 고쳐쓰기 과정에서 반영된 교사의 조언은 ③에 해당한다.

오답인 이유

⑤ (매력적인 오답) 해결 방안의 이점을 다루지 않았으니 실행을 통해 기대할 수 있는 변화를 구체적으로 드러내는 게 어때?

···› 초고의 [A]에는 '청소년 문제에 적극적으로 대응하고 청소년이 심리적으로 건강한 청소년기를 보낼 수 있'다는 해결 방안의 이점이 제시되어 있으므로, ⑤는 고쳐쓰기 조언으로 적절하지 않다.

① 실행 방법이 나타나지 않았으니 글에서 언급한 실행 방법을 강조하는 게 어때?

···› 초고의 [A]에는 '모든 청소년으로 확대하여 감정 관리 프로그램을 실시'해야 한다는 실행 방법이 제시되어 있으므로, ①은 고쳐쓰기 조언으로 적절하지 않다.

② 예상 독자가 언급되지 않았으니 예상 독자에게 호소하며 글을 마무리하는 게 어때?

···› 초고의 [A]에는 '지역 구성원'이라는 예상 독자가 언급되어 있으므로, ②는 고쳐쓰기 조언으로 적절하지 않다.

④ 앞서 논의한 내용과 거리가 있는 내용이 제시되어 있으니 이를 지우고 글의 요점을 제시하는 게 어때?

···› 초고의 [A]에는 논의한 내용과 거리가 있는 내용이 제시되어 있지 않으므로, ④는 고쳐쓰기 조언으로 적절하지 않다.

15일 07 우리나라 종자 금고

▶ 문제편 144~146쪽

정답 | 01 ④ 02 ④ 03 ③

제대로 담화 분석

2023 9월 모의평가

- **유형**: 발표
- **상황**: 종자 보관의 중요성과 우리나라 종자 금고의 특징을 여러 시각 자료를 활용하여 발표하고 있다.
- **주제**: 종자 보존의 필요성과 우리나라 종자 금고

❖ 내용 요약

1문단	발표자와 발표 내용 소개
2문단	종자 금고의 역할과 위치
3문단	우리나라 종자 금고
4문단	종자 보존의 의미 전달 및 발표 마무리

제대로 질문하기 정답

❶ 종자 보존 ❷ ○ ❸ ○ ❹ ×

·고난도·

01 말하기 방식 파악하기

정답률 74% | 매력적인 오답 ③ 12%

위 발표자의 말하기 방식으로 가장 적절한 것은?

정답인 이유

④ 청중과 공유하고 있는 경험을 언급하여 청중의 주의를 환기하고 있다.

⋯ 발표자는 도입부에서 '개똥쑥에서 말라리아 치료 성분을 발견했다는 지난주 특강 내용 기억나시나요?'라며, 청중과 공유하고 있는 경험을 언급하여 청중의 주의를 환기*하고 있다.

* 환기(喚起): 주의나 여론, 생각 따위를 불러일으킴. 예 선생님은 학생들의 흥미를 환기하기 위해 도표를 펼치셨다.

오답인 이유

③ (매력적인 오답) 발표 중간중간에 청중의 질문을 받으며 청중과 상호 작용하고 있다.

⋯ 발표자는 발표 중간중간에 '지난주 특강 내용 기억나시나요?', '종자 금고는 전 세계에 몇 군데 있을까요?' 등과 같이 청중에게 질문을 하고 청중의 답변을 들으며 청중과 상호 작용을 하고 있다. 하지만 청중의 질문을 받고 발표자가 답하며 청중과 상호 작용하는 부분은 확인할 수 없다.

① 청중에게 친숙한 사례로 개념 간의 차이를 부각하고 있다.

⋯ '시드볼트'라는 용어가 어려워 청중에게 친숙한 용어인 '종자 금고'로 바꿔 설명한다고 했을 뿐, 친숙한 사례를 제시하거나 개념 간의 차이를 부각하여 설명하고 있지는 않다.

② 비언어적 표현을 통해 청중의 행동 변화를 촉구하고 있다.

⋯ 발표자는 '(손가락 두 개를 펼쳐 보이며)'와 같이 비언어적 표현*을 사용하며 발표하고 있다. 발표자는 비언어적 표현을 통해 자신의 말을 강조하고 있을 뿐, 청중의 행동 변화를 촉구하고 있는 것은 아니다.

* 비언어적 표현: 음성 언어를 사용한 의사소통 이외의 모든 의사소통을 의미함. 손짓, 표정, 시선, 자세 등이 이에 해당함.

⑤ 발표 내용에 대한 청중의 이해 정도를 확인한 후 이어질 발표의 순서를 안내하고 있다.

⋯ 발표자는 청중에게 퀴즈를 내거나 질문을 하는 등의 방법으로 이어지는 발표 내용을 자연스럽게 이끌어 내고 있다. 하지만 청중의 이해 정도를 확인한 후 발표의 순서를 안내하고 있지는 않으므로 적절하지 않다.

02 자료 활용 이해하기

정답률 88%

다음은 발표자가 보여 준 화면이다. 발표자의 시각 자료 활용에 대한 설명으로 가장 적절한 것은?

정답인 이유

④ [화면 3]은 외부 영향을 최소화하기 위해 종자를 지하에 보관하고 있음을 보여 주는 자료로 ⓒ에 제시하였다.

⋯ 발표자는 화면을 보여 주며 '화면 속 건물 아래쪽에 보이는 공간이 저장고가 있는 지하의 모습인데, 외부 영향을 최소화하기 위해 지하에 종자를 보관하고 있습니다.'라고 했다. 발표 내용을 고려할 때 [화면 3]은 종자가 지하에 보관되어 있음을 보여 주는 자료로 ⓒ에 제시되었음을 알 수 있다.

오답인 이유

① [화면 1]은 매년 나무 종이 얼마나 감소하고 있는지를 보여 주는 자료로 ㉠에 제시하였다.

⋯ [화면 1]은 나무의 종 30%가 멸종 위기임을 보여 주는 시각 자료로, 매년 나무 종이 얼마나 감소하고 있는지를 보여 주는 자료는 아니다.

② [화면 1]은 멸종 위기의 나무 종 중에서 종자가 보존되고 있는 종의 비율을 보여 주는 자료로 ㉠에 제시하였다.

⋯ [화면 1]은 멸종 위기에 처한 나무 종의 비율을 보여 주는 시각 자료로, 멸종 위기의 나무 중 종자가 보존되고 있는 종의 비율을 보여 주는 자료는 아니다.

③ [화면 2]는 전체 멸종 우려 종에서 식물 종이 차지하는 비율을 보여 주는 자료로 ㉡에 제시하였다.

⋯ [화면 2]는 전체 식물 중 멸종 위기에 처한 식물의 비율을 보여 주는 시각 자료로, 전체 멸종 우려 종에서 식물 종이 차지하는 비율을 보여 주는 자료는 아니다.

⑤ [화면 3]은 지하 종자 저장고의 위치가 종자의 발아 상태에 따라 달라짐을 보여 주는 자료로 ⓒ에 제시하였다.

⋯ [화면 3]은 우리나라 종자 보관 시설이 지하에 있음을 보여 주는 시각 자료로, 지하 종자 저장고의 위치가 종자의 발아* 상태에 따라 달라짐을 보여 주는 자료는 아니다.

* 발아(發芽): 씨앗에서 싹이 틈. 예 발아된 지 2주 정도 지난 어린 새싹은 배수가 잘되는 곳에 놓아야 한다.

03 반응의 적절성 파악하기

정답률 94%

다음은 청자와 발표자가 나눈 질의응답의 일부이다. [A]에 들어갈 청자의 질문으로 적절하지 않은 것은?

정답인 이유

③ 현재 보관 중인 종자 규모를 말씀하셨는데, 종자 금고에는 우리나라 종자만 보관하나요?

⋯ 청자와 발표자가 나눈 질의응답에서 발표자는 '그 내용은 발표에 없었네요. 추가로 그 내용에 대해 알려 드릴게요.'라고 했다. 즉, 발표에는 언급되지 않은 내용이 청자의 질문으로 제시되어야 한다. 발표자는 '우리나라뿐만 아니라 외국의 종자도 기탁받아 4천 종 넘게 보관하고 있'다고 먼저 얘기했으므로, ③은 [A]에 들어갈 청자의 질문으로 적절하지 않다.

오답인 이유

① 종자 금고는 현재 두 나라에 있다고 하셨는데, 두 나라의 종자 금고에는 어떤 차이점이 있나요?

⋯› 발표자는 종자 금고가 노르웨이와 우리나라 단 두 곳에 있다고 했다. 하지만 노르웨이의 종자 금고에 대해서는 자세히 언급하지 않고 우리나라의 종자 금고에 대해서만 설명하고 있으므로 ①은 [A]에 들어갈 질문으로 적절하다.

② 기탁받은 종자를 보관하고 있다고 하셨는데, 종자를 기탁받는 절차는 어떻게 되나요?

⋯› 발표자는 우리나라와 외국의 종자를 기탁*받아 4천 종 넘게 보관하고 있다고 했다. 하지만 종자를 기탁받는 절차에 대해서는 언급하고 있지 않으므로 ②는 [A]에 들어갈 질문으로 적절하다.

* 기탁(寄託): 당사자 중 한쪽이 금전이나 물건을 맡기고 상대편이 이를 보관하기로 약속함. 예 그는 천만 원을 장학 재단에 기탁했다.

④ 적정한 온도를 유지해 종자를 보관한다고 말씀하셨는데, 적정 온도는 어떻게 되나요?

⋯› 발표자는 저장고 내부가 종자의 발아를 억제해 장기 보관이 가능하도록 적정 온도와 습도를 유지하고 있다고 했다. 하지만 적정 온도가 얼마인지는 언급하고 있지 않으므로 ④는 [A]에 들어갈 질문으로 적절하다.

⑤ 종자 금고에 보관된 종자는 특수한 상황이 아니면 반출하지 않는다고 하셨는데, 반출했던 경우가 있나요?

⋯› 발표자는 보관된 종자가 특수한 상황이 아니면 반출*되지 않는다고 했다. 하지만 반출되었던 경우를 언급하고 있지는 않으므로 ⑤는 [A]에 들어갈 질문으로 적절하다.

* 반출(搬出): 운반하여 냄. 예 문화재청은 해외로 반출된 문화재를 일부 회수하였다.

15일 08 청소년의 팬 상품 소비

▶ 문제편 147~150쪽

정답 | 04 ① 05 ② 06 ② 07 ⑤ 08 ②

제대로 내용 분석

2023 9월 모의평가

- **유형**: 초고(비평하는 글) 및 대화
- **주제**: (가) 팬 상품 소비에 대한 청소년들의 바람직한 태도가 필요함
  (나) 초고 개선 방향에 관한 논의
- **내용 요약**

가 초고

1문단	청소년들 사이에서 팬 상품의 인기
2문단	청소년 팬 상품 소비의 문제점 ①
3문단	청소년 팬 상품 소비의 문제점 ②
4문단	청소년 팬 상품 소비의 문제점 ③
5문단	바람직한 팬 상품 소비 태도의 필요성

나 대화

대화자	비평하는 글을 쓰기 위해 모인 학생들
내용	부정적인 관점만 제시한 초고의 문제점을 지적하고, 글의 세부적인 부분을 검토함

제대로 질문하기 정답

❶ 청소년의 팬 상품 소비 ❷ ○ ❸ ○ ❹ ×

04 글쓰기 전략 파악하기

정답률 85%

(가)에 활용된 글쓰기 방법으로 가장 적절한 것은?

정답인 이유

① 담화 표지로 문단 간의 연결 관계를 드러낸다.

⋯› (가)의 2문단에서는 '하지만', 3문단에서는 '다음으로', 4문단에서는 '마지막으로', 5문단에서는 '따라서'라는 담화 표지*가 사용되고 있다. 이를 통해 문단 간의 연결 관계를 드러내고 있다.

* 담화 표지: 문장 간의 응집성을 높이기 위해 사용하는 표지로, 내용을 예고, 강조, 요약, 예시, 열거하는 기능을 한다.

오답인 이유

② 특정 이론을 활용하여 중심 화제의 개념을 제시한다.

⋯› (가)의 중심 화제는 '청소년의 팬 상품 소비'인데 이에 대한 개념을 제시하고 있지 않으며, 특정 이론도 활용하고 있지 않다.

③ 다른 나라의 사례와 대조하여 문제 해결의 필요성을 강조한다.

⋯› '우리 학교 근처의 한 팬 상품 판매점'의 사례가 제시되고 있을 뿐 다른 나라의 사례는 제시되고 있지 않으며, 이를 통해 문제 해결의 필요성을 강조하고 있지 않다.

④ 예상되는 반론을 제시하고 이를 반박하여 글의 설득력을 높인다.

⋯› (가)는 청소년의 팬 상품 소비에 대한 우려를 3가지로 나눠 설명하고, 바람직한 팬 상품 소비 태도를 촉구하며 글을 마무리하고 있다. 반론을 예상하여 제시하고 있지 않으며, 반론을 반박하며 글의 설득력을 높이고 있지도 않다.

⑤ 중심 화제에 대한 인식을 시기별로 제시하여 인식의 변화 과정을 드러낸다.

⋯› 청소년의 팬 상품 소비에 대한 인식이 시기별로 제시되어 있지 않으며 인식 변화 과정이 드러나 있지도 않다.

05 계획에 따른 내용 생성 평가하기

정답률 93%

다음은 (가)를 작성하기 위해 쓴 메모이다. ⓐ~ⓔ가 (가)에 반영된 양상으로 적절하지 않은 것은?

정답인 이유

② ⓑ: 글쓴이 자신의 경험을 근거로 들어 충동적인 팬 상품 소비 태도가 청소년에 미치는 부정적 영향을 제시하였다.

⋯› 2문단에서 글쓴이는 청소년이 충동적으로 팬 상품을 소비하는 비율이 높다고 하였다. 이에 대하여 '약 67%가 충동적으로 팬 상품을 산 적이 있다고 응답했다.'며, 설문 조사 자료를 근거로 제시하고 있

다. 따라서 자신의 경험을 근거로 충동적인 팬 상품 소비 태도의 부정적 영향을 제시했다는 설명은 적절하지 않다.

오답인 이유

① ⓐ: **현장을 방문하여 목격한 팬 상품 판매점의 분위기를 제시하였다.**

⋯› 1문단에서 글쓴이는 '우리 학교 근처의 한 팬 상품 판매점'에 방문한 경험을 바탕으로, '청소년들로 북적였다.'는 판매점의 분위기를 제시하며 팬 상품의 인기를 전하고 있다.

③ ⓒ: **전문가의 견해를 인용하여 팬 상품을 과시적으로 소비하는 행위의 심리적 원인을 제시하였다.**

⋯› 3문단에서 글쓴이는 사회학자 유△△ 교수의 '청소년의 과시적인 팬 상품 소비는 남과 차별화하고 싶은 욕구의 그릇된 발현이다.'라는 견해를 인용하여, 팬 상품을 과시적으로 소비하는 행위의 심리적 원인을 제시하고 있다.

④ ⓓ: **학생을 인터뷰하여 팬 상품을 소비하는 이유가 소외감과 관련 있음을 제시하였다.**

⋯› 4문단에서 글쓴이는 1학년 정○○의 '친구들은 다 갖고 있는데 나만 없으면 소외감을 느낄까 봐 산 적도 많아요.'라는 인터뷰를 통해 청소년들이 팬 상품을 소비하는 이유가 소외감과 관련 있음을 제시하고 있다.

⑤ ⓔ: **관련 저서를 근거로 들어 청소년들은 합리적이고 주체적인 소비 태도를 갖출 필요가 있음을 제시하였다.**

⋯› 5문단에서 글쓴이는 정신과 전문의 박□□의 저서『청소년의 팬 상품 소비문화』를 근거로 들어 청소년들은 합리적이고 주체적인 소비 태도를 갖출 필요가 있음을 제시하고 있다.

06 대화의 맥락 파악하기

정답률 92%

다음 자료를 바탕으로 [A]~[E]의 대화 참여자의 발화를 이해한 내용으로 적절하지 않은 것은? [3점]

정답인 이유

② [B]: **'학생 1'의 발화는 상대방이 회의에 늦은 것을 상대방의 탓으로 돌리지 않고 있다는 점에서, ㉯에 해당한다.**

⋯› [B]에서 '학생 1'은 회의에 늦어 미안해하는 '학생 3'에게 '괜찮아. 이제 막 시작했어.'라고 말하며, 상대방이 느낄 부담감을 덜어 주고 있다. 따라서 '학생 1'의 발화는 ㉯가 아닌 ㉮에 해당한다.

오답인 이유

① [A]: **'학생 2'의 발화는 상대방과 의견이 다름을 제시하기 전에 공통되는 의견부터 말하고 있다는 점에서, ㉰에 해당한다.**

⋯› [A]에서 '학생 2'는 '두 관점의 내용을 균형 있게 제시해야 할 것 같아.'라는 '학생 1'의 의견에 '나도 그런 긍정적인 면이 있다는 의견에 동의해. ~ 우려되는 면을 부각하는 게 맞지 않을까?'라고 말하며, 상대방과 공통되는 의견을 말하고 그 뒤 자신의 생각을 드러내고 있다. 따라서 '학생 2'의 발화는 ㉰에 해당한다.

③ [C]: **'학생 3'의 발화는 상대방의 물음에 대한 답변을 하는 대신 되묻고 있다는 점에서, ㉲에 해당한다.**

⋯› [C]에서 '학생 3'은 대화에 늦게 참여하여 '학생 2' 발화의 의미와 대화의 흐름을 이해하지 못하고 있다. '학생 3'은 '두 관점이라니 무슨 말이야?'라며 상대방의 물음에 답변을 하는 대신 되묻는 방식으로 대화 맥락을 파악하고자 한다. 따라서 '학생 3'의 발화는 ㉲에 해당한다.

④ [D]: **'학생 1'의 발화는 회의에서 논의 중인 내용을 전달하고 있다는 점에서, ㉱에 해당한다.**

⋯› [D]에서 '학생 1'은 '방금까지 청소년의 팬 상품 소비에 대해 긍정하는 관점과 우려하는 관점의 내용을 균형 있게 다룰지, 우려하는 관점의 내용만 다룰지 논의 중이었어.'라며 논의 중인 내용을 간략하게 요약하여 전달하고 있다. 따라서 '학생 1'의 발화는 ㉱에 해당한다.

⑤ [E]: **'학생 3'의 발화는 질문의 형식을 활용함으로써 명령형으로 표현했을 때보다 상대방의 부담을 완화한다는 점에서, ㉮에 해당한다.**

⋯› [E]에서 '학생 3'은 청소년 팬 상품 소비의 부정적인 측면만 다룬 '학생 2'의 초고를 수정할 것을 이야기하고 있다. 학생 3은 '괜찮다면 두 관점의 내용을 모두 글에 담아 줄 수 있어?'라며, 요구 사항을 명령형 대신 질문의 형식으로 전달해 상대방의 부담을 덜어 주고 있다. 따라서 '학생 3'의 발화는 ㉮에 해당한다.

07 논거의 설득력 높이기

정답률 88%

㉠과 (나)의 대화 상황을 고려할 때, Ⓐ에 들어갈 말로 가장 적절한 것은?

정답인 이유

⑤ **설문 조사를 한 주체와 응답 대상을 밝히지 않았어.**

⋯› Ⓐ를 기준으로 앞뒤 문장을 살펴보면 설문 조사 자료의 신뢰도를 높이기 위해 필수적으로 넣어야 하는 요소가 있음을 알 수 있다. 설문 조사의 주체와 응답 대상에 대한 정보는 설문 조사 자료의 신뢰도에 영향을 미치는 요소로, ㉠은 누가, 누구를 설문 조사했는지에 대한 정보를 밝히지 않았다. 따라서 ⑤는 Ⓐ에 들어갈 내용으로 적절하다.

오답인 이유

① **설문 조사가 언제 이루어졌는지를 밝히지 않았어.**

⋯› 설문 조사를 실시한 날짜는 설문 조사 자료의 신뢰도에 영향을 미치는 요소로, ㉠은 설문 조사가 2020년에 이루어졌음을 밝히고 있다. 따라서 ①은 Ⓐ에 들어갈 내용으로 적절하지 않다.

② **설문 조사 자료를 인용하고 있음을 밝히지 않았어.**

⋯› ㉠은 '설문 조사에 따르면'이라는 말을 통해 설문 조사 자료를 인용하고 있음을 밝히고 있다.

③ **설문 조사의 응답 결과를 순위대로 밝히지 않았어.**

⋯› ㉠은 설문 조사의 응답 결과를 순위대로 밝히지 않았지만, 응답 결과 순위는 설문 조사 자료의 신뢰도와 관련이 없으므로, ③은 Ⓐ에 들어갈 내용으로 적절하지 않다.

④ **설문 조사의 결과가 시사하는 점을 밝히지 않았어.**

⋯› ㉠은 '약 67%가 충동적으로 팬 상품을 산 적이 있다'는 설문 조사 결과를 제시하고 있지만, 이것이 시사*하는 바는 밝히고 있지 않다. 다만 시사하는 점과 설문 조사 자료의 신뢰도는 관련이 없으므로, ④는 Ⓐ에 들어갈 내용으로 적절하지 않다.

* 시사(示唆): 어떤 것을 미리 간접적으로 표현해 줌. 예 그 기사는 우리나라의 척박한 노동 현실을 시사하고 있다.

·고난도·

08 내용 점검, 조정하기

정답률 58% | 매력적인 오답 ④ 15%

(나)의 논의 내용을 반영하여, (가)를 고쳐 쓰기 위한 방안으로 가장 적절한 것은?

정답인 이유

② 2014년도 국내 팬 상품 시장 규모에 관한 정보를 추가한다.

··· (나)에서 '학생 1'은 '팬 상품 시장의 규모가 확대되었음을 강조하려면 비교 기준이 되는 해의 팬 상품 시장의 규모를 밝혀야' 한다고 했다. 이를 고려하면 (가)의 처음에 2014년도 국내 팬 상품 시장의 규모에 대한 정보를 추가하는 것이 적절하다.

오답인 이유

④ 매력적인 오답 팬 상품 소비가 과소비로 이어진다는 내용을 추가한다.

··· (나)에서는 초고에 팬 상품 소비의 긍정적인 측면에 대한 내용을 추가할 것을 논의하고 있다. 팬 상품 소비가 과소비로 이어질 수 있음을 추가하자는 논의는 찾을 수 없으므로 ④는 적절하지 않다.

① '청소년의 팬 상품 소비 문제점과 해결 방안'으로 교체한다.

··· (나)에서 '학생 2'는 팬 상품 소비의 긍정적인 면에 대한 내용을 추가해 보겠다고 답하며 제목도 그에 맞게 수정하겠다고 했다. 하지만 '팬 상품 소비 문제점과 해결 방안'은 팬 상품 소비의 부정적인 면만 부각된 제목으로, 긍정적인 측면과 부정적 측면을 모두 다루고 있지 않다. 따라서 ①은 고쳐 쓰기 방안으로 적절하지 않다.

③ '일회성 소비'를 '과시적 소비'로 교체한다.

··· (나)에서 '학생 3'은 (가)의 2문단에서 충동적 소비가 일회성 소비로 잘못 쓰였음을 지적하고 있다. '일회성 소비'는 '과시적 소비'가 아니라 '충동적 소비'로 교체해야 하므로, ③은 적절하지 않다.

⑤ 마지막 문장의 내용은 기업의 사회적 책임에 관한 내용으로 교체한다.

··· (나)에서 '학생 3'은 '마지막 문단에 글의 초점에서 벗어나는 내용이 있으니 삭제가 필요해 보여.'라고 했으므로, 다른 문장으로 교체하라는 ⑤는 적절하지 않다.

15일 09 이름 짓기

▶ 문제편 151~153쪽

정답 | 09 ① 10 ② 11 ⑤

제대로 내용 분석

2023 9월 모의평가

❖ 유형: 학생의 생각 및 초고(정보 전달하는 글)

❖ 주제: (가) 작문 상황 및 글의 대략적인 개요
(나) 이름 짓기의 효과 및 방법

❖ 내용 요약

가 학생의 생각

내용	공모전과 관련하여 이름 짓기에 대한 글을 작성
예상 독자	학교 학생들
전달 매체	학교 누리집

나 학생의 초고

1문단	체육 대회의 새 이름 공모전 진행
2문단	이름 짓기의 효과 ①
3문단	이름 짓기의 효과 ②
4문단	이름 짓기의 방법

제대로 질문하기 정답

❶ ○ ❷ ○ ❸ × ❹ ×

09 계획에 따라 내용 생성하기

정답률 95%

(가)의 ㉠~㉢을 (나)에 구체화한 내용으로 적절하지 않은 것은?

정답인 이유

① ㉠: 체육 대회라는 이름에 대한 학생들의 부정적인 반응을 제시한다.

··· 공모전을 하는 이유는 '올해부터 바뀌는 체육 대회의 특징이 잘 드러나는 이름이 필요'하기 때문으로, (나)의 1문단에서 확인할 수 있다. 학생들의 부정적인 반응 때문에 공모전을 한다는 설명은 적절하지 않다.

오답인 이유

② ㉠: 올해부터 바뀌는 체육 대회의 특징이 잘 드러나는 새로운 이름이 필요함을 언급한다.

··· (나)의 1문단을 보면 공모전을 하는 이유는 올해 체육 대회가 새로운 프로그램으로 구성될 예정이고, 이에 따라 체육 대회의 특징이 잘 드러나는 이름이 필요하기 때문임을 알 수 있다.

③ ㉡: 이름 짓기를 통해 이미지를 개선한 '보조개 사과'의 사례를 제시한다.

··· (나)의 2문단에서는 이름 짓기의 효과로, '등급 외 사과' 대신 '보조개 사과'로 바꾼 후 긍정적인 이미지를 갖게 된 사례를 제시하고 있다.

④ ㉡: '임산부 배려석'이라는 이름이 주는 효과를 '임산부 양보석'과 비교하여 제시한다.

··· (나)의 3문단에서는 이름 짓기의 효과로, '임산부 양보석'을 '임산부 배려석'으로 바꾼 후 자발적으로 자리를 양보하는 효과를 얻게 된 사례를 제시하고 있다.

⑤ ㉢: 이름 짓기를 할 때 사람들이 기분 좋게 수용할 수 있는 표현을 사용해야 함을 언급한다.

··· (나)의 4문단에서는 이름 짓기의 방법으로, 사람들이 기분 좋게 수용할 수 있도록 표현하는 것도 필요하다고 언급하고 있다.

10 자료 활용 방안의 적절성 판단하기

정답률 92%

〈보기〉는 (나)를 보완하기 위해 추가로 수집한 자료이다. 자료 활용 방안으로 적절하지 않은 것은? [3점]

정답인 이유

② [자료 1]: '보조개 사과'와 '등급 외 사과'의 영양소 항목에서 점수 차이가 가장 작다는 점을, 이름 짓기가 대상에 대한 긍정적 이미지를 갖게 할 수 있다는 근거로 2문단에 활용해야겠어.

··· [자료 1]은 '보조개 사과'와 '등급 외 사과'의 이미지를 비교한 것으로, 항목 간 점수 차이를 통해 '보조개 사과'가 '등급 외 사과'보다 긍정적인 이미지를 가지고 있음을 알 수 있다. 항목 간의 점수 차이가 크면 클수록 이름 짓기가 대상의 긍정적 이미지 형성에 중요한 영향을 미친다는 것을 보여 준다. 따라서 점수 차이가 가장 작다는 점을 2문단의 근거로 활용한다는 설명은 적절하지 않다.

오답인 이유

① [자료 1]: '등급 외 사과'보다 '보조개 사과'가 외관과 맛 항목의 점수가 높다는 점을, 이름 짓기가 대상에 대한 인식을 변화시켰다는 근거로 2문단에 활용해야겠어.

··· '보조개 사과'가 '등급 외 사과'보다 외관과 맛 항목에서 점수가 높다는 점은 '보조개 사과'가 '등급 외 사과'보다 긍정적인 이미지를 가지고 있음을 의미한다. 따라서 높은 점수 차이를 2문단의 근거로 활용한다는 설명은 적절하다.

③ [자료 2]: '대한민국 구석구석'이라는 이름이 관광객의 증가에 기여했다는 점을, 잘 지어진 이름이 참여 동기를 이끌어 낼 수 있다는 또 다른 사례로 3문단에 활용해야겠어.

··· [자료 2]는 '대한민국 구석구석'이라는 이름이 관광객 증가에 기여했다는 보고서 자료로, 잘 지어진 이름이 사람들의 참여 동기를 이끌어 낼 수 있다는 3문단에 활용될 수 있다.

④ [자료 2]: 'G4C'라는 이름의 의미를 파악하기 어렵다는 점을, 이름이 지나치게 생소하여 사람들에게 받아들여지지 않은 사례로 4문단에 활용해야겠어.

··· [자료 2]는 'G4C'라는 이름이 생소해* 의미 파악이 어렵다는 지적을 받았다는 보고서 자료로, 이름을 지나치게 생소하게 지어서는 안 된다는 4문단에 활용될 수 있다.

* 생소(生疏)하다: 어떤 대상이 친숙하지 못하고 낯이 설다. 예 도시에서 자란 나에게 농사일은 무척 생소했다.

⑤ [자료 2]: '민원24'라는 이름이 누리집의 인지도를 향상했다는 점을, 대상의 특성을 잘 드러내면서 이해하기 쉽게 이름을 짓는 것이 중요함을 보여 주는 사례로 4문단에 활용해야겠어.

··· [자료 2]는 'G4C'를 의미 파악이 쉬운 '민원24'로 바꾸자 인지도가 향상되었다는 보고서 자료로, 대상의 특성을 잘 드러내고 이해하기 쉽게 이름을 지어야 한다는 4문단에 활용될 수 있다.

11 조건에 따라 내용 생성하기

정답률 93%

다음은 (나)를 읽은 학생회장의 조언이다. 이를 반영하여 추가할 마지막 문단의 내용으로 가장 적절한 것은?

정답인 이유

⑤ 이름 짓기는 학생들도 충분히 할 수 있다. 새로운 체육 대회는 누구나 즐길 수 있다는 긍정적인 인식을 갖게 하는 좋은 이름을 지어 공모전에 도전해 보는 것은 어떨까?

··· '이름 짓기는 학생들도 충분히 할 수 있다.'와 같이 이름 짓기가 학생들에게 어려운 일이 아님을 밝히고 있고, '긍정적인 인식을 갖게 하는 좋은 이름을 지어 공모전에 도전해 보는 것은 어떨까?'와 같이 2문단에서 언급한 이름 짓기의 효과와 관련지어 학생들의 참여를 권유하고 있다. 따라서 학생회장의 조언을 모두 반영한 것은 ⑤이다.

오답인 이유

① 이름 짓기는 누구나 어렵지 않게 도전할 수 있는 일이다. 다만 이름을 지을 때 사람들이 이해하기 쉬운 표현을 사용해야 함을 유의하도록 한다.

··· 이름 짓기가 학생들에게 어려운 일이 아님을 밝히고 있지만, 2문단에 제시된 이름 짓기 효과와 관련한 내용은 찾아볼 수 없으므로 학생회장의 조언을 모두 반영했다고 볼 수 없다.

② 이름 짓기는 지식과 경험이 풍부한 사람만이 할 수 있는 일은 아니다. 원활한 의사소통을 위해 이름 짓기의 효과를 이해하고 그 방법을 활용해 보자.

··· '이름 짓기는 지식과 경험이 풍부한 사람만이 할 수 있는 일은 아니다.'를 통해 이름 짓기가 학생들에게 어려운 일이 아님을 밝히고 있지만, '원활한 의사소통'은 2문단에서 언급한 이름 짓기의 효과가 아니므로 학생회장의 조언을 모두 반영했다고 볼 수 없다.

③ 지나치게 생소한 이름은 사람들에게 수용되지 않을 수 있다. 새로운 체육 대회의 긍정적 이미지를 느낄 수 있는 이름을 지어 이번 공모전에 참여하면 좋지 않을까?

··· '새로운 체육 대회의 긍정적 이미지를 느낄 수 있는 이름'을 통해 2문단에서 언급한 이름 짓기의 효과를 제시하고 학생들의 참여를 권유하고 있지만, 이름 짓기가 학생들에게 어려운 일이 아님을 밝히지 않았으므로 학생회장의 조언을 모두 반영했다고 볼 수 없다.

④ 이름 짓기는 대상을 새롭게 바라보게 한다. 올해 새롭게 바뀔 체육 대회에 어울리는 참신한 이름이 지어진다면 체육 대회에 많은 학생들이 적극적으로 참여할 것이다.

··· 이름 짓기가 학생들에게 어려운 일이 아님을 밝히지 않았고, 2문단에 제시된 이름 짓기의 효과도 언급하지 않았으므로 적절하지 않다.

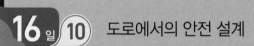

16일 10 도로에서의 안전 설계

▶ 문제편 154~156쪽

정답 | **01** ① **02** ⑤ **03** ③

제대로 담화 분석

2023 수능

- **유형:** 발표
- **상황:** 도로에서 활용되고 있는 여러 가지 안전 설계에 대해 발표하고 있다.
- **주제:** 도로에서 볼 수 있는 다양한 안전 설계
- **내용 요약**

1문단	발표자와 발표 내용 소개
2문단	도로에서의 안전 설계 ① – 살얼음과 제동 거리를 줄여 주는 도로의 홈
3문단	도로에서의 안전 설계 ② – 졸음운전을 예방하는 도로의 홈
4문단	도로에서의 안전 설계 ③ – 터널 내 조명등의 설치 간격
5문단	그 밖의 안전 설계 소개 및 발표 마무리

제대로 질문하기 정답

❶ 안전 설계 ❷ ○ ❸ × ❹ ×

01 말하기 전략 파악하기

정답률 93%

위 발표자의 말하기 방식으로 적절하지 않은 것은?

정답인 이유

① 용어의 개념을 정의하여 발표에서 다룰 화제의 범위를 한정하고 있다.

⋯ 발표자는 1문단에서 '도로에서 볼 수 있는 안전 설계'에 대해 소개할 것을 언급하고 있으나, 발표에서 다룰 화제의 범위를 한정하고 있지는 않다. 또한 안전 설계와 관련된 용어의 개념을 정의하는 부분도 확인할 수 없다.

오답인 이유

② 청중과 공유하는 기억과 관련지어 발표의 계기를 밝히고 있다.

⋯ 발표자는 1문단에서 '지난 수업 시간에 우리는 도로에서 볼 수 있는 안전 설계에 대해 배웠는데요, 이와 관련한 유익한 내용이 있어 소개하려 합니다.'와 같이 말하며, 청중과 공유하는 수업 시간의 기억과 관련지어 발표의 계기를 밝히고 있다.

③ 청중의 경험과 관련한 질문을 하며 청중의 반응을 확인하고 있다.

⋯ 발표자는 2문단에서 '여러분, 달리는 차 안에서 특정 구간을 지날 때 드르륵 하는 소리가 들리며 차가 진동하는 것을 느껴 본 적 있나요?'와 같이 말하며, 청중의 경험과 관련한 질문을 하고 있다. 이어 '(대답을 듣고) 많은 분들이 경험했군요.'라고 말하며 청중의 반응을 확인하고 있다.

④ 구체적인 수치를 밝혀 발표 내용의 근거로 활용하고 있다.

⋯ 발표자는 3문단에서 '교통사고 발생 건수가 월 평균 2.6건이었던 구간에 ~ 가로 홈을 시공하자 해당 도로 구간에서의 교통사고가 3개월간 0건이었다'고 밝히며, 구체적인 수치를 발표 내용의 근거로 활용하고 있다.

⑤ 발표 내용과 관련하여 청중에게 바라는 바를 언급하며 발표를 마무리하고 있다.

⋯ 발표자는 5문단에서 '그동안 무심코 지나쳤던 도로에서 안전을 위한 장치들을 찾아보길 바라며 발표를 마치겠습니다.'라고 하며, 청중에게 바라는 바를 언급하고 발표를 마무리하고 있다.

02 자료 활용의 적절성 평가하기

정답률 90%

다음은 발표자가 제시한 자료이다. 발표자의 자료 활용에 대한 설명으로 가장 적절한 것은?

정답인 이유

⑤ [자료 3]은 달라지는 밝기에 눈이 서서히 적응하도록 조명등의 설치 간격을 달리한다는 내용을 설명하기 위해 ㉢에서 활용하였다.

⋯ [자료 3]은 조명등이 설치된 간격이 달라 터널 내부의 밝기가 다르다는 것을 보여 주는 자료이다. 이는 조명등의 설치 간격을 다르게 설정하여 운전자의 눈이 어둠과 밝음에 익숙해지도록 한다는 4문단에 활용될 수 있다. 따라서 [자료 3]을 ㉢에서 활용했다는 진술은 적절하다.

오답인 이유

① [자료 1]은 홈 사이의 도로면 너비를 달리해서 멜로디를 만든다는 내용을 설명하기 위해 ㉠에서 활용하였다.

⋯ [자료 1]은 진행 방향과 일치하는 세로 홈과 진행 방향에 수직인 가로 홈을 표시한 그림이다. 이는 도로의 세로 홈과 가로 홈에 대해 설명하는 2문단의 내용과 어울리므로 ㉠에서 활용할 수 있다. 하지만 [자료 1]이 홈의 너비, 홈 사이의 도로면 너비를 활용해 멜로디를 만드는 내용은 보여 주지 못하므로 ①은 적절하지 않다.

② [자료 1]은 살얼음 발생 감소에 효과적인 홈과 제동 거리 단축에 효과적인 홈을 설명하기 위해 ㉢에서 활용하였다.

⋯ [자료 1]은 세로 홈과 가로 홈을 표시한 그림으로, 이를 활용하여 세로 홈이 도로의 살얼음을 줄여 주고, 가로 홈이 제동 거리*를 줄여 준다는 내용을 설명할 수 있다. 따라서 [자료 1]은 ㉢이 아닌 ㉠에서 활용해야 한다.

* 제동 거리(制動距離): 실제로 브레이크가 작동한 순간부터 멈출 때까지 차가 이동한 거리 예 비가 오면 제동 거리가 길어져 주의가 필요하다.

③ [자료 2]는 특정 구간을 지날 때 느끼는 차의 진동이 홈 때문일 수 있다는 내용을 설명하기 위해 ㉡에서 활용하였다.

⋯ [자료 2]는 홈의 너비와 홈 사이의 도로면 너비를 합한 값에 따라 음 높이가 정해진다는 것을 보여 주는 자료로, ㉡에서 활용할 수 있다. [자료 2]는 도로에서 들리는 멜로디와 연관성이 있는 자료이므로, 차의 진동이 홈 때문일 수 있다는 것을 설명하기 위해 활용하는 것은 적절하지 않다.

④ [자료 3]은 낮에 터널의 중간 구간이 입구 쪽과 출구 쪽보다 어둡다는 내용을 설명하기 위해 ㉠에서 활용하였다.

⋯ [자료 3]은 터널 내부 조명등의 설치 간격이 다르고, 터널의 중간 구간보다 입구 쪽과 출구 쪽이 더 밝다는 것을 보여 주는 자료이다. 이는 조명등의 설치 간격과 터널 내부의 밝기에 대해 설명하는 4문단과 연관이 있는 자료로, ㉢에서 활용할 수 있다. 따라서 [자료 3]을 ㉠에서 활용하는 것은 적절하지 않다.

03 반응의 적절성 판단하기

정답률 96%

발표 내용을 바탕으로 할 때, 〈보기〉에 나타난 학생들의 반응에 대한 이해로 가장 적절한 것은?

정답인 이유

③ 학생 1과 학생 2는 모두, 발표에서 언급된 내용과 관련하여 추가적인 정보를 탐색하려 하고 있다.

⋯ 학생 1은 발표자가 5문단에서 제시한 '곡선 도로의 경사'에 대해 언급하며, 도서관에서 추가적인 정보를 탐색하겠다고 반응하고 있다. 학생 2는 발표자가 3문단에서 제시한 '멜로디가 들리는 도로'에 대해 언급하며, 그런 도로가 실제로 어디에 있는지 조사해 보겠다고 반응하고 있다. 이를 통해 학생 1과 학생 2는 발표 내용과 관련하여 추가적인 정보를 탐색하고자 함을 알 수 있다.

오답인 이유

① 학생 1은 자신의 의문이 해소되었다는 점에서 발표 내용을 긍정적으로 평가하고 있다.

⋯ 학생 1이 '곡선 도로에 경사를 준다는 내용을 간략히 제시해서 아쉬워.'라고 말한 것을 고려할 때, 학생 1의 의문이 모두 해소되었다고 볼 수 없고, 학생 1이 발표 내용을 긍정적으로 평가하고 있다고 판단할 수도 없다.

② 학생 2는 발표 내용이 자신의 배경지식과 일치하지 않는 이유를 궁금해하고 있다.

⋯→ 학생 2가 '멜로디가 들리는 도로가 재미를 위한 것인 줄 알았는데, 안전을 위한 거였군.'이라고 말하는 것을 고려할 때, 학생 2의 배경지식과 발표 내용이 일치하지 않음을 알 수 있다. 하지만 학생 2가 자신의 배경지식과 발표 내용이 일치하지 않는 이유에 대해 궁금해하고 있지는 않다.

④ 학생 1과 학생 3은 모두, 발표를 통해 새롭게 알게 된 정보가 사실과 부합하는지 판단하고 있다.

⋯→ 학생 1은 곡선 도로의 경사에 관한 원리에 대해, 학생 3은 미세한 유리 알갱이를 차선에 바르는 방법과 밤의 터널 내부 밝기에 대해 궁금해하며 추가적인 정보를 탐색하려고 하고 있다. 하지만 학생 1과 학생 3은 발표를 통해 새롭게 알게 된 정보가 사실과 부합하는지 판단하고 있지 않으므로, ④는 적절하지 않다.

⑤ 학생 2와 학생 3은 모두, 자신의 경험을 바탕으로 발표 내용의 효용성을 점검하고 있다.

⋯→ 학생 2는 발표를 듣고 멜로디가 들리는 도로가 실제로 어디에 있는지 조사해 봐야겠다고 말하였고, 학생 3은 미세한 유리 알갱이를 차선에 바르는 방법과 밤에도 터널 구간별로 밝기가 다른지에 대해 알고 싶다고 말하였다. 하지만 학생 2와 학생 3은 자신의 경험을 드러내고 있지 않고 발표 내용의 효용성을 점검하고 있지도 않으므로, ⑤는 적절하지 않다.

16일 11 마을 식물 지도 만들기

▶ 문제편 157~160쪽

정답 | 04 ④ 05 ④ 06 ② 07 ③ 08 ④

제대로 내용 분석

2023 수능

❖ 유형: 행사 참여 후기 및 대화

❖ 주제: (가) '다 함께 식물 지도 만들기' 행사 참여 후기
(나) 마을 식물 지도 만들기의 계획에 관한 논의

❖ 내용 요약

(가) 학생의 글

1문단	'다 함께 식물 지도 만들기' 행사 진행
2문단	식물 지도 만들기의 진행 방식 및 순서
3문단	행사에 참여한 사람들의 자세
4문단	행사에 참여한 소감

(나) 대화

대화자	학생 1, 학생 2, 학생 3
내용	동아리 발표회 때 전시할 식물 지도를 만들기 위해 계획을 논의함

제대로 질문하기 정답

❶ 마을 식물 지도 ❷ × ❸ ○ ❹ ×

04 글쓰기 전략 파악하기

정답률 92%

(가)에 활용된 글쓰기 방식으로 가장 적절한 것은?

정답인 이유

④ 3문단에서는 식물 조사에 임하는 자신의 참여 자세를 친구들의 참여 자세와 대조하는 방식으로 서술하였다.

⋯→ 3문단에서 글쓴이는 식물을 조사하는 과정에서 몇몇 친구들은 힘들다고 포기했지만, 자신은 식물 지도를 보고 누군가는 마을의 식물에 관심을 가질 수 있을 것이라 생각하며 의욕적으로 조사를 해 나갔다고 언급했다. 이를 통해 식물 조사를 포기하는 친구들의 모습과 의욕적으로 참여하는 자신의 모습을 대조하는 방식으로 서술하였음을 알 수 있다.

오답인 이유

① 1문단에서는 식물 지도 만들기 행사에서 자신이 깨달은 점을 문제점과 해결책을 제시하는 방식으로 서술하였다.

⋯→ 1문단에서 글쓴이는 '다양한 식물에 관심을 갖게 되었고 자연의 소중함도 깨닫게 되었다.'며 자신이 깨달은 점을 밝히고 있지만, 이를 문제점과 해결책을 제시하는 방식으로 서술하지는 않았다.

② 2문단에서는 식물 지도를 만든 과정을 원인과 결과를 제시하는 방식으로 서술하였다.

⋯→ 2문단에서 글쓴이는 식물 지도를 만든 과정을 순서대로 제시하고 있을 뿐, 원인과 결과를 제시하는 방식으로 서술하지는 않았다.

③ 2문단에서는 학급별 식물 지도의 특색을 나열하는 방식으로 서술하였다.

⋯→ 2문단에서 글쓴이는 지도를 학급마다 특색 있게 그렸다고 언급하고 있지만, 학급별 식물 지도의 특색을 나열하지는 않았다. 2문단에서는 식물 지도를 만든 과정을 주된 내용으로 제시하고 있다.

⑤ 3문단에서는 식물을 조사하며 친구들이 겪은 어려움을 묻고 답하는 방식으로 서술하였다.

⋯→ 3문단에서 글쓴이는 식물을 조사하는 과정에서 몇몇 친구들이 힘들어서 포기했다고 밝히고 있지만, 친구들이 겪은 어려움을 묻고 답하는 방식으로 서술하지는 않았다.

05 내용 점검, 조정하기

정답률 93%

〈보기〉는 (가)의 마지막 문단의 초고이다. 〈보기〉를 고쳐 쓰기 위해 친구들이 조언한 내용 중 반영되지 않은 것은?

정답인 이유

④ 교실 밖에서 관찰 활동을 하려면 책을 활용한 학습이 선행될 필요가 있다는 내용을 추가하는 게 어때?

⋯→ (가)의 마지막 문단에서 교실 밖 관찰 활동을 하기 위해 책을 활용한 학습이 선행되어야 한다는 내용은 찾아볼 수 없으므로, 조언의 내용이 학생의 글에 반영되었다고 볼 수 없다.

오답인 이유

① 교실 밖에서 관찰한 대상의 구체적 예를 언급하는 게 어때?

⋯→ 〈보기〉에서는 '교실 밖에서 관찰 활동을 하는 것'이라고 서술할 뿐 무엇을 관찰했는지에 대해서는 언급하고 있지 않다. 하지만 (가)의 마지막 문단에서는 '화살나무나 분꽃 등의 식물을 교실 밖에서 직접 관찰하니'라며, 관찰한 대상을 구체적으로 제시하고 있다.

② 행사를 통해 자신의 어떤 점을 반성했는지 밝히는 게 어때?

⋯→ 〈보기〉에서는 '나 자신을 반성하게 되었다.'고 서술할 뿐, 어떤 점

을 반성했는지에 대해서는 언급하고 있지 않다. 하지만 (가)의 마지막 문단에서는 '그동안 주변의 식물에 무심했던 나 자신을 반성하게 되었다.'라며 어떤 점을 반성했는지 밝히고 있다.

③ **다른 학교에서도 행사를 개최했을 때 예상되는 기대 효과를 제시하는 게 어때?**

⋯› 〈보기〉에서는 '다른 학교에서도 식물 지도 만들기 행사를 열면 좋겠다'고 서술할 뿐, 예상되는 기대 효과를 제시하고 있지 않다. 하지만 (가)의 마지막 문단에서는 '더 많은 학생들이 자연의 소중함을 느낄 수 있을 것'이라며 예상되는 기대 효과를 제시하고 있다.

⑤ **교실 밖에서 이루어지는 관찰 활동의 긍정적 효과를 행사의 취지에 부합하는 내용으로 바꾸는 게 어때?**

⋯› 〈보기〉에서는 '학업으로 인한 부담감을 덜어 준다'는 긍정적 효과를 제시하고 있으나, 이는 식물에 대한 관심을 높이자는 행사의 취지와 관련된 내용이 아니다. (가)의 마지막 문단에서는 '교실 밖에서 직접 관찰하니 책으로만 접했을 때보다 식물에 대한 관심이 더 커지는 것 같았다.'라며 행사의 취지에 부합하는 내용으로 바꾸었다.

·고난도·

06 계획에 따라 내용 생성하기

정답률 70% | 매력적인 오답 ③ 15%

(가)와 (나)를 고려할 때, '학생 1'이 쓴 회의록의 내용 중 적절하지 않은 것은? [3점]

정답인 이유

② **발표회까지 남은 기간을 감안하여, 우리도 몇몇 주목할 식물만 지도에 표시한다.**

⋯› (가)의 2문단을 통해 ○○ 고등학교 학생들은 '최대한 여러 종류의 식물 사진을 찍은 다음', '지도 위에 조사한 모든 식물의 이름을 표시'하였음을 알 수 있다. 하지만 (나)에서 '학생 2'는 발표회까지 얼마 안 남아서 국가 보호종을 비롯해 몇몇 식물만 표시해야 할 것 같다고 언급하고 있다. 이를 고려할 때 ②는 수용할 점이 아니라 달리할 점에 들어가는 것이 적절하다.

오답인 이유

③ (매력적인 오답) **조사 인원을 고려하여, 우리는 학교에서 걸어갈 만큼 가까운 거리만 지도의 범위로 삼는다.**

⋯› (가)에서는 전교생이 참여해 △△동 전체를 조사했다고 밝히고 있지만, (나)에서 '학생 2'는 셋이서 넓은 공간을 조사하기 힘드니 학교에서 걸어갈 만한 거리만 지도의 범위로 삼자고 제안하고 있다. 이를 고려할 때 ③은 달리할 점으로 볼 수 있다.

① **정보 확인의 편의성을 고려하여, 우리도 식물의 이름을 누리집에서 찾는다.**

⋯› (가)의 2문단을 통해 ○○ 고등학교 학생들이 누리집을 이용해 식물 이름을 찾았음을 알 수 있고, (나)에서 '학생 2'도 누리집을 이용해 식물 이름을 편리하게 찾자고 제안하고 있다. 이를 고려할 때 ①은 수용할 점으로 볼 수 있다.

④ **지도를 볼 대상을 감안하여, 우리는 우리 학교 학생들에게 친숙한 장소의 식물을 조사한다.**

⋯› (가)의 2문단과 3문단을 통해 식물 지도의 범위가 △△동 전체이고, 학생들이 '우리가 잘 모르는 곳까지' 조사했음을 알 수 있다. 하지만 (나)에서 '학생 2'는 '학생들이 볼 지도이니 학생들에게 친숙한 장소가 더 좋을 듯해.'라며 학교 학생들에게 친숙한 장소의 식물을 조사하자고 제안하고 있다. 따라서 ④는 달리할 점으로 볼 수 있다.

⑤ **지도의 통일감을 고려하여, 우리는 각각의 지도를 이어 붙이는 방식은 활용하지 않는다.**

⋯› (가)의 2문단을 통해 ○○ 고등학교 학생들이 학급별로 만든 지도를 이어 붙여 식물 지도를 완성하였음을 알 수 있다. 하지만 (나)에서 '학생 2'는 '이어 붙이는 방식으로 지도를 만든 건 참신하긴 한데 통일감이 없어 부자연스러울 듯해.'라며, 이어 붙이는 방식을 활용하지 말자고 제안하고 있다. 따라서 ⑤는 달리할 점으로 볼 수 있다.

·고난도·

07 대화의 맥락 파악하기

정답률 66% | 매력적인 오답 ④ 14%

[A], [B]에 대한 설명으로 적절하지 않은 것은?

정답인 이유

③ **[B]에서 '학생 1'과 '학생 3' 모두 질문을 주고받는 과정에서 서로가 상대의 발화 내용을 잘못 이해했음을 깨닫고 있다.**

⋯› [B]에서 '학생 1'은 '약효가 있는 식물은 그 정보도 제시하자는 거지?'와 '식물이 사람의 정서에 어떤 영향을 미칠 수 있는지에 대한 내용을 싣자는 말이었어?'와 같은 질문을 하며, '학생 3'의 발화 내용을 잘못 이해하고 있음을 깨닫고 있다. 하지만 '학생 3'은 '학생 1'의 발화 내용을 잘못 이해하고 있지 않으며 질문을 통해 깨닫고 있지도 않다.

오답인 이유

④ (매력적인 오답) **[B]에서 '학생 2'는 '학생 3'에게 공감을 표한 후 '학생 3'의 제안을 구체화할 방안을 제시하고 있다.**

⋯› [B]에서 '학생 2'는 '그거 좋은데?'라며 '학생 3'에게 공감을 표현한 후, '행복산에서 조사할 꽃과 나무 중 일부에는 그런 내용도 추가로 표시하면 되겠다.'와 같이 '학생 3'의 제안을 구체화할 방안을 제시하고 있다.

① **[A]에서 '학생 2'는 '학생 1'의 발화를 일부 재진술한 후 자신의 견해를 밝히고 있다.**

⋯› [A]에서 '학생 2'는 '여러 종류의 식물이 있는 곳도 좋지만'과 같이 '학생 1'의 발화를 일부 재진술한 후, '학생들에게 친숙한 장소가 더 좋을 듯해.'라며 자신의 견해를 밝히고 있다.

② **[A]에서 '학생 1'과 '학생 2'는 각기 다른 이유로 '학생 3'의 제안에 반대하는 입장을 드러내고 있다.**

⋯› [A]에서 □□ 농장에 갔으면 한다는 '학생 3'의 의견에 '학생 1'은 □□ 농장은 매실나무만 많다는 이유로, '학생 2'는 학생들에게 친숙한 장소가 아니라는 이유로 반대하는 입장을 드러내고 있다.

⑤ **[A]와 [B] 모두의 첫 번째 발화에서 '학생 3'은 자신이 제안한 바에 대한 '학생 1'과 '학생 2'의 의견을 묻고 있다.**

⋯› [A]에서 '학생 3'은 '□□ 농장에 갔으면 하는데, 너희 생각은 어때?'와 같이 자신이 제안한 바에 대한 '학생 1'과 '학생 2'의 의견을 묻고 있다. [B]에서도 '학생 3'은 '식물 이름과 함께 식물이 어떤 효용이 있는지도 제시했으면 하는데, 너희는 어떻게 생각해?'라며 자신이 제안한 바에 대한 '학생 1'과 '학생 2'의 의견을 묻고 있다.

08 반응의 적절성 파악하기

정답률 80%

다음은 (나)를 바탕으로 학생들이 만든 지도의 초안이다. ㉠~㉤에 대한 반응으로 가장 적절한 것은?

정답인 이유

④ ㉣: 각 장소마다 하나씩 대표 식물의 사진을 제시하기로 했으므로 사진을 추가해야겠군.

⋯→ (나)에서 학생들은 '장소마다 대표 식물을 하나씩 선정해서 그 식물 이름 밑에 식물의 사진도 함께 제시하'자고 했는데, 지도의 초안 ㉣에는 식물의 사진이 제시되어 있지 않으므로 사진을 추가하자는 반응은 적절하다.

오답인 이유

① ㉠: 식물이 있는 곳의 핵심적인 특징을 제시하기로 했으므로 논의한 내용이 반영되었군.

⋯→ (나)에서 학생들은 '국가 보호종을 비롯해 주목할 만한 몇몇 식물만 표시'하자고 했지만, 식물이 있는 곳의 핵심적인 특징을 제시하자는 논의는 하지 않았다.

② ㉡: 국가 보호종 식물이 있는 곳으로 가는 길은 동선을 표시하기로 했으므로 논의한 내용이 반영되었군.

⋯→ (나)에서 학생들은 '행복산은 갈림길이 많으니 걷기에 더 편한 길을 화살표로 표시'하자고 했지만, 국가 보호종 식물이 있는 곳으로 가는 길을 표시하자는 논의는 하지 않았다.

③ ㉢: 식물에 대해 조사한 내용이 제시되지 않았으므로 조사한 식물에 대한 정보를 추가해야겠군.

⋯→ (나)에서 학생들은 매실나무만 많으며, 학생들에게 친숙한 장소가 아니라는 이유로 □□ 농장 조사를 반대하고 있다. 이를 고려할 때 □□ 농장(㉢)에 대한 정보를 추가할 필요가 없다.

⑤ ㉤: 군집을 이루고 있는 식물 중 학생들에게 낯선 식물은 빗금으로 표시하기로 했으므로 논의한 내용이 반영되었군.

⋯→ (나)에서 학생들은 '군집을 이루고 있는 식물은 모두 빗금으로 표시하자.'고 했으므로, 군집을 이루고 있는 식물 중 낯선 식물만 빗금으로 표시하자는 반응은 적절하지 않다.

16일 12 커피박 처리와 활용

▶ 문제편 161~163쪽

정답 | **09** ⑤ **10** ② **11** ①

제대로 내용 분석

2023 수능

❖ **유형**: 초고(설득하는 글)
❖ **주제**: 커피박에 대한 사회적 관심이 필요함
❖ **내용 요약**

1문단	커피박에 대한 사람들의 무관심
2문단	잘못 처리된 커피박이 환경에 미치는 영향
3문단	커피박이 다양한 분야에서 재활용된 사례
4문단	커피박 수거 시설 설치의 필요성

제대로 질문하기 정답

❶ 커피박 ❷ ○ ❸ ○ ❹ ×

09 계획에 따라 내용 생성하기

정답률 94%

다음은 초고를 작성하기 전에 학생이 떠올린 생각이다. ㉠~㉤ 중, 학생의 초고에 반영되지 않은 것은?

정답인 이유

⑤ ㉤(커피로 인해 발생하는 사회적 문제가 해마다 증가하고 있는 실태를 제시해야겠어.)

⋯→ 학생의 초고는 커피로 인한 사회적 문제를 논할 때, 상대적으로 관심을 받지 못하는 커피박에 대해 이야기하고 있다. 커피박의 잘못된 처리 방법과 다양한 재활용 사례를 제시하며 사람들의 관심을 촉구하고 있을 뿐, 커피로 인해 발생하는 사회적 문제가 해마다 증가하고 있음을 제시하고 있지는 않다.

오답인 이유

① ㉠(커피박이 무엇을 지칭하는 단어인지 밝혀야겠어.)

⋯→ 1문단에서 커피박은 '커피를 만든 후 남는 커피 찌꺼기'라고 밝히고 있다. 따라서 ㉠은 학생의 초고에 반영되었다고 볼 수 있다.

② ㉡(커피박이 잘못 버려지고 있는 예를 제시해야겠어.)

⋯→ 2문단에서 '추출 직후의 커피박을 싱크대 배수구에 버리거나 흙에 버리기도' 한다며 커피박이 잘못 버려지고 있는 예를 제시하고 있다. 따라서 ㉡은 학생의 초고에 반영되었다고 볼 수 있다.

③ ㉢(커피박이 무엇으로 재활용될 수 있는지 언급해야겠어.)

⋯→ 3문단에서 커피박은 일상에서 탈취제나 방향제로, 건축 분야에서 합성 목재를 대신하는 재료로, 농업 분야에서 비료로, 또 바이오에너지의 원료로 쓰일 수 있음을 제시하고 있다. 이를 통해 ㉢이 학생의 초고에 반영되었음을 알 수 있다.

④ ㉣(우리나라의 연간 1인당 커피 소비량이 세계 평균 대비 어느 정도인지 밝혀야겠어.)

⋯→ 1문단에서 우리나라의 연간 1인당 커피 소비량이 세계 평균의 2배 이상이라고 밝히고 있다. 이를 통해 ㉣이 학생의 초고에 반영되었음을 알 수 있다.

10 조건에 따라 내용 생성하기

정답률 91%

다음은 초고를 읽은 교지 편집부 학생의 조언이다. 이를 반영하여 [A]를 작성한다고 할 때, 가장 적절한 것은?

정답인 이유

② 커피박의 올바른 처리 방법과 재활용 분야를 홍보하고, 수거 시설 확충을 제도화할 필요가 있다. 커피박에도 관심을 갖는 책임감 있는 태도가 커피 사랑의 참된 자세이다.

⋯→ 학생의 조언을 고려했을 때 [A]에는 초고 2~4문단에서 언급한 문제점의 해결 방안인 '커피박의 올바른 처리 방법', '커피박이 재활용될 수 있는 분야 홍보', '수거 시설 확충' 등을 제시해야 한다. 또한 우리 사회가 지녀야 할 태도를 커피에 대한 사랑과 관련지으며 글을 마무리해야 한다. ②는 위에 언급한 해결 방안을 모두 언급하고 있고, 커피박에 관심을 갖는 책임감 있는 태도를 커피 사랑과 관련지으며 글을 마무리하고 있다. 따라서 ②는 [A]의 내용으로 가장 적절하다.

오답인 이유

① 커피에 대한 사랑은 커피박에 관심을 갖는 태도로 이어질 필요가 있다. 다양

한 재활용 분야와 수거 시설 확충의 중요성을 아는 것이 진정한 커피 사랑의 시작이다.

…› 초고의 2문단에서 제시한 커피박의 잘못된 처리 방법에 대한 해결 방안을 언급하고 있지 않다. 따라서 ①은 [A]에 들어갈 내용으로 적절하지 않다.

③ 커피를 마시지 않는 사람들은 왜 커피박에 관심을 가져야 하는지 의아해할 수 있다. 하지만 공동체의 문제 해결을 위해 가치관이 다르더라도 포용하는 태도가 필요하다.

…› 초고의 2~4문단에서 언급한 문제점의 해결 방안을 모두 제시하지 않았고, 또한 커피 사랑과 관련지으며 글을 마무리하지 않았다. 따라서 ③은 [A]에 들어갈 내용으로 적절하지 않다.

④ 우리나라의 커피 소비량은 앞으로도 늘어날 것으로 보인다. 따라서 커피박의 바람직한 처리 방법과 재활용 분야를 알리고, 커피박 수거 시설을 확충하는 것이 필요하다.

…› 초고의 2~4문단에서 제시한 문제점의 해결 방안을 모두 언급하고 있지만, 우리 사회가 지녀야 할 태도는 제시하지 않았다. 따라서 ④는 [A]에 들어갈 내용으로 적절하지 않다.

⑤ 커피박 수거 시설의 설치는 시민들에게 커피박의 쓰임새를 알리는 효과가 있다. 사랑할수록 관심을 표현하듯이, 커피에 대한 사랑을 커피박에 대한 관심으로 표현해야 할 것이다.

…› 커피박 수거 시설의 설치로 인한 효과와 우리 사회가 지녀야 할 태도는 제시하고 있지만, 초고의 2~4문단에서 제시한 문제점의 해결 방안은 언급하지 않았다. 따라서 ⑤는 [A]에 들어갈 내용으로 적절하지 않다.

11 자료 활용의 적절성 판단하기

정답률 85%

〈보기〉는 초고를 보완하기 위해 추가로 수집한 자료이다. 자료 활용 방안으로 적절하지 않은 것은? [3점]

정답인 이유

① (가): 커피박을 소각할 때 발생하는 탄소 배출량 수치를, 커피박이 우리 사회에서 관심을 받지 못하고 있는 배경을 보여 주는 자료로 1문단에 추가한다.

…› (가)는 커피박이 소각될 때 발생하는 탄소 배출량 수치를 제시하지만, 커피박이 우리 사회에서 관심을 받지 못하는 배경에 대해서는 언급하지 않았다. 또한 (가)는 잘못 처리된 커피박이 환경에 부정적인 영향을 미칠 수 있다는 자료로 1문단이 아닌 2문단에 활용될 수 있다.

오답인 이유

② (가): 추출 직후 커피박에 남은 카페인과 수분이 많은 커피박이 유발하는 문제를, 커피박이 식물과 토양에 미치는 악영향을 구체화하는 자료로 2문단에 추가한다.

…› (가)는 추출 직후의 커피박이 흙에 버려지면 식물의 생장을 막고, 토양을 오염시킨다는 것을 보여 주는 인터뷰 자료이다. 이는 잘못 처리된 커피박이 식물과 토양에 악영향을 줄 수 있다고 언급한 2문단에 활용될 수 있다.

③ (나): 커피박으로 만들 수 있는 바이오에너지의 종류를, 커피박이 바이오에너지의 원료로 활용될 수 있다는 내용을 뒷받침하는 자료로 3문단에 추가한다.

…› (나)는 바이오디젤, 바이오압축연료, 바이오에탄올을 언급하며 커피박으로 만들 수 있는 바이오에너지의 종류를 제시하고 있다. 이는 최근에 커피박이 바이오에너지의 원료로 활용될 수 있다고 언급한 3문단에 활용될 수 있다.

④ (다): 효과적으로 커피박을 수거하고 있는 해외 사례를, 커피박 수거 시설이 부족한 우리나라의 문제 상황을 부각하는 자료로 4문단에 추가한다.

…› (다)는 커피박을 효과적으로 수거하고 있는 해외 사례를 보여 주는 신문 기사이다. 이를 4문단에 추가하면 커피박 수거 시설이 부족한 우리나라의 문제 상황을 부각하여 표현할 수 있다.

⑤ (다): 커피박 수거가 일자리 창출로 이어질 수 있음을, 커피박 수거 시설이 곳곳에 마련되었을 때 예상되는 또 다른 효과를 보여 주는 자료로 4문단에 추가한다.

…› (다)는 커피박 수거 시설을 확충했을 때 커피박 수거나 운반 등과 관련한 일자리 창출을 기대할 수 있을 것이라고 언급하고 있다. 이러한 자료를 4문단에 활용하면 커피박 분리배출에 대한 시민들의 관심을 높일 거라는 예상 효과와는 또 다른 효과를 보여 줄 수 있을 것이다.

17일 13 한글 대중화에 힘쓴 주시경과 최현배

▶ 문제편 164~166쪽

정답 | **01** ① **02** ⑤ **03** ②

제대로 담화 분석

2024 6월 모의평가

- **유형**: 강연
- **상황**: 역사적으로 암울한 시기에 한글을 교육하고 연구하는 데 앞장선 주시경과 최현배 선생에 대해 이야기하고 있다.
- **주제**: 한글 대중화에 힘쓴 주시경과 최현배
- **내용 요약**

1문단	한글 대중화에 힘쓴 두 인물 소개
2문단	주시경 선생에 관한 일화와 저서 소개
3문단	최현배 선생에 관한 일화와 저서 소개

제대로 질문하기 정답

❶ 한글 대중화에 힘쓴 두 인물 ❷ ○ ❸ 일화 ❹ ×

01 표현 전략 평가하기

정답률 92%

위 강연자의 말하기 방식으로 가장 적절한 것은?

정답인 이유

① 인물의 특성을 보여 주는 일화를 제시하고 있다.

…› 강연자는 주시경 선생은 한글을 가르칠 수 있다면 어디든 마다하지 않고 책 보따리를 들고 다녔기에 '주 보따리'라고 불렸다고 말하고 있다. 또한 최현배 선생은 옥고를 치르는 중에도 검열을 피해 솜옷 속에 쪽지를 숨겨 놓으며 한글을 연구했다고 말하고 있다. 강연자는 주시경 선생과 최현배 선생의 이와 같은 일화*를 통해, 한글 교육과 연구에 대한 두 인물의 열정과 의지를 보여 주고 있다.

* 일화(逸話): 세상에 널리 알려지지 아니한 흥미 있는 이야기. 예 그 선수는 인터뷰에서 전지훈련 중에 있었던 몇 가지 일화를 털어 놓았다.

오답인 이유

② 자신의 경험을 시간 순서에 따라 전달하고 있다.

··· 강연자는 일화를 제시하고 대표 저서를 소개하면서 주시경 선생과 최현배 선생에 대해 설명하고 있을 뿐, 자신의 경험을 시간 순서에 따라 전달하고 있지는 않다.

③ 대조를 통해 두 인물 간의 차이를 부각하고 있다.

··· 강연자는 한글 대중화에 힘쓴 주시경 선생과 그 제자 최현배 선생을 소개하고 있는데, 이들은 모두 한글 교육과 연구에 앞장섰다는 공통점이 있다. 대조를 통해 두 인물 간의 차이를 부각하는 내용은 나타나 있지 않다.

④ 준언어적 표현을 조절하여 화제를 전환하고 있다.

··· 강연자는 강연의 도입 부분에서 '목소리를 높여'와 같이 준언어적 표현을 사용하여 주시경 선생과 최현배 선생을 소개하고 있다. 하지만 이는 강연의 화제를 소개한 것일 뿐, 화제를 다른 내용으로 전환한 것은 아니다.

⑤ 강연을 하게 된 소감을 밝히며 강연을 시작하고 있다.

··· 강연자는 한글 대중화에 힘쓴 두 인물을 소개하겠다고 말하며 강연을 시작하고 있을 뿐, 강연을 하게 된 소감을 밝히며 강연을 시작하고 있지는 않다.

02 내용 생성하기

정답률 90%

다음은 강연자의 강연 계획이다. 강연에 반영되지 않은 것은?

정답인 이유

⑤ 강연 내용을 인상적으로 기억할 수 있도록 두 인물이 남긴 말을 각각 인용해야겠다.

··· 강연자는 주시경 선생이 남긴 "말이 오르면 나라도 오르고, 말이 내리면 나라도 내리나니라."라는 말을 인용하여 청중이 강연 내용을 인상적으로 기억할 수 있도록 전달하고 있다. 하지만 최현배 선생이 남긴 말을 인용하고 있지는 않으므로, 두 인물이 남긴 말을 각각 인용해야겠다는 계획은 강연에 반영되지 않았다.

오답인 이유

① 청중의 배경지식을 고려하여 강연 내용을 한글 대중화에 힘쓴 두 인물로 선정해야겠다.

··· 강연자는 청중들이 한글 창제 이야기를 이미 잘 알고 있다는 점을 고려하여 한글 대중화에 힘쓴 두 인물을 소개하고 있다. 따라서 청중의 배경지식을 고려하여 강연 내용을 선정해야겠다는 계획은 강연에 반영되었다.

② 청중이 생소하게 느낄 만한 우리말의 의미를 풀이해서 제시해야겠다.

··· 강연자는 최현배 선생의 저서 『우리말본』과 『한글갈』을 소개하면서, '갈'이 연구를 의미하는 우리말이라고 제시하고 있다. 따라서 청중이 생소하게 느낄 만한 우리말의 의미를 풀이해서 제시해야겠다는 계획은 강연에 반영되었다.

③ 강연 내용에 관심 있는 청중을 위해 추가 정보를 찾을 수 있도록 안내해야겠다.

··· 강연자는 주시경 선생에 대한 자료를 얻을 수 있는 다큐멘터리, 최현배 선생에 대한 자료를 얻을 수 있는 △△ 기념관 누리집을 소개하고 있다. 따라서 강연 내용에 관심 있는 청중을 위해 추가 정보를 찾을 수 있도록 안내해야겠다는 계획은 강연에 반영되었다.

④ 강연 내용에 집중할 수 있도록 먼저 질문을 던져 궁금증을 유발하고 나중에 답을 제시해야겠다.

··· 강연자는 강연의 도입 부분에서 '역사적으로 암울했던 시기에 한글을 교육하고 연구하는 데 앞장선 두 분은 특별한 관계이기도 한데요. 어떤 관계일까요?'라고 청중에게 질문을 던진 다음, 뒷부분에서 '두 분은 사제 간입니다.'라고 답을 제시하고 있다. 따라서 질문을 던져 궁금증을 유발하고 나중에 답을 제시해야겠다는 계획은 강연에 반영되었다.

03 반응의 적절성 평가하기

정답률 85%

강연 내용을 참고할 때, 〈보기〉에 제시된 청중의 반응을 이해한 내용으로 가장 적절한 것은?

정답인 이유

② 청중 2는 강연을 통해 알게 된 정보를 유용성 측면에서 평가하고 있군.

··· 청중 2는 자신이 조선어 학회 사건에 대한 발표를 맡았음을 밝히며, 최현배 선생이 옥중에서도 한글을 연구했다는 등의 강연 내용이 자신의 발표에 도움이 될 것 같다고 반응하고 있다. 이는 강연을 통해 알게 된 정보를 유용성 측면에서 평가한 것으로 볼 수 있다.

오답인 이유

① 청중 1은 자신이 알고 있던 내용을 강연 내용과 비교하여 평가하고 있군.

··· 청중 1은 강연을 통해 한글 학회의 출발점이 국어 연구 학회였음을 알게 되었다고 반응하고 있다. 이는 강연에서 새롭게 알게 된 내용을 언급한 것이지, 자신이 알고 있던 내용을 강연 내용과 비교하여 평가하고 있는 것은 아니다.

③ 청중 3은 강연 내용을 바탕으로 강연에서 직접 언급되지 않은 내용을 추론하고 있군.

··· 청중 3은 주시경 선생의 저서들이 어떤 내용인지 알려 주지 않은 점을 아쉬워하며 그 내용을 찾아봐야겠다고 반응하고 있다. 이는 설명하지 않은 부분에 대한 아쉬움을 드러낸 것이지, 강연에서 언급되지 않은 내용을 추론하고 있는 것은 아니다.

④ 청중 1과 청중 3은 강연에서 새롭게 알게 된 사실에 대해 의구심을 드러내고 있군.

··· 청중 1은 새롭게 알게 된 사실을 바탕으로 추가적인 내용을 찾아봐야겠다고 반응하고 있을 뿐, 새롭게 알게 된 사실에 대해 의구심을 드러내고 있지는 않다. 청중 3은 주시경 선생의 저서들이 어떤 내용인지 알려 주지 않은 점을 아쉬워하고 있을 뿐, 새롭게 알게 된 사실에 대해 의구심*을 드러내고 있지는 않다.

* 의구심(疑懼心): 믿지 못하고 두려워하는 마음. 예 나는 그에 대해 터무니없는 의구심을 품었다.

⑤ 청중 2와 3은 강연에서 언급된 내용과 관련하여 추가 정보를 탐색하려 하고 있군.

··· 청중 3은 주시경 선생의 저서들이 어떤 내용인지 찾아봐야겠다며 추가 정보를 탐색하려 하고 있다. 하지만 청중 2는 강연의 내용을 자신이 맡은 발표에 추가하겠다고 했을 뿐, 추가 정보를 탐색하려는 태도를 보이고 있지는 않다.

17일 14 초보 운전 표지 부착 의무화

▶ 문제편 167~170쪽

정답 | 04 ④ 05 ③ 06 ⑤ 07 ① 08 ④

제대로 내용 분석

2024 6월 모의평가

❖ 유형: 토론과 소감문의 초고

❖ 주제: (가) 규격화된 초보 운전 표지 부착을 의무화해야 하는지에 대한 토론
(나) 반대 입장을 선택하여 토론을 준비하면서 느낀 점

❖ 내용 요약

㉮ 토론

논제	규격화된 초보 운전 표지 부착을 의무화해야 한다.
찬성 측 입론	– 초보 운전자 보호와 모두의 안전을 위해 반드시 필요함 – 국가에서 예산을 들여 규격화된 표지를 제작하여 초보 운전자가 의무적으로 부착하게 해야 함
반대 측 반대 신문과 찬성 측의 반론	– 표지 부착 의무화로 사고가 감소하지는 않을 것임 → 경력 운전자들이 초보 운전자를 배려할 것임 – 표지를 부착한 초보 운전자에 대해 위협 운전을 할 수도 있음 → 제도의 문제가 아닌 잘못된 운전 문화로 인한 문제임 – 비용 발생으로 인해 득보다 실이 더 클 것임 → 안전과 생명이 비용보다 더 중요한 가치임 – 위반자 적발 등 제도 운영이 현실적으로 어려움 → 생각해 보지 못했음

㉯ 소감문의 초고

1문단	토론에 참여하게 된 계기
2문단	토론을 준비하는 과정
3문단	토론을 위한 노력과 평가
4문단	토론에 대한 소감

제대로 질문하기 정답

❶ 의무화 ❷ ○ ❸ × ❹ 논문 자료

04 토론 전략 평가하기

정답률 84%

(가)의 '찬성 1'의 입론에 대한 설명으로 가장 적절한 것은?

정답인 이유

④ 최근 발생한 사건을 언급하여 논의의 필요성을 드러내고 있다.

⋯→ 찬성 1은 얼마 전 초보 운전자의 운전 미숙으로 인해 교통사고가 연이어 발생하면서 초보 운전 표지 의무화에 대한 논의가 본격화되고 있다고 언급하였다. 이는 '규격화된 초보 운전 표지 부착을 의무화해야 한다.'라는 논제와 관련하여, 최근 발생한 사건을 언급함으로써 논의의 필요성을 드러낸 것으로 볼 수 있다.

오답인 이유

① 핵심 용어를 정의한 후 상대의 동의를 구하고 있다.

⋯→ 찬성 1은 관련 연구들을 참고하여 '초보 운전자'를 '자동차 보험 가입 경력 기준 1년 미만자'로 정의하고 있지만, 이에 대해 상대의 동의를 구하고 있지는 않다.

② 외국의 사례를 분류하여 논의의 범위를 확장하고 있다.

⋯→ 찬성 1은 자신의 주장을 뒷받침하기 위해 일본에서는 1970년대부터 초보 운전 표지 의무 부착 제도를 시행하고 있다고 소개하고 있지만, 사례를 분류하거나 논의의 범위를 확장하고 있지는 않다.

③ 특정 경험을 활용하여 기존 정책의 목적을 설명하고 있다.

⋯→ 찬성 1은 최근 '초보인데 보태 준 거 있어?'라는 표지를 붙인 차를 본 경험을 활용하여 표지의 내용과 형식을 자율에 맡겼을 때 발생하는 문제를 제시하고 있지만, 이를 통해 기존 정책의 목적을 설명하고 있지는 않다.

⑤ 정책이 변화한 과정을 중심으로 논의의 배경을 제시하고 있다.

⋯→ 찬성 1은 초보 운전자의 운전 미숙으로 인해 교통사고가 연이어 발생하면서 초보 운전 표지 의무화에 대한 논의가 본격화되고 있다며 논의의 배경을 제시하고 있지만, 정책이 변화한 과정을 설명하고 있지는 않다.

05 발화의 의미와 기능 이해하기

정답률 90%

반대 신문의 목적을 고려했을 때, ㉠~㉣에 대한 이해로 적절하지 않은 것은?

정답인 이유

③ ㉢은 상대의 주장이 경력 운전자의 입장만 반영하여 공정하지 않음을 지적하고 있다.

⋯→ 찬성 측은 초보 운전 표지 부착을 의무화하면 경력 운전자들이 초보 운전자를 배려하는 태도로 운전하여 초보 운전자의 사고 위험을 감소시킬 수 있다고 주장하였다. ㉢은 이러한 찬성 측의 주장에 대한 반대 입장으로, 경력 운전자가 초보 운전자를 배려하는 것이 아니라 오히려 초보 운전자에 대해 위협 운전을 할 수도 있다는 것이다. 이는 찬성 측 주장의 실효성에 의문을 제기한 것이지, 상대의 주장이 공정하지 않음을 지적하고 있는 것은 아니다.

오답인 이유

① ㉠은 상대가 근거로 인용한 자료가 신뢰할 만한 것인지 출처를 확인하고 있다.

⋯→ 찬성 측은 초보 운전자는 운전이 서툴기 때문에 사고 위험이 높을 수밖에 없다는 주장의 근거로, 초보 운전자의 사고율이 전체 운전자의 평균에 비해 18%p 높다는 통계 자료를 제시하였다. ㉠은 상대가 근거로 인용한 통계 자료가 신뢰할 만한 것인지를 확인하려는 질문이다.

② ㉡은 초보 운전 표지를 의무적으로 부착하면 사고가 감소한다는 상대의 주장이 타당하지 않음을 지적하고 있다.

⋯→ 찬성 측은 초보 운전자는 운전이 서툴기 때문에 사고 위험이 높을 수밖에 없다며, 초보 운전자뿐만 아니라 모두의 안전을 위해 초보 운전 표지 부착 의무화가 반드시 필요하다고 주장하였다. ㉡은 운전 미숙으로 인한 교통사고와 초보 운전 표지 부착은 관계가 없음을 밝힘으로써 상대의 주장이 타당하지 않음을 지적하려는 질문이다.

④ ㉣은 상대의 주장을 비용의 측면에서 보았을 때 실질적 이익이 있는지 확인하고 있다.

⋯→ 찬성 측은 국가 차원에서 예산을 들여 규격화된 표지를 제작하고 배부해 초보 운전자가 이를 의무적으로 부착하게 해야 한다고 주장하였다. ㉣은 이러한 제도의 도입으로 인해 비용이 발생하면 결국 득보다 실이 크다며 상대의 주장이 실질적 이익이 없음을 강조하려는 질문이다.

⑤ ㉥은 초보 운전 표지 의무화 제도를 운영하는 일이 실행 가능한지 확인하고 있다.

⋯→ 찬성 측은 초보 운전 표지 부착을 의무화해야 한다고 주장했는데, 이러한 주장에는 표지 부착 의무를 어겼을 경우 제재를 가한다는 의미가 담겨 있다. ㉥은 위반자를 적발하고 제재를 가하는 등 제도를 운영하는 일이 현실적으로 실행 가능한지를 확인하려는 질문이다.

·고난도·

06 토론 내용 추론하기

정답률 65% | 매력적인 오답 ④ 18%

(가)의 토론 내용과 (나)의 자료를 바탕으로 반대 측 입론 내용을 추론했다고 할 때, 적절하지 않은 것은? [3점]

정답인 이유

⑤ 대부분의 초보 운전자가 표지를 부착하고 있음을 볼 때, 기존 표지를 규격화된 표지로 교체하는 비용을 초보 운전자가 부담하게 되므로 규격화는 불필요하다.

⋯→ (나)에서는 초보 운전자 대부분이 표지를 부착하고 있다는 설문 결과를 찾아 스크랩했다고 밝히고 있다. 그런데 (가)에서 찬성 측은 국가 차원에서 예산을 들여 규격화된 표지를 제작하고 배부해야 한다고 하였고, 반대 측은 표지를 규격화해 제작하고 배부하려면 국가의 예산이 소요되므로 득보다 실이 클 수 있다는 점을 지적하고 있다. (가)와 (나)에서 반대 측이 규격화된 표지로 교체하는 비용을 초보 운전자가 부담하게 된다는 내용을 언급하고 있지는 않다.

오답인 이유

④ 매력적인 오답 국가 차원에서 표지를 규격화하면, 개성 있는 표지를 부착하고자 하는 운전자의 자기표현의 자유를 침해할 수 있어 규격화는 불필요하다.

⋯→ (나)에서는 인터넷에서 자신의 개성을 자유롭게 표현하고 있는 초보 운전 표지 사진들을 찾아 저장했다고 밝히고 있다. 그리고 (가)에서 찬성 측은 다른 운전자의 불쾌감을 유발하고 시야를 가려 안전 운전에 방해가 되는 초보 운전 표지는 표현의 자유라는 이유로 정당화될 수 없다고 하였다. 이것을 반대 측은 표지 규격화가 표현의 자유를 침해한다는 점을 찬성 측도 인정한 것이라고 주장하였다. 따라서 반대 측은 규격화된 초보 운전 표지가 운전자의 자기표현의 자유를 침해할 수 있으므로 규격화가 불필요하다고 주장할 수 있다.

① 일부 운전자가 초보 운전 표지를 붙인 차량을 위협하는 경우를 볼 때, 의무화가 오히려 교통사고를 유발할 수 있다.

⋯→ (나)에서는 '초보 스티커, 되레 난폭 운전자들의 표적'이라는 제목의 인터넷 신문 기사를 표지 부착 부작용 사례로 수집했다고 밝히고 있다. 그리고 (가)에서 반대 측은 일부 경력 운전자들이 표지를 부착한 초보 운전자에 대해 위협 운전을 할 수도 있다고 주장하였다. 따라서 반대 측은 초보 운전 표지 부착 의무화가 오히려 교통사고를 유발할 수도 있다고 주장할 수 있다.

② 단계적 운전면허 제도를 참고하여 초보 운전자의 운전 숙련도를 높인다면, 표지 부착을 의무화하지 않고도 초보 운전자의 교통사고를 줄일 수 있다.

⋯→ (나)에서는 미국 대다수의 주에서 단계적 운전면허 제도를 시행하고 있다는 논문 자료를 찾았다고 밝히고 있다. 그리고 (가)에서 반대 측은 초보 운전자의 운전 미숙으로 인한 사고가 표지 부착 의무화로 감소할지 의문이라고 주장하였다. 따라서 반대 측은 단계적 운전면허 제도를 참고하여 운전 숙련도를 높인다면, 표지 부착을 의무화하지 않고도 초보 운전자의 교통사고를 줄일 수 있다고 주장할 수 있다.

③ 교통 문화 지수의 상승 추세를 볼 때, 운전 문화는 홍보나 캠페인 등을 통해 개선할 수 있으므로 표지 부착을 의무화할 필요가 없다.

⋯→ (나)에서는 교통 문화 지수가 운전자의 인식 개선을 위한 다양한 활동을 통해 매년 상승하고 있다는 보도 자료를 받았다고 밝히고 있다. 그리고 (가)에서 반대 측은 운전 문화 개선이 필요하다고 생각하지만, 이는 표지 부착 의무화로 해결될 문제가 아니라고 주장하였다. 따라서 반대 측은 운전 문화는 홍보나 캠페인 등을 통해 개선할 수 있으므로 표지 부착을 의무화할 필요가 없다고 주장할 수 있다.

·고난도·

07 내용 조직 방법 이해하기

정답률 63% | 매력적인 오답 ③ 20%

(나)를 작성할 때 활용한 내용 조직 방법으로 적절하지 않은 것은?

정답인 이유

① 1문단에서는 논제에 대한 입장을 선택하게 된 계기를 원인과 결과에 따라 제시하였다.

⋯→ 1문단에서 글쓴이는 '토론의 논제를 보고 나도 내년이면 면허를 취득할 수 있는 나이가 된다는 생각에 관심이 생겨 토론에 참여하기로 했다.'고 하였다. 이는 토론에 참여한 계기이지 논제에 대한 입장을 선택하게 된 계기는 아니다.

오답인 이유

③ 매력적인 오답 2문단에서는 토론에 활용할 자료를 수집한 경로에 따라 나누어 제시하였다.

⋯→ 2문단에서는 사진들과 신문 기사는 인터넷에서, 보도 자료는 관련 기관에서, 논문 자료와 설문 결과는 도서관에서 찾았다며, 토론에 활용할 자료를 수집한 경로에 따라 나누어 제시하고 있다.

② 2문단에서는 토론을 준비하는 과정을 시간 순서에 따라 제시하였다.

⋯→ 2문단에서는 먼저 쟁점을 분석하고 주장할 내용을 정리한 후, 다음 날에는 인터넷과 관련 기관에서 근거 자료를 마련하고, 그다음 날에는 도서관에 방문하여 자료를 수집했다며, 토론을 준비하는 과정을 시간 순서에 따라 제시하고 있다.

④ 3문단에서는 말하기 불안 문제를 인식하고 이를 해결하기 위한 노력을 제시하였다.

⋯→ 3문단에서는 자신이 사람들 앞에서 말할 때 긴장해서 말을 더듬는 편이라 걱정되어 실전처럼 말하는 연습을 반복했다며, 말하기 불안 문제를 인식하고 이를 해결하기 위한 노력을 제시하고 있다.

⑤ 3문단에서는 토론 활동에 대한 평가를 대비의 방식으로 제시하였다.

⋯→ 3문단에서는 친구는 준비한 자료를 활용해 논리적으로 답변한 반면 자신은 찬성 측 반론을 미흡하게 반박한 것 같아 아쉬웠다며, 친구와 자신의 활동에 대한 평가를 대비의 방식으로 제시하고 있다.

08 고쳐쓰기 이유 파악하기

정답률 91%

다음은 [A]를 고쳐 쓴 것이다. 그 과정에서 반영된 교사의 조언으로 가장 적절한 것은?

정답인 이유

④ 토론 준비에 대해서만 다루고 있으니, 실제 토론을 하면서 깨달은 점도 함께 제시해 보렴.

⋯→ [A]에는 토론을 준비하면서 많은 시간과 노력이 든다는 것을 깨

달았다는 내용만 제시되어 있다. 하지만 고쳐 쓴 글에는 토론 중 상대의 발언을 잘 들었더니 문제를 깊이 이해할 수 있었고 사회적 쟁점을 바라보는 다양한 시각의 중요성을 알게 되었다는 내용이 추가되었다. 추가된 내용과 관련하여 볼 때, 실제 토론을 하면서 깨달은 점을 추가하라는 교사의 조언이 반영되었다고 보는 것이 적절하다.

오답인 이유

① 토론의 경쟁적 속성이 지닌 장점만 다루고 있으니, 단점도 함께 제시해 보렴.

⋯→ [A]에서 토론의 경쟁적 속성이 지닌 장점에 대한 내용을 확인할 수 없고, 고쳐 쓴 글에서도 단점에 대한 내용을 확인할 수 없다.

② 토론에서 배운 점만 다루고 있으니, 시행착오와 이를 보완할 계획을 모두 제시해 보렴.

⋯→ [A]에서 토론에서 배운 점을 다루고 있기는 하지만, 고쳐 쓴 글에는 토론에서 겪은 시행착오와 이를 보완할 계획이 제시되지 않았다.

③ 토론에서 자료 조사의 어려움만 다루고 있으니, 토론 중 겪은 어려움도 함께 제시해 보렴.

⋯→ [A]에서 자료 조사의 어려움을 다루고 있기는 하지만, 고쳐 쓴 글에는 토론 중 겪은 어려움이 제시되지 않았다.

⑤ 토론 준비 과정에서의 개인적 노력만 다루고 있으니, 협력하여 준비하는 토론의 가치도 함께 제시해 보렴.

⋯→ [A]에서 토론 과정에서의 개인적 노력을 다루고 있기는 하지만, 고쳐 쓴 글에는 협력하여 준비하는 토론의 가치가 제시되지 않았다.

17일 15 학교 공간 바꾸기

▶ 문제편 171~173쪽

정답 | **09** ② **10** ⑤ **11** ③

제대로 내용 분석

2024 6월 모의평가

❖ **유형**: 학교 신문 연재 계획과 기사 초고
❖ **주제**: 학교 공간 변화를 위한 방안과 그 효과
❖ **내용 요약**

가 연재 계획

기획 주제	또 하나의 집, 학교 공간 바꾸기
1편	학교 공간의 역할
2편	학교 공간 변화를 위한 구체적 방안
3편	국내외의 학교 공간 변화의 흐름

나 〈2편〉의 초고

1문단	정서적 안정과 사회적 성장을 위한 공간의 필요성
2문단	정서적 안정을 위한 '사색의 방' 제안
3문단	사회적 성장을 위한 '어울림의 방' 제안
4문단	공간 변화로 인한 효과

제대로 질문하기 정답

❶ 학교 공간 ❷ 사색, 어울림 ❸ × ❹ ○

09 글쓰기 전략 파악하기

정답률 94%

'초고'에 활용된 쓰기 전략으로 가장 적절한 것은?

정답인 이유

② 공간이 조성되었을 때의 모습을 가정하여 기대되는 효과를 제시한다.

⋯→ '초고'의 글쓴이는 학교에 정서적 안정을 위한 '사색의 방'과 사회적 성장을 위한 '어울림의 방'을 조성하자고 제안하고 있다. 그리고 마지막 문단에서 이러한 공간이 조성된다면 '나의 생각은 커가고 친구들과 어울리며 행복을 느낄 수 있을 것'이고, '학업에도 더욱 열중할 수 있는 동력이 되며 학교에 대한 자부심도 느끼게 할 것'이라며 기대되는 효과를 제시하고 있다.

오답인 이유

① 우리 학교와 다른 학교 공간의 구조를 비교하여 실태를 부각한다.

⋯→ 1문단에서 우리 학교가 학습을 위한 공간에 집중되어 있어 아쉽다는 내용을 언급하고 있지만, 우리 학교와 다른 학교 공간의 구조를 비교하고 있지는 않다.

③ 학교의 기능이 변화해 온 과정을 분석하여 공간 개선의 필요성을 강조한다.

⋯→ 1문단에서 학교는 지적 성장을 위한 공간뿐만 아니라 정서적 안정과 사회적 성장을 위한 공간도 필요하다고 말하며 공간 개선의 필요성을 제시하고 있지만, 학교의 기능이 변화해 온 과정을 분석하고 있지는 않다.

④ 학교 공간의 중요성에 대한 질문을 반복하여 문제 해결의 시급성을 드러낸다.

⋯→ 학교에 정서적 안정과 사회적 성장을 위한 공간도 필요하다고 언급하고 있지만, 학교 공간의 중요성에 대한 질문을 반복하거나 문제 해결의 시급성*을 드러내는 내용은 나타나 있지 않다.

* 시급성(時急性): 시각을 다툴 만큼 절박하고 급한 상태의 성질. 예 정부와 학부모들은 학교 급식 확대 실시의 시급성에 의견을 같이했다.

⑤ 공간의 이동에 따라 각 공간의 문제점을 나열하여 공간별 개선 방안을 제안한다.

⋯→ 2문단에서는 사용하지 않는 4층 교실을 '사색의 방'으로 만들자고 제안하고 있고, 3문단에서는 사용하지 않는 3층 교실을 '어울림의 방'으로 만들자고 제안하고 있다. 공간별 개선 방안을 제안했다고 볼 수 있지만, 공간의 이동에 따라 각 공간의 문제점을 나열하고 있지는 않다.

고난도

10 자료 활용 방안의 적절성 평가하기

정답률 72% | 매력적인 오답 ③ 16%

〈보기〉는 학생이 '초고'를 보완하기 위해 추가로 수집한 자료이다. 자료의 활용 방안으로 적절하지 않은 것은? [3점]

정답인 이유

⑤ ㄴ과 ㄷ-2를 활용하여, 벽을 없애 형태적으로 확장된 공간에 개방감을 높이는 방안으로 색이 대비되는 소품을 비치하고 부분 조명을 설치할 것을 3문단에 추가한다.

⋯→ 3문단은 '어울림의 방'에 대한 제안으로, 이곳은 교실과 복도 사이의 벽을 없애 학생들 누구나 드나들기 쉬운 곳이어야 한다. 따라서 ㄴ을 활용하여 천장이나 벽을 없애는 형태적 확장을 통해 공간의 개방감을 높인다는 방안은 적절하다. 하지만 ㄷ-2에서 말한 것처럼 색이 대비되는 소품을 비치하거나 부분 조명을 설치하는 것은 개방된 공간에서 자신이 노출되는 것에 부담을 느끼는 학생들을 위한 방

법이므로, 이는 개방감을 높이는 방안으로 적절하지 않다.

오답인 이유

③ (매력적인 오답) **ㄷ-2을 활용하여, 자신이 노출되는 것에 대한 부담을 줄이며 소모임을 할 수 있는 공간 조성 방안으로 모퉁이 공간에 이동식 가구를 비치해 공간 분리 효과를 줄 것을 3문단에 추가한다.**

⋯ 3문단은 학생들이 친구들과 어울리며 관계를 형성하는 '어울림의 방'에 대한 제안인데, ㄷ-2에서는 청소년기에 벽을 없앤 공간에서 자신이 노출되는 것에 부담을 느낄 수 있다고 하였다. 따라서 ㄷ-2를 활용하여 부담을 느끼는 학생들을 위해 이동식 가구를 비치해 공간 분리 효과를 주겠다는 것은 적절하다.

① **ㄱ을 활용하여, 학습 이외 다른 용도의 공간 조성이 필요한 이유로 휴식 공간과 친교 공간에 대한 학생들의 요구가 높은 비율로 나타났음을 1문단에 추가한다.**

⋯ 1문단에서는 학교 공간 변화의 필요성을 주장하고 있는데, ㄱ의 설문 조사를 통해 38%의 학생들이 조용한 휴식 공간을, 32%의 학생들이 자유로운 친교 공간을 바라고 있음을 알 수 있다. 따라서 ㄱ을 활용하여 학습 이외 다른 용도의 공간 조성이 필요한 이유의 근거로 삼겠다는 것은 적절하다.

② **ㄷ-1을 활용하여, 학생들이 자연을 느낄 수 있는 공간 조성 방안으로 창가 의자의 재질을 목재로 하고 천연 소재 방석을 비치할 것을 2문단에 추가한다.**

⋯ 2문단은 자연을 느끼며 안정을 찾고 성찰의 시간을 보낼 수 있는 '사색의 방'에 대한 제안인데, ㄷ-1에서는 실내 공간에서 자연을 느끼며 안정감을 얻을 수 있는 방법을 소개하고 있다. 따라서 ㄷ-1을 활용하여 자연을 느낄 수 있는 방안으로 의자 재질을 목재로 하고 천연 소재 방석을 비치하겠다는 것은 적절하다.

④ **ㄴ과 ㄷ-1을 활용하여, 시각적 확장 효과를 주는 통창 설치를 제안하는 이유로 자연과의 시각적 연결이 늘어나 학생들의 안정감에 도움이 될 수 있다는 것을 2문단에 추가한다.**

⋯ 2문단에서는 통창을 설치해 산과 하늘을 볼 수 있도록 하자고 했는데, ㄴ에서는 투명한 유리 재료를 이용하면 시각적 확장을 통해 실내 공간의 개방감을 높일 수 있다고 하였고, ㄷ-1에서는 창을 통해 자연과의 시각적 연결을 늘릴 수 있다고 하였다. 따라서 ㄴ과 ㄷ-1을 활용하여 통창 설치를 제안하는 이유의 근거로 삼겠다는 것은 적절하다.

11 내용 생성의 적절성 평가하기

정답률 90%

〈보기〉를 반영하여 ㉠의 1문단을 다음과 같이 작성했다고 할 때, ⓐ~ⓔ 중 적절하지 않은 것은?

정답인 이유

③ **ⓒ 학교 공간 조성에 관심이 있는 학부모, 지역 사회의 참여가 요구된다.**

⋯ 〈보기〉에서 편집부장은 〈2편〉 초고의 핵심 내용과 〈3편〉 표제, 부제의 내용이 드러나도록 작성하자고 하였다. 〈2편〉 초고의 핵심 내용은 '정서적 안정과 사회적 성장을 위한 학교 공간 조성'이고 〈3편〉의 표제와 부제는 '국내외의 학교 공간, 어떤 방향으로 바뀌고 있나? – 생태 공간 조성, 학생 주도의 변화'이다. 〈3편〉의 부제인 '학생 주도의 변화'를 고려할 때, 학부모와 지역 사회의 참여가 요구된다는 ⓒ는 적절하지 않다.

오답인 이유

① **ⓐ 학습 공간 외에 학생들이 이용할 수 있는 사색의 공간, 어울림의 공간을 구상해 보았다.**

⋯ 학생들이 이용할 수 있는 사색의 공간, 어울림의 공간을 구상해 보았다는 것은 〈2편〉의 핵심 내용이므로, ⓐ는 적절하다.

② **ⓑ 공간의 변화는 학생들이 학교를 자랑스럽게 느끼도록 하며, 학업에도 긍정적인 영향을 미칠 것이다.**

⋯ 학교의 공간 변화가 학업에 더욱 열중할 수 있는 동력이 되며 학교에 대한 자부심도 느끼게 한다는 것은 〈2편〉의 핵심 내용에 해당하므로, ⓑ는 적절하다.

④ **ⓓ 국내외의 많은 학교들은 학생들이 자연을 가까이에서 느낄 수 있도록 생태 공간을 조성하고 있다.**

⋯ 국내외의 많은 학교들이 생태 공간을 조성하고 있다는 것은 〈3편〉 표제와 부제의 내용에 해당하므로, ⓓ는 적절하다.

⑤ **ⓔ 학생들이 학교 공간의 문제점을 찾거나 공간을 바꾸는 데 중심 역할을 하고 있다.**

⋯ 학생들이 학교 공간의 문제점을 찾거나 공간을 바꾸는 데 중심 역할을 하고 있다는 것은 〈3편〉 부제의 '학생 주도의 변화'에 해당하므로, ⓔ는 적절하다.

18일 16 곰팡이와 식물 뿌리의 상호 작용

▶ 문제편 174~176쪽

정답 | 01 ② 02 ④ 03 ③

제대로 담화 분석

2024 9월 모의평가

❖ **유형**: 발표
❖ **상황**: '곰팡이와 식물 뿌리의 상호 작용'에 대해 발표하고 있다.
❖ **주제**: 균사를 통한 곰팡이와 식물 뿌리의 상호 작용
❖ **내용 요약**

1문단	발표 제재 소개
2문단	곰팡이와 식물 뿌리의 상호 작용에 중요한 역할을 하는 균사의 개념
3문단	균사의 역할
4문단	청중의 질문에 대한 답변
5문단	균사가 식물 뿌리와 연결되는 방식
6문단	발표 마무리

제대로 질문하기 정답

❶ 균사 ❷ ○ ❸ 양분 ❹ ×

01 표현 전략 사용하기

정답률 90%

위 발표에 활용된 발표 전략으로 적절하지 않은 것은?

정답인 이유

② **청중이 발표 내용을 예측하도록 발표 내용의 제시 순서를 발표 도입에서 밝힌다.**

⋯→ 발표자는 발표의 도입 부분에서 '식물 뿌리와 함께 사는 곰팡이에 관한 흥미로운 사실이 있어 소개하려 합니다.'라고 말하며 발표 내용에 대해 소개하고 있다. 하지만 청중이 발표 내용을 예측하도록 발표 내용의 제시 순서를 밝히고 있지는 않다.

오답인 이유

① **청중의 주의를 환기하기 위해 청중과 공유하고 있는 경험을 언급한다.**

⋯→ 발표자는 1문단에서 '지난 수업 시간에 곰팡이의 생육 환경에 대해 우리가 조사했던 활동이 기억나나요?'라고 청중과 공유하고 있는 경험을 언급하여 청중의 주의를 환기하고 있다.

③ **청중이 발표 내용에 대해 사전에 알고 있었는지 확인하기 위해 발표 내용과 관련된 질문을 한다.**

⋯→ 발표자는 2문단에서 '식물 뿌리와 함께 사는 곰팡이가 식물 뿌리와 상호 작용한다는 것을 알고 있나요?'라고 발표 내용과 관련된 질문을 하여 청중이 발표 내용에 대해 사전에 알고 있었는지 확인하고 있다.

④ **청중이 특정 대상의 개념을 파악하도록 대상의 정의를 제시한다.**

⋯→ 발표자는 2문단에서 '균사는 곰팡이의 몸을 이루는 세포가 실 모양으로 이어진 것을 말합니다.'라고 균사의 개념을 정의하고 있다.

⑤ **청중의 이해를 돕기 위해 특정 대상을 일상적 소재에 빗대어 표현한다.**

⋯→ 발표자는 3문단에서 '식물 뿌리와 연결된 곰팡이의 균사는 양분이 오가는 통로가 됩니다. 마치 서로를 잇는 다리와 같은 역할을 하지요.'와 같이 균사의 역할을 일상적 소재인 '다리'에 빗대어 표현함으로써 청중의 이해를 돕고 있다.

02 자료 활용의 적절성 평가하기

정답률 93%

다음은 발표자가 보여 준 화면이다. 발표자의 시각 자료 활용에 대한 설명으로 가장 적절한 것은?

정답인 이유

④ **[화면 2]는 곰팡이가 토양에서 흡수한 양분은 식물 뿌리로 전달되고, 광합성으로 만들어진 양분은 곰팡이로 전달됨을 설명하기 위해 ⓒ에 제시하였다.**

⋯→ [화면 2]는 식물 뿌리와 곰팡이 사이에 양분이 오간다는 점을 보여 주는 시각 자료이다. 발표자는 3문단에서 곰팡이가 토양에서 흡수한 양분은 식물 뿌리로 전달되고, 식물이 광합성으로 만든 양분도 곰팡이로 전달된다고 설명하였다. 이를 통해 [화면 2]가 ⓒ에 제시된 자료임을 알 수 있다.

오답인 이유

① **[화면 1]은 균사가 식물 뿌리를 감싸는 정도가 식물 뿌리의 부위마다 다름을 설명하기 위해 ㉠에 제시하였다.**

⋯→ [화면 1]은 균사가 식물 뿌리를 실처럼 감싸고 있는 모습을 보여 주는 시각 자료로, ㉠에 제시하기에 적절하다. 하지만 균사가 식물 뿌리를 감싸는 정도가 식물 뿌리의 부위마다 다르다는 것은 발표에 나타나 있지 않으므로, 이를 설명하기 위해 [화면 1]을 ㉠에 제시했다는 것은 적절하지 않다.

② **[화면 1]은 균사를 통해 한 식물의 양분이 다른 식물에 전달됨을 설명하기 위해 ㉠에 제시하였다.**

⋯→ [화면 1]은 균사가 식물 뿌리를 실처럼 감싸고 있는 모습을 보여 주는 자료로, ㉠에 제시하기에 적절하다. 하지만 균사를 통해 한 식물의 양분이 다른 식물에 전달됨을 보여 주는 것은 아니므로, 이를 설명하기 위해 [화면 1]을 ㉠에 제시했다는 것은 적절하지 않다.

③ **[화면 2]는 곰팡이의 몸을 이루는 세포가 실 모양으로 이어진 것이 균사임을 설명하기 위해 ⓒ에 제시하였다.**

⋯→ [화면 2]는 식물 뿌리와 곰팡이 사이에 양분이 오간다는 점을 보여 주는 시각 자료로, ⓒ에 제시하기에 적절하다. 하지만 곰팡이의 몸을 이루는 세포가 실 모양으로 이어진 것이 균사임을 보여 주는 것은 아니므로, 이를 설명하기 위해 [화면 2]를 ⓒ에 제시했다는 것은 적절하지 않다.

⑤ **[화면 3]은 땅속에서 퍼져 나가는 특성이 있는 균사가 주변에 서식하는 여러 식물의 뿌리와 연결될 수 있음을 설명하기 위해 ⓔ에 제시하였다.**

⋯→ [화면 3]은 곰팡이에 따라 균사가 식물 뿌리와 연결되는 방식이 다르다는 점을 보여 주는 시각 자료로, ⓔ에 제시하기에 적절하다. 하지만 균사가 주변에 서식하는 여러 식물의 뿌리와 연결될 수 있음을 보여 주는 것은 아니므로, 이를 설명하기 위해 [화면 3]을 ⓔ에 제시했다는 것은 적절하지 않다.

03 내용 추론하기

정답률 95%

위 발표의 흐름을 고려할 때, ⓐ로 가장 적절한 것은?

정답인 이유

③ **서로 떨어져 있는 곰팡이와 식물 뿌리가 어떻게 닿을 수 있나요?**

⋯→ 발표자는 청중의 질문을 듣고 '곰팡이나 식물에 눈이 있어 서로를 찾아가는 것은 아닙니다. 곰팡이와 식물 뿌리는 각각 상대의 생장을 촉진하는 물질을 내놓아 상대를 자기 쪽으로 유인하여 만날 수 있지요.'라고 답변하였다. 이는 3문단에 이어지는 내용으로, 거리가 떨어져 있는 곰팡이와 식물 뿌리가 어떻게 연결될 수 있는지를 설명하는 것이다. 이러한 답변이 나오도록 하기 위해서는 '서로 떨어져 있는 곰팡이와 식물 뿌리가 어떻게 닿을 수 있나요?'라고 질문하는 것이 가장 적절하다.

오답인 이유

① **균사가 식물 뿌리 세포의 내부까지 어떻게 들어가나요?**

⋯→ 5문단에서 균사가 식물 뿌리 세포의 내부로 들어가는 곰팡이가 있다고 했지만, 4문단에서 질문에 대한 발표자의 답변에는 이러한 내용이 나타나 있지 않다.

② **곰팡이는 식물 이외에 다른 생물과도 상호 작용할 수 있나요?**

⋯→ 발표자는 곰팡이와 식물 뿌리의 상호 작용에 대해 설명하고 있을 뿐, 곰팡이와 다른 생물의 상호 작용에 대해서는 설명하고 있지 않다.

④ **곰팡이와 식물 뿌리의 생장을 촉진하는 물질에는 어떤 것이 있나요?**

⋯→ 발표자는 곰팡이와 식물 뿌리가 각각 상대의 생장을 촉진하는 물질을 내놓는다고 했을 뿐, 생장을 촉진하는 물질에 어떤 것이 있는지는 설명하고 있지 않다.

⑤ **곰팡이와 연결된 식물 뿌리는 그렇지 않은 식물 뿌리보다 빨리 생장하나요?**

⋯→ 발표자는 곰팡이와 연결된 식물 뿌리가 그렇지 않은 식물 뿌리보다 빨리 생장하는지에 대해서는 설명하고 있지 않다.

18일 17 박물관에 바란다

▶ 문제편 177~180쪽

정답 | 04 ④ 05 ① 06 ⑤ 07 ⑤ 08 ①

제대로 내용 분석

2024 9월 모의평가

❖ 유형: 방송 대담과 대화 및 건의문
❖ 주제: (가) 박물관을 증축할 때의 공간 구성 및 운영에 대한 논의
(나) 박물관에 건의할 사항 정하기
(다) 박물관에 대한 건의 사항과 이를 수용할 경우의 기대 효과
❖ 내용 요약

가 방송 대담

대담 주제		지역 박물관의 발전적 변화 모색을 위한 논의
내용	전문가 1	– ○○ 문화권 상설 전시실 규모 확대 – 유물 보존을 위한 공간 확보 – 유물 연구 강화
	전문가 2	– 복합 문화 공간으로 조성 – 운영 과정에서 시민의 의견 적극 수용

나 학생들의 대화

대화자		학생회 학생들
내용	학생 1	– 박물관을 왕릉 모양으로 만들어 달라 – 진로 체험 강좌를 운영해 달라 – 유물 모형을 만질 수 있는 체험 공간을 만들어 달라
	학생 2	– 학생 1의 첫 번째 의견에 동의하지 않음 – 학생 1의 두 번째, 세 번째 의견에 동의함

다 학생회장이 작성한 건의문

1문단	글쓴이의 자기소개
2문단	박물관에 대한 첫 번째 건의 사항
3문단	박물관에 대한 두 번째 건의 사항
4문단	건의를 수용할 경우 기대되는 효과

제대로 질문하기 정답

❶ 유물 보존과 연구 ❷ ○ ❸ × ❹ ×

·고난도·

04 대담 맥락 분석하기

정답률 77% | 매력적인 오답 ① 20%

[A]~[C]에 대한 설명으로 가장 적절한 것은?

정답인 이유

④ **[B]: '전문가 1'과 '전문가 2'가 밝힌 의견에 대해 감사를 표한 후 이어서 논의할 사항을 제시하고 있다.**

⋯› [B]에서 진행자는 '공간 구성에 대한 두 분의 좋은 말씀 고맙습니다.'라며 두 전문가가 앞에서 밝힌 의견에 대해 감사를 표한 후, '다음으로 운영상 중점을 둘 부분을 논의해 볼까요?'라며 이어서 논의할 사항을 제시하고 있다.

오답인 이유

① (매력적인 오답) **[A]: '전문가 1'의 질문 내용을 요약하며 이에 대한 '전문가 2'의 생각을 묻고 있다.**

⋯› [A]에서 진행자는 '지역의 역사와 유물을 고려해 상설 전시실 규모를 늘리자는 말씀이군요.'라며 전문가 1의 의견을 요약한 다음, '이에 대해 어떻게 생각하시나요?'라며 전문가 2의 생각을 묻고 있다. 하지만 앞에서 전문가 1이 질문을 하고 있지 않고, [A]에서 진행자가 전문가 1의 질문 내용을 요약하고 있는 것도 아니다.

② **[A]: '전문가 1'의 답변 중 이해가 어려운 내용을 밝히며 추가 답변을 요청하고 있다**

⋯› [A]에서 진행자는 전문가 1의 의견을 요약하고 이에 대한 전문가 2의 생각을 묻고 있을 뿐, 전문가 1의 답변에서 이해가 어려운 내용을 밝히거나 추가 답변을 요청하고 있지 않다.

③ **[B]: '전문가 1'과 '전문가 2'의 제안을 종합한 후 이에 대한 자신의 의견을 제시하고 있다.**

⋯› [B]에서 진행자는 전문가 1과 전문가 2가 밝힌 의견에 대해 감사를 표하고 이어서 논의할 사항을 제시하고 있을 뿐, 두 전문가의 제안을 종합하거나 자신의 의견을 제시하고 있지 않다.

⑤ **[C]: '전문가 2'가 언급한 내용의 일부를 재진술하며 예상되는 문제를 밝히고 있다.**

⋯› [C]에서 진행자는 '시민에게 의견을 묻고 이를 운영에 반영하면'이라고 전문가 2가 앞에서 언급한 내용의 일부를 재진술한 다음, '수요자의 요구에 맞는 교육 프로그램 운영이 가능하겠군요.'라고 그에 따라 예상되는 효과를 밝히고 있다. 하지만 진행자가 예상되는 문제를 밝히고 있지는 않다.

·고난도·

05 내용 이해, 평가하기

정답률 50% | 매력적인 오답 ⑤ 18%

(가), (나)의 담화 내용이 (다)에 반영된 양상으로 가장 적절한 것은? [3점]

정답인 이유

① **'학생회장'이 '전문가 1'의 발언을 언급하며 밝힌 의견이 박물관의 진로 체험 강좌 운영의 기대 효과로 제시되었다.**

⋯› (가)에서 전문가 1은 박물관의 핵심은 유물 보존과 연구라고 주장하였다. 그리고 (나)에서 학생회장은 방송에서 유물 보존과 연구가 박물관의 핵심이라고 했는데, 이와 관련한 강좌는 진로 개발에 큰 도움이 될 것이라며 자신의 의견을 밝혔다. 이러한 내용은 (다)의 3문단에서 '유물의 보존과 연구에 대해 배우는 강좌가 운영된다면, 지역 청소년의 진로 개발에 큰 도움이 될 것'이라며 박물관의 진로 체험 강좌 운영의 기대 효과로 제시되었다.

오답인 이유

⑤ (매력적인 오답) **'학생 2'가 '전문가 2'의 발언을 언급하며 밝힌 의견이 역사학 관련 진로 체험 강좌의 부재라는 문제 상황으로 제시되었다.**

⋯› (가)에서 전문가 2는 시민 활용 공간들을 확보해서 박물관을 복합 문화 공간으로 조성해야 한다고 주장하였다. 그리고 (나)에서 학생 2는 전문가도 박물관이 다양한 시민 활용 공간을 확보해야 한다고 했음을 언급하며, 유물 모형을 만져 보며 체험할 수 있는 공간을 만들어 달라고 건의하자는 학생 1의 의견에 동의하였다. 이를 바탕으로 (다)의 2문단에서는 유물 모형을 체험할 수 있는 공간을 마련해 달라고 건의하였다. (다)의 3문단에서 역사학 관련 진로 체험의 기회가 부족하다는 점을 지적하기는 했지만, 이는 학생 2가 전문가 2의 발언을 언급하며 밝힌 의견과는 관련이 없다.

② '학생회장'이 '전문가 2'의 발언을 언급하며 밝힌 의견이 증축될 박물관의 향후 전망으로 제시되었다.

⋯› (다)의 4문단에서는 '증축될 박물관은 자랑스러운 역사를 간직한 참여의 공간이 될 것'이라며 향후 전망을 제시하였다. 이는 (가)에서 전문가 2가 박물관 운영 과정에서 시민의 의견을 적극 수용해야 한다며 공동체의 참여를 언급한 내용과 관련이 있다고 볼 수 있다. 하지만 (나)에서 학생회장이 전문가 2의 발언을 언급하며 자신의 의견을 밝힌 부분은 나타나 있지 않다.

③ '학생 1'이 '전문가 1'의 발언을 언급하며 밝힌 의견이 박물관 전시 방식의 개선이라는 건의 사항으로 제시되었다.

⋯› (가)에서 전문가 1은 박물관이 위치한 지역이 ○○ 문화의 중심지였다고 주장하였다. 그리고 (나)에서 학생 1은 이러한 전문가 1의 발언을 언급하며 박물관을 왕릉 모양으로 만들면 뜻깊을 것이라고 자신의 의견을 밝혔다. 하지만 이 의견은 학생 2가 동의하지 않아 건의 사항으로 채택되지 않았으므로, 박물관 전시 방식의 개선이라는 건의 사항으로 제시되었다는 것은 적절하지 않다.

④ '학생 1'이 '전문가 2'의 발언을 언급하며 밝힌 의견이 체험 교육 활동에 대한 청소년의 선호라는 건의 이유로 제시되었다.

⋯› (나)에서 학생 1은 설명 위주의 기존 전시 방식에 친구들의 불만이 많으므로 유물 모형을 만져 보며 체험할 수 있는 공간을 만들어 달라고 건의하자고 말하고 있다. 그리고 이를 바탕으로 (다)의 2문단에서는 청소년이 체험해 보는 교육 활동을 좋아한다며, 유물 모형을 체험할 수 있는 공간을 마련해 달라고 건의하고 있다. 하지만 이러한 내용과 관련하여 (나)에서 학생 1이 전문가 2의 발언을 언급한 부분은 나타나 있지 않다.

06 계획에 따른 대담 내용 평가하기

정답률 85%

다음은 (가)의 전문가들이 대담을 준비하며 쓴 메모의 일부이다. ⓐ~ⓔ와 관련하여 계획한 내용 중 (가)에 나타나지 않은 것은?

정답인 이유

⑤ ⓔ: 박물관을 복합 문화 공간으로 만들면 공간별로 시민이 얻을 수 있는 효과가 다양함을 이유로 제시한다.

⋯› 전문가 2는 교육, 공연, 시민 교류 등을 위한 시민 활용 공간들을 확보해서 박물관을 복합 문화 공간으로 조성해야 한다고 제안하고 있다. 하지만 그 이유로 공간별로 시민이 얻을 수 있는 효과가 다양함을 제시하지는 않았다.

오답인 이유

① ⓐ: 박물관에서 지역의 역사에 중요한 의미가 있는 유물을 다수 보유하고 있음을 이유로 제시한다.

⋯› 전문가 1은 박물관을 증축할 때 ○○ 문화권 상설 전시실의 규모를 확대하자고 제안하고 있는데, 그 이유로 박물관에서 토기와 왕릉의 왕관 등 ○○ 문화의 흥망성쇠를 보여 주는 유물을 다수 보유하고 있음을 제시하였다.

② ⓑ: 내실 있는 전시는 충분한 연구가 선행되어야 가능함을 언급하며 유물 연구를 강화할 필요가 있음을 제시한다.

⋯› 전문가 1은 유물 연구가 강화될 필요가 있다고 주장하고 있는데, 그 이유로 충분한 연구가 전제되지 않으면 내실 있는 전시가 어렵다는 점을 들었다.

③ ⓒ: 박물관 본연의 기능을 위한 공간을 충분히 확보하지 않아 다시 증축하게 된 다른 박물관의 사례를 제시한다.

⋯› 전문가 1은 인류의 귀중한 유산을 보존해야 하는 박물관 본연의 기능에 충실하기 위해서는 유물 보존을 위한 공간을 확보하는 것이 중요하다고 주장하고 있는데, 이를 뒷받침하기 위해 보존 공간이 부족해 5년 만에 재증축한 □□ 박물관의 사례를 제시하였다.

④ ⓓ: 박물관의 정의에 새롭게 추가된 내용을 언급하며 시민의 의견을 적극적으로 수용할 필요가 있음을 제시한다.

⋯› 전문가 2는 박물관 운영 과정에서 시민의 의견을 적극적으로 수용해야 한다고 주장하고 있는데, 그 이유로 최근 박물관의 정의에 공동체의 참여에 관한 내용이 추가되었다는 점을 들었다.

·고난도·

07 내용 생성의 적절성 평가하기

정답률 75% | 매력적인 오답 ③ 15%

〈보기〉를 바탕으로 (다)의 ㉠~㉢를 이해한 내용으로 가장 적절한 것은?

정답인 이유

⑤ ㉢: 박물관 운영상의 부담과 청소년에게 미치는 영향을 비교하고 있다는 점에서, ㉰에 해당한다.

⋯› ㉢에서는 독자인 박물관장이 건의를 수용할 경우 박물관 운영에 부담이 될 수도 있지만, 그보다는 청소년이 꿈을 키우고 지역에 대한 청소년의 자긍심이 높아지는 효과가 더 클 것이라는 점을 강조하고 있다. 이는 박물관 운영상의 부담과 청소년에게 미치는 영향을 비교하여, 독자가 우려하는 점보다 건의 수용의 기대 효과가 더 크다는 것을 제시한 것이므로 ㉰에 해당한다.

오답인 이유

③ (매력적인 오답) ㉡: 체험 중 안전사고에 대한 우려와 자원봉사 기회 제공이라는 이점을 비교하고 있다는 점에서, ㉰에 해당한다.

⋯› ㉡에서는 체험 중의 안전사고는 해결이 가능하며, 아울러 청소년에게 자원봉사의 기회를 제공하는 이점도 있을 것이라고 말하고 있다. 안전사고에 대한 우려와 자원봉사 기회 제공이라는 이점을 비교하지 않았고, 우려하는 것보다 건의 수용의 기대 효과가 더 크다는 것을 제시하지도 않았으므로 ㉰에 해당하지 않는다.

① ㉠: 체험 공간 조성으로 청소년이 얻을 수 있는 이점을 제시하고 있다는 점에서, ㉯에 해당한다.

⋯› ㉠에서는 유물 모형을 체험할 수 있는 공간이 마련되면 지역의 많은 청소년이 유물의 가치에 대해 더 재미있게 배울 수 있을 것이라며 청소년이 얻을 수 있는 이점을 제시하고 있다. 이는 건의를 받는 박물관장이 얻을 수 있는 이점이 아니므로 ㉯에 해당하지 않는다.

② ㉡: 체험 중 안전사고의 문제를 해결해 달라는 요구가 청소년을 위한 것임을 드러내고 있다는 점에서, ㉮에 해당한다.

⋯› ㉡에서는 체험 중의 안전사고는 해결이 가능하며, 아울러 청소년에게 자원봉사의 기회를 제공하는 이점도 있을 것이라고 말하고 있다. 체험 중 안전사고의 문제는 건의를 수용했을 때 예상되는 우려일 뿐, 필자가 안전사고의 문제를 해결해 달라고 요구하고 있지는 않으므로 ㉮에 해당하지 않는다.

④ ㉢: 박물관 운영상의 부담이 해결된다는 이점을 제시하고 있다는 점에서, ㉯에 해당한다.

⋯› ㉢에서는 독자인 박물관장이 건의를 수용할 경우 박물관 운영에 부담이 될 수도 있지만, 그보다는 청소년이 꿈을 키우고 지역에 대

한 청소년의 자긍심이 높아지는 효과가 더 클 것이라는 점을 강조하고 있다. 이는 건의를 받는 박물관장이 얻을 수 있는 이점을 제시한 것이 아니므로 ㉯에 해당하지 않는다.

·고난도·

08 글쓰기 내용 점검, 조정하기

정답률 68% | 매력적인 오답 ④ 11%

다음은 (다)의 3문단의 초고이다. 3문단에 반영된 수정 사항으로 적절하지 않은 것은?

정답인 이유

① 청소년 진로 개발의 중요성을 언급한다.

⋯ 초고와 고쳐 쓴 글을 비교해 보면, '우리 지역에 큰 도움이 될 것입니다.'라는 초고의 내용이 (다)의 3문단에서 '지역 청소년의 진로 개발에 큰 도움이 될 것입니다.'는 내용으로 수정되었다. 이는 진로 체험 강좌 운영으로 인한 효과로 지역 청소년의 진로 개발에 도움이 될 것이라는 점을 제시한 것이다. 하지만 청소년 진로 개발의 중요성은 (다)의 3문단에 언급되어 있지 않다.

오답인 이유

④ (매력적인 오답) 청소년이 진로 체험 강좌에서 배울 수 있는 내용을 밝힌다.

⋯ 초고의 '체험 강좌가 운영된다면'이 (다)의 3문단에서 '유물의 보존과 연구에 대해 배우는 강좌가 운영된다면'으로 수정되었다. 이는 청소년이 진로 체험 강좌로 배울 수 있는 내용으로 '유물의 보존과 연구'를 밝힌 것이다.

② 진로 체험 강좌의 수강 대상을 제시한다.

⋯ 초고의 '박물관에서 진로 체험 강좌를 운영해야 합니다.'가 (다)의 3문단에서 '청소년 대상의 진로 체험 강좌를 운영해 주십시오.'로 수정되었다. 이는 진로 체험 강좌의 수강 대상으로 '청소년'을 제시한 것이다.

③ 청소년이 지역에 자긍심을 느끼는 이유를 추가한다.

⋯ 초고의 '우리 지역은 역사적 자긍심이 느껴지는 곳입니다.'가 (다)의 3문단에서 '우리 지역은 ○○ 문화의 중심지여서 많은 청소년이 역사적 자긍심을 느끼고 있습니다.'로 수정되었다. 이는 청소년이 지역에 자긍심을 느끼는 이유로 '○○ 문화의 중심지여서'가 추가된 것이다.

⑤ 진로 체험 강좌 운영의 요구에서 벗어나는 내용을 삭제한다.

⋯ 초고의 '또한 음악회, 미술전 등 문화 행사도 열어 주셨으면 합니다.'가 (다)의 3문단에서 삭제되었다. 이는 진로 체험 강좌 운영의 요구에서 벗어나는 내용이기 때문이다.

18일 18 불량 식품을 없애기 위한 노력

▶ 문제편 181~183쪽

정답 | 09 ③ 10 ⑤ 11 ⑤

제대로 내용 분석

2024 9월 모의평가

❖ 유형: 학생의 생각 및 초고
❖ 주제: (가) 작문 상황 및 글의 대략적인 개요
(나) 불량 식품의 개념과 근절 방안
❖ 내용 요약

㉮ 학생의 생각

화제	불량 식품
전달 매체	교지
내용	불량 식품의 개념, 불량 식품에 해당하는 것들, 불량 식품을 근절하는 방안

㉯ 학생의 초고

1문단	불량 식품의 개념
2문단	불량 식품에 해당하는 것과 아닌 것의 예
3문단	불량 식품을 근절하는 방안 ①
4문단	불량 식품을 근절하는 방안 ②

제대로 질문하기 정답

❶ 불량 식품 ❷ × ❸ ○ ❹ 이물 보고 의무화

09 계획에 따라 내용 생성하기

정답률 95%

(가)의 ㉠~㉢ 을 (나)에 구체화한 내용으로 적절하지 않은 것은?

정답인 이유

③ ㉡: 불량 식품에 대한 인식의 변화를 시기별로 제시한다.

⋯ ㉡을 구체화하기 위해 불량 식품에 대한 인식의 변화를 시기별로 제시한 내용은 (나)에 나타나 있지 않다.

오답인 이유

① ㉠: 연구 보고서에서 제시한 불량 식품의 개념을 밝힌다.

⋯ (나)의 1문단에서 '연구 보고서에 따르면, 불량 식품은 생산, 유통, 판매 등의 과정에서 식품 위생 관련 법규를 준수하지 않은 식품을 말한다'와 같이 연구 보고서에서 제시한 불량 식품의 개념을 밝혔다.

② ㉡: 불량 식품인 것과 아닌 것을 구분하여 제시한다.

⋯ (나)의 2문단에서 '법규에 맞게 위생적으로 만들어져 유통, 판매되는 것이라면 불량 식품이 아니다.', '허위 광고나 과대광고를 통해 판매되는 식품은 소비자에게 유해한 불량 식품이다.'와 같이 불량 식품인 것과 아닌 것을 구분하여 제시하였다.

④ ㉢: 불량 식품 근절을 위한 제도가 도입된 배경을 제시한다.

⋯ (나)의 3문단에서 '학교 주변에서 불량 식품 판매 사례가 발생함에 따라', (나)의 4문단에서 '식품 이물에 대한 업체의 소극적 대응에

소비자 불만이 커지면서'와 같이 불량 식품 근절을 위한 제도가 도입된 배경을 제시하였다.

⑤ ⓒ: 어린이 식품안전보호구역 제도와 이물 보고 의무화 제도를 설명한다.

…› (나)의 3문단에서 '어린이 식품안전보호구역 제도가 있다. 이 제도는 ~'과 같이 어린이 식품안전보호구역 제도를 설명하였고, (나)의 4문단에서 '이물 보고 의무화 제도가 있다. 이 제도는 ~'과 같이 이물 보고 의무화 제도를 설명하였다.

·고난도·

10 자료 활용 방안의 적절성 판단하기

정답률 73% | 매력적인 오답 ③ 15%

〈보기〉는 학생이 (나)를 보완하기 위해 추가로 수집한 자료이다. 자료 활용 방안으로 적절하지 않은 것은? [3점]

정답인 이유

⑤ ㄱ-2와 ㄴ을 활용하여, 소비자의 불안감을 조성하는 이물 검출이 과대광고보다 빈도가 높다는 점을 제도에 대한 소비자 불만이 커진 이유를 보여 주는 자료로 4문단에 추가한다.

…› ㄱ-2는 불량 식품 적발 건수 중 이물 검출 유형이 가장 많다는 사실을 보여 주는 통계 자료이고, ㄴ은 불량 식품을 팔다 문제가 된 회사의 사례를 보여 주는 신문 기사이다. (나)의 4문단에서는 이물 보고 의무화 제도에 대해서 다루고 있는데, 제도에 대한 소비자 불만이 커진 이유는 나타나 있지 않다. 따라서 ㄱ-2와 ㄴ을 활용하여 제도에 대한 소비자 불만이 커진 이유를 보여 주는 자료로 4문단에 추가하겠다는 방안은 적절하지 않다.

오답인 이유

③ (매력적인 오답) ㄷ을 활용하여, 불량 식품이 일으키는 식중독, 급성 장염 등 건강상의 문제를 불량 식품이 건강과 직접적으로 관련되어 있다는 내용을 구체화하는 자료로 1문단에 추가한다.

…› ㄷ은 불량 식품이 건강상의 문제를 일으킨다는 전문가의 인터뷰이다. 따라서 ㄷ은 (나)의 1문단에서 '불량 식품은 건강과 직접적으로 관련된다.'라는 내용을 구체화하는 자료로 활용할 수 있다.

① ㄱ-2를 활용하여, 불량 식품의 적발 유형 중 이물 검출의 누적 적발 건수를 식품에서 이물이 검출되는 사례가 가장 많았다는 내용을 구체화하는 자료로 4문단에 추가한다.

…› ㄱ-2는 불량 식품 적발 건수 중 이물 검출 유형이 가장 많다는 사실을 보여 주는 통계 자료이다. 따라서 ㄱ-2는 (나)의 4문단에서 '불량 식품 적발 유형 중 이물 검출 사례가 가장 많았는데'라는 내용을 구체화하는 자료로 활용할 수 있다.

② ㄴ을 활용하여, 잘못된 정보로 소비자를 기만하여 건강을 해친다는 점을 허위 광고나 과대광고로 판매되는 식품이 소비자에게 유해함을 구체화하는 자료로 2문단에 추가한다.

…› ㄴ은 허위 · 과대 광고로 판매되는 식품이 잘못된 정보로 소비자를 기만하여 소비자의 건강을 해친다는 점을 알리는 신문 기사이다. 따라서 ㄴ은 (나)의 2문단에서 '허위 광고나 과대광고를 통해 판매되는 식품은 소비자에게 유해한 불량 식품'이라는 내용을 구체화하는 자료로 활용할 수 있다.

④ ㄱ-1과 ㄷ을 활용하여, 전담 관리원이 업소를 점검하고 위반 업소를 개선 시까지 관리하여 위반 업소의 비율이 감소 추세인 점을 제도의 효과를 보여 주는 자료로 3문단에 추가한다.

…› ㄱ-1은 식품 위생 및 안전 점검 결과 위반율이 해마다 줄어들고 있음을 보여 주는 통계 자료이고, ㄷ은 전담 관리원의 활동으로 위반 업소의 비율이 감소하고 있다는 전문가의 인터뷰이다. 따라서 ㄱ-1과 ㄷ은 (나)의 3문단에서 '이 제도는 어린이가 위생적이고 안전한 식품을 접하게 하는 효과가 있다.'라는 내용을 뒷받침하는 자료로 활용할 수 있다.

11 조건에 따라 내용 생성하기

정답률 80%

다음은 (나)를 읽은 교지 편집부장의 조언이다. 이를 반영하여 [A]를 작성한 내용으로 가장 적절한 것은?

정답인 이유

⑤ 식품 유통 및 판매 방식의 다변화로 다양한 식품이 출시되고 있다. 이 변화에 맞춰 무엇이 불량 식품이고 불량 식품 근절 방안이 무엇인지 아는 것은 우리 건강을 지키는 첫걸음이다.

…› [A]에는 '식품 산업의 변화'와 관련된 내용, '독자가 글의 중심 내용을 아는 것의 의의'와 관련된 내용이 들어가야 한다. '식품 유통 및 판매 방식의 다변화로 다양한 식품이 출시되고 있다.'는 식품 산업의 변화와 관련된 내용이고, '이 변화에 맞춰 ~ 건강을 지키는 첫걸음이다.'는 독자가 글의 중심 내용을 아는 것의 의의와 관련된 내용이다.

오답인 이유

① 소비자가 다양한 식품을 접할 수 있게 되면서 안전한 먹거리에 대한 관심이 높아지고 있다. 건강한 먹거리에 대한 기대가 큰 만큼 불량 식품 근절을 위한 노력이 요구된다.

…› 식품 산업의 변화와 관련된 내용은 나타나지만, 독자가 글의 중심 내용을 아는 것의 의의를 밝히는 내용은 나타나 있지 않다.

② 식품 산업이 변화하면서 식품 안전의 사각지대가 발생하고 있다. 허위 광고나 과대광고로 홍보하는 식품의 신고 방법을 알면 불량 식품으로 인한 피해를 예방할 수 있다.

…› 식품 산업의 변화와 관련된 내용은 나타나지만, 독자가 글의 중심 내용을 아는 것의 의의를 밝히는 내용은 나타나 있지 않다.

③ 어린이 식품안전보호구역과 이물 보고 의무화 제도가 불량 식품 문제를 해결할 수 있음을 아는 것이 중요하다. 이 제도는 앞으로도 불량 식품을 근절하는 역할을 할 것이다.

…› 독자가 글의 중심 내용을 아는 것의 의의를 밝히는 내용은 나타나지만, 식품 산업의 변화와 관련된 내용은 나타나 있지 않다.

④ 식품 산업계는 안전한 식품을 원하는 소비자의 요구에 따라 건강한 식재료를 식품에 활용하고 있다. 식품업체는 소비자의 신뢰를 얻을 수 있는 식품 생산에 집중할 전망이다.

…› 식품 산업의 변화와 관련된 내용은 나타나지만, 독자가 글의 중심 내용을 아는 것의 의의를 밝히는 내용은 나타나 있지 않다.

19일 19 눈을 개폐하는 물고기

▶ 문제편 184~185쪽

정답 | 01 ④ 02 ⑤ 03 ④

제대로 담화 분석

2024 수능

- 유형: 발표
- 상황: 물고기 중에는 눈을 개폐하는 물고기가 있는데, 그러한 물고기가 눈을 개폐하는 양상과 역할에 대해 발표하고 있다.
- 주제: 물고기가 눈을 개폐하는 양상과 그 역할
- 내용 요약

1문단	발표 제재 소개
2문단	말뚝망둑어가 눈을 개폐하는 양상과 역할
3문단	꾸구리가 눈을 개폐하는 양상과 역할
4문단	발표 마무리

제대로 질문하기 정답

❶ 개폐 ❷ × ❸ 기울기 ❹ ○

01 표현 전략 사용하기

정답률 93%

위 발표자의 말하기 방식으로 가장 적절한 것은?

정답인 이유

④ 청중의 참여를 이끌어 내기 위해 질문을 하고 청중의 반응을 확인한다.

⋯› 발표자는 3문단에서 꾸구리가 눈으로 들어오는 빛을 조절하기 위해 눈을 좌우로 개폐한다고 설명하고 있다. 이 과정에서 청중에게 '그렇다면 꾸구리는 낮과 밤 중 언제 주로 활동할까요?'라고 질문한 다음 청중의 대답을 확인하고 있다. 이는 청중의 참여를 이끌어 내기 위한 말하기 방식으로 볼 수 있다.

오답인 이유

① 청중의 이해를 돕기 위해 전문 용어의 개념을 정의한다.

⋯› 발표자는 대체로 평이한 용어를 사용하여 발표하고 있으며, 전문 용어의 개념을 정의한 부분은 나타나 있지 않다.

② 청중의 요청에 따라 발표 내용에 대한 정보를 추가한다.

⋯› 청중이 어떤 정보를 요청하거나 발표자가 이에 따라 정보를 추가한 부분은 나타나 있지 않다.

③ 청중이 내용을 예측하며 듣도록 발표 진행 순서를 안내한다.

⋯› 발표자는 1문단에서 일반적인 물고기와 달리 눈을 개폐하는 물고기가 있다며 발표의 제재를 소개하고 있을 뿐, 발표 진행 순서를 안내하고 있지는 않다.

⑤ 청중과 공유하는 기억을 환기하여 발표 주제를 선정하게 된 계기를 밝힌다.

⋯› 발표자는 청중과 공유하는 기억을 환기하거나 발표 주제를 선정하게 된 계기를 밝히고 있지는 않다.

고난도

02 내용 생성하기

정답률 65% | 매력적인 오답 ④ 23%

다음은 발표를 준비하며 참고한 내용이다. ㉠~㉢을 구체화한 발표 계획 중 발표에 반영되지 않은 것은?

정답인 이유

⑤ ㉢: 꾸구리 눈이 개폐된 모습의 차이를 드러내기 위해 두 사진을 화면에 순차적으로 제시해야겠어.

⋯› 발표자는 3문단에서 꾸구리 눈이 개폐된 모습에 차이를 보이는 두 사진을 나란히 놓은 채 설명하고 있다. 따라서 꾸구리 눈이 개폐된 모습의 차이를 드러내기 위해 두 사진을 화면에 순차적으로 제시해야겠다는 발표 계획은 발표에 반영되지 않았다.

오답인 이유

④ (매력적인 오답) ㉢: 두 물고기의 눈 개폐 양상을 보여 주기 위해 말뚝망둑어의 동영상과 꾸구리의 사진을 제시해야겠어.

⋯› 발표자는 2문단에서 말뚝망둑어의 눈 개폐 양상을 동영상으로 보여 주고 있으며, 3문단에서 꾸구리의 눈 개폐 양상을 사진으로 보여 주고 있다. 따라서 말뚝망둑어의 동영상과 꾸구리의 사진을 제시해야겠다는 발표 계획은 발표에 반영되었다.

① ㉠: 청중의 관심을 끌기 위해 물고기에게서 흔히 보기 어려운 모습을 떠올리도록 청중에게 요청해야겠어.

⋯› 발표자는 1문단에서 청중에게 물고기가 눈을 감는 모습을 상상해 보자며 청중의 관심을 끌고 있다. 따라서 물고기에게서 흔히 보기 어려운 모습을 떠올리도록 청중에게 요청해야겠다는 발표 계획은 발표에 반영되었다.

② ㉡: 말뚝망둑어 눈의 개폐 과정을 드러내기 위해 눈과 눈 아래 피부의 움직임을 순서대로 설명해야겠어.

⋯› 발표자는 2문단에서 '말뚝망둑어가 눈을 닫을 때 위로 볼록 솟아 있는 눈이 아래의 구멍으로 들어가고, 이어서 눈 아래 피부가 올라와 눈을 덮어 줍니다.'와 같이 말뚝망둑어 눈의 개폐 과정을 설명하고 있다. 따라서 말뚝망둑어 눈의 개폐 과정을 드러내기 위해 눈과 눈 아래 피부의 움직임을 순서대로 설명해야겠다는 발표 계획은 발표에 반영되었다.

③ ㉡: 말뚝망둑어 눈의 개폐가 가능한 이유를 설명하기 위해 말뚝망둑어와 둥근망둑어의 눈 근육을 비교하여 말해야겠어.

⋯› 발표자는 2문단에서 '말뚝망둑어 눈 근육은 둥근망둑어에 비해 그 기울기가 훨씬 가파릅니다. 이로 인해 눈 근육이 수직 방향으로 수축하며 안구를 아래로 잡아당길 수 있죠.'와 같이 말뚝망둑어 눈의 개폐가 가능한 이유를 설명하고 있다. 따라서 말뚝망둑어와 둥근망둑어의 눈 근육을 비교하여 말해야겠다는 발표 계획은 발표에 반영되었다.

03 반응의 적절성 평가하기

정답률 93%

발표 내용을 바탕으로 할 때, 〈보기〉에 나타난 학생들의 반응에 대한 이해로 적절하지 않은 것은?

정답인 이유

④ 학생 1과 학생 3은 모두, 발표 내용을 통해 알게 된 정보의 효용성을 판단하고 있다.

⋯› 학생 1은 눈꺼풀이 없는 다른 물고기들이 눈으로 들어오는 빛의

양을 어떻게 조절하는지에 대해 궁금해하고 있을 뿐, 발표 내용을 통해 알게 된 정보의 효용성을 판단하고 있지는 않다. 학생 3 역시 말뚝망둑어 눈의 개폐가 사람의 눈 깜빡임과 같은 역할을 한다는 정보가 흥미롭다고 했을 뿐, 발표 내용을 통해 알게 된 정보의 효용성을 판단하고 있지는 않다.

오답인 이유

① 학생 1은 발표에 언급되지 않은 정보에 대해 궁금증을 드러내고 있다.
⋯→ 학생 1은 눈꺼풀이 없는 다른 물고기들이 눈으로 들어오는 빛의 양을 어떻게 조절하는지에 대한 설명이 빠져 있다며, 발표에 언급되지 않은 정보에 대해 궁금증을 드러내고 있다.

② 학생 2는 발표 내용과 관련하여 자신의 배경지식을 떠올리고 있다.
⋯→ 학생 2는 상어에도 눈꺼풀 같은 피부가 있다고 알고 있다며, 발표 내용과 관련하여 자신의 배경지식을 떠올리고 있다.

③ 학생 3은 발표에 제시된 내용을 신뢰할 수 있는지에 대해 의문을 제기하고 있다.
⋯→ 학생 3은 말뚝망둑어 눈의 개폐에 대한 연구 결과가 믿을 만한 것인지 모르겠다며, 발표에 제시된 내용을 신뢰할 수 있는지에 대해 의문을 제기하고 있다.

⑤ 학생 2와 학생 3은 모두, 발표 내용과 관련하여 추가적인 정보를 탐색하려 하고 있다.
⋯→ 학생 2는 상어의 눈꺼풀 같은 피부가 꾸구리 눈에 있는 피부와 같은 역할을 수행하는지 누리집에서 검색하겠다며 추가적인 정보를 탐색하려 하고 있다. 학생 3 역시 말뚝망둑어 눈의 개폐에 대한 연구 결과와 관련된 내용을 도서관에서 찾아보겠다며 추가적인 정보를 탐색하려 하고 있다.

19일 20 전통 한지

▶ 문제편 186~189쪽

정답 | 04 ④ 05 ⑤ 06 ① 07 ③ 08 ③

제대로 내용 분석

2024 수능

- **유형**: 대화와 초고(주장하는 글)
- **주제**: 전통 한지의 우수성과 계승 방안
- **내용 요약**

㉮ 학생들의 대화

화제		전통 한지
내용	한지의 우수성	손상된 종이 문화재 복원 용도로 사용함
		보존성이 좋음 – 빛에 안정적임 – 섬유 조직이 교차로 배열되어 질기고 오래감
	계승 방안	높은 품질을 유지해야 함
		정부와 민간 차원의 노력이 필요함

㉯ 학생 1의 초고

1문단	세계적으로 주목받고 있는 전통 한지
2문단	전통 한지의 장점 – 보존성 우수
3문단	사용 부진으로 인한 전통 한지의 위기
4문단	전통 한지의 계승과 발전 방안
5문단	전통 한지의 가치를 이어 나가기 위한 노력의 필요성

제대로 질문하기 정답

❶ 전통 한지 ❷ 교차 ❸ × ❹ ○

·고난도·

04 대화 맥락 분석하기

정답률 77% | 매력적인 오답 ③ 15%

(가)의 '학생 1'에 대한 설명으로 가장 적절한 것은?

정답인 이유

④ 대화 참여자에게 질문을 하여 대화 내용을 전환하고 있다.
⋯→ 학생 1은 세 번째 발화에서 '그럼 해결 방안에 대해 이야기해 볼까? 전통 한지를 계승하고 발전시킬 수 있는 방법에는 뭐가 있을까?'와 같이, 대화 참여자에게 질문을 하면서 대화를 전통 한지의 계승과 발전 방안에 대한 내용으로 이끌고 있다. 이는 앞에서 나누던 전통 한지의 우수성에 대한 대화 내용을 전통 한지의 계승과 발전 방안에 대한 대화 내용으로 전환한 것이다.

오답인 이유

③ (매력적인 오답) 대화 참여자의 입장을 확인한 후 합의를 이끌어 내고 있다.
⋯→ 학생 2와 학생 3은 전통 한지를 계승하고 발전시킬 수 있는 방법에서는 입장 차이를 보이고 있다. 학생 1은 이에 대해 네 번째 발화에서 '그러니까 너희는 각각 전통 한지의 원형을 지켜 나가야 한다는 입장과 두루 사용하는 게 더 중요하다는 입장인 거지? 둘 다 일리가 있는 말이야.'라고 말하고 있다. 이는 두 입장 모두 일리가 있음을 인정한 것일 뿐, 두 입장의 합의를 이끌어 낸 것이 아니다.

① 대화 참여자에게 대화에 적극적인 태도로 참여할 것을 요청하고 있다.
⋯→ 학생 1은 대화 참여자인 학생 2와 학생 3에게 대화 내용에 대한 방향을 제시하고 있을 뿐, 대화에 적극적인 태도로 참여할 것을 요청하고 있지는 않다.

② 대화 참여자에게 추후 모임에서 논의할 사항을 안내하고 있다.
⋯→ 학생 1은 마지막 발화에서 대화 내용을 잘 정리해서 글을 쓰겠다고 했을 뿐, 추후 모임에서 논의할 사항을 안내하고 있지는 않다.

⑤ 대화 참여자가 제시한 정보에 대해 출처를 요구하고 있다.
⋯→ 학생 1은 대화 참여자인 학생 2와 학생 3에게 특별히 제시한 정보의 출처를 요구하고 있지는 않다.

05 대화 내용 이해하기

정답률 78% | 매력적인 오답 ④ 13%

[A], [B]에서 나타나는 의사소통 방식에 대한 설명으로 적절하지 않은 것은?

정답인 이유

⑤ [B]에서 '학생 3'은 '학생 2'가 제시한 해결 방안이 공정하지 못하다고 지적하고 있다.

···➝ [B]는 전통 한지를 계승하고 발전시킬 수 있는 방법에 대한 학생 2와 학생 3의 대화이다. 주로 학생 2는 정부 차원의 노력이 필요하다는 입장이고, 학생 3은 민간에서 많이 사용하는 게 더 중요하다는 입장이다. 뒷부분에서 학생 2는 '그런 데에 쓰이는 한지는 기계로 만들거나 수입산 닥나무로 만든 품질 낮은 한지가 대부분이야.'라고 말하고 있는데, 이에 대해 학생 3은 '민간에서 쓰이는 한지가 대부분 품질이 낮다는 건 확인이 필요할 것 같아.'라고 말하고 있다. 이러한 학생 3의 발화는 학생 2의 주장에 대해 정보의 확인이 필요하다고 지적한 것일 뿐, 해결 방안이 공정하지 못하다고 지적한 것은 아니다.

오답인 이유

④ 매력적인 오답 [B]에서 '학생 3'은 '학생 2'가 제공한 정보가 정확한지에 대해 의문을 제시하고 있다.

···➝ [B]에서 학생 2는 '그런 데에 쓰이는 한지는 기계로 만들거나 수입산 닥나무로 만든 품질 낮은 한지가 대부분이야.'라고 말하고 있는데, 이에 대해 학생 3은 '민간에서 쓰이는 한지가 대부분 품질이 낮다는 건 확인이 필요할 것 같아.'라고 말하고 있다. 이는 학생 3이 학생 2가 제공한 정보의 정확성에 대해 의문을 제시한 것이다.

① [A]에서 '학생 2'는 '학생 3'의 말을 자신의 표현으로 바꾸어 말하며 이해한 내용을 확인하고 있다.

···➝ [A]에서 학생 3은 '서양 종이는 빛에 취약해서 변색, 퇴색이 발생하는데 전통 한지는 빛에 안정적이야.'라고 말하고 있는데, 이에 대해 학생 2는 '서양 종이는 빛을 받으면 색이 잘 변하는데, 전통 한지는 빛에 더 강하다는 말이지?'라고 말하고 있다. 이는 학생 2가 학생 3의 말을 자신의 표현으로 바꾸어 말하면서 자신의 이해가 맞는지를 질문한 것이다.

② [A]에서 '학생 3'은 '학생 2'가 말한 내용에 대해 자신이 알고 있는 정보를 덧붙이고 있다.

···➝ [A]에서 학생 2는 '유럽에서는 손상된 종이 문화재를 원상태로 되돌리는 용도로 우리 전통 한지를 사용하고 있대.'라며 전통 한지의 우수성에 대해 말하고 있는데, 이에 대해 학생 3은 '전통 한지가 보존성이 좋아서 그렇대.', '전통 한지는 섬유 조직이 교차로 배열되어 더 질기고 오래간대.'라며 전통 한지의 장점을 추가하고 있다. 이는 학생 3이 학생 2가 말한 내용에 대해 자신이 알고 있는 정보를 덧붙인 것이다.

③ [B]에서 '학생 2'는 '학생 3'의 의견을 수용한 후, 자신의 의견을 제시하고 있다.

···➝ [B]에서 학생 3은 '품질 유지도 중요하지만, 어떤 식으로든 사용하지 않으면 결국 사라지게 될 거야.'라고 말하고 있는데, 이에 대해 학생 2는 '나도 그렇게 생각해. 그래서 전통 한지 사용을 늘리기 위한 정부 차원의 노력이 필요해'라고 말하고 있다. 이는 학생 2가 학생 3의 의견을 수용한 후에 자신의 의견을 제시한 것이다.

고난도

06 계획에 따른 내용 생성하기

정답률 35% | 매력적인 오답 ④ 23%

다음은 (가)에서 '학생 1'이 대화의 내용과 자신이 떠올린 생각을 작성한 메모이다. ㉠~㉤이 (나)에 반영된 양상으로 적절하지 않은 것은? [3점]

정답인 이유

① '학생 2'의 발화를 토대로 작성된 ㉠은, 전통 한지의 우수성을 부각하기 위한 내용으로 (나)에 반영되었다.

···➝ ㉠은 '유럽에서는 손상된 종이 문화재를 원상태로 되돌리는 용도로 우리 전통 한지를 사용하고 있대.'라는 학생 2의 발화를 토대로 작성된 것이다. 하지만 이는 (나)에 전통 한지의 우수성을 부각하기 위한 내용으로 반영된 것이 아니라, 3문단에서 '유럽에서는 우리 전통 한지를 손상된 문화재 복구에 사용하는 등 관심이 높은데 정작 국내에서는 사용하는 사람이 많지 않으니'와 같이 국내의 관심 부족에 대한 우려를 부각하기 위한 내용으로 반영되었다.

오답인 이유

④ 매력적인 오답 '학생 2'의 발화를 토대로 작성된 ㉣은, 전통 한지의 품질 유지를 위한 방안이 범주화되어 (나)에 반영되었다.

···➝ ㉣은 '우선 높은 품질을 유지해야지. 그러려면 전통 방식으로 만들고 국내산 닥나무만 사용해야 해. 또 기술 전수 교육도 필요해.'라는 학생 2의 발화를 토대로 작성된 것이다. 이는 (나)의 4문단에서 '재료 측면'과 '제작 기술 측면'으로 범주화되어 반영되었다.

② '학생 3'의 발화를 토대로 작성된 ㉡은, 세계 기록 유산과 관련된 내용이 추가되어 (나)에 반영되었다.

···➝ ㉡은 '나도 봤는데 전통 한지가 보존성이 좋아서 그렇대.'라는 학생 3의 발화를 토대로 작성된 것이다. 이는 (나)의 2문단에서 '우리나라는 유네스코 세계 기록 유산을 아시아에서 가장 많이 보유한 나라인데, 그중 대부분이 전통 한지에 기록된 문화유산이라는 것이 이를 증명한다.'와 같이 세계 기록 유산과 관련된 내용이 추가되어 반영되었다.

③ '학생 3'의 발화를 토대로 작성된 ㉢은, 전통 한지의 보존성을 설명하는 내용 중 일부가 제외되어 (나)에 반영되었다.

···➝ ㉢은 '전통 한지는 빛에 안정적이야.', '전통 한지는 섬유 조직이 교차로 배열되어 더 질기고 오래간대.'라는 학생 3의 발화를 토대로 작성된 것이다. 이는 (나)의 2문단에서 전통 한지가 빛에 안정적이라는 내용은 제외되고, 섬유 조직이 교차로 배열되어 더 질기고 보존성이 좋다는 내용만 반영되었다.

⑤ '학생 2'의 발화를 토대로 작성된 ㉤은, 전통 한지의 사용 확대를 위한 방안이 구체화되어 (나)에 반영되었다.

···➝ ㉤은 '그래서 전통 한지 사용을 늘리기 위한 정부 차원의 노력이 필요해.'라는 학생 2의 발화를 토대로 작성된 것이다. 이는 (나)의 4문단에서 '정부 차원에서 공공 부문에 전통 한지 사용을 장려하고 문화재 수리에도 전통 한지를 사용해야 한다.'와 같이 사용 확대를 위한 방안이 구체화되어 반영되었다.

07 글쓰기 전략 파악하기

정답률 87%

(나)의 글쓰기 방식에 대한 설명으로 가장 적절한 것은?

정답인 이유

③ 주장을 뒷받침하는 사례를 들어 주장의 실현 가능성을 제시하였다.

···➝ (나)의 4문단에서 글쓴이는 '민간 차원에서는 전통 한지의 활용 분야를 넓힐 필요가 있다.'라고 주장하고 있다. 그리고 '일례로 전통 한지는 친환경 소재로 주목받아 의류와 침구류 제작에 사용되고 있어, 그 응용 범위가 점차 확대되어 갈 것으로 기대된다.'와 같이 주장을 뒷받침하는 사례를 들어 주장의 실현 가능성을 제시하고 있다.

오답인 이유

① 자신의 특별한 경험을 활용하여 문제의 심각성을 드러내었다.

··· 글쓴이의 특별한 경험을 활용한 내용은 나타나 있지 않다.

② **독자에게 익숙한 상황을 들어 예상되는 반론에 대해 반박하였다.**

··· 반론을 예상하거나 이에 대해 반박하는 내용은 나타나 있지 않다.

④ **제재의 물리적 특성을 분석하여 문제 상황의 원인으로 제시하였다.**

··· 2문단에서 '전통 한지는 섬유 조직이 교차로 배열되어 더 질기고 보존성이 좋다.'라며 물리적 특성을 분석하고 있지만, 이는 문제 상황의 원인을 제시하기 위한 것이 아니라 전통 한지의 우수성을 드러내기 위한 것이다.

⑤ **보도 자료의 내용을 인용하여 제재와 관련한 정책의 변화를 드러내었다.**

··· 보도 자료의 내용을 인용하거나 정책의 변화를 드러내는 내용은 나타나 있지 않다.

08 글쓰기 내용 점검, 조정하기

정답률 88%

다음은 (나)의 마지막 문단을 고쳐 쓴 것이다. 그 과정에서 반영된 수정 계획으로 가장 적절한 것은?

정답인 이유

③ **전통 한지의 계승 및 발전을 위한 방안을, 앞서 제시한 두 가지 방향이 드러나도록 써야겠군.**

··· (나)의 4문단에서는 전통 한지를 계승하고 발전시키기 위한 방법으로 '품질 유지'와 '사용을 확대하기 위한 노력'의 두 가지를 제시했는데, 마지막 문단에서는 '전통 한지와 그 제작 기술의 가치를 이어 나가기 위한 우리 모두의 노력이 필요하다.'라고만 마무리하였다. 이를 고쳐 쓴 글에서 '전통 한지와 그 제작 기술의 원형을 보존하여 품질을 유지하는 한편, 전통 한지의 사용을 확대하여 전통 한지가 다양한 방식으로 활용될 수 있도록 해야 한다.'라고 수정한 것은, (나)의 본문에서 제시한 두 가지 방향이 드러나도록 써야겠다는 계획이 반영된 것이다.

오답인 이유

① **전통 한지를 계승하고 발전시켜 예상되는 기대 효과를 제시해야겠군.**

··· 고쳐 쓴 글에는 전통 한지를 계승하고 발전시켰을 때 예상되는 기대 효과가 나타나 있지 않다.

② **전통 한지를 계승해야 할 필요성이 드러나지 않으니, 관련된 내용을 추가해야겠군.**

··· (나)의 마지막 문단에는 '우리의 자랑스러운 문화유산'과 같이 전통 한지를 계승해야 할 필요성이 드러나 있다고 볼 수 있다.

④ **전통 한지의 계승 및 발전에 대해 언급하며 사용한 접속 표현이 적절하지 않으니 수정해야겠군.**

··· (나)의 마지막 문단에서 접속 표현인 '따라서'는 적절하게 사용되었으며, 고쳐 쓴 글에서도 수정되지 않았다.

⑤ **전통 한지의 특성에 관해 앞부분에서 이미 다룬 내용은 삭제하고 다른 내용으로 대체해야겠군.**

··· (나)의 마지막 문단에도 전통 한지의 특성에 대한 내용은 언급되어 있지 않다.

19일 21 청소년의 기후 변화에 대한 대응

▶ 문제편 190~192쪽

정답 | 09 ② 10 ① 11 ⑤

제대로 내용 분석

2024 수능

❖ **유형**: 작문 상황과 초고(주장하는 글)
❖ **주제**: 기후 변화 대응에 청소년의 참여를 유도하는 방안
❖ **내용 요약**

[작문 상황]

전달 매체	학교 신문의 기고란
내용	기후 변화 대응과 관련된 글

[학생의 초고]

1문단	기후 변화 대응에 대한 청소년 참여의 필요성
2문단	기후 변화 대응에 대한 청소년의 참여도가 낮은 원인
3문단	청소년 참여 유도 방안 ① – 실천 방안 제시
4문단	청소년 참여 유도 방안 ② – 긍정적 인식 형성
5문단	개인 및 공동체 차원의 실천과 지원을 통한 청소년 참여 유도

제대로 질문하기 정답

❶ × ❷ 실천 ❸ × ❹ 학교

09 계획에 따른 내용 생성하기

정답률 77% | 매력적인 오답 ⑤ 12%

'작문 상황'을 고려하여 구상한 글쓰기 내용으로, 초고에 반영되지 않은 것은?

정답인 이유

② **기후 변화 대응에 대한 청소년 참여를 위한 지원 정책**

··· 4문단에서 기후 변화 대응 활동에 관한 긍정적 인식을 형성하기 위해서는 체계적이고 지속적인 지원이 필요하다고 했을 뿐, 기후 변화 대응에 대한 청소년 참여를 위한 지원 정책을 구체적으로 언급하지는 않았다.

오답인 이유

⑤ (매력적인 오답) **기후 변화 대응에 대한 청소년 참여의 필요성**

··· 1문단에서 인류의 생존을 위협하는 기후 변화가 가속화되고 있으므로 미래 세대인 청소년들이 관심을 가지고 참여해야 한다며 기후 변화 대응에 대한 청소년 참여의 필요성을 언급하였다.

① **기후 변화 대응에 대한 청소년의 참여를 유도하는 방안**

··· 3문단에서 청소년이 실천할 수 있는 방안을 알려 주는 것, 4문단에서 상황을 개선할 수 있다는 인식을 형성하는 것 등 기후 변화 대응에 대한 청소년의 참여를 유도하는 방안을 언급하였다.

③ **기후 변화 대응에 대한 청소년의 참여도가 낮은 원인**

··· 2문단에서 청소년들이 기후 변화 대응 활동에 참여하지 않는 원인을 두 가지로 나누어 언급하였다.

④ 기후 변화 대응에 대한 청소년 인식 형성의 중요성

⋯→ 4문단에서 자신의 활동을 통해 상황을 개선할 수 있다는 인식을 형성하는 것이 중요하다며 기후 변화 대응에 대한 청소년의 인식 형성의 중요성을 언급하였다.

·고난도·

10 자료 활용 방안의 적절성 판단하기 정답률 33% | 매력적인 오답 ③ 25%

〈보기〉는 초고를 보완하기 위해 추가로 수집한 자료이다. 자료의 활용 방안으로 적절하지 않은 것은? [3점]

정답인 이유

① ㄱ-1을 활용하여, 청소년들이 대응 방안에 무관심하거나 관련 정보가 충분하지 않은 것을, 방안을 실천하더라도 효과가 없다고 청소년들이 생각하는 이유로 2문단에 구체화해야겠어.

⋯→ 2문단에서는 청소년이 기후 변화 대응 활동에 참여하지 않는 원인을 '대응 방안에 무엇이 있는지 제대로 모르는 경우'와 '자신의 실천이 효과가 없다고 생각해 방안을 알면서 참여하지 않는 경우'로 나누어 제시하고 있다. ㄱ-1에서 '별로 관심이 없어서'나 '충분한 정보가 없어서'라고 응답한 결과는 첫 번째 원인을 구체화하는 자료로 활용할 수는 있지만 두 번째 원인을 구체화하는 자료로 활용하기는 어렵다.

오답인 이유

③ 매력적인 오답 ㄷ을 활용하여, 미래 세대는 폭염으로 인한 영향을 더 크게 받게 될 것이라는 전문가의 예측을, 청소년들의 활동 참여에 대한 사회적 공감대 형성의 근거로 1문단에 추가해야겠어.

⋯→ 1문단에서는 기후 변화의 가속화에 따라 청소년들이 관심을 가지고 기후 변화 대응에 참여해야 한다는 사회적 공감대가 형성되고 있다고 언급하고 있다. ㄷ은 미래 세대는 폭염으로 인한 영향을 더 크게 받게 될 것이라는 전문가의 인터뷰이므로, 이러한 내용을 활용하여 청소년들의 활동 참여에 대한 사회적 공감대 형성의 근거로 1문단에 추가할 수 있다.

② ㄴ을 활용하여, 기존 교육의 한계를 지적하며 세미나 참여자들이 동의한 내용을, 기후 변화 대응과 관련한 학교 교육의 변화 방향으로 4문단에 보강해야겠어.

⋯→ 4문단에서는 청소년들의 기후 변화 대응 활동에의 참여를 도울 수 있도록 학교 교육에 변화가 필요하다고 주장하고 있다. ㄴ은 청소년들이 기후 변화 대응 활동에 적극 참여할 수 있도록 기존의 교육을 전환해야 한다는 신문 기사이므로, 이러한 내용을 활용하여 학교 교육의 변화 방향으로 4문단에 보강할 수 있다.

④ ㄱ-1과 ㄱ-2를 활용하여, 청소년 다수가 참여한 활동들을, 참여 기회가 없다고 답한 청소년들이 생활 속에서 실천할 수 있는 기후 변화 대응 활동의 사례로 3문단에 추가해야겠어.

⋯→ 3문단에서는 청소년의 참여를 이끌어 내려면 청소년들이 생활 속에서 실천할 수 있는 기후 변화 대응 방안부터 알려 주어야 한다고 언급하고 있다. ㄱ-1은 청소년들이 참여 기회가 없어서 기후 변화 대응 활동에 참여하지 않음을 보여 주고 있고, ㄱ-2는 기후 변화 대응 활동에 참여한 청소년들이 생활 속에서 실천한 사례를 보여 주는 설문 조사 자료이므로, 이러한 내용을 활용하여 생활 속에서 실천할 수 있는 사례로 3문단에 추가할 수 있다.

⑤ ㄱ-2와 ㄴ을 활용하여, 지역 환경 개선 활동이나 캠페인 등 지역 사회와 연계될 수 있는 활동들을, 청소년의 긍정적 인식 형성을 위해 학교가 지원할 사례로 4문단에 구체화해야겠어.

⋯→ 4문단에서는 기후 변화 대응 활동에 대한 청소년의 긍정적 인식이 형성될 수 있도록 학교에서 지원해야 한다고 주장하고 있다. ㄱ-2는 지역 환경 개선 활동이나 기후 변화 인식 제고 캠페인 등에 참여하는 학생들이 있음을 보여 주는 설문 조사 자료이고, ㄴ은 학교 교육이 학교 · 사회의 실천 연계형 교육으로 전환해야 한다는 신문 기사이므로, 이를 활용하여 지역 환경 개선 활동이나 캠페인 등을 청소년의 긍정적 인식 형성을 위해 학교가 지원할 사례로 4문단에 제시할 수 있다.

11 글쓰기 내용 점검, 조정하기 정답률 87%

〈보기〉는 초고를 읽은 교사의 조언이다. 이를 반영하여 [A]를 작성하다고 할 때, 가장 적절한 것은?

정답인 이유

⑤ 미래를 위협하는 기후 변화, 실천을 도와 청소년의 삶에서 대응을 실현할 때

⋯→ 〈보기〉의 교사는 독자의 관심을 이끌어 낼 수 있고, 기후 변화의 심각성이 잘 드러나며, 5문단에서 말하고자 하는 바가 잘 드러나도록 제목을 쓰라고 조언하고 있다. ⑤는 '미래를 위협하는 기후 변화'에서 기후 변화의 심각성을 드러내면서 독자의 관심을 이끌어 내고 있고, '실천을 도와 청소년의 삶에서 대응을 실천할 때'에서 5문단의 핵심 내용을 잘 드러내고 있다.

오답인 이유

① 기후 변화 정책, 학교와 사회의 실천적 연대를 지향할 때

⋯→ 독자의 관심을 이끌어 낼 수 있는 표현이 없고, 기후 변화의 심각성도 잘 드러나지 않았다.

② 기후 변화에 대처하는 삶의 양식 전환, 이제 더 이상은 미룰 수 없다

⋯→ '이제 더 이상은 미룰 수 없다'에서 기후 변화의 심각성을 드러내면서 독자의 관심을 이끌어 내고 있다고 볼 수 있지만, '기후 변화에 대처하는 삶의 양식 전환'은 5문단의 핵심 내용을 잘 드러냈다고 보기 어렵다.

③ 환경에 위협받는 삶, 인간 중심의 삶에서 환경과 공존하는 생활로 전환

⋯→ '환경에 위협받는 삶'에서 기후 변화의 심각성을 드러내면서 독자의 관심을 이끌어 내고 있다고 볼 수 있지만, '인간 중심의 삶에서 환경과 공존하는 생활로 전환'은 5문단의 핵심 내용을 잘 드러냈다고 보기 어렵다.

④ 기후 변화 문제, 청소년을 위해 모두가 실천적 노력으로 모여야 할 시기

⋯→ 독자의 관심을 이끌어 낼 수 있는 표현이 없고, 기후 변화의 심각성과 5문단의 핵심 내용도 잘 드러나지 않았다.

빠른 정답 CHECK

1부 화법

1일 01 p. 16~17
01 ① 02 ④ 03 ②

1일 02 p. 18~19
04 ② 05 ① 06 ⑤

1일 03 p. 20~21
07 ① 08 ③ 09 ②

2일 04 p. 22~23
01 ② 02 ④ 03 ①

2일 05 p. 24~25
04 ④ 05 ③ 06 ⑤

2일 06 p. 26~27
07 ① 08 ⑤ 09 ④

3일 07 p. 28~29
01 ④ 02 ③ 03 ①

3일 08 p. 30~31
04 ③ 05 ⑤ 06 ①

3일 09 p. 32~33
07 ④ 08 ④

4일 10 p. 34~35
01 ④ 02 ② 03 ②

4일 11 p. 36~37
04 ③ 05 ② 06 ④

4일 12 p. 38~39
07 ③ 08 ② 09 ④

2부 작문

5일 01 p. 44~45
01 ① 02 ④ 03 ④

5일 02 p. 46~48
04 ① 05 ② 06 ⑤

5일 03 p. 49~51
07 ③ 08 ④ 09 ① 10 ②

6일 04 p. 52~53
01 ② 02 ③ 03 ①

6일 05 p. 54~56
04 ② 05 ② 06 ①

6일 06 p. 57~59
07 ① 08 ⑤ 09 ⑤

7일 07 p. 60~61
01 ② 02 ④

7일 08 p. 62~64
03 ③ 04 ④ 05 ①

7일 09 p. 65~67
06 ④ 07 ④ 08 ③

8일 10 p. 68~70
01 ③ 02 ⑤ 03 ③

8일 11 p. 71~73
04 ⑤ 05 ① 06 ④ 07 ⑤

8일 12 p. 74~77
08 ① 09 ① 10 ④ 11 ④

3부 복합

9일 01 p. 80~83
01 ③ 02 ② 03 ③ 04 ⑤ 05 ⑤

9일 02 p. 84~87
06 ⑤ 07 ④ 08 ④ 09 ③ 10 ③

9일 03 p. 88~91
11 ③ 12 ⑤ 13 ③ 14 ④

10일 04 p. 92~94
01 ⑤ 02 ② 03 ③ 04 ③

10일 05 p. 95~97
05 ③ 06 ⑤ 07 ③ 08 ③

10일 06 p. 98~101
09 ② 10 ④ 11 ④ 12 ⑤

11일 07 p. 102~105
01 ⑤ 02 ② 03 ④ 04 ②

11일 08 p. 106~108
05 ⑤ 06 ② 07 ④ 08 ②

11일 09 p. 109~111
09 ⑤ 10 ③ 11 ④ 12 ①

12일 10 p. 112~115
01 ③ 02 ⑤ 03 ① 04 ④

12일 11 p. 116~118
05 ④ 06 ① 07 ④ 08 ③

12일 12 p. 119~121
09 ⑤ 10 ⑤ 11 ⑤ 12 ③

4부 실전 기출 모의고사

13일 01 p. 124~126

01 ④ 02 ⑤ 03 ④

13일 02 p. 127~130

04 ① 05 ① 06 ③ 07 ① 08 ②

13일 03 p. 131~133

09 ② 10 ③ 11 ⑤

14일 04 p. 134~136

01 ① 02 ④ 03 ③

14일 05 p. 137~140

04 ② 05 ⑤ 06 ② 07 ④ 08 ⑤

14일 06 p. 141~143

09 ③ 10 ⑤ 11 ③

15일 07 p. 144~146

01 ④ 02 ④ 03 ③

15일 08 p. 147~150

04 ① 05 ② 06 ② 07 ⑤ 08 ②

15일 09 p. 151~153

09 ① 10 ② 11 ⑤

16일 10 p. 154~156

01 ① 02 ⑤ 03 ③

16일 11 p. 157~160

04 ④ 05 ④ 06 ② 07 ③ 08 ④

16일 12 p. 161~163

09 ⑤ 10 ② 11 ①

17일 13 p. 164~166

01 ① 02 ⑤ 03 ②

17일 14 p. 167~170

04 ④ 05 ③ 06 ⑤ 07 ① 08 ④

17일 15 p. 171~173

09 ② 10 ⑤ 11 ③

18일 16 p. 174~176

01 ② 02 ④ 03 ③

18일 17 p. 177~180

04 ④ 05 ① 06 ⑤ 07 ⑤ 08 ①

18일 18 p. 181~183

09 ③ 10 ⑤ 11 ⑤

19일 19 p. 184~185

01 ④ 02 ⑤ 03 ④

19일 20 p. 186~189

04 ④ 05 ⑤ 06 ① 07 ③ 08 ③

19일 21 p. 190~192

09 ② 10 ① 11 ⑤

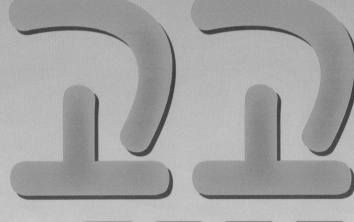

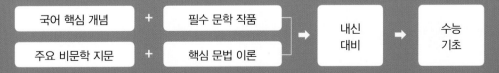

www.ggumtl.co.kr

111분의 선생님께서 주신 의견과 꼼꼼한 검토를
반영하여 정성을 다해 이 책을 개발했습니다.

밥 화작

'2독 2해 학습법'으로 수능 1등급 완성

- 단계적·효율적 학습으로 수능 1등급을 달성하는 밥 화작
- '영역별 → 복합 → 실전' 기출의 체계적 학습으로 실력을 완성하는 밥 화작
- 문제 접근법 및 해결 전략을 익혀 실전에서 시간을 단축시켜 주는 밥 화작

지은이 이운영 **펴낸곳** (주)꿈을담는틀 **펴낸이** 백종민 **펴낸날** 2023년 12월 20일 2판 1쇄 **등록번호** 제302-2005-00049호
대표전화 1544-6533 **팩스** 02-749-4151 **주소** 서울시 영등포구 당산로 50길 3 꿈을담는빌딩
홈페이지 www.ggumtl.co.kr